主编　阎纯德　吴志良

Sinological History Series

列国汉学史书系

美国汉学史

（上册）

熊文华　著

学苑出版社

图书在版编目（CIP）数据

美国汉学史 / 熊文华著.—北京 ：学苑出版社，
2015.1
（列国汉学史书系）
ISBN 978-7-5077-4699-0

Ⅰ．①美… Ⅱ．①熊… Ⅲ．①汉学－历史－美国
Ⅳ．①K207.8

中国版本图书馆CIP数据核字(2014)第309845号

责任编辑：杨　雷
封面设计：徐道会
出版发行：学苑出版社
社　　址：北京市丰台区南方庄2号院1号楼
邮政编码：100079
网　　址：www.book001.com
电子信箱：xueyuanpress@163.com
联系电话：010-67601101（销售部）　67603091（总编室）
经　　销：新华书店
印 刷 厂：河北保定彩虹艺雅印刷有限公司
开本尺寸：710×1000　1/16
字　　数：655千字
印　　张：41.75
印　　数：1500册
版　　次：2015年3月第1版
印　　次：2015年3月第1次印刷
定　　价：120.00元（全两册）

本书系之出版获澳门霍英东基金会与澳门基金会赞助

北京语言大学列国汉学史书系
编辑委员会

序

经过近30年多位学者的辛劳努力，现在我们可以说，国际汉学研究确实已经成长为一门具有特色的学科了。

“汉学”一词本义是对中国语言、历史、文化等的研究，而在国内习惯上专指外国人的这种研究，所以特称“国际汉学”，也有时作“世界汉学”“国际中国学”，以区别于中国人自己的研究。至于“国际汉学研究”，则是对国际汉学的研究。中外都有学者从事国际汉学研究，但我们在这里讲的，是中国学术界的国际汉学研究。

自从“改革开放”以来，国际汉学研究改变了禁区的地位，逐渐开拓和发展。其进程我想不妨划分为三个阶段：一开始仅限于对国际汉学界状况的了解和介绍，中心工作是编纂有关的工具书，这是第一个阶段。到了20世纪90年代，出现国际汉学研究的专门机构，大量翻译和评述汉学论著，应作为第二个阶段。在这两个阶段里，学者们为深入研究国际汉学打好了基础，准备了条件。新世纪到来之后，进入全面系统地研究国际汉学的可能性应该说业已具备。

今后国际汉学研究应当如何发展，有待大家磋商讨论。以我个人的浅见，历史的研究与现实的考察应当并重。国际汉学研究不是和现实脱离的，认识国际汉学的现状，与外国汉学家交流沟通，对于我国学术文化的发展以至于多方面的工作都是必要的。我曾经提议，编写一部中等规模的《当代国际汉学手册》，使我们的学者便于使用；如果有条件的话，还要组织出版《国际汉学年鉴》。这样，大家在接触外国汉学界时，不会感到隔膜，阅读外国汉学作品，也就更容易体味了。必须指出的是，国际汉学有着长久的历史，因此现实和历史是分不开的，不了解各国汉学的历史传统，终究无法认识汉学的现状。

我们已经有了不少国际汉学史的著作及论文。实际上，公推为中国最早的汉学史专书，是1949年出版的莫东寅《汉学发达史》，尽管是通史体裁,也包含了分国的篇章。这本书最近已有经过校勘的新版,大家容易看到,尽管只是概述性的,却使读者能够看到各国汉学互相间的关系。由此可见,有组织、有系统地考察各国汉学的演进和成果,将之放在国际汉学整体的背景中来考察,实在是更为理想的。

这正是我在这里向大家推荐阎纯德教授、吴志良博士主编的这套“列国汉学史书系”的原因。

阎纯德教授在北京语言大学主持汉学研究所工作多年,是我在这方面的同行和老友,曾给我以许多帮助。他为推进国际汉学研究,可谓不遗余力,所作出的重要贡献是学术界周知的。在他的引导之下,《中国文化研究》季刊成为这一学科的园地,随之又主编了《汉学研究》,列为《中国文化研究汉学书系》,有非常广泛的影响。其锲而不舍的精神,我一直敬服无地。特别要说的是,阎纯德教授这几年为了编著这套“列国汉学史书系”所投入的心血精力,可称出人意想。

在《汉学研究》第八集的《卷前絮语》中,阎纯德教授慨叹:“《汉学研究》很像同人刊物,究其原因,是从事这个领域研究的学者太少,尤其是专门的研究者更是少之又少,所以每一集多是读者相熟的面孔。”现在看“列国汉学史书系”,作者已形成不小的专业队伍,这是学科进步的表现,更不必说这套书涉及的范围比以前大为扩充了。希望“列国汉学史书系”的问世成为国际汉学研究这个学科在新世纪蓬勃发展的一个界标,让我们在此对阎纯德教授、这套书的各位作者,还有出版社各位所做出的劳绩表示感谢。

李学勤

2007 年 4 月 8 日

于清华大学国际汉学研究所

序 二
汉学历史和学术形态

汉学历史和学术形态历史是既抽象又具体的存在，是浩瀚无边的过去、现在和未来。历史会让我们兴奋，也会使我们悲哀，有时会令人觉得它又仿佛是一个梦。但是，当我们梦醒而理智的时候，便会发现——自然史、时间史、太阳史、地球史、人类社会史，一切的一切，不管是曾经存在过的恐龙，还是至今还在生生不息的蚂蚁社群，天上的，地下的，看得见的，看不见的，一切都有自己的历史。一切都有过发生，一切都还在发展，一切都还会灭亡。

任何事物的发生都有一个有形或无形的孕育过程，“汉学”(Sinology)也是这样，其孕育和成长，就是中国文化与异质文化相互交媾浸淫的历史。这个历史，始于公元1世纪前后汉代所开通的丝绸之路，接下来是七八世纪的大唐帝国、十四五世纪的明代、清末的鸦片战争和“五四”新文化运动，这种文化的碰撞和交流之潮时起时伏直到今天，还会发展到永远。这是历史，是汉学的昨天、今天和未来，是其孕育、发生和成长的过程显现出的文化精神。但是，昨天有远有近，我们可以循蛛丝马迹地探讨找回其真；而今天，只是一个过渡，一俟走过，便成为昨天的陈迹。写作汉学史是一件艰难的劳作，尤其对象是遥远的昨天，尤其是“遗失”在异国他乡的昨天，更非一件易事。时至今日，朦胧面纱下的汉学还不为一些学人所认识，因此有必要取下面纱，让人们看个究竟。

从20世纪70年代中期之后，尤其90年代以降，“汉学”(Sinology)使逐渐成为学术界耳熟能详的学术名词。中国大陆重提“汉学”(Sinology)至今，汉学就像隐藏在深山里的小溪，经过30年的艰辛跋涉之后，才终于形成一条奔腾的水流，并成为中国文化水系不可或缺的组成部分。这个变化是时代和历史变迁带来的结果，也是文化自己发展的规律。

那么，究竟什么是汉学(Sinology)呢？首先，这里的汉学非指汉代研究经学注重名物、训诂——后世称“研究经、史、名物、训诂考据之学”的“汉学”，而是指外国人研究中国历史、语言、哲学、文学、艺术、宗教、考古及社会、经济、法律、科技等人文和社会科学领域的那种学问，这起码已是200多年来世界上的习惯学术称谓。李学勤教授多次说：“汉学，英语是Sinology，意思是对中国历史文化和语言文学等方面的研究。在国内学术界，‘汉学’一词主要是指外国人对中国历史文化等的研究。有的学者主张把它改译为‘中国学’，不过‘汉学’沿用已久，在国外普遍流行，谈外国人这方面的研究，用‘汉学’比较方便。”① Sinology 一词来自外国，它不是汉代的“汉”，也不是汉族的“汉”，不指一代一族，其词根 sino 源于秦朝的“秦”(Sin)，所指是中国。

在历史长河里，汉学由胚胎逐渐发育成长。当汉学走过少年时代，在西学东渐和中学西传互示友情后，中学开始影响西方而成为人类文明史上的伟大事件。中世纪以来，欧洲视中国为“修明政治之邦”，对中国充满了好奇与好感，当“中国热”蜂起欧洲，19世纪初期法国便成为西方汉学的中心，巴黎成为“汉学之都”。戴密微(Paul Demiéville)曾说汉学的先驱是葡萄牙、西班牙和意大利。但是，汉学作为学术研究和一种文化形态，举大旗的则是法国人。1814年12月11日，雷慕莎(Jean Pierre Abel Rémusat)在法兰西学院首开“汉语和鞑靼——满语语言与文学讲座”，启开了西方真正的汉学时代。但指代汉学的“Sinologie”(英文“Sinology”)一词则出现在18世纪末，应该早于雷慕沙主持第一个汉学讲座的时间，更不会晚于1838年。从此之后，“Sinology”便成为主导汉学世界的图腾、约定俗成的学术“域名”。在世界文化史和汉学史上，外国人把研究中国的学问称为“汉学”，研究中国学问的造诣深厚的学者称为“汉学家”。因此，我认为，我们不必要标新立异，根据西方大部分汉学家的习惯看法，“Sinology”发展到如今，这一历史已久的学术概念有着最广阔的内涵，绝不是什么“汉族文化之学”，更不是什么汉代独有的“汉学”，它涵盖中国的一切学问，既有以儒释道为核心的传统文化，也包含“敦煌学”“满学”“西夏学”“突厥学”以及“藏学”和“蒙古学”等领域。但是一直以来人们对汉学的理解和解释相

① 李学勤：《国际汉学漫步·序》，石家庄：河北教育出版社，1997年。

左,因此便有了"中国学""海外汉学""海外中国学""域外汉学""国际汉学""世界汉学""国际中国文化"等不同的叫法;如果咬文嚼字,推演下来,一定还会有"国内汉学""国内中国学",甚至"北京汉学""河南汉学"等。由于汉学的发展、演进,以法国为首的"传统汉学"和以美国为首的"现代汉学",到了20世纪中叶之后,研究内容、理念和方法,已经出现相互兼容并包状态,就是说Sinology可以准确地包含Chinese Studies的内容和理念;从历史上看,尽管Sinology和Chinese Studies所负载的传统和内容有所不同,但现在却可以互为表达、"雌雄同体"同一个学术概念了。话再说回来,对于这样一个负载着深刻而丰富历史内涵的学术"域名",我以为还是叫它Sinology最好,因为,Sinology不仅承继了汉学的传统,而且也容纳了Chinese Studies较为广阔的内容。另外,中国人对中国文化的研究应该称为国学,而外国学者研究中国文化的那种学问则称为汉学。汉学是国学的有血有灵魂的"影子",而汉学不是国学,是介于中学与西学两者之间,本质上更接近西学的一种文化形态。说它与国学同根而生,说它们是一条藤上的两个瓜,都不为过,然而瓜的形象与味道却不相同,一个是"东瓜",一个是"西瓜"。我认为这样认识汉学,既符合中国文化的学术规范,又符合世界上的历史认同与学术发展实际。

汉学的历史是中国文化与异质文化交流的历史,是外国学者阅读、认识、理解、研究、阐释中国文明的结晶。汉学作为外国人认识中国及其文化的桥梁,是中国文化和外国文化撞击后派生出来的学问,实际上也是中国文化另一种形式的自然延伸。但是,汉学不是纯粹的中国文化,它与中国文化有着密不可分的血缘关系,既是中外文化的"混血儿",又是可以照见"中国文化"的镜子,是可以攻玉的"他山之石"。"'Sinology'是一门在国际文化中涉及双边或多边文化关系的近代边缘性的学术,它以'中国文化'作为研究的'客体',以研究者各自的'本土文化语境'作为观察'客体'的基点,在'跨文化'的层面上各自表述其研究的结果,它具有'泛比较文化研究'的性质。"①以上两种表述虽有不同,但学理一致,基本可以厘清我们对于Sinology(汉学)的基本学术定位。

法国汉学家马伯乐(Henri Maspero)说过:"中国是欧洲以外仅有的这

① 严绍璗:《我对Sinology的理解和思考》,载2006年《世界汉学》第四期。

样的一个国家:自远古起,其古老的本土文化传统一直流传至今。”法国哲学家弗朗索瓦·于连(François Jullien)也说:“中国文明是在与欧洲没有实际的借鉴或影响关系之下独自发展的、时间最长的文明……中国是从外部审视我们的思想——由此使之脱离传统成见——的理想形象。”①他在《为什么我们西方人研究哲学不能绕过中国》中提出:“我们选择出发,也就是选择离开,以创造远景思维的空间。人们这样穿越中国也是为了更好地阅读希腊。”为了获得一个“外在的视点”,他才从遥远的视点出发,并借此视点去“解放”自己。这便是一个未曾断流、在世界上仅存的几种古老文化之一的中国文明的意义。中国文明是一道奔流不息的活水,活水流出去,以自己生命的光辉影响世界;流出的“活水”吸纳异国文化的智慧之后,形成既有中国文化的因子,又有外国文化思维的一种文化,这就是“汉学”。也就是说,汉学是以中国文化为原料,经过另一种文化精神的智慧加工而形成的一种文化。从某种意义上说,汉学既是外国化了的中国文化,又是中国化了的外国文化;抑或说是一种亦中亦西、不中不西有着独立个性的文化。汉学作为一门独立的具有跨文化性质的学科,是外国文化对中国文化借鉴的结果。汉学对外国人来说是他们的“中学”,对中国人来说又是西学,它的思想和理论体系仍属“西学”。

汉学研究是指对外国汉学家及其对中国文化研究成果的再研究,是中国学者对外国学者研究中国文化的反馈,也是对外国文化借鉴的一个方面。凡是对历史或异质文化进行研究,都有一个价值判断和公正褒贬的问题。因此,对于外国汉学家对于我们中国文化的研究,必得有我们自己的判断,然后做出公正的褒贬。我们说汉学是可以攻玉的“他山之石”,但是这句箴言并非只是适用于中国人,对外国人也是一样。汉学也像外国的本体文化一样,对我们来说有借鉴作用,对西方来说有启迪作用——西方学者以汉学为媒介来了解中国,汲取中国文化的精华,完善自己的文明。人类由于文化背景差异和文化语境的不同,思维方向和方式也会不同,因而就会得出不同的结论,讲出不同的道理。“西方学者接受近现代科学方法的训练,又由于他们置身局外,在庐山以外看庐山,有些问题国内学者司空见惯,习而不察,外国学者往往探骊得珠。如语言学、民俗学、考古学、人类

① [法]弗朗索瓦·于连:(François Jullien)《迂回与进入》,香港:三联书店,1998年。

学、社会学诸多领域，时时迸发出耀眼的火花。”[①]汉学的学术价值往往不被国人重视，并利用汉学家对于中国文化的一些误读贬低汉学的价值。其实，这并不公平，有些汉学家对于中国文化确实有其独到的见解，能发中国人未发之音。法国汉学家马伯乐（Henri Maspero，1883—1945）对中国上古文化和上古宗教的研究就有独到的贡献，被称对中国宗教研究有“先河”之功。他研究中国宗教的宗教社会学的方法，促进和推动了中国学者采用宗教社会学来研究中国宗教，被称为“中国宗教社会学研究的真正创始人”。瑞典汉学家高本汉（Bernhard Karlgren，1889—1978），终生的最高成就是根据研究古代韵书、韵图和现代汉语方言、日朝越诸语言中汉语借词译音构拟汉语中古音和根据中古音和《诗经》用韵、谐声字构拟古音，写出了著名的学术专著《中国音韵学研究》《汉语中古音与古音概要》《古汉语字典重订本》《中日汉字形声论》《论汉语》《诗经注释》《尚书注释》和《汉朝以前文献中的假借字》等，他对汉语音韵训诂的研究是不少中国学者所不及的，并深刻影响了对于中国音韵训诂的研究。20 世纪著名的日本学者津田左右吉关于中国文化的研究著述甚丰，他认为中国文化是一种“人事本位文化”，其核心是“帝王文化”，其他认识上尽管有偏颇，但也有其独异性和深刻之处。这就是“他山之石”的意义和价值。当然，不可否认，汉学家对于中国文化的误读或歪曲也是常见的，诸如瑞典考古学家安特生（John Gunnar Andersson）于 1921 年 10 月对河南仰韶文化遗址发掘之后，便说中国彩陶制作技术源于西方，并在他的《甘肃考古记》和《黄土儿女》著作中反复强调他的这一错误观点。这一观点亦为“西方文化东移造成中国文化之说”提供了说辞。日本学者石田幹之助也推波助澜，闭门造车地推测出西方文化东渐的路线；甚至连我们的国学大师章太炎、刘师培也被“忽悠”得认可了“中国文化西来说”。[②] 美国现代汉学（中国学）的奠基人费正清对中国历史尤其近代史的研究独具风采，为美国人民认识中国搭建了一座桥梁；但他在研究上的所谓“冲击—回应”模式，却近乎荒谬，认为是西方给中国带来了文明，是西方的侵略拯救了中国。综上所述，对于汉

① 季羡林：《汉学研究·序》第七集，北京：中华书局，2003 年。

② 《章太炎全集·〈訄书·序〉·〈种姓篇〉》，上海：上海古籍出版社，1985 年；刘师培：《刘申叔先生遗书·〈思念祖国〉·〈华夏篇〉·〈国土原始论〉》。

学成果的研究，只有冷静、公正、客观、全面，才能在沙中淘得真金，拥抱“他山之石”。

在中国，汉学的接受与命运，诚实地说，在20世纪80年代初期之前，基本上是无视它的学术价值，更没人把它看做是中国文化的延伸。此外，由于民族心理上的历史“障碍”，我们还曾视汉学为洪水猛兽，甚至觉得它是仇视中国、侮辱中国的一个境外的文化“孽种”。这种“观点”，虽嫌偏颇，但也不是空穴来风。因为自19世纪“鸦片战争”前后，直至20世纪40年代，偌大的中国曾经惨遭蹂躏，整个历史写满了炮火压迫和宗教怀柔，其间也不乏为列强殖民政策服务的传教士、“旅行家”和“学者”深入中国腹地，以旅行、探险、考古之名而实行搜集社会情报、盗窃和骗取中国大批文物。

人类思想的飞翔，是受社会和历史禁锢的，山高水远的阻隔也使得人类互相寻找的岁月特别漫长。交流是人类文化选择的自然形态，汉学就发生在这种物质交流和文化交流之中。

公元前后，中国人被称为赛里斯（Seres），中国叫赛里加（Serice），这是陆路交往关于中国最初的叫法，时间较早；另一种叫法，把中国人称为秦尼（Sinai），中国叫秦（Sin），这是海路交往关于中国的叫法，时间较晚。由商人输往西方的中国丝绸绢绘是当时帝王贵族倾慕的奢侈珍品，Seres和Serice两字系由阿尔泰语所转化，是希腊罗马称谓中国绢绘的Serikon、Sericum两字简化而来。西方人当时称中国为“秦”（Sin），称中国人为“秦尼”（Sinai），则是源于秦朝。①

人类在互相寻找的初级阶段，中国和西方试探性的商业交往还很原始，那时的人类，不同的国家、民族和族群处于相对落后和封闭的状态，人类各个角落的不同文化还处于相对不自觉或是相对蒙昧的历史时期。在人类最早的沟通中，中国人走在最前边。公元前139年，张骞奉汉武帝之命，越过葱岭，亲历大宛、康居、大月氏、大夏、乌孙、安息等地，直达地中海东岸，先后两次出使中亚各国，历时十多年，开创了古代和中世纪贯通欧亚非的陆路“丝绸之路”，为人类交往开创了先河，也为汉学的萌发洒下最初的雨露。

---

① 莫东寅：《汉学发达史》，北平文化出版社，中华民国三十八年（1949年），第3页。

在文化史上，以孔孟儒家学说为核心的中国文化最先影响朝鲜半岛，然后才是日本和越南等周边国家。这些周边国家与中国的关系复杂，甚至被说成同种同文，因此可以说它们的文化与中国文化有着很深的“血缘”关系。公元522年，中国佛教渡海东传日本，从那时开始，中国典籍便大量传入日本，但这只是一种“输入”，只是日本创建自己文化的借鉴，并没有形成对于中国文化的深层研究。及至唐代，由于文化上承接了汉朝的开放潮流，那时与异质文化的交流相对更加频繁，商贸往来和文化沟通有了发展，西方和中国周边国家或地域的人士通过陆路和水路进入中国腹地，长安、洛阳、扬州、广州、泉州等城市，都是中外贸易和文化交汇的重要都会，尤其是前者，更是当时世界最大的商业文化之都；而后者，由于东南沿海经济崛起、人口增多、手工业发达、农田水利的改善，为海外贸易发展创造了条件，再由于唐代中期“安史之乱”切断了陆路“丝绸之路”的缘故，曾称为“鲤城”“温陵”“刺桐城”的泉州，便成为联结亚洲、欧洲和非洲的海上丝绸之路的“东方第一大港”，是那时以丝绸、金银、铜器、铁器、瓷器为主的国际贸易之都。通过频繁的往来和交流，外国人对中国文化的认识越来越多、越来越深，汉学也便在这种交流中不知不觉慢慢衍生。

但是，源远流长的汉学，人们习惯地认为其洪流和网络在西方，西方是汉学的形象代表。这一看法一是源自近代以来西方强势文化和中国人的崇洋心理；二是西方汉学的某些特征也确实有别于朝鲜半岛、日本和越南的汉学。其实，如果我们从世界汉学历史发展的角度看，日本、朝鲜半岛和越南的汉学要早于西方的汉学，比如日本在十四五世纪已经初步形成了汉学，而那时西方的传教士还没有进入中国。因此，对于汉学的研究，无论是西方还是东方（朝鲜半岛、日本和越南），我们都不能顾此失彼，要以同样的关注和努力探讨其历史。当然，汉学的历史藏在文献里，而隐性源头却在文献之外。

文化往往伴随经济流动，其交流也会在不自觉或无意识状态下发生。到了明代初年，郑和率舰队出使西洋，前后七次，历经二十八年，到过三十多个国家，最远抵达非洲东岸和红海口，真正拓展了海上“丝绸之路”。

在公元八九世纪至十六七八世纪期间，关于中国，多见于西方商人、外交使节、旅行家、探险家、传教士、文化人所写的游记、日记、札记、通信、报告之中，这些文字包含着重要的汉学资源，因此有人把这些文献称为“旅游汉学”。这些来源于文艺复兴,因为思潮的开放影响了欧洲人的思想和生活,他们或通商,或传教,或猎奇,但了解和研究中国文化却是一致的,于是汉学便在葡萄牙、西班牙、意大利、法国、荷兰、英国、德国、俄罗斯等主要的西方国家逐步发展起来。

这类游记和著作较早的有约在公元 851 年成书的描述大唐帝国繁荣富强的阿拉伯佚名作者的《中国与印度游记》,吕布吕基斯的《远东游记》(1254),意大利的雅各·德安克纳的《光明城》,贝尔西奥的《中华王国的风俗与法律》(1554),《利玛窦中国札记》,亚历山大·德·罗德的《在中国的数次旅行》(1666),南怀仁的《中国皇帝出游西鞑靼行记》(1684),费尔南·门德斯·托平的《游记》,李明的《关于中国现状的新回忆录》(1696)和《中华帝国全志》(《中国通志》)等,以及罗明坚、金尼阁、汤若望、卫匡国等名士的著作,还有大量名不见经传的传教士、商人、旅行家、探险家的各种记述,都成为日后汉学兴旺发达的必然因素。这类著作主要涉及中国的物质文明,较多描述、介绍中国的山川、城池、气候以及生活起居、饮食、服饰、音乐、舞蹈,也涉及一些中国的观念文化。这些“旅游汉学”著作中,影响最大的是《马可·波罗纪行》(《东方见闻录》)。马可·波罗(Marco Polo)于 1275 年随父亲和叔父来中国,觐见过元世祖忽必烈,1295 年回国后出版了这本书,它以美丽的语言和无穷的魅力翔实地记述了中国元朝的财富、人口、政治、物产、文化、社会与生活,第一次向西方细腻地展示了“唯一的文明国家”——“神秘中国”——的方方面面。

这些包罗万象的文献,不仅记录了不同时代的中国,还以自己的文化视角开始了中西文化最初的碰撞。作为文献,这些游记、日记、札记、通信和报告,有赞美,有误读,也有批评,但因为其中包含大量中国物质文化及政治、经济、历史、地理、宗教、科举等多方面的文化记载,而成为汉学的重要组成部分,在学术史上有重要价值。

汉学的发生、发展与经济、政治、交通以及资讯分不开。有学者把汉学的历史分为“萌芽”“初创”“成熟”“发展”“繁荣”几个时期,也有的分为“游记汉学时期”“传教士汉学时期”和“专业汉学时期”三个阶段。但汉学的真正形成是在明末兴起的“西学东渐”和“中学西传”的互动之中。

从 16 世纪到十八九世纪,在数以千计的散布在中国各地的传教士中,有不少人成为名载史册的汉学先驱,他们为汉学的发展作出了重大贡献。

自1540年罗耀拉(S. Ignatins de Loyola)、圣方济各·沙勿略(Francisco Xavier)等人来华,开始了以意大利、西班牙传教士为主的第一时期的耶稣会的传教活动。接着,意大利的范礼安(Alexandre Valignani)、罗明坚(Michel Ruggieri)等著名传教士来华。1583年,即明朝万历十一年,罗明坚将利玛窦神甫(Matteo Ricci)带到中国,从此,耶稣会士在中国的宗教活动无论是对于西方或是东方,都开始了一个新的历史时期。西班牙的胡安·冈萨雷斯·德·门多萨(Juan Gonzalez de Mendoza)的《中华大帝国史》于1588年问世,这部世界汉学史上的第一部汉学著作,名副其实地对中国的政治、历史、地理、文字、教育、科学、军事、矿产、物产、衣食住行、风俗习惯等做了百科全书式的介绍,具有相当的学术价值,以七种文字印行,风靡欧洲。以利玛窦为核心的耶稣会士的历史意义在于他们开始了对中国文化的全面"开垦",不仅著书立说,还把《大学》《中庸》《论语》《孟子》等中国文化经典译成西文,不仅开西学东渐之先河,也推动了中学西传,使中国文化对西方科学与哲学产生重要影响,因此这位思想家当仁不让地被视为西方汉学的鼻祖。与其先后到达中国的著名的传教士都著书立说、传播中国文化,对推动西学东渐和中学西传作出了贡献。在世界汉学史上,除了以上提及的,还有许多汉学家的名字十分响亮,诸如曾德照、柏应理、卫匡国、殷铎泽、南怀仁、汤若望、龙华民、金尼阁、罗如望、熊三拔、李明、张诚、白晋、马若瑟、宋君荣、钱德明、翟理斯、安特生、雷慕沙、儒莲、德理文、安东尼·巴赞、蒙田、冯秉正、尼·雅·比丘林、巴拉第·卡法罗夫、瓦西里耶夫、沙畹、伯希和、马伯乐、葛兰言、斯文赫定、马礼逊、斯坦因、理雅各、翟理斯、李约瑟、韦利、霍克斯、卫礼贤、福兰阁、孔拉迪、高本汉、卫三畏、费正清、戴密微、石泰安、谢和耐、欧文等。他们和东方日本、朝鲜半岛的富有建树的汉学家以及当今散布在各国的汉学家,对中国文化的独特理解,铸造成汉学史上的思想学术之碑,开垦了汉学成长的沃土。

"西方的汉学是由法国人创立的。"但是,在欧洲全面研究中国文明的问题上,"法国的先驱是葡萄牙、西班牙和意大利"。① 戴密微把以上三个国家誉为汉学的先锋,"他们于16世纪末叶,为法国的汉学家开辟了道路,

① 戴密微《法国汉学研究史》,耿昇译《法国当代中国学》,北京:中国社会科学出版社,1998年。

而法国的汉学家稍后又在汉学中取代了他们”，真正建立起作为学术的汉学传统。就传统汉学而言，法国是汉学家最多的国家之一，有许多汉学界的学术巨擘，不断为汉学的崇高而添砖加瓦。

中外文化交流的结果不仅意味着中国文化“外化”的传播，也意味着异质文化对中国文化“内化”的接受。汉学家作为中外文化交流的桥梁和使者，在异质文化的交流中，也是人类和谐与进步的推动者。

汉学诞生在与异质文化碰撞、交流和相互浸淫之中。这个结果无异于一枚果子的成熟，只有“风调雨顺”才生长得好。和谐、宽容、理解与尊重，是异质文化彼此借鉴的保证。作为文化形态的汉学，其成长和生存离不开良好的国际语境。就中国而言，历史上凡是开放的时代，文化交流多，汉学就发展；反之，汉学就停滞，这似乎成为一种规律。

作为学术公器的汉学，文化上有其自己的成长过程。汉学是发展的，这一植根于中国文化土壤，生存于异国他乡的文化，同样深受不同时代语境的极大影响。这里所说的语境，既包括中国的历史演变，也包括异国和世界的历史变化。也就是说，不同的历史时期，不同的社会、政治、经济、文化背景，在很大程度上左右着汉学的发展方向和内容；换句话说，汉学的形成和发展，不仅受制于中国历史的更迭，也受制于他者社会的变化。这就是以历史悠久的中国文化为研究对象的汉学发展的基本轨迹。

汉学作为一种学术形态，总体上可以分为“传统汉学”和“现代汉学”。传统汉学以法国为中心，而现代汉学兴显于美国，20 世纪中期以来，在西方其他国家葆有传统汉学的同时，现代汉学也很繁荣。随着中国与世界政治关系的变化，随着中国文化与世界文化交流的拓展，现代汉学有了显著的发展。

虽然 20 世纪的后五十多年，中国文化与世界各国文化接触开始多了起来，但就整体而言，1949 年后约有三十多年是一个相对“闭关锁国”的时期。公正地讲，这道意识形态的“长城”也并非就是中国的政策，是那时期以美国为首的国家在政治、经济、军事、文化上对我国全面封锁的结果。这个时期的“汉学”涂满了政治色彩，以法国为代表的汉学较多地保持着传统汉学的学术精神，而美国的“中国学”却成了充满政治意识的现代汉学的代表。美国的“中国学”所关心的不是中国文化，更不是中国的传统文化，而是中国的政治、经济、军事、教育和社会生活各个层面的问题。这种政治特征,是那个时期美国汉学的基础,这一特征也影响了其他国家汉学的研究方向和内容。

由于中国与世界的隔离,由于西方与中国少有交流,因此汉学家不了解中国最新的文化进展(比如新的考古发现),致使汉学处于断炊或"无米之炊"的状态,没有中国文化的支持,西方汉学要想取得研究上的突破也很困难。陌生感和神秘感困扰着汉学家,这不仅是文化的尴尬,也是汉学家的难堪。

人类文化包含了物质文化和观念文化等。物质文化表现在衣食住行生活方面,是一种看得见、摸得着又极易变化的"具象"文化,例如饮食、服饰、住房、音乐、舞蹈等;观念文化是一个民族的核心,表现在人的价值观、道德观、家庭观、宗教观等诸多方面,以及关于自由、平等、民主的理解,观念文化是一个民族的思维经过高度抽象后形成的思想、观念和精神,它通过文化灵魂——哲学、文学、语言、宗教、历史等来表达。① 观念文化,一俟进入外国汉学家的研究视野,他们的研究也就进入了对中国文化核心的深层研究。

汉学家从对中国物质文化到观念文化的研究,其领域越来越广越来越深。现在,汉学不仅包括对中国的哲学、文学、宗教、历史领域的研究,还包括社会学、政治学和自然科学。Sinology(汉学)和 Chinese Studies(中国学),它们已经发展到可以"异名共体"的地步。

时至今日,传统汉学和现代汉学这两种汉学形态不仅同时存在着、共荣着,而且还互相浸透着。

19 世纪末至 20 世纪初,美国汉学悄然嬗变为中国学,并以自己独有的个性特点和极强的生命力出现在世人面前。美国汉学始自 1830 年东方学会(American Oriental Society)的建立,这个学会虽然代表了欧洲那种对东方学文学的兴趣,但这个学会"从一开始就有一种与众不同的使命感"——"为美国国家利益服务,为美国对东方的扩张政策服务"。② 这个特点也与"美国海外传教工作理事会"向中国派出基督教传教士的宗旨相

① 任继愈:《汉学发展前景无限》,载《中华读书报》2001 年 9 月 19 日。

② 侯且岸:《费正清与中国学》,载李学勤主编《国际汉学漫步》(上),石家庄:河北教育出版社,1997 年。

一致。可见，美国汉学一开始就和美国的国际战略和对华政策联系在一起。卫三畏(Samuel Wells Williams)1848年出版的百科全书式的《中国总论：中华帝国的地理、政府、教育、社会、生活、艺术、宗教及其居民观》就带有较为浓厚的社会科学特点，与欧洲具有人文科学特征的汉学颇有差异，但它依然属于Sinology的范畴。

美国从南北战争后的统一中走向强大，加入强国之列。八国联军对中国的侵略行径，是列强联合的第一次尝试。从那时起，承担着相当"政治"角色的传教士进入中国。真正美国式的"汉学"——中国学，就从那时开始，而奠基人和开拓者是之后的费正清(John King Fairbank)。作为美国首席中国问题专家的费正清，他的中国学研究不仅影响了美国，也对其他国家的汉学研究或中国学研究有强烈的影响。

在西方，费正清的魅力在于，没有谁能像他那样以更清晰、更富于洞察力的笔触来表述中国。"在使美国人了解中国，了解中国的传统、中国纷扰不安的近代史，以及中国神秘莫测的现状等方面，谁的贡献也没有像他那样大"。费正清等一批知名的美国中国学家都参与过战时情报工作，在战后作为美国政府的智囊而直接为制定对华政策服务。费正清的研究虽然充满了实用和功利色彩，立场和观点也有偏见，但这并不妨碍他在历史上作为一个贡献巨大的汉学家和中国人民的朋友的光辉。美国学者从事研究的根本出发点是"使命感""学术个性"和"反唯理智论倾向"，"蔑视学问，更为强调实用性知识"，"更为明显同自己以外的社会，即政治家、实业家及其实践家始终保持紧密的联系"。① 这就是美国中国学家的基本心态，他们讲究功利和实用，不理会学术上的理智倾向，这与法国汉学家的学术心态、学术个性与学术传统几乎大相径庭。

传统汉学(Sinology)和现代汉学(Chinese Studies)的差异在于前者是以文献研究和古典研究为中心，它们包括哲学、宗教、历史、文学、语言等；而以美国为中心的现代汉学(中国学)则以现实为中心，以实用为原则，其兴趣根本不在那些负载着古典文化资源的"古典文献"，而重视正在演进、发展着的信息资源。但是，汉学发展到21世纪，其研究内容和方式已经出现了融通这两种形态的特点。这种状况既出现在欧洲的汉学世界，也出现

---

① [美]赖肖尔：《近代日本新观》，北京：三联书店，1992年。

在美国的中国学研究之中,可以说世界各国汉学家的研究中,都兼有以上两种汉学形态。

汉学(Sinology)对中国研究者来说,被尘封得太久,所以它的空白很多,浩如烟海的资源还有待于深入开掘。这种开掘,不仅可以收获汉学,还可以无意中发现被历史"放逐"和"遗失"在异国他乡的中国文化。编撰"列国汉学史书系"的目的和宗旨,不仅是为了梳理已有的汉学资源,在世界范围内追踪中国文化的外传历史状况、经验及影响,同时探究汉学的产生、成长、发展与繁荣,还要尽可能厘清这块"他山之石"对于中国文化的作用。当然,"列国汉学史书系"还期望对推动中国文化与世界文化的交流有所裨益。

"列国汉学史书系"作为一个文化工程,其撰写的难度非一般学术著作所能比拟。严绍璗教授谈到 Sinology 的研究者的学识素养时提出四个"必须":①必须具有本国的文化素养(尤其是相关的历史、哲学素养);②必须具有特定对象国的文化素养(同样包括历史、哲学素养);③必须具有关于文化史学的基本学理素养(特别是关于"文化本体"理论的修养);④必须具有两种以上语文的素养(很好的中文素养和对象国的语文素养)。这几点确实都是汉学研究者必须具备的文化和语文素养,否则很难进入汉学研究的学术境界。

写作"列国汉学史"艰难,而出版可谓难上加难。人间的事好像天上的云、地上的风,飘忽不定没有根,铁板钉钉是没有的,因为钉子可以用"权力"拔出来,一切承诺和协议,都可以化为乌有。虽然"列国汉学史书系"一直受到经济的困扰,但它终没有自毙于摇篮之中,冬天之后是春天,接着便是收获的季节。这套富有创意和价值的书系,将对中外文化交流和汉学的发展及其比较研究产生深远影响。

有人认为"汉学史中国人写不了",当然这是一个很奇怪的"立论"。日本人石田幹之助写了《欧人的中国研究》(1932)、莫东寅写了《汉学发达史》(1949),接下来又有严绍璗的《日本中国学史》(1991),张国刚的《德国的汉学研究》(1994),张静河的《瑞典汉学史》(1995),何寅、许光华主编的《国外汉学史》(2002),刘正的《图说汉学史》(2005)和李庆的《日本汉学史》(2005)相继面世。在人类的文化长廊里,无论是中国还是外国,各种史书琳琅满目,这其中有外国人写中国的各类历史,也有中国人写外国的各类历史。历史，是往事，是记录，是选择，并有相对独立的评论和褒贬。但是，事实上任何一部历史都不是最后的历史，历史随着时光的流逝而演进，修史很难一步到位，它需要一代代学者“积跬步”才能“至千里”，只有“积土成山，积水成渊”，方能“风雨兴”“蛟龙生”。学问之事非一夕之功，非得有前赴后继者敢于赴汤蹈火“流血牺牲”，才会达至光明顶峰。

开拓者也许会在某个时候将自己的真诚劳作化为欢乐，因为在以后的岁月里，定会有人踏着自己的肩膀或是踩着自己的鼻子和头顶攀上高峰，以鸟瞰美丽风光。21 世纪是经济的大空间，对汉学来说也是一个“大空间”。但是，要探索这个“大空间”，需要有个和谐的“太空站”，需要大家联袂共建；当然世界上需要多元文化和谐相处的历史语境，共同创造彼此接近、认识、理解、尊重、沟通、借鉴与融合的机会，这个机会，就是汉学研究发展的机会。

时间在行走，历史在行走。人类创造过历史，书写过历史，但是没有最后的历史。汉学有历史，而且还正在创造新的历史，汉学及其研究将以自己的品格和个性在人类文化的世界里放出异彩。

阎纯德

2006 年 12 月 5 日

于北京半亩春

前　言

呈献于读者之前的这本书所讲述的是有关美国汉学群体在过去200多年中所创造的辉煌业绩，以及那些先后闪亮登场的美国汉学家的前世今生。在回首那流光溢彩的历史同时，我们可以从稍纵即逝的记忆片段中找到启迪睿智的章节。

在印第安人和因纽特人（爱斯基摩人）聚居北美之前，那儿只是一片蛮荒之地。哥伦布（Christopher Columbus，1446—1506）发现了美洲新大陆之后，航海业发达的欧洲各国纷纷前往建立殖民地，并开始探索通向亚洲的新航道。法国人建立了新法兰西（包括圣劳伦斯流域下游和密西西比河流域），西班牙人建立了新西班牙（包括现在的墨西哥和美国西南部），荷兰人建立了新阿姆斯特丹（1664年改名为纽约）。1607年英国建立了第一个殖民据点詹姆士城，到1733年英国人从北方的新罕布什尔到南方的佐治亚，先后开拓了紧靠东海岸的13个殖民地。

1775年北美人民反对英国殖民主义的独立战争爆发。1776年7月4日在费城召开的第二届大陆会议推选乔治·华盛顿（George Washington，1732—1799）为新组建的大陆军总司令，通过了《独立宣言》，正式宣布建立美利坚合众国。1787年美国制定了第一部宪法，确定建立权力分享的联邦体制目标，到1812年完全摆脱了英国的统治。1860年共和党人亚伯拉罕·林肯（Abraham Lincoln，1809—1865）当选为第16任美国总统，第二年9月著名的《解放黑奴宣言》发表后引起了南方奴隶主的不满，导致了南北战争的爆发。五年后北美上空翻卷的战云随风而逝，资本主义的社会经济得到了快速发展。

1869年第一条横穿美洲大陆的铁路竣工，南方纺织厂犹如雨后春笋，出现了石油大亨约翰·洛克菲勒（John D.Rockefeller，1839—1937）和钢铁大王安德鲁·卡内基（Andrew Carnegie，1835—1919）等巨富财团。电话、电灯、照相、电影和交流电发电机等近代技术的应用推动了工业化进程。

到1900年,美国已成为世界上最大的经济和军事强国之一,吸引了世界各地文化、政治和商业精英前往考察、交流和加盟。19—20世纪期间,美国的领土范围从大西洋沿岸扩张到阿巴拉契山脉、密西西比河和科罗拉多山脉,先后从墨西哥人手中夺得了得克萨斯、亚利桑那、新墨西哥和加利福利亚,又用战争和购买手段兼并了原法国、西班牙、荷兰和英国的殖民地,使原来的13州逐渐扩大到东西海岸的50州及其所有的海外属地。

在过去两个世纪经济发展的潮起潮落中,美国凭借着欧洲资产阶级革命中的"平等"和"自由"口号和清教主义与个人主义价值观,催生了一个又一个亿万富翁,与之相伴的还有一个又一个未完的"美国梦"。"苹果之父"史蒂夫·乔布斯(Steve Jobs,1955—2011)和互联网开拓者比尔·盖茨(William Henry Bill Gates,1955—),不仅通过集成化的电子产品给美国带来了财富,同时也通过对人类智慧的汇集和开发方向的图解,赋予了以"淘金热"为先导的"美国梦"之魅力。

由于美国建国初期的知识分子移民主要来自于欧洲各国,欧洲文化的影响在当时的美国知识界一直占主导地位。从某种意义上说,当时的美国文化几乎就是欧洲文化的新版本。随着人文环境的改善,教学和科研规模的扩大,留学中国和侨居欧洲的美国学者一批批回国,充实并壮大了教师和研究人员队伍,提升了美国的汉学水平。

美国前汉学时期有关中华文化和中国国情的研究是在来华传教士对于中华文化的研究、诸多学术团体和高校东亚专业的学术探索与教学活动以及相关基金会联合营造的环境中发展起来的。

1842年创立的美国东方学会(American Oriental Society)主要开展对远东、近东、北非和阿拉伯的语言和文化的研究,广泛涉及语言学、文学、历史、考古、哲学、宗教、艺术和民俗等领域。该学会与耶鲁大学关系密切,拥有藏书丰富的图书馆。《美国东方学会季刊》(Journal of the American Oriental Society)第一卷于1843出版,以主题宽泛学术性浓厚为其特色,内容包括对阿拉伯音乐、波斯楔形文字、中国象形文字和历史、印度佛教等方面的研究,编辑部成员多半都是公认的权威学者。

1919年创建的美国学术团体协会(American Council of Learned Societies)聚焦于区域研究,1941年开始出版《远东季刊》(The Far Eastern Quarterly,1956年改名为《亚洲研究学刊》Journal of Asian Studies)。

1925 年 7 月成立于檀香山的美国太平洋关系学会(The Institute of Pacific Relations),由国际总会和各国分会组成,总部设在夏威夷,后迁往纽约,学术活动一直持续到 1960 年。国际总会曾经出版会刊《太平洋事务》(Pacific Affairs)。学会成立之初,美国的亚太研究几乎是一片空白,第二次世界大战前专职学者不足 50 人,只有少数美国大学开设了此类专业课程。为了改变这一状况,学会多次召开了亚太问题学术研讨会,采取各种方式开展研究合作,为美国现代亚太区域的研究打下了坚实的基础。1933 年《太平洋事务》主编欧文·拉铁摩尔(Owen Lattimore,1900—1989)对中国共产主义运动历史的研究成果广为人知。在 20 世纪上半叶美国汉学的发展中,太平洋关系学会曾发挥过举足轻重的作用。

1925 年组建的哈佛燕京学社(Harvard-Yenching Institute),旨在激发美国学人开展汉学研究,为中华文化的传播、教学和出版提供方便,促进哈佛大学与燕京大学以及中国其他教会大学之间的合作。1928 年学社建立了汉和图书馆,1936 年开始出版《哈佛亚洲研究学报》。在此后的几十年中,哈佛燕京学社虽然历经战乱和重组的波折,但是培养了大批优秀人才,中美学人之间的合作成为国际学术交流史上的佳话。

1926 年创建的美华协进会(China Institute),是在当时的北京大学校长胡适(1891—1962)和哥伦比亚大学教授杜威(John Dewey)的联合呼吁下,以中国基金会(China Foundation)的名义利用从美国庚款中连续三年每年 25000 美元的拨款创办起来的。该会创建的目的是为在美国传播中华文化打开一个窗口,为西方人学习中国历史、语言和艺术架设一座桥梁。该会在纽约曼哈顿的会所,是早期中国留学生经常聚会之处,第一任会长为当时南京东南大学校长郭秉文。

第二任会长孟治,上任后曾分别拜访耶鲁、哈佛和剑桥大学的一些学者,邀请他们加入协进会的理事和顾问团,并呼吁美国企业界捐款赞助。1930 年 2 月,梅兰芳(1894—1961)应协进会邀请到旧金山、芝加哥和洛杉矶等地演出,还登上了纽约百老汇的舞台,让美国观众第一次领略到中国京剧的艺术魅力,《纽约时报》等主流媒体曾争相报道演出盛况。美国政府为促进中美文化交流对中国留学生和访问学者提供奖助金,由华美协进社代为审批和管理,早期的受惠者包括梅兰芳、冯友兰(1895—1990)、赵元任、吴一方、赛珍珠、老舍(1899—1966)和林语堂等知名人士。1930 年 2

月，华美协进会为美国部分公私立中小学教师开设了中国文化与历史课程。1943 年，华美协进会接受美国和中国政府委托负责 250 万奖学金的申请和评审工作，同时还负责对全美 40 个文化交流机构的统筹协调事务。

汉学涵盖面很广。有人从历史学角度研究中国，有人从经济学角度研究中国，有人从人类文化学或者哲学角度研究中国，从社会学、文学、哲学和语言学等角度研究中国的人数更多。一部分美国大学东亚系早先曾经侧重研究汉语、中国历史和文学，如芝加哥大学东亚系研究中国古代史，斯坦福大学的亚洲语文系只教汉语和中国文学。

早期研究中华文化和中国国情的美国人大多数来过中国，其中有传教士、洋行雇员或者在华服务的美国外交和军事人员。虽然他们中的一些人并非专职从事东方人文学科研究，甚至缺乏必要的专业素养，但是他们的在华经历和知识却是当时美国汉学研究的宝贵资源。

第二次世界大战之前，美国汉学的涉科范围偏重于历史学、宗教学、语言学、文献学和人类文化学。20 世纪 40 年代后原西方殖民国家先后独立，以美苏为中心的两个阵营形成对峙状态，美国迫切需要加强对新兴国家的了解和研究。出于政治需要，20 世纪下半叶美国开始积极资助学术界进行跨学科的区域研究，直接或间接地推动了整个高校中社会科学的重新分类。社会学、文化学、政治学、经济学、人类学、民俗学分别纳入汉学，吸引了各国汉学精英，出版了许多重要的研究成果。在此学术语境中西方的汉学中心由西欧转移到了美国。

美国汉学界对中国历史的研究，常用术语有“古代中国”（Early China，多指秦汉时期）、“中世纪中国”（Medieval China，主要涵盖唐宋时期）和“帝国后期”（Late Empire，主要指代明清时期）。① 中国各个历史时期都是美国学者的研究选题范围，20 世纪 70 年代中国考古的一系列新发现使美国对中国古代史的研究规模进一步扩大。研究中国古代史的美国院校主要集中于西海岸的华盛顿大学、斯坦福大学、加利福尼亚大学柏克莱与洛

① 用欧美史学界的三分法对中国历史进行分期是第二次世界大战以后西方汉学研究中的常用套路，但是如何具体划分却有不同观点。例如“中世纪中国”的开端有东汉说和魏晋说，“近代中国”的开端有唐宋说、明末说或清中叶说等不同见解。传统中国史书编写通常以各朝代或皇帝登基年份为分期依据的表述仍不失其参考价值，但是查阅或翻译欧美汉学著述时应该知道西语常用术语的汉语对应含义。

杉矶分校，以及中西部的芝加哥大学和亚利桑那大学。对于中国近现代和当代史研究的美国院校主要有哈佛大学和耶鲁大学。

研究中国国情的美国政府部门、基金会、思想库（think tank，又译“智库”）、团体和人员包括：白宫（The White House）、国务院（Department of State）、五角大楼（the Pentagon）、国家安全委员会（National Security Council）和中央情报局（Central Intelligence Agency）等部门的中国问题专家、东亚或中国事务官员和相关情报人员；各类基金会、思想库和咨询公司的签约学者和从业人员；媒体和汉学期刊的编辑、记者和专栏作家；高校以及具有大学背景的汉学研究所的教授和研究生。1979 年中美正式建交后美国国会众议院先后成立了美中经济与安全评估委员会（US－China Economic and Security Review Commission）、美中国会交流小组（US－China Working Group）、美国国会中国问题委员会（Congressional－Executive Commission on China）和中国连线（Congressional China Caucus）等七个机构。由于隶属关系、经费来源和工作对象定位不同，因此在研究范围、数据采集、理论依据、分析手段的把握都表现出不同的针对性和使命感。值得注意的是，随着上述涉科人员的职责和学术兴趣的变化，他们的评审方式也经常有所调整。

近年来国内学术界有这样一种看法，认为第二次世界大战以前美国学者对于中华文化和中国历史的传统研究属于“汉学”（Sinology）范畴，内容“狭隘保守”，有很大的“局限性”；而第二次世界大战之后美国学者对于中国国情的研究属于“中国学”（Chinese Studies）的性质。据此，有关中国文化的严肃研究都应该叫作“中国学”，因为“汉学”这个术语“在西方学术界已经不再使用了”，只有拘泥于传统的华人学者才仍然使用这个术语。其实，上述说法与事实并不相符，对于所谓美国汉学“转型”的观点有明显的主观推测和过度解读成分。

笔者曾从随机抽取的大约 40 万字符的英国、美国和澳大利亚学者撰写的英文汉学资料（时间跨度为 20 世纪 40 年代末到现在）的翻译和考察中发现“Sinology”现在的使用频率仍然相当高，还常常看到“Sinology”和“China Studies”作为同义词或近义词并列使用的情况，如：“Sinology, or China Studies…”；“Sinology is also known as China Studies”；“Sinology (Chinese studies) is the study of the history, economics, politics, philosophy, language, literature, and culture of China";"Sinology in general use is the study of China"等。美国汉学转型现象在历史上曾经多次出现,最近一次出现于第二次世界大战结束前后。应该说它属于美国汉学在新的学术生态中研究范围的扩大和务实性变化。认为"汉学已经过时"或者把"中国学"作为一种标签随意粘贴都是不恰当的,许多汉学家对此并不认同。

诚然,美国汉学是该国人文学科中的富矿,也是国际汉学的一个重要组成部分。美国汉学界汇聚着各类学术精英,人才辈出,思想活跃,观点新颖,专业化和团队化实力雄厚,数字化手段发挥超常。在多元化和商品化的氛围中成果井喷,实用性和前瞻性为其一大特色。

但是把美国汉学研究与欧亚汉学研究相比较就会发现,无论在资源占有、学科分类、研究方法和手段的使用、乃至读者用户的定位,彼此都有明显的不同。20 世纪 60 年代以前,有些美国汉学家的个人研究领域较为宽泛,有些人甚至凭借手中的《中国文献目录》(China Bibliography)和《东亚宝库》(East Asia: The Great Tradition)之类的工具书就可以著书立说。在美国,有关中华文化的课程(包括汉语、中国文学、哲学、社会学、历史学和人类学)多半都被纳入东亚系,只有耶鲁等少数大学按照"区域研究"划分系科、分配师资和图书资料。美国汉学研究真正意义上的"专业化"大约出现于 20 世纪 60 年代后期。在"区域研究"的语境中,欧洲学者一般认为"汉学"就是"中国研究",而美国学者则认为"汉学"只不过是多学科的"区域研究"中的一个分支领域(subfield)。以前总理陆克文(Kevin Rudd)和亚太史学家白洁明(Geremie R.Barmé)为代表的澳大利亚学者则提出了涵盖外国人对中国和华人世界的传统和当代研究的"新汉学"(New Sinology)概念,高屋建瓴地把该项研究纳入了一种具有高度学术性的共享人文体系之中。①

客观地说,美国汉学是美国学者按照西方理论和价值标准通过长期实践所形成的一套考察、分析、解读和评价中国历史、文化和国情的路径、范畴、方法和话语体系。不管美国汉学家是否选择使用"Sinology"、"China

① 乾嘉汉学曾经历"化经为史"的提升,在中国史学界也曾被称为"新汉学",但是与澳大利亚学者提出的"新汉学"不是一个相同的概念。如果译为英语,前者应为"Neo-Confucianism",即"新儒家",有别于译自"New Sinology"的后者。

Studies”或者“Chinese Studies”，我们在对他们的学术成果进行翻译和引介的过程中都应该遵循“名从主人”的历史学、翻译学和语言学规则，“汉学”和“中国研究”均不失为最佳选择。至于“中国学”，如果是脱胎于日文的“支那学”就值得斟酌，在西语的译文中响应“shinagaku”者几乎寥若晨星。许多欧美学者并不认为“汉学”是一个有贬义色彩的过时术语，在保持与时俱进的同时，他们仍然坚持阅读古典汉籍，教授学生文言文，认读繁体字，甚至还喜欢在自己研究中保持传统的路数和风格。在许多欧洲学人（尤其是老一辈学人）的心目中，“传统”是财富，“汉学”也许是他们的家学渊源，研究有厚重史学价值的中国学问是一种学术贡献和他们的毕生追求。但是用“传统”一词来评价现代欧洲汉学有时容易产生歧义，实际上第二次世界大战前欧洲汉学家的研究选题和方法是根据当时的学术需要决定的，年轻一代的欧洲汉学家在这些方面一直不断地更新和扩大，并有新的价值取向。

2011年5月16日，美国耶鲁大学讲座教授孙康宜在由北京大学中国古文献研究中心和国际汉学家研修基地举办的一次题为《美国汉学的研究现状和学术动向》的演讲中说：美国汉学是中国文化与美国现代学术碰撞、融合的产物，它既包括传统意义上的“汉学”研究（Sinology），也包括中国问题研究（China Studies）。今日中国的方方面面，包括当代中国文学，中国乡村的文化遗产，当前中国大众文化的发展，少数民族的文学与文化，中国文学与日韩文学的关系，海峡两岸的‘记忆’和建构主义等，都是美国汉学的研究对象。① 孙教授的讲话给美国汉学作了准确的注释和解读。

德国波恩大学汉学家顾彬（Wolfgang Kubin，1945—　）在分析危机四伏的当代汉学时写道：

> 二战之后，英语在高奏凯歌的同时，也在中国学研究领域造成了这样的印象：第一流的汉学研究似乎多半只存在于美国。……今天美国汉学的主流（尤其是在现代领域）主要遵循两条思想路线和一个方法论——政治的正确性、后殖民话语和从历史角

① 北京大学国际汉学家研修基地新闻：《耶鲁大学讲座教授孙康宜在北大畅谈美国汉学研究》，2011年5月26日。

度分析很成问题的教科书的博大精深(课本知识+流行的文学理论)。

顾彬认为“政治正确性”把西方抬升为唯一的尺度,把实际更代表欧洲特点的东西给予了中国,借此顺便将中国纳入自己的西方价值体系和思想框架之中。以这样的方式,使中国失去了自身的独特性。对此,他批评说:

> 汉学家们几乎无法驾驭古代的欧洲语言,起码美国汉学家是这样的情况。他们不懂希腊语、拉丁语和希伯来语。出于误解,他们认为应当使中国的现代色彩比以往更加突出,他们显然在很大程度上低估了这种独特的文化。在这点上,众多的德国专业权威明显受到了美国的影响。但无论如何,隐藏在研究背后的,是古老的欧洲与年轻的美国在汉学领域展开的文化争斗。历史悠久的欧洲将长期成为这场斗争的胜利者,尽管它目前处于非常不利的起步状态。它的缺陷在于语言的多样性和教人保持学术严谨性的复杂历史。①

美国汉学家马森(Mary Gertrude Mason)在回顾美国汉学发展进程时曾经有这样一段的低调陈述:

> 美国人在汉学领域的研究工作是非常落后的。诸如卫三畏、卑治文一类的学者型传教士和其他一些人对中国语言和文学感兴趣,但是迟至 1875 年,美国的学院和大学中的汉语研究并没有取得真正的进展。这些情况都是真实的。②

顾彬和马森的上述观点,代表了部分欧美汉学家对于当代汉学研究的

---

① 顾彬:《汉学:路在何方? ——对汉学状况的论辩》(王卓斐译),载《中国图书评论》2010年第 11 期。

② 马森:《西方的中华帝国观》(杨德山等译),北京:时事出版社,1999 年。

思考和忧虑,值得重视。

白云苍狗,岁月悠悠,在200多年的美国汉学研究历史上曾经精彩纷呈,涌现了众多耀眼的星座,见证了中美文化交流的曲折历程。在以时空为座标,以人物和事件为中轴的历史长卷中,向读者演绎着昔日的荣光,并展示其来日的辉煌。中美两国史学界曾经有过许多交流和合作,也存在着诸多认知差异。在由单极向多极发展的当今世界,中美两国关系已经超越了其政治和地域范围,一切歧见、误解和防范都亟待化解,需要双方做出更大努力来增加互信。回顾两个多世纪的美国汉学史可以增加我们在人文领域的沟通信心和了解方式,因此具有特别重要的意义和价值。我们应该恪守严谨学术规范,站在客观理性立场上来对待每一项研究、分析和评价工作。

本书的编撰酝酿多年,曾查阅了上千万字中英文著述和资料,并咨询了数十位中外专家学者。在撰写过程中,除理论新旧取舍、素材真伪鉴别和论述繁简的科学定位外,笔者还尽力兼顾海内外不同读者的实际需求。书中所提供的部分人名、专名和关键词语的英语翻译,均选自所参考的英语文献,以备读者检索、回译和专业文献选读之需。有关前汉学阶段的美国传教士学者、各个历史阶段的美国汉学家和美籍华人汉学家的译介,主要依据他们在史料中出现的频率和代表性。因为篇幅和时间所限挂一漏万在所难免,但是在综合性分析章节中仍尽可能推介更多人物。改革开放以来,中西方和海内外学术界的联系日益密切,交流频繁,使得研究观点和方法的交流切磋变得比以前更为容易,这是最值得庆幸的学术界盛事,笔者从中获益匪浅,并愿与读者共享其中快乐。

作者谨识

2013年5月1日

目　录

第一章
美国汉学发展的漫长轨迹

一、美国汉学史钩沉

中美文化交流始于美国独立战争之前。殖民时期的密西西比三角洲和东海岸等地的北美城镇居民可能曾从欧洲转运去的中国茶叶、瓷器、南京布(nankeens)、雨伞、首饰、刺绣、蜜饯、编织物和奇彭代尔中国式家具(Chippendale furniture)之类的商品中获悉中国的存在,但是一般人对中国并不了解。1735 年法国耶稣会士杜赫德(Jean-Baptiste du Halde,1674—1743)在巴黎编辑出版的《中华帝国全志》(Description De La Chine, or Description géographique, historique, chronologique, politique, et physique de l'empire de la Chine et de la Tartarie chinoise)收录了有关中国的历史、地理、政教、风俗的典籍和"四书""五经"中的一些章节,以及中国古典戏曲和小说片段,在欧洲广为人知,不久就传到了美洲。以儒家学说为主流的中国传统文化一直是中美早期学术交流的一个重要内容,曾对美国的社会变革和新大陆文化产生过重要影响。

美国第一任总统乔治·华盛顿、第二任总统约翰·亚当斯(John Adams,1735—1826)和第三任总统托马斯·杰斐逊(Thomas Jefferson,1743—1826)都是中国思想和文化的推崇者,曾经试图将中华文明的积极元素引介到美洲的政治生活中,用作解决他们在建国过程中所遇到问题的参照依据。早在 1771 年杰斐逊就曾向他的内弟罗伯特·斯基普威思(Robert Skipwith)推荐北美所能看到的各类中国书籍,认为是最有价值的经典。1785—1789 年思想开放的杰斐逊一度侨居英国,有机会接触到丰富的中国文化。他把中国建筑中的栏杆造型融入了他所设计的意大利式建筑中，形成了北美独具特色的建筑风格，影响延续至今。

美国实业家、社会活动家和思想家本杰明·富兰克林(Benjamin Franklin,1706—1790)一度居住在英国，1757—1775年曾任驻法大使。他喜欢阅读中国书籍，是一位“实实在在的中华文化追随者”。[①] 1723年他从波士顿移居费城，有更多机会接触中华文化，兴趣广及儒家伦理哲学、中国历史、工艺生产和农耕作物等方面。1738年他在自己主办的《宾西法尼亚报》(Pennsylvania Gazette)上发表了《孔子的伦理》(From the Morals of Confucius)一文，节录了《大学》中的大量内容并加以评论。他还摘引了《中华帝国全志》的部分章节，在他的书信和函件中谈到了自己对于中国文化的思考和借鉴。他称赞孔子为“东方著名的改革家和道德思想家”，并以儒家伦理来提升自己。他认为领袖人物的典范作用对培养公民道德非常重要，通过自己的文章和传记与年轻一代分享中华智慧是他的实践原则。1788年5月他发表的《中国来信》(A Letter from China)，是以一位葡萄牙人在写给巴黎友人的信中讲故事的方式，描述了跟随库克船长到东方的一位英国海员如何与探险队失去了联系，在中国居住了三四年后才回到欧洲，后来移居美国。那位英国海员曾与当地一个中国农民家庭友好相处大约一年时间，后来又在一家皮鞋厂打零工，做出的皮鞋很受村民欢迎，农妇把他制作的皮鞋送到集市出售每周可得一盎司银子的报酬。他的房东希望他能定居中国，愿意把女儿许配给他，但是她爷爷不同意。英国海员慢慢地习惯了中国的生活方式，每天吃到的猪肉和豆腐都很可口，唯独不爱吃狗肉。应该说，《中国来信》属于当时西欧流行的一种文学题材，发表在法国和英国杂志上的这类虚构故事多半借外国人的书信来评论本国的社会和政治现象，例如1721年法国启蒙思想家孟德斯鸠出版的《波斯人信札》(Letters Persanes)、1739年阿尔更斯侯爵出版的《中国人信札》(Letters Chinoisess)和1760—1761年英国作家奥利维尔·哥尔斯密发表的《中国人信札》(Chinese Letters)都属于此类作品，但是富兰克林却通过《中国来信》介绍当时美国人心目中向往的中国地理和社会风貌，内容显得更为充实，无论从文学价值还是社会知识传播方面来看都别开生面。

本杰明·富兰克林说过：“如果我们有幸引进中国的产业、生活艺术和

---

① A. Owen Aldridge: *The Dragon and Eagle: The Presence of China in the American Enlightenment*, Wayne State University Press, Detroit. 1993.

畜牧改良技术以及他们种植的作物,到时候美洲就会象中国一样人口众多,超过其他任何国家。”18世纪中叶北美各个殖民扩张势力之间以及殖民者与印第安人之间经常发生武装冲突,居民没有安全感。1760年,富兰克林在一次公开辩论中提出了借用中国人修建长城治国安邦策略的建议,认为那是保护北美13个聚居地的最佳办法。虽然由于各种原因他的建议没能付诸实践,但是他仍然坚持己见,在独立战争期间再一次提出了修筑美国长城的建议。为了帮助定居者解决冬季御寒的问题,他建议生产类似中国北方民居取暖的设备,而且还根据资料自己动手制作了一个锅炉。独立战争结束后部分革命军旧部有功之臣和政要希望建立可以世代传承的爵士制度(a hereditary aristocracy),进一步扩大辛辛那提协会的规模,以便在国民中凸显自己的功绩,并让子孙分享荣誉。此事一提出就遭到富兰克林的反对,他引用中国史料说:在历史悠久、经验丰富和智慧超群的中国人中荣誉可以光宗耀祖,但是不可传承。如果一位中国人因为自己的大智大勇和学问得到了皇帝赏识,他的父母就会受到人们的尊敬,他教育自己儿子中的表率精神就会得到肯定,并使他能永远效忠国家。而承袭的荣誉制度是让子嗣无功受禄,这不但于理无据,显得荒唐,而且有百害而无一利。富兰克林认为,应该引进中国的农业资源发展北美的农业,为此他曾将在欧洲获得的中国大黄和大豆种子寄给费城的约翰·巴特拉姆,让他试种。①

思想家和文学家艾默生(Ralph Waldo Emerson,1803—1882)是美国的文艺复兴旗手,曾通过自己的论文和演说表达超验主义(Transcendentalism)的理想。他把孔子视为中国文化的灵魂,全世界各民族的光荣,也是哲学上的华盛顿。他认为孔子所珍爱的是人世间的实践伦理和社会道德,孔子心目中的“君子”是具有入世精神却又能脱离低级趣味的人。

美国自1776年7月4日宣布独立以后资本主义迅速发展,很快就加入了西方列强在亚洲的殖民主义扩张竞争。1784年美国有一艘特意用“中国皇后”号(Empress of China)命名的商船经好望角初访广州。这一年被看作是历史上美国对华南贸易开始之年,此后美国商人竞相来华从事转

① Dave Wang: *From Confucius to the Great Wall: Chinese Cultural Influence on Colonial North America*, pp. 6-11, 2009.

口贸易。1786 年美国政府委任原“中国皇后”号管货人山茂召（Samuel Shaw，又译“萧三畏”，1754—1794）为驻华无给职领事，12 年后设领事馆于广州。随着两国外交关系的建立，中美经济文化交流在民间方式基础上又增加了官方渠道。

19 世纪 20 年代已有美国传教士在广州和澳门开堂礼拜。1827 年美国人吴特（William B. Wood）在广州创办《广州纪事报》（The Canton Register，又译《澳门纪事报》或《澳门杂录》）。1830 年 2 月传教士裨治文（Elijah Coleman Bridgman，1801—1861）奉派前往广州，拜威廉·亨特（William C. Hunter，1812—1891）和英国新教传教士马礼逊（Robert Morrison，1782—1834）为师学习汉语。两年后他在广州创办了《中国丛报》（The Chinese Repository，旧译《澳门月报》或《中国文库》）并任主笔，经常发表有关传教工作和中国国情研究以及中国问题分析的文章，还翻译过汉语启蒙读本，为早期中美文化的沟通发挥了重要的作用。

早期来华的美国新教传教士为了便于与中国人沟通，向开放口岸的中国居民宣讲福音，深感学习中国文化、历史和社会习俗的必要性。随着传教、贸易和外交的发展，来华学习汉语和中华文化的美国人逐年增多。美国各教会在中国各地建立布道站、开办教会学校、医院、书局和译馆，纷纷选派人员学习汉语、中国历史和文化。1858 年英国人在上海成立了皇家亚洲协会华北分会，并创办刊发汉学研究文章的会刊，裨治文任第一会长，伟烈亚力（Alexander Wylie，1815—1887）担任会刊主笔。1868 年，美国美以美会传教士保灵（Stephen Livingstone Balwin，1835—1902）在福州创办中英文月刊《教务杂志》（原英文刊名为 The Chinese Recorder and Missionary Journal，1869 年改名为 Chinese Recorder），原以英美侨民为主要读者对象，但实际上却成了联系西方在华各教派的纽带，出刊时间长达 72 年。该刊除了报道中国新教运动开展情况外，也经常发表有关中国研究的稿件。

1882 年英美学者在北京创立北京东方学会（Peking Oriental Society），第二年出版会刊，丁韪良（William Alexander Parsons Martin，1827—1916）和麦嘉温（John Macgowan，？—1922）为该刊主笔。这一时期，美国传教士学者学术活动频繁，英美学者彼此联系广泛，除了翻译圣经、撰写阐发教义的文章和报道传教消息外，还经常刊发研究汉语、中国历史、文化和民俗民情的文章。那些在学术界极活跃的美国传教士，除了具有宗教献身精神外，还有较高的人文素养。

大约从1820年起就有华人移居美国，中美双向经济文化交流逐渐发展。据统计，1820—1848年间，一批中国造船技师及航海专家受雇于西班牙政府，在洛杉矶一带制造远洋航船。30多名华商从广东雇佣了1800名技术工人，以他们在华南用甘蔗制糖的技术在夏威夷设立了多家制糖厂。1849—1882年，大约有30多万华人先后进入了美国西部参与黄金开采和铁路建设。修建铁路的男壮工工薪低，条件艰苦，每天都拼命赶工期。进入工程后期，铁路沿线开始有人出售食品和提供家庭服务，工地上搭起了大排档，或者替工人们照顾子女，或者代人浆洗衣服。1862年加州大约只有两万华人矿工，10年后当地工厂的华工已增至工人总数的一半。美国南北战争期间（1861—1865）除了华人在海军中服役外，还有50多名华人陆军士兵直接参战。华人为美国独立战争、中美文化交流和美国早期的一些主要行业的发展做出过重要贡献。

1862年美国哈佛大学法学院毕业生蒲安臣（Anson Burlingame，1820—1870）奉派为首任驻华公使，五年任期届满后被清廷聘任为总理事务衙门官员率团出访美国、英国、瑞典、丹麦、荷兰和俄罗斯等国，商谈修约事宜。1872年咸丰进士陈兰彬以留学生总监身份率领第一批中国留学生30人赴美，1878年以首任驻美公使身份在华盛顿白宫蓝厅递交国书，翻开了中美文化交流史的新篇章。

1901年6月，美国哥伦比亚大学法学院毕业生卡朋蒂埃（Horace W. Carpentier）向母校校长塞斯·洛（Seth Low）捐赠了10万美元的发展基金。他在信中写道："此款系本人50多年来从威士忌和烟草开支中节省下来的。我谨以诚悦之心助您筹建中国语言、文学、宗教和法律系，并希望以'丁龙汉学教授讲座'命名。"他的中国管家丁龙（Dean Lung）也慷慨寄去一张支票，并在附言中写道："谨寄上12000美元支票一张，作为贵校汉学研究之用。中国人丁龙。"按照当时美元与黄金的比价，1美元可购买1.37克黄金，对于一位憧憬中美美好未来的普通中国管家来说这无疑是一笔可观的赞助。

1879年，美国驻牛庄领事鼐德（Francis P.Knight）致信哈佛大学校长查尔斯·埃利奥特（Charles W.Eliot），建议根据时势需要筹集一笔款项聘任中国教师到哈佛大学开设中文课程。鼐德是美国麻萨诸塞州波士顿人，曾供职于旗昌洋行（Russell & Co.），1864年以后任美国驻营口领事，并先后兼任瑞典、挪威、法国、荷兰、德国、日本等国驻营口的外交代表，深知中国文化和语言知识在洋务中的重要作用。埃里奥特欣然接受他的进言，通过当时的海关总税务司赫德（Robert Hart，1835—1911）和杜德维的关系，与曾任湘军幕僚6年的美国驻沪领馆和英国驻宁波领馆通译戈鲲化签订了一份为期三年的任教合同。不久，41岁的戈鲲化便携妻子儿女乘船前往美国赴任。50天后他在哈佛大学开始了每周授课五天的教学生涯。据说最初的教材只是一篇小说，不过他还根据教学需要编写了《华质英文》（Chinese Verses and Prose）等教材。该教材收录了戈鲲化本人创作的15首中英对照诗词，每首诗词后都附上相关词句和典故的解释，并标出了诗句的平仄韵律。这是他为美国学子首创的授课方式，在没有同类教材可供参照的情况下设计出这样别开生面的课本，集发音、词语学习和文化要点注释于一体，即便从现在对外汉语教学的观点来看也显得很专业很有见地。

戈鲲化应聘赴美任教比美国退休外交官卫三畏（Samuel Wells Williams，1812—1884）接受耶鲁大学汉学教席（1877年）晚两年。他是中美文化交流史上第一位有据可考的正式从中国聘任的中文教师。对于"君臣有别"的中国封建礼教并不敏感的哈佛人，曾把身穿朝服的戈鲲化照片与慈禧太后画像同时挂在当年哈佛燕京学社交谊室的墙上，凸显了第一位中国汉语教师在那里受人尊敬的地位。

1921年中国学者赵元任（Yuen Ren Chao，1892—1982）应母校哈佛大学邀请，担任中国语言和哲学教席，使该校的汉学教学和研究在戈鲲化去世39年之后重获生机。后来加盟哈佛中国语言和文化教学与研究工作的还有梅光迪（1890—1945）、洪业（William Hung，1893—1980）和博晨光（Lucius Chapin Porter，1880—1950）等学者。

美国第一代汉学家中的不少人在20世纪30年代曾得到哈佛燕京学社的奖学金或者美国各基金会的资助来华留学或者短期深造。其中有毕格（Cyrus Henderson Peake，1900—1979）、宾板桥（Woodbridge Bingham，1901—1986）、顾立雅（Herrlee Glessner Creel，1905—1994）、戴德华（George Edward Taylor，1905—2000）、毕乃德（Knight Biggerstaff，1906—2001）、西克曼（Laurence Sickman，1907—1988）、费正清（John King Fairbank，1907—1992）、韦慕庭（Clarence Martin Wilbur，1908—1997）和卜德（Derk Bodde，1909—2003）等人。

他们来北京后先到英国传教士瑞思义（William Hopkyn Rees，1859—

1924）为培训西方传教士（后来也招收使馆官员和商人）在东四开办的华北协和语言学校（North China Union Language School）学习。20 世纪 20 年代初该校学生人数已经达到 200 多人，分别来自 26 个在华的西方教会、12 家洋行和 5 个公使馆。

韦慕庭于 1932 年从哥伦比亚大学来到北京，因为奖学金不敷日用，还得在语言学校兼职图书管理员。费正清 1932 年以牛津大学研究生的身份来华，享受了一年的罗德斯奖学金（Rhodes Scholarship）。此后他两次申请哈佛燕京学社奖学金都未获批准，经清华大学历史系主任蒋廷黻推荐到他任职的大学兼课。1934 年费正清获得了洛克菲勒基金会（The Rockefeller Foundation）的资助，在北京结婚成家后继续深造。

年轻的美国学人来到北京后结识了不少中国知名学者，与知识界联系密切，对于他们了解中国文化和社会，研究中国学问并提高汉语水平，都有极大帮助。民国前后留学英美的许多中国学人在 20 世纪 30 年代已经成为中国高校和学界的精英，曾经在生活和专业研究方面热情地帮助过那些美国学人，例如费正清与蒋廷黻、胡适、丁文江、梁思成林徽因夫妇、陶孟和金岳霖都有过深厚交情。

第一批来华的美国学人回国后分别执教于各大学，例如宾板桥加盟于加利福尼亚大学，顾立雅加盟于芝加哥大学，戴德华加盟于华盛顿大学，毕乃德加盟于康奈尔大学，费正清加盟于哈佛大学，韦慕庭加盟于哥伦比亚大学，卜德加盟于宾夕法尼亚大学。他们充实了美国汉学研究的队伍，在不同学科领域研究中国学问，把自己积累的丰富知识传授给学子们，为打造金碧辉煌的美国汉学大厦作出了奉献。

美国的中国史学家马若孟（Ramon H. Myers）和墨子刻（Thomas A. Metzger，1933—　）在澳大利亚国立大学当代中国研究中心 1980 年第四期《澳大利亚中国事务学刊》（The Australian Journal of Chinese Affairs）上发表的《汉学的影子：当代美国中国研究之现状》一文中说：

> 虽然中华人民共和国不是世界上的主要强国，但处理中国事务却是个世界难题，也是美国外交政策中的棘手问题。显然，如果我们的政治家对于中国的现行政策和政治潮流缺乏充分的了解就无法跟中国打交道。然而，我们的学者们现在对于中国的了解是否已经达到了这样的水平，实在令人怀疑。至于为政坛内外

> 的门外汉提供可靠的指导似乎就更谈不上了。其结果是，卡特总统最近决定与中国关系正常化并没有就这一举措可能付出的代价在公众中展开讨论。美国至今仍然不清楚在跟北京发展友好关系或者信守台湾安全承诺方面到底要迈出多大步子。从1958年至1970年为我国高校的中国研究已经投入了4100万美元。如此巨大的投入是否已经取得了高质量的学术成果，并培养出一支可信赖的中国通团队（corpse of China experts）？没有。几乎没有一个美国出生的当代中国研究学者既能说一口流利的中国话又能读懂各类汉籍，通过在专门分支学科领域培训出来的学者也几乎没有人能消弭各种误解。许多研究政治学或共产主义学问的人，尽管所研究的都是十分精通这一传统的中国人物，但是他们除了懂得教科书中的普通常识外却几乎没有掌握什么中国学问，也不了解中国思想政治传统。而那些终日埋头研习复杂传统的学者，也很少有人能向关心当代中国问题的人提供一些让人茅塞顿开的见解。①

从理论上讲，美国当代汉学研究始于新中国成立之后，美国政界、学术界和各类基金会开始重视对当代中国社会和政治进行研究。福特基金会（The Ford Foundation）曾经投入巨资，配合美国国防法案（National Defense Act）的实施对包括汉语在内的当代"重要语言"开展研究。1955年哈佛大学成立了东亚研究中心，部分美国大学开始设立中国研究专业课程。然而在相当长的一段时间，中美国家关系仍处于隔绝封闭状态。麦卡锡主义（McCarthyism）的阴影使美国的汉学研究举步维艰，一批在国务院的知华派官员被排挤，不少同情中国人民革命事业的美国学者、外交官和记者先后被调查，费正清和拉铁摩尔等中国问题专家受到了质疑，有的甚至受到了人身迫害，给转型期的美国汉学发展造成严重内伤。坚持汉学研究的少数学者，部分做些应景文章以迎合当时的政治，部分转入低调，对于"谁丢失了中国"、"毛泽东思想"、"大跃进"、"文化大革命"等复杂和敏感的选题普遍持谨慎态度。直到1959年以后情况才有所好转，随着当代中国研

① Ramon H. Myers and Thomas A. Metzger: *Sinological Shadows: The State of Modern China Studies in The U.S.*, in *The Australian Journal of Chinese Affairs* No. 4, pp. 1-34, 1980.

究联合委员会(The Joint Committee on Contemporary China)的成立,史华慈和鲍大可(Arthur Doak Barnette,1921—1999)等学者获准公开发表研究中国共产党和新中国的专著。20 世纪 60 年代美国为了收集大陆资料,与台湾地区一些大学开展交流项目,在香港地区设立了"大学服务中心"。据统计,当时大约有 200 多部有关中国大陆研究的学术著作是在该中心完成的。

中国问题专家沈大伟在《美国的中国研究 60 年》一文中写道:

> 尽管学者们不能进入中国进行实地考察,他们仍然尽量运用归纳法来理解和评价中国的事情。南加州大学成为当时中国研究方面的重镇。当然,中国研究也受到演绎法的影响,一些学者将苏联研究中得出的理论框架加之于中国。由于中国当时的封闭状态,美国学者们只能从香港和台湾等地进行远距离研究。他们当时只能用研究苏联的方式研究中国,于是中国研究成了所谓"克里姆林学"(Kremlinology)的一个变种:"北京学"(Pekingology)。资料不足和研究方法的制约导致了一种精英中心(而非社会中心)的视角,中国被视为一个由领袖、纪律和意识形态(ideology)严格管控的高度中央集权的国家。这种研究态势一直持续到 1966 年"文化大革命"前夕。①

这一时期中国学术界对于美国国情和文化的研究也不同程度地受到苏联和东欧意识形态的影响。在许多普通中国人的心目中,美国文化就是陈纳德将军的飞虎队、广岛原子弹、可口可乐、摇滚乐、嬉皮士、华尔街股市、越南丛林的美国大兵,以及黑人歌唱家保罗·罗伯逊的《老人河》歌声等所代表的那种理念和形象。直到 1972 年 2 月 21 日,主张实行"伙伴关系、实力和谈判新和平战略"的尼克松总统携夫人在北京首都机场与周恩来总理握手的画面通过卫星向世界转播,中美关系史才翻开了新篇章。美国汉学随着中美学术界的频繁交流和互访发生了根本性的变化。美国亚洲协会(Association for Asian Studies)、对外关系委员会(Council on Foreign Relations)和美中关系全国委员会(National Committee on the United States-

① 沈大伟:《美国的中国研究 60 年》(张小溪译),载《中国社会科学报》2009 年第 2 期。

China Relations)等机构都积极鼓励并支持有利于中美关系发展的汉学研究。

克里斯琴·卡里尔(Christian Caryl)在2010年12月《纽约书评》上发表的《揭开中国的面纱》一文中说:

> 不从历史和文化源头上思考就不能准确了解现代中国。英国记者马丁·雅克和美国政治分析家克里斯托弗·福特力求通过探讨中国知识传统来说明中国在世界舞台上的可能表现。他们说,极其重要的一点是,我们认为中国并不属于西方通常所说的"民族之国"(nation-state),而是一个建立在儒家传统基础之上"重德行、人事管理至上、稳定团结压倒一切"的"文明之国"(civilization-state)。这一世界观强调对于等级关系的尊重,集体优先个人,认为对抗国家不仅危害现有的社会秩序,而且是彻头彻尾的不道德行为。①

亨利·基辛格(Henry Alfred Kissinger,1923—)的近期新著《论中国》(On China)是一部从中国文化和哲学观的角度来考察和分析中国外交活动的重要著作,视觉独特,别开生面,印证了克里斯琴·卡里尔的上述观点。基辛格在书中把外交事务比喻为"下围棋",通过公元前3世纪就流行于中国的围棋的独特原理来揭示中国人的思维方式,以及历史上最高深莫测的内窥文化(inward-looking cultures)如何对外部世界进行观察的奥秘。正是对这一原理的把握帮助美国总统尼克松和他本人在1971年敲开了中国的大门并建立了友好国家关系。与象棋不同的是,围棋双方各执180个黑白棋子,均用战术包围获得功能性优势而不是彻底击垮对手。他指出,赢家的身份并非一目了然。换句话说,中国人并不对对手采用将军的办法,而是乐于让对手一次次陷入僵局,为战局共存(combative co-existence)留有余地。1949年在具有神机妙算才学的毛泽东领导之下中国共产党夺取了大陆的政权时美国人并不懂得这一招。基辛格说,在此后的20多年中美国的外交政策硬把台湾地区捧为所谓的"真正中国代表",帮助该岛

① Christian Caryl: *Unveiling Hidden China*, in *The New York Review of Books*, December 9, 2010.

与海峡对岸为生存竞争而博弈。具有讽刺意味的是,正是这位与资本主义斗争一辈子的毛泽东主动向美国迈出了第一步,因为他成竹在胸:中美双方都有一个共同的敌人。美国在外交上第一次放弃了为争取彻底胜利所作的努力,从而为双赢留出了空间。令人觉得唐突的是美国竟然也下起了"围棋"!①

在书中基辛格还谈到他发现美国外交官常常倾向于把问题剥离之后才寻求解决的办法,而中国外交官则习惯于从整体上综合分析各类问题,以便达成最终谅解。美国人可以就某些问题达成共识的同时保留着对另外一些问题的歧见,而中国人则倾向于在整个局势框架内区分轻重缓急,允许暂时搁置一些有分歧的争论,但是在时局有利时却不断向对方施压。总之,美国人关注的是外交事务中的交易,而中国对手则善于把握外交心理。

美国有各种类型的智库,例如:综合性战略智库兰德公司(The Rand Corporation)、行使美国政府政策研究功能的和平研究所(The United States Institute of Peace);国防部下属的防务分析研究所(The Center for Defense Information)和亚太安全研究中心(The Asia-Pacific Center for Security Studies);具有政党背景的企业研究所(American Enterprise Institute for Public Policy Research);无明显党派倾向的美国外交关系委员会(Council on Foreign Policy)。具有大学背景的研究所有:斯坦福大学胡佛研究所(Hoover Institution)、哈佛大学费正清东亚研究中心(Fairbank Center for East Asia Research)和哥伦比亚大学东亚研究所(The Institute of Asia Studies)等。此外,美国还有布鲁金斯研究会(The Brookings Institution)、卡内基国际和平基金会(Carnegie Endowment for International Peace)和传统基金会(Heritage Foundation)。在美国政府处理对华的重大问题时,上述一些智库在不同程度上都起到幕僚体系的作用,那些研究所和基金会都与美国汉学研究有着千丝万缕的联系,对美国的对华政策制定具有强大的影响力。仅胡佛研究所一处就长期收编各类英才,前国务卿赖斯曾是该所的高级研究员,前国防部长拉姆斯菲尔德也一度供职于此,前总统乔治·沃克·布什(George Walker Bush,1946—　)的防务政策研究小组中有8名成员来自该所。据专家估计该所每年预算经费曾高达2500万美元,美乎、

① S.Srinivasan:*Henry Kissinger On China*.In *Forbes India Magazine*,15 July,2011.

福特和通用等公司都对其倾注过巨资。那儿也是隐藏中国近代历史机密最多的地方,《蒋介石日记》就秘藏于此。

2001年,成吉思汗(1162—1227)、和珅(1750—1799)、伍秉鉴(1769—1843,商名"浩官",英文名为"Houqua")和宋子文(1894—1971)与洛克菲勒和比尔·盖茨(William Henry Bill Gates,1955—)等50人一起,被美国《亚洲华尔街日报》评为20世纪全球最富有的人。广州怡和行富商伍秉鉴当年出资价值相当于今天的2600万美元与约翰·福布斯(John Forbes)在波士顿合作投资。相比之下,1828年欧洲金融家内森·罗斯柴尔德(Nathan Rothschild)所持有的资本只有530万美元,就算不了什么了。少数人富有不等于全民富有,因此,这一案例与其说是中美两国历史名人的财富比较,毋宁说是中美文化交流史的一种解读方式:广州曾经是美国富商的基地,更是中美两国文化交流的一个始发站。

几十年来,中国社会和经济的变化加速了中美两国之间的文化和学术交流,进步令人欣喜,但是双方在国家核心利益问题上的一次次争辩和博弈也使学者和网友深感不安。中美关系发展过程中出现的波折反映了中西方文化的差异和国家利益的较量,其结果直接或者间接地影响了汉学研究的世纪工程。

据统计,1951年美国的汉学专业研究生只有143名,1959—1969年增至3000多名,其中学士1700名,硕士1000名,博士412名。目前美国各大学和智库研究中国问题的学者已有3000多人,研究中国政治、经济和社会的知名华人学者不少于300人。美国中央情报局和国防部等机构有1000~2000人研究中国社会、经济和军事等方面的中国问题。美国一些著名的大学现在都设立了当代中国研究中心或者项目,部分州立大学、地方大学和民办大学也开设了中国研究课程。① 20世纪50年代初美国开设汉语专业的院校约30所,1968年增至108所,20世纪70年代已达260所,到90年代多达486所,遍布39个州。目前学习汉语课程的人数约7842人,汉语进修生人数超过1.7万。自2004年起,美国相继建立了100所孔子学院和366个孔子学堂,其中马里兰大学孔子学院设立时间最早,密歇根州立大学还创建了全球第一家网络孔子学院。据报道,在家中或者其他场合

① 梁怡王爱云:《西方学者视野中的国外中国问题研究——访美国乔治·华盛顿大学教授沈大伟》,2010年6月12日中国共产党新闻网。

说汉语的美国人已高达200万人。此外,还有成千上万关心中美关系发展的学者和个人学术领域与中国研究关系密切的专家,都在为金碧辉煌的美国汉学大厦贡献自己的才能和智慧。

二、中美早期往来的广州记忆

1783年《巴黎条约》(Treaty of Paris)签署后,美国赢得了独立,但是政治和经济上却陷入了重重困难。残酷的战争耗费了大量人力和物力,国家内债和外债总额高达4000万美元,财政紧缩导致了通货膨胀和工商业凋敝。城市满目苍凉,码头破败不堪。独立战争前的200多艘捕鲸船仅剩下了几艘。原来马萨诸塞州一年可以建造125艘船,战后却减产至45艘。

英国取消了过去在帝国范围内对北美各州实施的优惠政策,不但不再提供任何免税或减税的商品,还对美国运往英国的货物征收高额关税。更有甚者,英国还禁止美国商船进入英属西印度群岛,早先以玉米、牲畜和木材交换咖啡、棉花、染料和朗姆酒的生意因此不再继续。当时以物换物(barter)原本可以帮助美国解决在国际贸易中白银紧缺的问题,但是后来英国却从中作梗,无疑是不愿看到独立的美国成为自己的竞争对手。西班牙和法国在历史上都跟英国一样在北美占有殖民地和势力范围。1784年,西班牙乘美国危难之际封锁了密西西比河入口,不准美国船只进入航道。法国也违背了在美国独立后对其开放所有海港的承诺,虽然象征性地允许美国船只进入西印度群岛的部分水域,但是却严禁载货量超过60吨的美国商船通航。这一切使美国的对外贸易雪上加霜,邦联政府国库日渐空虚。

为摆脱这一困境,美国决心发展经济,扩大对外贸易。1783年11月,大陆会议(the Continental Congress)财政总监罗伯特·莫里斯(Robert Morris,1734—1806)在祝贺国务卿约翰·杰伊(John Jay,1745—1829)成功签署《巴黎协定》的信中写道:"我正要派几艘商船去中国,以鼓励其他商家也参与此类商业冒险。"①莫里斯原籍英国,1747年跟随从事五金买卖的父亲移居美国马里兰州。他自幼好学,勇于开拓,20岁时就与他人合作成

---

① Jean Gordon Lee: *Philadelphia and the China Trade*, *1784—1844*. Philadelphia: *Philadelphia Museum of Art*, p. 63. 1984.

立了商贸海运公司。独立战争期间他是华盛顿军队的军火供应商,后来事业飞黄腾达,还组建了专门筹款的北美银行。他早就预见到中美贸易前景美好,正跃跃欲试将一批货运发往中国。

当时北美的造船技术和航海经验已经相当成熟,涌现出一批具有航海专业知识的人才。美国海岸线长,海域宽广,盛产制造单桅小帆船(sloop)所需的橡木和松木,波士顿就是遐迩闻名的造船中心。1770 年英属北美殖民地每年建造船只 300 多艘,4 年之内船舶载货总数已达 21 万吨。独立战争后美国的造船业进一步发展,海上贸易的发展召唤着大批青年加盟,其中一些人自幼就随父母出海,眼界开阔,胆识过人。这些因素使美国商人有可能远涉重洋,于是他们纷纷把目光投向了亚洲。

当时美国各地都有计划到东方开展贸易的商团,但是因为种种原因有的未能成行,有的中途改变了计划。例如 1783 年 12 月,波士顿西尔斯(Sears)商号的一艘排水量 55 吨的"智慧女神"号(Pallas)满载着从新英格兰收购的野西洋参,从欣厄姆(Hingham)启程驶向广州。但是在南非好望角,一位英属东印度公司的船长表示愿以两倍重量的茶叶交换货船所载的全部西洋参,船主当时无法预测前往中国航程的艰难程度,眼下见有利可图就与对方成交了那桩买卖。

此时康涅狄格州也有一艘商船准备东渡中国,但由于资金不足只好放弃了雄心勃勃的计划。令人惊喜的是,探险家约翰·雷雅德(John ledyard,1751—1789)从可靠渠道获悉:在北美西北海岸花 6 便士就能买到的一张海獭皮(sea otter pelt)运到广州即可成为抢手货,售价可达 100 美元。许多美商为之振奋,决心前往中国掘回第一桶金。

在中美交往史上雷雅德被视为第一个有据可考的到过中国的美国人。他出生于康涅狄格州,曾对中美直接贸易做出过特殊贡献。1772 年他就读于达特茅斯神学院,后来加入了英国海军。1776 年 7 月他参加了库克船长(Captain James Cook,1728—1779)最后一次赴太平洋的考察,到过广州。1782 年返美后他曾到各地游说,把当时中国出口优惠价格的茶叶和生丝看作千载难逢的商机,鼓励美国人去广州做生意。这一想法与莫里斯一拍即合,他作为独立战争的财政资助者正苦心孤诣地策划着赴华贸易大计。

1784 年年初,由罗伯特·莫里斯和纽约的丹尼尔·帕克公司(Daniel Parker & Co.)共同出资,把配备了 10 门火炮的美国私掠船(Privateer)改造成一艘远洋三桅帆船,命名为"中国皇后"号(Empress of China)。该船长30多米,载重量360吨,首航广州时满载着从宾夕法尼亚和弗吉尼亚采购的30吨花旗参、316捆棉花、2600张毛皮、1270匹羽纱、26担胡椒和476块铅锭以及焦油和松脂等总值为12万美元的货物。

"中国皇后"号船长是约翰·格林(John Green,1736—1796),管货人(Supercargo)为山茂召,商务助手托马斯·兰德尔(Thomas Randall,?—1811)。随船人员有:高级职员3人,普通船员1人,外科医生及助手各1人,事务长1人,木匠2人,铜匠1人,木桶维修工1人,海军见习生2名,水手34名,火炮手1名,服务生若干名。

格林自幼喜爱航海事业,有丰富航海经验,28岁就被选拔为船长,在独立战争期间曾任海军上尉。

山茂召1754年出生于马萨诸塞州波士顿的一个商人家庭,曾就读于拉丁学校,学习过会计专业。1775—1784年他在军队服役,担任过炮兵少校,因为表现出色受到华盛顿总统的嘉奖。退伍后他转入了托马斯·兰德尔船长的公司旗下从事对华贸易。加盟"中国皇后"号时他正处于精明强干的而立年华,经营管理有方,擅长与外国人打交道。

"中国皇后"号得到国会颁发的航海准证后原计划从费城启航前往广州,但是天不作美,数度延期。后来船长决定2月22日(华盛顿总统生日)从纽约启程,在12响礼炮声中"中国皇后"号驶出了纽约港,途经非洲佛德角群岛(Cape Verde Islands)时补充了食物和淡水后继续航行,越过好望角便进入了印度洋。7月18日抵达巽他海峡(Sunda Strait)旁的爪哇头(Java Head),当地马来人纷纷驾着满载鸡鸭、乌龟和椰子的小船前来兜售,十分热闹。港外停泊着两艘法国船,其中一艘的目的地是华南,于是两船相约结伴而行。

到达澳门后他们从中国官员处申领到前往广州的通行证,然后循例雇佣了领航员和通事。1784年8月28日越过了虎门炮台到达黄浦港,两艘中国小艇停在"中国皇后"号两侧,海关官员登船查验后开出纳税单据,船长随俗向他们赠送了时钟、手表、八音盒和香水之类的礼品。客船仪仗鸣炮13响以示敬意,港内其他船只也鸣炮答谢。

纳税完毕便有中国舢板前来将货物运到指定仓库,船长、管货人及其助理被送至广州市内办理相干手续,按例委托一家中国商行代理货物销售并照顾船员的生活起居。据传最初这类商行在广州有13家之多,故称"十三行”(Chinese hong; Thirteen Guilds)。客商及其雇员不能进入广州城,但是可以在十三行附近的街区活动。商行离岸约300英尺,都是2~3层高的楼房,楼前的旗杆上飘扬着代理客船所属国的国旗,几天后星条旗也在此冉冉升起。

“中国皇后”号所载货物在4个月内由中国代理商行全部售罄,除去各项成本及开支外一共赚了37700美元,令众人喜出望外。

回国前格林和山茂召首先购买了近千箱瓷器作为压舱货物,然后又购买了2460担红茶和562担绿茶。有携带私货特权的格林船长,还特地为船东罗伯特·莫里斯买了四把折扇、四盒瓷像、窗帘和石刻宝塔。他自己也买了大量丝绸、缎鞋、南京布、桂皮、花伞、瓷碗、漆器、牙雕、扇子、墙纸以及130条丝绸衬裤。

1784年12月27日“中国皇后”号得到了清关许可,离开广州回国,于1785年5月11日回到纽约。不久,巴尔的摩的“智慧女神”号又被派往广州装运“中国皇后”号返航时尚未交验的瓷器。同年8月这批货抵港后便登广告销售。

“中国皇后”号的最大成功在于它帮助美国摆脱了英国在国际贸易中的垄断,为美国打开了通往中国的贸易之路。这次历史性航行,不仅开拓了中美之间的直接贸易,同时也为两国以后的文化交流打下了坚实的基础,为美国工商、经济、科贸、文化的全球化发展方向释放出风向标。当时纽约等地的报纸都在显著板块对这次航行做了专题报道并发表长篇评论,描述此行是“具有远见卓识和成果丰硕”的壮举。波士顿的杂志还发表了船长山茂召的航行日记,证券公司发行了每股300美元的对华贸易股票,商家争相建造远洋贸易帆船,准备迎接声势更大的经贸浪潮。纽约和费城等东海岸商埠纷纷为中美贸易的乐观前景呐喊造势,短期内就成为对华的投资和贸易中心。对华贸易的热情关注掀起了美国有史以来第一次的“中国热”,是许多历史学家和政治家始料未及之事。

华盛顿总统从“中国皇后”号带回的物品中购得302件瓷器和一些精美的象牙折扇。其中一把中国茶壶款式新颖,把手为双耳交叉造型,并绘有飞龙图案。总统爱不释手,特命工匠在壶外一侧画上美国独立战争时期爱国组织辛辛那提协会的会标,以表示他本人作为该会首任会长对那件珍品的喜爱,一直摆放在他的弗农山庄。“中国皇后”号第二次去广州采购之前,华盛顿总统特地交给了船长一份订单,嘱咐代购中国生产的白色大瓷盘和小瓷碗以及花色上乘的薄棉布等物品，可见他和家人对于中国产品的良好印象。

此后一批批美国商人纷纷到广州寻找商机，大西洋沿岸的港市几乎每周都有发往中国的货船。从波士顿或塞勒姆前往广州的美国商船有两条基本路线：一是从东海岸出发，绕过南美洲最南端的合恩角，然后进入太平洋；二是横渡大西洋，从非洲好望角进入印度洋，再穿越马六甲海峡，最后驶入南中国海。这一商贸浪潮席卷了从美国西海岸到阿拉斯加、檀香山、菲律宾和萨摩亚群岛等地。到 1790 年，中国输往美国的货物已占了美国进口货物总量的七分之一，美国同中国的贸易额仅次于英国。据统计，1800 年有三分之一的美国商船来华，给美国带来了巨大经济效益。南北战争时期，美商赴华贸易每年所得利润竟高达 3000 万美元。毛皮和人参等输往中国的商品堆满了离中国最近的太平洋岛屿贸易据点，对华贸易的经济效益成为美国向西部和太平洋扩张的动力。波士顿、纽约和费城的商人在对华贸易中所积累的巨额资本投入到工商业后极大地促进了美国经济的发展，加快了工业革命的进程。频繁的中美贸易催生了美国历史上首批百万富翁。

1734 年莫里斯出生于英国利物浦，1757 年与托马斯·威林（Thomas Willing）合伙创办一家公司，并先后在英国、葡萄牙、西班牙和西印度群岛开展业务，到 1773 年已经拥有 10 艘货船的运输船队。1775 年他被推选为宾夕法尼亚安全委员会副总监，分管银行和军火供应业务，后又当选为大陆会议代表，具体负责外贸、军务、海防和外交。独立战争时期他以宾夕法尼亚议会代表身份出席了第二次大陆会议，签署了多项联邦法令。1787 年他参与了起草宪法，在美国国会分管贸易和商务。1778—1791 年他还担任了费城学会和费城学院（宾夕法尼亚大学前身）董事。因为长期从事对华贸易，莫里斯后来成为美国的金融巨子。

约翰·普金斯·顾盛（John Perkins Cushing，1787—1862）出生于波士顿，是富有的海商和慈善家。他年幼时母亲死于天花，由叔叔抚养成人。1803 年 16 岁时在叔叔开办的中国商号中任职，表现出商业经营的才能，后接管了全盘业务，1806 年在广州创建普金斯洋行。有一年华南发生饥荒，他乘机从他国进口大米获利。1812 年的战乱给对外贸易带来重创，普金斯洋行伺机以 18%的高额利息向广州商家放贷。当硬通货坚挺皮货生意利润下滑时，他的洋行就着手以鸦片生意取代对华贸易基石的皮毛和硬通货策略。19 世纪 20 年代,顾盛在广州的外商中颇具影响力,与十三行的富商伍秉鉴私交甚笃。1820 年顾盛打算破格提拔他的表弟托马斯·腾诺·福布斯(Thomas Tunno Forbes),但是福布斯还未掌控洋行就英年早逝。1827 年,顾盛为退出商界将普金斯洋行并入旗昌洋行。1830 年他返回波士顿,娶三一教会牧师约翰·希尔维斯特(Rev.John Sylvester)的女儿为妻,购得 200 英亩的地产建起了新英格兰最豪华的一处公馆。顾盛在广州经商 30 年,积聚了 60 万美元的财富,去世时资产高达 240 万美元。

约翰·雅各布·阿斯托(John Jacob Astor,1763--1848)是德裔美国商人,靠皮毛、房地产和鸦片贸易发家的亿万富翁(multi-millionaire)。他的事业得益于父亲的德国奶业。1779 年 16 岁时他移居伦敦,投靠从事乐器制作的哥哥乔治。1783 年他移居美国,发现那里有一个前景喜人的潜在皮毛市场。他把从西部原住民手中购买的大批皮毛销售到欧洲和亚洲,利润十分可观,最高竟达 1500%。美国革命战争期间他把企业扩大到格雷特湖区、加拿大、美国西部和太平洋沿岸商埠。后来他在伦敦申领到一张在东印度公司港市做生意的执照,然后联合纽约的朋友向广州派出一艘商船,贩卖运去的毛皮和花旗参后立即在当地购进丝绸和茶叶运回美国,一次盈利就高达 5.6 万美元。他又将这部分资金用于纽约地产和银行业投资,获利所得成为他的亿万家产的又一笔巨额进账。皮毛贸易加速了美国西部的开发,从政治上和经济上使美国很快成为跨越大西洋和太平洋的大国,同时也有利于南非西海岸和太平洋诸岛的开发,因此他的事业备受关注和支持。但是皮毛贸易也使多种珍稀动物濒临灭绝,美商与原住民的社会冲突日渐加剧。他去世时占有财富大约 2000 多万美元,其实际价值相当于 2006 年美国国内生产总值的 1100 亿美元,成为美国历史上第四位巨富。

伊莱亚斯·哈斯克特·德比(Elias Hasket Derby,1739—1799)出生于马萨诸塞州塞勒姆的一个海商家庭。虽然他自己没有下过海,但是他的海船(独立战争期间常装饰成私掠船)却去过菲律宾、俄国、印度、非洲和东印度群岛。1785 年 12 月下旬,他旗下 84 吨排水量的"大突厥"号(Grand Turk)曾装运价值 9000 英镑的货物,在广州转手后得利 1.9 万英镑。回国时又在中国购得热销的茶叶和瓷器,在纽约市场轻而易举地赚回 3.7 万英镑。1776—1799 年他的商船在 100 位船长的率领下总共航行 330 次,在从塞勒姆开出的 158 艘私掠船中有一多半是由他调遣的,但是他从未染指奴隶贩卖。他曾把新英格兰出产的烟草、水果、蜡烛、火腿销往世界各地，同时又在世界各地大量购进土特产运回美国销售，因此很快就坐上了来华美国富商的宝座。

斯蒂芬·杰勒德（Stephen Girard，1750—1831）出生于法国波尔多一个海商家庭，祖父和父亲都是船长。14 岁时杰勒德在一家商店当学徒，24 岁任职于纽约一家海运公司，3 年后在费城独立开业。在后来的 30 多年中他的海船往返于西印度群岛、欧洲和亚洲，日进斗金。

他把对华贸易中积累的资财主要用于美国银行、铁路和土地投资，成为实力雄厚的北美银行家兼企业家。

对华贸易利润丰厚，但是风险也大。一些美国商人致富后将部分资金投入风险较小的房地产、制造业和铁路建设，或者创办图书馆、博物馆和大学，加速年轻共和国的文化发展。据 1998 年《美国遗产》杂志的统计数字，美国历史上几位亿万富翁都是通过对华贸易发家致富的，其中包括总排行第四位的阿斯托、第六位的吉拉德和第三十九位的德比。

1786 年以后从事中美贸易的商船还有"希望"号（Hope）、"联盟"号（Union）、"华盛顿将军"号（General Washington）、"亚细亚"号（Asia）、"广州"号（Canton）、"詹明"号（James）、"爱利奥诺拉"号（Elio Nora）、"马萨诸塞"号（Massachusetts）等。美国费城商人还组建了一支特别船队，加入了在印度加尔各答—马德拉斯—广州航线上日趋激烈的中美贸易竞争。

美国对华贸易促进了远洋航海技术的发展。19 世纪 30 年代美国人造出了跨越太平洋的"飞剪快船"（clippers），是一种载重大速度快的远洋帆船，创下了 109 天从纽约到达广州的最佳纪录，极大地推动了中美贸易。与此同时，还有一些美商经实地调研发现可以从太平洋沿海城市经陆路前往中国，不仅可以缩短时间，还可以节省各项费用。此计一出，许多美商纷纷取道阿巴拉契亚山口来华。

参加首次中美直接贸易的关键人物几乎都无一例外地从中获得了巨大利益。船长格林后来成为对华贸易顾问，专门为各方商家出谋划策。山茂召在"中国皇后"号出访广州回到美国后，向邦联政府递交了一份详细报告，同时转交了广州官员嘱托带回的两匹绸缎。他在报告中谈到了中国人如何友善和好客，力主扩大对华贸易。报告先后被呈送到国会和政府相关部门，后又向媒体散发。1785 年 2 月 4 日，山茂召再度启程来华，8 月 15 日到达澳门。1786 年 1 月美国国会任命山茂召为驻广州无给职商务领事。四年后,总统华盛顿签署了对山茂召第二期的任命。1788 年 1 月 8 日他先后访问了孟加拉和广州,回国休假后在弟弟本杰明·萧(Benjamin Shaw)的陪伴下于同年 11 月 2 日重返广州途中染上肝病,1794 年 3 月 17 日启程返回波士顿途中病逝。

1798 年美国在广州正式建立领事馆,中美贸易发展速度与日俱增。1790 年美船进黄埔港数已增至 14 艘,贸易额也跃升为 300 万美元。史料显示:1784 年只有英国、荷兰、法国、丹麦和瑞典等西北欧国家的商船停靠广州,但是 5 年之后,在所有停泊广州黄埔海面的外国商船中,美国商船的数量已经跃升为第二位。1786—1833 年美国来华的船只共计 1004 艘,相当于英国来华总船数的一半,超过了其他欧洲国家来华船只总数的 4 倍。至此,由纽约、波士顿和费城等直航广州的大西洋沿岸商埠对华贸易圈已经形成,中美两国商贸交流如云蒸霞蔚,气象万千。

1800 年东印度公司迫于形势宣布放弃对华贸易垄断,除颁发执照外将中西贩运贸易业务全部让予散商公司,外商在华代理行号因此应运而生。18 世纪末,广州的英美代理行号已经超过 24 家。18 世纪 90 年代以后,欧洲战事频仍,美国却成为对华贸易最大赢家,贸易额超过了荷兰、丹麦和法国。广州的美资普金斯洋行(Perkins & Co.)、旗昌洋行、同孚洋行(Olyphant & Co.)、琼记洋行(Augustine Heard & Co.)和魏特摩洋行(Wetmore & Co.)先后创建。到 1894 年美商在华洋行已达 111 家。

1818 年康涅狄格州籍商人塞缪尔·罗素(Samul Russell)在广州创办罗塞尔公司(俗称"老旗昌"),1824 年改名为"旗昌洋行"(Russell & Co.)。该行初期代理几家美国和欧洲公司在华销售业务,采办生丝和茶叶,还贩卖鸦片。鸦片战争后公行制度废除,旗昌势力进入了中国各通商口岸,许多西方驻华领事都成为旗昌洋行股东。1853 年动乱频发,从广州到茶叶产地的交通受阻,旗昌洋行便设法直接去武夷山收购茶叶,循闽江运至福州,成为西方洋行最早的福州口岸开拓者。在业务鼎盛时期,旗昌洋行在中国沿海遍设趸船,囤储货物,增加机器缫丝和焙茶,甚至兼营货运、银行、保险和军火,财大气粗无人可及。1862 年 3 月 27 日,旗昌轮船公司(又称"上海轮船公司")成立,统领沪粤和长江两大航线运营,1867 年至 1872 年几乎垄断了全部长江航运,是上海港历史上第一家外资轮船公司。

琼记洋行原是 1840 年旗昌洋行合伙人奥古斯丁·赫德(Augustine Heard)、约瑟夫·库利奇(Joseph Coolidge)和约翰·默里·福布斯(John

Murray Forbes)在广州创建的一家美国公司,经营范围包括茶叶和鸦片等大宗进出口货物,由赫德家族(主要为其侄辈)掌控全盘业务。长期居留中国的赫德因为健康原因曾一度回国休假,1841 年又返回广州主管公司发展事务,直至 1844 年。由于飞剪快船已经投入使用,琼记洋行得到了迅速发展。该行是 19 世纪广州的第三大美国公司,仅向中国出口汽轮(steamships)一项就获利无数,后来还代理多家洋行业务,包括 1861 年成立于利物浦的约翰·施怀雅父子有限公司(John Swire & Sons Limited)。因为茶叶利润逐年下滑,该行竟不顾国际公理和中国禁令,铤而走险鸦片买卖。

威廉·谢泼德·魏特摩(William Shepard Wetmore,1801—1862)出生于佛蒙特镇,在新英格兰接受了基础教育,14 岁就离家闯荡世界,23 岁时在普罗维登斯他叔叔友人爱德华·卡林顿的一艘货船上当管货人。1831 年他离开艾尔索普商号后前往广州拼搏,创办了魏特摩洋行,1839 年回到纽约开业(后改名为"魏特摩·克莱德洋行"Wetmore Cryder & Co.),同时兼管广州商号,直至 1847 年退休。1841—1842 年间中国商界断绝与英商往来,外贸生意几乎全由美国商家独揽,魏特摩成了最大赢家之一。他凭靠自己的诚实和善意白手起家,很快在南非和广州生意兴隆,之后又在上海另开分号。1847 年他在纽波特购置一处豪宅,身家财富已过百万,此后又在俄亥俄州的马西隆曾购置良田万顷,在田纳西州置地达 7 万英亩之多。

早在鸦片战争以前,美国商人就开始向中国销售鸦片,"瞪羚"号(Ariel)、"气精"号(Sylph)和"西风"号(Zephyr)都是美国的鸦片运输船。英国商人在中国大规模走私鸦片时,美国烟贩也不甘寂寞。因为当时产量最高的印度鸦片为英属东印度公司所垄断,美国烟贩只能到土耳其和波斯寻找货源,或者在伦敦进行转口交易。1806—1834 年美国烟贩从土耳其运到广州的鸦片一共 8901 箱。19 世纪 20—30 年代的普金斯洋行和旗昌洋行是美国向中国走私鸦片数量最多的公司。

此后中美贸易的商品结构和结算方式也逐渐发生了变化。美国国内可供出口的产品除了花旗参、皮毛、羽纱、棉花和铅块外,其他可与中国交换的产品不多,早期只能携带白银来华直接换取中国的丝绸和茶叶,然后再到土耳其、孟加拉或波斯换购鸦片转口华南。中国开展禁烟运动展后,虽然一些美国有识之士仗义执言,但是唯利是图的美国鸦片贩子却暗中协助英国，贸易摩擦时有发生，增加了许多不稳定因素。

1984年2月，美国5个城市先后举办了8个展览会纪念中美通航200周年。纽约自然博物馆展出的350件当年从中国进口的商品被视为珍贵的文物展品，其中刻着“中国皇后”号图案的瓷器及各种雕刻艺术品最吸引参观者的眼球，勾起他们对往事的深思和回忆。

三、通过茶叶和瓷器启动的中美双边贸易

美国在独立之前与中国基本上没有直接贸易关系，英国东印度公司的商船在广州购买茶叶、瓷器、丝绸、棉布、砂糖、粮食和漆器运到英国后，将部分商品转口到北美波士顿市场，然后又将哈得孙河流域新英格兰地区出产的花旗参等产品运到中国，如此形成中国—英国—北美的三角贸易。开展类似形式贸易的还有荷兰东印度公司，荷兰商人在厦门和台湾购得茶叶、瓷器、丝绸和香料后运到印度尼西亚巴达维亚（雅加达），然后通过阿姆斯特丹市场转口北美。

1664年英国商人开始直接从中国进口茶叶，移民北美的大批英国人把饮茶习惯也带到了新大陆。1690年，波士顿开辟了第一个出售中国茶叶的市场，药店也张贴了出售绿茶的广告。1720年北美商人开始直接从广州进口红茶和武夷茶。1760—1766年，北美城市居民的茶叶消费量平均每年为120万磅，饮茶已成了他们的生活的一部分，茶叶贸易因此被纳入了殖民地商人的主要经营项目。

1765年英国政府因财政困难，打算通过增加税收来缓和危机，决定在北美殖民地开征印花税（Stamp Duty）。当地居民群起反对，英国当局便改征“茶税”（Tea Tax）。1773年英国政府颁布了《茶条例》（Tea Act），把在北美销售茶叶的专利给予英国东印度公司，又用《航海条例》（Navigation Acts）来限制殖民地商人与外界往来，禁止居民购买所谓的“私茶”（smuggled tea），对其他来源的茶叶均征收茶税。当地人民不堪重负，组织了多个秘密社团，其中的“波士顿茶党”（Boston Tea Party）活动最频繁。该党反对东印度公司对茶叶的垄断，呼吁美商直接从中国进口茶叶。同年12月中旬，“达特茅斯”号（Dartmouth）、“海狸”号（Beaver）和“埃莉诺”号（Eleanor）满载着大吉岭茶先后停靠波士顿港，茶党党员便化装成印第安人秘密登船，把价值18000英磅的342箱茶叶全部推入海中。这就是历史

上著名的波士顿“倾茶事件”(Tea-Dumping Incident),后来发展成为北美殖民地人民抗英斗争的导火线。

王戴夫在一篇题为《从孔子到长城:中国文化对殖民时期北美的影响》中写道:

> 饮茶关乎民生的重要性发展到影响北美的历史进程。饮茶已经成为殖民时代北美社会的基本要素。18世纪人们在家饮早茶,在社会交往中饮午后茶或者晚茶已成“习惯”。当代的统计显示有三分之一的人每天饮茶两次。一位瑞典观光客发现几乎没有那位农妇或贫民妇女不饮早茶的。……在波士顿茶叶党事件之后,被激怒的殖民地市民,包括商人、船运商和普通百姓开始上街游行。就在爱国者在波士顿海港倾倒茶叶事件一年半之后在列克星敦打响了第一枪。由饮茶不增加额外经济负担的正当权利引发的冲突导致了政治对抗和美洲的独立战争。①

法国大革命(1793—1799)和拿破仑战争(1805—1815)期间,罗马帝国、英国、沙俄、普鲁士、奥地利、荷兰和西班牙等国七次结成反法同盟,跟法国新兴的资产阶级进行了长达20多年的战争,在不同程度上影响了欧洲对华贸易。许多国家自顾不暇,但是美国却利用这个机会扩大了对华贸易的规模,当时广州海面上停泊的美国商船总数超过了任何欧洲国家的商船。中国茶叶因此在美国找到了最佳商机,美国对华贸易额随之节节攀升。

1789年美国国会为保护对华贸易通过了航海法,对外国商船每吨载重量征收46美分的吨位差别费,对美商从亚洲进口的货物除茶叶外都给予12.5%的关税优惠,还对美国从中国进口转销欧洲的茶叶予以免税。同年美国国会通过了新法案,减征从中国进口货物的关税。1791年国会再次通过法案保护对华贸易,禁止外国商船运茶进入美国,为中国茶叶经营创造了良好的条件。从1844年7月3日签订《中美望厦条约》(Treaty of Peace,Amity and Commerce with Tariff of Duties,简称 Treaty of Wanghia)之

① Dave Wang:*From Confucius to the Great Wall —Chinese Cultural Influence on Colonial North Ammerica*. 2009.

后数十年间，两国贸易迅速增长。其中茶叶一项就占输美商品总值的 58.04%。

飞剪快船是美国造船业对于"超级商业"的茶叶贸易的一大贡献，到 19 世纪 20 年代汽轮开始广泛用于货运。往返于东印度群岛的货船（East Indiamen）船身长度为 50 米，载货量从 18 世纪的 400 顿逐渐增加到 19 世纪的 1400 顿，成了对华贸易的主流运输工具。1831—1840 年中国输美茶叶平均每年为 113600 担，此后增幅逐渐加大：1860 年中国输美茶叶总数是 128000 担，1870 年提高到 160000 担，到 1880 年增至 200000 担。美国从中国进口茶叶数量激增的原因，一是在城镇居民中饮茶已经成为一种时尚和乐趣；二是茶叶贸易不需要大量的启动资金和设备，但是获利丰厚；三是给美国的经济发展带来了实惠，有力地推动了农业、商业和运输业等相干产业的发展。

瓷器和茶叶是美国汉学史上的两朵商业奇葩，见证了中美两国之间贸易的历史性发展。

中国瓷器进入美洲市场的历史晚于亚洲和欧洲。据历史记载，1520 年中国瓷器经西班牙商人初次引进美洲。奥尔巴尼的欧洲殖民者早在 1662 年就开始使用中国瓷器。19 世纪 40 年代，加利福尼亚大学的一支考古队曾经在旧金山以北德鲁克海湾附近发掘出 70 余件中国明代万历年间（1573—1619）生产的青花瓷。

17 世纪北美东岸的弗吉尼亚原是英国殖民地，那儿很早就开始接触亚洲商品。在保存下来的家庭财产清单和遗嘱中专家发现中国瓷器已在当地出现。弗吉尼亚詹姆斯河畔遗址的考古挖掘也找到了各个时期不同品质的中国瓷器，其中多半带有青花图案。17 世纪初新阿姆斯特丹（1644 年改名为"纽约"）是荷兰在新大陆建立的领地之一，当地家产清单和考古发掘显示居民曾经使用过中国瓷器，一些荷兰商人和大家族都曾收藏过大量中国瓷器。

随着北美殖民地饮茶风尚的传播，对中国瓷质茶具和餐具的需求也逐年增加。明代和清代初期，美洲市场的中国青花瓷器多半都经欧洲进口。18 世纪后美国商人才得以直接到广州购买名贵的中国瓷器。1784 年"中国皇后"号在广州购得中国瓷器近千箱作为压舱货物。1786 年"中国皇后"号第二次前往广州，又采购了大批瓷器，除了青花瓷外，还有观音像和宝塔之类的艺术瓷雕。

1796年美商运回的中国瓷器占进口货物总量的15%，到1818年增加到24%。1804—1809年，美商在广州购买的中国瓷器中部分是有英文标记“EHD”的青花餐具和花瓶，部分是金边青花瓷女神、雄鹰、小宝塔和带美国第一任总统华盛顿肖像或家族纹章的瓷器（又称“纹章瓷”）。

外销广彩瓷（广州织金彩瓷）采用粉彩、五彩或青花加彩等多种装饰方法，融合了西洋油画技法，增加了立体感。初创期广彩瓷的原料和绘画风格与景德镇大致相同，但是鼎盛期广彩瓷的绘画已经非常接近西方用户的美学鉴赏情趣，彩料也加入了鹤春色、西洋红、粉绿和茄色，把早先零碎和分散的设计巧妙地组合了起来，变成连续和完整的图案。题材上既有中国国画的山水、人物和花鸟元素，也有欧派纹饰和族徽标志，以及西洋帆船、欧洲城堡和中世纪人物，凸显西洋画异国情调的技法。18世纪出口到美国的中国瓷器，绘制的多半是柳树、鸟禽、蝴蝶、花卉、亭台或楼阁，底色均为蓝色和白色。随着美国国内经济和科技的发达以及海外影响的扩大，广彩瓷的装饰内容也根据客户需求逐渐发生了变化。美国商人在广州订购中国瓷器时常喜欢选择带雄鹰、飘带或盾形图案，以及飞剪快船之类纹饰的产品。

18世纪来华美商开始代客户订购纹章瓷。据美国古董专家估计，1685—1860年中国向英国和美国大约出口了6000套纹章瓷。这类瓷品是明清时期专门为欧洲皇室贵族订做的家庭用瓷（包括餐具和茶具），上面印有象征家族标志和荣耀的徽章，色彩浓重，装饰图案通常为骑士、盾牌、佩剑、雄鹰、马头和狮子。纹章瓷具有很高的历史价值，浓缩了16—18世纪中叶美国一些显赫家族的历史，从纹章瓷上的图案可以看出持有人的社会地位、历史变迁、生活方式、兄弟排行、婚姻状况，甚至祖先历史和配偶的信息。广东瓷器商当年在接受客户订货后将订单发送给景德镇厂家，瓷器做好后再由代理客商验收，整个过程大约需要两年左右的时间。因为是皇家贵族用品，几乎无一流落到市井民间，只有世袭名门才可收藏。中国纹章瓷对促进东西方文化交流起到了无法代替的作用，使中国文化在世界产生了深远影响。

本杰明·富兰克林在他著名的《自传》中曾经谈到家中使用中国瓷器的故事，揭示了中国瓷器如何在北美社会广为欢迎的历史：

有一天早晨太太唤我吃早餐时，我发现瓷碗里放着一把银勺。这些是太太瞒着我悄悄买回来的,足足花了 3.20 镑,这样做她无需寻找任何借口,或者表示歉意,可她真的认为丈夫也跟自己邻居一样该享用银勺和瓷碗。这是舍下首次使用瓷盘和瓷碗,若干年后随着我们家的财富增加,瓷盘瓷碗的价值也增至数百镑之多。①

本杰明·拉什(Benjiamin Rush,1745—1813)是为在北美筹建瓷器厂奔走呼号的第一批人物之一,因为瓷器生产是摆脱英国对北美商品和贸易控制的有效手段,其意义远非限于瓷器制造,而是为了减少从英国进口付税商品和受控于英国的商品,最终赢得北美的独立。1769 年一家瓷器制造公司筹资 15000 镑在费城组建起来了,推出的产品广受欢迎,更重要的是赢得了爱国者的支持,与英国同行的激烈竞争从此开始。虽然该公司的营业只维持到 1772 年,但是它挑战了英国对中国商品的垄断,为美国的独立事业做出了贡献。

美国弗吉尼亚州的华盛顿大学里夫斯收藏馆(Reeves Collection)珍藏着 2000 多件中国明清出口瓷器,是美国第四大收藏中国明清出口瓷器的博物馆。其他三个博物馆分别为波士顿的皮博迪·埃塞克斯博物馆(Peabody Essex Museum)、纽约大都会艺术博物馆(The Metropolitan Museum of Art)和特拉华州的杜邦家族博物馆(Winterthur Museum)。

纽约大都会博物馆建于 1880 年,收藏着中国古代陶瓷 80 多件,其中还有明代福建德化著名陶塑家何朝宗(1522—1600)雕塑的秃头长耳菩提达摩立像。

美国塞勒姆航海博物馆珍藏着画有著名"塞勒姆友谊"号(Friendship of Salem)的瓷盘。该船是一艘载重量为 342 顿的三桅帆船,1796 年注册于美商杰拉斯米尔·皮尔斯(Jerathmiel Peirce)和阿伦·威特(Aaron Waite)名下,曾远航中国、爪哇、马德拉斯、伦敦、汉堡、圣彼得堡等亚欧城市 16 次,1812 年在美英战争中为英军所缴获。1820 年,广州陶瓷画师把美国画家的一幅"塞勒姆友谊"号水彩画复制到特别订购的一个 10 英寸的瓷盘上,并写上了英文说明文字。画面运用了西洋透视技法,周围有宽边锦地

---

① Dave Wang: *From Confucius to the Great Wall—Chinese Cultural Influence on Colonial North Ammerica*. p. 5. 2009.

花饰，还有蝙蝠和铜钱等吉祥图案。这件艺术品已成为研究美国18—19世纪航海、远东贸易、造船和绘画等方面的宝贵资料。

2010年4月16日在费城举办的第49届古董展览会上，近50位古董收藏家展出了中国纹章瓷，吸引了伦敦、纽约、波士顿、费城和弗吉尼亚州等地的古董爱好者前来参观。入场券售价125~600美元一张，1200张门票在开幕前几天就全部售罄，盛况空前。①

四、中美文化的双向互动交流

满族军队入关定鼎中原后江山一统，为防止台海外患实行了闭关锁国政策，从17世纪末到19世纪中叶只允许广州、香港和澳门等几个南方港埠对外通商，西北边境的少数入境口岸基本上只允许陆路来华的俄国和西亚的神职人员和商人通过。在这一历史进程中，几个经过工业革命处于“海上贸易扩张时期”（Era of Maritime Trade Expansion）的欧洲国家，先后来华探求建交和商机。

当“中国皇后”号到达黄埔港办理入境手续时，广州海关官员曾误认为格林和山茂召是英国人，反映出他们是多么孤陋寡闻。而当时美国人对中国情况的了解又如何？1954年记者伊罗生（Harold Robert Issacs，1911—1986）在对181位美国亚洲问题专家和媒体同行访谈中，发现第二次世界大战前美国的中小学地理教科书平均只用了7%的篇幅介绍亚洲，虽然介绍中国的篇幅较多，但是内容不外乎是中国男人的辫子、女人的小脚、大米饭、火药的发明，以及一两张寺庙插图。在当时美国的中小学世界历史教科书中也只用了9%的篇幅介绍亚洲，内容只涉及马可·波罗来华、成吉思汗出征、大航海时代的东西方接触、对华贸易、福音传播和殖民化等问题。②

英国通事洪任辉（James Flint，1720—？）少年时代曾就学于岭南，供职于英国东印度公司时被视为一位小有名气的中国通。1755年他和喀喇生（Samuel Harrison）携带20000元鹰洋、1560瓶红毛酒和2箱蜡烛，向粤海

---

① 潘美龄：《中国陶瓷演绎西方百年梦想》，美国中文网博客2011年7月。

② Harold Robert Issacs: *Scratches on Our Minds: Ammerican Images of China and India*, John Day Co., New York, pp. 47-48, 1958.

关申领前往宁波和舟山等地的关防文书，希望开辟广州以外的贸易新点。他们意外地发现江浙的关税低于粤海关，陋规杂费少，商业环境也优越。在此后两年中英国东印度公司商人多次直接去宁波开展贸易业务，粤海关的关税收入因此受到影响。于是两广总督李侍尧（？—1788）奏请乾隆责令江浙海关加倍提高关税，并在两年后关闭了宁波口岸，使英商锐气受挫。

1759年英国东印度公司决定派洪任辉就此事向乾隆皇帝告状。他和美国人塞缪尔·鲍恩（Samuel Bowen）乘坐一艘载重量70吨的商船抵达天津，通过行贿走关系将一纸诉状呈送到乾隆皇帝的御案上，控告粤海关官员贪污成风，处处刁难洋商，求清廷恩准改变现有贸易方略。乾隆皇帝派钦差南下，查处了一批广东官员和商人，但是鉴于洪任辉违反禁令学习汉语、窥测官场动向擅自上书有辱天朝体制，他和鲍恩被圈押于澳门前山寨，刑满后逐出国门。

1763年鲍恩带着一些中国大豆的种子到达伦敦，1764年回到美国乔治亚的萨凡纳，请求在当地总测量师亨利·杨（Henry Yonge）的农场试种他的中国大豆，当年获得意外丰收。1765年5月鲍恩购买了450英亩土地大规模种植大豆，并与洪任辉合作向英国出售豆制品。此事成为中美交流史上广为传诵的佳话。

早期美国商人把个人发财看作高于道德、法律、荣誉和传统之幸事，冲破了英国对其国际贸易的限制，开辟了来华贸易的新航线，为美国经济的快速发展做出了贡献。"中国皇后"号首访广州后，在派驻商家无人通晓汉语和中国国情的情况下保持了40多年的双边贸易，今天看来似乎有些不合常理，其实这与"洪任辉事件"的前因后果有一定关系。缺乏中国语言和历史知识，不了解华夏风俗习惯，跟中国人打交道无疑会碰到种种困难，但是既然清廷规定不许洋人学习汉语和广东方言，他们只能用无师自通的"洋泾浜"（Pidgin）官话进行交流，不过也有少数美商和传教士在来华前后私自去澳门或者马六甲的英华书院学习速成汉语课程。

1842年8月29日，清廷代表在长江江面英国"皋华丽"号上与英国代表签订了《南京条约》，标志着清朝所奉行的"朝贡体制"（Tributary System）的终结。1844年2月在澳门郊外的望厦村签订的《中美望厦条约》中的第18条款具体规定来华美国人可以延师开馆授课，客观上为中美文化交流消除了原来长期存在的体制和心理障碍。

19世纪20—30年代，西欧来华散商先后取代了本国的东印度公司，试图凭借个人或者商团的经济实力影响官方对华政策，在广州、香港和澳门抢占舆论工具，推翻早期欧洲来华耶稣会士对于中国文化的褒扬立场，以自己利益集团的政治主张和人文观念对中欧关系进行重新评价。后来来华的基督教新教传教士在很多方面都采取了与英美商人相同的做法，通过办学、办报、译经和出版书刊，在宣扬宗教理论的同时提出了自己的社会文化主张，利用媒体建构中国形象，为他们在华的事业营造气氛，形成了欧美汉学的思路。

早期美国儒商和新教传教士在澳门和广州办过几种中英文报刊，通过当地西侨和各类教会组织扩大影响，一方面传播福音和神学思想，另一方面也译介一些重要汉籍和西方近代科学技术文献，把传授中华文化知识和展示西方人文学科成就的两方面任务结合起来。与此同时，中国晚清的维新派和改良主义者也从东洋等渠道获得不少西方哲学和社会科学知识，思考如何帮助国人改变封闭保守和排外的观念，实现变法图强，以期彻底推翻封建帝制。随着这一文化浪潮影响的扩大，兴学办报成为西方来华学人和世俗化传教士的一种职业，大批天文学、造船学、工程学、机械学、物理学、生物学、兵器学、舆地学、医学、数学和化学的书籍和文献资料进入了中国知识阶层的视野，赋予了国人新的学科生命和政治追求。

《广州纪事报》是 1827 年吴特创办于澳门的半月刊，英国鸦片商马地臣（James William Matheson，1769—1878）接管后改为周刊，每周四出版，主编为史赖德（John Slade）。1838 年 5 月迁至广州，后又迁至香港。魏源刊印的《海国图志》第 94 卷关于外币和外汇的文章即译自该刊。

《中国丛报》1832 年创办，1851 年终刊，共发行 23 卷，裨治文、马礼逊和卫三畏任主编。该刊发表了许多介绍中国语言、历史、地理、宗教、商业、文学、艺术和道德方面的文章，常常就中国茶叶、禁烟和西方反华军力的集结等一些重要问题展开讨论，虽带有浓厚的基督教色彩，但是对于了解中国当时的历史和社会有重要的参考价值，为早期中美文化的沟通发挥了重要的作用，总体来看不失为一份对中国进行全面报道和研究的学术性刊物。1842 年郭实腊（Karl Frfiedrich Gützlaff，1803—1851）在《中国丛报》上曾撰文介绍《红楼梦》，是把中国白话小说介绍给西方读者的第一人。1850 年 3 月号的《中国丛报》刊登了《海国图志》的第 12 编译文，5 月号还刊发了魏源的《大清圣武记》，都在中外读者中产生过积极的影响。

早期美国商人和船员在华的所见所闻、有关中国印象和经历的书面记录，虽属凤毛麟角，肤浅直观，但却具有一定的代表意义，是当时美国读者认识中国的主要文字依据，也是研究中美贸易和美国人中国观的重要史料。1847 年出版的《山茂召日记》(The Journal of Major Samuel Shaw, the First American Consul at Canton)、1882 年出版的《广州番鬼录》(The 'Fan Kwae' at Canton before Treaty Days 1825-1844 by an Old Resident)和 1885 年出版的《旧中国杂记》(Bits of Old China by William Hunter published by Kegan Paul, Trench, London)，是根据作者的第一手资料写作或者编辑成的三本重要著述，见证了中美关系的建立和贸易的发展，反映了中国南方社会的生活现实，具有一定真实可信的价值。

1847 年《山茂召日记》由乔赛亚·昆西(Josiah Quincy)在波士顿编辑出版，全书共分三部分：山茂召传记及书信；广州之行航海日记；致国务卿杰伊的信件和杰伊的复函。该书记录了中美贸易的发端，山茂召的 4 次广州之旅以及中美航线的成功开通。日记对所观察到的中国社会生活作了详细描述，例如：一位广州行商的住宅花园内的曲径和亭台给山茂召留下的深刻印象，他对中国皇帝和商人所给予的肯定评价，佛寺内信徒烧香拜佛的虔诚和"善有善报，恶有恶报"的迷信色彩等。但是，广州的一些规定和社会现象也使他反感和迷惑。例如：来华美商只能住在夷馆不能进入广州城，销售货物必须通过十三行代理；广州贸易官员令人震惊的欺诈行为；为他在所订购的纹章瓷上绘制美国辛辛那提协会会标使他失望的广州画匠技艺，等等。澳门大学教授若热里奥·米盖尔·普加在《首开美国至澳门之行：山茂召日记(1754—1794)》中写道：

> 尽管山茂召日记的绝大篇幅是介绍贸易和外交策略，但是其中不乏对澳门风貌、葡萄牙居民以及其它欧洲人生活的描述。由于作者印度之行受阻，而且美国对华贸易的重心在广东，作者被迫停留在澳门这座边境城市。这片中国领土上既奇特又熟悉的休闲之所，在葡萄牙人的管理下成为国际大都会。作者在此收获了对葡萄牙、中国政治和当地名胜的第一手资料，为后续来到广州的美国同胞们提供了翔实的信息，使他们了解中国的途径不再囿于英国人的早期游记、基督教徒诸如安森航行的所见所闻或是透过那些巍峨的修院和教堂了解这座天主教城市。山茂召，这位大班兼外交官在澳门遇见了天主教欧洲人和中国人两位'他

者’。澳门逐渐变成了一座建立和促进美国对华贸易事业发展的东西方交汇之地。①

《旧中国杂记》作者威廉·亨德(William C.Hunter,1812—1891),1911年由上海凯利·沃尔什出版社出版。该书的内容丰富,包括:作者造访过的十三行商馆、糖果铺、香木串珠铺、长寿寺、河南传教士墓和潘启官的乡间住宅;对花地饮宴、中国人吃“番鬼”餐、乌龙茶和午时茶之类的描写;对补瓷器的工匠、澳门的老侨民、从悉尼到达广州的逃犯等人物的刻画;以及一些事件,如对钦差大臣耆英巡游、审讯印度水手、考克斯医生出诊、罗马天主教信使被捕、公债案件的审判和玉石小铭官从军等情节的陈述。书中涉及中国历史内容的章节有:“中央王国”的由来、中国的土著居民和龙舟节的起源、广州的大旱灾,为读者展示了一幅18世纪华南港市的多彩多姿社会风情画,蕴含着此前西方所出版的中国著述所没有的文化信息。

《广州番鬼录》也是威廉·亨德的著述,1855年由伦敦基根·保罗出版社出版。该书描述了1825—1844年作者在广州的所见所闻。内容包括:前往广州的旅程,伶仃洋和珠江上的沉思,旗昌洋行的任职和业务,与商馆、东印度公司、行商、通事和买办的关系,鸦片、茶叶和丝绸贸易,外国报纸和禀贴以及接待浩官和律劳卑的繁文缛节,商馆大班和雇员的生活与赏格,西方商业的危机、商馆被围困、美国人战时生意和旧广州城的破败。在作者的笔下,妻妾成群的广州行商养尊处优的生活,衣衫褴褛沿街叫卖的鱼贩,兜售各式工艺品的手艺人,凄苦哀号孤独无助的乞丐,为家人苟活偷生替人受刑的苦主,向洋人扔石子的西关烂崽,无不栩栩如生。作者曾参观过几个印刷作坊,因此能把从雕板、印刷到半夜装订的过程记载得非常详尽。作者认为,14世纪自称发明了航海罗盘、火药和印刷术的欧洲人的一番言论,其实不过是马可·波罗从中国返欧之后西人所散布的惑众妖言。

历史上平等的文化交流都是双向互动的。19世纪的鸦片之祸打破了清廷“天朝上国”之梦,激发了多少仁人志士为探索强国之路而努力学习西法西学,收集并翻译了许多外文书籍和报刊文章,寻找有价值的历史、地

① 若热里奥·米盖尔·普加:《首开美国至澳门之行:山茂召日记(1754—1794)》,载澳门印务局《行政》季刊第21卷,总第81期。

理、政治、法律、军事和科技信息,帮助国人了解西方,正确判断时局。1839年林则徐(1785—1850)前往广州赴任后便组建由袁德辉(曾就读于马来西亚槟榔屿和马六甲学校)、梁进德(师承裨治文)、林阿适(Liaon Ashee,留美返国学子)和亚孟(曾就学于萨伦布尔教会学校)等人组成的翻译小组。林则徐经常咨询旗昌洋行的商人亨德、传教士眼科医生伯驾(Peter Parker,1804—1889)和澳门马礼逊学校校长勃朗(Samuel Robins Brown,1810—1880)等人,甚至不耻下问洋行通事、买办、引水和归侨。1839年6~8月间林则徐曾两次通过南海知县和高级行商跟伯驾接触,第一次是求索戒鸦片药方,第二次则是请他帮助翻译瑞士人滑达尔(Emeric de Vattel)所著《各国律例》(Law of Nations)中的部分段落,了解国际法中关于战争以及伴随而来的封锁禁运等问题的处理办法。同一时期,闽浙总督徐继畬(1795—1873)广泛搜集资料,利用公务之暇跟传教士和其他洋人访谈世界历史和地理,其中与雅裨理的访谈共6次之多。

林则徐的《四洲志》、魏源的《海国图志》和徐继畬的《瀛寰志略》,都被称为"开眼看世界"之宏论。林则徐"师夷制夷"的远见卓识得到了魏源(1794—1857)、左宗棠(1812—1885)、姚莹(1785—1853)和梁廷枬等觉醒人物的支持。

1872—1875年先后有4批共120名中国学童赴美就读,1880年其中50多名学童升入了耶鲁大学、麻省理工学院、哥伦比亚大学和哈佛大学深造。

这些就是在"西学东渐"和"东学西渐"潮流中用于创作背景音乐的美妙音符,正由期待着美国汉学横空出世的团队谱写其庄严序曲。

五、中美关系语境中的美国汉学发展

美国汉学孕育于北美的学术生态环境,反映了美国汉学家的中国观和美国学术研究的方式。它的存在和发展必然受到美国学术自身规律的制约,伴随着中美关系的发展而发展。

综观美国汉学史就会发现:中美两国关系在不同历史阶段变化的脉络始终折射其中。1784年美国商船"中国皇后"号访问广州后两国在平等基础上开始友好往来,文化交流催生了美国前汉学时期的中国研究。但是从1844年《望厦条约》签订到1899年国务卿海·约翰(John Milton Hay,

1838—1905)宣布实施“门户开放”政策(Open-Door Policy with China),美国逐年扩大其对中国经济、政治和文化的全面渗透。不平等条约损害了中美关系,“苦力贸易”(Coolie Trade)成了歧视并排斥华工的借口,两国之间的文化交流因此遭遇到各种障碍。第二次世界大战期间中美两国建立了同盟关系,但同时美国与日本和苏联之间在远东地区的利益冲突也不可避免地给中美关系带来负面的影响。新中国建立之后20多年间中美关系处于对抗状态,两国政府部门、文化界、工商界、科技界、教育界和军队都经历了史无前例的考验。美国汉学研究的一些仅存项目部分与官方的中短期世界战略规划挂钩,部分为泛亚研究所取代。20世纪70年代初随着尼克松总统来华访问,中美关系开始解冻,邦交正常化使两国关系逐渐进入了一个新时期,推动了经济和文化的全方位交流和发展,美国的汉学研究获得了勃勃生机。美国汉学史发展轨迹清晰显示:中美两国代表着不同文化和不同的发展道路,美国的中国研究伴随着中美关系的脉搏节奏跳动是符合历史逻辑的,也只有在中美外交、经济和文化的宏观背景下才能对美国汉学史进行准确地透视。

汉学家的“中国观”是指导他们考察、研究、分析和评价中国事物的标准,因此汉学研究最容易与政治意识形态挂钩。这里所说的“意识形态”是指形成于特定社会的经济和政治基础之上的系列观念,包括政治、思想、伦理、科技、文艺、哲学和宗教等方面的观念,具有群体性、系统性和历史性的特点。政治意识形态是最具普遍意义的一种观念表现方式,每个社会政权代表的意识形态都是占统治地位的意识形态,这就是历史。

冷战时期在对立的“社会主义阵营”与“资本主义阵营”之间的意识形态之争曾经导致了长期的东西方军事对抗,现在对立营垒的概念已经封存于博物馆。虽然意识形态分歧没有完全结束,但分歧的背景已发生了根本性变化,经济、民族和民生的因素正成为人们关注的焦点。每一个文明群体在致力于发展的同时也开始重新审视自己的历史,力图从自身的文化遗产中总结成功的奥秘和经验教训。几十年来费正清与其他美国汉学家有关中国对外来入侵的“冲击—回应模式”(Impact-Response Model)、“传统—现代模式”(Tradition-Modernity Model)、“帝国主义模式”(Imperialism Model)和“中国中心观”(China Centered Approach)的总结,就是这一思维历程的写照。

普通美国人似乎不喜欢“意识形态”这个说法,更不愿承认自己国家意识形态的存在,因为长期以来他们曾被告知意识形态就是极权主义和西方理想的敌人,从立国之日起“民主”和“自由”就与联邦共和国并存。多数美国人一直都认为自己的社会制度、生活方式和价值观念都是今日世界的典范,而共产主义则被视为异端邪说。后来这种思想方式就演变成冷战思维,直接影响着中美之间的关系。其实,美国人“追求自由民主”的一贯夸张表现就是无处不在的美国意识形态,也是与他人比照时自我夸耀的资本。美国的意识形态为本国的内政外交决策创造了特别的氛围,引导着政策制定者对国家利益和安全的深刻理解,并最终使之顺利进入国会审议程序。意识形态甚至还为美国留华学生对中国大学的教学安排提供了思想尺度和接受准则,他们往往把港澳台的汉语课本或者美国人自编的教材作为教学首选,个中原因除了对于意识形态的敏感之外别无其他。美国汉学家的许多选题都是汉学史中的重大课题、当今学术界最关切的命题或者个人学术兴趣执着追求的领域,蕴含着丰富的政治哲学思考,使他们想回避政治意识形态都很难。

在一些政治嗅觉灵敏的美国人看来,社会主义是美国在意识形态方面遇到的最严峻挑战。1947 年杜鲁门总统下令对全美 250 万公务员进行安全审查。1950 年 9 月 23 日美国第 81 届国会通过的麦卡锡法案(McCarthy's Act)导致了许多科学家、新闻记者、艺术家和外交官接受调查和指控,其中有:查理·卓别林(Charlie Chaplin Jr.,1889—1977)、罗伯特·奥本海默(Robert Oppenheimer,1904—1967)、钱学森(1911—2009)、阿格尼丝·史沫特莱(Agness Smedley,1892—1950)、阿尔伯特·爱因斯坦(Albert Eistein,1879—1955)和谢伟思(John Stewart Service,1909—1999)等人。长期以来美国不遗余力地宣扬自己的价值观,歪曲东方“他者”的人权状况,排斥对抗他们的意识形态,实行所谓的“人道主义干涉”和“人权外交”。

1973 年第 5 卷第 5 期《变迁》(Change)发表了一篇题为《汉学危机》的文章,作者彼得·西博尔特写道:

> 美国汉学研究的博士生多半是 1960 年前培养的。20 世纪 50 年代麦卡锡的清洗运动和麦卡坦委员会有关颠覆责任的追究涉及到谁把中国输给共产主义的问题,心灵和智力方面的损失是惨重的。谢伟思和约翰·佩顿·戴维斯(John Paton Davies,

1908—1999）等人蒙羞离任使美国国务院失去了杰出的中国问题专家，虽然对于他们的指控没有一条得到证实，但是他们的事业却因此被断送。

……1958年以后联邦政府根据《国防教育法案》资助了106种语言和区域研究项目，提供了2100个国防外语研究员职位，支持了为提高教学和“濒危语言”参考资料水平的研究项目。人们理所当然地认为这些资助可以覆盖1973—1974财政年度，从事汉学研究的许多人对于这一虽然略存幻想但是又觉得顺理成章的事都抱有乐观态度，相信当局近来与中华人民共和国修建良好的密切关系，伴随而来的必然是为汉学研究增加资助。但是完全不是那么一回事。当局已经把投入预算从1394万美元削减至100万美元，仅用于勾销对比反差。这对于亚洲研究来说预计每年将减少455万美元经费。这个数字的精彩之处还在于它在数千亿的联邦预算中只是一个微不足道的数目。《纽约时报》近期刊登的一篇文章指出：它仅仅是买一架战斗机的价钱，然而取消投入的后果却极为严重，明显表现在已经投入经费的院校所做出的反应之中。例如拥有美国最佳汉语和日语暑期班课程的佛蒙特米德尔伯里学院，目前正向朋友、母校和其他教育机构呼吁资金救助，以免造成课程大幅度的削减。达特茅斯学院汉学研究中心负责人也担心，如果得不到外援他们的教学研究将无以为继。哈佛大学的汉学研究过去得到联邦政府千百万美元的拨款，但现在已经大幅度减少本科生的招生。①

早先研究汉学的欧洲传教士、海关洋员和洋行通事多半缺乏严格的专业训练，因此他们的研究随感式个案较多，缺乏理论系统，分析和判断往往失诸笼统。但是在传教士和学者出身的研究人员中也有不少人人文学科素养好，知识面广，经过多年磨炼渐渐进入佳境者不乏其人。第二次大战以后美国汉学研究专业化得到了加强，高等院校的东方学专业培养了大批人才，使研究水平得到了进一步提高。此外，他们中的一些人特别善于吸

① Peter J. Seybolt：*China Studies in Crisis* in *Change* Vol. 5 No. 5 June 1973，p. 18，Taylor & Francis，Ltd，U.S. 1973.

收中国学者和国际同行的研究成果,那些成功的汉学专著几乎都是西方治史手段和传统与汉学史料研究相结合的典范。

美国汉学家研究成果的水平高下与他们是否基于中美关系语境来解读史料关系至为密切。因为英语在国际交流中的通用性赋予了英语使用者太多的优越感,这影响了部分美国学者对于中国历史传统的理解和表述所需要的现场感和虚怀若谷的心态。为了避免在短期内无法克服的自身缺陷,他们选择通过社会调查、媒体技术和数字信息等手段来弥补不足,往往也能有声有色地干出一番事业来。但是经验证明,田野调查(fieldwork)和媒体手段并不总能取代研读史籍之类的功课。

对此,顾彬曾感慨万千地说:

> 作为讲英语的汉学家,其优势在于享誉世界并拥有遍及全球的读者。这种优势是福祸相依的:谓之福,是因为人们可以利用广泛得到理解的母语在世界各国进行出版工作,并且无须主动掌握其它的外语(也许汉语除外);谓之祸,是因为上升为规范的独特语言机制与孤立的思维体系令忽视其他的语言和反常的观点如同必要之举。今天,如果人们无法做到像讲母语者一样地书写英文且不受北美汉学共有思想的支配,那么想在美国专业杂志发表文章是根本不可能的。……由于语言和世界观的原因,在美国出版的国际会议论文将欧洲的研究成果排除在外。①

传统的史学和汉学研究离不开考证和话语分析,“言必有据,无征不信”是老一代汉学家的座右铭。清代考据学的成就对于早期欧美汉学研究的影响最为直接,其中一个原因是来华深造的西方汉学家当年师承的多半是这方面的中国专家。但是随着时代潮流的发展和思维模式的变化,年青一代中不少人不愿为数据考证所累。

与传统西欧汉学研究相比较,美国现代汉学的最大特点是贴近现实的跨学科多元化研究。学者们不把中华文化视为历史化石,研究不是为了猎奇或消遣,几乎很少人从事纯理论纯学术的研究。“新儒家”、“新道家”、

---

① 顾彬:《汉学:路在何方?——对汉学状况的论辩》(王卓斐译),载《中国图书评论》2010年第11期。

"新文化"和"新史学"汇聚成浩浩荡荡的汉学研究大潮。美国汉学家的主体属于务实派，不把目光仅仅瞄准社会精英，更多关注的是大众群体。早在18世纪，美商发表有关在华生活的体验和感受的随笔就是为了给来华的同行提供信息和指导，新教传教士对于汉语、中国历史和文化的研究也是为了满足培养神职人员的需要，译介儒家经典和其他汉籍为的是打造开启中华文化大门的钥匙。由于他们的影响，在美国几所大学都先后建立起东亚系或东方研究机构，比较文化学、比较历史学、比较社会学和比较文学研究为美国汉学领域的开拓做好了充分的铺垫。

自20世纪80年代以来美国汉学界的学者群体出现了一些值得关注的变化，除了原有的老一代华人学者仍孜孜不倦地做出自己的奉献外，来自中国大陆和港澳台的学者以及海外华人学者在当地主流学术刊物上发表的论文或者通过知名出版社出版的专著和译著数量比过去任何时期都多。由于家庭、阅历和受教育背景的关系，他们对于一些敏感的中国问题比美国同事有更深入的了解，观察问题更为全面，更容易摆脱西方舆论界的偏见和国内同事因不掌握第一手材料所产生的误解，并善于使用外国学者所熟悉的语汇来阐述问题。他们在中国和美国大学或研究所接受的训练赋予了他们攻克难题的新技术，他们的研究成果充分体现了中美两国协调关系下所孕育的智慧。

总之，对于美国汉学的研究离不开中美关系的语境。文明史的话题既要从中美两国的历史视野中展开，也要从中美两国现状的视野中进行评价，只有这样才能对美国汉学史做出准确的解读。

六、国际政治和学术生态中的美国汉学研究

要深入了解美国汉学发展的进程及其在世界众多学科中的地位，首先必须回顾一下与其相关的国际思潮在人文社会科学共生过程中的推波助澜作用。

14世纪文艺复兴运动在意大利、英国、法国、德国和荷兰开展后，西欧人文主义思潮在经院主义神学衰落中高涨起来，理性主义和批判精神在知识分子中迅速传播，反对禁欲主义和教会专制的呼声不断深入人心。随着自然科学和商品经济的发展，西欧封建主义开始解体，罗马帝国和教廷对人民的精神统治每况愈下。

18 世纪美国工商业的发展引起了物质主义(materialism)的膨胀,自然神论和唯理主义不断冲击着社会。欧洲移民带来了欧陆各国的新科学理念,激发了广大教众对于社会进步事业和生产发展的投入,然而他们的宗教热情却逐渐下降。1730—1740 年旨在复兴教会权威的“虔敬运动”(Pietism)和“清教主义”(Puritanism)在“大觉醒运动”(The Great Awakening)的旗帜下逐渐展开。18 世纪末,被称为“第二次大觉醒”(The Second Great Awakening)的福音奋兴运动再次在美国新英格兰和肯塔基展开,不久之后进一步扩大到美国其他各州。野营布道讲经的活动成了连接美国不同宗教背景的欧亚移民、黑人、印第安人和犹太人之间的桥梁。福音派新教势力成了美国建国和后来的海外扩张中的一支中坚力量。这样一个主要由讲求个性和实际的自由移民建立的国家,历史上不存在需要推翻的封建势力,也没有需要摆脱拘束他们的思想和专业传统,只靠自己创建的法律、经济、科技和宗教体系运作,保守主义、民权运动、阶级冲突、过激行为和反战示威都发生在物质极大丰富的一个多世纪以后。19 世纪末美国登上国际政治霸权舞台后便开始了海外角逐。

1810 年美国公理会海外传道部(American Board of Commissioners for Foreign Missions,又译为“美部会”)正式成立。1829 年 10 月 14 日裨治文奉派来华,掀开了美国新教传教士东渡传教的序幕。此后来华的美国新教教派还有:美国浸礼会真神堂(American Baptist Missionary Union,1834 年来华)、美国圣公会(American Church Mission,1835 年来华)、美国长老会(American Presbyterian Mission,1835 年来华)、美国归正会(American Reformed Mission,1842 年来华)、美国南方浸信会(American Southern Baptist Mission,1845 年来华)、美国监理会(American Methodist Episcopal Mission,1847 年来华)、美国南监理会(American Southern Methodist Episcopal Mission,1847 年来华)、美国南长老会(American Southern Presbyterian Mission,1867 年来华)、美国圣经会(American Bible Society,1876 年来华)、美国路德会(American Lutheran Mission,1890 年来华)、美国教友会(American Society of Friends'Mission,1890 年来华)、美国基督复临会(American Advent Christian Mission,1897 年来华)、美国长老归正会(American Presbyterian Reformed Mission,1897 年来华)、美国路德同庚会(American Lutheran Brethren Mission,1902 年来华)等。1844 年签订的《中美望厦条约》规定美国人可以在五个条约港口购地建教堂、医院和墓地,大

批美国人便涌入了中国。

第二次世界大战前欧洲汉学界普遍重视对中国古代史、文献学和语言学的研究，美国汉学家亦步亦趋地跟随一段之后很快就选择了另一条发展道路：从本国实际情况出发，强调汉学研究与近现代史和社会学科结合的更宽泛研究，涉科范围包括宗教学、社会学、人类学、政治学、心理学和文学等学科。西方汉学研究中心逐渐从西欧转移到北美，是因为美国汉学的发展方向更符合第二次世界大战后的国际政治形势要求。在国际化、专业化和团队目标的指引下开创了新局面，获得了巨大的成功。虽然美国汉学脱离欧洲汉学传统有其“顺应形势”的因素，但是当初的尝试充满了各种变数，从汉学史角度来看其中利害得失颇值得回顾和反思。

20世纪下半叶美国的汉学研究在组织上经受了重组和挑战。在相当长的一段时间美国大学大多按照“区域研究”（Area Studies）划分系科，有关中华文化的课程基本上安排在东亚系（有的大学称为“东亚研究系”、“东亚语文和文明系”或者“东亚语文和文化系”），但是耶鲁大学等院校却按照“多元化学科研究”（multidisciplines）来管理汉学课程，把汉语和中国文学课程安排在东亚语言文学系，把中国历史课程安排在历史系，把社会学课程安排在社会学系，把人类学课程插入了人类学系。图书馆也按这种学科区分编排藏书，慢慢地各个科系都可以根据需要发展跨学科研究的分支机构。这样的组合方式便于教师广泛了解其他语种的相关学科，有机会与不同领域的同事切磋业务，交流经验，这正是全球一体化思路的初衷。早先的美国汉学研究把中华文化当成固化了的文物来对待，中文书籍成了解读“他者”文化的工具，部分欧美汉学家以译介中文作品为主，专业著作只在汉学界的范围内交流，很少进入其他科系领域。但随着美国汉学研究领域的扩大，用比较方式来研究汉语、中国文化、历史、文学、社会学和宗教已经蔚然成风。当然，在开始阶段中西学术比较往往以西方学科为对比基点，把相关汉学学科作为参照点，研究偏重于中西本质差异比较。学术结构的改变必然引起研究方式、评价标准和分析手段的改变。①

19世纪以实证主义方法和信念为指导的实证主义史学（Positivist Historiography）在西方史学界占主导地位。代表人物兰克（Leopold von Ranke，1795—1886）主张通过史料的评价如实再现历史。他撰写的16～18

① 孙康宜：《谈谈美国汉学的新方向》，载《书屋》2007年第12期。

世纪的西欧政治史、军事史和外交史特别强调历史的客观性，并以史书编撰中的叙事和描述代替分析和概括。这种治学方法和手段对于美国汉学家有很大启发。

1955年以后新史学（New Hstory）在西欧和北美崭露头角，德国的“社会科学史”（Scientific Social History）、英国的“新社会史”（New Social History）和法国的“年鉴学派”（Annals School）都属于新史学派。布罗代尔（Fernand Braudel，1902—1985）是年鉴学派的领军人物，提出了许多新理论和新概念，例如他提出历史研究可以分为长时段研究（注重宏观、结构和规律）、中时段研究（聚焦于人口、物价和社会变化）和短时段研究（偏重于革命、战争和历史事件）。他主张从宏观、规律和结构性方面进行研究的同时兼顾历史的一致性、普世性和共同性，不赞同史书编写中采用描写和叙述手法，认为虽然叙述文本可读性强，但只是表面功夫，并不能表现实质。第一代新史学家还提出了“总体史”（histoire totale）设想，反对仅仅从一个角度来考察社会历史，认为历史是一个整体，应该从政治、文化、经济和科技等角度进行考察。布罗代尔通过自己的著作将“总体史”观念表现得淋漓尽致，开创了一代史学研究新风，许多学者受到他的启发和影响。美国社会学家伊曼纽尔·沃勒斯坦（Immanuel Wallerstein，1930—　）为此专门建立了一个“布罗代尔经济历史体系与文明研究中心”（Fernand Braudel Center for the Study of Economics，Historical Systems and Civilization），可见他的思想对美国学术界影响之大。

近现代中国历史成为美国汉学研究的中心议题与费正清的倡导是分不开的。1958年费正清在自己的论著《美国与中国》中提出了用新方法“从历史深度”来研究中国。1959年6月，由福特基金会资助，美国社会科学研究理事会（Social Science Research Council）和美国学术团体理事会召开了包括费正清、卡尔·威特福格尔（Karl August Wittfogel，1896—1988）、约翰·林德贝克（John M.Lindberk）和戴德华等19位科学家和行政人员参加的古尔德会所会议（The Gould House Conference），就美国的汉学研究领域、结构和范围展开了讨论，确定了与历史学相结合的中国经济学、社会学、人类学、法学和政治学为主攻方向，并成立了当代中国研究联合委员会（Joint Committee on Contemporary China，简称JCCC）和相应的分会（Satellite Committees）。

20世纪60年代末至70年代初后现代主义（Postmodernism）思潮闪亮

登台，最初出现于建筑、艺术、哲学等领域，渐渐地影响到历史学。这是西方由工业社会进入到信息社会所引发的新思潮，代表人物有：法国哲学家利奥塔（Jean-Francois Lyotard，1924—1998）、富柯（Michel Foucault，1926—1984）、德里达（Jacques Derrida，1930—2004）和美国文学批评家詹姆逊（Fredric Jameson，1934—　）等。这一思潮给欧美历史研究带来的变化表现在多方面，比如利奥塔反对此前史学研究中的宏大叙事（包括思辨宏大叙事和启蒙运动式的宏大叙事），不承认任何无须怀疑和证明的事物，主张正视个人思想的差异和事物的多样性。哈贝马斯提出了"公共领域交流"（change of public sphere）的理论，认为交流可以使人们达成共识。富柯强调"话语"（discourse）可以反映潜在的"权力"。后现代思潮进入历史学以后也提出了一些激进的观点。美国历史学家海登·怀特（Hayden White，1928—　）在1975年写了《元史学》（Meta-history）一书，认为历史著作普遍具有诗学本质，历史的客观性并不存在，目的是为了促进读者对于史学实质的探讨。这一切标志着欧美历史哲学的语言学转向。

"全球一体化"既是当代经济领域的潮流，也是当代学术研究的潮流。美国汉学家在这一多元视域中以开放的心态借鉴国际学术研究的新成果，推动美国汉学研究朝着现代形态变化发展，不断取得引人瞩目的成绩。

法国年鉴派史学理论与研究方法形成于20世纪20年代，50年代以后在国际史学界占领了主导地位，60年代渗入到美国史学研究领域。该派学者视一个国家或民族的"总体史"为研究的最终目标，把人类社会在不同自然和社会环境中形成的文明进程视为研究重点。由于每个文明都有自己的独特性，各民族文明彼此独立和多元的特点导致了社会形态的多样性和复杂性。他们有意识地把汉学与历史学、人类学和社会学结合起来，把数量分析（quantitative analysis）等新技术手段用于史料分类和处理，由此产生的史证和结论无法不让人不信服，从而激发出以"中国中心观"对中国历史和文明进行研究的新认识。

后现代主义思潮是对启蒙运动之后的西方社会所暴露问题的一种深刻的反省，影响到对年鉴学派观点的反思和批判，是20世纪90年代之后西方历史学发展的重大转折，研究焦点转变为对琐碎、断裂和变化历史往事的关注。曾经有很多美国汉学家加入了新史学潮流，自觉或不自觉地运用后现代主义的史学方法来确定和撰写选题。例如被称为西方史学研究

“碎片化”的微观汉学和新史学的语言学转向，以及从实证主义到宏大叙事的选择，都是美国汉学家受到世界学术潮流启发而采用的新手段。对新史学变化的跟踪，对其理论和方法的研究，有助于我们对美国汉学发展过程中脉络的正确把握。

顾彬对于美国汉学的国际性有这样一段评价：

> 美国汉学在当今世界范围内独占鳌头，不是毫无道理的，但情况也并非一直如此。美国在1933年以后，开始吸纳世界上最优秀的学者，紧接着把英语变成了唯一的科学用语，因为当时许多科学家被迫离开德国，而第二次世界大战后一些中国的科学家也不愿返回自己的家乡。美国汉学所取得的第三项巨大成就是在世界范围内确立了一种科学的讨论方式，这是一种反形上学(metaphysics)的，也可以说是反欧洲的讨论方式。今天，任何一位想有所建树的中国学学者，都必须用英文发表其有关中国的论著，同时还必须使自己的词汇和思维结构屈从于美国的主流思潮。①

顾彬的观点虽然非常直率尖刻，但是在欧洲汉学界有一定的代表性。

虽然美国的汉学研究免不了受到所处时代学术潮流和本土的学术生态环境的制约，但是总体来看，美国不是一个基于强大主导思想体系的国家，无须强调对某一学术传统的特别尊重，也不必在意其史学研究中的孤立和自满倾向。这就是美国汉学研究宗旨和方法自由多变，学派林立的原因所在，只要自成系统自圆其说，谁都打倒不了谁。美国学者把数量分析和科际整合手段(interdisciplinary approach)引进汉学研究的时间早于欧洲国家。学术观念的异化导致了专门化甚至超专门化(overspecialization)的闪亮登场，伴随而来的是新的研究选题、新的解读框架和模式，这一切都直接为美国的汉学研究灌输了新鲜血液和锐气。

从欧美的汉学发展趋势来看，作为现代学科的汉学兴起于第二次世界大战前后，并很快成为中国研究领域的主流倾向。世俗化传教士学者是西

---

① 顾彬：《日耳曼学术谱系中的汉学·序》(李雪涛著)，北京：外语教学与研究出版社，2008年。

方汉学领域的先行者,其中许多人倾其毕生所有为之奔走呼号奋斗拼搏,方法和成果都得到了学界的肯定和认同,在绚丽多彩的现代科学观的充实和后续开拓之下汉学研究传统得到了传承并将进一步发扬光大。

当前中国与世界关系发生了深刻的变化,世界高度关注着中国的发展方向和中国对世界的影响,中国的发展也离不开对外来优秀文明和学术成果的吸收和学习。这一形势特点反映到各学科领域,已经为美国当代汉学家提供了研究的新思路和新机遇。

第二章
从科际整合角度扫描美国汉学

如前所述，国际汉学不是一门单纯学科（monodiscipline），而是一个跨学科、跨文化和跨语种的学科门类。汉学发展史经历了由传统的实证性微观研究、学科思维比较、历史价值定位、文献真伪辨别、名物制度考订，到当代的科际整合、田野调查、定性定量分析，以及多维语境中的宏观对比研究。

美国汉学的涉科范围主要包括：人文学科的文学、哲学、历史学、语言学、艺术史、宗教学，以及社会学科的法学、经济学、政治学、社会学、文化学、地理学、人类学、伦理学、教育学、考古学、民俗学、心理学、管理学和传播学。这些构成了汉学研究的主流学科。但是在学科分工严格细化的今天，仅凭单一学科的资源、理论和方法不足于对相关系统中的核心成分进行充分的透视和分析，更谈不上对其中规则和理论的科学概括。自然科学的数学、逻辑学、统计学、电子计算机学（computer sciences）和系统科学（systems science），以及跨学科的视觉艺术、区域研究、形式科学和性别研究（gender and sexuality studies）等新学科的知识和手段，在很多学术分析框架中也是必不可少的。科际整合（Interdisciplinarity）的方法，将一些原本缺乏内在联系的素材、数据和现象加以归类和梳理，使之在一个宽广的新视角下的研究和解读成为可能。因此许多学者认为当今学术领域已经进入了学科重组的时代。

“科际整合”或“多科组合”（multidisciplinarity）是指两个甚至多个学科研究的理论、技术或者人员在一个共同目标下进行相互合作的跨领域学术活动。学者在自己所熟悉的领域内通过拓展视野对材料进行审读和分析，以发现新信息或者寻求解决问题的新办法，但是并不追求构建共同的理论框架。与它平衡的另一种模式则为跨学科研究（transdisciplinarity），通过打破学科传统规范的界限以取得对问题更准确的切入，在相互认可的新理论系统中探讨新思路和新方向。

许多学科专家认为，只有通过科际整合才能消除当前学科过度专业化所形成的障碍，取得新突破。例如：可以"大观园小社会的历史"、"经济管理模式"、"人力资源调配"、"家务管理中的女权主义"或者"晚清封建官僚体制"等选题来研究《红楼梦》；也可以从"文学形象塑造"、"创作技巧的运用"、"人物内心世界的描写"和"批判现实主义"的角度来研究《红楼梦》；或者从语言学、民俗学、饮食、服饰、婚俗、丧葬制度的变革等角度来揭示《红楼梦》的百科全书价值。最近半个多世纪科际整合开拓了不少研究新领域，如："数理语言学"、"政治经济学"、"人类文化学"、"学术生态学"、"地缘政治学"、"教育心理学"、"地球物理学"和"生物信息学"等，就是把一种学科的理论和方法引入到对另一种学科的研究之中的实例。另外，史料文本化（textualization）、图像数字化（digitalization）、信息视频化（visualization）和科学格式化（formalization），则是通过现代科技手段来提升研究水平的一大发展。

科际整合是当代美国汉学的一大特色，既包括多学科知识的综合运用，也包括相关方法和资源的科际联合，与其通用性、实用性和商品化关系密切。

无论是大型的汉学研究项目（如《中国总论》、《清代名人传略》和"剑桥中国史"），还是微观个案研究（如卜德的《中国物品西传考》、柔克义的《佛陀传》、拉铁摩尔的《中国的亚洲内陆边疆》和费正清的《中国的兵法》），实际上都融入了与其相关的边缘学科知识和理论。经验表明：只有在综合了多个学科的知识和方法，研究才可能有新发现。

有些学者认为美国汉学家倡导的"区域研究"本质上就是一种科际整合。当今学术领域许多彼此链接但又未成一体的课题研究，客观上还是相互独立的领域，但正是这些"异体组合"（unity-in-variety）和"组合异体"（variety-in-unity）已成为优级学术研究的标识。对于真正意义上的科际协同区域研究（interdisciplinary synergistic area approach）的探讨，有助于相辅相成的不同学科的构建。学者所期待的"区域研究"应该是精品，是盛宴，而非文化补丁或者快餐之类的赝品。应该强调的一点是，虽然饱读经史子集的中美学者大有人在，但是在学科分工高度专业化的今天他们也不可能都是通才。科际整合所提倡的只是国际化和专业化团队的分工合作。

因此，对于自己专业之外的学问如有力不从心之处，应该请教专家里手，研究工作开始之前多做功课，凡事务必慎言。①

一、美国多维视域中的儒学：课题与精神资源

殖民时期的北美学者对于儒家学说的了解主要通过欧洲耶稣会士的汉籍翻译、东渡传教的通讯和回忆录，以及欧洲儒商、海员和旅行家的来华报告和观感。

1733 年费城政治家科际协同区域研究曾为自己的私人图书馆收藏了一套柏应理（Philippe Couplet，1623—1692）等人编译的《中国圣哲孔子》（Confucius Sinurum Philosophus），该译著收录了儒家典籍《大学》、《中庸》和《论语》。这是中国文化信息辗转进入北美社会的早期纪录。

王戴夫在一篇题为《从孔子到长城：中国文化对殖民时期北美的影响》的文章中写道：

> 中国文化对殖民时期北美的文化、经济和政治发展的影响是显而易见的。比如，被视为中华文明象征的孔子对于殖民时期的北美产生了令人难以置信的影响。一些杰出人物，包括本杰明·富兰克林、托马斯·杰斐逊、托马斯·佩恩（Thomas Pain，1737—1809）、约翰·巴特拉姆（John Bartram，1699—1777）和杰迪代亚·莫尔斯（Jedidiah Morse，1761—1826）对于孔子及其伦理哲学都敬仰有加。早在 1727 年富兰克林就按照孔子道德修养方式开始自我修身养性。为了在更多的殖民领地推广孔子的伦理哲学，1737 年富兰克林在他广泛发行的《宾夕法尼亚报》上刊发了《论语》的部分章节，同时他还明确表示孔子就是自己的榜样。被人们视为与孔子齐名的托马斯·杰斐逊把自己的榜样看作像孔子心目中的理想国君一样的人。托马斯·佩恩在 1791—1792 年出版的《理性时代》一书中把孔子与耶稣和几位希腊哲学家并列为世界上最杰出的伦理导师。杰迪代亚·莫尔斯在自己的著作《美

---

① Hans Kuijper：*Area Studies versus Disciplines Towards An Interdisciplinary, Systemic Country Approach*. 2008.

> 洲地理通志》中列举了《四书》中的《大学》和《中庸》，赞扬这两部典籍'以雄辩、高雅和简洁的语言写下了智慧和道德之最佳箴言'。北美杰出科学家约翰·巴特拉姆在论文《中国哲学家孔子的生平和品德》中向读者介绍了孔子的生平。一位作家因为喜欢孔子，就给自己起了一个'孔门弟子'的笔名，在1793年9月号的《新汉普郡杂志》上撰文告诉读者孔子是'一位德高望重的人'。[①]

1869年美国政府向中国赠送了一批西文图书和种子，作为对中国人口历史资料的交换。同治皇帝批准以明清10种130函900余卷古籍刻本回赠美国，其中包括《皇清经解》、《五礼通考》和《理性大全》等书。这些古籍收藏于美国国会图书馆，推动了美国学术界对儒家学说和中华文化的研究。

美国传教士对于儒家学说的系统研究始于19世纪上半叶。在如何看待中国儒家文化问题上他们当中的基要派（the Fundamentalists）认为要传播福音必须从根本上改变儒学在中国思想领域中的主导地位。而自由派（the Liberals）却牢记耶稣会会士利玛窦（Matteo Ricci，1552—1610）首次进入中国时的感悟：如果传教士不熟读儒家经典就不会被认为是有教养的人，这样就不可能规劝士大夫阶层皈依基督教。因此应该对他们所熟悉的儒学经典进行充分的研究，以便寻找宣传福音的共同语言。这在客观上为后来美国的儒学研究奠定了基础。

1833年，卫三畏以美国公理会海外传道部传教士身份到达广州。在他1913年出版的权威著作《中国总论》第十一章中对于儒家典籍《大学》、《中庸》、《论语》、《孟子》、《易经》、《书经》、《礼记》、《诗经》、《春秋》，以及孔子生平、儒学要义、孟子及其学说作了简要介绍。他认为："孔子哲学的要点是服从长者，和蔼并正直对待同辈；他没有提及人人都对其负有责任的那种隐形力量，只把目光对准这个世界以求支持，让国君个人对更高裁判负部分责任。对于孔子理想中的'君子'以及这一观念提出之后对其民族的积极影响和所产生的强大力量作出怎样的评价都是不会过分的。"[②]

① Dave Wang：*From Confucius to the Great Wall：Chinese Cultural Influence on Colonial North America*，pp. 1-3，2009.

② Samuel Wells Williams：*The Middle Kingdom* Vol. One，p. 622. New York：Charles Scribner's Sons，1913.

他还说："毫无疑问，孔子的许多言论都是值得称赞的，但是在他的信条中也有一些可能被人反对的部分。正如我们所看到的，理雅各（James Legge，1814—1897）对于孔子在《春秋》以及他平生中不尊重事实方面持极度怀疑的态度。然而与希腊和罗马的圣贤相比较，孔子的著述总体上是好的，在适用于他所生活的社会和卓越的实践性方面，超越了西方哲学家。"①

第二次世界大战以后美国已经成为西方儒学的研究中心。对儒学与民主理论的比较研究是这一时期美国学界研究的一个焦点。学者们提出了开展科际整合研究的新思维，聚焦于儒学与现代西方自由民主理论的比较阐释，既有政治或社会经济角度的研究，也有哲学层面的探讨，促成了美国儒学研究进一步深入和发展。

美国学者研究儒学的观点和方式各有不同。其中有以顾立雅为代表的承继传统汉学研究学派，还有以费正清为代表的外交史学哈佛学派。

顾立雅以研究孔子和儒学著称。他认为孔子不仅仅是一个文化符号（cultural symbol），而且还是历史上一位杰出的思想家。他主张通过历史背景的介绍真实地还原孔子的政治、哲学和教育思想。他的《孔子与中华之道》代表了20世纪50年代美国的儒家研究水平，对17—18世纪儒学在欧洲的影响作出了令人信服的论证。他注意到杰斐逊和孔子都强调众生平等，执政者要行为端正（"政者正也"）。杰斐逊对教育的关切以及选拔贤能不必问门第出身的民主教育思想与孔子的"有教无类"的观点也是相通的。②

费正清则从社会政治角度研究作为意识形态的儒学，将儒家文化纳入到西方现代性的研究视野中，用社会科学的方法进行解析。在费正清看来，儒学不可能是中国走上现代化道路的思想动力。作为费正清的嫡传弟子列文森（Joseph Richmond Levenson，1920—1969）继承了恩师大部分的研究思想和模式。在他看来当代儒学只不过是一种博物馆的哲学，中国的儒学体系无法产生现代民主，儒家的"民意"并不具有任何现代"民主"的含义。

这两大派别的学术分野实际上是传统的汉学研究向现代中国研究过

---

① Samuel Wells Williams: *The Middle Kingdom* Vol. One, p. 663. New York: Charles Scribner's Sons. 1913.

② Herrlee Glessner Creel: *Confucius—The Man And The Myth* , New York, The John Company, p. 275. 1949.

渡的具体表现。

20世纪50—60年代,以费正清和芮沃寿(Arthur Frederick Wright,1913—1976)为代表的学院派儒学研究把重心由古代切换到近现代,认为只要注入了新的活力儒学就可以一种意识型态和观念系统运作。1959年芮沃寿与倪德卫(David Shepherd Nivison,1923—)合著《行动中的儒家》,1960年与杜希德合撰《儒家的规劝术》,1963年还出版了专著《儒家人格》。20世纪60年代以后陈荣捷(Chan Wingtsit,1901—1994)和狄百瑞(William Theodore de Bary,1919—)等人的儒学研究开始重视儒学内部的哲学课题以及儒者的人格世界。到70—80年代以后,部分美国儒家研究学者把儒学定位为仍在支配人们行为的一种观念系统,同时就儒学与民主、人权、宗教、学科现代性以及经典文本核心术语的理解和翻译等问题联系起来加以考察、分析和研究。一些美籍华裔学者对此做了开创性的研究,根据西方现代文化背景和西方读者的价值观念对儒家传统进行新的阐释,为儒学的现代发展作出了贡献。

以波士顿神学院院长南乐山(Robert Cummings Neville,1939—)和副院长约翰·白诗朗(John H.Berthrong,1946—)为首的美国学者主张在儒学与基督教文化之间开展对话,以杜维明(Tu Weiming,1940—)为首的学者则强调儒学与伊斯兰教等东方文明之间的对话,因此波士顿儒学又被称为"对话派儒学"(Confucianism in Dialogue)。2000年南乐山在纽约出版了专著《波士顿儒学——后现代可发展传统》,正式宣告了这一学派地位的确立。有趣的是波士顿儒学派别又以查尔斯河为界进一步划分为以南乐山和白诗朗为首的河南派,以及以杜维明为首的河北派。

曾任美国宗教学会会长并致力于东亚哲学研究的南乐山认为:孔子、孟子,荀子、朱熹和王阳明就像亚里士多德(Aristotle,384B.C.~322B.C.)、柏拉图(Plato,427B.C.~347B.C.)、奥里利厄·奥古斯丁(Aureliu Augustinus,354—430)和怀特海(Alfred North Whitehead,1861—1947),都是国际哲学史上的重要人物。儒学应该成为哈佛研究的重点,对于礼乐教化的现代意义尤其要深入研究。南乐山不同意西方学者只能研究儒家学说而不能成为儒家的说法,认为儒学不仅是一种学说,也可以成为当代美国人的精神生活资源;儒学应该参与世界哲学对话,因为儒学是发展的,因时因地而异。他长期致力于比较哲学和神学中儒家思想影响的研究,把柏拉图、皮尔斯(Charles Sanders Peirce,1839—1914)、实用主义与泛亚佛教

(Pan-Asian Buddhism)、儒家思想、基督教神学(Christian Theology)融为一体,为思辨哲学传统注入了活力。白诗朗积极倡导各宗教之间的对话,认为儒学已经成为国际性的思辨潮流,构成了欧洲思想自我意识的一部分,影响广及太平洋和北大西洋沿岸国家。总体来看河南派注重荀子学说的研究,强调"礼"的作用,把波士顿大学神学院建成为北美神学界的儒家学说道场。他们都自称为认同儒家的基督徒,因此他们的理论被称为"基督教儒学"(Christian Confucianism)。

河北派以主持哈佛儒学研讨会20多年的杜维明为代表。他注重孟子学说(Mencius)研究,强调在吸取思孟、陆王和牟宗三(Mou Tsung-san,1909—1995)的学说过程中心性修养的重要性和人文精神的重建。杜维明研讨会按照欧美大学的研讨会(Seminar)和日本汉学的"会读"模式构建,参加者有东亚和西欧的访问学者、哈佛大学和波士顿大学的教授和研究生,讨论专题包括自由主义、女权主义、基督教、佛教和新道家等。从儒学与现代价值观的对话切入,通过交流和辩论引导与会者在儒学的界定、现代性和发展前景方面达成共识。杜维明关注外界对儒学的批评并予以积极回应。关于儒学的后续发展问题,他认为必须对西方文明所体现的科学精神、民主运动和宗教传统加以研究,理顺儒学与中国现代文化的关系,以及生存条件和再生契机的问题。儒学也应该与基督教、天主教、佛教、印度教、犹太教(Judaism)、锡克教(Sikhism)和神道(Shintoism)等宗教进行必要的交流。杜维明还特别强调儒家文明与伊斯兰文明对话的深远意义。现在新的世界秩序已经取代了超级大国的两极对立,全球化和地域化被越来越多的人所接受,应该关注建立在不同种族、语言、地区和宗教基础上的多元现代文明之间发生冲突的危险性,彼此开展对话至为重要。

成中英(Chung-Ying Cheng,1935—)、郝大维(David Hall,)、安乐哲(Roger Thomas Ames,1947—)和田辰山等学者倡导的夏威夷儒学被称为"诠释派儒学"(Hermeneutic Confucianism)。成中英从20世纪80年代初开始提出本体诠释学(Ontological Hermeneutics)的构想,从语言、概念、观念和本体上对中西哲学进行沟通,对中国哲学进行解构,通过重建和创新使之现代化和国际化。本体诠释学深受西方哲学理性分析方法的影响,但它却植根于中国哲学。中西比较哲学一直是他的关注焦点。他撰写了《原始本体诠释学的雏形:周易哲学》一书,为的是从理论和方法上完善本体诠释学的系统,并用于重新解释中西方哲学史。他把"诠释"划分为两类,一类是“基于本体的诠释”(用已有的本体概念来解释外部世界),另一类是“寻找本体的诠释”(反思过程中形成的世界观与个人自我观结合作为诠释、寻找、归纳外部世界的依据)。具体的诠释包括现象分析、本体思考、理性批判和秩序开端等四个部分。“本体诠释学”就是“本体辩证学”,包涵了多种对立的范畴,时间发展与空间包容统一的前提,既可作为建构中国现代哲学的导向,也可用于对西方现代哲学的补充。

夏威夷大学中国研究中心研究员田辰山认为儒学有与西方主流割裂式思维不同的通变方式,它不仅是儒家的,也是道家的和普通百姓的思考方法。夏威夷大学哲学教授安乐哲和已故的得克萨斯大学哲学教授郝大维曾经长期合作研究,他们共同的兴趣是美国哲学和中西比较哲学。安乐哲和郝大维都认为,中国哲学与西方哲学代表了两种文化系统,都有自己的基本语法与词汇。他们将自己的理论概括为比较哲学,而将学术界和报刊上常见的比较研究称作跨文化比较,认为两者既有联系,也有区别。

波士顿儒学和夏威夷儒学受到西方哲学理性分析的启发,采用了多科整合的方法,把诸如现象学(Science of Phenomenology)、逻辑经验论、语言分析、过程哲学(Process Philosophy)、实用主义(Pragmatism)以及社会批判等理论融为一体,对中国哲学进行新的解读,建构起新型的对话派儒学和诠释派儒学,丰富了传统儒家思想的内涵。他们的贡献有利于中国传统哲学的现代化,在东西方学术沟通过程中实现人文精神与科技精神的结合,价值理性与工具理性的兼容,促进儒学的国际化和多元化发展。

第二次世界大战结束后,顾立雅、费正清、列文森、史华慈、柯文(Paul A.Cohen,1934—)、墨子刻和狄百瑞等美国学者先后就儒学与民主、人权、自由精神和宗教性等现代命题进行了探讨。他们认为儒学中有许多与民主和人权等积极观念一致的语汇,儒学所代表的东方精神并不会对现代文明构成任何威胁,但是中西价值观的比较不宜停留在抽象理论层面上,而应该通过文本解读从历史发展的角度进行探讨。儒学的宗教性有其以“礼”为核心的独特性。事实上,由“礼”所建构的社会既是世俗的,也是宗教的。总之,儒家传统中蕴含着丰富的人文主义资源,新儒家倡导的沟通、对话、协商和谦让(compromise)必将成为21世纪人类社会发展的动力。这些研究为深入了解儒学的现代价值开辟了新思路。至于探索如何解决当代社会问题的实用方式当然也应该求助于被正确理解了的儒家资源。

1937年美国诗人庞德(Ezra Pound,1885—1972)出版了《论语》节译本,1950 年又出版全译本。此外他还翻译过《大学》、《中庸》和《孟子》等儒家经典。1950 年魏鲁男(James Roland Ware,1901—1990)出版了《论语》节译本,1955 年又出版了的全译本。1997 年美国诺顿出版社出版了澳大利亚籍的比利时汉学家西蒙·利斯(Simon Leys)翻译的《论语》。译者声称该书是从现代作品欣赏的角度来翻译的,译文中的选词被公认有独到之处。同一年美国牛津大学出版社也推出了华裔学者黄治中翻译的《论语》,除了正文以外该译本还编写了"术语"、"中国历史年代表"、"孔子生平"和"索引"等附录。

二、美国对中国史学研究的旷达进程

美国知识界早期对中国历史的研究,部分得益于耶稣会士拉丁文和法文的汉籍翻译,部分得益于 19 世纪 30—40 年代传教士对中国历史和社会的研究。当时美国的教会派遣部门要求传教士把在华的所见所闻写成报告发回国内,他们寄回的函件以及与亲友的通信成了当时了解中国社会和历史的重要信息资源。

1832 年裨治文、马礼逊和卫三畏主办的《中国丛报》经常刊登有关中国历史、语言、地理、宗教、文学、社会、艺术和道德方面的文章,帮助西侨了解与研究中国历史和社会。该报还不定期刊发介绍中国古代文献、历史著作、神话传说、风俗人情以及古人对历史的解说和史学撰写原则的论述。如 1840 年 5~12 月号的《中国丛报》有关司马谈、司马迁、司马光(1019—1086)和马端临的史学研究情况介绍;1841 年 1 月号有关中国历史记载及其方法的文章,3 月号有关中国纪年方式、内容和特点的讲解,11 月号有关中国历史年表的说明。1850 年 3 月号的《中国丛报》刊登了魏源的《海国图志》第 12 篇译文,5 月号刊登有关魏源《大清圣武记》的介绍。此外,该刊还译载过《大清一统志》和《八旗通志》等清代典籍。

卫三畏的《中国总论》是 1845—1846 年他返美述职期间在各地所作有关中国历史、政治、文化、地理、文学和艺术等内容的 100 多次报告汇编,于 1848 年出版。这是一部美国早期汉学领域的权威性著作,上至中华民族史前传说,中国的疆域气候、人口分布、自然资源、朝代更迭、中外交往,下至作者来华前后发生的八国联军侵华、不平等条约的签订、太平军造反、"常胜军"解体等历史事件。其中的第一章至第五章谈到了中国的行政区划、边疆和人口;第六章至第八章谈到了中国自然历史和法律法规;第十一章至第十二章谈到了中国古籍和纯文学著作;第十六章至第十九章涉及了中国科技成就和宗教;第二十章至二十六章涵盖了中国商业、外交、鸦片战争、太平天国革命和其他重要历史事件。书中的资料源于他个人在华的观察报告、对中国典籍的研究以及对《中国丛报》稿件的审读评价,其文献价值,正如美国汉学家马森所说:“他的著作在今天的有关中国问题的美国文献中仍占有重要的地位。”①

历史学家赖德烈(Kenneth Scott Latourette,1884—1969),以研究中国史、东南亚与美国关系史和基督教传教史著称,曾任耶鲁大学神学院宗教系教授多年。1910 年他在长沙雅礼学校任教两年,20 世纪 20 年代初第二次来华。1928—1937 年他担任美国学会理事会中国研究促进委员会委员,1934—1939 年任雅礼会和湘雅医学院理事,曾出版一系列著作,促成了远东协会等美国汉学研究机构的成立。他先后出版了《早期中美关系史:1784—1844》(The History of Early Relations between the United States and China:1784—1844,1917)、《中国的发展》(The Development of China,1917)、《基督教在华传教史》(A History of Christian Missions in China,1929)、《中国人的历史和文化》(The Chinese:Their History and Culture,2 Vols,1934)、《基督教扩张史》(A History of the Expansion of Christianity,7 vols 1937—1945)和《远东简史》(A Short History of the Far East,1947)等。

1938 年嘉德纳(Charles Sidney Gardner,1900—1966)撰写的《中国传统史学》(Chinese Traditional Historiography)是美国学者撰写的第一部有关中国史学史专著,堪称美国中国史学研究专业化的里程碑,推动了美国学者对中国史学的发展、对比较史学和不同朝代不同地区史家的思路、宗旨以及与政治现实联系的研究。虽然内容简要,但是作为一部供西方读者了解中国史学的指南来说却具有开拓性价值。

《清代名人传略》(Eminent Chinese of the Ching Period,1644—1912)是 20 世纪 40 年代由美国国会图书馆发起洛克菲勒基金会资助编撰的一部大型中国清代人物传记辞书,分为上下两卷,于 1943—1944 年在美国出版。主编恒慕义(Arthur William Hummel,1884—1975)是该馆的第一任馆长,1931 年毕业于荷兰莱顿大学,长期从事清史研究。撰稿人包括费正

① 马森:《西方的中华帝国观》(杨德山等译),第 39 页,北京:时事出版社,1999 年。

清、房兆楹和杜联喆夫妇以及50多名研究生。他们查阅了1100多卷正史和数百卷笔记史料,并充分吸纳了欧美汉学界的研究成果,对清代800余名人物作了详尽介绍,以严谨文字把清代政治、经济、军事、外交、社会、民族、宗教、文化、艺术和科技等领域的历史概貌勾勒了出来。这部著作反映了美国早期汉学的特色,具有较高的学术和史料价值,是清史研究方面的重要集体成果。1943年傅路德(Luther Carrington Goodrich,1894—1986)与房兆楹合作编写的《中华民族简史》(A Short History of the Chinese People),以大量的专著为依托,吸纳了一些美国学者以及在美国工作的欧洲和中国学者的文字研究资料,对中华民族的天文、历法、数学、医药、工程、建筑、舆地诸方面作了系统介绍。该书对安阳考古发掘中的重大发现作了及时报道并予以高度评价,使西方人对华夏文明的成就有了新的认识。该书出版后受到美国学术界的重视,被誉为有助于美国汉学向更具社会科学意义方面发展的一部专著。傅路德是传教士富善(Chauncey Goodrich,1836—1925)之子,出生于北京通州。美国大学毕业后以传教人员身份回到中国,任北京协和医学校体育教师,兼洛克菲勒基金会中国医药委员会助理研究主任。第二次返美后任哥伦比亚大学汉文系教授兼系主任。他还著有《乾隆朝的文字狱》(The Literary Inquisition of Chien Lung,1935年)、《中国与亚洲其他地区最早的接触》(China's Earliest Contacts with Other Parts of Asia,1962年)、与同芳·亨利合编《中国文明和文化史纲要》(A Syllabus:the History of Chinese Civilization and Culture)、与房兆楹合编《明代名人辞典》(Dictionary of Ming Biography,1368—1644)等。

美国汉学界重视中国史籍的翻译。例如:柔克义(William Woodwille Rockhill,1854—1914)与德国汉学家夏德(Friedriich Hirth,1845—1927)合译的《诸蕃志》(Chau Ju-kua:His Work on the Chinese and Arab Trade in the Twelfth and Thirteenth Centuries,1912年),德效骞(Homer Hasenplug Dubs,1892—1969)翻译的《汉书》(The History of the Former Han Dynasty,1973年),克伦坡(J.I.Crump)翻译的《战国策》(Chan-Kuo Ts'e,1970)、方志彤(Achilles Chih-tung Fang,1910—1995)翻译的《资治通鉴》(Tzu Chih Tung Chien)、华兹生(Burton Watson,1925—　)翻译的《史记》(Records of the Grand Historian of China,New York,Columbia University Press,1961)、徐中约(Immanuel C.Y.Hsü,1923—2005)翻译的《清代学术思潮》(Trends in the Ching Period,Harvard University Press,1959)等。

清史研究在美国的汉学研究中占有很重要的地位。哈佛大学是美国清史研究的重要基地,哈佛燕京学社图书馆藏书超过947000册,在其50多万册中文藏书中有古籍20万册,包括宋、元、明、清刻本3500余种,抄本1200种,原版方志3525种,丛书1400种。

耶鲁大学是最早开始汉学教学和研究的美国大学之一。该校图书馆的中文藏书中有1878年容闳捐赠的1280册40种,清廷赠送的《古今图书集成》5040册,香港中文大学历史学家简又文教授捐赠的太平天国资料320种,640册,以及300多名来华传教士撰写和摄制的文稿、日记、信件、照片、报告、地图,其中不少内容涉及清代历史。①

清朝对外关系史是美国汉学研究中的重要选题。美国学者研究清代对外关系的主要著作除了前述的赖德烈和恒慕义等学者的出版物外,还有供职于清朝海关总税务司的马士(Hosea Ballou Morse,1885—1934)于1918年出版的三卷本专著《中华帝国对外关系史》(The International Relations of the Chinese Empire,1910—1918)和1926—1929年出版的五卷本《东印度公司对华贸易编年史》(The Chronicles of the East India Company Trading to China),1922年泰勒·丹尼特(Tyler Dennett,1883—1949)出版的《美国人在东亚》(Americans in Eastern Asia,New York),1930年杜勒斯(Foster Rhea Dulles,1900—1970)出版的《早期中美贸易》(The Old China Trade,Boston,New York,Mifflin Company),1932年拉铁摩尔的《满洲:冲突的摇篮》(Manchuria,Cradle of Conflict,New York)和1940年出版的《中国亚洲腹地边疆》(Inner Asian Frontiers of China,New York),1942年阿诺德·罗博塔姆(Arnold Horrex Rowbotham,1888—1970)的《清廷宫中的耶稣会士》(Missionary and Mandarin:the Jesuits at the Court of China,Berkley and Los Angels:University of California Press)等。此外,美国学者还就清代前期与其他国家的关系撰写了多部专著和论集。

1933年费正清利用清廷档案撰写了《1858年鸦片贸易的合法化》(The Legalization of the Opium Trade of 1858),1936年发表了博士论文《中国沿海的贸易与外交:通商口岸的开设,1842—1854》(Trade and Diplomacy on the China Coast:the Opening of the Treaty Ports,1842—1854),1941年与华人学者邓嗣禹(Teng Ssu-yu,1906—1988)合作发表的《论清代的朝贡制

① 朱政惠:《美国清史资料及其研究情况述略》,载《中国史研究动态》2004年第1~2期。

度》(On the Ching Tributary System),1942 年发表论文《朝贡贸易与中西关系》(Tributary Trade and China's Relation with the West),1954 年与邓嗣禹合作出版《中国对西方的反应:研究指南,1839—1923》(Research Cuide for China's Response to the West:A Documentary Survey,1839—1923)。

清代历史在时段上与现代社会之间存在着承前启后的关系,搜索各类原始史料相对来说比较方便,美国学者把清代研究作为一个重要选题的原因也许就在这里。汉学家们在清代历史研究和编撰中分别运用了现代性、全球一体化和后现代主义的理论,以及政治学、经济学、社会学和人类文化学等概念。此外,他们的史学观还体现在对中国古代史、民国史、贸易史、外交史、哲学史、思想史、地方史、妇女史和性别史的研究,少数美国学者在多维视域的语境中还对稗官野史和街谈巷议之类的非主流史料表现出特殊的偏爱。

19 世纪末 20 世纪初,一些来华美国传教士和怀着各种政治文化心态的美国人就对中国妇女的生存状况和生活感到关切,从封建社会男尊女卑、三从四德、买卖婚姻、缠足、守寡等男女不平等现象中发现了妇女受迫害的证据,做了一些社会调查,并发表过一些令人振聋发聩的评论。在 20 世纪下半叶女权主义(feminism)运动的浪潮中,学术界掀起了填补史学空白的妇女史研究热潮。1995 年高彦颐(Dorothy Ko)发表的《闺训:17 世纪中国的妇女与文化》(Teachers of the Inner Chambers:Women and Culture in Seventeenth-Century China,Stanford:Stanford University Press),通过江南上层妇女的诗文分析她们的生活和思想状况,从对缠足歌颂的诗文中,作者肯定她们是发自内心而非出于愚昧或无奈。1997 年曼素恩(Susan L. Mann)的《宝卷:漫长 18 世纪的中国妇女》(Precious Records:Women in China's Long Eighteenth Century.Stanford:Stanford University Press)是汉学家向读者所展示的一幅中国社会的妇女画卷,曾经两次获奖。20 世纪 70 年代之后,"性别"(Gender)成了研究两性关系中的社会结构的重要命题。1975 年马杰里·沃尔夫(Margery Wolf)、罗克珊·维特克(Roxane Witke)和埃米莉·马丁(Emily Martin)合编的《中国社会的妇女》(Women in Chinese Society),对不同时期和不同地区的中国妇女作了详尽论述。2001 年罗溥洛(Paul Ropp)与保拉·赞皮耶里(Paola Zamperini)和宋汉理(Harriet Thelma Zurndorfer)合编的《性情暴躁的女子:晚清的女性自杀情况》(Passionate Women:Female Suicide in Late Imperial China,Leiden:E.J.

Brilll)也是一种可贵的探索和反思。作者通过对清代妇女地位的分析,表明妇女解放的追求并非始于20世纪,中国妇女反抗封建礼教在不同历史时期都曾存在。20世纪80年代兴起的性别史研究把妇女史的撰写提高到一个新阶段。学者们通过该项研究来重新审视历史。1991年华如璧(Rubie Watson)和伊佩霞(Patricia Buckley Ebrey)主编的《中国社会的婚姻与不平等》(Marriage and Inequality in Chinese Society)对于中国社会妇女的婚姻和地位的状况进行全面扫描和回顾。1999年费侠莉(Charlotte Furth)出版的《兴旺的"阴":960—1665年中医史中的性别理论》(A Flourishing Yin:Gender in China's Medical History,960—1665),是对中国传统社会性别和生理观念的系统研究。妇女史的研究是后现代主义新汉学的一个重要领域,美国汉学家所聚焦的对象不仅有平民妇女,也包括官宦人家的太太和小姐。在这一新视域中学者们的目光由近代延伸到唐、宋、明和清各朝,甚至更远古的中国社会。应该说美国汉学家不仅看到了历史上中国妇女受压迫的一面,也注意到她们生活中的积极元素。"中国女性很早就懂得如何善用她们的道德权力。因此,汉代班昭做《女诫》,主要为了传授给女儿们一种基本的道德教育。明代永乐皇帝的徐皇后(即明初功臣徐达的女儿)更加扩充女教的范围。她著《内训》一书,共20篇,有'德性'、'修身'、'慎言'和'谨行'诸篇。"①

三、中国文学在美国的翻译、研究与接受

美国学者对于中国古典文学的研究大约始于19世纪中叶。

1867年法国女学者朱迪思·戈捷(Judith Gautier)师从旅法华人丁敦龄,从《诗经》至近代中国诗歌作品中选择了100余首译成法文,按照内容分为言情、咏月、咏秋、咏酒、咏战、咏怀、宫廷和行旅八类,以《玉书》(Le Livre de Jade)为书名出版,虽然译文不够专业,但却是19世纪下半叶欧洲书肆中最有影响的中国诗词译本。19世纪末至20世纪初有几位美国学者先后把该书从法文转译成英文,如1897年旅法美国诗人斯图尔特·梅里尔(Stuart Merrill)的译本。1918年詹姆士·怀特尔(James Whitall)的

---

① 钱南秀:《美国汉学研究中的性别研究——与孙康宜教授对话》,载《社会科学论坛》2006年第21期。

《译自〈玉书〉的中国诗词》(Chinese Lyrics From the Book of Jade, New York, B.W.Huebsch)和 1927 年伊恩·柯尔文(Ian Colvin)翻译的《步汉诗诗韵》(After the Chinese),也都以《玉书》为蓝本。

1915 年 4 月美国诗人庞德在伦敦出版的《华夏集》(Cathay,又译《神州集》),是根据东方学学者费诺洛萨(Ernest Franciso Fenollosa, 1846—1908)的遗稿译成,14 首中国古诗中的一首选自《诗经》,其他几首选自屈原、李白和王维的诗作。1916 年 9 月以《驱邪》(Lustral)书名再版时增译了另外 4 首。庞德是美国意象派(Imagism)的代表,与艾略特(Thomas Stearns Eliot, 1888—1965)同为象征主义诗歌的领军人物。他从中国古典诗歌和日本俳句中归纳出"诗歌意象"理论,为东西方诗歌之间的借鉴做出了有益的探索。第二次世界大战期间庞德曾在罗马电台发表了数百次广播讲话,抨击美国的战争政策。1943 年他被控叛国罪,第二年被美军监禁在意大利比萨俘虏营中,1945 年押往华盛顿,以后诊断出他神经失常而免于受审。此后十几年他生活在精神病院中,在热心学者的帮助下把《诗经》、《大学》、《中庸》、《论语》和《孟子》译为意大利文,并写出《诗章》第 71~84 章。他的作品借鉴了中国诗词和日本俳句的写作形式及特点,在《诗章》中还用诗歌语汇表达了儒家思想。他心目中的"意象"就是把诗人的主观情感和客观物象融合在一起,在诗歌翻译中强调"意象并置"(juxtaposition of images)和"细节明快"(luminous details),甚至追求译文与原诗结构的对应,忠实地再现词汇与意象的先后顺序。意象派是 1909—1917 年一些英美诗人倡导的文学运动,也是一个诗歌流派,其宗旨是要求诗人以鲜明、准确和含蓄的意象进行创作。1912 年庞德首次使用了"意象派"这个术语,他把《论语》中的"苟日新,日日新,又日新"奉为自己的座右铭和诗歌创作的原动力。1915—1917 年他每年都出版一部意象诗集。他退出意象派后,诗人洛厄尔(Robert Lowell, 1917—1977)继续领导该派活动。

虽然都是意象派诗人,但是翻译主张却有所不同。洛厄尔曾批评庞德的译作"完全不像中国诗的翻译"。1921 年洛厄尔与艾斯库(Florence Ayscough)合作翻译的《松花笺》(Fir-Flower Tablets)在纽约出版。艾氏久居中国,曾把自己喜欢的一些古诗逐字逐句译成英文后寄给洛厄尔,经他修改润色后再由艾斯库对照原文校订。他们还请了一位中国博士帮助把关。该诗集出版后受到部分评论家的肯定,但也有人说那些译诗堆砌辞藻，失诸繁复。

康达维（David R. Knechtges，1942—　）是研究汉赋和六朝文学专家。1960年进入华盛顿大学攻读中文学士学位课程，四年后受业于哈佛大学汉学家海陶玮（James Robert Hightower，1915—2006），1965年获得硕士学位。1968年以论文《扬雄生平及其赋的研究》获得华盛顿大学博士学位。

20世纪70年代以后美国有关中国古代诗歌和诗人的研究专著及论文数量大增，盛况空前。1978年詹玛丽（M. Chan）在波士顿刊发的《高适》评传，1981年克罗尔（Paul W. Kroll）在波士顿出版的《孟浩然》评传，1983年华盛顿大学研究生高德耀（R. J. Cutter）发表的博士论文《曹植及其诗歌》，1988年多尔·利维（Dore J. Levy）在达勒姆出版的《中国诗词》，同一年马瑞志（Rechard B. Mattter）在普林斯顿发表的《诗人沈约》等，只是其中一小部分。

汉学家宇文所安（Stephen Owen，1946—　）以研究唐诗著称，善于以中国古典诗歌的精妙手法表现深奥的思想内涵。在研究过程中他尤其重视诗歌文本形式和观念的变化，以及诗人与前代作家之间的承前启后关系。他在《1911年以来的中国文学选集》（An Anthology of Chinese Literature Beginnings to 1911）中曾经这样形象地向美国读者介绍中国文学："如果谁希望开阔胸襟，那里有李白的诗；如果谁向往简朴的生活，那里有陶潜和王维的诗；如果谁深陷爱情难以自拔，那里还有李商隐的诗和汤显祖的《牡丹亭》。"1977年他在纽黑文出版的《初唐诗》共5编25章，第一编论述了宫体诗，第二编介绍了初唐四杰，第三编分析了陈子昂等诗人，第四编专论宫廷诗人，第五编陈述了有关中国诗歌向盛唐发展的细节。1981年宇文所安出版的《盛唐诗》分上下两编，分析了王维、孟浩然、李白、高适、岑参、杜甫、元结和韦应物等诗人，一气呵成，气象万千。1992年他根据自己多年的讲稿，就中国文论的脉络以文籍举要的方式，整理出《中国文学思想的解读》，得到了广泛的好评和引述。

早期美国研究唐诗的人数不多，套路以译介为主，这在欧美汉学史中几乎是一种规律性现象。当代的美国研究团队已经发展壮大，学者们不再满足于对于唐诗的肤浅解读，都普遍深入到诗人的生平、诗歌的历史背景、社会意义、美学价值和学科影响等方面，成果丰硕。

我国元代的戏曲由于其进步的思想性和高雅的艺术性早已闻名海外，成为世界文艺花园中的一朵奇葩。美国最早译介《西厢记》的学者是汉学家甘琳(George T.Candlin),他撰写的论文已为1898年芝加哥出版的《中国虚构作品》(Chinese Fiction)所收录。囿于当时的文论水平和条件,19世纪美国学者对元曲倾向于一般性研究,论述散见于文学史和戏剧史之类著作中。美国学者阿灵顿(Lewis Charles Arlington,1859—1942)1930年出版的专著《古今中国戏曲概论》和1937年出版的《中国名剧集》,分析比较深刻系统,展现了新一代的汉学研究水平。元曲的现代研究权威柯迁儒(Jammes Irving Crump,又名柯润璞)1980年出版的专著《元世祖时代的戏剧》(Chinese Theatre in Days of Kublai Khan),在戏曲界有较高的声誉。1983年他发表的《上都乐府》(Songs from Xanadu:Studies in Mongol Dynasty Song-Poetry)技高一筹,创见颇多。他的弟子中佼佼者甚多,例如加利福尼亚大学柏克莱分校中国文学系主任奚如谷(Stephen H.West,1944—)就是其中的一位。他的《12—15世纪中国戏剧注评》一书别开生面,拉近了读者与作品的距离。1991年他还与荷兰汉学家伊维德(Wilt Lukas Idema,1944—)合译《西厢记》,保留了原作的风格、用字和意象,还对原文生僻深奥的文化和语言要点详加注释。戴尔·约翰逊(D.R.Johnson)多年来师从柯迁儒,先后推出了多部问鼎之作,如他的专著《元杂剧的韵律》、文章《元杂剧:旧戏新注》等,对于一位西方学者来说实属不易,没有深厚的学养是不敢涉足该领域的。此外他的得意弟子中还有艾里诺·克罗恩(E.H.Grown)和夏威夷大学助理教授任友梅,也非等闲之辈。

美国近年出版有关元曲研究的高水平著述还有:1975年乔治·华盛顿大学中文系教授时钟雯出版的《窦娥冤:研究与翻译》和《中国戏剧的黄金时代:元杂剧》,1978年哈佛大学出版社出版的南加州大学教授乔治·海登(G.A.Hayden)的《元朝的包公戏》和《元明杂剧中之包公案:中国宋明时期戏剧中的罪与罚》,1982年荷兰汉学家伊维德与奚如谷合著的《中国戏剧:1100—1450》,以及夏威夷大学华裔学者罗锦堂的《现存元人杂剧本事考》和《锦堂论曲》,杰罗姆·西顿的《关汉卿及其著作评论》,谢臣武的《窦娥冤主题的演进》,杰罗姆·卡瓦诺的《元代剧作家白朴的作品》等。

1976年格茨(Michael Gotz)在他的《西方中国现代文学研究的发展》中说:

在过去20年左右的时间,西方学者对于中国现代文学的认真研究,其规模已经发展到可以称为‘领域’的程度。它不只是汉学的一个层次，而是已经从语文学、历史学、考古、文学及其他与中国有关但又与传统学科尚不协调的奇特学术混合体中独立出来。各学科的中国通——历史学家、社会学家和文学家在这一新领域中采用多种研究手段。可以肯定，这一领域比其他国家的文艺批评相对少些，然而，倾向于文学分析的学者们却已大批涌入。这一领域比较新，正不断地扩展和发展，已成为各种学术态度、手段和方法的比武之地。①

中国晚清四大名著在美国发行量最大的是《水浒传》，早年赛珍珠（Pearl Sydenstricker Buck，1892—1973）的译本曾广泛流行。其次是《西游记》，许多美国人都熟悉"美猴王"的故事。汉学教科书把《红楼梦》评价为中国最伟大的小说之一，甚至还被一些书评家比附为中国的《罗密欧与朱丽叶》。一些美国大学的东亚系开设了《红楼梦》研究的课程，有些大学还将《红楼梦》列入推荐学生阅读的书单中。普林斯顿大学比较文学教授浦安迪（Andrew H.Plaks，1945—　）对明清小说有独到研究，曾经编撰《明代四大经典小说》（The Four Masterworks of the Ming Novel，1987）一书，从更广义的人文主义审美立场来分析《三国演义》、《水浒传》、《西游记》和《金瓶梅》，但是更早以前他也出版过专著《〈红楼梦〉中的原型和寓意》（Archetype and Alegory in *Dream of the Red Chamber*，1976 年）。

哥伦比亚大学图书馆所提供的检索数据显示：近年来《三国演义》全部研究论文已有 110 篇，硕博论文 24 篇；研究《水浒传》的论文有 107 篇，硕博论文 21 篇；研究《西游记》的论文有 32 篇，硕博论文 15 篇；研究《金瓶梅》的论文共 102 篇，硕博论文 34 篇；研究《聊斋志异》的论文有 70 篇，硕博论文 6 篇；研究《儒林外史》的论文有 25 篇，硕博论文 5 篇。②

鲁迅是中国现代文学的主将，但是由于意识形态的原因，第二次世界大战以前只有埃德加·斯诺（Edgar Snow，1905—1972）和阿格尼丝·史沫特莱（Agnes Smedley，1892—1905）等少数美国媒体人士对鲁迅的文学作品加以关注。1961 年夏志清（Hsia C. T.）出版的《中国现代小说史》（A

① Michael Gotz：*The Development of Modern Chinese Literature Studies in the West：A Critical View*. In *Modern China* Vol. 2 No. 3，Literature and Revolution，p. 397，Berkeley：Sage Publications，Inc. 1976.

② 张惠：《美国红学学术范式与价值》，注释［9］，载《红楼梦学刊》2011 年 第 4 期。

History of Modern Chinese Fiction)肯定了张爱玲、张天翼、钱钟书和沈从文等作家在中国文学史中的地位,而对鲁迅却多有批评,因而引起了苏联和东欧学术界对这一问题的挑战。1969年费正清在《70年代的任务》的演讲中表达了对"忽视中国实际情况的危险"的慎思,学界世风的改变与当时中美国家关系的改善潮流几乎是同步进行的。1974年麻省理工学院出版了尘封40多年的伊罗生(Harold Robert Isaacs,1910—1986)委托鲁迅和茅盾编辑的中国现代短篇小说集《草鞋脚》,其中收录了鲁迅的《狂人日记》、《药》、《孔乙己》、《风波》和《伤逝》等小说。1975年加利福尼亚大学汉学研究中心创办《中国现代文学通讯》(半年刊),发表了白之(Cyril Birch,1925—)的"五四小说"讲义、曹淑英关于张天翼小说研究的博士论文,以及金介甫(Jeffrey C. Kinkley,1948—)关于沈从文研究的博士论文。1976年耶鲁大学远东出版社出版了威廉·莱伊尔(William A.Lyell,1930—2005)主编的《鲁迅选集》,其中收录了《〈呐喊〉自序》、《狂人日记》、《肥皂》、《阿Q正传》、《随想录三十五》、《随想录四十》等6篇小说和文章,并附作品分析和英文注释。1981年加利弗尼亚州蒙特里举行了"鲁迅及其遗产"(Lu Xun and His Legacy)国际学术会议,在文学批评史上进一步确定了鲁迅在世界文学中的地位,此后有关鲁迅的研究便在美国各大学的东亚中心和汉学研究机构中相继展开。1987年李欧梵(Leo Ou-fan Lee,1939—)在《铁屋中的呐喊:鲁迅研究》(Voices from the lron House:A Study of Lu Xun,Bloomington:Indiana University Press)中运用了艺术、心理与历史分析相结合的方法,开创了鲁迅研究的新思路。

从20世纪70年代到现在,美国的中国现代文学研究有了长足的发展,无论广度、深度还是研究成果方面,都呈现出新的局面。各种新理论和新观念,诸如女权主义、新历史主义、后殖民主义、新儒家和现代性等,对于开阔文学批评视野,重构中国现代文学研究,都产生了冲击力。

此前很少人对中国女作家的命运表示特别的关心,学术界也没有把中国女作家作为专题集中研究。1936年美国记者埃德加·斯诺(Edgar Snow)撰文首次向西方读者介绍了丁玲:"当今中国女作家最负盛名的一位,她在中国青年当中威望尤高。在日本,她也拥有很多读者。她的某些短篇小说已被译为俄、日、法文。"①1977年威斯康星大学研究生加里·约

① 孙瑞珍、王中忱(编):《丁玲研究在国外》,第24页,长沙:湖南人民出版社,1985年。

翰·布乔治以《丁玲的早期生活与文学创作》为题撰写了自己的博士论文,对丁玲1927—1942年的创作道路和作品进行了详尽分析。[①] 1997年康涅狄格学院东亚语言文化系助理教授艾米·杜丽(Amy D.Dooling)与杜生(Kristina M.Torgeson)合编的《现代中国女作家》(Writing Women in Modern China)由哥伦比亚大学出版版,收录了中国女作家秋瑾、陈撷芬、陈衡哲、冯沅君、石评梅、庐隐、陆晶清、陈学昭、凌叔华、苏雪林、袁昌英、谢冰莹、丁玲、沉樱、林徽因、冰心、罗淑、萧红等人的作品。编者在《导言》中对每位作家都作了简要介绍。2005年艾米·杜丽还发表了另一篇力作《20世纪中国的女权文学》(Women's Literary Feminism in Twentieth Century China,Palgrave Macmillan),对中国女性作家团队作了详尽的描述。

美国圣母大学教授葛浩文(Howard Goldlatt,1939—)是一位充满激情和才华的中国当代文学翻译家,曾先后把25位中国大陆和台湾当代作家的作品介绍给了西方世界,其中包括老舍、巴金、莫言、苏童、冯骥才、贾平凹、阿来、刘恒、张洁、王朔等人的作品。他翻译的姜戎小说《狼图腾》(Wolf Totem)自2004年出版后引起了很大轰动,三年中该书中文版在中国大陆销售了多达200多万册。为了准确翻译小说中的大量蒙语词汇,葛浩文专门请来一位内蒙古大学的学生为他提供咨询。2007年11月姜戎凭借《狼图腾》英译本在香港国际文学节上获得了首届曼氏亚洲文学奖(the Man Asian Literary Prize)。2008年年初葛浩文翻译的毕飞宇的小说《青衣》(The Moon Opera)成功入选了英国《独立报》外国小说奖的复评名单。

改革开放以来,许多中国作家的作品被译成英语介绍给英语国家的读者。苏童的《我的帝王生涯》、莫言的《红高粱》和《丰乳肥臀》英译本在美国受到追捧,印数均在1万册以上。贾平凹获得了美孚飞马文学奖,张炜获得过美国总统亚太顾问委员会杰出成就奖。

美国汉学家编写的《剑桥中国文学史》(The Cambridge History of Chinese Literature)上卷已于2010年由剑桥大学出版社出版,哈佛大学东亚系教授宇文所安负责唐代文学部分的编写,加利福尼亚大学圣巴巴拉分校东亚语言文化研究系教授艾朗诺负责北宋文学部分的编写,加利福尼亚大学柏克莱分校中国及东亚语言文化系教授奚如谷负责元代和明代文学部分的编写。下卷由耶鲁大学东亚语言文学系孙康宜教授负责。这是美

① 《丁玲研究在国外》,第101—166页。

国汉学界翘望期待的重大研究项目，必将进一步推动美国汉学事业的发展。

关于美国汉学界的中国文学研究现状，威斯康星大学比较文学博士王德威（David Der-wei Wang，1954— ）曾经做过这样中肯的评述：

> 如果说现代中国文学在欧美的学院已经建立了一个制度和学科的话，它应该始于20世纪50—60年代，……在美国是夏志清先生，1961年《中国现代小说史》的出版。这可能是在美国典范化建制化研究的开端。……美国汉学毕竟有一个从海外看中国的位置的假设，也许因为（地理、知识、感情）距离，造成偏见和误读，但另一方面，正是因为有了“距离的组织”，自然提供了不同的、相对冷静的视角看待问题。这20年来，大批大陆留美人才加入美国汉学研究的阵容，的确大幅改变了研究、教学生态。……至于以往部分学者挟洋以自重的姿态，现在应该有改变的趋势吧，毕竟这个年头在国外未必代表学问和见识就高人一等。①

四、美国学者对中国宗教的独辟蹊径研究

朝鲜战争爆发后美国大学增设了中国哲学和宗教课程。1974年欧大年（Daniel L.Overmyer，1835— ）在美国宗教研究院（American Academy of Religion）的会议上建议成立中国宗教研究会，得到了多数与会者的赞同，第二年美国中国宗教研究会（Society for the Study of Chinese Religions）正式成立，标志着美国这一领域研究的系统化和正规化的开端。

1975年以后美国的中国宗教研究会每年都在亚洲学会年会和美国宗教学会年会期间举行中国宗教专题讨论会。该会的《中国宗教杂志》（Journal of Chinese Religions），以及美国的《道教资料》（Taoist Resources）、《美国东方学会杂志》（Journal of the American Oriental Society）和《中国哲学杂志》（Journal of Chinese Philosophy）等刊物经常发表有关中国宗教研究的论文。不少美国大学还开设了中国宗教课程，出版了相关教材，如欧大年的《中国的宗教》（旧金山哈柏出版公司出版，1986）和谭维理（Laurence

---

① 木叶：《汉学研究趋向融通》，载《文汇报》2010年10月18日。

G.Thompson)的《中国宗教导论》(华兹伍德出版公司出版,1989)等。

中国的道教、佛教、伊斯兰教、天主教和基督教被称为全国五大宗教。美国研究和媒体资料显示:中国佛教信仰者人数为1730万(美国普度大学2007年调查),道教信仰者人数为4800万(美国电报局1948年世界年鉴记载),伊斯兰教信仰者人数6480万(1979年美国《新闻周刊》专题记述),天主教信仰者人数为550万(美国普度大学2007年调查,下同),基督教信仰者3000万。①

2010年7月26~27日在中国人民大学召开的第7届宗教社会科学年会上,美国普度大学(Purdue University)中国宗教与社会研究中心公布了2007年所做的关于中国人精神生活调查(CSLS)结果。该调查在新疆和西藏以外的56个地区,包括3个直辖市,6个省会城市,11个地级市,16个小城镇和20个行政村范围内抽取的16~75岁之间的7021个对象所作调查结果显示:85%的中国人信仰某一宗教或者参加某些宗教活动,只有15%的中国人不信仰任何宗教和超自然事物,也不参与任何宗教和民俗活动。认同基督教的3000万中国人中只有38%接受过洗礼。在中国已经有2000多年历史的佛教最近30年来发展迅速,有约1.85亿的佛教信仰者,但是只有1730万人是正式皈依的佛教徒。②

1.道教

法国道教研究学者石秀娜(Anna Seidel,1938—1991)曾编撰《西方道教研究编年1950—1990》(刊1989—1990年《远东杂志》第5卷),就西方汉学界对道家、道教教义、道教经典、道教史、教派史、炼丹术与医学、摄生法、道教仪式等方面的研究进行了全面的介绍和概括。她指出:"作为构成中国传统文化的诸要素之一,道教在西方是最后被发现和研究的。大约在1950年,保罗·戴密微(1894—1979)发表了亨利·马伯乐(1883—1945)

---

① 据中国网2007年《宗教信仰》统计:中国佛教、道教、伊斯兰教、天主教和基督教教徒1亿多人,宗教活动场所10万余处,全国和地方宗教团体3000多个。藏语系佛教信徒约760万人,巴利语系佛教信徒150多万人,出家僧尼20万人。道教主要在汉族中流行,一般没有严格入教仪式和规定,信教人数难以准确统计,已知乾道和坤道约2.5万人。在回、维吾尔、塔塔尔、柯尔克孜、哈萨克、乌孜别克、塔吉克、东乡、撒拉、保安等10个少数民族的2000多万人口中,绝大多数人信仰伊斯兰教,其中伊玛目和阿訇4万余人。天主教教徒近500万人,每年约有5万余人接受洗礼。基督教信徒总数已达1600万,其中农村信徒占70%强。

② 李向平、王莹:《美国普度大学中国宗教与社会研究中心:中国最多有3000万基督徒》,载《中国民族报》2010年8月24日。

的译著。从那时起,人们才开始共同严肃地从道教自身文献出发去理解道教。之所以对道教的认同蹒跚来迟,更多地是由于思维方式上存在盲点,而非现实中存有障碍。”①

关于道教教义的哲学基础,波士顿大学宗教系副教授李维亚·科恩(Livia Kohn)曾有过这样的分析:

> 与其他宗教比较起来道教很难把握。它既不是确定无疑的小宗教,也不是普行天下的大宗教,而是兼而有之。从某种程度上说它具有古代宇宙论观点,认为世界是轮回的,并且创造了顺应季节变化的礼仪和其他相关模式。太空在其视野中呈明显的直线状,理想世界中的人性被彻底征服了。②

19 世纪前只有少数美国学者研究道教。南长老会传教士杜步西(Hampden Gait Du Bose,1845—1910)曾于 1872 年来华,先后在杭州和苏州传教,著有《中国的三教:儒、释、道》(Dragon, Image and Demon or, The Three Religions of China, Confucianism, Buddhism and Taoism,1886)一书,对中国神话、偶像崇拜和鬼神崇拜作了系统介绍。

20 世纪 20 年代加利福尼亚大学博士研究生约翰逊(Obed Simon Johnson)来华进行学术考察,1928 年撰写论文《中国炼丹术考》(A Study of Chinese Alchemy,1937 年由黄素封译成中文,商务印书馆出版),论述了炼丹术在道教史中的作用,肯定了炼丹术对于医学和化学工业的影响,同时指出欧洲的炼丹术曾受到中国炼丹术的启发。

魏鲁男 1929 年以哈佛燕京学社研究生身份来华,1932 年返美,获哈佛大学哲学博士学位并留校任教。他曾发表《论道教——基于魏隋编年史的论述》(A Discourse on Daoism Based on the Chronicle of the Wei and the Chronicle of the Sui),1963 年他出版了《庄子语录》(The Sayings of Chuang-Tzu)一书,1966 年出版了《公元 320 年中国的炼丹术、医学和宗教:葛洪的内篇》(Alchemy, Medicine and Religion in the China of AD320: Ge Hong's Inner Book of the Man Who Embraces Simplicity),是美国早期研究道教的重

---

① 郑天星:《美国的道教研究》,李养正主编《当代道教》,北京:东方出版社.2001 年。

② Livia Kohn: *Daoist Studies in North America: A Survey of Scholars and Recent Trends*. 2009.

要著作。

原芝加哥大学马丁·赖尔森讲座教授顾立雅专攻中国古代史和哲学史。1970年他撰写的道教著作有《道教和中国文化史及其他》(What Is Taoism? And Other Studies in Chinese Culture History)也是一部有影响的专著。

马萨诸塞理工学院科学史和中国文化史教授席文(Natham Sivin, 1931—)是1960年哈佛大学硕士毕业生和1966年科学史博士毕业生,虽然专业方向并非研究道教,但是他多次参加国际道教研究会议,授课内容部分与中国炼丹术和天文学相关,1977年曾随美国天文学者代表团访华。他的专著有:《中国炼丹术初步研究》(Chinese Alchemy:Preliminary Studies. Cambridge, Mass: Harvard University Press, 1968)和《中国古代的医学、哲学和宗教:研究与回顾》(Medicine, Philosophy and Religion in Ancient China: Researches and Reflections. 1995)。1978年他曾在《宗教史》杂志第17卷3~4期上发表《论令人困扰的"道家":古代中国科学与宗教之关系》(On the Word Taoist as a Source of Perplexity: with Special Reference to the Relation of Science and Religiom in Traditional China),还为1987年版第1卷《宗教百科全书》撰写了词条《中国炼丹术》(Chinese Alchemy)。

近年来美国学人对于道教研究另辟蹊径,形式多样,内容丰富。1990年美国学者韩森(V.Hansen)出版了《宋明时期中国诸神的演变》(Changing Gods in Medieval China 1127—1276)一书,研究了历史上道教诸神的概念和形象的演变。卡西尔(Suzanne Cahill)曾发表有关西王母的信仰论文多篇,1993年还出版了一部关于西王母传说的专著(《升迁与殉道:中国唐宋时期的西王母》(Transcendence And Divine Passion:The Queen Mother of the West in Medieval China)。1990年晁时杰(Robert L.Chard)的博士论文专门研究灶王的传说及灶君崇拜的历史(《一家之主:中国灶君祭拜的历史发展》)。1993年祁泰履(Terry F.Kleeman)的论文《文昌祀的扩张》探讨了文昌(梓潼帝君)从一个蜀地小神逐步晋升为受尊奉的文神的历史(收入《唐宋宗教与社会》,夏威夷大学出版社出版),1994年还翻译了《梓潼帝君化书》(纽约州立大学出版社)。

1956年李维雅·科恩生于德国,1980年在波恩大学获哲学博士后先后在密歇根大学和波士顿大学任教。她的研究领域主要在神秘主义和道教神话,论著有:《七步得道:司马承祯的〈坐忘论〉》(Seven Steps to the

Tao:Sima Chengzhen's Zuowang lun,1987);与日本板出祥伸教授合编《道教的禅和长寿秘诀》(Taoist Meditation and Longevity Techniques,1989 年);《道教的神秘主义哲学:西升经》(Taoist Mystical Philosophy:The Scripture of Westrn Ascension,1991);《早期的中国神秘主义:道教传统中的哲学和救世信仰》(Early Chinese Mysticism:Philosophy and Soteriology in the Taoist Tradition,普林斯顿大学,1992 年);编译《道教体验文萃》(The Taoist experience:an anthology,1993);《笑谈中国唐宋时期佛道之争》(Laughing at the Tao:Debates among Buddhists and Taoists in Medieval China,1995)。此外她还发表了一些有关养生、《天隐子》、内观、老子、陈抟和尹喜等方面的论文。

迪安(Kenneth D.Dean,1936—2010)通过对福建某些地区的深入考察,撰写了《华东和华南的道教仪式和民间信仰》(Taoist Ritual and PopuIar Cults of South-East China,Princeton University Press,1993)一书,对道教的实践和仪式进行了全面考察。1996 年芝加哥大学出版社出版的《道藏手册》(Handbook of the Taoist Canon),可按历史顺序编排检索。

一些美国学者探讨了道教对中国古代社会生活的影响。例如傅飞岚(Franciscus Verellen,1952—)著文论述了道教科仪斋醮的政治内涵,在《礼拜仪式与君权:道教仪式在西蜀建国中的作用》中指出道教在三国时期建立过程中联系中央帝王政权与基层社会纽带的载舟覆舟的关键作用。侯斯孟(Donald Holzman,1926—)在研究魏晋南北朝文学过程中对游仙诗与道教的关系进行了研究。柯罗尔(Paul W.Kroll,1923—2011)和斯恰佛(Edward Schafer)对唐代的道教、唐诗中的道教人物、道教与唐代文学的关系等问题进行了有益的探讨。

2.佛教

美国人对佛教的了解始于东亚移民的迁入。1849 年加利福尼亚淘金热时期大批华人移民北美,1853 年华人泽亚公司(Sze Yap Company)在旧金山建立起第一座佛寺,到 1900 年美国西海岸的佛寺已经多达 400 多座,香火鼎盛。

第二次世界大战前只有少数美国学者研究中国佛教。据史书记载,第一位皈依佛教的美国人是亨利·斯蒂尔·奥葛特(Henry Steel Olcott,1832—1907)。他出身于一个英格兰清教徒家庭,曾就读于纽约大学,专修农业科学。1861 年国内战争期间他任陆军上校兼作战部专员。战后退役参与创建灵智会(The Theosophical Society),1878年被任命为会长,长期侨居印度,为人施药治病,后来致力于神谕的宣传。他还前往锡兰(今斯里兰卡)声援受到天主教长期打压的当地佛教徒,坐牛车到各地帮助发展教育。他认为佛教是智慧之教,是古老的世界信仰之魂。

19世纪末至20世纪初美国出版了一些有影响的佛教文献和论著。1844年1月波士顿《日晷》杂志(The Dial)第4卷第3期上刊发了从法国学者布尔努夫(Eugene Burnouf,1801—1852)法文本转译的英文版《妙法莲华经》(The Lotus Sutra)。探险家和外交家柔克义曾编译过《藏经韵文集》(A Collection of Verses from the Buddhist Canon,1883年),撰写过《释迦牟尼生平及其教派的早期历史》(The Life of Buddha and the Early History of His Order,1884年)。他是第一位学习过藏语的美国人,两次到蒙古和西藏探险,回国后撰写了《喇嘛之国》(The Land of Lamas,1891年)和《1891至1892年蒙藏旅行日记》(Diary of a Journey through Mongolia and Tibet in 1891 and 1892,1894)等书。1891年美国学者朗曼(Charles Rockwell Lanmann,1850—1941)等人在巴利圣典学会(Pali Text Society)的资助下出版了《哈佛东方丛书》(Harvard Oriental Series),其中收录了若干部佛教论著。1959年芮沃寿发表了《中国历史上的佛教》(Buddhism in Chinese History.Stanford University Press,1959年)。这些重要的书刊和论文推动了美国学者对汉传和藏传佛教的研究,进一步扩大了美国汉学研究领域。

1893年在芝加哥举行世界宗教会议后,美国学术界的佛学研究风靡一时。20世纪50—60年代美国掀起了禅宗热,禅宗理念逐渐渗透到医学、哲学、艺术、音乐、心理学和社会学等领域。在这方面影响较大的是杜姆林的《现代世界佛教》(Buddhism in Contemporary World,1960)、亚米斯(Van Meter Amies)的《禅与美国思想》(Zen And American Thought,1962年)、卡普洛(Philip Kapleau)的《禅门三柱》(The Three Pillars of Zen)、福洛姆(Erich Fromm,1900—1980)的《心理分析与宗教》(Psychoanalysis and Religion,1950年)、《爱之术》(The Art of Loving,1956)和《佛教禅学与心理分析》(Zen Buddhism And Psychoanalysis,1960)、格雷厄姆(Aelred Graham)的《天主教禅》(Zen Catholism:A Suggestion,1963)等。禅宗美国化之后又分化为颓废禅、杂禅、方禅和禅外禅等流派。此后美国的一些大学开始设置禅宗课程。近年来美国出版了一些关于中国本土发展起来的华严宗、天台宗和净土宗等方面的研究论文和专著。夏威夷大学出版社与库罗达佛教与人类价值研究学院自20世纪80年代以来出版了一系列关于佛教研究的论文集与专著。一些学者研究中国佛经中的伪经问题，并把中国佛经与梵文原经进行对比研究。罗伯特·巴斯韦尔（Robert Buswell）曾编撰《中国佛教伪经》（Chinese Buddhist Apocrypha, University of Hawaii Press, 1990）收入此类论文多篇。

1976年国际佛教研究协会（International Association for Buddhism Studies，简称IABS）在美国威斯康星州的麦迪逊成立，中国佛教是该会关注的一个重要领域，从而带动了美国学者对中国传统宗教与民间信仰的研究。当时美国的一些高校，如斯坦福大学、加利福尼亚大学柏克莱分校和芝加哥大学都加大了对中国传统和民间宗教研究的规模和力度，培养了一批批研究中国宗教的学者，出版了一些名家专著。耶鲁大学的埃杰顿（Franklin Edgerton）编辑了《佛教混合梵语：文法与辞典》（Buddhist Hybrid Sanskrit: Grammar and Dictionary），哈特编写了《梵语速成学习法》。普林斯顿大学出版了一套关于东南亚、南亚诸国与宗教研究的丛书。哈佛大学世界研究中心霍姆斯·威尔奇（Holmes Welch, 1924—1981）曾出版三部关于中国佛教的著作：《1900年至1950年中国佛教的实践》（The Practice of Chinese Buddhism: 1900-1950. Cambridge: Harvard University Press, 1967年）、《中国佛教的复兴》（The Buddhist Revival in China. Cambridge: Harvard University Press, 1968年）、《毛泽东时代的佛教》（Buddhism Under Mao. Cambridge: Harvard University Press, 1972）。

早在19世纪下半叶美国学者对南传佛教就有所接触。美国报刊曾经报道1873年在斯里兰卡举行佛教和基督教大辩论。1894年保罗·卡罗斯（Paul Carus）在美国出版的《佛陀的福音》（Gospel of Buddha）和1999年发表的《佛陀教义》（The Teachings of Buddha）就引用了上座部佛教（Theravada Buddhism）的史料和语料。1893年在芝加哥举行的世界宗教会议上锡兰僧人达摩波罗（Anagarika Dharmapala, 1864—1933）在演说中呼吁众生皈依佛教。1895年一群关心宗教发展的美国人在纽约成立了灵智会，佛教的轮回理念和涅槃学说开始广泛传播。不久摩珂菩提会（Maha Bodhi Society）美国分会成立，觉音的名著《清净道论》（Visuddhi Maga）的出版标志着南传佛教已经在美国学术界产生了影响。波士顿人亨利·克拉克·沃伦（Henry Clarke Warren, 1854—1899）童年时因车祸致残，在研习柏拉图和康德哲学的同时皈依佛教，将个人大部分财产捐给了巴利圣典会,资助出版事业。沃伦和朗曼等人编纂的《哈佛东方丛书》译介了多部佛教著述,标志着美国与欧洲的东方学研究水平并驾齐驱。朗曼专修印度文学与梵文,曾任哈佛大学教授,编纂过《梵文读本》一册。1890 年他被任命为美国文献协会主席,兼任外国学术委员会委员。他出版的《佛教翻译》、《法句经注释》和《经集》被认为是最好的译本,但因为他站在西方立场来看待东方的宗教和文化,他的学术观点常常受到批评。

西方学者与藏族僧众的频繁互访推动了藏传佛教在美国的传播。20 世纪 20 年代初访问美国的蒙古族活佛迪洛瓦(Dilowa Hutukhtu)是最早进入美国的喇嘛。1959 年大批藏人流亡国外,带走了大量藏文文献、档案和文物。达赖喇嘛在印度建立流亡机构,创办刊物,整理和翻译出版藏文典籍。在洛克菲勒基金会等西方财团的资助下,欧美学界争相购买流失海外的藏文文献,各大学也相继成立藏学研究机构,聘请国外藏人学者开展合作研究,还到锡金、尼泊尔和印度藏人聚地区进行考察,撰写藏学论著。1978 年"文化大革命"结束后,随着中国的对外开放,西藏和其他省份的藏区大门向外国来访者敞开,各国藏学研究人员经常进入藏区考察,中国藏学家也到国外讲学或参与合作研究,大大推动了世界藏学的发展。

20 世纪 70 年代美国涌现了大量的研究和宣传藏传佛教禅法的著作,许多大学都开设了佛学学位课程,各类刊物如《国际佛教研究协会会刊》(Journal of IABS)、《东西方哲学》(Philosophy East And West)和《金莲》(Golden Lotus)等经常刊发研究文章。韦曼(Alex Wayman,1921—2004)是哥伦比亚大学梵语教授,研究藏传佛教最有成就的学者之一,先后发表和出版的论文和专著有《密教》(Buddhist Tantras: Light on Indo - Tibetan Esotericism,1973)、《宗教百科》(The Encyclopedia of Religion,1987)、《藏传佛教中的灯与风》(The Lamp and the Wind in Tibetan Buddhism)等。此外,还有印度语言哲学史学者吕埃格(David Seyfort Ruegg,1931—)出版的《对藏传佛教研究的一个新贡献》(A Propose of A Recent Contribution to Tibetan and Buddhist Studies, 1962)、《布顿法师传》(The life of Buton Rinpoche,1966)、《印度和西藏思想研究:问题和展望》(The Study of Indian and Tibetan Thought: Some Problems And Perspectives, Inaugural lecture, Chair of Indian Philosophy, Buddhist Studies and Tibetan, University of Leiden, E.J. Brill. 1967)、《关于西藏和蒙古宗教的最新研究》(A Recent Study of Tibbetan And Mongolian Religions,1975)和《论印度和西藏佛教的传播与接

受——从比较角度看佛性、思想和渐进主义的问题》(Buddha-Nature, Mind and the Problem of Gradualism in a Comparative Perspective: On the Transmission and Reception of Buddhism in India and Tibet, London, SOAS, University of London. 1989)。埃克沃尔出版的《西藏的宗教习俗》(1964年)和《西藏佛教的实践与典礼》等。

旅美的藏传佛教代表人物有藏族高僧曲嘉仲巴(Chogyam Trungpa)和蒙族僧人旺格格西(Geshe Ngawang Wangyal)。旺格格西在拉萨取得过格西的学位,①1955年以后在美国大学教授蒙文和藏文。1958年他在新泽西建立了第一座藏传佛寺,几年后规模逐渐扩大。他的弟子中有杰夫瑞·霍普金斯(Jeffrey Hopkins,1940—)、罗伯特·瑟曼(Robert A.F.Thurman, 1941—)、亚历山大·别尔津(Alexander Berzin)和安妮·克莱因(Anne C. Klein)。20世纪70年代初他创建美国佛学研究所,1973年翻译出版了噶举派(The Kagyu Lineage)和格鲁派(The Gelug Lineage)的教义论集。旺格主要继承格鲁派学说,被称为美国格鲁派的开山祖师。

旅美藏传佛教徒多集中在加利福尼亚州、新泽西州、华盛顿州、马萨诸塞州、科罗拉多州和佛蒙特州。较重要的佛事中心有:宁玛派(又称"红派")禅定中心、噶举派(又称"白教")禅定中心和萨迦派(The Sakya Lineage,又称"花教")研究中心。1969年土尔库(Tarthang Tulku)在加利福尼亚大学柏克莱分校建立起一个宁玛坐禅中心(The Nyingma Meditation Center for Berkeley)。土尔库熟悉密法,精研教义,陆续开办了宁玛佛学院、佛法出版社、宁玛乡下中心、甘珠尔与丹珠尔印经计划等组织,向国际社会介绍西藏的传统和佛教文化。

美国现在有20万~30万佛教徒,有40个较大的佛教团体。藏传佛教在美国传播的几十年中,对美国社会、文化和价值观念都产生了一定影响。教士们把医学、心理学和营养学中的一些现代科学元素与藏传佛教的传修挂钩,使科学与宗教相融合,将修炼与人性回归串联,对传授禅定的饮食控制与催眠术加以协调。现代宗教如是被纳入了文化产业,藏传佛教与西方其他宗教彼此交流,打破了美国原来基督教、天主教和犹太教的一统天下。学者名流诸如奥葛特、柔克义、沃伦、朗曼、芮沃寿以及好莱坞影星理查·

① "格西"是藏传佛教格鲁派僧侣学位,在拉萨三大寺系统中格西分为四级:拉然巴格西、嗟然巴格西、林赛格西和朵然巴格西。

基尔(Richard Gere)和马丁·斯科瑟斯(Martin Scorsese)等人对藏传佛教的宣传,帮助把佛教教义提升到美国的主流意识。作为美国宗教的一个组成部分,藏传佛教已经培养出多批具有新意识的信徒,帮助美国人对西藏文化的进一步了解和认识,扩大了藏传佛教的国际影响,促进了美国藏学的发展。但是毋庸讳言,藏传佛教的美国化和世俗化也在一定程度上导致其传统性和民族性的丢失。

3.伊斯兰教

鸦片战争之后,欧美传教士在不平等条约的庇护下纷纷到宁夏、甘肃、青海和新疆等地传经讲道,建立教堂、学校和诊所,散发阿拉伯文的《圣经》。1877 年中国内地会(China Inland Mission)在陕西设立了传教点,还成立了中华穆斯林之友会。知味墨(Samuel Marinus Zwemer,1867—1952)是美国基督教教会派往穆斯林地区的传教士代表人物,曾在阿拉伯半岛和波斯湾地区传播福音长达十余年,撰有《朝向基督的伊斯兰教》等多部专著,他曾在各类场合强调到中国穆斯林地区传教布道的重要性。1917 年他应邀访华,第二年经他的努力在中华续行委办会(The China Continuation Committee)特设了回民布道特委会,后改名为"中国穆斯林交际会",成为一个专门推动传教工作的机构。美国传教士深入中国穆斯林地区,加速了西方对中国穆斯林的历史和现状的了解和交流。

一些美国大学图书馆收藏了当年部分传教士在中国穆斯林地区传教的文献和史料。哈佛大学图书馆收藏了美国圣公会传教士毕敬士(Claude L.Pickens,1900—1985) 等人的档案,耶鲁大学神学院图书馆也收藏了北京青年会干事胡籁明(Lyman Hoover)等人的档案。公元 9 世纪两个西方穆斯林在中国旅行回国后用阿拉伯文写了一本书,1733 年由奥伊泽比乌斯·勒诺多(Eusebius Renaudot)翻译成英文,并增加了有关注释和图例。一部有关上述穆斯林中国之行的书评,就书中涉及的穆斯林何时进入中国以及中国穆斯林的人口和生活状况等问题,根据勒诺多的资料发表了长篇评论。勒诺多在书中考证出穆斯林最早是通过海上和陆路丝绸之路进入中国的,而且都是为了做生意而非传教。早期传教士还对广州周边的清真寺遗迹和穆斯林墓地碑刻进行了研究,并把研究成果发表在《中国丛报》上,为研究伊斯兰教的西方学者提供了可信的史料。

美国传教士撰写了一些有关中国伊斯兰教的专著和论文。1921 年安德鲁发表了《中国西北的新月地带》(The Crescent in North-West China),

论述了西北门宦①和回民起义的问题。毕敬士与其他西方传教士于1935—1936年在西北、华北和华中穆斯林地区进行考察,拍摄了许多照片,在报刊上发表。20世纪40年代毕敬士曾在汉口创办杂志《穆斯林之友》(Friend of Moslems),刊发了许多有关中国伊斯兰教和穆斯林的具有价值的文章。

中华人民共和国成立后西方学术界与中国社会的联系一度中断,对中国穆斯林的研究陷入了停滞状态。中美建交后情况有所改善。20世纪80年代中国实行了改革开放政策,一些西方学者纷纷到中国的穆斯林地区进行田野考察。其中有美国学者李普曼(Jonathan Lipman)、罗萨比(Morris Rossabi)和白蓓莉(Barbara Pillsbury)等。李普曼的博士论文《甘肃边境社会:1895—1935年》(The Border World of Gansu)研究的是近代甘肃史上的回—汉关系。其中用了大量的汉文原始资料,对中央和地方政府与回族的关系以及封建王朝对回族的法律应用有独到的研究。他的论文谈到甘肃回族军阀和回族"大分散和小集中"社会。罗萨比是明史和忽必烈研究专家,对元明时期的中国穆斯林历史有独到研究。他还为《宗教百科全书》(Encyclopedia of Religion)写了《中国伊斯兰教》(Islam in China)的词条。白蓓莉的博士论文《中国穆斯林少数民族中的凝聚和分裂》(Cohesion and Cleavage in a Chinese Muslim Minority)聚焦于1949年以后台湾地区的穆斯林社团的研究。此外,她还发表了一些有关中国穆斯林妇女的文章,并制作了中国伊斯兰教重大事件年表。

20世纪60年代之前美国学者对中国的研究多着眼于宏观分析,不注意中国各地区和各民族之间存在的差异。20世纪70年代后他们开始关注中国各地区的发展和变化,一时间有关中国穆斯林的研究成为美国汉学的主流学科,新疆由于其独特的地理位置、敏感的历史问题和多民族的社会背景而备受关注。目前,美国学界对新疆问题的研究倾向于更多地从某一社会层面切入,辅以细致分析,将得出的结论应用于对整个新疆社会的解读。这一研究方法体现在许多专著和论述中,如:卫周安(Joanna Waley-Cohen,1952—)的《清代中叶的流放:发配新疆,1758—1820》(Exile in Mid-Qing China: Banishment to Xinjiang, 1758-1820),米华健(James

① 具有伊斯兰教神秘主义和中国封建色彩的一种教主体系,明末清初流行于甘肃和宁夏回民聚居地。

Millward）的《嘉峪关外：1759—1864 年新疆的经济、民族和大清帝国》（Beyond the Pass：Economy，Ethnicity，and Empire in Qing Xinjiang，1759－1864）和《欧亚十字路口：新疆历史》（Eurasian Crossroads：A History of Xinjiang），迈克尔·迪隆（Michael Dillon）的《新疆：中国中亚区域的民族、分裂主义和控制》（Xinjiang：Ethnicity，Separatism and Control in Chinese Central Asia）以及弗雷德里克·斯塔尔（S.Frederick Starr）主编的论文集《新疆：中国之穆斯林边陲》（Xinjiang：China's Muslim Borderland）等。

1991 年美国学者杜磊（Dru Gladney）根据自己的博士论文扩写成的专著《中国穆斯林：人民共和国少数民族中的民族主义》（Muslim Chinese：Ethnic Nationalism in the People's Republic）用人类学理论对中国大陆回族社会所作的四个个案分析：宁夏纳家户的虎非耶派，北京牛街回民区，北京常营回民村和泉州回族。他在田野调查中根据自己的观察体验指出，宁夏纳家户的回民通过宗教仪式和宗教活动来保持伊斯兰教的特性；牛街回民通过坚持清真饮食习惯发扬了伊斯兰教传统；常营的回民以村内的回族固守他们内部的关系来以保持穆斯林的特征；泉州的回民通过对阿拉伯祖籍的认同来排斥与汉族文化的融合。作者认为，国家的民族政策在强化民族感并发展民族主义过程中发挥了重要作用。1998 年他出版的《中国的民族认同：少数民族穆斯林的形成——社会人类学个案研究》（Ethnic Identity in China：The Making of a Muslim Minority. Case Studies in Social Anthropology）。

近年来一些西方青年学者对中国伊斯兰教的研究表现出前所未有的热情，许多人选择对中国伊斯兰教的地方化特点进行专题研究，他们的成果将为这一领域的研究谱写出新的篇章。美国汉学界对中国新疆地区的研究符合美国的全球战略布局思想。论文集《新疆：中国的穆斯林边陲》的主编弗雷德里克·斯塔尔是美国约翰·霍普金斯大学亚洲—高加索研究所所长，熟悉边疆问题的专题研究，视野开阔，所收论文的作者都是美国各大学或研究机构的领军人物，他们的研究成果对美国政府的决策具有重大影响。

4.民间宗教

美国对中国民间宗教（popular religion）的研究大体上始于 20 世纪 60 年代末至 70 年代之间。除了佛教、道教、伊斯兰教、天主教和基督教等建制型宗教之外，中国还有一些缺乏系统教义和独立组织的分散宗教信仰，有大约2亿多人定期或不定期参与此类活动。中国民间宗教不但不与道教和佛教互相排斥,而且还常常彼此影响和包容。许多学者把祖先崇拜、迎神赛会、丧葬礼仪、占卜算卦、驱邪除魔等纳入民间宗教的范畴。

一些学者对民间宗教鬼神谱系中的诸神,如城隍、灶君、关帝、文昌、天后(妈祖)、陈靖姑(临水夫人)和职业或地区守护神(财神、药师和土地爷)等,分别作了专题研究。如约翰逊(David Johson)在分析唐宋时期城隍神的供奉时直接把它与新兴城市商人阶层价值观和官府对民间宗教政策的变化联系起来。一些美国汉学家曾对祖宗祭拜在维系宗族繁衍和家族和睦方面的作用进行了研究;另一些学者的学术研究兴趣则聚焦于地区宗教帮会和自发组织,认为这些自发组织独立于家族宗法和地区社规之外,与中国的传统信仰有所不同。不少欧美学作者还对龟甲占卜、观星象、看风水、算卦、占梦、求签、扶乩分别作了研究。诞辰、婚礼、葬礼等也是民间宗教的重要研究课题,学者们试图对其功能和意义作出自己的解读。

最近20余年西方汉学界兴起了一股研究中国民间宗教的潮流,出现了一批批新成果。过去的研究多半取材于当代社会,但近年一些学者开始把目光转向历史上的中国民间信仰的研究。其代表作品有:

1970年堪萨斯州大学历史教授达德斯(John Wolfe Dardess)在《亚洲研究学刊》(Journal of Asian Studies)上发表《白莲教的变化和明朝的建立》,1972年发表了《神、鬼和祖先:台湾农村的民间宗教》。同年纽约州伊萨卡学院哲学与宗教教授裘明中(Chiu Min-chuong)也发表了《两种民间信仰:台湾两种民间宗教之比较研究》。

1974年斯坦福大学沃尔夫(Arthur P.Wolf)主编的《中国社会中的宗教和礼仪》也是一本可读性强的论文集,因为作者从人类学角度对中国民间宗教进行了探讨,给读者一种耳目一新的感受。

韩书瑞(Susan Naquin)1944年生于美国伊利诺伊州,从1966—1974年先后就读于斯坦福大学和耶鲁大学,完成学士、硕士和博士学业后分别获得了学位。1966—1967年他到台湾地区学习汉语,多次来大陆访问,现任宾夕法尼亚大学历史学教授。他对于中国民间宗教,特别是清代民间信仰有独到研究。主要著作有:1976年发表的《至福千年之叛逆:1813年八卦教起义》(Millenarian Rebellion in China:The Eight Trigrams Uprising of 1813,New Haven:Yale University Press),考察了清代中期白莲教起义者的宗教背景,八卦教门的成立,1813年攻打北京紫禁城以及起义被镇压的情况。该书吸收了中西方学者的研究成果,提供了丰富的的史证和分析,受到广泛的好评。1979 年韩书瑞还在《宗教史》上发表了《1774 年的王伦之乱》。

1977 年密执安大学教授佩利(Elizabeth J.Perry)在国际杂志《近代中国》发表《崇拜者与勇士:白莲教对捻军起义的影响》,同年加利福尼亚大学历史教授孔裴德(Erederic Wekemann)在《亚洲研究杂志》发表了长篇论文《叛乱与革命:中国历史上的民众运动研究》。

拉尔夫·撒克斯通(Ralf Thaxton)和罗友枝(Evelyn Sakakida Rawski)先后在《现代亚洲研究》(Modern Asia Studies)、《中国季刊》(The China Quately)和《亚洲研究学刊》发表多篇书评,1981 年还发表了《1774 年山东的王伦起义》(Shantung Rebellion:The Wang Uprising of 1774,New Haven),1992 年又与于芳君(Yu Chu Lunn－fang)合编《中国的进香者和圣地》(Pilgrims and Sacred Sites in China.Studies on China,15.Berkeley:University of California Press)。

1982 年美国一些学者举办了"中国社会中的混合教派"讨论会,宣读的论文有:华盛顿大学的哈勒尔(Stevan Harrell)和佩利的《中国社会的混合教派导论》;萨克拉门托加利福尼亚大学石汉椿的《没有起义的太平盛世信仰:华北的黄天教》;宾夕法尼亚大学韩书瑞的《诸起义间的联系:清代教派宗族体系》;奥伯林大学凯利(David E.Kelley)的《庵堂和斋堂——18 世纪的罗教和漕运水手团体》;加利福尼亚大学圣地亚哥乔丹(David K.Jordan)的《中国教派组织:先天道的历史》;杜克大学韦勒(Robert P.Weller)的《中国的秘密宗教和政治活动》。哈勒尔和佩利的文章通过对中国民间教派的逐一分析后认为,那些教派可以分为分裂教派、混合教派、秘密教派、拯救教派、太平盛世教派、破坏教派和异端教派等类别,指出国家与社会的影响对教派起义都起到一定作用。

学者们在研究中国民间宗教的同时也在更宽泛的视野中体验到中国民间文化的多样性、地域性和普遍性,这些观点不同程度地反映在他们的专著和论文中。其中有:1976 年欧大年的《民间信仰——传统中国晚清的异端宗派》(Folk Buddhist Religion:Dissenting Sects in Late Traditional China,Cambridge:Harvard University Press),1985 年姜士彬(D.Johnson)等撰写的《中华帝国晚期的民间文化》(Popular Culture in Late Imperial China,Berkeley:University of California Press),1990 年韩森(V.Hansen)的

《宋明时期中国诸神的演变》。

太史文(Stephen F.Teiser)是近年美国汉学界出现的一位多产的中国民间信仰研究专家。他毕业于欧柏林学院,后在普林斯顿大学宗教学系攻读东亚宗教课程,1986 年获博士学位后任普林斯顿大学宗教学系教授。他的博士论文《中国宋明时期的盂兰盆节》为他后来研究中国宋明时期的民间信仰打下了坚实的基础。1986 年他撰写了《唐宋时期宗教中的鬼与祖先——作为葬礼的盂兰盆节》(Ghosts and Ancestors in Medieval Chinese Religion:The Yu-lan-p'en Festival as Mortuary Ritual, History of Religion),同年还发表了《母亲、儿子与饿鬼——目连神话中的性别与救赎》(Mother, Son, and Hungry Ghost: Gender and Salvation in the Mythology of Mülien, Paper presented at the Annual Meeting of the American Academy of Religion in Atlanta)。1988 年他把自己的博士论文修订后出版了《中国唐宋时期的鬼节》(The Ghost Festival in Medieval China, Princeton University Press),对传统汉学和佛学研究领域的突破得到了学术界普遍好评,荣获了美国学术团体理事会颁发的当年宗教史最佳处女作奖。1994 年他出版了《十王经与中国唐宋时期佛教冥间的形成》(The Scripture on the Ten Kings and the Making of Purgatory in Medieval Chinese Buddhism, University of Hawaii Press),1995 年发表了《民间宗教》(Popular Religion, Journal of Asian Studies),1999 年发表了《绘画中的冥间——插图本〈十王经〉》(Picturing Purgatory: Illustrated Versions of the Scripture on the Ten Kings, Images de Dunhuang, Paris)。《十王经与中国唐宋时期佛教冥间的形成》是太史文研究中国唐宋时期佛教与民间信仰的又一部力作。该书取材于敦煌文献,以中晚唐出现的佛教伪经《佛说十王经》为全书主题,对中国宋明时期佛教冥间说的根源作出了详细的分析和令人信服的考证。

五、中华文化与文艺复兴、民主思潮和地理大发现

“文化”是一个内涵丰富外延宽泛的概念,早期学术界常常把它与艺术、历史、地理和人类学相联系。19 世纪中叶以后欧美的社会学、民族学、人类学、历史学和心理学研究学者都把文化作为重要涉科内容纳入自己的学科。学者们的共同看法是:“文化”是一种观念形态,可以传播,可以通过社会习得,具有非个人生理遗传性,既是抽象的又是经验的;在一个共同

体中主流文化具备鲜明的一体性,但是在单一群体中存在的文化则可能属于亚文化层次。就表现形式而言,“文化”有精神文化(spiritual culture)、物质文化(material culture)和建制文化(institutional culture)之分;就地域而言,又有域外文化和本土文化之别;就历史阶段而言,还可以划分为传统文化和当代文化;就风格和对象而言,常以精英文化(elite culture)、大众文化(popular culture)和民间文化(folk culture)作为标识;就涉科范围而言,也可以扩展至科技文化、法律文化、政治文化、稻作文化、企业文化、饮食文化、服饰文化等等。“语言是文化的载体”也属于语言学家的共识。总之,生活中文化无处不在(ubiquitous),它制约并规范着人们的行为,它的存在又通过人们的言语和行为来体现,因此人们的文化价值观和文化素养以及社会现象中的文化意义,也常常被笼统地冠以“文化”的标签。美国人种学家克罗伯(Alfred Louis Krober,1876—1960)和文化理论家克拉克洪(Clyde Kluckhohn,1905—1960)曾经查阅并比较过大约300个有关“文化”的定义,发现学者们的说法有很多一致和不一致的地方。

“中华文化”涵盖着大至仰韶文化、大汶口文化、二里头文化、良渚文化、红山文化、龙山文化、三星堆文化、儒家文化、道教文化,小至青铜文化、风水文化、生肖文化和玉文化等中国文明史中的事物。欧美汉学家通过长期研究发现中华文化在历史上曾经是催生文艺复兴、民主思潮和地理大发现的一个重要因素。

德裔美籍汉学家夏德1870年被录入中国海关,先后任职于九龙、淡水、厦门、上海、镇江、宜昌和重庆等口岸。他曾深入研究中国历史和文化,对中华文明的独到见解表现在他早期的一些著述中,如:《古瓷》(Ancient Porcelain,1888年)、《中国研究》(Chinesische Studien,1890年)和《论中国艺术的外来影响》(Uber fremde Einflusse in der Chinesischen Kunst,1896年)等。1902年他应聘担任美国哥伦比亚大学汉文教授后出版了《一位收藏家笔记片断——当朝中国画师往事,附部分先贤暨艺术史家传略》(Scraps From A Collector's Notebook,being Notes on Some Chinese Painters of the Present Dynasty,with Appendics on Some Old Masters and Art Historians,1905)、《中国的铜镜》(Chinese Metallic Mirros,1907)和《晚周前的中国古代史》(The Ancient History of China to the End of the Chou Dynasty,1908)等文化专著。

德裔美籍汉学家劳费尔(Berthold Laufer,1874—1934)曾在柏林大学和莱比锡大学攻读东方语言,1898 年移居美国后多次率团来华访问考察。他的著作《汉代的中国陶器》(Chinese Pottery of the Han Dynasty,1909)、《中国的基督教艺术》(Christian Art in China,1910)和《中国与伊朗:中国对古代伊朗文明史的贡献》(Sino - Iranica: Chinese Contributions to the History of Civilization in Ancient Iran,1919),从文化交流史的角度分析和解读了中华文化的渊源、影响和在世界文明史中的地位。

在东西方文化交流史研究方面做出了重要贡献的美国学者贾德(Thomas Francis Carter,1882—1925)年轻时就开始研究中国印刷史,曾两度来华进行考察研究,在安徽宿州北长老会任职长达 12 年之久。《中国印刷术的发明及西播》(The Invention of Printing in China and Its Spread Westward,1931)便是他这一时期研究的鼎力之作。他在书中用详尽的史料论证了中国印刷术的发明和西传的过程,结论令人信服,引起了学术界的广泛关注。1955 年该书由中国史学者傅路德校订和增补后再版了两次。

1931—1935 年美国学者卜德曾以哈佛-燕京学社研究生身份来华深造,1942 年他撰写了《中国物品西传考》(China's Gifts to the West)一书,旁征博引地论证了从公元前 200 年到公元 1800 年中国对西方世界的精神文化和物质文化馈赠多于从西方世界所得到的回报。他在书中谈到中国对西方的物质文化馈赠有:丝绸、瓷器、茶叶、纸张、火药、印刷术、指南针、漆器、风筝、纸牌、折叠伞、轿子、金鱼、皮影戏,以及柑橘、柠檬、银杏、菊花、茉莉、牡丹、山茶花、杜鹃花等植物,风子油和麻黄碱等药物,煤和锌等矿物。卜德认为中国的物质文化在改变西方生活方式的同时,也为西方现代文明奠定了坚实的基础。如果没有纸张和印刷术,人们可能生活在更漫长的愚昧世纪,纸张对于后来西方文明发展的影响也功不可没。没有火药和指南针,大航海时代就可能要推迟若干世纪才能到来,新世界的开发也许是一种不可能实现的期待,东西方文化交流的美好愿望无异于痴人说梦。1948 年卜德又撰写了《中国思想西传考》(Chinese Ideas in the West),详尽介绍了中国哲学、政治体制、经济理论、文学艺术、科技发明和教育思想对西方学术与社会生活的影响。在欧洲兴起中国文化热的时代中国的哲学思想成为欧洲知识界启蒙思想运动的一个重要动力,儒家文化的理性观念和民贵君轻意识成为新时代民主思想的源头。他认为两千年来中国与西方从未中断的文化的交往是对人类文明的最伟大贡献。

傅路德在1943年完成的《中华民族简史》(A Short History of the Chinese People)一书中指出,中国人是一个富有高度智慧的民族,虽然没有形成完整的现代科学体系,但是在天文、历法、数学、医药、工程、建筑和舆地方面都有杰出成就。中国人在社会管理方面也有丰富的经验。该书还通过安阳考古重大发现的资料,为美国读者对华夏文明的了解和认识提供了丰富信息。

美国人类学家葛维汉(David Crockett Graham,1884—1962)曾在芝加哥大学研修宗教心理学、人类文化学和考古学等课程。1911年他被费尔波特浸礼会按立为牧师,同年10月他和妻子阿丽西娅从旧金山抵达上海,在浙江学习汉语两年后移居叙府(今四川宜宾)。1919—1939年他在中国一共进行了14次夏日探险,搜集了大量动植物标本和人类学材料,曾为三星堆考古发掘提供咨询,帮助当地少数民族保护自己的庙宇和习俗。他在自己的探险日记中详细记录了在四川和西藏边境地区进行民俗调查的情况。1931年他以美国国家博物馆合作者身份受聘于成都的美国浸礼教会传教会。1932—1948年,他一直在成都华西协和大学教授人类文化学和考古学,并担任该校考古、艺术和人类学博物馆馆长。他还是美国人类文化学会、美国民俗协会、远东研究所成员和皇家地理学会成员,也是美国纽约动物学会终身会员。1948年他退休后返回美国,曾到各地谈自己在华经历和文化考察的感受,并利用在华37年中搜集到的丰富材料撰写文章,先后发表于《中国边疆》和《华西边疆研究学会杂志》等刊物上。他的主要著述有:

1.《四川省的宗教》(Religion in Szechuan Province,他的博士论文,1928)。

2.《西南联大考古博物馆汉墓藏品说明》(Notes on the Han Dynasty Grave Collection in the West China Union University Museum of Archaeology,1930)。

3.《汉口发掘启动报告》(A Preliminary Report of the Hanchow Excavation,1934)。

4.《四川省树神》(Tree Gods in Szechuan Province,1936)。

5.《四川省奇特习俗》(Some Strange Customs in Szechuan Province,1936)。

6.《四川苗族歌谣故事》(Songs and Stories of the Ch'uan Miao)。

7.《四川苗族习俗》(The Customs of the Ch'uan Miao,1937)。

8.《四川苗族礼仪》(The Ceremonies of the Ch'uan Miao,1937)。

9.《四川苗族语汇》(Vocabulary of the Ch'uan Miao,1938)。

10.《四川苗族的传说》(The Legends of the Ch'uan Miao,1938)。

11.《四川苗族歌谣和故事》(Tribal Songs and Tales of the Chuan Miao,1978)。

1952 年他的论文《中国西南部羌族的习俗和宗教研究》曾荣获古根海姆奖(Guggenheims)。

麻省理工学院教授白鲁恂(Lucian Witmot Pye,1921—2008)出生于山西省汾州一个美国公理会传教士家庭,1939 年就读于明尼苏达州卡尔顿学院,第二次世界大战中以美国海军陆战队第五军的文职官员身份返回中国,战后在耶鲁大学攻读博士学位。1956 年他开始在麻省理工学院任教,直接参与了该校政治学系和香港研究中心的重建,还先后执教于马来西亚和缅甸。学生时代他就开始探讨如何把心理学、社会学和人类学理论用于指导国际关系的分析,文化差异在第三世界政治现代化发展中的作用是他长期研究的课题之一,因此他被誉为政治文化概念最早的提倡者和实践者。他曾从文化心理学的角度分析并揭示积淀在现代中国政治文化底层中的积极和消极因素,以及影响亚洲权威和政治中的文化成分,表达了新一代西方学者对中国和亚洲政治文化的认识。他指出在传统政治文化的土壤中不可能产生宪政和民主制度,但是中国的传统政治文化包容着构建民主制度的动力;认为中国政治现代化必须在内部有效整合过程中借助外力的激发。他的学术见解反映了他对亚洲和中国文化特点的深刻理解,他主张从文化、传统价值和心理等方面理解亚洲意识形态的特质,不相信普遍适用的政治发展模式。但是他对于权威依赖、文化优越和政治文化作用的过分强调在学术界也引起诸多争议。他积极倡导成立的美国社会科学研究协会比较政治委员会与中央情报局联系密切并接受资助,社科研究协会的多项比较政治研究成果一直是历届美国政府制定对华政策的重要理论依据。

随着第二次世界大战后东西方冷战状态的终结,西方大国的霸权文化(cultural hegemony)逐渐被多极世界的多元文化所取代。美国学者认为,虽然文化的多样性可能引起人类不同文明之间的冲突和竞争,导致全球性的文化危机,但是具有几千年历史的中华文化基础是牢固的。

芝加哥大学历史教授艾恺(Guy Salvatore Allito)长期从事中华文化和梁漱溟(1893—1988)哲学思想的研究,从1973年到现在先后来华访问20余次。近年来他关注改革开放以来中国的社会变化,预测在今后20—30年内中国将面临贫富悬殊、城市化和环保方面的问题。他曾出版《最后一位儒家学者:梁漱溟与中国现代性的困境》(The Last Confucian:Liang Shu-ming And the Chinese Dilemma of Modernity,1986)、《中国文化形成的要素及其特征》(The Essential Elements in the Formation of Chinese Culture And Their Special Features,1995)和《21世纪的世界文化会演化成儒家文化吗?》(Will 21st Century Culture Evolve into A Confucianized Culture? 1996)等专著,在对现代化提出尖锐批评的同时也提出了解决弊端的办法。他在最近一次对采访的媒体记者说:"建立在儒家学说基础之上的中国文化强调伦理价值,极具变通性和包容性,能兼容各种各样的文化,其独一无二的优势是可以应对社会道德的滑坡,有希望成为21世纪人类的共同信仰。"①

1987年加利福尼亚大学出版社出版了由姜士彬(David Johnson)、黎安友(Andrew J.Nathan,1943—)和罗友枝编撰的论文集《晚清大众文化》(Popular Culture in Late Imperial China),是由美国学术委员会中华文明研究会发起并资助的一个重要科研项目。全书456页,共分三部分:一、绪论:晚清文化的经济和社会基础;晚清的社交、阶级和思想意识;二、正文:乡间文化专家和文本;明清白话文学的不同层次读者;明清戏曲的社会和历史语境;地方戏及其观众;宗教与大众文化;明清教派文学《宝卷》的价值,晚清白莲教的传播;960—1960年间华南沿海的天后敬奉;流传圣旨中的语言和意识形态;大众文化之滥觞:晚清以降的期刊和小说;三、结论和展望。关于该书的编撰主旨,编者在《序言》中写道:

> 本书的宗旨之一是把非精英文化的研究引介到中国传统的学术主流之中。谁都无法相信仅仅研究知识阶层的特权文化就能了解中国,但是大部分文档源于此类文化,因此它过去和现在仍然得到了人数大大超越了历史学家的读者关注。对于精英文化的过分强调曾经导致我们对于中国历史和文化印象的严重扭

① Guy Salvatore Allito:*Chinese Culture can Ease Moral Crisis*. 2011.

曲，补救的唯一办法是认真并系统地去研究统治阶级掌控范围之外的世界。……大众文化涵盖了从国内建筑到世纪崇拜，从灌溉技术到皮影戏等种种事物。① 该书开拓了中国文化研究的新领域，内容丰富，视觉独特，赢得好评如潮。

芝加哥大学教授霍普金斯(Dwight Hopkins)在谈到中国文化时，曾语重心长地说道：

> 21世纪的中国，有能力利用自身传统文化的积极因素帮助世界各国建造更加良好的关系，可能会成为世界的领导者。因为除了经济以外，中国还可以给世界贡献四个核心的价值，这就是家庭、和谐、创造性地吸收和工作效率。如果世界能推崇这四个美德，那么21世纪的世界可能会享受更多的和平、繁荣并保持持续的发展。②

六、美国宏观视野中的中国政治研究

第二次世界大战以前，西方的政治学研究一般只聚焦于少数经济发达国家。欧洲除了英国和荷兰的少数汉学家外，其他各国认真关注并熟悉中国政治的学者人数并不多。战后美国学者对于“精英和宗派政治”(elite and faction politics)开始表现出浓厚的兴趣。在他们看来中国政治精英制定并执行各项法规和公共政策，他们的思想和行为对于中国政治体系的运作发挥了关键作用。学者们普遍以对苏联体制的理解方式来认识中国，认为中国的政治权力高度集中，官方意识形态直接对国家政治、经济和社会生活产生影响，甚至深入到家庭和邻里关系之中。囿于当时区域研究的思维和资料的缺乏，美国学者在中国政治学研究中偏重于传统的史学分析和解读，方法上仅着眼于对事实的客观陈述，不失为学者风范。

美国学者对于中国政治的研究，普遍受到国际汉学的转型、美国政界

---

① David Johnson et al.: *Preface to Popular Culture in Late Imperial Chin*a, University of California Press, 1987.

② 霍普金斯:《中国文化贡献给世界的四个核心价值》，载《人民日报》2009年11月5日。

和学界的关注焦点的重新定位、中国和国际重大政治事态的发展，以及汉学家个人研究目标和兴趣转移的影响。20 世纪 50 年代以后发生的一系列政治事件，如：东西方对峙的冷战（1945—1989）、朝鲜战争（1950—1953）、越南战争（1965—1975）和中苏两党论战（1959—1966），使美国的汉学研究带上了越来越多的政治色彩，也使美国政界和学界体会到对当代中国政治进行深入系统研究的必要性和紧迫感。国际学术环境的变化直接或间接地影响了学者的价值取向、选题范围和对于中国政治局势认识的深度。

美国的社会科学研究学会（Social Science Research Council）联合美国学术团体协会于 1959 年成立了当代中国联合委员会（Joint Committee on Contemporary China），将美国政府、福特基金会和卡内基基金会的研究项目合并成当代中国研究并获得资助。美国有关中国政治的研究工作和研究生的教学主要集中于哈佛、哥伦比亚、密歇根、斯坦福和华盛顿等大学以及加州大学柏克莱分校。参加教学和研究的学者原来大都从事东亚或者政治学研究，其中有费正清、魏特夫（Karl August Wittfogel，1896—1988）、白鲁恂、施乐伯（Robert Antony Scalapino，1919—2011）、亚历山大·艾克斯坦（Alexander Eckstein，1915—1976）、鲍大可、乔治·泰勒（George Edward Tayler Jr，1905—2000）和约翰·林德贝克（John.M.Lindbeck）等。他们来自于不同的专业背景和领域，为适应新的研究选题和对象，都经历了观念和方法上的诸多转变。初期常常聚焦于中国和朝鲜半岛的重大政治事件以及上层决策人物，著述由描写性和解读性倾向逐渐转向分析性和理论性风格，后来理论性逐渐淡化，少数理论专著也只就事论事，强调其事实的准确性而非理论上的贴切。研究方法的改变，是因为在 20 世纪 50 年代所能搜集到的有限资料基础上以描述性和想象性的方式作出的分析往往与客观实际有一定的距离，深度自然受到限制。值得庆幸的是他们培养了第一批美国中国政治研究专家，还出版了许多有战略价值的研究专著。

西方的汉学研究在朝鲜战争和越南战争的语境中很难回避立场和观念的政治表述，时局要求美国学者重新评估自己所选课题的政治因素和研究方法。虽然这一问题的最终解决分别延续到 15—20 年之后，但是美国汉学家的政治研究人员毕竟还是从这一顿悟中获得了智慧的力量。

尽管当时美国的汉学研究生可以从接触到的中国官方文献中获取有价值的信息和数据撰写学位论文，但是中美关系的僵持状态影响了他们直接进入中国社会。因此部分学生前往几所台北大学学习中文课程,或者到香港大学服务中心(University Service Center)短期进修,通过广播、媒体和与移民和观光客的访谈收集中国社会动态,阅读中共党史文献和剪报,涉猎台湾的情治报告以及日本的档案资料,一般不涉及当代中国文化、社会和政治理论的研究。香港大学学服务中心 1963 年建于九龙,20 世纪 80 年代后并入香港中文大学,成为当代中国政治研究的重要基地。

然而,发展变化毕竟是社会生态新陈代谢的规律。20 世纪 60 年代之后比较政治学在美国受到了推崇,非正式行为成了重要选题,假设验证中辅以理论分析和内涵揭示一时成为西方政治学研究的时尚。凯文·奥布赖恩在《专业化时代的中国政治研究》一文中写道:

> 在美国学术界,有两种中国政治学研究倾向近期得到了强化。第一种不断发展的学科倾向主要为年轻学者所追捧,虽然就像任何政治学研究领域一样始终保持着活跃态势,但是它正以前所未有的力度融入比较政治学(和国际关系学)的验证之中。第二种倾向是美国的中国政治学研究者通常喜欢通过比较小的选题,把自己的心得谨慎地与中国政治体制运作的大问题联系起来。他们不追求宏大叙事(Grand Statements),而是深揭其中奥秘,坚持在可能对中国产生影响的方面作出实事求是的概括。这种学科选题专业化的结果,使研究者们在深入政治学研究中大大超越前辈学者,有更多实实在在的发现,但是他们并不拘泥于对于中国政治学的广泛解读。①

1972 年尼克松总统访华后两国学者之间的联系逐年增加。20 世纪 70 年代许多美国学者随教育、文化和科技交流团来中国大陆访问,亲身体验了中国社会和文化,获得了无尽的灵感和最新的选题。1979 年中美关系全面正常化后美国的中国政治研究再次提速。美国学者和研究生获准在中国进行相关领域研究,使得地区档案调阅、人物专访和田野调查成为可能。密歇根、哥伦比亚、哈佛和斯坦福等大学以及加州大学柏克莱分校先后扩大了有关中国政治和国际关系的研究课程,中国政治研究领域出现了

① Kevin J. O'Brien: *Studying Chinese Politics in an Age of Specialization*, 2010.

空前发达和繁荣的局面。密歇根大学因为培养出所罗门(Richard Solimon, 1937—　)、奥克森伯格(Michel Charles Oksenberg, 1938—2001)、艾伦·惠廷(Allen S.Whiting)和李侃如(Kenneth Guy Lieberthal, 1943—　)等名人而被誉为美国中国政治和历史学研究家的摇篮。一些美国大学还为中国政治研究生增设了统计学、调研法、政治经济学和行政管理学等课程。

中国无产阶级"文化大革命"(1966—1979)、改革开放(1978 年至今)和"6·4"风波(1989)进一步激发了美国对于中国政治研究的积极性。美国的中国研究一度主要关注中国政坛的人事和政策变化,以及中国对外交往的动向。1975 年前后美国出版了约 20 卷《红卫兵资料》,共 1064 种、10343 页。许多美国学子和年轻学者被文化大革命这一研究课题所吸引,红卫兵的大字报、海报、信函和各类出版物披露了据信为中国政府和中共领导体系中许多不为人知的内情和秘闻。美国出版界还推出了各类当代中国政治文献资源研究指南,在当代中国联合委员会资助下召开了多次中国问题的专家会议,为年轻的中国政治研究人员展示自己的成果构筑了平台。

20 世纪 70 年代以后,美国学者通过新理论新方法把汉学研究与比较政治学结合起来,开拓了新的领域。随着中美两国政界和学界交流互访增加,可接触到的资料和实例不断增多,学者们对于中国政治学研究日趋多元化,视野更加开阔,研究进一步与国家-社会关系、政治文化和大众政治行为的选题相结合。在他们详尽系统的调研中开始触及经济发展、工业化、环境保护、军事建制和安全政策中的政治问题,同时也关注具有政治理论导向意义的中国先锋文学。

这一时期美国学者有关中国政治调查报告中的意识形态内容逐渐淡化,分析比例增加,选题范围扩大,但是精英和党派政治继续受到关注。赞成改革与民主的中国知识分子、作家和记者曾经建立俱乐部和沙龙,举办研讨会,出版诸如《自然辩证法》和《面向未来》等刊物,选登德国社会学家马克斯·韦伯(Max Weber, 1864—1920)、美国社会学家罗伯特·莫顿(Robert Merton, 1910—2003)、经济学家肯尼斯·约瑟夫·阿罗(Kenneth Joseph Arrow, 1921—　)、普林斯顿大学历史教授西里尔·布莱克(Cyril Black, 1920—1991)和斯坦福大学社会学家亚历克斯·英克尔斯(Alex Inkeles, 1920—2010)等学者著述的译文。熟悉西方社会学理论和研究方法的新一代中国学者的思潮引起了部分美国学者的关注,他们开始在自己的研究和著述中选择有关中国领导层、政策制定、地方政治、乡镇企业和特区发展等方面的课题。

20 世纪 80 年代后期中国为美国中国政治研究生来华撰写论文提供了更多便利。山东邹平县被选为美国学者开展田野调查的基地,使他们有可能零距离考察中国。据统计自 1985 年以来先后有 200 多人次的美国学者到该县进行蹲点式社会研究,经费多半由美国社会科学研究理事会(Social Science Research Council)和美中学术交流委员会(Committee on Scholarly Communication with China)资助。尽管当时美国学界仍然沿袭此前阶段聚焦于中国高层领导、机构、政策和政治运动的研究路数,但是微观政治和政治经济改革的研究开始排上了日程。很多学术会议都在美国社会科学研究理事会和美中学术交流委员会的赞助下召开,研讨的主题聚焦于中国政治和经济改革以及科学技术的发展。

这一时期有三个新的研究课题成了美国政治学者的首选:中国的市场改革和对外开放与共产主义国家体制;中央政府和 31 个省之间的行政机制和财政关系;列宁主义转型的"市民社会"(Civil Society)。美国学者对于中国国家与社会关系转型的关注再次纳入了研究计划,以期推动对中国政治体制改革和民主化前景的更专业研究。① 这表明美国的中国政治研究方式有了较大变化。除了采用建制主义(institutionalism)或结构主义(structuralism)的分析方法,强调各种政治行动所受到的结构限制外,还关注国家与社会关系中的国家建设、市民社会、市场发展与民主化等问题。美国的中国政治学研究者不再从前苏联学术研究中获取灵感,而是从欧洲学术传统中寻找国家与社会关系的辩证模式。

2009 年 6 月号《中国政治学刊》刊登了美国普林斯顿大学政治学和国际事务教授林恩·怀特题为《中国政治研究:该领域研究现状综述》的文章。作者认为近几十年来美国中国政治学的研究者所关注的领域已经发生了变化。原因之一是大批中国学者和华裔学者的加盟,原因之二是中国改革开放后学者们有更多的机会获得基层信息。该文从"政治合法性"、"政治经济学"、"政治领导层"、"政治平等"和"政治科学"等角度来分析

---

① Richard Baum: *Studies of Chinese Politics in the United States*, in *China Watching: Perspectives from Europe, Japan and the United States* edited by Robert Ash, David Shaumbaugh & Seiichichiro Tagagi, chapter 7, pp.147-168, London: Routledge, 2007.

中国的政治现状。他引用了许慧文(Vivienne Shue)的著述来支持自己的论点,认为在中国人民心目中政治的合法性基础就是国家繁荣、社会经济福利提升以及领导人对普遍真理的掌握。作者还引用了裴宜理(Elizabeth Perry)的论证说:对中国的领导层而言,经济的繁荣是至关重要的政治合法性,虽然21世纪头10年与20世纪90年代相比较中国出现了更多的反对派和抗议活动,但是他们的行为多半属于正统主义、反应性和利益驱动的性质,而不是革命性、主动性和理想主义的范畴。社会批评常常因为不满基层官员对民众工作、工资、土地和家庭生活等方面权利的被剥夺,却很少提出其他要求,也不是针对高层领导者。关于政治与经济发展的关系,作者认为通货膨胀与调整以及腐败与繁荣并存的经济快速发展,已成为需要从政治上作出解读的一种综合症。越来越严重的低效率与非货币化成本对政治产生了影响。虽然中央政府的权力下放有利于中国的改革繁荣,但是严重的水、空气和土壤污染却滋生了新的政治问题。作者还通过引述玛丽·加拉格尔(Mary Gallagher)的观点指出,全球贸易和投资使中国劳工的民主化之路更不平坦,全球化必然延缓民主化。关于中国领导层,作者认为:在经济和技术领域中官员常常作出使自身受益的决定,在没有干扰时也能作出有利于民众的决定。各地方之间缺少政策上的连贯性是个人主义政治的必然结果。①

关于美国的中国政治研究前景,作者写道:1959年美国学术团体协会联合社会科学研究协会和福特基金会组成了当代中国研究联合委员会,使美国的中国政治研究变得比以前成熟。20世纪90年代,除了一些美国学者所做的个案研究外还出现了中国和美国机构倡导的合作研究。对于台湾的政治研究中美两国学者也开展了一些合作项目,主要聚焦于台湾经济市场化和政治民主化问题,推出了相当一批研究成果。各类高校专业(包括语言、历史、经济和文化专业)和刊物是维持西方高质量中国研究的支柱机构,如:约翰·霍普金斯大学和南京大学共同创办的语言学习项目、斯坦福大学与台湾大学联合创办的研究生语言学校,以及香港中文大学中国研究服务中心的数据库等。中国政治研究学会(Association of Chinese Political Studies)组织的研讨会轮流在美国和中国的大学召开,吸引了许多

---

① Lynn T. White: *Chinese Political Studies: Overview of the State of the Filed*, in *Journal of Chinese Political Science* Volume 14, Issue 3, pp. 229-251, 2009.

资深学者参加。中国的对外开放以及中国各地经验丰富的政治学家的参与拓宽了访谈、调查和文献资料收集的范围。中国政治研究客观上有助于西方的学术传承。未来的发展必定进一步丰富美国的政治科学,研究的需要还将催生更多新的研究方法。

中国政治文化是美国汉学家的政治研究拓展领域。社会成员经历的客观政治过程,包括政治认知、信念、感情、态度和价值观,以及他们对于政治性质和功能的理解,参与政治的热情,对待公共权威的态度,评测政府政策的价值标准,内心遵循的行为准则,共同构成了属于主观价值范畴的"政治文化"(political culture)。

"政治文化"是20世纪50年代提出的概念,但是学者们认为早在古希腊时期亚里士多德(Aristotle,384—322 B.C.)就曾经专门研究过政治革命和变迁中的心理文化因素。1956年美国政治学家阿尔蒙德(Gabriel Abraham Almond,1911—2002)发表的论文《比较政治体系》(Comparative Political System),首次提出了"政治文化"的概念。他认为政治发展就是在社会经济现代化环境中发生的一系列相关的政治系统、过程和政策的变化。政治现代化的标志是文化现代化(如人们的参政愿望增强)和结构分化(如专门化的结构和角色的出现)。政治发展的基本动力源于社会和经济的现代化,反过来说,政治发展也是社会经济现代化的动因。此后"政治文化"逐渐替换了传统政治学中的"民族精神"和"国民性格"(national character)等术语。60年代以后政治文化成为美国政治学者研究的重要选题。问卷调查、访谈和数据分析等实证方法被广泛地应用于政治文化研究之中,世界各国的政治学专家开始重视这方面的研究,中国政治学界的相关研究大约始于20世纪80年代初。

学者们认为,国际汉学研究中的中国政治文化作为选题的理由是:一个半世纪以来中国文化的作用始终是一个重要的政治问题;不能用西方术语来解读中国,只有参照中国文化才能准确理解中国政治。传统上西方学者经常以文化为切入点来研究中国,中国政治话语也经常围绕着传统文化展开。这种研究与政治学中以科学方法为导向是一致的,体现了政治文化的现代理论特征,使之成为世界汉学研究的核心主题之一。在众多饱受青睐的现代学科中传统文化的优越地位可能已经风光不再,中国文化自当不属例外,但是在理论界学者们仍然坚持"不重视中国文化就无法正确理解中国政治"的观点。

2009年6月号《中国政治学刊》还发表了印第安纳圣母大学政治学教授穆磐石(Peter R.Moody)的《政治文化与中国政治研究》,文中引述了列文森在《儒教中国及其现代命运之三部曲》(Confucian China and its Modern Fate:A Trilogy,University of California Press,1968年)中的一段经典分析:

> 按照民族主义者和共产主义者都接受的官方观点,鸦片战争是中国历史的转折点,从此中国被强行纳入了世界体系。中国在历史上的某几个阶段曾经很软弱,处于他人统治之下。但是以前的那些征服者们只是按照中国的方式统治中国,接受中国的帝国制度和儒家学说。那些西方入侵者并没有征服这个国家,而只是让中国屈服于他们的意志……西方人对于这一过程的一种有影响的解释回溯了这一进退两难的进程:中国被拉进一个新的国际环境,而要适应这种新环境只有放弃现在的更高的文化。然而,文化是价值的标准和源泉;所以激进的文化变革将无法维护任何值得维护的东西。如果换成另一种文化传统,中国会赢得世界,但代价是失去其灵魂。随着中国国力日益衰弱,年轻一代开始把这种宝贵的文化看作是问题所在,对这种文化越来越敌视,认为只有放弃它才能挽救国家。①

美国是最早关注并研究中国"文化大革命"的西方国家之一。白宫的政策制定者、思想库的中国问题专家和美国汉学界的学者们对于新中国历史上这一重大政治事件的研究是全面、及时和深刻的,所投入的人力之多和物力之巨也是空前的。原因之一是当时世界形势正处于由两极争霸转向多极并存的过度阶段前夕,美国政客从中苏两党的争论中敏感地发现了共产主义阵营面临的危机。中国"文化大革命"运动中的群众大字报和红卫兵的各类出版物暴露了许多虽然未经证实但确是闻所未闻的机密,直接涉及中国高层领导人之间的关系、组织结构和重大决策,以及中国的今后的发展方向。再者,中国"文化大革命"中年轻一代的造反精神对于欧美

① Peter R. Moody: *Political Culture and the Study of Chinese Politics* , in *Journal of Chinese Political Science*, Volume 14, Issue 3, pp. 253-274, 2009.引文转自《政治文化与中国政治研究》(郭虹霞译)。

社会产生了不可低估的影响,西方学子们抵制征兵入伍和传统授课与考试制度的新闻不时从媒体传出。美国研究者对于所谓的中国"精英和宗派政治"表现出浓厚的兴趣,预感到中国的政治制度将可能出现重大变故。更具体一点是,当时美国正陷入越南战争无法自拔,五角大楼的东亚事务官员担心文革的爆发有可能导致中国出兵越南,美国将重复20世纪50年代初在朝鲜半岛上那样的"在错误时间错误地点跟错误对象打一场错误的战争。"因此,直接关系到中国政治、文化、历史、经济、教育和军事的中国文革,很快就成为美国汉学研究的新领域和中西方关系的首选课题。美国国家安全委员会中国事务官员向总统特别助理提交的有关中国形势分析的备忘录,美国驻香港总领事馆发给国务院有关中国动态的传真和电报,中央情报局通过对各国驻港领馆外交人员和过境观光客的访谈收集到的中国情报,都有利于对中国政治现状的分析和评估。兰德公司对中国政治、经济、中苏关系和工农业生产先后写出了调研报告。许多有影响力的中国通和汉学家也纷纷发表文章,其中有:兰德公司顾问鲍姆(Richard Dennis Baum)和白鲁恂、哈佛大学费正清东亚研究中心主任马若德(Roderick MacFarquhar,1930—)、加州大学柏克莱分校研究员洛厄尔·迪特默(Lowell Dittmer)、乔治·华盛顿大学艾略特学院院长何汉理(Harry Harding,1946—)以及中国史教授迈克尔(Franz Henry Michael)和托马斯·鲁宾逊(Thomas W. Robinson)、波士顿大学的中国史教授默尔·戈德曼(Merle Goldman)、美国家安全国委员会的刘易斯(John Wilson Lewis)和李侃如、哥伦比亚大学教授奥克森伯格、密歇根大学教授所罗门等。直至40多年后,包括美国在内的西方政界仍不忘联手汉学界,采用文档研究和口传历史(oral history)形式意欲对中国"文化大革命"选题进行重新发酵,该项目的重要政治含量由此可见一斑。

20世纪90年代以后,美国学者对中国政治的研究进一步深入到中国国家与社会关系的领域,包括对民主化与现代化、市民社会、非政府组织和农村基层选举等方面问题。国家与社会之间的合作以及共产党内民主的讨论与实践也得到了更多的关注。社会资本的走向和国家政策的制定、改革大潮中的劳资关系、市场转型中的腐败、边疆地区的民族主义问题、社会动员与公民抗争、国家对社会变迁的反应及应对方式等都是热门的考察选题。美国学者注意到,中国共产党不失时机地进行政治变革,使自身较好地适应时局变化,具有持久的稳定性和协调性。美国学者尝试把统计学中的量化分析手段用于自己的汉学研究之中。此外,经济学的制度主义理论和人类学的田野调查的引介也扩展了他们的视野,比较政治学的再度兴起继续推动着美国当汉学研究的发展。

七、研究中国经济问题的三大美国流派

许多美国汉学家研究中国经济或者与中国经济有关的专题,因为经济关系到国计民生,是国家状况的晴雨表。

马士(Hosea Ballou Morse,1855—1934)是最早关注并考察中国商务和经济状况的美国学者之一。1874 年他毕业于哈佛大学后来华,考入了中国海关,经过上海三年汉语学习先后任职于北京总税务司、同文馆、中国海关驻伦敦办事处、河内战俘交换所和李鸿章招商局,还担任过上海、北海和淡水副税务司,龙州、汉口、广州和上海税务司,有机会直接深入了解和研究中国社会,接触大量经济信息和资料。他署理淡水海关税务司期间见证了甲午战争爆发后当地人民的反应,耳闻目睹台湾军民反抗日军侵略的运动。他与海关总税务司赫德的往来书信是研究当时中国物流和外贸的珍贵资料。1904 年他出任海关总署上海造册处(Statistical Department)税务司,从平日经手的大量表册和统计报告中了解到侨汇在中国财政金融中的重要作用,对如何保持国际收支平衡问题提出过许多独到的见解,还指导过费正清撰写有关中国海关史的博士论文。1907 年马士曾在上海接待来华访问的美国陆军部长塔夫脱(William Howard Taft,1857—1930),此后彼此过从甚密。塔夫脱担任第 27 任美国总统期间力荐马士出任驻华公使,但是他却以健康原因婉谢。

雷麦(Charles Frederick Remer,1889—1972)也是早期研究中国外贸的一位美国学者。他从哈佛大学毕业后一度任职于菲律宾教育局。1912—1915 年他作为经济学讲师任教于上海圣约翰大学,1917 年晋升为经济学教授。1924—1928 年他被马萨诸塞州威廉斯学院聘任为经济学教授,1928—1959 年执教于密歇根大学。在此期间他还在纽约社会科学研究理事会主持一项有关中国国际经贸关系的研究(1928—1931),先后担任信息协调事务所远东部主任(1941—1942)和战略服务部远东处处长(1942—1944),受聘于美国国务院任远东投资金融顾问(1944—1945)。他的主要著述和参编的教材有:

《中国对外贸易》(The Foreign Trade of China,Shanghai,1926)。

《美国对华投资》(American Investments in China,Honolulu,1929)。

《外国对华投资》(Foreign Investments in China,New York,1933)。

《中国经济学读物》(Readings in Economics for China,1922)。

《中国抵制外货及其经济效益之研究》(A Study of Chinese Boycotts with Special Reference to Their Effectiveness,1933)。

卜凯(John Lossing Buck,1890—1975)1914年毕业于美国康乃尔大学农学院,1916年到达安徽淮北传教,1920年受金陵大学农学院院长芮斯纳(John Henry Reisner)的邀请到该学院执教。他先后开设了农业经济、农村社会学、农场经营和农场工程等课程,据说他的案头常用的一部参考书是1913年康乃尔大学农学院教授华伦(George Warren)就如何经营300英亩规模的标准家庭农场所编写的《农场经营》。1922年卜凯组织学生对安徽芜湖102个农户经济展开调查,获得了大量第一手资料。1922—1924年他把调查范围扩大到7省17个地区的2866家农户,1929—1933年又以《土地使用》为专题对中国22省168个地区的16786家农户进行了调查。虽然这些项目的实施主要得益于来自中国各地学生的协助,但是在当时的条件下他能如此井井有条地开展田野调查实属难能可贵。他经过分析比较得出了这样的的结论:华北农村自耕农约占农业人口总数的80%,长江流域则为60%,四川和广东自耕农的比例较少,约为50%左右,各户土地拥有数平均为3.1亩。据此他认为中国是由小自耕农构成的社会,土地分配并没有特别不均,佃农率与剥削和农业发展之间不存在直接关系。1924年卜凯回到康乃尔,获得农业经济学硕士学位后再次来华。他从投资、管理和收成等角度分析中国的农村经济,认为中国近代农业发展的主要问题是技术落后,解决的办法就是改善农业经营方式,提高生产技术水平。为此他曾向国民政府提出了108条改进农业经济的建议,包括建立农村金融机构、使用良种和化肥、改善交通运输条件。他觉得自己作为一名中国农业经济学家,责任仅仅是揭示所存在的问题并提出解决方案,他的观点被学术界称为美国研究中国农业经济问题学者中的"技术学派"。20世纪30年代他出版了《中国农场经济》(Chinese Farm Economy,University of Chicago Press,1930)和《中国土地利用》(Land Utilization in China,University of Chicago Press,1937)等专著,被视为研究中国农业经济的早期美国权威学者之一。

冷战期间,美国政府根据战略需要鼓励学者和汉学家研究共产主义国家的经济问题。1959年根据美国中国经济问题专家艾克斯坦(Alexander Eckstein,1915—1976)的建议,在美国社会科学研究理事会(American Social Science Research Council)与美国学术团体当代中国联合委员会下设中国经济委员会(Committee on the Economy of China),由福特基金会拨专款资助,哥伦比亚大学俄裔经济学教授西蒙·库兹涅茨(Simon Smith Kuznets,1901—1985)出任主席。① 1961年该委员会成立,主要成员有加林森、伯格森(Abram Bergson,1914—)、艾克斯坦、刘大中(Ta-Chung Liu)和蒋硕杰,美籍华人学者叶孔嘉(Kung-Chia Yeh)、郑竹园(Chu-yuan Cheng,1927—)、陈遒润(Nal-ruenn Chen)、赵冈(Kang Chao)和吴元黎(Yuan-li Wu)等也参与了研究工作。

中美正式建交后,研究中国经济问题的美国学者可以直接来华进行田野调查,与中国同道交换研究成果或者开展合作研究,吸收中国留学生到美国大学学习或者参与研究所的研究,通过个人网络交换信息。中国定期和不定期发表的各类经济信息和数据,特别是有关人口统计(demography)、家庭收支、企业、研究所和外贸的收益,有助于美国经济学家对中国收入分配、工业改革、贸易发展的预测和研究。

20世纪80年代以后,美国学者运用西方经济学的方法对中国经济和经济史进行了系统研究,成果卓著。其中影响较大的有:

帕金斯(Dwight H. Perkins)的《1936—1968年中国的农业发展》(Agricultureal Development in China,1368—1968);

帕金斯与赛义德·约瑟夫合写的《中国的农村发展》(Rural Development in China,published for the World Bank,University Press,1984)、《中国是下一个亚洲经济大国吗?》(China,Asia's Next Economic Giant? Seattle:University of Washington Press,1986年);

罗斯基(Thomas G.Rawski)的《中国向工业化的过渡:20世纪的制造商与经济发展》(China's Transition to Industrialism:Producer Goods and Economic Development in the Twentieth Century,Dawson Publishing,Folkestone,1980)、《中国战前的经济发展》(Economic Growth in Prewar

① Thomas G. Rawski: *North American Studies of China's Economy*, University of Pittsburgh, version of 14 June. 2009.

China, University of California Press, 1989)、《中国经济历史前景》(Chinese History in Economic Perspective, University of California Press, 1992);

罗斯基与洛伦·勃兰特(Loren Brandt)合编的《中国的伟大经济变革》(China's Great Economic Transformation, Cambridge University Press, 2008年)。

随着中国市场与世界经济的联系进一步密切,特别是2001年中国加入世贸组织之后,越来越多的非汉学和非中国问题研究领域的美国学者也开始关注中国的经济发展问题。成立于1920年的美国国家经济研究局(The National Bureau of Economic Research)2003年成立了中国经济研究项目组。该局的官方网站已经成为研讨中国经济的学术平台,刊登文章的作者除了哈佛大学、耶鲁大学、纽约大学、斯坦福大学、普林斯顿大学、哥伦比亚大学和加利福尼亚大学柏克莱分校的研究者外,也有世界各类经济机构的专家和其他国家大学的教授。他们主要关注中国的金融体制改革、人民币升值、汇率制度、企业税收、外国投资和农村经济等问题。多数学者采用新古典经济学的理论模式进行实证性研究,通过理论假设、模式构建、数据验证和定性定量分析手段对中国的经济现状进行探讨和分析。

中国经济的可观增长和丰富的学术资源对于美国中国通以外的不少经济学家有极大的吸引力。例如卡内基—梅隆大学经济学、社会学和心理学教授赫伯特·亚历山大·西蒙(Herbert Alexander Simon, 1916—2001)和明尼苏达大学经济学教授列昂尼德·赫维茨(Leonid Hurwicz, 1917—2008)都对中国经济和社会研究有浓厚兴趣。

中国农业和农村的巨大变化也是美国经济研究者关注的内容。从土地改革、集体化、人民公社,到包产到户、农产品市场竞争、产量、产值和结构性的变化,都是许多研究中国经济的美国学者经常思考的问题。在帕金斯等人编撰的论文集中涉及中国人民公社的作用、1959年的经济困难、分田到户、中国农业的发展和农村经济发展等问题。

美国研究中国当代经济状况的主要部门有:美国中国经济委员会、美国国际贸易委员会(U.S.International Trade Commission)、美国国家经济研究局(The National Bureau of Economic Rearch)、国防大学下属的国家战略研究所(Institute for National Stategic Studies)、贸易与制造价格研究所(Trade and Manufacturing Policy Research)。美国的许多大学先后开设了中国经济课程,密执安大学、哈佛大学、哥伦比亚大学、华盛顿大学和加利福尼亚大学等50多所高等学府相继设立了亚洲研究中心或中国研究中心,这些研究基地加速了美国的中国经济研究。学者们常常组织课堂讨论或不同规模的专题研讨会,搜集并整理1949年以前分散零碎的中国经济资料,以及1981年《中国统计年鉴》出版以前为数不多出版物中有关中华人民共和国的经济统计数字,重构中国的经济平面图,为美国的中国经济学家提供研究数据,也为美国政府提供制定对华政策的理论依据。

学术界认为研究中国经济问题的美国学者可分为质疑、乐观和实证三大派别。

质疑派则认为中国早期的经济发展实际上低于官方公布的数字,1949年以后的产值几乎没有提高。高度集中的计划体制严重束缚了经济的发展,低效率和浪费的情况严重。目前中国的经济改革超前于政治改革,基尼系数已经达到0.45,突破了国际公认的0.4警戒线。市场经济改革的浪潮引来了国外的个人主义、利己主义和享乐主义,冲击了传统观念,造成了价值体系混乱和多元化。美国贸易与制造政策研究所所长罗伯特·斯科特(Robert E.Scott)说:“美国对华贸易赤字从中国加入世贸组织2001年的8400万美元增长到2010年的2.78亿美元,使得美国279多万就业岗位丧失或者被替换,相当于这一时期2%的就业人数。”

乐观派充分肯定中国改革之前的经济成绩,认为中国共产党实施的集体化政策解放了生产力,改革开放有力地推动了现代化,改善了人民的生活。加利福尼亚大学圣地亚哥分校中国经济教授巴里·诺顿(Barry Naughton)说:“我研究中国经济已有三十几年了,可以说我一直都是一个乐观主义者。我预计中国经济会以每年8%的速度增长,保持30年,但是事实上中国实际的表现比这更好,所以中国崛起的速度比我们想象得更快。”①

实证派(Positivists)拒绝先验和形而上学的思辨,坚信对中国科学考察和对事实探求的必要性。他们充分肯定中国的经济发展,认为新中国在国民生产总值和工农业生产总值的增长率以及资本积累等方面都达到了较高的水平,中国改革开放之前充分利用劳动力,优先发展重工业,建立了完善的工业体系。在解决通货膨胀、就业和收入不平等问题方面都取得了举世瞩目的成就。布鲁金斯学会中国中心主任李侃如认为,中国的成功符合

① 贾立芳:《美国学者看中国经济》,载《河北青年报》2010年8月30日。

美国利益,成功的中国将拥有一个相对开放的经济体和相对开放的社会,成为国际舞台上富有活力和建设性的成员。①

八、美国汉学与社会学的美满联姻

早期美国汉学研究采用的基本上是欧洲模式,除了欧洲移民学者的学术影响外,更直接的因素可以追溯到傅兰雅(John Fryer,1839—1928)、夏德、劳费尔、卡鲁斯(Paul Carus,1852—1919)、伯希和(Paul Pelliot,1878—1945)和戴闻达(Jan J.L.Duyvendak,1889—1954)等欧洲学者在美国大学执教时的理论导向。他们从历史学和语言学角度切入包括宗教、哲学、文学和民俗在内的中国文化,虽然带有一定的跨学科性质,但是主体还是微观个案的人文学科研究,对于中国政治学、经济学、社会学和人类学触及甚少。

随着汉学研究的深入,许多美国学者认识到以孤立或静态的目光来考察中华文化,特别是历史、儒学和道教等方面的中国学问是不够的。从非专业角度看似乎已经固化的中华文化就像博物馆的文物,但是以现代学术的眼光来考察,中国文化却充满活力,还在继续发展,并且跟现实生活和国际社会有着千丝万缕的联系。就思维和方法而言,宏观与微观并举,单科与多科兼顾,理论与史实结合,动态与静态互补,是现代科学研究的潮流。跨文化、跨学科、跨领域的运作可以进入多层次和多视角的评价与审美。汉学研究中的"科际整合"主要体现在社会科学化的文本处理和解读中的多科思维。

1936 年费正清执教于哈佛大学时提出了扩大汉学研究范围的主张,强调把重点由中国古代史转向近现代史,由历史、宗教、哲学和语言等学科扩大到更多的人文和社会学科;在研究方法上由重考据、重训诂、重辨伪、重校勘转变到多元化的综合分析和论证。

伦敦大学历史教授巴雷特(Timothy Hugh Barrett)在《不思进取,不可思议:汉学书籍和英国学者往事综述》一文中说:

---

① Robert E.Scott:*Growing U.S.trade deficit with China cost 2.8 million jobs between 2001 and 2010.*

> 费正清认为,汉学与社会学的结合以先孕后婚的方式(shotgun wedding)出现在第二次世界大战期间和之后。不过,不管这种延误多么不应该,结合多么勉强,它在美国出现的时间却比任何地方都更早一些。以巴黎为基地的汉学过去美国人想拼命超越,结果,与社会学家理论上更为大胆的方法相比较却显得非常浅薄。费正清本人曾用这些话对巴黎汉学的渊源关系进行了描述:"建筑学术大厦的资料砖块的积累(至少也是知识的堆砌)形成了微观汉学传统(tradition of micro-sinology),它汲取的只是考证学传统(为文本事实而事实)的营养。"①

社会学是研究人类社会及其发展,并对人类行为的普遍规则进行分析和概括的一门科学。社会学的理念和逻辑萌发于学科基础形成之前,但是作为一门独立的学科却孕育于19世纪中叶。1789—1794年的法国大革命和18世纪英国的产业革命加速了西方社会的转型,资本主义生产力得到了迅猛发展,政治制度、经济基础和思想观念也随之发生了变化。在不断暴露出人际之间的矛盾和观念上混乱的过程中,社会学提供了一个解释工业化、城市化和世俗化等现代性问题的全新理论框架,给力于对社会理性化的理解和反思。

19世纪的美国社会学取得了长足的发展。1875年美国社会学家威廉·格雷厄姆·萨姆纳(William Graham Sumner,1840—1910)率先在耶鲁大学开设了社会学课程,1887年弗兰克·威尔逊·布莱克默(Frank Wilson Blackmar,1854—1931)被堪萨斯大学聘任为历史学和社会学教授,10年后被聘任为该校的社会学和经济学教授,1907年出版了专著《社会学要素》(Elements of Sociology),提出了"扩散、社会习俗和民族中心"(diffusion, folkways and ethnocentrism)的理论。1892年阿尔比恩·伍德伯里·斯莫尔(Albion Woodbury Small,1854—1926)在芝加哥大学创建了社会学系,三年后创办了《美国社会学学刊》(American Journal of Sociology),致力于理论建设和开创性工作,接受人类学、统计学、经济学、教育学、历史学和政治学专业学者的投稿,旨在为社会学领域的发展铺路搭桥。1905年以莱斯特·弗兰克·沃德(Lester Frank Ward,1841—1913)为主席的美国社会学

---

① T.H.Barrett:*Singgular Listlessness* ,London:Wellsweep. 1989.

社（American Sociological Society，后改名为 American Sociological Association）正式成立，成为当时北美规模最大的社会学研究者学会。

从19世纪末至20世纪30年代社会学在欧洲大陆学术界风靡一时，逐渐确立了学科研究的范围和方法。原来倾向于专门化的学者不再局限于某一特定社会学科的研究，但是随之而来的是不同的学术背景导致了他们在认识论、方法论和研究架构方面的分歧。

社会学研究广及各类微观社会行为和宏观社会系统，与其他相关学科结合后便形成了诸如社会地理学、社会心理学、社会语言学、社会军事学、社会生物学、历史社会学、文化社会学、宗教社会学、经济社会学、政治社会学、民族社会学和教育社会学等新型学科。第二次世界大战后西方社会学进一步发展，理论体系不断完善，实践导向更为明确。在汉学与社会学联姻的历史语境中，汉学和社会学的研究中心逐渐从欧洲转移到了美国。

美国公理会传教士明恩溥出版的《中国乡村生活：一项社会学研究》（Village Life in China：a Study in Sociology，1899年）记录了他在山东长时间社会考察的所见所闻。他认为乡村作为中国社会的组成部分值得社会学家特别的关注，只有通过乡村研究才能了解“真实的中国”。该书共27章，内容包括：中国乡村的结构、名称、道路、渡口、水井、商店、戏班、学堂、寺庙、集市、各类人物、乡村生活、宗教仪式、庄稼看护、婚礼和葬礼、狩猎和集会以及村民家庭等，并附有关风景名胜和民俗民风照片30张。农家院子里的纺纱机、农具、篮子和家具，看似平常，却是作者用心良苦所拍摄。一张泰山的远景照片，告诉读者当年朝圣拜佛香客行山会和坐山会的故事。虽然这些文字并非严格意义上的社会学考证，但是作者综合使用了田野调查、访谈、历史分析、人口统计和人类学理论，赋予了该书重要的史料价值，使之成为汉学领域中的一部不可多得的社会学研究专著。

美国浸礼会传教士葛学溥（Daniel Harrison Kulp，1888—?）1913年来华，是较早进入中国村落进行社会学和人类学调查的美国学者之一。1918—1919年他带领上海沪江大学的学生在广东凤凰村进行社会学家庭调查，1925年出版了英文著作《华南的乡村生活——家族主义的社会学》（Country Life in South China，the Sociology of Familism，Vol.I.Phenix Village，Kwangtung，China，1925）。他坚信要真正了解中国人的生活，不能依靠抽象的资料，而要深入群体、村落或地区，以“有机的方式”（organic way）对其进行描述，揭示事实之间的关系及其功能、过程和发展趋势。他的研究方法明显受到英国社会学家斯潘塞(Herbert Spencer,1820—1903)、法国社会学家涂尔干(Émile Durkheim,1858—1917)和俄国民族学家和人类学家史禄国(Sergei Mikhailovich Shirokogorov,1887—1939)的影响。该书详细记录并分析了凤凰村的经济、婚姻、家庭、宗教、人口和社区组织的情况,他的描述和分析建立在科学的规范之上,学术价值高于当时的一般新闻报道和传教士的著述。他的研究对汉学人类学具有开创性的意义,许多汉学人类学家从中吸取了营养,他的个案研究方法也曾被许多学者所借鉴。

1949—1950 年美国汉学家施坚雅(George William Skinner,1925—2008)在成都进行了人类学调查。1964 年他出版的《中国农村的市场和社会结构》(Marketing and Social Structure in Rural China, in Journal of Asian Studies Vol. 24, No. 1, pp. 3—43, 1964 年)收录了他在《亚洲研究杂志》上发表的相关调查报告。全书共分三部分八节,通过对 1949—1964 年中国农村传统市场的分析,归纳出三种集市形式和安排规则,对作为经济、文化和社会体系的市场进行了结构分析和理论概括。

施坚雅认为,早先学者研究中国乡村社会时几乎都聚焦于自然村落,其实中国农民生活的自给自足社区不是村庄,而是基层市场社区。根据西方地理中心理论,农民在基层市场社区的共同体中过日子,恋爱结婚,组织互助会,种地收割。他们自由进入既是商品和劳务来源又是农产品交换和消费的市场。商贩们集买卖人和信息传递者于一身,层次毗连的居民点由基层集镇、中间集镇和中心集镇所连接,乡绅则通过多种渠道对集镇实施社会控制。

作者认为:在集市的排列上,农民的消费需求决定了农村集市的周期。黄河流域农村早先每旬一集,西南部则每 12 天一集。随着农村经济的发展市场结构逐渐发生了变化,每旬或者每 12 天的集日增至两次。一个基层市场以基层集镇为中心,涵盖的村庄数目均值为 18(内环 6 个,外环 12 个)。一个基层市场从属于两三个中间市场,一个中间市场又连接两三个中心市场,如此形成了六边形的结构。作者从史籍中了解到 19 世纪 90 年代广东省的村庄与市场的数量比例为 19 ∶ 6,与四川和浙江等地的自然村落与市场比例非常接近。根据六边形理论推算,地处有利位置的基层市场随时可能升格为中间市场,中间市场不仅覆盖了原有基层市场的地盘,还可以覆盖相邻的六个基层市场的部分地盘。作者揭示了这一具有普遍意义的规律,并据此制作出模型,用于解释中国村落增长与市场变化之间的各种复杂关系，这就是所谓的“施坚雅模式”（Skinerian Model）。

其他美国学者的同类研究还有1966年韩丁（William Hoard Hinton，1919—2004）出版的《翻身：一个中国村庄的革命纪实》（*Fanshen*：A Documentary of Revolution in a Chinese Village，Monthly Review Press，1966）。作者曾在晋冀鲁豫北方大学任英语教员，从1948年3月6日至8月22日以观察员身份到山西长治潞城县张庄对当时轰轰烈烈开展的土地改革进行了考察。他与农民生活在一起，吃苞谷喝面疙瘩汤，参加群众大会，很快成了他们的朋友。村民们愿意把家中和村里的秘密、严肃、荒唐和高兴的事情都告诉他。他亲眼看到土地改革给人们的思想和精神带来的巨大变化，感受到世代受经济剥削和文化压迫的农民如何获得翻身解放。作者在书中的《序言》中说：“在写作的过程中，我兼用了小说家、新闻记者、社会学家以及历史学家的笔法。”与其说作者撰写的是一部调查报告，不如说更像是一部历史纪实。

1984年10月美中学术交流委员会来华进修委员会主席迈克·奥克森伯格根据中美双方“互派留学生和学者”的协议，请中国社会科学院协助在中国的农村选一个长期调查点，接待美国学者来华进行连续性的社会调查研究，目的是通过多学科综合性微观考察研究，了解当代中国社会、政治及经济的发展，预测中国发展的未来，为美国政府制定对华政策提供研究资料。

中国社会科学院向18个省市征询了选点意见，经过多次考察，最后选定山东省邹平县以冯家村为基地的9个村镇作为美国学者的调查研究基地。该县位于山东省的中部，历史悠久，曾发掘出“丁公村龙山文化陶书”，从宋代以后的1000多年来社会秩序稳定，自然条件优越。从经济和社会发展看，该县是一个典型的农业县，既不属于中国经济的发达地区，也不属于落后地区。

在美国梅隆基金会、洛克菲勒基金会和国家人文科学基金会的赞助下，1987—1991年美国学者先后有87人次在邹平县进行了1487天次的跟踪式考察研究。他们的考察范围涉及到邹平县的9个乡镇、16个村和69个县直部门，接触各级各类调查对象17500多人次，其中年龄最大的70岁，最小的只有6岁。在此期间专家学者还在当地查阅了大量档案文献，并开展了问卷调查工作。

美国考察项目专家组的成员中有历史学家、经济学家、人类学家、社会学家、环境学家、农业学家等，大多数人都是"中国通"。尽管他们的专业不同，经历迥异，与当地人的政治立场、价值观念也不相同，但是在邹平的调查研究都非常顺利，取得了超出预期的成果。

美国学者在邹平的主要研究课题有：

托马斯·伯恩斯坦（Thomas Bernstein）教授的《中国农业改革对农村体制的影响》。

哈佛大学经济系教授史泰丽（Terry Sicular）的《中国农村商业计划和市场》。

芝加哥大学历史系教授艾恺的《邹平1911—1996：中国农村社会的变迁》和《中国最后一个儒家梁漱溟》。

北卡罗来纳大学人类学系教授冯姝娣（Judith Farquhar）的《中医与家庭卫生保健》。

斯坦福大学政治系教授戴慕珍（Jean Oi）的《改革中的农村经济：中国农村的计划与市场》、《财政体制、地方官员在发展乡镇企业中的作用以及乡镇企业在地方经济中的地位》和《现代中国的国家和农民》。

密歇根大学大湖研究中心教授章以本（William Chang）的《农业发展对农村环境的影响》、《工业、农业的发展对土壤和水质的影响》和《中国的环境政策》。

依阿华州立大学人类学教授黄树民（Huang Shumin）的《中国传统文化与医疗》和《传统中国文化背景下的健康与医疗》。

哈佛大学法学院教授莱斯特·罗斯（Lester Ross）的《司法行政、公共设施需求和环境保护》与《中国农村经济和社会发展的公共商品》和《从山东邹平县案例看改变中的中国农村纠纷排解工作》。

密执安州立大学教授彭恩霖（Lynn Paine）的《教育的分配及社会化过程》。

北卡罗来纳大学医药学院助理教授亨德森（Gail Henderson）的《流行病学、医疗卫生服务组织和医疗卫生服务设施的利用情况》与《邹平县居民的健康状况和健康设施的利用》和《中国人变得越发健康——中国保健制度是第三世界的典范》。

1988年奥克森伯格在《走向世界》杂志撰写了《美国学者在邹平的社会研究》一文，1991年4月还在《基督教科学箴言报上》发表了一篇题为《中国在外交上干得很漂亮》的文章。

回国后他们利用听证会、演讲会、发表文章和演讲等形式，介绍考察研究的成果，先后在报刊杂志上发表文章20多篇，出版专著4部，发表演讲20多次。

1991年研究项目即将结束时，奥克森伯格提出希望美国学者在邹平县的考察研究能继续延长5—15年。史泰丽、戴慕珍、亨德森、冯姝娣、傅静等美国学者也先后提出继续他们在邹平的考察研究的请求。邹平县同意了他们的请求。①

九、作为美国汉学家感知中国桥梁的汉语语言学

19世纪上半叶第一批来华的美国新教传教士、海员和观光客，通过临时学会的简单汉语口语与中国港口城市的民众接触，观察所到之处的生活、习俗、建筑和市容，进而了解中华文化、历史、宗教、地理和社会，用书信、笔记、报告和图片告诉国内亲友和派遣部门自己的所见所闻。这其中有他们的观感、印象、评论和记录，就是后来形成汉学研究的原始形态。

随着美国新教传教士在华传教规模和范围的扩大，他们对中国的历史、文化、语言和国情等领域的研究逐渐广泛和深入。中国的语言文字（包括文言文、白话文、口语、方言以及少数民族语言）是早期来华的美国传教士和学者感知中国的桥梁和工具。闭国锁关的清政府一度不允许洋人学习汉语，在书肆买不到可供他们使用的专业辞典和课本，也没有能为他们提供服务的职业通译，为了深入传教社区或者调查对象，那些西洋人只能向中国居民一个词一个词地请教，一句话一句话地记录，日积月累后才能编写出自己所需的双语辞典和或者对话手册。语言学习是一个漫长的艰苦过程，但是也是传教士广交朋友和了解中国社会的方式。

1830年到广州的裨治文是第一位来华的美国新教传教士，通晓汉语和中国文化，长期从事办报、译经和外交工作。1832年他创办了《中国丛报》，自任主笔。1847年他奉调上海，与克陛存等人合作翻译圣经。他编写的《广州方言撮要》（A Chinese Chrestomathy in the Canton Dialect）1841在澳门印刷，大32开本，绪论36页，正文698页。词汇按照类型分为：人体、人物、家庭、商务、机械、建筑、农业、数学、地理、矿物、植物、动物、医药

① 王兆成：《乡土中国的变迁》，济南：山东人民出版社，2008年。

和政事等。书中有英文、中文和粤语拼音对照，每页附脚注。该书的出版旨在帮助来华的西方传教士快速学习汉语，并向他们提供日常交际用的单词和短语。

卫三畏也是一位在汉语研究和翻译方面有杰出贡献的传教士。1833年10月25日他抵达广州，先后担任美国驻华公使馆的秘书和通译，还九次代理美国驻华公使，长期致力于译介中国传统文化，他的代表作《中国总论》奠定了他在美国汉学界的地位。他刚到广州时裨治文曾经辅导他学习汉语，后来卫三畏请来了一位当地家庭教师。1835年中英鸦片贸易发生了摩擦，他的家教悄然离职。那年圣诞节后卫三畏随美部会的印刷所从广州迁往澳门，利用东印度公司的汉字铅字印刷麦都思（Walter Henry Medhurst，1796—1857）编写的《福建方言字典》（Dictionary of the Hok-Keen Dialect of the Chinese），一直到1837年才完成。工作虽然艰难，却使他的汉语水平很快得到了提高。为了帮助来华西方人学习汉语，卫三畏在华期间编著了《拾级大成》（Easy Lessons in Chinese，1842年澳门出版）、《英华韵府历阶》（An English and Chinese Vocabulary in the Court Dialect，1844年澳门香山书院出版）、《英华分韵撮要》（Tonic Dictionary of the Chinese，1849年出版）和《汉英韵府》（A Syllabic Dictionary of the Chinese Language，arranged according to the Wu-Fang Yuen Yin，with the pronunciation of the characters as heard in Peking，Canton，Amoy，and Shanghai，1874年）等教材、字典和词汇分类手册，成为神职人员学习汉语的必备工具。

美以美会传教士怀特（Moses Clark White，1819—1900）出生在美国纽约州奥奈达，1842—1845年就读于韦斯利安学校，毕业后在耶鲁大学学习医学和神学两年，1847年9月他和妻子到福州传教。到传教站后他所做的第一件事就是聘请两位当地教师，每天花数小时轮流向他们学习汉字和福州话。传教之余他还经常深入城乡，通过与信徒交谈学习口语，了解当地风俗人情。当时教会已有文言文版圣经，但是普通市民看不懂。1851年怀特用汉字的福州话读音来标注浅文白的《马太福音》，取得了意外的效果。这是最早一部福州话圣经读本，也是美国传教士早期同类研究中的典范。在福州他开办了一所教会学校，教学也成了他学习汉语的一种方式。1856年7月他还为懂英语的传教士出版了福州方言教材《福州的中国话》（The Chinese Language Spoken at Fuh Chau），内容包括语音、语法和常用词语。书中的语音部分参照《戚林八音》[1]对相关声母和韵母作出了说明。最可贵之处是他对单字的发音、声调、变调以及不同人群的口音差异都做出了深入浅出的解释,其开创性的贡献为学界所公认。

摩嘉立(Caleb Cook Baldwin,又译"摩怜",1820—1911)出生于美国新泽西州的布鲁姆菲尔德,读完中学后进入普林斯顿神学院研修神学课程。1848 年被按立为牧师后他携妻子到福州美以美教会担任神职工作。1870 年他与麦利和(Robert Samuel Maclay,1824—1907)联手编著了《福州方言拼音字典》(The Alphabetic Dictionary of the Chinese Language in the Foochow Dialect, Methodist Episcopal Mission Press),在参照《戚林八音》和怀特创制的福州话拉丁字母拼写系统基础上编排各条目的汉字,下注发音。用英文释义后列出相关常用词语,辅以英文翻译。方言词语只给音标,但凡能写出汉字的都加脚注。该字典共收录 928 个福州话音节,可写出汉字的条目 8311 条,写不出汉字的有 1242 条,附在各条目下的词语共三万余条。该字典经 1897 年和 1929 年两次修订再版后更呈完善,成为西方学者研究福州话的一部必备工具书。1871 年他们又出版了《榕腔初学撮要》(The Manual of the Foochow Dialect, Methodist Episcopal Mission Press),后来摩嘉立还与妻子合作翻译了福州方言版的圣经,并且编撰了传教手册《圣学问答》(Catechism of Christian Doctrine)。

对于汉语和汉语方言研究作出了贡献的美国传教士还有晏玛太(Mathew Tyson Yates,1819—1999)。1846 年他携妻子到达上海南市区传教,慢慢地打开了局面。1853 年上海小刀会起义,晏玛太曾经帮助被俘的苏松太道兼江海关监督吴健彰(约 1815—1870)出逃,使他得以在上海租界重振旗鼓。小刀会失败后吴健彰帮助晏玛太修复教堂,作为回报。有了地方当局的靠山,教会发展迅速。1868—1869 年晏玛太被委任为上海工部局董事,还一度担任美国驻沪领事馆副领事,同时经营房地产。他编写的教材《中西译语妙法》(First Lessons in Chinese)1871 年由上海华美书馆(Shanghai American Presbyterian Mission Press)出版,主要用于帮助来华传教士学习上海话。该书采用了联合罗马字标音系统(The Union System of

---

① 《戚林八音》是著名的福州地方韵书,由明代嘉靖的《戚参将八音字义便览》与清代康熙的《太史林碧山先生珠玉同声》二部韵书合订而成。福州人晋安在乾隆十四年(1749 年)编辑该书过程中设计了一套拼读福州话的拉丁字母方案。

Romanization)拼读上海话,并参照英语语法将上海话的词汇分成 9 类:名词(包括时间词)、动词、数词、代词(包括人称代词、疑问代词、指示代词和不定代词)、形容词、量词、副词、介词和连词。对于每一类词的介绍都提供了代表性的例词、语段或者句子。在动词部分他还介绍了时态(tenses)和语气(moods),例如:我吃(现在时)、我吃哉(完成时)、我要吃(将来时)、我是吃个(表强调)。他认为上海话有五种语气:陈述(indicative)、可能(potential)、虚拟(subjunctive)、祈使(imperative)和不定(infinitive)。这样的介绍对于初学上海话的英美读者很有针对性,更具实用性。晏玛太长期生活在上海老城区,他在书中提供的语料是研究上海土白的珍贵历史资料。

美部会传教士卢公明(Justus Doolittle,1824—1880)1850 年来华。他主张神职人员应该尽快掌握传教对象国的语言,因此他到福州第二天便开始学习汉语,不到半年时间就能用福州话主持宗教仪式。他先后创办了格致中学和文山女中,出版了第一部系统介绍中国人社会生活的著作《中国人的社会生活》(Social Life of the Chinese)。1872 年他根据自己 20 多年研究成果写出的《英华萃林韵府》(Vocabulary and Handbook of the Chinese Language)正式出版。与当时同类专著不同之处是,他高瞻远瞩地以在华侨居的外国人、学习英语的中国人和世界各国学习中文的学生为读者对象,并且按照北方官话语音系统标音,因此使该书的适用范围得以扩大,读者人数也随之增加。根据南方方言区读者的需要,书中还附录了南方方言注音表。出于人性化考虑,他在长达 521 页的附录中还收录了中国各地商业贸易资讯、规章制度;有关医学、化学、法学、农学、物理学、机械学、矿业学、地质学、天文学、地理学、植物学和航海学等方面的词汇、方言与谚语;中国历史年表;以及有关儒教、佛教和道教常识,为该书增加了浓厚的百科全书色彩。

1891 年出版的《英华福州方言辞典》(An English-Chinese Dictionary of the Foochow Dialect),作者亚当(T.B.Adam),全书 320 页。按照英文字母顺序排列英文检索单词 9000 个,不分词性、音节和语用差别都用拼音列出相应的福州话翻译,然后提供相关的搭配结构或者短语。这属于一种便捷速查双语词汇手册,具有较好的实用价值。

狄考文(Calvin Wilson Mateer,1836—1908)是一位美国北长老会传教士,1863 年来华,在山东登州传教时设立了文会馆开展启蒙教育。他曾编撰《笔算数学》、《代数备旨》和《心算数学》等教科书,并参与《圣经》官话版的修订工作。1901 年上海美华书馆出版了他编写的《官话简明教程》(A Short Course of Primary Lessons in Mandarin)一书,作为他后来出版的《官话课本》(A Course of Mandarin Lessons based on Idiom,又译《官话类编》)的说明手册,共 79 页,介绍了汉语的发音、声调、英语拼写与汉字书写的差异、北京官话与南方官话的对比等内容。全书 36 课,每课都有生字、20~30 句会话和注释,按照英文—中文—翻译的顺序编排。1906 年他编写的《官话课本》是以北京口语为主的官话教材,由词素、词汇、词法、例句和英文注释等部分组成。例句中涉及北京话、山东话和南方官话的不同表达时分别用小字标出,需要释疑处则用英文说明。例如:

> 人家韩青山的内人 老婆 夫人多么会说!(第 226 页)
>
> 内人:It is not used in Shantung,though known as a book term.
>
> 夫人 is properly applied only to the wife of a person of rank,but has come intouse in some places,of any genteel woman.It is rarely used in Shantung.

富善 1836 年出生于美国马萨诸塞州西部一个基督教家庭,祖籍英格兰,18 世纪中叶移民新大陆。父亲以务农为生。富善 12 岁时就决心做传教士,1865 年以美国公理会传教士身份来华,在北京通州传教。1875 年以后他从事教学和翻译工作,曾任华北协和大学教授及神学教授 25 年。他用了 29 年时间把《圣经》翻译成蒙文,于 1919 年出版,还参与官话和合版圣经的翻译。1891 年他完成的《富善字典》(A Pocket Dictionary and Pekingese Syllabary)1907 年由上海美华书馆出版,共 237 页,收录汉字 10587 个,按照英文字母排序。此外他还编著了《官话特性研究》(A Character Study of the Mandarin Colloquial,1916)一书。

美国公理会传教士明恩溥 1872 年来华,在天津和山东庞庄传教办学时经常深入农村进行社会调查。他曾任《字林西报》通讯员,1905 年以后放弃神职人员生活,在通州闭门写作。在华北近半个世纪的生活使他对中国文化产生了深厚的感情,用文字和图片记录了 19 世纪末中国农村的方方面面,得到了鲁迅和潘光旦的好评。他的《汉语谚语俗语集》(Proverbs and Common Sayings from the Chinese,1902)就是他利用从平民中收集到的语料编撰而成的，具有与众不同的实用价值。他曾经对自己的考察和写作做过这样的归纳：

> 据说，在现阶段我们与中国人的交往中，有三个途径可以帮助我们了解他们的社会生活，这三个途径分别是小说、民谣和戏剧。不过，笔者认为，同时还存在第四种来源，其价值甚至比以上三种的总和的价值量还要大，但它并不为每一个研究中国及中国人的人所熟知，这就是深入中国人的家庭研究他们的家庭生活。就像在农村比在城市更容易了解一个地区的地形一样，了解中国人的特性最好也在农村。①

1910 年英国传教士瑞思义在北京建立了一所华北协和语言学校（North China Union Language School），为来华的英美传教士提供听说读写等项目的短期语言培训，后来该校由 12 家机构共同管理，其中包括美部会、美以美会、美国长老会、美国公使馆和华北美国协会。1914 年以后美国人裴德士（William Bacon Pettus，1886—1959）担任该校校长，负责全面管理工作，招生范围扩大至西方外交和商务人员。据 1921 年的一份调查报告称，当时学员人数已经达到 226 人，分别来自 26 个传教团体、12 家商贸机构和五家公使馆。第二次世界大战之后，美国许多大学都先后设立了东亚系或者汉学系，开设了中国历史、文化、哲学和宗教专业课程，语言研究和翻译培训逐渐进入了建制化、专业化和系统化阶段。

20 世纪美国汉学家对汉语的研究，除了涉及语音、词法、句法、方言、辞典和教材的编撰外，还逐渐深入到汉语发展史、汉字的性质、语言与思维关系以及构拟原始方言和原始汉语等问题的研究。

1936 年顾立雅在一本专著中提出了“汉字属于表意文字”的观点。研究中国古代语言史和汉字的演变史的卜弼德在《哈佛学刊》亚洲研究专辑发表的一篇论文中却提出了异议，认为汉字从不用来表示意义或者概念，只是用作词语或者词素，其中多半只具有表音价值，因此可以说汉字仅仅是一个符号体系。这一探讨引发了西方语言学界就汉字性质的长期争论，1944 年卜弼德在一份工作报告中还再次重申了自己的看法。

---

① 明恩溥：《中国人的特性》（匡雁鹏译），第 6 页，北京：光明日报出版社，1998 年。

1974年汉学家卜德应李约瑟邀请到英国剑桥大学参与《中国的科学与文明》相关课题研究。他的选题涉及汉语和汉字的历史地位与作用，围绕着"李约瑟问题"对"中国古代的辉煌科技成就为什么没能催生科技革命和社会经济制度变革"的讨论。在《中国思想、社会和科学：前现代中国科学技术的思想和社会背景》(Chinese Thought, Society and Science: The Intellectual and Social Background of Science and Technology in Premodern China)一书的《汉语书面语的原动力》(The Dynamics of Written Chinese)中，卜德明确提出"汉语本身具有独一无二的美感和魅力，赋予了中国诗歌、散文和戏剧等文学形式表达力量，有助于科学知识的积累"的观点，不同意"表意文字缺乏表现力，阻碍科学思想产生"的说法。但是他也发现汉语书面语在漫长的发展过程中被知识阶层作为专利工具使用，影响了中国的思想记录和知识传播，直接或间接地维护了封建官僚的统治。古典汉籍中有许多同音词和多音字，却没有词类区分标志和标点符号，因而影响了外国人和现代中国青年对它的阅读和理解。

美国学者有关汉语语音史的研究是一项旷日持久的重大学术工程。瑞典语言学家高本汉(Klas Bernhard Johnnes, 1889—1978)曾经提出汉语从上古、中古到现代方言直线发展的理论，为此他以汉语中古音构拟为前提再现由周秦至现代汉语方言语音演变的脉络。20世纪60年代美国普林斯顿大学"中国语言学计划"的一些学者曾对他的理论提出了批评，并主张直接以现代方言研究为基础构拟原始粤语、原始吴语、原始闽语、原始湘语和原始客家话，然后再构拟原始汉语。这一学派学的研究成果很多，提出了许多令人耳目一新的见解。例如；乔治亚州立大学贝乐得(William L.Ballard)的《原始汉语：塞擦音初探》(1968)和《原始湘语及其他》(1970)、耶鲁大学司徒修(Hugh McBirney Stimson, 1932—2011)的《汉语原始北方话的研究：北京话的阴平调》(1969)、华盛顿大学余霭芹(Anne O. Yue Hashimoto)的《原始粤语的辅音和复辅音》(1970)、华盛顿大学罗杰瑞(Jerry L.Norman, 1936—2012)根据自创的方言逆推法(或称"普林斯顿假说"Princeton Hypothesis)撰写的《原始闽语的声母》(1974)、乔治敦大学杨福绵(Paul Fu-mien Yang)的《原始汉语的前缀 * S—》(1975)和欧柯诺(Kevin A.O.Connor)的《原始客家话》(1976)等。

美国汉学家对原始汉语语音的构拟也获得了丰硕的成果。例如加利福尼亚大学柏克莱分校张琨和夫人张谢蓓蒂的《原始汉语的韵母系统与

〈切韵〉》(1972)以及康奈尔大学包拟古(Nicholas C.Bodman)的《原始汉语与汉藏语》(1977)。

除此之外,研究汉魏六朝和隋唐中古阶段的汉语古音的学者也非常活跃,先后发表了许多有见地的文章。

第三章
新教传教士为美国汉学问鼎天下创造契机

19 世纪下半叶美国涌现许多教会组织,随着政治、经济、文化和军事地位的提高,美国各教派传道会纷纷向亚洲各国派出传教士。基督教文化扩张与本国利益紧密结合,成为那个历史阶段美国对外关系发展的重要组成部分。

社会福音论(Social Gospel)是当时西方知识界提出如何看待科学与宗教关系的一种理论,认为传教士的任务是使整个社会认识基督教的力量,并通过社会进步来体现它,而不是仅仅使人成为教徒或者对上帝形式主义的崇拜。这种新教主义主张借助工业化的力量来推进社会改革,唤醒弱势群体在战胜邪恶中实现社会正义。在他们看来,就业不仅是为了生存,更是自身价值和社会地位的标识;职业与从业者的生活方式、亲情关系、休闲娱乐和内心世界有着千丝万缕的联系。社会福音论重视劳动阶层,号召直接参与社会变革,构成了美国进步运动的一个重要组成部分。1876 年俄亥俄州牧师华盛顿·格拉登(Washington Gladden,1836—1918)在《工人与雇主》(Working People and Their Employers)一书中分析工业化进程中出现的社会问题时指出:"人类社会的自然法则不是生存竞争法则,而是同情、友谊、互助和关怀的法则"。

宗教进化论(Religious Evolution)也是针对新教发展方向提出来的一种理论。包括智库理论家在内的一些人把主张"适者生存"的达尔文生物进化论定义为一种理论而非事实,认为宗教发展观不应该反对人们对基督教中不适合现代社会需要的过时认识进行批判,科学对信仰的怀疑恰恰反映了人们知识上的进步。许多自然现象是无法用进化论来解释的,相对论、量子理论和板块构造理论都存在相似缺陷。1988 年美国最高法院作出裁定:美国是个政教分离的国家,把宗教内容与自然科学混为一谈是违宪行为。这一裁定被认为是对延续至今的基督新教尴尬地位的一种法律解释和支持。

对于传教和教会教育中无法回避的宗教与科学如何相互印证的问题,西方知识界和宗教界始终没有停止过探讨,为的是厘清自由与民主的价值、两性平等的目标、贫困和弱者救助的意义等长期困扰人们的认识问题。许多人朝这个目标努力,为的是实践自己的宗教承诺,但是客观上也对社会伦理道德起到了约束作用。

西方传教士来华的宗教活动承担了宣传教义和教化信徒的任务,在方式多样化和活动深入社会基层等方面独具特色。他们当中的许多人都是大学生和教师志愿者,具有自己所熟悉学科的专业素养,能以敏锐的目光观察中国的社会现象,通过与广大教众的接触了解情况,进行各种形式的田野调查,积累资料,思考并研究与所选课题相关的现象及其本质,并提出自己的解读。早期美国汉学研究出现的精品,正是他们辛勤研究的成果。

19 世纪末中国城市的教会学校课程以圣经和英语为主,学生毕业后的就业也部分与神职服务挂钩。民国政府建立后通过法律手段对外国人创办的学校进行了限制,教会学校的世俗化成为大势所趋,普通学校更以中国文化和基础学科为主打课程。美国教会大学把西方学校的现代管理模式和课程设置引进中国,使这些学校成为首批具有现代特色的教育机构,为后来的民国政府开办的公立学校提供了参照范本。

不少美国传教士来华前接受过医学培训。他们在中国城乡开办医院或者诊所,把西医西药介绍到中国,为缺医少药的平民开展义诊,赢得了越来越多中国人的信任。西医西学向中医中药的挑战引发了中国医学发展方向的大讨论,加速了中国传统医学的科学化和现代化的进程。

一、美国汉学萌发于 19 世纪末的海外传教运动

15 世纪下半叶,貌似固若金汤的罗马帝国和教廷开始分崩离析,经院主义神学江河日下,文艺复兴焕发起来的理性主义和批判精神在知识分子和市民中迅速传播,新教(Protestantism)在宗教改革中得到了发展,一些西欧国家的封建制度逐渐为中央集权的王侯统治所取代。

多数英国人原本信奉天主教(Catholic Church),1529 年教皇不允许都铎王朝的亨利八世与王后离婚,导致了英国教会与罗马教廷的决裂,确立

了安立甘宗(Anglican Communion,又称“圣公会”Anglican Churches)为国教。改革后的英国国教既保留了罗马天主教传统,又吸收了新教的部分思想。但是因为英国国教内部对天主教的看法一直存在分歧,众多新教教派的涌现使英国的宗教生活出现了多元化的倾向,对于欧洲和北美都产生了影响。

新教是与东正教(Orthodox Eastern Church)和天主教并立的一个教派,所表现的叛逆思想和抗议精神可追溯到14世纪下半叶英国的约翰·威克里夫(John Wycliff,1329—1393)、罗拉德(Lollards,威克里夫的追随者)和波希米亚的胡斯(Jan Hus,1731—1415)与意大利萨伏那洛拉(Girolamo Savonarola,1452—1498)为代表的教派主张。16世纪20年代马丁·路德(Martin Luther,1483—1546)发起的宗教改革运动席卷了德国全境;瑞士加尔文(Jean Calvin,1509—1564)和茨温利(Ulrich Zwingli,1484—1531)的改革活动壮大了新教的声威;英国的国教最终也摆脱了教皇的控制。到16世纪中叶,马丁·路德创立的路德宗(Lutheran Churches,又译“信义会”)、加尔文创立的归正宗(Reformed Churches,亦称“长老会”)和作为英格兰的安立甘宗成为西欧的主流教派。随着欧洲资本主义的发展,新教内部又出现了一些不同宗派(denomination)。17世纪英格兰的清教徒运动(Puritanism)提出以加尔文主义改造安立甘教会的主张,导致了长老会和公理会(Congregationalist Churches)等支派的分立。德国也出现了以斯彭内尔(Philip Jakob Spener,1635—1705)为代表的虔敬运动(Pietism),与英格兰清教徒运动相互呼应。

哥伦布发现美洲新大陆后很多欧洲殖民者先后登陆美洲。1607年5月第一批西欧清教徒为逃避宗教迫害从荷兰移居弗吉利亚。1620年11月,又有100余名被称为“朝圣者”的英格兰清教徒乘坐“五月花号”(May Flour)在美国的普利茅斯登陆。此后,马萨诸塞湾和新英格兰等地又先后迎来了欧洲各国的新教移民,来自英格兰的贵格派(The Quakers)、德国和瑞典的路德派、法国的胡格诺派(The Huguenots)和北欧的归正派等教派移民相继在北美建立起自己的定居点,不断壮大发展成为当地社会的中流砥柱和后来美国独立战争中的先锋团队。

18世纪西方的传统宗教观念发生了重大变化,由于工业革命引起区域经济发展的不平衡,宗教多元化的趋势变得更加明朗化。商业的发展和财富的增加导致了物质主义的蔓延,自然神论与唯理主义淡化了宗教生活，使北美的教会几乎处于休眠状态。18 世纪 30—40 年代，来自欧洲的“虔敬运动”和“清教徒主义”的“复兴运动”（在英国称为“福音复兴”或“循道复兴”）在北美展开。大觉醒运动促进了教会事业机构的建立，如：1792 年成立的浸信传道会（The Baptist Mission）、1795 年成立的伦敦传道会（The London Missionary Society）和 1799 年创建的教会传道会（Church Missionary Society）也为新教的教育事业增添了新内容，主日学校受到教民的欢迎，并为废除奴隶制度的政治运动创建了一个平台。

约翰·韦斯利（John Wesley，1703—1791）领导的循道派（Methodist Church）复兴工作，启发知识分子和工人阶级通过福音传播关注层出不穷的社会问题以及在工业革命和社会变革中的弱势群体。知名人物乔治·怀腓特（George Whitefiled，1714—1770）对 18 世纪殖民地时代的美国大觉醒运动影响极大，后来开展的“圣洁运动”（Holiness Movement）、“五旬节运动”（Pentecostal Movement）和“灵恩运动”（Charismatic Movement）都是循道派组织的系列宗教活动。

19 世纪末随着对西部的全面开发和垄断经济的加强，美国作为一个年轻资产阶级共和国开始登上国际政治霸权大舞台，政客们把贪婪的目光投向了太平洋以远的土地。新教传教士首先瞄准了夏威夷、缅甸和印度，然后又把触角伸向中东、非洲以及远东的中国、日本和朝鲜半岛，这与当时美国政界提出向海外扩张的合众国目标不谋而合。1830—1847 年西方来华传教士共约 98 人，其中美国传教士约 73 人，1858 年美国新教来华传教士增至 513 人。①

海外传教运动在全美大专院校悄然掀起，1886 年在马萨诸塞举办的一期传道夏令营中 100 多名大学生联合发表了《普林斯顿宣言》（Princeton Declaration），提出了“世界福音化”（Evangelization of the World）的目标。那年年底纽约成立了到海外传教的“学生志愿团”（Student Volunteer Band For Foreign Missions），在短时间内北美 352 个院校就有 6200 多名学生报名加入，其中有司徒雷登（John Leighton Stuart，1876—1962）、赖德烈和卜凯（John Lossing Buck，1890—1975）等一大批著名传教士。“世界末日降临”、“基督再世”和“中华归主”的信念驱使他们纷纷走出国门，1886 年至 1918 年，派往世界各地的美国传教士共有 8000 多名，其中 2500 多名被派

① 李定一：《中美早期外交史》，第 65 页，台北：传记文学出版社，1978 年。

到中国，占总数的三分之一。这一运动为美国原有的海外传教神职人员队伍增加了大批具有高等学历的大学师生，扩大了在华的美国新教传教士的吸引力，使其影响超过了同时期的西欧在华的神职人员。他们通过治病、扫盲、办学、办刊、译经和救灾开展各项宗教活动，规模由小到大，区域从条约港口发展到内地城乡，教众既有普通市民也有村夫野老。这一切客观上使美国汉学发展名正言顺地得到了国内政府的认同和教会的支持，由传教士、外交官、海关洋员和儒商所构成的美国早期汉学阵容由此开始显现雏形。

美国圣公会成立于1820年。1835年该会决定派遣亨利·洛克伍德(Henry Lockwood)和弗朗西斯·汉森(Francis R.Hanson)来华，因为历史上的"礼仪之争"清廷对基督教来华开始进行各种限制，1724年后更严令禁教和禁海，他们无法留在广州便转移到爪哇。另一位代表文惠廉(William Jones Boone，1811—1864)于1841年到达澳门，可能因为同样原因于1842年迁至厦门，三年后又移居上海。该教派主要在华中地区活动，把传教范围划分为湘鄂教区(汉口、武昌、宜昌、沙市、长沙)、皖赣教区(芜湖、安庆、九江、南昌)和江苏教区(上海、苏州、无锡、常熟、扬州、南京)，还分别设立了关系学校和医院，1912年各教区联合成立了中华圣公会。

美国公理会(American Board of Commissioners for Foreign Missions)是继英国伦敦会之后的第二个来华的新教传教会。1830年2月19日裨治文和雅裨理(David Abeel，1804—1846)受美部会派遣乘船抵达澳门。1834年美国公理会又派遣医生伯驾到广州开办眼科医局(即广州博济医院的前身)，两人均以此医局广交当地社会人士，开展传播福音工作。

路德宗信徒主要分布在德国北部和北欧诸国，在美国属于基督教第四大教派。19世纪末德国、丹麦和挪威的三个路德宗教会派遣神职人员在广东、东北、河南和湖北等地传教。1900年以后有8个美国路德宗传道会在华中地区传教，到1922年路德宗在华共建了18个传道会。

17—18世纪欧美各国完成资产阶级革命后，归正宗获得了法律承认，对本国宗教、政治、习俗和伦理产生了重大影响。1842年该教派传入中国，在沿海地区按不同传教系统成立了36个组织，1916年联合成立了中华长老联合会，后改称为中华基督教大会。

18世纪以前西方传教士大多都怀着一种西方文化优越感来华，视中国为落后、保守和闭塞的国家。他们的传道口号是为了拯救受苦受难的非基督教民族,这一以"上帝使者"自诩的居高临下态度,倾向于妖魔化中国社会和民情,恩赐和救助态度使教众看不到自己的价值和希望,传教活动因此受到怀疑和抵制。

1877年5月在上海召开的第一次在华传教士大会上,英国伦敦会传教士杨格非(Griffith John,1831—1912)宣读论文时称:"我们作传教士的,深信到中国来,乃顺服主的命令,我们传教的目的就是使这个广大的中国民族成为基督的门徒。无论别人干什么其他的工作……我们在这里……却是与黑暗的权势争战,救人离开罪恶,务求为了基督,征服中国。"他甚至危言耸听地说:"中国已经死了——可怕地死了!""福音有足够的大能来战胜儒家的无神论的和唯物主义的权力,正如它能战胜佛教和道教的迷信和虚妄信仰一样。"①

1897年,美国神学家詹姆斯·丹尼斯(James S.Dennis)提出了传教的目标是促进人类社会的进步,通过改变现状使教区民众成为社会发展的主人。神职人员无论布道、治病、办学或者译经都不过是传播福音的一种手段,提高非基督教国家人们的社会地位才是他们工作的根本。这一传教理念和方式的改变拓宽了传教的路子,使大批有专业技术的人才得以加入传教团队。1900年9月2日《纽约时报》刊发的《在华传教士》一文中引用了詹姆斯·丹尼斯的一段谈话:"来华传教士始终如一地尊重并敬重中国人的人格和自由,不像使馆领事官员和其他人所做的那样吹胡子瞪眼、恐吓、欺诈或者使人堕落一类的事情;只求深入人们的思想和内心的道德品质。他们不依靠强加于人的条约入侵中华帝国,即便中国政府为保护他们受到威胁时也不这样做。'宽容条款'是当代中国各类条约中多少可能引起不愉快的一个问题,要保护的就是舍此即有失明智的事情。基督教是,并且始终是,得到了官方承认并且可以宽容的一种宗教,因为传教士都是美国或者欧洲公民,就在此处,任何体面和体谅下属的政府都有合法权利保护他们。这些条款已经列入与亚洲每一贤能政府所签订的条约之中。"②虽然詹姆斯·丹尼斯的谈话明显包含对传教士的溢美之辞,但是也反映出当年他们在各地传教工作中所受质疑的问题。

---

① 沈以藩:《试论基督教传华的不同传教路线》,载《中国基督教三自爱国运动文选》第二卷1993—2006年,2010年。又载中华宗教文化交流网,2010年4月12日。

② *The Missionaries in China* from *The Churchman* , published in *The New York Times* , September 2,1900.

二、美国前汉学时期的历史见证人裨治文和雅裨理

美部会(American Board of Commissioners for Foreign Missions)传教士裨治文和美国海员之友(American Seamen's Friend Society)传教士雅裨理(后转入美部会)是第一批来华的美国新教传教士中的代表人物,也是早期美国汉学的领军人物。

裨治文(Elijah Coleman Bridgman,1801—1861)出生于美国马萨诸塞州贝尔彻敦的一个基督教家庭。1826年在阿穆斯特学院毕业后进入安道沃神学院深造。1829年10月他作为美国公理会第一位来华传教士,搭乘"罗曼"号(Roman)从纽约出发,翌年2月25日到达广州。

来华前裨治文曾阅读过大量有关中国历史、文学和宗教方面的典籍,对于中华文化有较深入的了解。经过多年刻苦学习和传教的磨砺,他的汉语水平高于同时期的一般西方传教士,1839年曾被聘为林则徐的英文通译。1842年美国东印度舰队司令加尼(Commodore Lawrence Kearny,1789—1868)来华以及1844年顾盛(Caleb Cushing,1800—1879)使团来华,裨治文都先后担任过他们的通译。顾盛正式担任美国驻华全权代表后,裨治文被任命为他的秘书兼通译,后来在中美《望厦条约》和《天津条约》谈判中也由他负责全程的翻译工作。

裨治文和中国牧师梁发曾在广州乡试场外向当地生员散发劝世文和福音书,因此结识了洪秀全等学子和社会名流弟子,彼此过往甚笃。

1832年裨治文在广州与马礼逊和卫三畏合办英文《中国丛报》。该刊最初为月刊,后改为季刊,宗旨是向西方读者提供有关中国及其周边国家和地区的重要新闻。从1832年5月至1851年12月共出版20卷,刊登了许多介绍中国的语言、历史、地理、宗教、科技、商业、社会、艺术和道德方面的文章,以及有关中国古代文献、历史专著、神话传说和风俗人情的短文。西方在华传教士对于中国社会的调查研究、西方人在华活动动态、以及中外关系的发展也是他们报道的重点。该刊每期都有固定栏目,如:书评、专论和文学动态等,先后介绍了256部有关中国的中外文书籍和86种世界各地发行的中外文报刊。除了西方传教士、外交官和商人的专著外,也评析一些重要的汉籍和文学作品,如:《四库全书》、《朱熹全集》和《红楼梦》等。该刊第18卷8月号用了40多页的篇幅,刊登了1560—1848年403种

西方学者撰写的有关中国的著述以及部分中国刊物，被认为是世界上最早刊发的汉学研究书目。《中国丛报》每卷篇幅为500—600页，第一、二卷各印400册，第三卷印800册，第五卷之后印数均为1000册以上。1851年12月终刊号附总索引。除向在华外侨读者发行外，还远销菲律宾、印尼、马来西亚、泰国、缅甸、英国和美国。《中国丛报》是近代第一种世界性的汉学期刊，对于近代中国社会、历史、经济、文化和宗教以及中外关系史和欧美汉学研究都具有珍贵的文献价值。

裨治文除了最后一卷外，每卷都亲自撰文，少则一篇，多则二十余篇。他的选题广泛，资料翔实，覆盖范围包括：中国行政区划和18省省志；皇权现状和王朝大事年表；中国历史、征战和人物评略；中国地理、气候、人口和航运；大清律典、秘密结社和走私犯罪问题；中外关系、国际贸易和国际条约；中国哲学、儒家学说和忠孝观念；中国瓷器、丝绸和印刷术；汉语、汉字、语法、文体、教科书和辞典的研究以及文献述评；中国教育、四书五经、三字经、百家姓和千字文；中国军队、战略和鸦片战争；来华西方传教士的法律地位、宗教活动和机构；外国人对中国时局、外交政策和社会的介绍和评论等，可谓包罗万象，内容丰富。

特别值得一提的是，1836—1840年裨治文主编的《中国丛报》共发表了48篇对英美鸦片贩子在华的疯狂鸦片贸易进行公开谴责的文章，其中15篇是裨治文自己撰写的，如《中国鸦片贸易考略》（第5卷）、《毒品鸦片十害》（第7卷）、《鸦片贸易危机述评》（第8卷）和《林则徐与禁烟运动》（第9卷）等。他认为通过鸦片贸易赚取黑心钱是他们道德低下的表现，跟英国这样一个基督教国家的责任和荣誉极不相称，把鸦片泛滥简单归结为中国官吏的腐败是说不通的，所谓中国人“闭关排外”其实是鸦片走私所造成的。在当时鸦片狂人叫嚣以战争征服中国的年代敢于向西方政治力量公开挑战，反映了有良知的美国传教士的正义感和同情心。

1836年裨治文参与了对马礼逊《旧约全书》汉译本的修订工作。1847年裨治文移居上海，曾参加著名的《新约》翻译代表会议，与宁波的北美长老会传教士克陛存（Michael Simpson Culbertson，1819—1862）合译《圣经》，1857—1859年任上海亚洲文会会长。1838年他在新加坡出版《美理哥国志略》一书，对美国的地理位置、政治制度和风俗人情做了详尽的介绍，深受知识界欢迎，王韬和梁启超对该书都有极高评价。1844年该书修订后又以《亚美利格合省国志略》在香港出版；1861年又以《联邦志略》在上海印刷发行。除此之外,他的著作还有《广州市及其行业介绍》(Description of the City of Canton and Notice of the Trade at It,1834 年出版)和《粤语汉集》(Chinese Chrestomathy in the Canton Dialect,1841 年出版)。后者是他为来华的西方人学习汉语编写的教材,全书长达 728 页,内容丰富,包括文章选读、英汉翻译、汉语拼音和注释。

裨治文在华期间先后发起、组织或者参与的新教团体有:广州基督教联合会(The Christian Union at Canton)和中华医务传教会(The Medical Missionary Society in China)。

裨治文曾创办一所男童学校,帮助一些平民孩子学习本领,自谋生路。1864 年他的妻子裨爱利莎(Elizah Bridgman)在北京创办贝满女塾(Bridgman Academy)。

雅裨理是与裨治文同一时期来华的美国传教士。1804 年 6 月他出生于美国新泽西州的新布伦瑞克,祖籍荷兰,父亲在美国独立战争期间曾在军队服役。1823 年雅裨理毕业于皇后学院后进入新布伦瑞克神学院学习,三年后被正式按立为牧师,在雅典和纽约从事神职工作。

1829 年雅裨理到广州后跟美国学者亨德和英国传教士马礼逊(Robert Morrison,1782—1834)学习汉语,并利用机会在当地展开宣教活动。一年后他因病移居巴达维亚(雅加达),在华人、印度尼西亚人和马来人中继续传教。在此期间他还向英国传教士麦都思学习汉语和闽南话,以便能向当地教民讲经布道。1831 年夏天雅裨理移居新加坡,曾多次与英国牧师汤雅各乘船到曼谷、暹罗和马六甲等地,在居民中派发教义读物和药品,常有机会接近当地亲王、官员、僧侣和华人。

1833 年雅裨理因病返美,途中顺访了英国、法国、瑞士和荷兰等国教堂,参加了一次教务会议,并帮助筹建东方妇女教育会。翌年他抵达纽约,经常应邀到各处礼拜堂、神学院和妇女团体演说,介绍在亚洲华人地区的所见所闻。

1838 年他应澳门马礼逊教育会学校校长勃朗牧师的邀请再次访华,常与其他美国传教士到厦门、同安和漳州等地宣讲福音。1844 年 1 月,在厦门办理通商事务的福建巡抚徐继畬接见英国驻厦门领事记里布(Henry Gribble)时,任通译的雅裨理得以与他相识。此后,徐继畬曾多次向他了解西欧各国的历史、地理和社会情况,并相约长谈,话题常涉及西方民主思潮。

雅裨理的著述有《1830 年至 1833 年旅居中国及其周边国家记述》(Journal of Residence in China and the Neighouring Countries from 1830—1833,1835)等。1844 年 5 月号的《中国丛报》选登了他从厦门鼓浪屿寄出的 1843 年 11 月至 1844 年 3 月的日记,对于研究鸦片战争前后的中外关系史具有重要的参考价值。

裨治文和雅裨理是美国早期汉学发展的见证人和开拓者,他们在中美早期文化交流中的经历具有典型的时代意义。

三、开发心智与传教并举的文惠廉、狄考文和明恩溥

早期来华的美国传教士深知要使普通中国人皈依上帝,首先必须让他们接触并了解西方基督教文化,使在孔孟文化熏陶中长大的当地平民相信“上帝对世俗社会救助”的真实性。他们每到一处首先做的一件事是兴学办校,通过开发平民心智增加自身的亲和力,为传教打下基础。文惠廉(William Jones Boone,1811—1864)、狄考文和明恩溥(Arthur Henderson Smith 1845—1932)就是这样的传教士。

文惠廉出生在美国南卡罗来纳州,18 岁时毕业于南卡罗来纳州学院(College of South Carolina),1833 年获得律师从业资格。但是这一年他受洗后决心到海外传教,便进入了弗吉尼亚神学院(Virginia Theological Seminary)学习。

1834 年 5 月美国圣公会决定到华人中传教,文惠廉接受任命后开始进修医学,1836 年被按立为牧师,第二年奉派到印度尼西亚爪哇。1837 年 7 月,文惠廉携妻子赴新加坡学习汉语,熟悉华人风土人情,并开始向当地华人传教。1840 年文惠廉夫妇移居澳门,1842 年又以厦门为基地开展传教活动。

1844 年 10 月年底他与妻子到上海,先在老城区学习上海方言并主持洗礼和布道仪式。1848 年他向上海道吴健彰提出在虹口建立美国人定居点的要求,得到了允诺。1853 年圣公会第一所救主堂在百老汇路、蓬路(今塘沽路)口落成,成为上海吴淞江北最早建立的教堂。此后他定期派出神职人员前往嘉定、苏州和青浦等地传教。1852—1854 年和 1857—1859 年他因病两次返美休假。1859 年他率领 18 名传教士重返上海,在新

闸和新加浜等地建布道所。

文惠廉重视教育。到上海不久他就创建一所寄宿男童书院,1856年又建文化学校,与裨文女中和圣玛丽亚女中一起成为上海第一批教会学校,为早期中美文化交流做出了重要贡献。

1847年和1850年文惠廉两次参加在上海召开的中文圣经翻译代表会议,参与上海方言《新约圣经》的翻译。此外他还有《圣公会史纪》、《信经阐义》、《圣会祷》、《祷文牖启》和《祷文总志》等译作,并著有《进教要理问答》、《马太传福音书》和《圣教幼学》等书。

1864年7月16日文惠廉在上海去世。1871年圣公会在湖北省武昌创办了文华学堂(Boone University)以示对他的纪念。

文惠廉的长子文恒理(Henry William Boone,1839—1925)是医生传教士。1880年创办了上海同仁医院(St. Luke's Hospital)。次子小文惠廉(William Jones Boone,Jr. 1846—1891)1884年接任美国圣公会江苏教区主教,1891年在上海去世。

1836年狄考文出生于一个宾西法尼亚基督教徒家庭,1862年毕业于匹兹堡西部神学院,被按立为牧师。1863年他受北美长老会派遣,携妻子乘船从纽约经好望角和澳洲,五个多月后到达上海,然后到山东登州传教。

此前美国传教士倪维思(John Livingston Nevius,1829—1893)和夫人曾在当地一座破旧的观音堂(今蓬莱城石岛福乐堂)内建起蒙养学堂,招收了2名平民家庭女孩。后来倪维思夫人因健康原因回国,学堂便转交给狄考文夫妇续办。当地多数居民生活贫困,送子女上学的社会风气未开,对于外国传教士办学也缺乏信任感,所以8年中该学堂仅招收学生85名,而坚持修完6年课程的只有其中4人。

1872年以后蒙养学堂扩建校舍,增加了课目,实行包括"备斋"3年、"正斋"6年的"三步教育"计划,前往就读的孩子逐渐多了起来。狄考文虽然知道文言文是重要的书面语,但是教学还应该以白话为主。蒙养学堂采用《千字文》、《论语》、《孟子》、《诗经》、《尚书》为课本,教义内容也占一定比例,除个别情况外,一般不授英语课,但是要求学生毕业后至少做三年宣教工作。为了适应教学对象和教学环境,狄考文夫妇在编写教材时经常参照西方英文教科书的构思,尽量结合中国实际,以便于学生理解和接受。狄考文和该校数学教师邹立文曾合作把国外数学教材译成中文出版。阿拉伯数字就是通过他们编写的数学教材最早引进到我国课堂的。学堂先后从当地举人、廪生和生员中聘任了20余名,其中5人还兼任狄考文夫妇的中文老师。1877年该校更名为“登州文会馆”,并举行了首届毕业典礼。

1879年狄考文夫妇回美国休假期间向长老会本部提交筹办大学的报告,利用各种机会在美国社会广泛筹款并募集物资。3年后报告获得批准,中文校名仍为“登州文会馆”,但是英文译名却改为“Teng-chow College”(登州学院)。校内增设了大学预科,狄考文讲授算术、数学和理化课程,儒学则由当地儒生授课。除历史和地理课教学外,狄夫人邦就烈(Julia Brown Mateer)还给学生上音乐课,向他们传授乐理知识,为他们编写专用教材,创作歌曲部分以山东民间曲调填词,深受欢迎。

狄考文在登州文会馆的实验室有蒸汽机、柴油机、电动机、发电机、抛光机、旋床和锅炉,还有木工和锻工工具、物理和化学仪器,以及各种显微镜、望远镜,为的是训练学生学习铁工、焊工、电镀等谋生技术。1876年胶东连续发生旱灾,1889—1890年黄河和小清河下游决口,狄考文都曾主动联合其他传教士前往救灾数月。

狄考文本人精通数学,曾编著多种教材和工具书,如:《心算初学》、《笔算初学》、《代数备旨》、《形学备旨》、《测绘全书》、《微积分习题》、《理化实验》、《电学全书》、《电气镀金》、《振兴实学》、《要理问答》、《分子略解》、《官话类编 》和《华语大辞典》等共20余册。

文会馆在平民教育方面取得的成功引起了许多人的关注,北美长老会也因此加大了物资投入,增派人员来华。狄考文的弟弟狄乐播(Robert M. Mateer,1853—1921)和夫人于1881年到达登州,加盟狄考文的事业,两年后以登州文会馆模式在潍县虞河东岸开办乐道院、文化馆和医院。1889年又创办了以西医教学为主的医护学校(今潍坊卫生学校前身)。另一名北美长老会传教士赫士(Watson McMillen Hayes,1857—1944)于1882年到登州,也在文会馆任教,后任山东省立高等学堂总教习和齐鲁大学神学院教授等职。柏尔根(Paul D.Bergen,1860—1915)也是一位北美长老会传教士,1883年赴登州任教并传教,1905年任潍县广文学堂(Shantung Union College)校长。路思义(Henry Winters Luce,1866—1941)于1897年到登州任教,1919年任燕京大学副校长。

1882年狄考文打算将登州文会馆与其弟狄乐播在潍县创办的文化馆和乐道院合并。但是1900年义和团起义失败打乱了他们的计划。中国向英、法、美等八国赔款4.5亿两银子之事遭到美国教会联合会抗议，美国政府被迫将所得3293.9万两银子的部分用于在华兴办教育，潍县乐道院分得其中1477.3两。长老会在美国募集的数万银子以及山东政府的拨款，也用作登州文会馆的发展资金。此时胶济铁路已经建成，潍县位于交通枢纽，对于招生、联络外界和输送人才都具备优越条件。1904年北美长老会所属的登州文会馆与英国浸礼会所属的青州广德书院决定迁至潍县，合并成为广文大学(Shantung Christian University)，柏尔根被任命为校长。大学在乐道院原址建校，另购土地160余亩，增建馆舍，添购图书和体育设备，始成规模。

1917年，广文大学在济南千佛山下购地600多亩，把潍县的文理学院、青州的神学院(乐道堂)和济南的医学院(共和医道堂)合并为齐鲁大学，方伟廉(William P.Chalfant，1860—1917)任校长，赫士为神学院院长。

狄考文在中国传教办学40多年，是19世纪末一位享有盛名的传教士教育家。在艰苦创业、师资培训、学生教育、教材编写、教学管理以及传播近代自然科学等方面都有非凡建树。他以西方教学理念推动了中国地方教育事业的发展，产生过重要影响。到20世纪初我国16个省市100多所学校都有齐鲁大学的毕业生执教。1880年狄考文获汉诺威大学荣誉神学博士学位，1888年获伍士德大学荣誉法学博士学位，1902年又获华盛顿大学和杰斐逊大学荣誉法学博士学位。1890年基督教来华传教士第二次上海代表大会推选他为中华教育会会长。

狄考文培养出来的学生除了少数在神职部门任职外，多半都从事教育工作，从当地中小学到知名大学都有，其中一些还被聘任为京师大学堂、山东高等学堂、上海圣约翰大学、湖南雅礼学院的讲师和教授。此外也有担任保定陆军学堂和云南讲武堂教官的，任教科目广及数、理、化、工、天文等科学。

狄考文经常为美国长老总会和长老会上海分会的刊物撰写文章。1890年他被推选为官话和合本圣经翻译委员会主席，主持部分中文译经工作。

狄考文在中国工作40余年，其间为募款、采购、宣讲返国4次。1908年在青岛病逝。

1845年7月18日明恩溥出生于美国康涅狄格州弗农的一个牧师家

庭。南北战争期间他曾在军队服役，战后进入伯洛伊特学院学习，1870 年毕业于纽约联合神学院。翌年他与埃玛·简·迪金森小姐（Emma Jane Dickinson）结婚成家，婚后被按立为公理会牧师。为了完成海外传道会派遣他来华传教的任务，他还在纽约医学院接受过医疗专业的特别培训。他认为无论何时何地传教都应该从社会底层开始，要接触中国社会的各个阶层，了解中国，才能扩大基督教的影响。因此他到天津后首先扎根于贫苦市民之中，一边传教一边学习汉语。

1877 年明恩溥到鲁西北赈灾，1878 年到恩县（今武城县）庞庄创建教堂和学校。山东是儒家思想的发源地，民风淳厚，在长期闭关自守的时代，对于美国传教士不了解的当地民众心存疑虑，使传教工作一度难以开展。1880 年冬，明恩溥和另一位美国传教士博恒理（Henry D. Porter 1845—1916）计划在当地教徒吴夏氏地皮上建礼拜堂。德州知州陈嗣良拒绝为其文约盖印，美国驻京公使馆参赞何天爵为此特地照会清政府，导致了数百名民众对前往衙门交涉传教士的包围。

1885 年明恩溥在庞庄建立了一所医院。1916 年该医院迁至德县，扩建成拥有 10 余栋楼房、包括内、外、妇、儿等科的韦氏波济医院。

明恩溥在传教的同时还从事新闻报道和写作。他博览群书，勤于钻研，文思敏捷，经常在《教务杂志》、《华洋通闻》（Celestial Empire）、《德臣报》（China Mail）、《国际宣教评论》（International Review of Missions）、《传教先驱报》（Missionary Herald）、《展望》（Outlook）和《字林西报》（North China News and Herald）等报刊上发表文章。

1905 年他辞去了宣教职务，定居通州，从事研究和写作。他的主要著作有：

《中华文明》（Chinese Civilization，1885 年）。

《中国人的素质》（Chinese characteristics，1894 年）。

《中国乡村生活：社会学研究》（Village Life in China：A Study in Sociology，1899 年）。

《动乱的中国》（China in Convulsion，两卷，1901 年）。

《汉语谚语俗语集》（Proverbs and Common Sayings from the Chinese：together with much related and unrelated matter，interspersed with observations on Chinese things-in-general，1902 年）。

《基督之王：中国研究大纲》（Rex Christus：An Outline Study of China，

1903年)。

《中国的进步》(The Uplift of China,1906年出版)和《今日的中国与美国》(China and America Today: A Study of Conditions and Relations,1907年)等。

他的一些作品多次再版。《中国的进步》曾被先后译成德文、丹麦文、挪威文和瑞典文出版。

《中国人的素质》是明恩溥的代表作,有中文、日文、法文和德文等不同版本,在西方汉学界颇有影响。他在书中首先对中国人的优良品质给予了肯定,然后对中国人和中国社会的弊病进行了分析和抨击。他列出中国人的优点有:孝顺仁爱、重责守法、处处节俭、勤劳刻苦、礼貌待人、忍耐包容、善于吸收、知足长乐、生命力强;缺点有:墨守成规、死爱面子、相互猜疑、思维混乱、好兜圈子、麻木不仁、有私无公、因循守旧、缺少信用、安于寄生、重裙带关系、蔑视外国人、缺乏利他主义、多神论、泛神论和无神论。他对中国的国民性提出了概括和批评,认为中国政体和教育阻碍了现代化的发展,并对中国的改革提出了自己的见解。

《中国乡村生活:社会学研究》也是明恩溥一部有文献价值的著作。他用文字和照片记述了19世纪末中国山东农村生活的方方面面,一文一图,每章一个主题,内容丰富。那些珍贵的照片都是明恩溥深入乡间农舍拍摄的,见证了中国农村的历史性存在和变化。他的摄影风格严谨科学,善于以敏锐的目光捕捉瞬间即逝的画面,以深厚的艺术修养和友善的手法处理人物和色调。

1906年他回美国协助海外传道会筹款时,曾向罗斯福总统进言将部分中国庚子赔款用于在华创办美式大学或资助中国学生到美留学。1908年美国政府正式宣布退还相当于1160余万美元的款项,清华大学、北京协和医院和协和医学院的建立分别使用了其中部分款项。后来他以无任所传教士身份返华后侨居通州,曾任1907年召开的中国世纪大会的美方主席和《教务杂志》编委,还参加了1910年在爱丁堡召开的世界传教士大会。1926年他在加州克莱尔蒙特退休。

明恩溥是一位基督教政治家,也是中国问题专家。他在华生活了54年,目睹了中国的动乱和变化。他熟悉中国的国情,了解中国民众当时的生存状况,曾针对中国的社会弊病提出过不少改革建议,对美国对华政策的制定产生过一定影响。他的著作是早期美国汉学研究的重要文献,曾得到广泛的引用、讨论和认同。

四、期待以基督精神培养变革人才的施约瑟和丁家立

中国近代史上鸦片战争的失败、八国联军的入侵以及甲午战争后丧权辱国条约的签订，使越来越多的中国人对废除科举制度、引介西法西学和推广现代科学技术的政纲表示认同。除少数先知先觉的思想家外，一言九鼎的朝廷官员、日进斗金的富商、忧国忧民的乡绅和追逐潮流的青年学子，也无不对西学表现出极大的热情。欧美传教士对此感到振奋，曾不失时机地通过办学兴教介入中国教育，期待造就一批可以基督教精神领导中国变革的人材。

这一阶段正是美国新教传教士在华创办教会大学的鼎盛时期，他们创办的大学数目超过了其他外国人在华创办大学的总数。当时知名的教会大学有：广州岭南大学（1904）、福州协和大学（1918）、福州华南女大（1914）、成都华西协和大学（1910）、长沙湘雅医学院（1914）、武昌华中大学（1910）、武昌文华大学（1903）、杭州之江大学（1910）、上海圣约翰大学（1905）、上海沪江大学（1906）、南京金陵大学（1909）、南京金陵女子文理学院（1915）、苏州东吴大学（1901）、北平燕京大学（1919）、协和医学院（1920）、华北协和女大（1905）等。后来这些大学组合联建了“中国基督教教会大学协会”（1919）。

此外，有些中国大学还先后与美国的哈佛大学、耶鲁大学、普林斯顿大学、康乃尔大学等著名院校建立了联系，通过各种方式引进他们的师资培训、教学管理、院系设置、课程安排、教学方法、测试手段、教学工具和参考图书等项目和管理系统。燕京大学与美国哈佛大学联合创办的哈佛燕京学社，在研究中国传统文化方面最具特色。美国部分高校还把一些西方的新科学直接介绍到中国。

施约瑟（Samuel Isaac Joseph Schereschewsky，1831—1906）就是一位对于中国高等教育事业做出了杰出贡献的美国早期来华传教士。

施约瑟1831年出生于立陶宛一个犹太人家庭，父母早亡，由同父异母的木材商兄长抚养成人。1848—1852年，施约瑟就读于日托米尔（Zhitomir）的犹太教教士学校（Rabbinical School），因为他父亲在世时希望他长大后成为一名犹太教教士。就在这个学校他平生第一次看到伦敦犹

太人基督教促进会(London Society for Promoting Christianity amongst the Jews)印发的一本希伯来文新约。他15岁时离开了哥哥家,靠自己做家教和玻璃工的收入独立生活。19岁时他到德国法兰克福学习了一年,后来又在布雷斯劳大学学习了两年。他的刻苦努力和求知若渴的精神使他年青时就能说一口流利的依地语(犹太人的国际语)、波兰语、俄语和德语。

19世纪启蒙思想运动曾席卷欧洲,犹太人社会也经历了一场思想变革。德国犹太神学家摩西·门德尔松(Moses Mendelssohn,1729—1786)倡导的革新运动强调圣经研究中的理性主义,认为应该重新评估犹太人所处非犹太社会的文化,以促进犹太教更加世俗化。犹太基督徒认为犹太人信仰耶稣,除了犹太法典外不必放弃任何犹太戒命,也不用加入教会。叛逆犹太教者可以融入世俗社会,或者皈依基督教。但是,自称"弥赛亚犹太人"(Messianic Jews)的犹太基督徒因长期生活在两个社群的边缘,变成了一个非常特殊的群体。1854年施约瑟移居纽约时正是面临这样无奈的现实。他身边的好友差不多都是有理想的犹太基督徒,在他们的影响之下,第二年4月2日施约瑟与他们一起欢度逾越节(犹太新年)时毅然决定皈依基督教,接受了浸礼会的洗礼。

1856年他就读于宾西法尼亚匹兹堡西部的神学院,成为一名长老会信徒。翌年他满怀热情和理想向长老会提出参加海外传教工作的申请,不料他的请求未获批准,但他没有因此气馁,决定转学到纽约圣公会神学院。1859年他终于被接纳为美国圣公会海外传教士,同年夏天被按立为牧师,年底他乘"金律号"抵达上海吴淞。

1859—1862年施约瑟居住在上海,在讲经布道之余努力学习中文和上海话,了解中国传统文化。他心志高远,希望不久之后自己可以阅读中国古籍,可以把圣经翻译为中文。1861年他曾经把几首赞美诗译成上海话。当时中国北方尚未对外国人开放,传教士只能在香港、澳门和五个通商口岸活动。第二次鸦片战争之后,外国使领馆获得常驻北京的许可,1862年施约瑟便移居到了北京。

1864年,施约瑟与美国传教士白汉理(Henry Blodget,1825—1903)、英国传教士包尔滕(John Shaw Burdon,1826—1907)和艾约瑟(Joseph Edkins,1823—1905)组成了北京翻译委员会(The Peking Translation Committee),商议如何把新约和旧约译成汉语。为了充分发挥施约瑟的希伯来文知识专长,翻译委员会建议他首先着手翻译旧约。新约和旧约北京官话全新译本终于分别在1872年和1874年出版。

1868年施约瑟与英国修女韦琳(Susan Mary Waring,1837—1909)结婚成家,后来他们有了一双儿女。1875年施约瑟一家返回美国,除了重访亲朋故旧外,也千方百计地为筹建上海学院的雄心勃勃计划募集资金。他一直认为,在中国这样一个以儒家学说为传统文化核心的国家直接传播新教教义困难重重,必须建立一所教会大学才能培养出中国的教会人才。他的想法得到了美国圣公会高层的认可。1877年10月底,施约瑟在纽约被晋升为上海布道区主教。1878年7月返沪途中,他以主教身份出席了在伦敦召开的圣公会坎特伯雷大主教会议。

1879年4月14日,上海梵皇渡路举行了圣约翰书院的奠基仪式。该院由1865年美国圣公会在上海开办的培雅书院与1866年开办的度恩书院合并而成。9月初开学时有华籍和西籍教员10人,学生39名,他们的校服、伙食、书籍和文具均由书院提供。课程共设文理、神学和医学等学科,1896年增设格致室(后称"科学馆"),各科均用汉语讲授。该校曾以"光与真理"为校训,《论语》中的"学而不思则罔,思而不学则殆"也是学子们的座右铭。书院的办学经费主要来自美国圣公会,到20世纪初以奖学金方式每年拨款额度大约为6000美元。以后学生人数逐年增加,校舍扩建,设备不断完善。随着岁月的推移,学生的学费和食宿费不断增加,平民子弟几乎无法迈入书院的门槛,导致贵族化倾向的发展。我国历史上的海关、邮政、外交、教育和工商界都曾接纳过来自圣约翰大学的毕业生。林语堂(Lin Yutang,1895—1976)、宋子文(1894—1971)、荣毅仁(1916—2005)、贝聿铭(1917—)、邹韬奋(1895—1944)等都是该校校友。施约瑟主持了书院前4年的工作,得到华人牧师颜永京(1839—1898)的倾力襄助。1886年美国圣公会牧师卜舫济(Francis Lister Hawks Pott,1864—1947)接任校长职务后,进一步强化了英语和科学学科的教学。1905年该校校名改为圣约翰大学,1913年增设大学院(研究生部),1920年又设商业经济部,1923年设立土木工程学院,全用英语教学。至此,这一美式学府以名牌教会大学载入了中国近代教育史册,成为民国后各类国立大学之先导和典范。

1881年炎暑施约瑟去武汉考察教务,由于中暑导致高烧和昏厥,病卧在床数日,病情稍好后他乘船回到上海休养。长期过度劳累使他的帕金森氏病情加重,终日只能以轮椅代步。1882年春他辞去了主教职务,携全家经法国前往瑞士，四年后回到美国，先后在费城、纽约、新罕布什尔州和马萨诸塞州等地居住。1887年他忍受疾病的折磨以惊人的毅力开始修订以前自己翻译的官话旧约，一年后终于完稿。

1890年第一届基督教传教士大会在上海召开，决定集体重译圣经，目标是出版一部各教派都可接受的包括官话、浅文理和深文理三个版本的和合本(Union Version)圣经。施约瑟自信在希伯来文和中文方面的修养优越于他人，完全可以把圣经译出最佳文字，然而大会却没有正式对他委派任何职务，使他有一种莫名的失落感。

由于他不能握笔写字，只能用罗马字母拼读汉字的办法在打字机上修改自己的圣经译稿。1894年施约瑟完成了2000多页新约浅文理译本的修订。1895年他和夫人及子女离开美国，带着一部用罗马字拼写出来的浅文理和官话新译本圣经回到阔别多年的上海。中国神职人员根据他的打印稿把罗马字母转写为汉字。1897美国圣经公会传教士海格思(John Reside Hykes，1852—1921)为他选择了一家出版经费和印刷条件都较好的日本出版社，并帮助他移居东京。1899年和1902年他的官话旧约和浅文理新旧约全译本终于先后在东京问世。

几十年的实践和磨练使他的译技炉火纯青。1903年他又打算编写官话和浅文理圣经译本的注释版，同时统一两个译本中的用词和译法，之后再进一步修订官话新约译本。1906年10月他在东京去世前修订和注释工作已经基本完成。

施约瑟用大半生的精力，钻研中国语言和文化，培养了一批精通西法西学的中国人才。他除了创办上海圣约翰书院(St.John's College)之外，还创建了圣玛丽亚女校(St.Mary's Hall)。他一生学习并掌握了大约20种语言，先后翻译了官话和浅文理版的旧约、新约和公祷文等多种教会经籍，是新教在华传教史上一位杰出的圣经翻译家。他的遗著《蒙英字典》(Mongolian-English Dictionary)是一部学术价值很高的工具书。1876年他获得了凯尼恩学院神学博士学位，1877年还荣获了哥伦比亚大学神学博士学位。

在华创办大学取得优异成绩的另一位美国早期来华传教士是丁家立(Charles Daniel Tenney，1857—1930)。

丁家立出生于波士顿一个17世纪移民新大陆的英国人家庭。从达特茅斯学院毕业后他就进入奥柏林大学攻读神学。1882 年奉美国公理会派遣到山西太谷传教。当地生活艰苦，穷人孩子上不起学，为此他曾试图说服乡绅富豪出资办学，但是未能引起足够重视。

1886 年他辞去了教会职务专程陪伴妻子去天津治病，其间被李鸿章（1823—1901）聘为家庭英语教师，便在天津留了下来，不久他创办了中西书院，自任院长。

1887 年英籍德国人德璀琳（Gustav von Derting，1842—1913）在天津德租界警察总部房后创办博文书院（Tenney College），招收中国高层知识分子入学。1892 年德璀琳聘任丁家立在书院内办预科班。1895 年博文书院改名为北洋西学学堂，招收了 125 名新生入学，天津海关道盛宣怀任督办，丁家立为总教习。1896 年盛宣怀调任上海铁路总公司督办，学堂由丁家立全面负责。1902 年北洋西学学堂奉直隶总督袁世凯令更名为北洋大学堂，从丁家立的中西书院和原水师学堂学生中招收了 10 人组班开课。

丁家立熟知西方大学教育，他的中西书院因不带宗教色彩在天津享有美誉。为了全身心投入教务，他毅然撤销了中西书院。根据中国国情和西方的办学理念，以美国哈佛大学和耶鲁大学为蓝本，以培养高级人才为目标，他全面筹划了学堂的专业设置、学制定位和课程安排。他治学严谨，决心把北洋大学堂办成一所真正传授西学的学堂。

1900 年八国联军侵入天津，德军所占北洋西学学堂的设备、文档和馆舍受损严重，不得不停办。时任直隶总督兼北洋大臣的袁世凯对于如何解决复课问题束手无策。1902 年丁家立前往柏林向德方交涉校址并入德租界后的赔偿办法。最后，根据德租界《购地章程》规定，丁家立从德国政府获得 5 万两关银赔偿。

由于条件限制和体制不健全等原因，北洋大学堂一度面临生源不足的困难。为此，1902 年袁世凯委任丁家立为保定直隶高等学堂总教习，希望把该学堂建为北洋大学堂的预科部。随后丁家立又兼任直隶西学督导，创办了若干所四年制的普通学堂，这样就形成了由普通学堂、高等学堂到大学堂组合起来的连锁体制，化解了长期困扰他们的生源之危。

创建之初，北洋大学堂下设“头等学堂”（相当于大学本科）和“二等学堂”（相当于预科）。

头等学堂学制为四年，要求学生分阶段完成 20 门基础课程和包括电学、工程学、矿务学、机械学和律例学五个专业的 30 门专业课程。

二等堂招收13~15岁少年入学,修业四年,课程有英文、数学、格物、各国史鉴、地舆学和平面测量等。

学生主要从天津、上海和香港等地招收,任课教师多为中外硕学鸿儒,先后聘请过50多位美、英、法、德、俄、日等国学者,教材也多采用外文原版。此外,丁家立还亲自指导教材编写。《英文法程》、《亚洲地理》和任纳福著的《世界通史》,就是当年北洋丛书中流行最广的教材。北洋大学堂有一套较为完善的教育教系统和管理体制。由于管理严格,校风朴实,毕业生的总体水平都较高,可免试进入美国知名大学究生院深造。

北洋大学堂是当年直隶的最高学府,它的成功创办是我国近代教育的良好开端,为全国新型大学的迅速发展起到了示范和推动作用。北洋大学堂培养了许多人才,1885—1911年共招生518名,其中出国留学者52人。他们毕业后投身于采矿、冶金、土木、水利、机械、铁路、财金、政法和外交等部门,为国家的发展作出了卓越的贡献。张太雷、马寅初、马千里、徐谟和徐志摩等知名人士都是该校的毕业生。

1906年丁家立辞去北洋大学总教习职务,被清廷聘任为驻美中国留学生监督,曾几次带领北洋大学堂学生赴美求学。

1903年,清政府授予丁家立二等三级双龙勋章,以表彰他在废科举、兴新学大潮中对中国教育事业的贡献。1908年他获得达特茅斯大学法学名誉博士称号。两年后他担任美国驻华公使馆汉务参赞,1912年被任命为美国驻中国南京副领事,以后又被提升为美国驻北京公使馆代理公使。1920年丁家立退休返回美国,获中国政府授予的二等嘉禾勋章。1924年访华期间他特地到北洋大学堂参观,受到全校师生的热烈欢迎。亲眼看到北洋大学堂校园的空前盛况,心中感慨无限。

1930年丁家立在美国加州病逝,享年73岁。

五、丁韪良和林乐知在激流勇进中的追求

人类社会进入20世纪之后,无论世界形势还是中国政局都发生了深刻变化,社会福音论和宗教进化论的主张促使美国新教教会适时地改变其海外传教政策。

此后来华的美国教会精英顺应了这一历史潮流,不再仅仅满足于为新教徒洗礼和每周一次的布道礼拜等例行宗教仪式。他们广泛参与中国社

会生活，几乎涉足于各个行业和领域，并希望通过自己的方式来传教。

美国神职人员的精明和才干赋予了美国汉学新的思维和追求，为西方基督教同道树立了仿效的榜样，以至在第二次世界大战之后在美国顺理成章地确立了西方汉学中心的地位。

丁韪良和林乐知（Young John Allen，1836—1907）就是这一时期转换了其牧师职能的两位美国新教来华传教士。

丁韪良，字冠西，号息三，美国长老会传教士，出生于印第安纳州的一个虔诚的传教士家庭。1846 年在印第安纳大学获得文学学士学位，1849 年毕业于新奥尔巴尼神学院，被按立为牧师。

1847 年他参加了北美长老会的海外志愿传教团，带着燕尔新婚的妻子到浙江宁波传教。他很快就适应了当地生活，语言天分和勤奋使他在不长时间内学会了宁波话和官话，并读了许多中文典籍。他曾将部分圣经译成宁波方言，还在当地创办了两所私塾，先后招收学员数十名。这期间他曾在报刊上发表四篇文章，公开要求美国政府支持中国太平天国革命。他一度准备私访太平军防区，但因故未能成行。

1858 年他被聘任为美国公使列卫廉（William Bradford Reed，1806—1876）的通译。1860 年他返美期间获得拉斐特学院（Lafayette College）神学博士学位。1862 年他初访上海，结交了许多朋友，一年后移居北京。这其间，他得到英籍海关总税务司赫德的赞助在北京创办了崇实馆（今北京第二十一中的前身），还首次乘京杭大运河驳船从北京到上海，因在《亚洲学会会刊》撰文回忆此次难忘的旅程而广为人知。

1866 年他曾去河南开封对中国犹太人的历史和现状进行了考察。1868 年 10 月丁韪良在波士顿的美国东方协会宣读了一篇题为《中国的科举制》的论文，反响热烈，史学界认为对于当时美国文职人员任用制度的改革起到了一定的推动作用。

1869 年年底丁韪良辞去了长老会的教职，经赫德推荐在京师同文馆教英文和国际公法，后来出任总教习（授三品文官衔），年俸银子 5000 两。1870 年丁韪良获纽约大学法学博士学位。1878 年他与范约翰（John Marshall Willoughby Farnham，1830—1917）在上海创立圣教书会，出版了《圣经全书注释》和《基督教的证据》等书以及布道手册。第一次世界大战后该会与华北和华中圣教书会联合，改名中华圣教书会（The Chinese Tract Society）。

1894 年丁韪良因病回国,四年后再次来华适逢京师大学堂成立,经李鸿章和孙家鼐的推荐他被光绪皇帝任命为京师大学堂西学总教习,授予二品顶戴。12 月 31 日开学那天,他在全体中外师生面前,毕恭毕敬地向孔子像脱帽三鞠躬,表达了他对中国文化和传统的认同,以及通过引介学科新知培养中国新型人才的认真态度。

1900 年 8 月,八国联军肆虐北京,京师大学堂停办,丁韪良被困使馆区五十多天。在签订《中美天津条约》时丁韪良和卫三畏帮助拟定其中第二十九条的"宗教容忍"条款,还建议美国政府要求中国割让海南岛。1900 年 10 月丁韪良返美,数年后他以名誉传教士身份再次来华,到处演讲并著书立说。1902 年,清廷颁令重开停办两年的京师大学堂,但是管学大臣张百熙以学校银子短缺为由,辞退了丁韪良和其他所有洋教习,由于合同期未满,经多方交涉,最后赔付一年半薪俸了结。此后湖广总督张之洞特邀请丁韪良前往武汉两湖大学堂出任总教习。

1916 年丁韪良因患肺炎在北京寓所去世,与已故妻子同葬于西直门外的一块墓地。

丁韪良毕生阅历丰富,知识渊博,勤于笔耕,汉学译著很多。1872 年他和英国传教士艾约瑟(Joseph Edkins,1823—1905)创办的《中西闻见录》(Peking Magazine)是北京最早的近代科学杂志。1876 年该刊编辑部迁至上海易名为《格致汇刊》,由英国传教士傅兰雅主笔。丁韪良在北京期间还兼任过《纽约时报》(The New York Times)的特约记者。

丁韪良翻译的书有:

《万国公法》(International Law by Henry Wheaton,1864 年)。

《格物入门》(Natural Philosophy,1868 年)。

《格物测算》(Mathematical Physics)。

《同文津梁》(Chinese Students Manual)。

他的专著有:

《天道溯源》(Evidences of Christianity,1872 年)。

《中国人的教育、哲学和文学》(The Chinese: Their Education, Philosophy and Letters,1876 年)。

《西学考略》(1883 年)。

《翰林志》(Hanlin Papers,1894 年)。

《花甲忆记》(A Cycle of Cathay: or, China, South and North, with

Personal Reminiscences,1896 年)。

《中国古世公法论略》(International Law in Ancient China,汪凤藻译为中文,1897 年)。

《性学举隅》(1898 年)。

《围困于北京:中华抗击世界》(The Siege in Peking:China against the World,1900 年)。

《汉语快捷认读法》(The Analytical Reader:a Short Method for Learning to Read And Write Chinese)。

《中国知识》(The Lore of Cathay,or the Intellect of China,1901 年)。

《开封府犹太碑》(The Jewish Monument at Kaifengfu,1906 年)。

《中国的觉醒》(The Awakening of China,1907 年)。

《中国的传说和诗词》(Chinese legends and lyrics)。

《万国公法》是丁韪良译自西方的一部法学著作,译完后通过美国驻华公使蒲安臣上呈清廷,但被冷落。1864 年普鲁士军人在中国领海内扣押一艘丹麦商船,双方发生争执,无法了断。后来总理各国事务衙门的官员援引《万国公法》中有关法规提出了处理意见,普方才不得不把所扣船只移交中国。该书因此得到恭亲王奕䜣(1833—1898)等人的认可,由总理各国事务衙门资助刊印,并颁发各省督抚作为断案参考。

《格物入门》是丁韪良编著的一部科技教材,全书共分七卷:第一卷为水学,第二卷为气学,第三卷为火学,第四卷为电学,第五卷和第六卷为力学,第七卷为格物测算。出版后受到知识界的普遍欢迎。

《西学考略》是丁韪良回美途中顺访英、法、德、意等国的考察报告。全书分上下两卷,上卷介绍了西方的自然风光、名胜古迹、风俗文化、科技新知、经济发展和教育状况;下卷介绍了西学的哲学、数学、化学、物理学、天文学、动植物学,以及西方的教育制度和教育思想。

《天道溯源》是丁韪良的一部布道文集,1854—1912 年先后印行中文、日文和韩文 30 余版,是 1907 年召开的百年传教大会上获得基督教最佳世纪奖的唯一图书。该书的特点表现在作者巧妙地借用儒家术语和理念介绍基督教教义,将中国传统文化与基督精神结合起来,认为信奉上帝符合儒家伦理,虽然有别于佛教信条但不违背。尽管从孔孟思想角度讲述一个新宗教的传教方法以前来华传教的外国人也采用过,不算是欧美基督教传教士的首创,然而对于具有其他民族文化背景的人来说,若不熟悉经史子集是很难做到的。他的汉语功底当在同时代的美国学者之上。

林乐知,字荣章,1836 年 1 月 3 日出生于美国佐治亚州伯克郡,父母早亡,由姨夫姨妈抚养长大成人,后来随他们迁到佐治亚州的梅里韦瑟。1854 年秋天林乐知进入埃默里学院(Emory College)学习,1858 年 7 月以优异的成绩毕业。这年夏天他与玛丽·休斯敦(Mary Houston)结婚成家。

1859 年年底林乐知受美国南监理会的派遣,携夫人和幼女从纽约来华,于 1860 年 7 月 13 日抵达上海。1861 年美国爆发南北战争,林乐知与派遣教会失去了联系,因此也失去了经济来源。为了养家他不得不从事世俗工作,先后做过煤米经纪人和棉花销售,同时苦学中文,在领事馆兼职通译。1863 年 3 月他在上海同文馆(后改名为广方言馆)谋得教习一职。每日上午在馆内教授英文,下午到江南制造总局译书,晚间编辑报刊,周日还得外出布道或者处理教会事务。他每天忙碌,觉得自己的世俗之路已经越走越远了,心中难免时时自责。半年后,他在同文馆的教习职位被归国留学生黄胜所取代,岂料四年后黄胜以孝养告退,林乐知才再次被聘为英文教习。

1868 年江南制造总局增设翻译馆,广方言馆彻销并入,他被聘为西书翻译。此外他还兼任《上海新报》(Shanghai Daily News)编辑。同年 7 月他自费出版《教会新报》(Review of the Times),意在重振衰落的教务。该报版面 7~8 页,内容除了讨论教义发布教会消息外,着重介绍的是科学新知、世界各国历史、地理、社会和时政,每周六出版面市。因为收费合理,除上海读者外,北京、汉口、福州、广州等地的读者也争相订阅,发行量不断扩大。

1874 年 9 月由于得到广学会的资助,《教会新报》100 期后改名为《万国公报》(Chinese Globe Magazine,1868—1907)。林乐知担任总编辑,发行人除了他自己外还有慕维廉(William Muirhead,1822—1900)、李提摩太(Timothy Richard,1845—1919)、季理裴(Donald MacGillivry,1862—1927)和陆佩。撰稿人有丁韪良、艾约瑟、花之安(Ernst Faber,1839—1899)、李佳白(Gilbert Reid,1857—1927)、狄考文等近百名传教士。改版后该刊成为政治、经济、科学和宗教的综合性中文刊物,西学内容丰富,曾追踪报道过中日甲午战争,连载过林乐知对于中东事态的分析和评论,发表有关变法文章达数百篇之多,因此受到了广大知识分子读者的欢迎。1883 年《万国公报》因故停刊。四年后林乐知加盟同文书会(The Chinese Book and Track Society)。1889 年 2 月《万国公报》复刊后改为月刊,成为广学会(Society for the Discussion of Christian and General Knowledge among the Chinese)的机关刊物,仍由他主编。广学会由同文书会改组而成,1894 年成立,宗旨是"以西国之学广中国之学,以西国新学广中国之旧学",赫德任会长。《万国公报》1907 年终刊,是 19 世纪末 20 世纪初我国发行时间最长影响面最广的一份西人经营的刊物,对后来中国的维新运动起到了重要的启蒙和推动作用。当时许多政要如李鸿章和张之洞等都长期订阅该刊,革新派人物康有为和梁启超也是其热心读者。

1879 年林乐知在苏州创办博习书院。1882 年他辞去了广方言馆教习和翻译馆的翻译职务,在上海法租界八仙桥筹建中西书院(Anglo-Chinese Methodist School),建校资金由监理会承担,图书费用向社会募捐。第一年就招生 400 余人,得到了许多政界人物的支持。第二年,他又在虹口吴淞路增建分校。经四五年西国劝捐,购得扩建分校附近土地 35 亩,另建新校舍。两部合并后正式命名为"中西书院",自任院监。学生按照初、中、高三级分班,教学上中西兼顾,科目包括数学、科学、地理和政治,宗教内容较少,学生也不必成为教徒,这在当时也算破例。1911 年苏州博习书院与中西书院合并后扩建为东吴大学,林乐知为董事长,东吴大学主楼被命名为"林堂"。

1890 年经监理会核准,林乐知又筹建上海中西女塾(McTyeire High School),第二年 3 月正式开学。该校学制 10 年,以西学和英文为主,格致、算学、地理、宗教都用英语授课。中西女塾开校时仅有学生 5 人,几年之后盛况空前,成为上海上流社会女子向往之校。

1877 年,在华新教传教士在上海举行首届宣教会议(The First General Conference of the Protestant Missionaries in China),林乐知和狄考文发起成立益智书会(即学校教科书委员会),编写高级和初级两套教义、数学、物理、化学、动物、植物、地质、天文、测量和体育等科教材,初级教材由傅兰雅负责,高级教材由林乐知负责。1890 年在华新教传教士在上海召开了第二次宣教会议,决定把益智书会改组为"中华教育会"(Educational Association of China,1916 年改名为"中国基督教教育会"),先后出版了算术、几何、历史、地理、语言、动物、植物等各类教科书 98 种 20 余万册,供应全国大中小学。林乐知积极参与了教育会的各项活动。

林乐知的编著很多,其中主要有:

《中东战纪本末》(初编8卷,蔡尔康译,1896年)。

《文学兴国策》(An Strategy to Develop the Country Through Education,日本森有礼原编,任旭述,林乐知译)。

《五洲女俗通考》(Women in All Lands,21卷,1903年)。

《中国的国际地位》(China's Place Among the Nations)。

《中西关系略说》(1876年)。

林乐知在上海江南制造总局和海关任职18年中,共译书47部和《万国地图》一册。1876年,清廷为表彰他办学和译书方面的贡献,特授予他五品顶戴,后又"钦加四品衔"。1878年他的母校埃默里学院授予他法学博士学位。林乐知曾先后五次返美。1905年5月林乐知返美期间受到西奥多·罗斯福总统的接见。1907年5月31日他病逝于上海。

林乐知在中国生活47年,以翻译家、教会教育家、报人、中国通和中西文化架桥人的多重身份在早期美国汉学史上留下了美名。1888年他回美前徐少范作《送林荣章先生暂回美国》七古相赠。诗中写道:"天生奇人在殊域,三万里来游中国。著书立说牖斯民,热肠耿耿忠且直。咸同之间鼙鼓竞,东南半壁豺狼横。先生出入自翩然,凭仗孤忠化枭獍。从此以后东南平,皋比坐拥沪滨城。满门桃李新阴盛,声名鹊起皆簪缨。更具大志兴中土,树人百年化雨时。宏开书院参中西,雅量高才谁为伍。"①

六、伯驾、嘉约翰和柏乐文的医药传教赢得称赞

"医药传教"(Medical Missions)是欧美教会在华实行的一种重要传教手段。其实从教义上看,早期基督徒一直把"关心弱者,救治病人"视为神职人员的职责,《新约全书》中的《使徒行传》就有多处记载了彼得和保罗等教徒医治病人的事迹。1835年美国长老会派遣伯驾在广州新豆栏设立眼科医局(博济医院的前身),1858年嘉约翰(John Glasgow Kerr,1824—1901)在广州创建博济医院,1883年美国南监理会派遣柏乐文到苏州创建博习医院,1899年美国长老会派遣女医生富马利(Mary Hannah Fulton,1854—1927)在广州创办广东女医学校和医院,都是当时美国来华传教士

① 马祖毅:《中国翻译史》(上卷),汉口:湖北教育出版社,1999年,第543页。

传道活动的一部分。在缺医少药的年代,“医药传教”深得民心,也是美国新教传教士赢得中国社会话语权的重要途径。

1831 年伯驾在耶鲁学院(Yale College)学习神学和医学课程,三年后获得了医学博士学位。1834 年 10 月他受美部会的派遣前往广州。因为清廷禁教不能进入内地,便前往新加坡学习中文一年。

1835 年 11 月他再次返穗,以年租 500 美金租下新豆栏街丰泰行 3 号的一座三层楼房,开办了一家眼科医局(Ophthalmic Hospital)。他用西医杀菌、药物和手术治疗等办法为当地居民医治眼疾,同时也收治其他各种常见病。在物质匮乏的艰难年代他的义诊无疑是件好事,逐渐得到民众的信任和欢迎。据说第一年他诊治病人的总数就高达 2152 人次,其中诊治眼疾 47 种,其他疾病 23 种,还接待来访者 6000~7000 人次。若干年后他的名声大振,病人不远千里而来,福建、浙江、江西、安徽、江苏、山西等地均有患者慕名前来求医问药。

伯驾平时忙于救治病人,但是也不忘他的传教使命,还请来中国基督徒梁阿发从中协助。每个星期一,梁阿发都在医局门口向病人宣讲福音,给医院里的每一个患者分发布道传单,周末还举行简单的礼拜仪式。

伯驾在诊病中接触到许多人,有平民百姓,也有社会名流。1839 年 7 月,钦差大臣林则徐曾通过高级行商将瑞士瓦特尔(Emeric de Vattel)所编《各国律例》(Law of Nations)中的部分段落送给伯驾请他代译中文,并就国际法中关于战争及其后果提出咨询,还请他开出治疗吸食鸦片者的药方。数月后林则徐还为治疗疝气通过海南知县向伯驾求药。伯驾转托来访者捎给林则徐一副疝气带和一些治气喘的药,还为他建立编号为 6565 的病历一份。钦差大臣耆英也曾派随从向伯驾求治皮肤病药,经精心调治好转后,托专人将亲笔题赠手书“妙手回春,寿世济人”送至伯驾医局。

伯驾通过“治病传教”把当时一些先进的西方医术介绍到中国,例如肿瘤和膀胱切除、乙醚麻醉以及截肢等。此外,他还把西方医院的管理制度引进到中国。例如患者诊断记录和治疗档案的建立与保管、对疾病的分类等等,为中国各类医院的业务管理提供了宝贵的实践经验。

随着伯驾新豆栏医局的影响逐步扩大,传教士们开始思考如何进一步开展“治病传教”的问题。早在 1835 年 12 月,东印度公司的医生郭雷枢(Thomas Richardson Colledge,1769—1879)就在《中国丛报》上发表了一篇题为《关于聘请专业医生以传教士身份来华的建议》的文章，呼吁欧美各传道会增派传教医生来华，引起了各派教会的积极响应。

1836年10月，伯驾、裨治文和郭雷枢联合发表了一份倡议书，建议成立中华医务传教会。1838年2月21日，在广州外商总商会（General Chamber of Commerce）举行了一次会议，正式成立了中华医药传教会，郭雷枢被推选为会长，伯驾、裨治文和李太郭（George Tradescant Lay，？—1845）为副会长。他们在各个场合发表的讲话、倡议和宣言都强调救死扶伤不但可以传递福音，而且还包含着更多的世俗意义。此举对于当时英美各教会在华的传教活动产生了颇大的影响，例如后来来华的英国传教医生雒魏林（Lockhart William，1811—1896）和合信（Benjamin Hobson，1816—1873）等人也都参照伯驾方式在中国悬壶济世。

伯驾也非常注重对中国青年医生培养。他先后招收过一些中国学生，有计划地对他们进行英语和医学方面的培训，还安排他们定期到医院实习。20年中他在广东各地开设多家分局，培养了一批技术超凡的华人西医。

1843年美国公理会因不满伯驾在传教方面的业绩，撤销了与他签订的协议，进而又中断了对他的经济支持。1844年伯驾干脆辞去广州的行医职业，在顾盛来华使团任通译。1845年他被委任为美国驻华使馆参赞，此后曾三次代理公使职务，1855—1857年被正式授命为美国驻华公使。1857年8月他卸任回国，1879年任中华医务传教会驻美会长。

伯驾当年所开眼科医局交由美国来华传教士嘉约翰经营。他在广州行医44年，编译撰写过医科专著34种，从中可以看到伯驾济世救人的楷模作用。

嘉约翰（John Glasgow Kerr，1824—1901），美国长老会教徒，1847年毕业于费城杰斐逊医学院。1853年他携新婚妻子金斯伯里（Abby Kingsbury）来华，1854年5月15日抵达广州，在眼科医局协助伯驾工作。1855年伯驾出任美国驻华外交官后，眼科医局由嘉约翰全面负责。1856年该局在第二次鸦片战争中惨遭焚毁，嘉约翰返美后到费城杰斐逊医学院进修。期间他曾四处奔走呼号为重建广州眼科医局筹款，购置了一批医疗器械。1858年年底他回到广州，在原来眼科医局的遗址上创建了博济医院。1862年该院开始招收学生，为当地培养了急需医学人才。1865年他又购置一块地产扩建医院，使之成为一家多功能医院。

博济医院专治眼科，也做其他外科手术。资料显示：嘉约翰一生中共接待患者74万人次，做过近5万台手术，仅1874年博济医院便成功地完成368例结石手术，1875年完成首例卵巢囊肿切除术之后，逐渐增加肿瘤切除业务，为无数患者解除了病痛。他还培养了150名西医，编译医学书籍34种。1868年嘉约翰编辑出版了中文版的《广州新报》，向广大市民宣传医疗卫生知识。1880年嘉约翰又编辑出版了中国第一份西医杂志《西医新报》，对于在中国推广西医知识做出了有益贡献。1871年他译介了有关西药种类、制法、功效及用途的医书《西药略释》，正式出版发行，受到医界同行欢迎。

博济医院的发展扩大，主要靠传教士医生的奉献精神，对于穷苦患者关怀备至，赢得了社会的认可。另外也得益于留美回国的中国学者的帮助，他的学生关韬、苏道明和梁晓初后来加盟博济医院，壮大了医护人员的阵容。创办于1838年的广州医学传道会曾在美国为博济医院募集了一笔可观的款项。英国教会和商人以及两广总督等官员也曾慷慨为博济医院捐款，使之成为广州影响最大的西医医院之一。

1866年嘉约翰在博济医院内设立了博济医校，还在广东其他地区设立了分院。1898年他在广州建立了第一家精神病医院（即"花地医院"），培养了一批批西医人材。他下乡传道时常常沿途施医送药。1879年博济医院更名为南华医学校，并开始招收医科女生，1886年孙中山先生也曾在该校攻读医科专业。

1901年8月10日嘉约翰在广州逝世。他在中国传播西医西学近半个世纪，闻名遐迩，无愧于"中国西医西药奠基人"的称号。

柏乐文（William Hector Park，1858—1927）出生于美国乔治亚州加图萨，在家中11个兄弟姐妹中排行老大。由于家境清贫，父亲在南北战争中失去了左手，年幼的柏乐文8岁时就下地帮助父母种玉米、播麦子、除草，11岁时还学会了耕地，做各种农活。

1867年美国南监理会开始向中国派遣传教士，回国的传教士带回的消息深深地打动了幼年的柏乐文，对中国的向往激励他发愤学习。1877年他穿着母亲用土布做成的衣服就读于艾默里大学，常常食不裹腹，有时只能吃番茄充饥。1879年秋天南监理会决定选派他来华，进修医学是他必须做的准备工作之一,三年后他以优异成绩通过了考试。

1882 年 5 月 20 日他与兰华德(Walter Russell Lambuth)等人乘船从纽约出发,在爱丁堡和伦敦短暂停留进一步充实业务后便取道苏伊士运河来到中国。1882 年 12 月 17 日他们到达苏州,立即设法筹措资金创办医院。

早在 1877 年兰华德就已在天赐庄租赁民房试办过诊所。此次与柏乐文来苏州,很快就熟悉了环境,跃跃欲试准备干一番事业。不久他们获得教会和几位苏州士绅的捐款 1 万美元,便在天赐庄购买了 7 亩土地。1883 年 4 月 8 日医院破土动工,半年后一切就绪。

这家被命名为苏州博习医院(Soochow Hospital)的医疗机构,共有平房 8 栋,其中 1 栋为诊室,1 栋为手术室,3 栋为内外科病房,设病床 30 张,另外 3 栋分别为宿舍、洗衣房和厨房。1883 年 11 月 8 日医院正式开张,院务由柏乐文和兰华德主持,第一年门诊量就高达 7600 人次,住院 125 人次。

1884 年柏乐文回美国进修,两年后重返苏州担任院长职务。在 1927 年退休之前的 45 年的时间内,他对博习医院的建设和发展作出了重要的贡献。

柏乐文来华前曾专门到纽约、爱丁堡和伦敦各大医院考察,引进了西方不少新技术和新设备。他每次返美都不忘学习先进医疗技术,当时苏州博习医院使用的消毒法、麻醉法和 X 光透视设备,都是他从美国引进的。1886 年春他还从美国带回可卡因眼角膜麻醉法的技术。

柏乐文还十分重视育才兴学。1887 年苏州妇孺医院成立,他与该院斐医生合作开办了一个学制为期 5 年的学士医学班,培养了大批人才。1903 年他在担任东吴大学教务长时还帮助筹建东吴大学医学院,1904 年将学士医学班并入了该校,1888—1909 年共培养 6 届学生 28 人,分别输送到上海、常熟、无锡、北京、天津、武昌等地医院,有的还留学美国。柏乐文的医疗技术和人才培养对苏州、苏南和东南沿海地区的医疗卫生事业影响深远。

1919 年博习医院用教会、洛克菲勒基金会和地方募捐的 20 万银元在原址建设新医院,1920 年开始动工,1922 年春落成,占地 7.6 亩。先后建成住院大楼和门诊大楼各一栋,设床位 100 张,在当时这一规模堪称一流。

柏乐文十分关心苏州社会的各阶层民众。他呼吁对妇女缠足的陋习进行改革,与他的夫人为妇女放足四处奔走呼号。立德夫人到苏州就放足问题发表演说得到了柏乐文的帮助,他的夫人积极参与组织工作,动员名媛贵妇前来听演讲，会后还隆重举行了苏州第一个放足会，柏乐文为参会妇女进行了具体指导。

柏乐文还重视当地的公共卫生和疾病预防工作。当时疟疾、霍乱和鼠疫之类的传染病十分猖獗，柏乐文一家都曾染上疟疾。为了改善医院周围环境，他组织医护人员在医院周围地上铺石灰和沙子，博习医院的医生还去东吴大学讲解蚊虫的危害与防御方法，并号召每晚开展灭蚊活动。1919年苏州瘟疫流行，博习医院除尽力救治病人外，还提出了清洁街道、疏通沟渠、消灭蝇虫等预防措施。1916年柏乐文到监狱为犯人看病，针对犯人普遍患有严重脚气病的情况提出改进管理、调整伙食等防治办法。

1927年年初柏乐文退休回美，同年12月14日去世。他一生中将近三分之二的时间是在苏州度过的，以高超医术和爱心服务中国百姓，为苏州的发展做出了宝贵的贡献。后来他的骨灰被运到苏州安葬于葑门外安乐园。

七、美国传教士对西方来华鸦片商的谴责

18世纪上半叶向中国走私鸦片的西方商人多半来自英国、美国、葡萄牙和荷兰，毒品贩运以澳门为据点，然后转销中国内地。1830年以后沙俄商人也从中亚向中国走私鸦片。1727年英商向中国走私鸦片约200箱，1767年他们从孟加拉运到中国的鸦片数量增加到1000箱，1800年达到2000箱，1820年增加到5147箱，1824年高达12639箱。此后毒贩更得寸进尺，1837年价值2500万美元的39000箱鸦片被偷运进了中国。①

1773年印度殖民政府把鸦片贸易垄断权交给了英属东印度公司，1797年该公司又获得了鸦片加工的特权，用垫款方式引诱当地农民扩大鸦片种植，还在加尔各答等地设立了鸦片加工厂，并通过官商在市场公开拍卖后走私到中国，造成烟毒泛滥。1813年印度上等鸦片公班土（Bengal opium）每箱成本约237卢比，但是每箱拍卖价格竟高达2428卢比，利润超过成本9倍。印度殖民政府按鸦片成本300%以上的税率征税。从1800年起，英属东印度公司在拍卖鸦片后表面上不再过问对中国的鸦片运输和

① 马克思：《鸦片贸易史》，《马克思恩格斯选集》第一卷，第713—720页，北京：人民出版社，1995年。

销售问题,因为清廷已经在此前4年就严禁鸦片进口,不过问就是为了掩人耳目。

鸦片战争之前,包括旗昌洋行在内的在华美国洋行,多数都以不同方式走私鸦片。由于印度鸦片基本上都被英属东印度公司所控制,美商便把目光瞄准了地中海和波斯湾。经过20多年的搜罗美国人终于在土耳其发现了大宗烟土,1805年三艘满载鸦片的美国商船驶向了广州。1806—1834年美国烟贩从土耳其运到广州的鸦片共8901箱,此外还从波斯和伦敦收购了大量鸦片。美商塞缪尔·罗素和约翰·雅各布·阿斯托从波斯鸦片买卖中获利比土耳其鸦片高出25%。美国鸦片走私船"风精号"、"西风号"和"瞪羚号"都配备武装押运,还负责把烟贩在广州包销的鸦片运送到沿海其他口岸,气焰十分嚣张。

土耳其鸦片俗名"金花土"(Turkish opium),质量不如"公班土",但是因为价格便宜畅销亚洲。美国对华鸦片贸易数量很快就超过了荷兰和葡萄牙,对英国构成了威胁,因此不时受到英国对手的打压。1821年印度鸦片丰收,英国破例允许美商贩运部分鸦片,使美国对华鸦片贸易规模迅速扩大。

此前,除了花旗参、皮毛和檀香木外,美国能与中国交换的商品并不多,不得不运来白银换取中国的茶叶、瓷器、丝绸、家具和棉布。从19世纪20年代起美国可出手的现银已不敷使用,经营鸦片走私以后,美商便设法用中国商品直接向孟加拉和土耳其换购鸦片,然后运到中国套取白银。走私已成为美商对华贸易中利润最丰厚的一宗买卖,在一定程度上弥补了美国输往中国白银的不足,使中国的对外贸易从出超降为入超。

裨治文是较早关注西方商人在中国走私鸦片的美国传教士。1837—1840年他和卫三畏在《中国丛报》上刊登了10余篇文章,揭露鸦片贸易对中国商业、政治和道德所产生的拙劣影响。裨治文有关鸦片种植和贸易给中国带来灾难性后果的文章和评论,笔锋犀利,受到了广泛关注,对早期美国反对鸦片贸易的公正舆论起到了正面导向作用。他的《对华鸦片贸易史》和《论当前鸦片贸易危机》等文章对丧心病狂的鸦片贩子展开了檄文式的声讨,敦促美国在华传教士对林则徐禁烟运动予以支持。1839年9月美国传教士在向美部会提交的报告中充分肯定了林则徐领导的禁烟运动的意义和效果,为美国公众舆论提供了正面信息。

柏乐文等传教士眼看鸦片在中国的流毒坚决主张禁烟。苏州博习医院在创办之初就设有戒烟室，1900 年又专设戒烟医局。据统计，1908—1909 年度该院就收治吸毒者 1210 人，并治愈其中 1058 人。英国皇家委员会曾在一份报告中宣称：对东方人来说鸦片是一种好东西，因为它能治愈一些疾病。柏乐文对此非常愤怒，专门收集了医生们有关鸦片流毒如何对中国人造成身心伤害的资料汇编成书，向世界公布真相，作为对英国皇家委员会报告的驳斥。

鸦片战争爆发之后，伯驾在反对鸦片贸易的纽约商人奥立芬（David Washington Cincinnatus Olyphant，1789—1851）的资助下一度返美，分别向美部会和公众报告了有关中国鸦片贸易和鸦片战争的情况。伯驾在多次布道演讲中谈到中国的鸦片祸害和传教士的态度引起了美国政府和公众的关注。1843 年年底顾盛奉派来华，美部会在华传教士为美国代表团提供了咨询和翻译服务，裨治文和伯驾都参与了中美条约谈判。他们提出的《望厦条约》草案得到了部分采纳。1844 年中美两国签订的《望夏条约》共 34 款，其中附件《海关税则》明确指出鸦片为违禁品。条约第 33 款规定：任何美国公民"擅自向别处不开关之港口私行贸易及走私漏税，或携带鸦片及别项违禁货物至中国者，听中国地方官自行办理治罪，合众国官民均不得稍有袒护；若别国船只冒合众国旗号做不法贸易者，合众国自应设法禁止。"这一条文反映了美国来华传教士和公众反对鸦片贸易对美国对华政策的影响。但是中美《望厦条约》扩大了美国在华的领事裁判权范围，最终使有关禁止鸦片走私并惩罚违法美商的条款成为一纸空文。后来许多美国传教士也改变了对华鸦片贸易的态度，客观上默认了西方列强为在中国实现"鸦片贸易合法化"的所作所为。

美商经常通过《中国丛报》了解清廷的禁烟动向，希望守法商人可以得到保护。美国官员曾在不同场合向中国政府表示不支持鸦片贸易。但是在英国"远征军"即将到达中国海岸时，《中国丛报》作为美国传教士所办刊物，却开始对林则徐的禁烟措施提出批评。1840 年 1 月裨治文在为《中国丛报》所写的社评中说，鸦片的确在摧毁中国人的健康和道德，但是迄今为止为此进行的努力几乎摧毁了所有外国与该国的贸易，而且可能使它卷入战争的灾难。①

南卡罗来纳州传教士杜步西（Hampden Gait Du Bose，1845—1910）

① E.C.Bridgman：*The New Year* in *The Chinese Repository*，Vol. 8，No. 9，p. 444. 1840.

1872年从哥伦比亚神学院毕业后，奉美南长老会派遣和妻子保利娜(Pauline)一起到苏州传教。他目睹鸦片贸易给中国人民和社会带来的巨大灾难，毅然与柏乐文等传教士联合基督教医疗工作者成立了中国禁烟会，并担任首任会长。1899年禁烟会出版了《逾百名医生坦陈在华使用烟土之见解》(Opinions of Over 100 Physicians on the Use of Opium in China)，直截了当地提出禁烟会的宗旨，公开谴责鸦片对中国社会造成的危害，号召公众舆论支持禁烟。禁烟会获得了罗斯福总统、主持正义的部分议员和万国禁烟协会的支持。杜步西征集了1000多名在华传教士在请愿书上签名，呈送光绪皇帝。在一封写给美国参议员约翰·麦克劳林(John MacLaurin)的信中，他呼吁美国负起对鸦片贸易的责任，因为美国和英国通过损害中国人的精神和健康获取不义之财。

美国布法罗州立学院的迈克尔·拉齐克在《19世纪美国传教士与对华鸦片贸易》一文中写道：

> 美国必须直面早期中美外交关系中备受争议道德上备受质疑的鸦片贸易问题。鸦片贸易对于19世纪中国社会和经济的影响是中西关系史上长期存在争议的话题，该受道德谴责的民族和政治大问题更当如此。审查胆大妄为的走私贩子与'睁一只眼闭一只眼'的中国官员、传教士和英美两国政府的相互勾结，是一件需要对动机和事实进行全面考察的敏感工作。好在可供研究其目的和观点的鸦片贸易参与者和竞争对手的材料都很充分。传教士的文件、条约港市的报纸、中西官员的外交函件以及其他许多当代文档，都可提供大量有关在中国进行鸦片贸易的信息。①

八、芮思娄、高鲁甫和卜凯的农业传教新思维

中国是一个农业大国，稼穑为历代百姓关心的大事，田赋为国库主要岁收。1851年(咸丰元年)全国人口总数已达4.319亿，小农经济和农业人口构成了基本社会层面。在两次鸦片战争和一系列不平等条约的签订

① Michael C.Lazich: *American Missionaries and the Opium Trade in Nineteen-Century China*, in *Journal of World History* Volume 17, Number 2, June 2006, p. 197, University of Hawaii Press.

之后，社会经济日趋恶化，人民生活困苦不堪。虽然少数农业人口开始转化为近代工商业人口，但是中国仍然是一个典型的农业社会。最早来华的美国传教士大多在广州开展教务，《中美望厦条约》签订之后他们的活动区域延伸到沿海各通商口岸。为了扩大传教范围，他们先后进入了南北方广大农村，农业传教（Agricultural Missions）逐渐成为与医药传教和教育传教（Educational Missions）并列的传教方式之一。

历史上美国传教士对于中国农村发展做了一些有益的工作：一是通过办学、赈灾、治病、布道，宣传社会平等的观念和改变贫苦现状的思想，鼓励灾民垦荒自救，反对妇女裹足的陋习，引导人们对社会改良的关注；二是把欧美的农业技术引进中国，推广作物改良、科学种地和园艺技术，购进优良水稻、果木和蔬菜种子，开展嫁接和移栽试验；三是创办金陵大学农科（agriculture faculty）和岭南学堂农科，把美国农业院校培养新型人才的教学、科研和管理体制介绍到中国，建立示范奶牛场、柑橘引种站和良种交换站。有些地方教会还先后建立了农业教育委员会，召开农业传教会议，或者在教会大学开设土壤学、农业概论、乡村经济学和乡村社会学等课程。

早先美国来华传教士主要关注城镇的传教工作，教会把80%的人力和物力放在人口仅占20%的城镇，期待通过城镇把福音传播到周边乡村。少数被派往乡村的传教士对于农民和农事知之甚少，所实行的计划和使用的传教小册子多半都根据城镇情况编写，因此收效甚微。他们的主要着眼点是传教手段的多样化，并不关心农村和农民生活的实际需要，更不了解教会教育世俗化和职业化已为大势所趋，担心把农业教育引入课堂会使传教工作过于职业化和物质化。但是美国传教士中也出现了一批先知先觉的农业传教先行者，为教会乡村化（Ruralization of Christian Churches）作出了自己的贡献。

倪维思是一位美国基督教北长老会传教士，出生于一个农场主家庭，从小就受到基督教文化熏陶。1853年他被按立为牧师，1854年来华，在上海、宁波和杭州等地传教。

1858年《天津条约》签订后山东登州（今蓬莱）作为商埠对西方传教士开放。1861年倪维思和妻子到了登州，在一所破旧的观音庙开展工作。1862年他们在登州开办第一所女子学校，虽然只有两名女童入学，但是在当地却产生了很大反响。

1871年他们移师烟台，把注意力集中到农村地区。他们在毓璜顶东南山坡买下10余亩土地辟为示范农场，传教之余栽种从纽约州带来的苹果、葡萄、梨和梅等十几样种子，精心加以管理。倪维思年轻时就学习过果树栽培技术，发现山东的气候和土壤与美国水果产地有相似之处，但是水果的质量却不如美国。他把美国苹果与当地果苗进行了嫁接，结出具有特别香味的香蕉苹果，很快就驰名全国。

1877年山东省发生了旱灾，倪维思到临朐县赈灾，捐助救济银7600两，使更多灾民得到了救助。

倪维思在中国传教的40余年中有一半时间在烟台度过，期间曾经多次返美休假。

1890年欧美传教士在上海成立了一个《圣经》翻译委员会，倪维思参与了官话版《圣经》的翻译与校对工作。他连续几个月把自己关在书房里专心致志地工作，任务完成后他才启程回美国探望病中的母亲。1892年9月初，他告别了亲人从纽约州北上休伦湖和苏必利尔湖辗转到达温哥华，等待班轮前往中国。9月18日倪维思登上了"中国皇后"号，开始了他们的最后一次中国之行。

1893年倪维思在烟台去世。他一生著述颇丰，除了经常在《教务杂志》上发表文章外，还出版了英文著述《中国和中国人》(China and Chinese: A General Description of the Country and its Inhabitants)、《传教会工作方法》和《神学总论》等，这些书刊对研究中国人和中国文化极具参考价值。

倪维思夫人(Helen S.C.Nevius)1861年随丈夫一起到登州，1893年丈夫去世后她继续在烟台和登州等地传教，1910年辞世。她除传教和教学工作之外，业余时间也写了不少文章，包括中文小传和长老会来华传教史等。

美国传教士梅理士(Charles Rogers Mills, 1829—1895)出生于纽约州吉尔福德。1856年10月受美北长老会派遣来华，翌年2月抵达上海。1862年他转往山东登州，传教34年。1887年他与第二任妻子梅耐德(Annetta Thompson Mills, 1853—1929)创办了中国第一所聋哑人学校——登州启喑学馆。

梅耐德来华前曾在纽约一所聋哑学校任教。她成功地把标音法和手语用于启喑学馆的教学，还从美国课本中翻译了分级识字手册作为教育聋哑儿童的教材，为中国的聋哑儿童教育开创了新路。她设计的手语字母表后来为中国许多聋哑儿童学校所采用。

梅理士将美国大花生种子运到登州，鼓励农民在海边沙地大面积种植，获得了丰收。后来该省花生和花生油成了重要的出口商品，对社会经济产生了积极影响，与他的贡献分不开。

岭南学堂农科和金陵大学农学院的成立是美国传教士在中国全面实行农业传教的开端。高鲁甫和芮思娄通过对以往教会工作的反思，提出了教会乡村化的目标，把传教工作中心由城市转向农村，赢得了广大农民的信任。无论从西方的基督教化战略还是传教士世俗化方向来看都是一种历史的进步。

高鲁甫（George Weidmen Groff，1884—1954）1907 年毕业于宾夕法尼亚大学园艺系。学生时代他就受到传教士穆德（John Raleigh Mott，1865—1955）的影响，1908 年 1 月作为志愿者到达广州，任教于岭南学堂（岭南大学的前身），成为较早来华的美国农业传教士。

他到任后做的第一件事是按照校方的要求对校园环境进行园林式规划。他组织种植了榕树、樟树、龙眼、荔枝、橄榄和芭蕉，又从国外引进了棕榈、桉树、白千层、木麻黄、南洋杉、大王椰子和长叶刺葵，几年后校园便掩映在郁郁葱葱的南国林海之中。

高鲁甫在岭南学堂最初几年主要教授英文、地理和数学等课程。授课之余他组织一些对农艺有兴趣的学生到农场劳动，给每人分配一小块地种植蔬菜，还让他们对美国的化肥进行试验，检测何种产品最适合中国的作物和土壤。1912 年他开始教授三年级学生初级农业课程。

高鲁甫为学校教师集资合办的奶牛场从国外引进了一批优质奶牛。初期只有 30 头，所产牛奶除了职工自己消费外还对外出售，第一年就盈利 180 美元。后来奶牛场还增添了印度和中国水牛 140 头，山羊 25 头。

高鲁甫进入岭南学堂的第一年就从美国夏威夷引进一株木瓜苗，栽种于校园内，后来繁殖了数十株。1912 年他又从夏威夷引进了 400 株木瓜，在校办农场进行选育改良，使原来仅用作蔬菜和药材的木瓜大放异彩，用途更加广泛。

脐橙也是他从美国引进的优质水果之一。据考证，1516 年葡萄牙人把中国甜橙带回里斯本,后又传播到西班牙和巴西。1870 年美籍华人雷敬刚在加州成功嫁接了脐橙,便成为美国大众喜爱的一种水果。1922 年 2 月,通过高鲁甫的努力,岭南大学农学院与美国农业部合作建成了柑橘引种站,先后从美国向中国引进了加州脐橙、小河葡萄柚和宽皮蜜橘等水果。

美国农业部外国种子引进局还在高鲁甫的提议下向岭南大学提供了杏、梅、桃和梨等优质种子,以及石榴、肉桂、鳄梨、甘笋、树菠萝、灯笼果、澳洲坚果、甜糯米粟和秘鲁绵豆等种苗。

1915 年高鲁甫在菲律宾科学局成员梅丽尔的帮助下,在学校创办了一个植物标本室,将搜集到的植物制成标本,几年后成为中国收藏南方植物最全面的标本室。

1916 年,岭南学堂开办文理科大学,9 月 3 日召开了农学部首次教务会议,高鲁甫出任主任。农学每周课时为 2.5 小时,正式成为该校与文学、自然科学和社会科学并列的课程之一。

1918 年高鲁甫获宾夕法尼亚大学园艺学硕士学位。从现代植物学分析研究荔枝形态结构和机理,高鲁甫当属第一人。他对荔枝的兴趣一直保持了 20 多年,还把荔枝种植技术推广到美国。1918 年冬他回国休假,特意带回糯米糍、桂味和黑叶荔枝等种苗。1935 年,夏威夷州政府为了感谢他引种荔枝的贡献,特地从这年长成的黑叶荔枝中选出一株优良植株,经嫁接成活后命名为“高鲁甫荔枝”。

1921 年,在当时广东政府和粤港富商李煜堂、马应彪和陈廉伯等人参与下,兴资 30 万元创办了岭南农科大学,高鲁甫任校长。1927 年该校并入了岭南大学,他先后担任岭南大学农学院院长、园艺系主任和经济植物引入站站长等职。农学院在他的领导下发展迅速,学院农场开辟了菠萝园、木瓜园、柑橘场和蔬菜园。其中秧苗场的品种三百余种,每年向社会销售数量达数万株。农场还引进了美制的割草机、播种机和除草机,盖起了温室。

1937 年,他带领一个地理考察团到广西考察,在桂北永福县山村发现了罗汉果,便与植物学家史怀夫对罗汉果进行了研究,揭示了许多前人未知的奥秘。

1941 年高鲁甫病休返美时在佛罗里达找到了一个气候与广州相似的农村,建成了一个植物交流站,计划与岭南大学进行种子和种苗交换,但是因为当时日本侵华战争的烽烟四起,未能如愿。

1945年高鲁甫回到广州，对办校的历史进行了全面回顾和总结，撰写了《岭南大学农学院在过去35年的成就》一文，准备战后大显身手。第二年他任职于联合国善后救济总署广东分署，负责农业作物引种工作。

高鲁甫到达广州后就开始奔走于岭南各地，做了大量的植物资源调查，编成《广东柑橘属植物调查报告》，并在《岭南农学会年报》上发表了《制止橘类虫害病症法》等文章。1919年他撰写的《岭南荔枝》论文荣获民国政府农林部甲等奖。1921年他的《龙眼与荔枝》一书在纽约出版，是西方农学界最早研究荔枝和龙眼的著作之一，先后再版了10余次。20世纪20年代他主持出版了《岭南农学杂志》和《农事双月刊》等刊物，为广东农业科学研究创建了交流平台。1937年他与同事合作完成的《广西的罗汉果》一书，填补了该项研究的长期空白。1943年他还在《佛罗里达州园艺公报》上发表了《荔枝成功种植的生态因素》和《福建陈紫荔枝历史的再阐释》等文章。他在教学和研究方面的成就，为向社会普及农学、林学、园艺以及食品知识的工作和中美学术交流做出了有益贡献。

他热爱中国文化，来华三年就学会了粤语。他与中国同事友好相处，家中常常高朋满座，其中不乏中国政界学界名流。他的一些学生后来都成为著名农学专家。1940年民国政府教育部授予这位在岭南大学任教20年的美国学人服务一等奖。1953年，因他在中国的杰出贡献和卓越表现，荣获了宾州大学的“杰出校友”称号。

1947年高鲁甫退休回到美国佛罗里达州的劳雷尔。1954年12月4日他因病去世，留下了50篇（部）的研究著述和手稿，但是原来计划撰写的《植物手册》一书未能脱稿。

金陵大学农学院的创建得益于美国长老会传教士裴义理（Joseph Bailie，1860—1935）。他的祖籍加拿大，出生于爱尔兰。1890年他奉美国北长老会派遣到苏州传教，在阊门外上津桥租房布道，闲暇之余还在郡庙教英语，1899年被京师大学堂聘任为教习。1911年淮河流域发生水灾，他前往救灾，发起成立中国义农会，引导灾民垦荒自救。1912年他改任金陵大学教授，联合当地乡绅购买荒山4000亩，指导灾民用新法造林种地。1914年他向美国金陵大学董事会申请创办农科获得批准，开始招收以“培养农事指导员”为宗旨的四年制本科生，学生多半是由当时的农商部所属的农业学校解散后转学而来的。第二年该校又增设林科，农商部的森林传习所与农科合并为农林科，裴义理被聘任为首任科长。1916 年德国在青岛创建的林业学校因为第一次世界大战失败而解体，部分学生转学到农林科就读，规模得以进一步扩大。

有一年清明节裴义理从南京乘火车去上海，沿途看见各地村民都在自家的祖坟上栽种树木，经询问得知这是中国的传统习俗。回南京后他给民国政府农商总长张謇写信建议把清明节设为植树节。不久他得到北洋政府复函，告知已通令全国有关植树节的决定。

1917 年裴义理辞职返美，由康奈尔大学毕业的育种专家芮思娄（John Henry Reisner，1888—1965）任农林科主任。这位新来的美国农业传教士十分注重对中国农业现状的调研，把推广农业科技为该校教研目标，在任期内把美国农业大学的教学、科研和管理模式引进到金陵大学。1918 年农林科与万国蚕桑合众改良会合作成立蚕桑学系，翌年成立蚕桑特科，由美国学者吴伟士（Charles W. Woodworth，1865—1940）主持。根据 1920 年制定的发展规划，他们的教学与研究重点被定位为品种改良、自然灾害防治和植树造林等领域。1921 年该校设立了农业经济学系，由卜凯主管行政和教学工作。因为该校管理思想先进，教学设备完善，学生成绩优秀，获得了中国教育部单独注册，成为当时中国私立农科大学在教育部注册备案之佼佼者。1923 年该校获得美国对华救灾基金 70 万元，农林科利用此项专款在河南、安徽和南京等地置地开展有关农业改良的科学研究。芮思娄带领一个团队，经过十余年的刻苦努力，成功地培育出小麦 26 号，在农民中推广受到欢迎。1925 年由国际教育基金会资助，金陵大学和康奈尔大学联合进行多科研究，培育出高产小麦、大麦、水稻、玉米、小米、大豆、棉花和高粱，形成了一套标准化和科学化的作物育种方法，训练了大批育种专家和农业人才。

芮思娄很早就提倡把农业教育导入教会中小学，主张在小学阶段开设自然课和园艺课，在中学阶段开设有关土壤、作物和灭虫等常识课，各地区还可因地制宜，设置养蚕和种植棉花等实用农业课程。他建议各地教会聘请农事专家任教，或者把教员送到金陵大学农科去培训。他认为乡村教会的任务不仅是传道，还应该为村民服务；教会应该与乡村学校联办，使之成为联络农民的场所。他在巡回演讲和撰写文章中呼吁教会重视乡村教育问题。

金陵大学农林科的成功创办印证了教会乡村化方向的光明前景，一些美国传教会先后增派农业传教士来华,或者加盟金陵大学农林科的教学和研究工作,其中有:1917 年美国长老会派往安徽南宿州的农业经济专家卜凯,以及美部会派往福建邵武的农业专家林查理(C.H.Riggs)。其他地方的传道会和传教士也积极响应,或者把农业改良定位为传教工作的一部分,或者开办小型试验园地,向学生传授栽培和种植常识。

金陵大学是中国最早成立农科的教会大学,四年制的正规农科教育为国家培养了一批批农业科技人才,在农村社会改良、农业科技发展和科研成果推广等方面,为中国的农业科技发展奠定了坚实基础。

1916 年美国农业经济学博士卜凯到安徽淮北传教,第二年与美国传教士的女儿赛珍珠相识相恋,结婚成家。闲暇时间他在当地进行了土地、种子、耕种和产量等等方面的调查和分折,用当地的小麦与美国、日本和外省引进的 63 个品种进行比较试验,为的是筛选出能经受洪涝的品种,同时还试种了大麦、棉花、玉米和豆类等优良品种。

他常常告诉妻子自己因为不能教会中国人用科学方法种地而感到懊恼。妻子理解他的难处,劝他在了解中国农民耕作传统之前不要将自己的方法灌输给他们,最好的办法是在当地开展调查研究。他的岳父对他的工作很支持,表示愿意帮助他起草调查报告的部分章节,他的内弟支援他 5000 美元作为活动经费。

1920 年卜凯面临试验经费不足一筹莫展之时,他的校友芮思娄邀请他出任新成立的金陵大学农业经济学系主任。全系师生在他的带领下对安徽芜湖 102 个农户进行了经济收入调查,之后又把调查范围扩大到 7 省 17 个地区的 2866 家农户。

1924 年卜凯回到康乃尔,第二年获得农业经济学硕士学位后回到中国。1929 年他得到洛克菲勒基金资助,4 年中对 22 个省 168 个地区 16786 户农家进行了调查,撰写出了《安徽芜湖周边 120 个农家的社会经济调查》、《直隶盐山县 150 个农家的社会经济调查》和《中国农村的所有权和租佃关系》等报告。这些被学界视为中国历史上以应用科学方法进行的第一次农业调查,对研究并解决中国农村和农业问题十分有价值。

卜凯认为中国农村是一个以小自耕农为主的社会,在租佃关系上英格兰的佃农比例高于中国却没有导致剥削和农业生产的停滞。中国近代农业经济的主要问题是技术上的落后,解决中国农业问题的办法首先必须改善农业经营方式,提高农业生产技术水平。为此他特地向国民政府提出了108条改进农业经济的建议,其中包括建立农村金融机制、使用良种与化肥以及改善交通运输条件。

卜凯对中国近代农业经济的实证性研究在学术界掀起了不小的风暴。20世纪30年代中国学者使用了马克思主义阶级分析方法对中国的一些地区做了调查,结论是中国农村面临的主要问题是土地分配不均,解决的办法是重新分配土地和财产,这一结论与卜凯的观点针锋相对。

当时一些美国学者对于卜凯提出的中国农业问题有不同的观点。他们认为卜凯对中国农村的社会问题缺乏全面了解,因此没能正确认识中国农业的经济问题。争论和论证因为所提出问题的学术含量和科学价值而不断延伸,在抗日战争和中国国内革命中农村面临巨大的社会冲击。即便今天,中国"三农"问题仍然是学界所关注的头等大事。

九、传教士对中美关系发展的期待和影响

影响早期中美关系的因素林林总总,宗教、贸易和文化都是其中最重要的方面。虽然美国政府制定对外政策历来以所代表的集团利益为其最高准则,但是在不同时期侧重点却有所不同。因为历史条件的差异,宗教、贸易和文化都曾经从不同角度干预过美国的对华政策。

从现代国际关系学角度来看,宗教既是异质文明和文化的表现、跨国观念的载体,也是为国际社会普遍接受的一种信仰方式。它可以在国家与国家、群体与群体或者个人与个人之间的关系调节中产生深刻的影响,也可以在经济交流、文化互通和矛盾化解中发挥旷日持久的作用。宗教的普世性和排他性就如同通关文书,走遍天下都可以化陌路为相知。19世纪上半叶美国传教士来华,教籍便成为标榜他们的美国特性和国民身份的证件,以及处理对华事务的必备资格。

宗教属于广义"文化"的一个重要组成部分。无论在大众阶层还是在精英群体中,宗教信仰就是信徒民族价值观的体现,必定从整体上影响到国家对外政策的制定。美国来华传教士的理想就是在对被认为需要救助的中国人表示同情和声援的过程中传播福音,宣传美国的理想主义和生活方式。

宗教是早期中美关系史上左右美国对华政策的第一要素。福音传播

的社会意义曾是美国来华传教士思考最多的问题。他们被告知海外传教既包括平日宗教公关的功课修炼,也包括不同层次的政治、经济和社会的交往和沟通。他们提醒教众不仅要关心个人赎罪得救的可能,更要关心拯救整个社会和民族于水火的大计。基于神学观念转变的圣经解读为美国早期汉学的发展获得了教义上的认同和支持,同时也从中国教民所熟悉的儒家经典和传统道德规范中找到了相对应的理论依据。

19 世纪 30—40 年代,美国来华传教士开启了早期的中美关系。他们多数人熟悉汉语、中国文化和传统,有机会广泛接触清廷官员和各阶层民众,其中一部分人还先后从商、从政或者从教(育),具有多重社会身份。裨治文、卫三畏和伯驾等人曾利用自己掌握的汉语知识和对中国历史和文化的了解,帮助后来来华的传教士和美国政府官员开展工作,疏通各种关系。

深入基层的美国传教士通过弥撒、布道、读经和善举接近劳苦大众,为边远山区的孩子办学,教农家女童认字作画唱赞美诗,为患病村民送医送药,给孤独无助的老人提供生活救济,向那些弱势群体宣讲男女平等、自由追求和科技振兴的外部世界新闻,赢得了他们打心眼里对来自西方世界的这些"上帝代表"的感激。在弱肉强食尔虞我诈的时代,不管这些传教士的动机是否在忠实履行教徒的职责还是为了赢得站稳脚跟所需的社会信任,客观上都表达了一种积极向上的理念,自然而然在这一历史阶段为他们争得了基本话语权。

鸦片战争之前,美国对华政策在很大程度上受到美国来华传教士通过《中国丛报》等刊物以及他们回国述职和报告所施加的影响。

饱读汉籍的美国传教士裨治文曾经被聘任为林则徐的通译和美国驻华全权代表顾盛的秘书,参与《中美望厦条约》和《天津条约》的谈判,可谓神通广大。与裨治文同期来华的美国传教士雅裨理在任英国驻厦门领事馆通译时曾与福建巡抚徐继畲相识,多次应约与他长谈西方各国的历史、地理和社会情况。1858 年曾任美国驻华公使列卫廉(William Bradford Reed,1806—1876)通译的丁韪良在华期间广交政界和学界朋友,也是一位有头有脸的人物,1898 年经李鸿章和孙家鼎推荐被光绪皇帝任命为京师大学堂西学总教习。他曾与卫三畏在签订《天津条约》时帮助拟定其中的"宗教容忍"条款。1835 年美国长老会传教士伯驾在广州创办眼科医局,曾通过高级行商与林则徐多次接触,提供了医治吸食鸦片者的药方和西方法治信息。美国浸礼会真神堂传教士罗孝全(Issachar Jacob Roberts, 1802—1871)曾用两个月时间向洪秀全传授教义,并于1860年担任洪仁玕的外事秘书。1908年美国传教士明恩溥曾向罗斯福总统进言将部分庚子赔款用于在中国创办美式大学或者资助中国学生到美国留学。1908年美国政府正式宣布退还相当于1160余万美元的款项,用于清华大学和北京协和医学院的建设,就是对他进言承诺的兑现。1886年丁家立曾经被李鸿章聘为家庭英语教师。上述美国传教士在华的背景和阅历都非一般人可以相比,他们的故事已经成为美国大众和精英有关中国问题的主要信息资源,极大地影响了美国人的中国观。

1887年大约有100多名美国中国内地传道会的新教传教士来华,其中包括首批女性传教士。她们在宣传新教教义的同时,动员会众改变妇女裹脚的陋习,通过介绍西方现代思潮启发他们寻找缓解各类社会矛盾的办法。

从新教在华传播、美国文化和科技在中国的推介,到当时美国对华外交政策的定位和条约的签订,美国传教士既是这段历史的见证人,又是参与者。他们在华创办学校、翻译出版书刊、宣传西学,客观上有助于促进双方全方位的交流。他们把自己在中国社会的所见所闻写成文章,拍成照片,通过报纸、杂志、广播和广告向国内外宗教界、新闻界和出版界提供了解近代中国社会的第一手材料,帮助政治家和决策部门跟踪中国的时局变化,在很大程度上影响了19世纪中美外交关系的走向。林则徐创办的《译报》和魏源编译的《海国图志》大多取材于欧美报刊和传教士的著述。

第一次世界大战之后,随着中国民族运动的蓬勃发展,美国在华传教士在教会学校的影响逐渐减弱。国民教育世俗化呼声高涨,宗教课程基本被取代,校长职务基本上改由中国人担任。美国对华政策的重点开始向商贸方面倾斜。

商业是充满金钱和物质诱惑的行业,关系着国计民生的大事,也直接或间接地影响中美两国的物流规模。从1784年美国"中国皇后"号来华,雷雅德用皮毛、人参和鸦片换取中国的茶叶、瓷器和丝绸,到广州的美资普金斯洋行、旗昌洋行、同孚洋行、琼记洋行和魏特摩洋行的创建,美国商人逐渐肩负起促进中美相互了解和贸易往来的利益集团的责任。

美国传教士、商人和政治家来自不同的利益集团,都曾不遗余力地影响了美国的对华政策。随着时局的变化,哪个时期哪个集团势力占上风,美国的对华政策就反映哪个集团的利益。但是也应该看到,那些集团之间的利害冲突在宗教的旗帜下并没有不可逾越的鸿沟。美国的经济、文化、外交和伦理道德都建立在处于优势地位的新教教义的基础之上。美国政治家鼓吹的全球一体化其实早已从宗教全球化开始,现代理论家们又推而广之,把这一概念扩展到人权、能源、生态、政治、教育和科技范围之中。可以毫不夸张地说,这一几乎无所不包的议题已经超越人们想象覆盖了一切意识形态。美国传教士之所以能在整个19世纪的中美关系中施加实质性的影响,原因就在这里。

美国传教士给早期中美关系带来了积极的影响,在整个19世纪中美关系史的构建中发挥着独特的作用。只有对于美国传教士在1830—1900历史语境中所扮演的通译、协调和教育者的综合角色有所了解,才能对这一历史时期的中美关系有一个全面和准确的把握。

十、美国传教士后代的中国情结和多维世界

1848年美国新教传教士有据可考的在华人数约73人,①1869年在京美国传教士约12人,1877年增至52人。② 1914—1918年美国在华传教人数首次超过了英国在华传教人数,比例从50%跃升为60%。据统计,1868—1949年西方新教传教士在华出生子女共约3700~3800人,其中美国传教士子女约占一半以上。③

美国传教士后裔是一个有特殊经历的群体,多数都在华出生,其中也有少数人在襁褓之中就随父母来华。他们在中国度过了自己的童年,与家中的当地佣人或厨师和宗教界的会众密切接触,受到中国生活方式的影响,耳濡目染的是中国文化和乡土风情。他们中的一部分人在中国完成高小学业后返美接受高等教育,毕业后不少人再次来华或从事与中国有关的教学、研究和外交工作。他们对中国历史和文化的感受,对中美关系的理解和期待显然不同于一般美国人。在价值观和文化取向方面的认同使他们比较容易融入中国社会,能较好地解读中国政治经济信息,在风云变幻

---

① 李定一:《中美早期外交史》,第65页,台北:传记文学出版社,1978年。

② *The Chinese Recorder*, Vol. 2 No. 3 p. 57; Vol. 8 No. 3 pp. 209—215.

③ 史静寰、熊志勇:《文化边缘人物的困惑与思考——中国出生的美国传教士子女与20世纪前半期的中美关系》,载《美国研究》1994年第4期。

的近代中国社会能以比较理性和客观的态度对待所发生的一切,因而有可能在处理与中国有关事情时获得较多的话语权,甚至在他们进入美国政府部门或者学术机构时可能发挥特别的作用。

可以毫不夸张地说,19 世纪美国的中国通有一多半是传教士出身的学者、外交官或政治家及其子女。对于 20 世纪美国的中国通团队来说,虽然这个比率不可能这么高,但是仍然与来华传教士的群体和家庭背景有着千丝万缕的关系。下面介绍的是他们中的几位代表人物。

司徒雷登 1876 年出生于杭州,父母都是美南长老会传教士。1868 年他的父亲司徒尔到杭州传教,在中国生活了 46 年。

司徒雷登会讲一口地道的杭州话,11 岁时到美国弗吉尼亚州接受启蒙教育。在哈姆普顿—悉尼学院深造时,因为受到学生志愿国外传教运动的影响,转学到纽约协和神学院。1904 年他携妻子艾琳·罗德(Aline Rodd)回到杭州。1908 年金陵神学院成立,他应邀前往南京出任该院希腊文教授,1910 年任南京教会事业委员会主席,辛亥革命后他还兼任美联社驻南京特约记者。

1911 年辛亥革命爆发,第二年 4 月 1 日孙中山在记者招待会上宣布为让位于袁世凯辞去大总统职务,司徒雷登是在场的唯一的外国记者。1915 年他返美时,威尔逊总统(Thomas Woodrow Wilson,1913—1921)在白宫专门接见了他,关切地向他了解中国情况。

1919 年 1 月,司徒雷登被聘任为燕京大学校长,为该校在北京西郊建造新校园四处募捐,并聘任了许地山、郭绍虞、顾颉刚、钱穆和吴文藻等知名学者任教。1925 年燕京大学与哈佛大学合办哈佛—燕京学社,他也为之奔走呼号。

虽然燕京大学具有美国教会大学背景,但是管理基本上是世俗化的。他努力倡导一种自由和开放的教学氛围。20 世纪 30 年代初,燕京大学在学术品格和教学安排上已与北京大学和清华大学并肩而立,蜚声中外。

北大和清华等许多北方大学在“七·七”事变后陆续南迁,但司徒雷登却主张燕京大学继续留在北京。为使学校免遭日军刁难,他的对外职务由教务长改为校长,还有意在校园升起了美国国旗。“珍珠港事件”后美国正式对日宣战成为日本宪兵包围校园的口实。1941 年 12 月 9 日司徒雷登在天津公干正准备回校时,两名日本宪兵在他下榻的宾馆将他逮捕,押送回京,与一些记者、传教士和大约200名美国海军陆战队员一起被关押在美国领事馆。一个月后被拘押的人基本都重获自由,只有司徒雷登等少数人仍被关押,竟长达4年之久。

后来燕京大学被迫迁往成都,暂借华西协和大学校园展开业务。1945年获释后的司徒雷登继任燕京大学校长,直到离开中国。1945年秋天重庆谈判期间,毛泽东主席宴请他并畅谈天下大事。司徒雷登在重庆还会见了负责调停国共两党纠纷的美国总统私人代表马歇尔。1946年7月11日经马歇尔推荐,美国政府决定任命司徒雷登为驻华特命全权大使,接替已于1945年11月离职的赫尔利(Patrick Jay Hurley,1883—1963)。司徒雷登出任美国驻华大使时仍担任燕京大学校务长之职,他的任期恰好是中国内战时期,因此得以见证并参与现代中国历史上的一些重大事件。

此时司徒雷登已年近古稀,在与中国各政党之间都保持着良好人际关系的人文环境中享有一定威望。美国政府希望能利用他对中国的了解对国共之间冲突的调停获得成功。中共代表周恩来、邓颖超和叶剑英也多次发表讲话,欢迎美国政府对司徒雷登的任命。

1949年4月23日中国人民解放军攻占了南京,外国使馆(包括苏联使馆)纷纷撤离,李宗仁曾派人催促司徒雷登到广州暂避一时,但是他仍坐镇美国使馆留在南京。

司徒雷登曾希望到北平与周恩来直接会谈,中共同意他以燕京大学校长身份北上会面。但是1949年7月2日艾奇逊发专电要求司徒雷登7月25日以前赶回华盛顿。经多次电文磋商无果,8月2日司徒雷登乘坐一架小飞机离开南京。返回华盛顿后不久便退出了政界。

从20世纪20年代起,司徒雷登就奔走于中美两国,先是周旋于权势富豪之间,然后是中日军界政界之间,最后又调解于国共两党之间。他10次返美筹款,受托劝说张学良、韩复榘和宋哲元归顺,成为报刊头版消息的风云人物。他风风火火穿梭于燕京大学与日占领军司令部之间,屈尊与日本占领军的头面人物直接接触,与华北伪政权首领王克敏保持沟通,竭尽一个美国中国通之能事。他与蒋介石夫妇有私交,在毛泽东为他举办的宴席上谈笑风生,希望通过自己转达美国政府的意见,以新教基督徒的理想主义去扭转乾坤。他是一位美国政府的外交代表,又是一位与中国利益和感情相连的美国人,但是当个人努力无法改变历史潮流时,他不能不正视现实。

回到美国后,美国国务院一度对他下达了禁言令,后来的麦卡锡主义也给他带来不少麻烦,对于这位有热切事业追求的基督徒来说无疑是一个沉重的打击。不久他患了脑血栓,半身不遂生活不能自理,失语症使他无法与人交流,终于1962年9月19日在华盛顿辞世。

在追思弥撒中教堂的管风琴深沉地奏起了《阳关三叠》,这支根据唐代诗人王维的七言绝句《送元二使安西》谱写的古琴曲,表达了"自古富贵有定分,莫遣仪容瘦损"的哀婉惜别情绪,令人思远慎终。2008年11月18日,在他去世46年后,他的骨灰被安葬于杭州半山安贤园。

他的著作有:《新约希汉英辞典》(Greek-Chinese-English Dictionary of the New Testament,1918年)和《在华五十年》(Fifty years in China)。

赛珍珠1892年出生于美国西弗吉尼亚州,刚满三个月就随着父母来到中国。父亲赛兆祥来华前在华盛顿与李大学(Washington and Lee University)以及协和神学院(Union Theological Seminary)攻读过学位课程。1909年又获母校授予的荣誉博士学位。他饱读儒家典籍,对于佛教颇有研究,曾参与《圣经》的中文翻译工作。母亲凯丽对文学、艺术和音乐都学养有素,是赛珍珠童年时代的第一位启蒙老师。赛珍珠一家来华后初先居住在苏北清江,四岁时全家搬到镇江。40岁以前,她除了回美国上大学和读硕士学位的那几年,其他时间都生活在中国。

1910年9月赛珍珠回到美国,进入弗吉尼亚州伦道夫·梅肯女子学院攻读心理学。1914年大学毕业获文学学士学位后,有过留校教授心理学的短暂经历。这一年圣诞节前她匆匆返回了镇江,接替母亲在教会的工作,后来还在润州中学和崇实女中兼职英文教师。

1917年她与美国农业经济传教士(agricultural economic missionary)卜凯结婚后定居安徽宿县(今宿州),并在教会学校任教。1919年卜凯到南京金陵大学农学院任教,赛珍珠随他迁居南京并在国立东南大学和金陵大学教英文,教余时间开始创作小说。第二年这对年轻夫妇的女儿卡罗尔(Carol)降生,给小家庭带来更多的笑声和欢乐,虽然孩子一度为尿毒症所折磨,但是病痛过后一家总是其乐融融。

1929年她创作的长篇小说《大地》(The Good Earth),以田园牧歌的风格描写了中国农民王龙从一无所有到发家致富的经历,对土地的眷恋是该作品的主题。丰收、婚庆、天伦之乐,与饥荒、疾病、纠纷形成现实生活的反差,再现了旧中国农民的人生坎坷。王龙的第三个儿子当兵去了,老大和老二却私下里盘算着等父亲去世后便将来之不易的庄稼地卖掉,到城里去安家。赛珍珠的《大地》与1932年她创作的《儿子们》(Sons)和1935年的《分家》(A House Divided)在文学史上被视为《大地》三部曲。

赛珍珠创作的其他作品有:

《东风和西风》(East Wind, West Wind,1930年)。

《母亲》(The Mother,1933年)。

《中国天空》(China Sky,1941年)。

《中国航程》(China Flight,1942年)。

《龙种》(Dragon Seed,1942年)。

《来吧,亲爱的》(Come, My Beloved,1953年)。

《动静》(Voices in the House,1953年)。

《嫔妃》(Imperial Woman,1956年)。

《北京来函》(Letter from Peking,1957年)。

《梁太太的三个女儿》(The Three Daughters of Madame Liang,1969年)。

《普天之下》(All Under Heaven,1973年)和《虹》(The Rainbow,1974年)。

赛珍珠的小说集有:

《发妻及其他》(First Wife and Other Stories,1933年)。

《今后永远》(Today and Forever,1941年)。

《处处》(Far and Near,1947年)。

《小说十四篇》(Fourteen Stories,1961年)。

《善行及其他》(The Good Deed and Other Stories,1969年)。

《圣诞故事集》(Once Upon a Christmas,1972年)。

《东方和西方》(East and West,1975年)。

《心中的秘密》(Secrets of the Heart,1976年)等。

她的译著有:《水浒传》(All Men Are Brothers,1933年)。

赛珍珠是一位活跃的人权主义者。由于对当时美国社会舆论所谓美亚混血孩子(Amerasian children)不宜领养的说法感到气愤,她专门创建了一个跨国跨种族的"宾至如归公司"(Welcome House, Inc.),对5000多名儿童的安置予以帮助,她自己也领养了7个孩子。她的赛珍珠基金会

(Pearl S.Buck Foundation)资助了数千名亚洲儿童。1942年她和丈夫还建立了东西方协会(The East And West Association),积极参与争取妇女和黑人的平等权利。

1932年深秋的一个下午,2000多名美国长老会女教徒在纽约的阿斯塔饭店听赛珍珠做题为《海外传教的必要性何在》(Is There a Case for Foreign Missions)的演讲。当时她的第二部小说《大地》刚刚获得普利策文学奖,正处于人生巅峰之际。演讲结束时观众中并没有人为她鼓掌,只是在她离开报告厅后才隐约听到雷鸣般的掌声。戴约翰公司(John Day Company)抢先出版了她演讲的单行本。1933年中国的《大美晚报》(Shanghai Evening Post)也全文刊登了赛珍珠的演讲稿。《基督教世纪报》(Christian Century)、《哈特福德报》(Hartford Courant)和《西雅图时报》(Seattle Times)对她质疑海外传教的观点都予以肯定。但是耶稣会期刊《美洲》(America)却认为赛珍珠“失去了对宗教的忠诚与热爱”。长老会海外传教董事会主席兼普林斯顿大学神学院教授查尔斯·埃德曼(Charles R.Erdman)抱怨她是造成“整个教会不安局面”的重要导因,希望她能够主动辞职并悄然离开。1933年4月威斯敏斯特神学院教授格雷沙姆·梅琴(J.Gresham Machen)郑重其事地要求传教董事会解雇赛珍珠并与她划清界线。4月底赛珍珠主动递交了辞呈后乘船返回中国。①

1934年对于赛珍珠来说是漫长的一年,教会的施压使她跌落到人生的低谷。为切除肿瘤她失去了子宫,女儿日渐与她疏远,久病不愈的母亲也离开了人世,这一切简直就是雪上加霜。

1935年她与卜凯正式离婚。离婚当天就与她的知音和出版商——戴约翰公司总经理理查德·沃尔什(Richard Walsh)重组新家,引起了众多非议。为了寻找一个清净的环境,同时也为了能经常见到在新泽西特教学院就读的弱智女儿卡罗尔,赛珍珠毅然决定在宾西法尼亚一个农场安顿下来。从此她只潜心于创作,很少出现在公众场合。基督教教义不再是她所关心的话题。对于中国文化的审视再次燃起了她对侨居国(adopted land)的热情,认为那片辽阔古老的土地其实并不需要基督教,大部分普通的中国人也不十分看重自我价值,但是却生活得很体面。

---

① 葛兰·华克:《赛珍珠与美国的海外传教》(郭英剑、冯元元译),载《江苏大学学报(社会科学版)》2007年第3期。

尽管赛珍珠出生在美国，但是却在中国生活、学习、工作了40余年，熟知中国人的生活，了解中国文化和习俗，能熟练使用中英两种语言。她一边教书一边写作，先后出版了70多部作品，不仅有小说和童话，还有话剧、传记、散文和诗歌。她追求的理想、慈善事业和创作素材都是在中国获得的，她与中国人之间有着他人无法理解的思想和感情上的密切联系。她在国立东南大学和金陵大学教英文时结交了不少中国朋友，其中包括浪漫诗人徐志摩。

她的小说《大地》1931年问世后成为畅销书，1932年获得普利策奖，1933年被改编成话剧在纽约上演，1937年被好莱坞拍成电影引起了轰动。1938年她的这部作品荣获了诺贝尔文学奖，评委会的推荐辞是："为她对中国农民的丰富多彩和具有时代真实感的描写以及她的自传式经典之作而颁发此奖。"她头上的耀眼光环，就是她1936年当选为美国文学艺术院院士和1951年当选为美国作家协会主席的资格证明。

但是伴随鲜花和赞美声而来的却是冷眼和品头论足。一些批评者认为她的作品缺乏文体风格上的细腻和巧妙，过分强调道德说教，并不符合诺贝尔奖的标准。显然，赛珍珠在美国被普遍冷落了。20世纪70年代的一些中国留学生在英国电视上观看《大地》时，也对影片中那些痴呆冷漠的中国人物形象、学究式的对白和缺乏高潮迭起的情节描写感到意外和不悦，甚至怀疑电视台的导播是否调错了片源。

赛珍珠觉得自己长期生活在一个令她感到尴尬的多维世界。她不是神学家，也不是语言学家，更不是政客，但是在她身边的中国人和美国人中却有不少神学家、语言学家和政客。她凭着自己的语言天才和对中国人的亲近感写作，但是她没有经过这样的专业训练，在美国读者看来她的英语是中国式的，而在中国读者看来她的汉语却是美国式的。她翻译的《水浒传》充斥着死译、硬译和误译，甚至还有许多专业上不允许出现的硬伤。她对基督教的虔诚主要是来自于父母亲的教诲，因此每当碰到一些无法接受的问题时她会不顾教义教规坦诚相告。美国联邦调查局视她为亲共份子和亲华派，对她的立案侦查卷宗竟达300页之多。而冷战时期的许多中国读者也被告知她是帝国主义的代言人。中国是她的第二故乡，她的父母、两个兄弟和两个姐妹都长眠于此，她的生命中不能没有中国文化和中国人，然而经过几十年的等待她却始终未能获得到南京、镇江和宿州等充满童真记忆的故地重游的机会。

赛珍珠笔下的中国社会已经在年轻一代的记忆中逐渐消失，越来越多的当代中国读者都把她的作品视为中国另类文化库藏书，怀着求知和求实的心情阅读她的小说。最近二十几年中国翻译和再版她的作品数量有所增加，有关她的生平和著作的评论可以很容易在图书馆的数据库中搜索到，撰写有关赛珍珠及其作品的博士论文，正如电视台制作有关她的记录片和节目一样，已经成为一项别有新意的选择。

1973年3月6日赛珍珠逝世于美国佛蒙特州的丹比。生前她曾为自己设计了一块墓碑，碑上不要任何英文，只刻她的中文名字"赛珍珠"，是否曾经受到武则天无字碑的启发，不得而知。2002年2月21日前布什总统访华，中国国家邮政总局特别发行了一套4枚中英文对照的《赛珍珠》邮资明信片，并在镇江市邮政局举行了首发式，以纪念这位为中美文化交流作出了重要贡献的使者和文学大家。

谢伟思1909年8月3日出生于成都。他父亲是美国浸礼会传教士，1905年携妻子前往成都创办基督教青年会(Y.M.C.A.)。11岁时他随父母迁往上海，在当地的美国学校接受启蒙教育。

谢伟思的母亲是一位有文化的家庭主妇，也是他的第一位恩师。他少年时天真活泼，经常一个人走街串巷，陕西街、杜甫草堂、老皇城，无不留下他的足迹。

1921年他全家返美。谢伟思完成了中学学业后，继续在俄亥俄州的奥伯林学院攻读历史学和经济学学位课程。1933年他通过了国务院的外交公务员资格考试(Foreign Service Examination)，1936年被正式任命为外交官，两年后被派往美国驻上海总领事馆任副领事。1941年太平洋战争爆发，谢伟思被调往重庆任大使馆三等秘书。

1944年夏，美国副总统亨利·阿加德·华莱士(Henry Agard Wallace，1888—1965)访华，谢伟思在一份备忘录中提出美国应与中国共产党领导的军队进行合作并予以援助，同时帮助改革国民党政府。在华莱士、高斯(Clarence E.Gauss)和史迪威(Joseph Stilwell，1882—1946)的努力下，蒋介石同意美方派人去延安考察。这一年7月22日，美军派遣以驻华使馆武官包瑞德、二等秘书戴维斯、三等秘书谢伟思等人组成的美国军事观察小组(U.S.Army Observation Group，又称 Dixie Mission to Yan'an)进驻延安。谢伟思被委任为美国军事观察小组的政治顾问。

谢伟思在延安逗留近三个月。他多次会见了毛泽东、刘少奇、周恩来、朱德、彭德怀、任弼时、叶剑英、董必武和杨尚昆等中共领导人,与毛泽东的谈话多达50余次。他还见到了从各抗日根据地去延安的中共将领,如陈毅、林彪和聂荣臻等。毛泽东在和他的多次谈话中表达了中共对美国的友善和期待,并希望美方作出积极回应。

谢伟思在给美国政府的报告中写道:

> 美军观察组人员及迫降的美空军人员几乎访问了华北和华中所有重要的中共控制区。他们的所见所闻证实了中共所声称的对敌占区广大农村地区的有效控制。……迄今,对我们证实这点帮助最大的是从这些地区被护送到安全地带的大批美国空军人员(现有70名)。…… 以下结论无疑是正确的:1、我们必须承认中共关于他们控制了华北和华中地区广大农村的说法总体上是对的;2、我们过去一向将这些地区统称为"日占区"的提法要修正。……共产党人将在中国继续保持存在。中国的命运不属于蒋氏,而属于共产党人。①

然而他的报告却在美国国务院的档案室里被尘封了24年。

1945年中共召开第七次代表大会前夕谢伟思再度向美国国务院请示继续在延安考察。3月30日谢伟思接到要他立即返回华盛顿的命令,4月12日他回到华盛顿。

这一天他邂逅了《美亚》(Amerasia)杂志主编菲利浦·贾飞(Philip Jaffe),向他展示自己撰写的有关中国问题的文件。被联邦调查局怀疑为苏联间谍的贾飞立即受到监控。6月6日,受此案牵连的另外5人同时被捕。谢伟思在拘留所呆了一夜,第二天取保候审。

贾夫案结束后,谢伟思先是被派往日本,在道格拉斯·麦克阿瑟(Douglas MacArthur,1880—1964)手下工作,后来又被派往新西兰。在国务院对他进行4次后续调查中均未发现任何不当行为。

中华人民共和国成立后,美国政府开始追究"失去中国"的责任。谢

---

① Senate Internal Security Committee: *The Amerasia Papers: A Clue to the Catastrophe of China*, January 26, 1970, pp. 112-113.

伟思从新西兰被调回后，新任命先后变动了三次。1950 年 10 月 19 日，美国安全委员会终于做出了没有发现任何问题的结论。但是第二年秋天，“美亚事件”（The Amerasia Case）再次进入审查程序，令人震惊的审查结果推翻了原先的结论，谢伟思对美国的忠诚受到怀疑，被开除了公职。

他在纽约 5 年多时间没有放弃为自己讨回公道的努力。1956 年美国最高法院同意重审他的案子。1957 年 6 月 17 日大陪审团 9 名法官中的 8 名一致认定谢伟思无罪。谢伟思的外交官身份得到了恢复，不久开始在国务院协助工作，后来在决定派往德国波恩时又受到国防部的非难，最后被派到英国利物浦当总领事。

此次为期 3 年的任命期满后谢伟思于 1962 年提前退休，在加州大学柏克莱分校攻读了政治学硕士学位后再攻读博士学位，最后被聘任为该校中国研究中心图书馆馆长。他一直关心着中美友好事业，曾担任美中人民友好协会旧金山分会名誉会长，积极参加中美人民之间的友好交流活动。

此后他先后来华访问 4 次。1971 年周恩来总理亲切会见了谢伟思夫妇，回答了他们提出的许多国际和双边问题。谢伟思夫妇在这次长达两个月的访问中，参观了工厂、农村、学校。新中国建立后发生的翻天覆地的变化给他们留下了深刻的印象。

回国之后谢伟思通过写文章和演讲向美国人民介绍中国情况。1974 年 9 月他在美国参议院外委会做证时批评美国政府履行上海公报缺乏诚意，敦促政府将美国驻北京联络处提升为大使馆。

1999 年 2 月 3 日，90 岁高龄的谢伟思在家中安然辞世。他的著述有《亚美论集：中美关系史上若干问题》等。

恒安石（Arthur Millbourne Hummel，1920—2001）1920 年 6 月 1 日出生于山西省汾阳，父亲恒慕义是德裔美国人，毕业于美国芝加哥大学。母亲曾就读于俄亥俄州的奥伯林学院。1910 年恒慕义奉派携妻子到山西汾阳传教，任教会学校汾阳铭义中学校长多年。

1923 年恒安石随父移居北京，曾任教于华北协和华语学校。1928 年返美后恒慕义应聘担任华盛顿国会图书馆东亚部主任 30 余年，任职期间大力扩充了中国古代典籍的馆藏。恒安石曾就读费城一中学，毕业后进入了俄亥俄州的安蒂奥克学院，一年半后辍学，先后当过推销员和医院看护等工作，过着居无定所但是自食其力的生活。

1940年9月恒安石计划随父返华，不料他到达北京之后父亲却因故未能成行。恒安石开始在北京华北协和华语学校学习中文，同时在辅仁男子中学兼职英文教员。

1941年珍珠港事件爆发后，侵华日军将在华的美英等国侨民1500多人关押到山东潍县乐道院集中营。其中有燕京大学教务长司徒雷登、蒋介石的美国顾问雷振远牧师，以及年仅21岁的恒安石。在英国难友和地方抗日部队帮助下他于1944年5月成功越狱，加入了当地国民党的山东抗日挺进军第15纵队，在高密与昌邑和胶济铁路沿线从事抗日活动，直到1945年8月日本投降。他与这些抗日战士生活在一起，与当地老百姓朝夕相处，关系融洽。尽管由于拘留营生活艰苦，游击战环境恶劣，他得了久治不愈的哮喘病，但是他在游击队中仍然设法与被拘留的难友取得联系，传递营救信息，行军之余常帮助战士学习英文。

日本投降后恒安石留在中国，在联合国善后救济总署工作了一年多。1946年他回到美国，加入了联合对华救灾会，不久进入在华盛顿霍普金斯大学高级学院学习，之后又进入芝加哥大学研究生班深造，取得了硕士学位。

1945年抗战胜利后，恒安石作为盟国被解救人员代表曾被邀请参观淮北解放区，受到了新四军四师师长张爱萍的接见。

恒安石在获得芝加哥大学中国研究专业硕士学位之后，于1950年任职于美国国务院，担任了东亚和太平洋事务助理国务卿，以及总统安全事务助理基辛格的助手，直接参与了中美建立联络处的谈判，多次参加了和周恩来总理的会晤。后来他还出任过驻缅甸、埃塞俄比亚和巴基斯坦等国的大使。1981年5月经国务卿黑格大力推荐，他担任了美国驻华大使。

1982年他以美方代表的身份参加了有关美国售台武器的谈判，并签署了《美国售台武器美中联合公报》。根据该公报美国表示愿意逐步减少对台军售数量，并重申"世界上只有一个中国"。

退休之后，恒安石一度就任约翰·霍普金斯大学—南京大学中美文化研究中心主任。他经常出席中美关系研讨会，积极促进两国文化交流，帮助培养精通英语熟悉中美两国国情的人才。他关心美中关系的发展，在一次谈话中曾经这样深情地描述过自己的心情："直到今天我都对中国感到很亲近，有机会就去中国看看，一般每年都去一次。我很能理解中国人民面临的问题。"

第四章
洋务帮办合力推动美国汉学的发展

19世纪末至20世纪初中国的政治、外交、科技、军事和教育面临着史无前例的挑战，中西经济和文化交往日益频繁。

在1861年至1894年实施的“同光新政”时期，以曾国藩（1811—1872）、李鸿章（1823—1901）、左宗棠（1812—1885）和张之洞（1837—1909）为首的洋务派主张购买洋枪洋炮，按照西方模式组建舰队，引进办学新理念，向国外派遣留学生，利用多种方式开矿建厂发展新型工业，以期达到“自强求富”的目的。但是以大学士倭仁（1804—1871）为首的顽固派却空谈什么“以忠信为甲胄，礼义为干橹”抵御外侮。洋务派与顽固派就造船铸炮建设海防、铺设铁路发展交通运输、创办现代报刊、西式邮政和同文馆等问题互相攻击，争论不休。

除了顽固派外，对洋务运动持不同观点的还有其他两类人物：一是以王韬（1828—1897）、薛福成（1838—1894）、郑观应（1842—1921）和马建忠（1845—1900）等为代表的改良派，批评洋务运动只引进西方近代生产技术而不引介西方政治体制，竭力主张“君主立宪”，反对官督商办的洋务企业。另一类人物是以康有为（1858—1927）和梁启超（1873—1929）为代表的维新派，认为洋务派的举措不过是“补漏缝缺之谋”，只有“变法维新”才能救中国。甲午战争的惨败证实了洋务派的无能，康有为等人在民愤四起的谴责声中发动公车上书，掀起了变法的高潮，促成了维新派的崛起。

虽然清廷重臣恭亲王奕䜣和总理大臣文祥（1818—1876）等人掌控的总理各国事务衙门是推动洋务运动的中央机构，但是实力主要掌握在地方总督和巡抚手中。19世纪60年代华南先后建起了江南制造局、福州船政局和安庆军械所（金陵机械制造局前身）等近代军事工业。1884年洋务派在组建南洋、北洋和福建海军之后又修建了旅顺船坞和威海卫军港。在

19 世纪 70 年代的除旧布新氛围中相继建起官办、官督商办或官商合办的各类企业。上海机器织布局、兰州织呢局、南北电报局和开平矿务局先后建成运营。1889 年初两广总督张之洞筹划在广州建立炼铁厂，后来因为调任湖广总督，就下令拟议之中的炼铁厂选址汉阳，三年后快速发展的汉阳铁厂便形成了具有六大分厂、四小分厂和两座炼铁炉规模的企业。从此中国开始向机械化和工业化的轨道迈进。

清朝海军、海关、轮船、电报、铁路、制造、矿务、纺织和出版等方面在创办初期需要大批掌握现代科技和管理知识的人才。1862 年 8 月在同治皇帝批准设立的京师同文馆建制内陆续开办了英文馆、俄文馆、德文馆和东文馆，不但培养了一批通事和外事人才，还推动了同文馆印书房、海关造册处和广学会出版机构的建立。因为国内熟悉近代科技管理业务的人才奇缺，便向美国、英国、法国、德国、俄国、丹麦和日本等 20 多个国家延聘顾问、教练、教习和工程师来华工作。外聘人才的选择根据相关国家是否拥有先进的科学技术和丰富的管理经验，在中国是否已建公使馆，可曾对华贷款，已派来华洋员是否尽心尽责等方面情况进行考察。招聘的渠道包括对方驻华公使馆的主动推荐，中国代表团的实地考查和驻外机构的直接介绍等。

各类洋员被文武官署所聘用，部分在民用和军用企业中充当技术顾问，更多的则充当工程师、教练、监工或者工匠，除了技术指导外，还直接参与技术人员的培训。当时创办的各级新式学堂多半也都聘请了外籍教习，他们在参与教学计划制定的同时，还承担了新式课程的教学工作。

洋员来华之初大都不同程度地怀有西方中心主义价值观，不能很好理解、适应并接受中华文化、清代官僚思维和政治生态，与中国社会格格不入，因此无从以其技术和所代表的理念及信仰导化中国员工。然而也有不少洋员勇敢直面天朝体制，明智地选择了自己的身份认同策略，积极地参与中国社会发展，最终成就大业。

洋员是中国近代史上一个外国雇员群体，其对外身份属于中国编制官吏，但是法律上却享有治外法权。由于自身和工作环境的需要，他们肩负着中西文化沟通的重任，从处理日常事务到参与中国驻外使节的遴选和中外条约和协议的谈判，几乎都有洋员的身影，因此被视为早期中外文化和经济交往的中介。

多数美国雇员素养较好，受过高等教育，有些人还学习过汉语、中华文化和汉学专业。来华后保持与中国社会的零距离接触,关心媒体的新闻动态和地方出版物的信息,深入了解社会民俗民情,很快就进入了角色。他们作为中国政府部门或机构的外聘雇员,政治和社会地位特殊,受到中国和自己国家法律的双重保护,平时公干、出差、应酬、旅行都可获得额外补助,条件比一般雇员优越。不少美国传教士曾对"海关洋员"的金字招牌趋之若鹜,或摇身一变成为海关出身的同文馆教习,或以医学传教士身份兼职海关医生。他们中的一些人还分别在中国学校、研究机构和政府部门兼职,充当幕僚或顾问,总税务司也鼓励他们加入各类协会。由于广学会和同文馆印书房与海关造册处之间的密切关系,他们出版个人著述和订阅刊物都比较方便,为传播中西文化创建了良好的沟通平台。中美职员共处的环境以及与当时中国社会各阶层人士的广泛联系,特别是与政府官员的密切交往,为他们增加了解中国文化和传播西方文化的机会,也为他们参与各类文化活动敞开了大门。

美籍雇员传播的中西文化内容广泛,形式多样。他们引介了诸如会计管理、文书档案、保税业务、人事安排和邮政传递等西方管理制度;通过同文馆和新式学堂传播西方科技、社会学和国际法知识,为武器制造、航海设施、西式建筑和生活配套等提供咨询和资料;通过海关和医疗立项向中国社会传播现代公共卫生制度和日常生活科学知识;通过著书立说推动汉学、历史学、政治学、社会学、植物学和动物学的研究,介绍西方的音乐、节庆和风俗礼仪;帮助安排中国政要出洋考察,协助中国公司参与国际展览,鼓励中国学人参加各类国际学术会议。与此同时他们也利用自己的影响,在哈佛大学、耶鲁大学、哥伦比亚大学、康奈尔大学、华盛顿大学、芝加哥大学、加利福尼亚大学、斯坦福大学、亚利桑那大学和夏威夷大学开设汉语、汉学和中华文化课程,倡导翻译中国经典名著,撰写有关中国历史和社会现状的专著,编纂英汉辞典和汉语学习书籍,接待中国留学生。他们还通过几届世博会向西方社会展示中国产品和中华文明史,通过发行海关贸易报告向西方读者介绍中国情况,为准备来华的外国人提供咨询业务。这一切对西方世界了解中国传统文化产生过一定影响。

早期来华的美国专业和技术人员将中国视为其职业选择的一站。虽然他们的日常工作是履行行政职责,维护条约所赋予西方的特权,但是他们在加强中美文化对话和交流、促进人类文明的发展方面也作出了自己的贡献,使当时的中国通商口岸成为国人了解外部世界的窗口,催生了新科学和新思想，加速了中国社会的变革，为中国近代工业化和文化的发展铺设了轨道。他们的经历在近现代中西交往史上极具其时代和民族代表性，所发挥的桥梁作用影响深远，其中一些人后来还成为中国通或者汉学家，他们的学术成就本身就是汉学研究中的重要选题。

1965 年，美国塔弗兹大学弗莱舍法律和外交学院院长埃德蒙·格利恩(Edmund Asbury Gullion，1913—1998)在一份报告中将"公共外交"(public diplomacy)定义为：公众态度对政府外交政策的制定和实施所产生的影响，包括超越传统外交的国际关系领域，政府对其他国家舆论的开发，一国与另一国私人利益集团的互动，其形式是信息、语言和媒体手段。①

国与国之间的文化交流包含着职业和非职业涉外人员的参与和贡献。各国非政府组织和公众通过不同形式的信息交流和对话所开展的公关，有助于促进国与国之间的了解，包括文化传统、社会发展、经济状况、政治体制等等。公共外交可以体现在世博会或园博会上，可以体现在学术研讨会或产品推介会上，甚至体现在课堂教学、行政管理和日常交谈之中。政府通过公共外交对民意产生影响，民意也对政府决策作出回应。公共外交是一项系统工程，由民间组织、学术机构、智库和媒体共同运作。早期美国汉学史为其提供了丰富的经验和范例。

一、李鸿章幕府中的美籍幕僚

李鸿章是中国近代史上的淮军创始人和洋务运动的倡导者，在晚清政坛上曾经纵横捭阖 40 余年。

1846 年他在初次会试落榜后投靠曾国藩门下学习经世之学，1858 年冬入曾国藩幕府襄办营务。1862 年他招募淮扬水师五营人马，自成一军，掌握地方实权后大量购进西式枪炮，在短短时间内军伍由 6000 多人增至 6 万~7 万人。1870 年他因调解天津教案有功被任命为直隶总督，后又兼任北洋通商事务大臣，直接或者间接地参与了清政府有关内政、外交、经济和军事等重大抉择，长期督办洋务，仕途如日中天，被视为同治和光绪两朝

① 据尼古拉斯·卡尔(Nicholas J.Cull)在《格利恩之前的"公共外交"：一个术语语义的演变》(Public Oiplomacy Before Edmund Gullion-the Significant Evolufion of a Phrase)中考证，英语术语"公共外交"最早见于 1856 年 1 月 15 日英国《泰晤士报》第 6 页的一篇社论中，原义相当于"礼仪"的同义词，但是一个世纪后格利恩赋予了该术语新的含义。

之重臣。随着地位的迁升和权力的扩大,以他为领袖的淮系势力逐渐成为实力强大的洋务派系,推动着“求富自强”运动的开展。

李鸿章长期关注西方的科学技术与国内的经济发展,深感广开财路为当务之急,到上海后便利用当地富绅的雄厚财源进口大量西方机器设备。1865 年在署理两江总督任上他收购了上海虹口美商旗记铁厂,并把它扩建为江南制造局,与此同时苏州机器局亦随迁南京。他调任直隶总督后还接管了天津机器局,掌控了当时全国近代化的军工企业中四分之三的优势地位。1872 年李鸿章获准创办轮船招商局,既为与外轮公司进行商业竞争,亦为实践富国强兵的政治抱负。从此洋务派在“官办”的管理模式基础上又组建了“官督商办”和“官商合办”的天津电报总局、上海机器织布局、上海华盛纺织总厂、上海电报总局、唐胥铁路、津沽铁路、河北磁州煤铁矿、开平矿务局、热河四道沟铜矿、山东峄县煤矿、江西兴国煤矿和湖北广济煤矿,有力地推动了中国近代资本主义的发展。

李鸿章积极倡议建立近代化海军,1874 年他在一份奏折中提出了以定购铁甲舰组建北洋和南洋舰队的主张。1885 年海军衙门成立,醇亲王总理海军事务,李鸿章自己为会办。北洋水师成军后拥有舰艇 25 艘,官兵 4000 余人。此后,他又加紧旅顺、大沽和威海等海军基地的建设。

李鸿章曾聘用许多外国人为顾问、教习、舰长、帮办和外交谈判代表,待遇优越。在他的幕府中,美国人毕德格(William N.Pethick,? —1902)和英籍德国人德璀琳(Gustav von Detring,1842—1913)地位特殊。

毕德格曾在纽约一个骑兵团服役。同治十三年(1874)来华,任美国驻天津副领事和翻译。1879 年以前他担任李鸿章的家庭英文教师。其子李经迈和李经方以及刘体智(李经方内弟)在他的调教下,学会了英语,阅读了大量外国报刊和书籍,为李家父子“睁眼看世界”助一臂之力。由于毕德格通晓汉语、法语和德语,后来正式离开美驻天津领事馆,加入了李鸿章幕府,成了李鸿章的私人秘书、翻译和顾问,为李鸿章口译英文、法文和德文书籍 800 余部。

在李鸿章幕府供职的外国人通常都把信寄给毕德格或者德璀琳。毕德格具体分管在北洋海军任职的外国人。德璀琳是那些在李鸿章的工商企业中供职的外国人的联络官,也是为李鸿章办理外交事务的外国人的联络官。从地域和语言上的分工是:毕德格分管李鸿章手下的美国人,德璀琳分管欧洲人。

毕德格常帮助李鸿章出谋划策,如辅助筹划修建关内外铁路,帮助物色洋员来华供职。外国工程师或技术人员来华后,他有时也陪同他们深入山区探矿。

1881 年 10 月,毕德格与马根济(John Kenneth Mackenzie,1850—1888)就培养北洋海军医官办医学馆之事上书李鸿章,在聪颖少年子弟中遴选学员,以期赴军营和战舰充当军医。这一建议很快得到了李鸿章的允准,为北洋海军培养出了一批医务人才。

甲午战争爆发后,清政府邀请列强从中斡旋中日关系。日本曾拒绝英国主持的联合调停,先后从鸭绿江和花园口两路进攻辽东半岛。1894 年 10 月 6 日,回国休假期满后重返天津的毕德格奉派前往横滨,日本外务省派遣其顾问德尼逊(Denison Henry W.)邀请毕德格前往东京商谈。日本外务省官员在会见中提出了在得到旅顺口后才议和,以及有关割地、赔款、朝鲜独立等"五条"作为清政府直接谈判的前提条件。10 月 22 日毕德格返回天津,向李鸿章禀陈了与日本外务省官员的谈话要点。1895 年 2 月 17 日日军占领刘公岛后,毕德格随同李鸿章自天津登轮,赴日和谈。

甲午战争后,李鸿章被解除了直隶总督兼北洋大臣职务,奉命赴京入阁办事,暂住贤良寺,偶有事要去外国驻华使馆,毕德格总以得力助手身份陪同。1896 年德国强占胶州湾,毕德格奉命会晤俄国驻华公使巴布罗斯,吁请俄国从中干涉,虽因种种原因而未能成功,也算尽了犬马之劳。

毕德格凭借自己的外交历练、语言修养和顾问身份,经常参与李鸿章主理的外交活动。

他在李鸿章幕府供职 20 余年,熟悉中国国情和帝国体制,善于把握时机处理政务,沟通谈判累建奇功,深得信任与器重。作为新旧体制交替时期李鸿章幕府中的心腹,他的在华经历具有与众不同的学术透视和研究价值。他是中国近代史中重要事件的参与者和见证人,为推动中西文化交流和发展做出了特殊的贡献,堪称美国汉学史上一位可圈可点的人物。

二、晚清美籍关员与中美经济文化交流

鸦片战争之后中国海关从自主经营改为由五个通商口岸的外国领事馆对本国船只实行税项担保制度,以此干预中国海关对到岸商船进行验

货、缉私和管理，达到包庇违法走私活动的目的。

1853年9月上海小刀会首领刘丽川率众起义，抗击受英、法、美等国纵容的清军，苏松太道兼江海关（1685年设立的上海海关旧称）监督吴健彰（1815—1870?）逃入租界，外滩江海关的行政全部处于瘫痪状态。在此期间，英国驻沪领事阿礼国（Rutheford Alcock，1809—1897）和美国驻沪副领事金能亨（Edward Cunningham，1823—1889）私下草拟《海关行政停顿期间船舶结关暂行条例》，妄图实行领事代征制度，税款支付以"见票即付"的保单代替现款。吴健彰一度奉命在白鹤清和闵行镇设置两个临时关卡，但是遭到了欧美领馆阻挠。1854年夏初，英国副领事威妥玛（Thomas Francis Wade，1818—1895）在向清政府提交的一份备忘录中提出由上海当局募用洋员协助中国税务的主张，得到了美国和法国领事官员赞同。同年6月29日两江总督怡良（1791—1867）派吴健彰在沪郊昆山会晤外国驻沪领馆官员，决定把江海关置于与有约国领事的共同管辖之下，由三国领事提名并获道台核准的洋员组建税务管理委员会，派遣由外籍船长指挥的海关武装缉私船各处巡查，从此江海关的大权旁落西方国家驻沪领馆手中。英国人李泰国（Horatio Nelson Lay，1832—1898）在江海关帮办多年，经江苏巡抚薛焕（1815—1880）和上海道台吴煦（1809—1873）推荐，1859年被任命为中国海关第一任外籍总税务司。

总理各国事务衙门所属的海关总税务司署（Inspectorate General of Customs）成立于1861年，下设总理文案税务司（Chief Secretary，I.G.）、稽核帐目文案税务司（Audit Secretary，I.G.）、管理汉文文案税务司（Chinese Secretary，I.G.）和造册处（Statistical Department）。1866年海关总税务司署从上海迁到北京，但是总署造册处仍设在上海。

1863年李泰国因越权私自与英国水师总兵签订合约被罢免。1864年总理各国事务衙门颁布了由新任总税务司赫德草拟的《通商口岸募用洋员帮办税务章程》，正式确认了洋员的聘任、薪酬、评估和辞退皆由总税务司裁夺之规定。1859—1949年中国海关共招聘洋员400多人，外籍税务司除李泰国和赫德外，还有安格联（Francis Atthur Aglen，1869—1932）、梅乐和（Frederick William Maze，1871—1959）与李度（Lester Knox Little，1892—　）。

1865—1905 年中国海关外籍关员统计表 ①

年份	美籍	英籍	法籍	德籍	其他国籍
1865	9 人	46 人	9 人	5 人	2 人
1875	14 人	71 人	18 人	9 人	9 人
1885	14 人	121 人	17 人	13 人	315 人
1895	15 人	145 人	21 人	17 人	552 人
1905	23 人	188 人	43 人	37 人	1048 人

1864 年赫德致函美国驻华公使蒲安臣，请求帮助延揽来华任职海关人才。他在信中写道：

> 如果你能为我在美国物色三名有教养的青年，年龄在 18 岁以上，22 岁以下，受过大学教育，我将极为感谢。我想要能力至少相当于一般水平，社会名声好，有勤劳习惯的人。每人抵达中国，将付给 200 镑，以偿付旅途费用支出。他们最初两年将住在北京学习中文，那里将提供住房，一年薪俸按 400 镑（约 1800 元），第二年期满，每人薪俸将增至 600 镑（约 2700 元）。此后如果有空额，或有提升机会，将逐渐增至 800 镑、1000 镑和 1200 镑。他们总有一天可能希望成为税务司，年薪至少 1200 镑、1400 镑和 2000 镑。一个勤奋努力而且有能力的人有希望在 8 年或 10 年内成为税务司。②

蒲安臣应约在美国联邦大学、哈佛大学和耶鲁大学的应届毕业生中招募了廷得尔（Edward Coe Taintor，1842—1878）、杜德维（Edward Bangs Drew，1843—1924）和吴得禄（F.E.Woodruff）三人。他们于 1865 年抵达北京，办理相干手续并经培训后加入了中国海关。

---

① Documents Illustrative of the Origin, Development and Activities of the Chinese Customs Service, edited and published by Statistical Department of General Instectorate of Customs in 1940. Vol. 7, p. 82.

② 费正清等：《赫德日记——赫德与中国早期现代化》（陈绛译），第 149—150 页，北京：中国海关出版社，2005 年。

当年中国海关在美国招募关员是在不断升温的文化和经济交流背景下展开的。

1862年波士顿商人和外交官弗朗西斯·鼐德(Francis P.Knight)与其兄弟阿尔伯特·鼐德(Albert M.Knight)曾经在营口(牛庄)创办一家旗昌洋行(Knight & Co.),经营进出口贸易兼佣金代理业务。鼐德还兼任美国、荷兰、法国、德国、瑞典、挪威和日本驻营口领事或副领事。从个人在华15年的所见所闻中他感悟到开展并扩大中美文化经济交流的必要和可能,意欲筹措一笔基金在哈佛大学设立中文讲座,以期增加对中国国情的了解,培养一批能在中国担任高级职位的美国年轻人,促进中美两国之间的商务和外交往来。1877年2月22日他在一封致哈佛大学校长查尔斯·埃利奥特的信中写道:

> 过去15年在中国商场和官场的经历使我相信,旅居中国的外国人犯了大错,即他们在抵达中华帝国时没有掌握该国的语言,而是一直依靠所谓的"洋泾浜英语",与这个伟大帝国的臣民交往。近几年,美国在华商务和外交利益日益增大,而且我相信它们还会继续增长,直到变得比在东方其他国家的同类利益更为重要。
>
> 在中国,上海至吴淞已开通一条11英里的短小铁路,这被普遍认为是修建横跨整个中华帝国的庞大铁路体系——相当于横跨美国中西部的铁路——的开端。
>
> 未来的律师有希望跨出律师业已非常拥挤的美国,到竞争还很小的中国谋求有利发展。
>
> 对于旅行家、科学家及其他许多人来说,中国还是一个几乎没有开拓的领域,这将会吸引很多人。除薪水的考虑外,他们在这里会发现发现未曾涉足的一个国度和未曾涉猎的一种文学,两

者内涵极为丰富。①

从鼐德的上述观点中可以看出当时美国政界和商界对于发展中美文化和经济关系的迫切期待程度。

廷得尔1865年从美国来华，入选了中国海关，先后任职于淡水、上海、北京和营口海关。1873—1878年受聘于上海海关造册处。作为第一位造册处税务司，他主要负责征税表格的设计和印制，汇总、编印和发行海关贸易报告和统计报告，以及出版海关文献和书籍等工作。在缺乏参照文本和经验的情况下，他凭自己的开创性不断进行探索，做出了有价值的贡献，为继任者积累了宝贵的经验。但是因为健康方面的原因，有时文案工作不得不请他人代劳，1878年在上海自杀身亡。他勤于思考，善于积累资料，公务之遐笔耕不辍，在短暂学术生涯中的主要著述有：《海南岛地理概况》(Geographcal Sketch of the Island of Hainan, 1868)和《台湾北部的土著》(The Aborigines of Northern Formosa, 1874)。

毕士璧(Aelius Marcellus Bisbee, 1841—1901)原是一位持证上岗的美国船长，1868年在中美商务和人员交流的热烈氛围中加入了中国海关海政局。该局由海事税务司(marine commissioner)管辖，下设烟台、上海和福州三个巡工司(divisional inspector)。毕士璧任南区巡工司兼福州理船厅，1875年调往上海，仍兼双职，一度返回美国学习灯塔技术和行政管理。1880年海政局改组为理船处和营造处，前者由上海和福州海岸巡工司(coast inspector)负责，后者由总营造司(engineer-in-chief)负责，专管航海设备的制造和购置。1881年年初毕士璧被提升为巡工司兼上海理船厅，任期长达20年，与以天文学家弗洛克(Louis Froc)为台长的徐家汇天文台建立了良好的合作关系。毕士璧定时向天文台发送从相关区域收集到的气象数据，经综合处理后由天文台转发沿海过往船舶，为他们的安全航行提供信息。毕士璧在任期内尽心尽责做好航道测量和疏浚工作，口碑甚好，为此曾荣获清廷授予的三品以及三等双龙宝星勋章。②

杜德维1863年毕业于哈佛学院，1867年被安排在总税务司署管理汉

① 樊书华：《鼐德方案与哈佛大学汉学的起源》，载中国社会科学院近代史研究所主办《青年学术论坛》，第371—377页，1999年卷。

② 李爱丽：《晚清美籍税务司研究：以粤海为中心》，第40页，天津：天津古籍出版社，2005年。

文档案,后来分别在九江、烟台、镇江、宁波、广州和福州海关任职。在任宁波税务司期间曾经跟后来成为哈佛大学首位中国教师安徽秀才戈鲲化学习过汉语。1872 年杜德维返美在剑桥休假时接到赫德信函,委托他物色三名身体健康、受过开放式教育、英语表达能力好的年轻人加盟中国海关。他便到哈佛大学、布朗学院(Brown College)和麻省理工学院(Massachusetts Institute of Technology)在 20 名应征者中录取了马士、司必立(William Franklin Spinney)和客纳格(Charles Cecil Clarke)。1882 年杜德维任总税务司署造册处税务司。期间恩师戈鲲化不幸病逝于哈佛,杜德维便专程陪伴居丧家属护送遗体,从波士顿乘车到旧金山,然后搭"海洋"号取道日本横滨经上海回乡安葬。1896 年李鸿章访俄,他作为首席陪同官员随同前往,鞍前马后一路劳顿,颇受赏识。1908 年杜德维退休,后病逝于美国。

马士祖籍英国,家族于 1635 年移居马萨诸塞州,父亲从事制革和农业生产。11 岁时他就读于波士顿拉丁语学校,1870 年进入哈佛大学,1874 年与墨贤理(Henry Ferdinand Merrill,1853—1935)、客纳格和司必立一起来华。最初两年他在上海每天跟一位当地家教学习汉语。1874 年他被江海关录用为四等二级帮办(4th Class Clerkship B),年薪 900 海关两(1500 美元)。1878 年马士被派往北京总税务司署任巡查员,同时担任同文馆英文教习兼通译,主要负责翻译英文教材和国际法,有时还要帮助收发公文。因为原先他学习的汉语口语上海口音太重,与北京同事交流多有不便,便忙里偷空补习北方官话。1879 年他在天津海关德璀琳手下任帮办,1879—1882 年任伦敦办事处金登干(J. D. Campbell, 1833—1907)助理。1883 年随德璀琳参与中法谈判。多年来辗转各地,行踪不定,倒也自得其乐。

1885 年中法战争结束后,马士奉派上海海关并担任上海轮船招商局顾问,负责从美国公司收回招商局船只和库房等事务。1885—1887 年马士经常就轮船设计、成本核算、黄河治理、台湾开发、财产处理、纠纷调解、煤炭生产、铁路运输、人事安排、毒品惩处、船舶修理等问题通过德璀琳与李鸿章保持联系。

1889—1890 年马士供职于北海海关,休假两年后奉派到台湾淡水海关,1892—1895 年升任为副税务司兼台湾巡抚邵友濂(1841—1901)的省政顾问,致力于行政改革并遏制非法贸易。1896—1900 年他先后调任龙州和岳州海关,1903 年晋升为上海海关总税务司统计局秘书长。

马士在中国海关服务35年,公务之暇潜心研究中国近代史和对外经济贸易史。1909年以健康原因退休后移居英国。他的重要著述有:

《中国钱币考》(The Currency in China,1906年)。

《中华帝国的贸易与管理》(The Trade and Administration of the Chinese Empire,1908年)。

《广州公行考》(The Gilds of China, with an Account of the Gild Merchant,or Co-Hong of Canton,1909年)。

《中华帝国对外关系》(The International Relations of the Chinese Empire,three vols.,1910—1918年)。

《1635—1834年东印度公司对华贸易编年史》(The Chronicles of the East India Company Trading to China, 1635—1834, five vols., 1926—1929年)。

《太平天国岁月》(In the Days of the Taipings,1927年)。

《远东国际关系史》(Far Eastern International Relations, co-authored with Harley Farnsworht MacNair,1928年)。

他的上述著作后来成为西方汉学、历史学和经济学研究的经典。

马士长期供职于晚清海关,有许多机会零距离接触李鸿章、赫德、杜德维和崔德琳等高官,参与研究和制定中国海关规章政策。此外,他平日还可查阅有关中国海关档案和第一手资料,注意搜集信息,保存了大批来往函件。工作地点频繁调动也使他对中国商业制度、官僚机构和各地民俗有广泛深入的了解,1903—1909年担任江海关统计局职务的经历为他熟悉中国贸易和财政收支统计数字提供了方便。这一切为他的中国对外关系史研究提供了丰富详实的资料,为中国近代史、特别是对外经贸关系史研究打下了坚实基础,从而开拓了美国汉学研究的新领域。他本人一直致力于向西方世界介绍中国人民、中国历史和社会制度,费正清等美国汉学家曾直接受益于马士的指导。

司必立生于美国麻塞诸塞州,1874年来华。1884年被中国政府指派为出席美国奥尔良博览会(Exposition in New Orleans)代表。1896年云南蒙自设立了海关寄信局,第二年改为“邮政总局”,由海关税务司司必立兼任。1887年他出任广东海关关长,1893年调任台湾海关,与马士分管南台和北台两关。《马关条约》签订后,他出任苏州关长,1905年10月离任。

因为业绩突出，他曾被清政府授予双龙宝星勋章及三品衔，位及“大人级”领事。① 1906 年因健康原因离开中国。

墨贤理父母长期在华经商，1874 年他从哈佛大学毕业后来华，自 1887 年起历任宁波、芜湖、天津、广州和上海税务司。1896 年入总税务司署管理汉文案税务司，1897 年获中国政府颁授二品衔及双龙宝星勋章，代表中国出席美国华盛顿举行的国际邮政会议（International Postal Congress）。1908 至 1909 年被聘任为中国留美学生监督。1909 年 11 月出任上海关关长。1913 年退休，1916 年返美。

另一位中国海关洋员客纳格生于美国麻萨诸塞州，1874 年哈佛大学毕业后来华，在上海学习汉语三年。1878 年任芜湖海关帮办，1875 年被调迁至汉口，1886 年任琼海海关帮办，1891 年任龙州代理税务司，1899—1903 年任职于苏洲海关，1903 年至 1908 年服务于营口，1909 年退休，1911 年定居英国。

三、美籍雇员与晚清军事近代化

1874 年日本企图实现策划已久的占据台湾阴谋，被清兵战船成功驱逐，此事引起了朝野人士深思。1875 年 5 月 30 日清廷下令由沈葆祯（1820—1879）和李鸿章分任南北洋大臣建设水师，并拟每年从海关和厘金收入中划拨 400 万两白银做军费使用，待北洋水师（辖域山东及以北之黄海）建成后扩建南洋水师（辖域山东以南及长江以外之东海）和广东水师（辖域福建和南海）。1888 年 12 月 17 日北洋水师在山东威海卫的刘公岛正式组建，数年后共拥有大小舰船 56 艘，总吨位 4 万余吨。从德国订造的“定远”和“镇远”两艘铁甲战列舰，排水量达 7300 多吨，但是稍后组建的南洋水师却只有“镜清”和“南琛”等中小型舰船八艘，吨位与北洋水师相差悬殊。

在晚清海防近代化的进程中，100 多名来自美国、英国和德国的军事技术人员先后应聘来华，在战舰采购、军港建设、水兵征募、装备配置和训练安排方面出谋划策。仅教习一职就有操练、枪炮、鱼雷、管驾和管轮等分工，训练科学严谨，非一般人员可以胜任。在捍卫疆防的战斗中多数洋员

① 坊间称人有七层境界：高人级，能人级，大人级，强人级，伟人级，圣人级，神人级。

信守合约与中国军人并肩战斗,发挥了重要作用。但是也有个别外籍雇员滥竽充数,不守承诺,或者直接参与了清政府对反抗暴政义军的镇压,因此在历史学家的笔下只留下了负面评价。

1860年12月13日马吉芬(Philo Norton McGiffin,1860—1897)生于美国的一个苏格兰移民军人家庭,家族成员曾参加过独立战争。马吉芬读完高中后进入杰弗森学院学习,曾给当地州议员写信请求推荐自己去那波利斯海军学院深造,1877年他终于成为一名海军学院学员,在校期间对于船舶驾驶、枪炮操练、船舶导航和蒸汽轮机维护等科目有特殊的兴趣。四年学业结束后他又在海上服务了两年,最终却被告知加入海军尚待时日,不得不领1000元安置费离开学校。

1884年法国舰艇进攻台湾,他决心加入中国水师参战。在旧金山寄给母亲和姐姐的一封信中他说正在求职,并用从中国领事馆官员处学会的汉字在落款中签了名。1885年4月的一个星期天夜晚他乘坐的船到了大沽口,第二天上午10点进入天津港,心中暗自为即将开始的新生活高兴。他在熙熙攘攘的陌生街市中找到了美国驻天津领事馆,恳切地请副领事佩西克(Pethick)帮他把一封求职信转交李鸿章。当他返回船舱听说李鸿章已安排接见船长时,就欣然随同前往。在总督府受到李鸿章接见后的第二天,他按规定参加了天津军械局水师学堂的多学科考试,内容涉及船舶驾驶、枪炮操作、导航要领、航海天文学、几何学、球面三角、二次曲线以及积分运算等科目。他的答卷得到了考官的肯定,并被告知总督可能安排他在军校教授船舶驾驶、枪炮操作、领航和航海天文学等课程,也可能负责训练陆军和炮兵学员,讲授防卫工事构筑要略,年薪相当于1800美元,合同期为三年。几个月后,他被指派去指挥一艘有装甲防护的训练舰。

马吉芬先后担任了天津和威海水师学堂教习,专业理论讲解详尽精到,得到了李鸿章和丁汝昌等高官的首肯,职业生涯一帆风顺。有一年感恩节他特意安排了一个盛宴,款待曾经在美国受训的中国同事和友人。光阴荏苒,转眼间他在中国度过了10个年头,正考虑回国休假时中日海战即将爆发的消息突然传来,他毫不犹豫地主动推迟了休假,当即被任命为“镇远”号战列舰帮带。

1894年9月17日北洋水师与日本联合舰队在黄海决战。“镇远”舰遭到3艘日本战舰的合围,前甲板中弹,马吉芬在紧急关头接替了负伤管带林泰曾(1851—1894)指挥战斗。他当机立断命令“镇远”号把日军旗舰

“吉野”号吸引到近旁，4 门克虏伯主炮齐发使敌舰炮台爆炸丧失了战斗力，仓皇率舰队逃遁。此时“镇远”号也不幸中弹，多处负伤几近双目失明的马吉芬在昏迷中被抬进了船舱，但他还是沉着指挥舰只返回旅顺。战事结束后清廷表彰了七位英勇作战的外籍军人，马吉芬荣获顶带花翎和三等一级宝星勋章。

为了不惊扰他人，马吉芬悄悄藏身一艘货轮返回美国治疗，在纽约生活了两年。在相当长的一段时间内他成了美国媒体关注的焦点。他有关中日海战的陈述开始时是广为传播的新闻，后来却被当作令人难以置信的“疯话”。他尽量控制自己的情绪，忍受着身心创痛给任《世纪》杂志编辑的当年安纳波利斯海军学院的同窗撰写了一份有关黄海海战的回忆录。作为亲历中日甲午海战的美国军人逐渐引起了自己同胞的关注和敬佩。他四处演讲，希望把东方海战的真实故事告诉每一个人。

1897 年 2 月 12 日马吉芬在眼球摘除手术前一天自杀身亡。按照遗嘱他身穿一套崭新的北洋海军军服入葬，棺椁上覆盖着他曾经为之效力的北洋海军的黄龙旗。

另一位美国青年阿灵顿 20 岁来华后进入中国水师，曾参加 1884 年中法海战，一度被聘任为邮政局邮政司。1920 年退休后定居北京，潜心于中国文化研究。他的著作有：

《中国戏剧史》(The Chinese Drama from the Earliest Times until Today, 1930)。

《龙眼所见》(The Dragon's Eyes, 1931)。

《寻找古北京》(In Search of Old Peking, 1935)。

《中国著名戏曲》(Famous Chinese Plays, 1937)等专著。

薛斐尔(Commandone Schufeldt)，1866 年曾以美国水师总兵身份访问朝鲜。1879 年四月以美国前任总统格兰特(Ulysses Simpson Grant, 1822—1885)随员身份来华。当时因日本并吞琉球引起国际争端，清政府拟请格兰特出面调停，授命李鸿章在天津款待薛斐尔。但薛斐尔对于调停一事并不热心，却大谈特谈愿为中国训练海军。返美后他曾投书《旧金山日报》对李鸿章横加指责，引起了舆论界沸沸扬扬的一番议论。美国驻华使馆代办何天爵(Chester Holcombe, 1844—1912)为息事宁人，将他的在华言行向美国政府禀报纠纷才得以平息。1880 年薛斐尔奉命再次来华，与李鸿章商讨美朝签约事宜，两年后达成了协议。

华尔(Frederick Townsend Ward,1831—1862)出生于马萨诸塞州萨勒姆城。16 岁就读于佛蒙特州的挪利友大学(原名美国文理军事学院),中途辍学。因为接受过基础军事训练,曾先后入墨西哥和法国军中服役。1859 年来华,一度在长江汽轮上打工,后来当上了清军水师炮船“孔夫子”号大副。后受苏松太道吴煦聘任招募洋人组建洋枪队,并任队长一职。同年 7 月在对松江和青浦太平军进攻中遭痛击,受重伤赴法国医治。

1861 年 8 月,他获准在松江成立教练局,以欧美军人为指挥招募中国团勇组建中外混合军,规模扩至 5000 余人,总部设在松江城内,华尔被升任为“常胜军”副将。此前他与当地官绅过从甚密,娶富商杨坊之女为妻,并申请加入了中国籍。

华尔在松江与忠王李秀成率领的 3 万义军战斗中,将城外一带民房烧毁,后又以“缺饷”为借口抢劫米铺,搜抄官署,掠夺银洋金器无数。1862 年 9 月华尔率领“常胜军”在宁波与太平军决战,受重伤身亡。

四、洋务文化教育中的美籍教习

历史学家把 19 世纪下半叶洋务派根据对外交往需要所开展的专门化人才培训称为“洋务文化教育”。这一运动的开展是中国文化、外交、政治、经济、科技和教育在近代化浪潮冲击下相互作用的结果,涉及面包括语言、翻译、法律、电报、矿务、冶炼、管理、机械、造船和军工等方面。随着造就新型人才重要性和迫切性的日趋明朗,其范围和规模也随之不断扩大。

洋务运动发端于中国近代史上大规模企业私有化的兴起,独具重要象征意义的洋务学堂以“西文”和“西艺”为其主要教学内容。1866—1898 年,在北京、上海、广州、天津、南京、南昌、杭州、福州、武昌、西安、旅顺、烟台、贵阳和台北等城市就创办了包括西语学堂、技术学堂和武备学堂等 30 余所。

1859 年翰林院编修郭嵩焘(1818—1891)奏请咸丰皇帝设立京师同文馆获准,1862 年 6 月在北京东堂子胡同的总理各国事务衙门内正式开课,第二年又增设俄文馆和法文馆。最初阶段学员主要从八旗子弟中遴选,后来全国各地开始争相向京师同文馆推荐优秀学童。几年后加设德文馆和东方馆,并正式规定:学员除研修英、法、俄、德等语种中的一种外,还要兼学数学、物理、化学、天文、政治、笔译、航海测算、万国公法、世界历史和世界地理等课程。到1877年该馆招生人数已达101名,来华执教的外籍教师54名,声名日渐远播。1902年京师同文馆并入京师大学堂,人力物力资源更为雄厚。

担任京师同文馆第一任总教习的丁韪良是美国长老会的传教士,在自然科学和国际公法等方面有独到研究。1863年他着手翻译美国人惠顿的《万国律例》,第二年美国公使蒲安臣便推荐他到同文馆讲授国际公法课程。1869年11月26日他辞去了长老会的教职,受聘于清廷总理事务衙门,任三品衔同文馆总教习。1898年光绪皇帝授予他二品顶带衔,表彰他对洋务文化教育所做的贡献。1900年八国联军侵入北京,京师同文馆被迫停办,1901年年底该馆编制并入了京师大学堂。

京师同文馆是我国近代史上第一所官办的新式学校,无论培养目标、课型设置、教授方式和管理制度比起传统私塾和书院来都独具特色,很快各地就纷纷仿效。1863年李鸿章奏请在上海设立广方言馆(原名"上海外国语言文字学馆"),并具体拟定出办学章程12条,目的是为了兴办洋务培养译员,学制三年。第一期招生40人,开设经学、史学、算学和英文等课程,聘任美国监理会传教士林乐知和金楷理(Carl Traugott Kreyer,1839—1914)为西文教习。

金楷理出生于德国萨克森州,幼年时全家移居美国。1863年他以优秀成绩毕业于罗切斯特大学,1866年5月奉美国浸信会派遣到宁波传教,后在杭州设立了浸礼会工作站。1870年他在广方言馆教授德文。上海广方言馆并入江南制造局后,他同时兼任广方言馆教习和江南制造局翻译馆通译。1875年他辞去了江南制造局职务,调任福州船政局,其间还兼任上海道台通事。他曾随中国驻俄公使许景澄(1845—1900)赴俄,后任驻俄公使馆参赞。1901年醇亲王载沣(1883—1951)率团访问德国,金楷理作为随员陪团前往。1880年3月11日他被聘任为中国驻德使馆二等通事,直到1903年退休,共24年。1897—1902年他曾在柏林大学进修,专攻政治经济学和财政学。1908—1910年他被聘任为中国驻罗马使馆顾问。1914年9月29日病逝于法兰克福。在翻译馆任职期间,他曾先后与赵元益(1840—1902)、华衡芳(1833—1902)、王德钧、李凤苞(1834—1887)和朱恩锡等人合译15种西书,还参与翻译《西国近事汇编》。

当年在江南制造局任职的还有卫理(Edward Thomas Williams,1854—1944)。他原是美以美教会传教士,于1887年到南京传教,1896年任美国驻上海领事馆通事兼江南制造局翻译馆译员，1898—1901 被聘任为上海市政府译员，1918—1927 年被聘任为加利福尼亚大学汉文教授。他曾与范熙庸和王振声等合译七种西书，个人专著有《中国的昨天和今天》(Chinese Yesterday and Today，1923 年)和《中国简史》(A Short History of China，1928 年)等书。

1864 年广东也创办了广州同文馆(原名"广东外国语言文字学馆")，从当地驻防旗军和其他家庭背景的品学兼优子弟中选录生员，以研修满文、汉文和外文为主打课程，并辅以经史文艺。第一期招收学童 20 名，其中广州满汉旗人 16 人，非旗汉人子弟 4 人，学制为 3 年，毕业后派往各衙门任通译，并准予日后参加乡试。1879 年因遣使各国驻粤领馆和商号办理公事急需，又增设了法文馆和德文馆。除直接招生外，学校还将英文馆中十名优秀生分拨至法文和德文馆，作为双语生培养。1867 年从全校尖子生中遴选十名进入京师同文馆代培，此后又于 1871 年、1890 年、1896 年和 1899 年选派赴京学子 37 名。1905 年广州同文馆改为五年制的译学馆。

美国人谭顺(Theos Sampsom)因精熟西文被聘为第一任英文教习。该校每天上午 9 点至下午 3 点由西教训课，早晚则由汉文教习监课，督促学子将中外语言文字融会贯通，不使学业荒废。

1865 年哈巴德安(Andrew Patton Happer，1818—1894)被聘任为广州同文馆英文教习。1818 年他出生于美国宾夕法尼亚州的一个长老会教徒家庭，父母都是基督新教传教士，从小受到教会家庭熏陶。1844 年他获宾夕法尼亚大学医学博士学位，同年受美北长老会差遣前往澳门传教。1845 年他在当地开办了一所男生寄宿学校，共招收学生 30 名。1847 年 3 月他与花莲治(John Booth French)将该校迁往广州，成为当地最早的新式学校。

他除了行医治病外，也兼任讲道和教学工作，先后创办了柔济女医院、端拿护士学校、夏葛女医学校、精神病院、明心书院、真光书院和培英学校。1884 年他回美国募集了 10 万美元办学经费，1887 年创办了广州格致书院(The Canton Christian College)并任监督，使该校得以在 1907 年发展成岭南学堂(岭南大学前身)。

哈巴安德曾协助裨治文和克陛存修订圣经，把新约译成粤语，还编译了《儿童赞美诗集》。1849 年他出版了《天文问答》一书，是最早向中国读者介绍近代天文学的科普读物之一。1879 年哈巴安德出版了《北京访问记》(A Visit to Peking, with Some Notices of the Imperial Workship at the

Altars of Heaven, Earth, Sun, Moon and the Gods of the Grain and the Land, 1879 年), 1880—1884 年间还主编《教务杂志》。1891 年他因病返回美国, 1894 年辞世。

哈巴安德是美北长老会在广州传教活动的开创者,也是早期来华新教传教士中颇有影响人物之一。他对于中国社会有深刻的了解和研究,不断地把西方的现代教育、医学、天文和宗教介绍到中国,推动了中西文化的交流,在中美近代文化交流史上有其独特的地位。

第五章
美国汉学家团队及其建树

美国前汉学时期,许多对于中国文化感兴趣的文人、商人和外交官都是通过从拉丁文、法文和德文的中国经典文献的转译来了解中华文化和历史的,他们没接受过专业培训,也没有进行过系统的学术课题研究。20世纪初不少汉学家都是从翻译中华文献开始走上汉学研究之路,或者从一个中华文化的热爱者成长为一位专业汉学家的。美国高校正式开设汉学课程之后一些学子在东亚系或者历史系系统地学习了那些不带明显的意识形态课程。他们对于中国国情和文化的了解越多,学术兴趣就越浓,其中一些人就撰写起译介文章来。他们就是美国汉学筚路蓝缕的开拓者。

有人说卫三畏是"早期美国汉学之父",费正清是"现代美国汉学之父",其实在美国汉学各个历史阶段中发挥领军作用的主要是不同流派的汉学家团队,个人作用无需刻意加以强调也已包含其中。在美国汉学家中,有许多全国性机构的组织者、地区性学会的法人代表和专业性工程项目的设计师,但是在主流学术思想上能对多数汉学家产生影响的统帅级人物人数却不多,更确切地说,不是不能,而是没有必要。卫三畏的主要贡献是他构思早期美国汉学研究蓝图的《中国总论》,而费正清在现代美国汉学发展方面的功绩是对于汉学与社会学科相结合的倡导,显然,这两位举足轻重人物的学术思想并非行政指令,如何抉择均由全体参研者定夺。美国汉学家之间的分工不同,贡献有别,但是离开了其中任何一个人,美国汉学史也许就不是完整的历史。彼此的学术研究不能替代,也不存在学科意识重叠之虞。只要论证能自圆其说,言之有据,只要有人提供讲台或者版面,就有用武之地。如果说"汉学之父"只是"开山祖师"的同义词,倒不如说"汉学家团队"的建树作用比历史开创更为重要。

虽然美国的汉学研究历史不如西欧汉学大国的历史悠久,但是其建制化和常态化阶段之后的资源开发力度、科际整合范围、资金和人力投入规模以及专家研究成果数量，都堪称为“后来者居上”，无论从知识体系还是方法论看对国际学术都产生了不可低估的影响。

历史存在于流淌的时光长河中，汉学家赋予了汉学史生命和智慧。充满探索、挫折、挑战和机遇的美国汉学史的发展进程大致可以划分为四个阶段：前汉学酝酿时期，建制化与常态化的汉学研究形成时期，多科与多元化汉学研究时期和具有现代性特色的当代汉学研究时期。每一个阶段都有自己的使命和研究课题，都有自己的主攻方向、对策和特色。各个阶段承前启后：前者为后者做好铺垫，解决难题，清除障碍；后者则在前者的基础上扩展延伸，发扬光大。这就是历史，多彩多姿的美国汉学史。

一、美国前汉学酝酿时期(18世纪下半叶至1876)

中国和美国之间的民间往来可以上溯到18世纪下半叶，中华文明的历史随着两国经贸和文化交往的增加逐渐为美国知识阶层所了解。虽然早年来华的美商只能用“洋泾浜”英语与中国居民沟通，因此影响了对中国的了解，但是却为后来美国传教士、外交官和学者对中华文化和国情的研究做好了铺垫。

早期来华的美国传教士如裨治文、雅裨理、卫三畏和伯驾等人一度侨居广州或澳门，鸦片战争之后大批美国人从通商口岸涌入中国内地，到1877年美国新教来华人数已多达210人。他们的多数人专业素养好，肩负着叩启中国大门的任务，来华后努力学习汉语和华夏文化，因此能较快地融入中国社会。1784年第一艘美国商船“中国皇后”号到达广州标志着中美直接贸易的开端，推动了“中国热”的升温。

一些早期的美国政治家和思想家对于中国文化采取了开放和尊重的态度。第一任总统乔治·华盛顿、第二任总统约翰·亚当斯和第三任总统托马斯·杰斐逊都是中国思想和文化的推崇者，曾经试图将中华文明的积极元素引介到美洲的政治生活中，用于解决他们在建国过程中所遇到问题的参照依据。据载1723年美国社会活动家和思想家本杰明·富兰克林居住费城期间曾经常阅读儒家哲学、中国历史和农业方面的书籍。

美国前汉学时期的研究被认为是欧洲模式的延伸，欧洲移民学者和留欧返国的美国学者功不可没。英国学者傅兰雅、德国学者劳费尔、佛尔克

(Alfred Forke,1867—1944)、夏德、艾伯华(Wolfram Eberhard,1909—　)、卫德明(Hellmut Wilhelm,1905—1990)、梅谷(Franz Henry Michael,1907—　)等人,相继赴美讲学或者侨居,将欧洲汉学的学术传统带到美国,为美国汉学研究注入了活力。他们从历史学和语言学角度切入,带有一定的跨学科性质,但是由于时代的局限他们的早期研究对于中国政治学、经济学、社会学和人类文化学却很少涉及。

美国前汉学时期的中华文化和中国国情研究得益于来华传教士、诸多学术团体、高校东亚专业以及基金会。这一时期的研究以自发、分散、微观和个案为特点。其中许多人虽然不懂中文也没有来过中国,但是他们的论述后来却成了美国人了解中国的重要资源。

(一)美国中华文化研究的先驱卫三畏

卫三畏生于纽约州尤提卡,父母都是虔诚的新教教徒。1832 年他毕业于特罗伊伦塞勒学院,第二年以美国海外布道会传教士身份到达广州。他在广州创建了一家美国公理会印刷所,工作之余刻苦学习汉语、日语和葡萄牙语。1835 他移居澳门,1837 年利用护送几名流落国外的日本海员回国的机会,与日本工商部门建立了贸易关系。1845 年卫三畏返美后与萨拉·沃尔沃思(Sarah Walworth)结婚成家。

在帮助裨治文编辑《中国丛报》的过程中,卫三畏潜心研究中华文化。1843 年他在《中国丛报》第 2 卷第 10 期上发表了《论中国的度量衡》和《论广州的进出口贸易》两篇文章,为他日后的中华文化研究打下了基础。1847 年裨治文离开广州前往上海,由卫三畏接替他所主持的《中国丛报》编辑工作。

1853 年卫三畏被指派为美国舰队司令裴来(Methew Calbraith Perry)的日语通译前往日本,三年后担任美驻华公使馆参赞兼通译。1858—1859 年他参与签订《中美天津条约》等重要外交谈判,曾主张把传教宽容条款写进文件。1860 年他升任为美国驻华公使馆代办,先后 7 次代理公使馆馆务,1874 年曾陪同美国驻华公使艾忭敏(Benjamin Parke Avery,1828—1875)向同治皇帝呈递国书。

《中国总论》是卫廉士的外交思想和对中国国情研究的总结。该书修订时他的健康已经每况愈下,对于往事感慨无限。“中华归主”的思想在他的脑子里是根深蒂固的。他在该书的《前言》中写道：

> 我在华43年的经历正是中国逐步发生变化并终于走向开放的年代。值得提及的最重要事件有：1834年东印度公司停止活动，1841—1842年对英开战，洋行垄断取消后开辟了五个通商口岸，由三角船箭头引发对广州城的苦攻，在北京城外采取的行动，京城外国租界的建立，最后是1873年叩头问题的和平解决，使外国使节得以晋见中国皇上。那些寻觅把握历史的上帝之手的人们将从帝国的剧变中预感到主的目标的实现。在那些政治事件取得进展的同时圣经正在散发，传教士在群众中布道和教化的努力正悄悄地几乎毫无阻力地取得了成效。……真正基督教的先进性是拯救处于毁灭性冲突的人们的唯一充分手段。可以肯定地说中国已经度过了挨打阶段。过去她就像天上的星星以过分自负的目光看待他国，对于它们漠不关心，如今不能再享受倦怠和与世隔绝的清净了……圣灵的许诺将实现伊萨早在孔夫子时代之前就发出的预言，来自中华之邦的上帝儿女将与普天之下的各族人们一起唱起赞歌。①

《中国总论》是卫三畏1845—1846年返美述职期间所作有关中国历史、政治、文化、地理、文学和艺术报告的汇编，1848年初版。退休回国后他注意到中国国情的变化，花了几年时间又对该书进行了修订，在前4章中增加了许多新编译的材料，重写了第6章，篇幅比原来增加了近三分之一。1882年3月脱稿准备付梓，他不幸中风偏瘫，由其子卫裴列完成了后续工作，根据中国政治现实对最后3章以及有关中国地理和文献的章节进行了改写，编辑了全书的索引。1882年由纽约的查尔斯·斯克里布纳父子公司(Charles Scribner's Sons)制版，1907年重新修订。1913年两卷本的《中国总论》终于出版。

《中国总论》上册14章，正文836页，前言7页，目录8页，插图41幅；下册12章，正文和附录775页，目录8页，索引33页，插图31幅，地图2幅。

---

① *Preface to The Middle Kingdom* by S.Wells Williams, New York: Charles Scribner's Sons, 1913.

该书覆盖面广，资料翔实，上至中华民族的史前传说，中国国土面积、疆域气候、人口分布、自然资源、朝代更迭、中外交往，下至作者来华前后发生的圆明园浩劫、不平等条约的签订、浦安臣出访、中国学童留美等方方面面。各章纲目清楚，重点突出，既有当时报章报道和时评的摘引，也有作者本人的独到分析和评论。例如书中摘引了《中国丛报》有关“府”、“厅”、“州”、“县”的资料（上册第58页）、六种传统教科书和“秀才”、“举人”、“进士”的介绍（上册第531—577页），转述了查尔斯·泰勒（Charles Taylor）有关南京琉璃塔的印象（上册第102页）、美国传教士斯蒂芬斯（Stevens）有关威海卫的见闻（上册第93页），以及中国农村生活和风物（土地、住房、水牛、人力车、农作物）的素描（下册1-15），叙述了银号、当铺、兵器（下册第86—89页），还引用了德庇时爵士有关中国阴阳理论与埃及宇宙起源说中的雌雄原则的比较（下册200页）。书中百科全书式的编排和论证，为当时的欧美外交人员、汉学家、商人、传教士、探险家和观光客的专业研究和知识扩展提供了大量史实和个人体验，堪称为美国早期中华文化研究领域的一部权威著作。

卫三畏主编《中国丛报》期间，曾经编写了数十篇介绍中国文化、历史、经济、政治、文学和社会的文章，印刷所经营者、报人、普通编辑和总编的经历使他有机会广泛接触中国社会，对中国文化有深刻的了解。涉足外交事务后，更提高了他对西方列强对华政策和风雨飘摇的晚清社会的解读水平。作者的详尽介绍和精辟阐述，在同时代的同类著作中并不多见。从学术上来说，尽管他也有过与许多早期西方来华传教士一样的多重身份：传教士—外交官—学者，也有自己的虔诚的宗教信仰和政治观点，但是却没有人对他的个人品格和学术信誉提出过任何质疑。

卫三畏对中华文明的评介总体上是客观、公正和全面的。他在《中国总论》的第一章中写道：

> 中国的文明是在自身的制度中发展起来的；它的政府是在并不了解任何他国的情况下建立起来的；它的文学没有借鉴外国精神，也没有研究过外国学人；它的语言符号和结构独一无二，历史悠久；它的人口众多，习俗独特，以勤劳和文静著称于世。对于生活在国土这么辽阔的中华民族的研究，必定极富教育意义和乐趣。如果方法得体，必然会使人坚信圣经中有关世界各民族在个

人、社会和政治关系方面充分发展所需的告诫和鼓励。(上册第1页)

勤劳使中国人置身于世界民族之林之上。他们不仅在天道酬勤之地改变了当地的植被,而且几乎把耕地和梯田开到了山顶,还在那儿建立了城镇,沿着山颠筑起了城墙。他们以勤俭为本,目标是使人有吃,有穿,受到教育,得到美化,使众多人口在一个体制下团结起来。一千年以前他们是世界上最文明的民族。五百年以前马可·波罗在描述他们的情况时欧洲人感到难以置信,就像中国人现在听到西方国家强大和繁华时的心情一般。由于自然边界把他们与其他国家分隔,他们的文明是在独特的条件下发展起来的,因此可与欧洲文明相媲美,而不应该让欧洲人来对它进行评判。现代欧洲的一些最了不起的发明其实都源于这个民族(例如指南针、瓷器、火药和印刷术),而且早在多少个世纪前他们就对这些技术有了了解并加以应用了;约有三亿人通过一种生活方式、一个政体和一种文字的使用团聚在一起;他们的城市和首府,在数量上与任何时代的最大国家不相上下;他们的城镇街道不但遍布于陆地,而且还遍布于水域;这样一个民族在人类历史上应该占有显著的地位,对他们特点和状况的研究一定会给每一位心怀善意者留下美好的印象。(上册第46—47页)

卫三畏在《中国总论》上册第九章中对于中国的教育和考试制度作了详细的介绍和积极的评价。他引用了《中国丛报》刊登的文章,认为“秀才”相当于西方大学的“学士”学位,“举人”相当于“硕士”,“进士”相当于“博士”。他写道:

……以上是中国考试制度的基本情况。中国政府的文武百官就是通过这样的途径得到补充的。这是他们制度中与过去和现在君主大国各个方面的惟一不同之处,只有古埃及曾有过相同的做法。有人说“这也许是他们的创举中惟一值得保留的办法,别的国家没有实行并使之更加完善以达到可以跟他们相媲美的制度。(上册第562页)

> 这些典籍证明了,中国青年和基督教国家青年一样都接受他们所遵循的较高行为准则的教育。但是前者接受的是语言所能表达的最佳德育书籍的教育。要是我们学校学习《所罗门格言》和《新约》就像中国学校学习“四书”那样透彻,那么我们的年轻人就会以有出息的称职公民身份发挥其作用了。(上册第563—564页)

他认为这样的考试制度的另一个好处就是可以取消奴隶、农奴和像印度种姓那样的界限,不过它只适合于中国,不能移植到别国。他也注意到中国科举制度的弊端,认为有些可能是教材的问题,有些可能是中举不能进入官场的问题,但是最严重的是考试官员纵容行贿举子作弊的问题。

卫三畏有时把儒学视为中国的一种宗教,与道教、佛教、基督教、伊斯兰教和犹太教并列,这是他对于孔孟学说缺乏充分了解的表现。孔子创立的儒家学说在中国历史上长期处于正统的地位,构成了中国封建文化的主体,也是历代封建统治阶级至高无上的信条。但是与耶稣和释迦牟尼不同的是孔子是真实的历史人物,中国城乡各地所建的孔庙和文庙是后世中国人对于这位伟大教育家的祭奠和纪念场所。千百年来孔子确实被神化了,但是孔庙和文庙并不具有令人盲从和迷信的宗教性质。西方汉学家对于“儒教”的说法长期存在着争论。

卫三畏在《中国总论》中有关儒教的解释是前后矛盾的。例如他曾经说过:“中国有三教,即通常所说的儒教、佛教和道教(唯理教)。第一个教名是外国人起的,隐含着包括国教在内的一般知识界的信仰。”(下册193页)“中国国教实际上与儒教——外国人通常称之为‘儒家学者信奉的教派’——有关,因为所有教徒和牧师都是通经读典的知识分子。”(下册199页)但是他也说过:“对于研读孔子、朱熹及其弟子著作的人来说,把儒教视为一种宗教多少有点不恰当,通用名称以外的其他说法都不准确。‘儒’是指知识界的一员,是对于接受朱熹有关‘太极’推测的学者的称呼。……孔子有关宗教问题的言论极少。虽然他自称奉天命恢复古代国君制度和信条,但是从不对国君和家长讲授为人的职责。他承认对于上帝知之甚少,上帝远离并超越世人,人们应该对亲属和社会尽责,而不要去朝拜不甚了了的鬼神。他说:‘不知生,焉知死?’当他的弟子问他以前生病

时曾献祭于谁时，他说已经拜祭过了。”（下册 199—200 页）

卫三畏在《中国总论》上册第十一章中对于孔子和孟子的生平以及儒家学说作了长篇介绍。他认为：“孔子哲学的要点是服从长者，和蔼并正直对待同辈；他没有提及人人都对其负有责任的一种隐形力量。他们只把目光对准这个世界以求支持，让国君个人对更高裁判负部分责任。对于孔子理想中的‘君子’以及这一观念提出之后对其民族的积极影响和强大力量进行怎样的评价都是不会过分的。”（上册第 662 页）

他还说：“不可否认孔子有许多言论是值得称赞的，但是在他的信条中也有一些可能被人反对的条条。正如我们所看到的，理雅各对于孔子在《春秋》以及他平生中不尊重事实方面持极度怀疑的态度。然而与希腊和罗马的圣贤相比较，孔子的著述总体上是好的，在适用于他所生活的社会和卓越的实践性方面，超越了西方哲学家。”（上册第 663 页）

但是，从深度和广度上看，卫三畏对儒家学说的介绍和评价明显受到理雅各观点的负面影响，也许因为这个原因显得比较散乱，缺乏精彩论述，失诸肤浅。

卫三畏对于第一次鸦片战争的分析是：

> 英中两国第一次交战不仅具有重要的历史意义，而且将来对于千百万人都不可能不产生越来越大的影响。这次战争的不同寻常之处是它的起因主要是商业误解，竟发生于强国与弱国之间、清醒的优越感和无知的骄傲之间。令人感伤的结果是强迫弱国赔付在自己境内违法出售的鸦片，摧垮了其软弱政府保护本国子民所能施加的微弱的道德力量。严重的后果是，基于承诺的责任向世界的一半引荐世界的另一半，没有战胜者的傲慢要求，也没有被征服者的屈辱让步。这是中华民族全民生活中的转折点，强迫为被销毁的鸦片支付 600 万银元的赔款给英国的名字留下了污点。（下册第 463—464 页）

> 把鸦片作为发动这次战争的托辞明显欠公允。虽然因禁义律和其他事件才是借口，但是连英国官员和作家都设法掩饰他们如何抓住鸦片为诉诸武力的真正理由。人们凭自己的智力完全可以判断，这次战争完全是强加于一个傲慢地拒绝与其他国家平

等交往的政府，不对自己行为作出解释，禁止其子民与别人自由往来才发生的。（下册第 572 页）

卫三畏在揭开侵略者遮羞面纱的同时也似是而非地为他们打了圆场。他的一些理论有时听起来太矫情，但是在殖民主义者明火执仗攻城略地的 19 世纪这实在算不了什么。

卫三畏在《中国总论》第二十五章中用了 64 页的篇幅、两幅地图、英国政府蓝皮书、《泰晤士报》记者柯克（George Wingrove Cooke，1814—1865）的信件、额尔金的自传、费希尔中校（Lieutenant-Colonel Fisher）、吴士礼（Garnet Joseph Wolseley，1833—1913）与郇和（Robert Swinhoe，1836—1877）等人的著作，记述了第二次鸦片战争前后的中英关系和英法联军抢劫北京圆明园的暴行。作者写道：

10 月 6 日，额尔金勋爵和其他将军，在京西北的一座宽敞的喇嘛庙——黄寺安顿了下来，军人占领了寺院和京城之间的大片开阔地带。那天法军的警戒部队和英国骑兵到达了海淀的临时大营房（清军的京师卫戍部队驻地），圆明园就在附近。该园很快就遭到了大肆野蛮糟蹋式的抢掠，蒙托邦将军原本可以对此进行干预，以保全表现中国艺术、建筑和文学的数量巨大的珍贵藏品，但是他没有这样做，必将落得个永世骂名。额尔金勋爵日志用以下的文字谈到了他对此次行动的观点：

10 月 7 日下午 5 点：我刚从颐和园返回。那确是处景物宜人所在，就像一处英国园林，有数不清的建筑和漂亮的宫室，收藏着许多中国古董，精致的钟表和青铜器。天哪，已是一处如此颓败的景象！法国将军在一片抗议声中走了过来。他曾对洗劫进行阻止，以便在两军中瓜分夺来的东西。在我看过的每一个宫室，多半的物件都已被搬走或者打碎了。我设法召来了一团我们的士兵把守那个地方，然后将物品进行拍卖。但是在那样的情况下很难按部就班去做事，因此有些军官就留在那儿。他们准备将珍宝装满两三车运出去变卖。抢掠并蹂躏这样一个地方实在太坏了，而那些被糟蹋和打碎的东西就更糟了。价值 100 多万镑的财产中，我敢说连五万镑都收不回来。法国士兵想方设法毁坏那些

美轮美奂的丝绸，砸烂那些乐器和瓷器。战争是可恨的差使，见得越多就越憎恶它。（下册682—683页）

接着，作者又引用了郇和的《华北战役》中有关洗劫圆明园的一段文字：

……大殿里挤满了外国士兵，金銮殿的地上堆满了天子珍藏的古董，将作为礼品进献两位更值得尊敬的君主。“瞧，”蒙托邦将军指着那些珍宝说，“我已经选了几件美妙绝伦的东西，准备分别送给英国女王和法国皇帝”。

两次鸦片战争和英法联军火烧圆明园都是近代史上伤天害理的事件，《中国总论》中收集的那些不可多得的资料对于汉学研究来说都是十分有价值的。重事实，重证言，重第一手材料，重在第一手材料基础上作出的分析和结论，是所有有影响的汉学著作的特点，这些特点也是那些著作可信度高的标致。该书的价值正是体现在这些方面。

《中国总论》中有关美国与中国往来的内容着墨不多，这大概与作者对该专著主体内容的定位和所设计的读者对象有关。从学术价值上看，这样的编排效果也许更好，影响面也更广些。

后传教时期，许多西方外交官、传教士、记者、学人和汉学家都喜欢在自己有关中国的著作中谈论中国人的民族性格。有些人谈到中国人性格的缺点时往往夸大其词，语气傲慢、轻蔑，极尽挖苦讽刺之能事。但是他们所接触到的中国人实在太少，他们对于中国社会、历史和文化的了解实在太肤浅，因此他们下结论时就无法遵守社会学、政治学、历史学和逻辑学的起码原则。

卫三畏在《中国总论》上册第十四章中也谈到了中国社会和中国人性格中的优点和缺点，但是与众不同的是他不居高临下，不盛气凌人，总是言之凿凿，是非分明。不完全是因为他注意到了学术价值所赖以支撑的严肃性和可信度，同时也是他求实风格的一种体现。他写道：

……中国人的某些较优良品格得到了极大的发展。他们通过遵守和平与健全的秩序，使生活和财产更加安全。他们用本国语言编写的大部分德育教材推广了教育，提倡对财产法律权利的普遍尊重，使社会各阶层能和谐相处。官场上的平等竞争可以消除为争夺权力和显贵职位所引发的暴力，勤俭换来的是衣着、饮食和住房，同等的待遇鼓励着人们去不断努力。如果有人问他们为何能达到这个境界，我们可以把原因主要归结为国君的功劳：为了自身的目的从古至今坚持一个民族的做法。他们社会的根基从来没有因为向外移民或者优等外族的不断入侵而被破坏，充分安居乐业，所关注的只是家庭的聚合和对父母以及长者的尊敬。教育加强并传播了他们已有的道德。（上册第 833 页）

关于中国人民族性格的缺陷，他认为：

因为没有法律，他们自己就是法律。他们总是知道得多，做得少。他们一般注意外表体面，实际上污秽不堪。谈话中满嘴脏话，生活上有不雅行为。家庭圈子中的篱栅使他们相互受到约束，因此较少诱奸和通奸之类的事。前者可以说罕见，但是妓院和同狱犯中的事却处处都有。（上册第 834 页）

作者在谈到中国人说谎、偷窃、贪婪、放荡、不讲客套等方面的弊端后写道：

总的来说，中国人表现出来的是一种完全综合的性格：如果他们有什么值得夸奖的，那就有更多需要批评的；如果他们有什么严重的缺点，那么就有超越多数非基督教国家的美德。虚假的善良与先天的猜疑，过分的客气与真实的粗鲁，部分的创新与十足的模仿，勤劳节俭与铺张浪费，趋炎附势与独立自主，以及其他好与坏的品格，都奇异地混合在一起了。在设法通过法律约束和教育推广修补他们性格中的缺点的过程中，无疑可以找到正确的方式。（上册第 836 页）

卫三畏在《中国总论》的第二十六章中用简短的一段话表达了他撰写该书的初衷和对中国未来的期待：

> 有关我们对中华帝国所了解事实的简要陈述的篇章,用意不在于在最初撰写或后来修订中对他们的过高赞美。他们民族性格中的缺点、弊病、狭隘和偏执倾向,已经被非常坦率地指出,而他们的盲目和谬误在外国列强两次兵戎相见的教训中并没有被忽视。过去三十年的事情对于中国人来说,将比历史上以往世纪的任何十年都更难忘。这些事情的发生不是没有痛苦,不是没有误解和失实报道的粗暴痕迹。即便对于不拘小节的读者来说,重要事实都已再清楚不过:中国人性格中存在着可在适当时候使他们从曾经陷入的困境中脱颖而出并使他们跻身于世界列强前列的因素。想想中国的各类学府以及他们早就关注如前所述的努力——培养自己国家科技人员的队伍,那就是令人振奋的依据!(下册第740页)

充满苦难、抗争、求索和创业艰辛的中国近代史和现代史证明了卫三畏预言的正确性。他的预言不是凭空作出的,需要历史学家的敏锐目光,学者的深厚学养和政治家的无畏精神。这正是他不同于同时代的其他西方学者之处。

美国汉学家马森在他的《西方的中华帝国观》一书中对《中国总论》作了这样的评价:

> 也许有关中国问题的最重要的一部作品是卫三畏的《中国总论》,它在西方广为传阅并受到好评。它的资料来源于个人的观察报告、对当地权威著作的研究以及《中国丛报》。……这部描写中国人生活方方面面的著作,是对这一时期普通作品所涉及的问题的范围和种类的最好说明,卫三畏用如此清晰、系统、博学的方式为读者呈现了他的资料,以至于他的著作在今天的有关中国问题的美国文献中仍占有令人尊敬的地位。①

卫三畏在中国生活了40年,是中美关系史上的有影响的人物,也是美

① 马森:《西方的中华帝国观》(杨德山等译),第38—39页,北京:时事出版社,1999年。

国早期中华文化研究的先驱。1876 年 10 月 25 日,他因为健康等方面的原因辞去了公使馆的职务,翌年返美定居于康涅狄格州。1877 年他被耶鲁大学聘任为该校第一位中国语言与文学教授兼东方学图书馆馆长,1884 年 2 月病逝于家中。

他有一个儿子叫卫斐列(Frederick Wells Williams,1857—1928),1879 年毕业于耶鲁大学后留校工作,曾先后担任过图书馆助理、远东史讲师、助理教授和教授等职。

卫三畏个人的主要著述有:

《简明汉语教程》(Easy Lessons in Chinese,1842 年)。

《论中国的度量衡》(1843 年)。

《论广州的进出口贸易》(1843 年)。

《官方方言中的英汉用语》(An English and Chinese Vocabulary in the Court Direct,1844 年)。

《中国商务指南》(A Chinese Commercial Guide,1844 年)。

《中国地志》(A Topography of China,1844 年)。

《日本人传奇》(An Account of a Japanese Romance,1849 年)。

《裴来日本之行》(A Journal of the Perry Expedition to Japan)。

《英华分韵撮要》(A Tonic Dictionary of the Chinese Language in Canton Dialect,1856 年)。

《汉英拼音字典》(A Syllabic Dictionary of the Chinese Language, arranged according to the *Wu-Fang Yuan Yin*, with the pronunciation of the characters as heard in Peking, Canton, Amoy and Shanghai,1874 年)。

《中国总论》(The Middle Kingdom, two vols.,1848 年)。

《粤语汉集》(Chinese Chrestomathy in the Canton Dialect, co-authored, 1841 年)。

这些著述曾经成为外国来华传教士和商人的案头读物。在耶鲁大学执教期间,他曾经在不同场合向不同对象做过 100 多场有关中国问题的报告,还著有《我们同中华帝国的关系》(Our Relations with Chinese Empire, 1877)和《中国历史》(1897 年)等专著,自觉晚年生活因此而充实。

(二)以《地地道道的中国人》蜚声西方学界的何天爵

美国传教士何天爵在联合教会学院攻读学位时就被按立为长老会牧师,1869 年奉派来华任北京公理会教会学校校长。1871 年他辞去了教会职务进入了外交界,先后任美国驻华公使馆通事、首席参赞和署理公使等职。1880 年他曾参与起草有关华人移民美国的条约,还参与了美国与朝鲜条约的签订。格兰特总统来华期间由他全程陪同访问,不仅仅是因为他通晓汉语,更主要是因为他是一位中国通。

1876 年美国长老会传教士莫约翰等人到济南传教,打算在该市繁华的西大街泺源书院附近置地建教堂和医院,引起了教会与当地民众之间的冲突。1882 年 2 月美国政府接到报告后命令署理公使何天爵与清政府总理事务衙门交涉,1884 年年初他前往山东抚院面商,几经周折,最后以退还原房价并赔偿损失结案。"济南教案"的处理是何天爵外交生涯中的一件大事,使他有机会接触到中国各阶层人士,增加了对中国文化和民俗民情的了解,积累了丰富的中国历史和社会知识。

1885 年何天爵返美,1895 年出版了《地地道道的中国人》一书(The Real Chinaman,New York,Dodd,Mead & Company,1895 年),①几年后又出版了《中国的现实问题》(The Real Chinese Question,New York:Young People's Missionary Movement,1907 年)等著述。

何天爵的《地地道道的中国人》由美国纽约多德·米德公司出版,全书共 15 章,分别为:第一章引论(第 1—28 页);第二章中国政府(第 29—48 页);第三章语言(第 49—72 页);第四章中国人的家庭生活(第 73—92 页);第五章中国人的社交(第 93—115 页);第六章中国的宗教(第 116—143 页);第七章迷信(第 144—170 页);第八章中国人的辫子(第 171—191 页);第九章中国法庭(第 192—213 页);第十章官绅与百姓(第 214—236 页);第十一章教育与文学(第 237—260 页);第十二章礼仪(第 261—283 页);第十三章商家与营销术(第 284—309);第十四章中国的穷人(第 310—329 页);第十五章中国的金融体制(第 330—350 页)。

作者根据自己在华 16 年的生活经历和观察感受,对中国的历史、政

---

① 在 19 世纪前英美作者常用"Chinaman"称呼中国人,在现代英语中该词多含贬义。

府、宗教、商业、教育、文学、语言、家庭、社交等方面进行了全方位多角度的扫描，资料翔实，态度客观理性，分析细致入微。他对中国人与美国人的特性进行了比较，认为在吃苦耐劳、忠诚可靠、安土重迁和赡养父母的传统方面中国人为世界树立了一个很值得效仿的榜样。中国丰富的文化典籍蕴含着金玉良言和培育后代高尚道德的经验，中国的教育体制显示出东方的智慧。不管中国商人在自己国家的社会生活中排名第几，他们的精明机敏、事业心和进取精神与其他任何国家的同行相比都毫不逊色，中国商界普遍存在一种合作精神。鸦片给中国人带来了深重的灾难，钦差大臣禁止鸦片贸易令人敬佩，中国人不喜欢西方人是可以理解的。

与此同时，作者也感叹中国贫困阶层为了养家糊口每天早出晚归，勤奋劳作，既无星期天也没有休闲娱乐。他认为家长制长期统治中国有两个原因：一是“孝道”的提倡；二是“学而优则仕”的人才选拔制度，不过其副作用是腐化堕落和贪赃枉法的蔓延。他还表达了这样一些见解：中国人的祖先崇拜观念是很难消除的一种错误信仰；中国法庭既没有律师也没有陪审团；泛道德主义和儒家文化的普世性是中国传统外交的主导理念；中华民族的思维结构和精神状态似乎浸润着迷信观念。不管他的观点是否完全得到了多数读者的认可，但是作者没有发表耸人听闻的高论以迷惑没有来过中国的本国读者，这在那个弱肉强食年代的西方知识界和外交界却是难能可贵的。

1895 年新年伊始，何天爵在家中书房的案前为《地地道道的中国人》语重心长地写下了如下的《前言》：

> ……批评中国人比理解他们容易得多。中外交往实在太少，仅仅是近年来才开始的事。过去我们的信息主要建立在好奇而非事实基础之上，其结果必然而且难免对于中国人及其行事方式的错误判读，然而他们却无可争辩地属于值得人们认真研究的民族。实际生活比任何虚构作品都更具魅力。与只为普通人所熟悉的被丑化了的中国人形象相比，具有牢固透明特性的真正汉民族子孙使求真务实的研究者更感兴趣。
>
> 本书既非答辩、道歉或者批判，亦非颂词，只不过一种解读而已。作者曾经侨居中国多年，几乎与中华帝国各阶层各类人员有过密切接触，彼此无拘无束。这一经历为此书的写作提供了部分

素材。作者试图描述并说明中国生活中的一些引人关注的事情，向读者展示为什么在我们看来中国人奇特的行事方式，对于他们来说却再自然不过。这里只摆事实，而不妄加议论，为的是以粗线条的笔触去描绘作为人类大家庭成员的中华民族的概貌。

书中列举的许多事例是为了使画面贴近生活，增加情趣，明白易懂。每一事例都与实际发生的一致，既不涂脂抹粉，也不夸大其词。如果有必要，每件事情发生的时间和地点以及人名原本也是可以明示的。同样地，每页的插图也十分逼真，除了翻印过程中的技巧和保真度考虑外，都不对任何细节加以改变。

虽有弊端和怪癖，然而中国人身上却有许多宝贵的道德和令人肃然起敬的品格。岁月留痕，但青春依旧。任何人如果不相信这个民族有一个美好的前程，看不到中国在世界历史上已经发挥了重要的作用，看来都不太可能真正了解他们。①

（三）毕生潜心研究中国历史和政治的卫理

1854年卫理出生于俄亥俄州，1875年毕业于西弗吉利亚贝瑟尼学院，1893年读完硕士学位课程，1915年获法学博士学位。1887年他以美以美教会传教士身份到南京传教，1896—1898年任美国驻上海领事馆通事兼江南制造局翻译馆译员，1898—1901年被聘任为上海市政府译员，1901—1908年任美国驻华公使馆汉务参赞，1908—1909年任美国驻天津领事馆总领事。1909年返美后一度担任美国国务院远东司副司长，1911—1913年任美国驻华使馆代办。1919年巴黎和会以及1921—1922年华盛顿会议期间曾任美国代表团远东事务顾问。1918年和1936年他两次荣获中国政府颁发的勋章，表彰他对促进中美两国关系发展所做的贡献。

卫理在上海江南制造局翻译馆任职期间，曾经口译11部有关外交、政论、科技、农务、航海和日本教育方面的书籍：《日本学校源流》（范熙庸笔录，1899年）；《无线电报》（一卷，范熙庸笔录，1899年）；《东方交涉记》（王汝聃笔录，1900年）；《农务土质论》（三卷，范熙庸笔录，1902年）；《农

① *Preface to The Real Chinaman* by Chester Holcombe, pp. VIII—IX, New York: Dodd, Mead & Company, 1895.

学津梁》(一卷,汪振声笔录,1902年)、《照机镂版印图法》(王汝聃笔录,1902年);《取滤火油法》(一卷,秀耀、卫理口译,汪振声笔录,1902年);《工业与国政相关论》(两卷,王汝聃笔录,1909年);《无线电报补编》(范熙庸笔录);《航海简法》(四卷,汪振声笔录);《埏纮外乘补遗》(汪振声笔录)。

卫理一生潜心研究中华文化、历史和政法,个人主要著述有:

《最近中国关于商业、铁路和矿山企业的立法》(Recent Chinese Legislation relating to commercial, Railway and Mining Enterprises, 1904年)。

《清代中国国教》(The State Religion under the Manchus, 1913年)。

《中国的昨天和今天》(Chinese Yesterday and Today, 1923年)。

《中国简史》(A Short History of China, 1928年)。

《中国简史》由纽约哈珀兄弟出版公司出版,全书共670页22章:第一章引论;第二章奠基;第三章上古时期;第四章恢复时期;第五章艰难时期;第六章黄金岁月;第七章文明与野蛮;第八章明代(1368—1644):现代之曙光;第九章进步时期;第十章傲慢与侵略;第十一章清代(1850—1860):文明苦斗;第十二章清代(1860—1875)改变旧秩序;第十三章清代(1876—1896)衰败;第十四章侵略与反抗;第十五章邻邦与特殊利益;第十六章晚清和民初:迟悟;第十七章革命;第十八章民国(1913—1916):袁世凯执政;第十九章第一次世界大战之中国;第二十章民国时期(1918—1920):巴黎和会之中国;第二十一章华盛顿会议及之后之中国;第二十二章民族主义与国际主义;附录1—2;索引。

主编盖伊·斯坦顿·福特(Guy Stanton Ford)在该书的序言中写道:

> 此书的编撰任务既重要,又艰难复杂,但是令人欣慰的是编者卫理教授是一位历史学家兼通译。多年来他的著述一直显露出自己在中国历史和政治研究方面的学术造诣。读者之所以喜欢这部著作也是因为作者曾经侨居中国多年,先后在中国和美国政府部门担任过不同的职务,在30多年的岁月中直接与中国人民和事务打交道。如此宝贵的经历更为这位博学多才的学者增添光彩。①

---

① *Editorial Preface to A Short History of China*, P.VII, New York and London: Harper & Brothers Publishers, 1928.

卫理退休后返回美国,定居于柏克莱。1918 年他应聘担任加利福尼亚大学东方语言和文学阿加西斯教席,教学之余笔耕不辍,还参加了多个学术团体。在同事和学生心目中他是一位有学问有责任心的教授,是受人尊敬的东方学院院长,平时总表现出他所了解并热爱的中华民族代表人物的那种安详、谦逊、极富哲理修养的品格。他的著作发表后广受关注,曾被几所大学作为教科书使用和引述。作为一位远东事务专家他对于许多重大问题都有独到的见解,表现出不同于他人的远见卓识。早在 1919 年参加巴黎和会时,他就对于漠视中国主权和战胜国地位,让日本继承战前德国在山东特权的非法决定表示不满。他在一次参议院会议上仗义执言地指出:该决定是对世界和平的威胁,很可能引发另一次世界冲突。他洞察到日本政府的扩张源于 1854 年错误计划的制订。

卫理夫妇共养育了两个儿子和两个女儿。卫理病逝前两个长期生活在中国的儿子特地回国与他短暂相聚,感受天伦之乐。卫理一生收藏了大量有关中国历史、文化和文学方面的书籍,后来都捐赠给加利福尼亚大学图书馆的东方部,成为该校汉学研究的一笔宝贵财富。

(四)传教士圣经翻译专家克陛存

1819 年克陛存(Michael Simpson Culbertson,1819—1862)出生于钱伯斯堡一个爱尔兰移民家庭,18 世纪中叶他的曾祖父从安特里姆移居美国宾夕法尼亚,他的父亲是一位银行家。他有五个同父异母兄长,其中一位名叫亚历山大(Alexander,1809—1879)的哥哥经营皮货,另一位名叫塞勒斯(Cyrus,1812—1869)南北战争时期曾任联军军官,在当地颇有名气。

1835 年克陛存进入西点陆军学校学习,1839 年毕业时获炮兵少尉军衔,阿鲁斯图克战争时期曾在劳西斯角服役,1840 年一度被聘任为军校助理教授。1841 年他转入普林斯顿神学院研修神学,四年后被按立为牧师。

1845 年他以美国北长老会传教士身份到宁波传教。1851 年他与怀德(Alexander Frederick Whyte,1883—1907)等人移居上海,在城内火神庙附近购地建立教堂。1853 年克陛存被聘任为美国公使马沙利(Humphrey Marshall,1812—1872)的中文秘书兼通事,同年 4 月他被告知要陪同公使赴天京考察,但因船搁浅未能成行。7 月 2 日他陪同公使赴昆山会晤两江总督恰良(1791—1867)。翌年5月26日克陛存随同新任公使麦莲(Robert Milligan Mclane,1815—1898)乘色士奎哈那号前往太平天国治下的镇江和天京等地,会晤太平天国学王胡海隆(?—1864),参观城南报恩寺塔后溯江至芜湖折返上海。6月14日麦莲向国务卿麻西递交《访问太平天国的报告》称:太平军既不信仰也不了解基督教,他们不太可能与美国建立令人满意的关系,建议美国政府采取不偏不倚的中立政策,利用现有中国社会危机扩大与清政府的交往,以恰当的手段强制实行条约条款,造成既成事实,将来不论谁执政都将对美国有利。这一外交策略和思想倾向对于克陛存的传教活动产生了一定程度的影响。

1843年8月22日至9月4日几个西方差会在香港成立了圣经委办翻译委员会,成员有裨治文、文惠廉、施敦力(John Stronach,1810—1888)、克陛存、理雅各和美魏茶(William Charles Milne,1815—1863)等12人。翻译过程中委员会成员就"God"的译名以及浸礼会和其他差会对"Baptism"如何汉译发生了多次激烈的争论。克陛存、文惠廉和裨治文提出用简明易懂的语汇来获得意译或直译的效果,但是麦都思自觉汉语能力高于他人,公开否定了克陛存等人的意见。1852年9月《达主教书》评论的作者文惠廉对此作出了回应。《创世纪》评论的作者克陛存也就自己受到的批评进行了申辩,他在一封信中说:虽然福音是为劳苦大众宣讲的,因此圣经的汉译应该尽可能采用能为大众接受的方式,但是更为重要的一点是,持异议者未能在汉语允许的范围内忠实地表达原文。译者在旧约的译文中做了大量删改,包括对词语、句子成分甚至整行内容。在《关于上海修订版汉译圣经评论文集》(Papers Relating to the Shanghai Revision of the Chinese Scriptures)一书中,克陛存和文惠廉的批评多半都循既定套路,赞同他们意见的人并不多。

美国圣书公会资助了裨治文和克陛存等人完成以"神"和"圣灵"为译名的圣经翻译。1864年美国圣书公会出版的裨治文和克陛存《圣经合译本》(Bridgman and Culbertson Version),在忠实贴近原文方面超越了以前的同类译本。

1888年11月5日施约瑟(Samuel Isaac Joseph,1831—1906)在日内瓦向罗马枢机主教团寄送的一封信中说:

现有两个版本的汉译圣经,其中之一是35年前由英国非国

> 教信奉者翻译、英国海外圣经公会出版的书面语汉译圣经(即委办译本),另一个版本是28年前由美国圣书公会出版的美国公理会传教士裨治文和美北长老会传教士克陛存的合译本,主要为美国传教士使用,也是文理风格。有关"God"和"Spirit"的译词,前者分别选用"上帝"和"神",而后者则分别译为"神"和"灵"。前一版本文理通顺,但是不忠实原文,后一版本与原文意思贴近,但是多直译,风格和成语在冗长的译述中丧失殆尽……能读懂者寥寥无几。①

美国和其他西方来华传教士的圣经汉译工程跨越了历史长河,吸引了一些中国翻译家和宗教学者的参与。他们的实践和经验是对中国翻译史上佛经和古兰经翻译理论和技巧探讨的延伸和发展,丰富了这一领域的语言学、历史学、文化学和宗教学的范围,是近现代翻译史和中外文化交流史中的一笔巨大精神和知识财富。

克陛存个人的著述有:

《论太平天国造反派汉译出版物中有关"上帝"和"神"等专有名词的歧义对译》(Essay on the Bearing of the Publications of the Tai-ping Dynasty Insurgents on the Controversy Respecting the Proper Term for Translating the Words Elohim and Theos in the Chinese Version of the Scriptures,1853年)。

《花国的蒙昧——华北民众的宗教观与迷信》(Darkness in th Flowery Land;or Religious Notions and Popular Superstitions in North China, New York:Scribner,1857年)。

《中国的宗教现状及其教堂:长老会差会的一次训示》(The Religious Condition of the Chinese,and Their Claims on the Church:A Sermon Preached for the Board of Foreign Missions of the Presbyterian Church,1857年)。

1862年克陛存病逝于上海。他养育了两个女儿,大女儿约瑟芬(Josephine,1852—1939)出生于中国,曾在纽约专修艺术。

---

① Samuel Isaac Joseph:*The Bible, Prayer Book, and Terms in Our China Missions* addressed to The House of Bishops, 1888.

(五)为汇文书院作出卓越贡献的教育家刘海澜

刘海澜(Hiram Harrison Lowry,1843—1924)出生于美国俄亥俄州曾斯维尔,在韦斯利安学院先后读完硕士和神学博士课程并被授予了相应学位。1862—1863 年他在俄亥俄第九十七团志愿步兵团服役。

1867 年他被美以美教会按立为牧师,同年 10 月 10 日奉派携妻子到福州传教。1869 年 6 月他与麦利和从福州到北京开辟华北宣教区。1870 年他在崇文门内孝胡同购买了一处房产,创建了以该会首任美国会督亚斯立(Francis Asbury)名字命名的北京教堂。后来该会又进一步在北京南城建立了 8 所教堂,与此同时同仁医院、妇婴医院,汇文幼儿园、汇文小学、汇文中学、慕贞书院、护士学校、汇文书院(后并入燕京大学)、汇文神学院(后改名北京神学院)等机构也先后创建。

1873 年山东肥城人王瑞符在北京美以美教堂接受了洗礼,回乡后发展教友多人。1874 年刘海澜利用王瑞符的人脉关系到肥城县安驾庄传教,建立了当地第一所美以美会教堂。1875 年他又到遵化传教,在县城南关购地百亩建教堂。

1900 年 6 月义和团进入北京,亚斯立堂和教会产业毁于战乱。1903 年美以美会利用庚子赔款扩大地产,占用清宗室英宅府院、太山行宫、真武庙和关帝庙,强令 900 余户居民搬迁。1909 年亚斯立堂、汇文书院和慕贞书院得以全部重建。

刘海澜是汇文书院第四任校长,治校共 28 年。他热心教育事业,以新知识和先进的学科理念教授学生,使汇文书院能以其办学规模和教育质量享誉京城。他是 20 世纪初中国北方教会教育事业发展的见证人和参与者。

1924 年刘海澜在北京去世,享年 81 岁。

(六)中国与南洋交通史志和藏学研究专家柔克义

1854 年 5 月 1 日柔克义出生于费城,13 岁丧父,后全家随母亲移居法国。幼年时他曾读过法国遣使会传教士古伯察(Evariste-Regis Huc,1813—1860)1844—1846 年前往拉萨传教的故事,萌生了对于西藏的向往。著名的东方学家莱昂·菲尔(Léon Feer)曾指导他阅读了许多有关远东的书。1870年他就读于法国圣居尔军校,因为那里可以学习藏语。毕业后他在阿尔及利亚法军中服役了三年。1876年他返回美国,结婚成家后在新墨西哥州购买了一处牧场,但是不久后他发现牧场生活并非自己的追求。1881年他把牧场转让了他人,与妻子移居瑞士。此后三年他辗转欧洲各地学习藏语、梵语和汉语。

1883年柔克义的妻子从她已故的表亲处获得了一笔7000美元的遗产,使丈夫得以在美国驻华公使馆中就任一个无薪职务。为了提高自己的资质柔克义曾向一位喇嘛学习藏语和汉语,不久他的工作如愿地转正为有薪待遇。1887年他辞去了汉城代办的职务,利用史密森学会(Smithsonian Institution)每月为他提供50美元的津贴和有关器材设备,开始对西藏进行考察。

1888年年底他装扮成喇嘛,在一名中国向导的帮助下经保定、太原、五台山、潼关、西安和兰州,于1889年2月6日到达西宁。因为未曾办理通行证他的行程按照规定被终止了。1892年2月17日柔克义携带着一些必备的科学测量仪器从北京再次启程进藏,途经宣化、张家口、呼和浩特、鄂尔多斯、阿拉善、宁夏和塔尔寺,跨越青海东部前往拉萨。1892年7月在纳木卢接受边防哨卡检查时未能办理例行手续,经交涉后获准取道昌都返回内地。

柔克义的西藏行程共8000多英里,先后经过了6个海拔14500英尺以上的山口。他考察了许多有重要地理价值的地方,还用六分仪在100多处设点观测,拍摄了3000多张照片,采集了约400份人种学、地质学、动物学和植物学标本。

回国后柔克义将入藏的见闻撰写成文,先后发表在史密森学会主办的杂志《世纪》(The Century)上,引起了美国民众对西藏的浓厚兴趣,他也因此荣获皇家地理学会(The Royal Geographical Society)的金守护神勋章(Gold Patron's Medal)。他还根据广泛收集的资料进行藏学和蒙学研究,其中的《喇嘛之国》和《1891—1892年蒙藏旅行日记》两本书送到华盛顿的史密森学会出版,受到了广泛好评。

柔克义是一位美国早期藏学和蒙学研究的奠基者,他的考察为美国民众打开了一个认知西藏的窗口,促进了美国藏学研究的发展,使许多传教士、外交官和学者对西藏产生了浓厚的兴趣,赴藏旅游和考察的美国人数逐年增加。20 世纪初始美国涌现了一批研究西藏和藏传佛教的学者，都与他所作的开创性努力分不开。他的著作代表了当时美国有关西藏的主流学术观点，对美国政府的西藏政策产生了一定的影响。但是相对而言，他在蒙学方面的开拓却没有引起学界的充分关注。

1903 年英国人荣赫鹏(Francis Edward Younghusband，1863—1942)在麦克唐纳旅的保护下进入了西藏，强迫十三世达赖喇嘛离开了拉萨。1905 年西奥多·罗斯福总统(Theodore Roosevelt，1858—1919)任命柔克义为美国驻华公使馆公使。1907 年 11 月达赖喇嘛应清室邀请进京，第二年年初到达五台山。同年 6 月 21 日柔克义在美国使馆工作人员托马斯·哈斯金斯(Thomas Haskins)的陪同下，步行五天到达了五台山。当达赖喇嘛了解到柔克义通晓藏语无比高兴，两人执手言欢，情同知己。他通过柔克义向美国总统赠送了一幅西藏唐卡和一卷《八千颂般若波罗蜜多经》。6 月 30 日柔克义以信函形式将会见详情向罗斯福总统作了报告。三个月后达赖喇嘛到达北京，双方一直保持着联系。柔克义在同十三世达赖喇嘛的交往过程中多次代表美国政府重申“门户开放，利益均等”的主张，对于西藏是中华帝国整体的一部分的观点表示认同。

艾丽西亚·坎皮和德尼斯·沃登在《19 世纪 90 年代柔克义的蒙古旅游文学》一文中对这位美国藏学和蒙学研究先驱有这样一段述评：

> 柔克义生性腼腆，离群索居，严重的抑郁症时时发作。同事常戏称他为“大佬”(big chief)，给人的印象是他有时行为冒失，脾气暴躁。但是他勤于思考，事必亲躬，思维敏捷。他是早期的“中国通”之一，也是一位职业外交家，对于中国和中华文明有一种亲近感。他毫不掩饰地承认自己一直潜心东方学之研究。对于藏学的研究激励了他对亚洲和东方的关注，影响了美国十余年的对华政策——那是美国从传统的大陆孤立中崛起时期制定外交政策最重要的十年。他从来不曾成为富翁或者知名人士，然而在他那个时代的一些美国政要，例如西奥多·罗斯福、亨利·亚

当斯和海约翰(John Hay,1838—1905)等人都是他的朋友。①

1894—1896年格罗夫·克利夫兰(Grove Cleveland,1837—1908)总统任职期间,柔克义被聘任为国务卿第三助理,1896提升为助理国务卿。1897年马京利(William Mckinley,1843—1901)总统提名他为美国驻希腊公使馆公使,1898—1899年他调任罗马尼亚公使。1909年塔夫脱总统任命柔克义为美国驻俄国公使馆公使,任期从1911年8月28日直至1913年11月8日。

义和团起义期间,对于远东了解甚少的国务卿海约翰曾向柔克义咨询。为此,他专门起草了一份备忘录,详细阐明了对于中国实行"门户开放,机会均等"政策的美国立场,国务卿审阅后随即向俄罗斯、英国、德国、法国、日本和意大利等国外交部门转发。1901年9月柔克义代表美国政府与清政府代表签署了《辛丑条约》。十一国在华使团原本要求清政府赔款6750万英镑,柔克义根据美国政府指示建议将赔款总数限制在1.5亿美元内,并拟以商业优势的补偿接受没有国际担保的中国债券。后来在京使团达成了协议,把赔款总额降至4.5亿海关银(相当于每一个中国人付出一两海关银)。柔克义回国后还建议美国政府把所得到的部分庚款用于中美两国互换留学人员,得到了核准。

柔克义对古代中国、南洋和西洋的交通史志也曾作过深入研究。1911年他和德国汉学家夏德合作英译宋代赵汝适所著《诸蕃志》(Chau Ju-kua: His Work on the Chinese and Arab Trade in the Twelfth and Thirteenth Centuries,1912年),1914年他又将元代航海家汪大渊著《岛夷志略》一书摘译成英文,对古代南洋和西洋地名曾作详尽考证释疑。

他的主要翻译和著述除上述几部外还有:

《法句经》(Udanavarga,法译,1880年)。

《楞严经》(Pratimoksha sūtra,与南爵·邦余和厄恩斯特·罗曼合译,1884年)。

《佛陀传》(The Life of Buddha and the Early History of His Order,1884

---

① Alicia Campo and Denys Vodden: *William Woodville Rockhill's Mongolian Travel Literature of the 1890s*, in *The Image of Mongolia in European and Asian Travel Literature*, Ulaanbaatar, Mongolia July 7-9,2005.

年)。

《喇嘛之国》(The Land of Lamas,1891 年)。

《1891—1892 年蒙藏旅行日记》(Diary of a Journey Through Mongolia and Tibet in 1891 and 1892,1894 年)。

《蒙古和西藏考察》(Explorations in Mongolia and Tibet,1893 年)。

《藏族人类学札记》(Notes on the Ethnology of Tibet: Based on the Collections in the U.S.National Museum,1895 年)。

《15 至 19 世纪末的中韩交往》(China's Intercourse with Korea from the XVth Century To 1895,1905 年)。

《卢布克东游记》(The Journey of William of Rubruck to the Eastern Parts of the World,1900 年)。

《拉萨和西藏中部之行》(Journey to Lhasa and Central Tibet, 与萨拉特·钱德拉·达斯合著,1902 年)。

《觐见中国皇室》(Diplomatic Audiences at the Court of China, 1905 年)。

1914 年柔克义受聘为袁世凯私人顾问,来华赴任途中病逝于檀香山。

二、美国建制化和常态化的汉学研究形成时期(1877—1945)

从严格意义上说,直至 19 世纪下半叶拥有自己平台、团队和喉舌的美国汉学才现雏形。

当时美国进入了大发展时期,政治家和学者们为突破并超越西方人文传统的格局,打造具有本国特色的文化,一直努力探索新的表现方式,于是中国文化就成了他们研究与吸收营养的渠道和目标。美国在广州建立了领事馆,除了外交和商务需要外,也包括对于扩大两国文化交往的期待。

1877 年耶鲁大学率先设置了汉学教席,不久哈佛和哥伦比亚等大学亦步其后尘。1879 年第一位中国教师戈鲲化应聘赴美执教,1913 年耶鲁海外传教会(1975 年改名为"雅礼协会")成立,1928 年哈佛-燕京学社创建,1929 年 2 月美国学术团体理事会专门成立了促进中国研究委员会。从此美国专业研究和教学队伍阵容逐渐壮大,进入了建制化和常态化格局。

20世纪30年代汉学作为一门学科已经先后进入了美国各大学课堂，被视为美国汉学的起步阶段，或者“学院研究时代”。这一时期的美国汉学研究偏重于中国语言、哲学、宗教、文学、历史、人类学和考古学，带着浓郁的传统语文学和文献学色彩。1927—1941年美国国会图书馆东方馆的藏书从8万册扩充到了20万册，在编制中国古籍索引方面成绩尤为突出。

这一时期美国学者陆续来华，有些先补习汉语后进修，有些则直接进入不同大学或者研究机构开展专题研究。例如：1924—1925年宾板桥以长沙雅礼学校教员身份来华任教、1930—1935年毕格、顾立雅、戴德华、毕乃德和卜德以哈佛-燕京学社研究生身份来华深造。同期来华进修的还有：西克曼研究中国艺术史，韦慕庭进修中国史，费正清研究中国海关史。

这一背景反映了美国汉学与欧洲汉学的同步发展：从早期新教传教士对中国国情和文化的研究，发展到专业汉学家的集约加盟，进而发展到专业历史学家、哲学家、社会学家、政治学家和经济学家的参与和互动。费正清、顾立雅、史华慈、芮沃寿和狄百瑞等学者的治学之路就是这一阶段美国汉学研究状况的写照。

由于中国在国际事务中的作用越来越显得重要，汉学研究范围逐渐得到扩大。学者们认识到：对于中国思想、人物和历史的研究应该与相关社会背景中的政治、经济、社会和宗教等方面的学术生态联系起来。费正清强调的“思想史是历史事件的一部分”与芮沃寿所说的把中国思想史“当作社会历史现象”来考察的观点是一致的。第二次世界大战结束后美国学者对于儒家学说的研究在很大程度上受到当时社会科学理论和方法的影响，并非孤立的现象。他们还认为不能仅仅从西方角度研究中国，而应该从世界文明的世纪高度来考察并评价中国。

（一）矢志于中东和远东地区文化交流研究的劳费尔

劳费尔1874年出生于德国科隆一个犹太富商家庭。童年时他对戏剧非常感兴趣，常和兄弟姐妹一起排练话剧，对莎士比亚非常崇拜，希望自己将来能成为戏剧家。

1884—1893年他就读于弗里德里克·威廉高等学校。1893年他在柏林大学师从汉学家顾路柏（Wilhelm Grube，1855—1908），1894—1895年参加了柏林东方语言研修班。他在柏林和莱比锡求学期间曾先后跟福兰格

(Otto Franke, 1862—1946)学习梵文,跟顾路柏学习汉语,跟语法学家贾柏莲(von der Gabelentz, 1840—1893)学习马来语,跟胡斯博士(Dr. Huth)学习藏语,跟梁凯教授(Prof. George Lange)学习日语,此外他还学习了德拉威语、巴利语、满语和蒙古语。1895 年他在莱比锡大学攻读哲学博士课程,三年后以一篇《苯教十万龙经研究》的论文获得了莱比锡大学哲学博士学位。1898 年他的博士学位论文发表不久,德裔美籍教授弗朗茨·博斯(Franz Boas)就告诉他美国的一些学术机构正从欧洲引进东方学者,推荐他加盟美国自然历史博物馆。①

1898 年 7 月,劳费尔参加了杰瑟普北太平洋考察队(the Jesup North Pacific Expedition)到库页岛和西伯利亚一带考察,在吉利亚克人(Gilyak)、通古斯人(Tungus)和阿伊努人(Ainu)定居点进行调查研究。1899 年 3 月他又来到黑龙江和伯力寻访赫哲族,对当地的民间艺术产生了浓厚的兴趣。他在那里一直待到 1899 年冬天,为博物馆收集了 1300 余件实物和古董。返美后他根据所获得的资料撰写了《杰瑟普北太平洋考察——关于库页岛的民族学研究》(The Jesup North Pacific Expedition, Ethnological Work on the Island of Saghalin)和《黑龙江流域部落考察初探》(Preliminary Notes on Exploration Among the Amur Tribes)等论文。

1901—1904 年,他参加了美国富商希夫(Jacob H. Schiff, 1847—1920)资助的考察队(Jacob H. Schiff Expedition)来华。在这次田野调查中他收集了大量中国人日常生活、四季耕作、民间宗教和医疗卫生用品,以及青铜器、玉器、陶瓷、漆器、搪瓷、戏服和乐器等 7500 余件,对于研究华北历史和文化以及民俗都很有价值。1904—1906 年他被聘任为该馆人种学部助理,1905—1907 年应邀担任哥伦比亚大学人类学和东亚语言讲师。

1908 年,劳费尔应聘担任芝加哥自然历史博物馆东亚学部助理主任、东亚民族学部副主任以及人类学部主任。此后他组织了两次远东考察。1908—1910 年,他率领美国布莱克斯通夫人资助的考查团(Blackstone Expedition)到甘肃和四川藏区调查,为芝加哥的纽百瑞图书馆(the Newberry Library)和约翰·克瑞尔图书馆(the John Crerar Library)购买了包括奈瑭版(Narthang edition)的藏传佛经《甘珠儿》(Kanjur)和《丹珠儿》

① K. S. Latourette: *Biographical Memoir of Berthold Laufer, 1874—1934*, Biographical Memoirs Volume XVIII, pp. 43-68.

(Tanjur)在内的数万册汉、日、满、蒙、藏文书籍。1923年他又率领马歇尔·菲尔德考察团(the Marshall Field Expedition)再次来华,搜集到许多有关中国玉器、瓷器、象牙雕刻和牌搂的历史资料。这两次考察,对他的汉学研究产生了重要影响。

劳费尔是中国顾问委员会(the Advisory Board of China Institute of America)、中国文化与经济研究会(the American Committee of the National Council of the Chinese Culture and Economic Institute)和波斯艺术与考古学会(the Board of the American Institute of Persian Art and Archaeology)的活跃会员;美国东方学会(the American Oriental Society)会长;美国考古学杂志(the American Journal of Archeology)副总编以及北平国家图书馆特别通讯员。

1908年来到芝加哥自然历史博物馆时,劳费尔是美国学界仅有几个能说能写汉语的学者之一。他的语言天赋为他研究汉籍和碑铭提供了便利。他毕生研究中华文化和汉语,与中国保持近距离的接触,感情深厚。在《永恒的印象:自然历史博物馆的中国拓片》(Lasting Impressions:Chinese Rubbings from Field Museum)一文中他这样写道:

> 我已经爱上了那个国家和那里的人民,变得很中国化了……深感做一个中国人比做一个欧洲人更好,也更健康。如果有什么使我觉得遗憾的事,那就是我没能出生在中国。

劳费尔所著《中国伊朗编》(Sino-Iranica)是一部饮誉欧美学界的东方学代表作。作者在历史学、人类学、语言学、植物学和矿物学等领域的著述内涵博大精深,征引资料广泛。他首先从中国与古代西域物种的交换切入,然后进一步涉及中亚纺织品、矿物和汉籍中记载的伊朗萨珊王朝的官制,广泛探讨了东方文化、名物、语言和制度等问题。在《中国伊朗编》中他介绍了苜蓿、葡萄树、阿月浑子、胡桃、安石榴、胡麻、亚麻、胡荽、胡瓜、胡蒜、胡葱、浑提葱、豌豆、蚕豆、红花、姜黄、胭脂、茉莉、指甲花、胡桐泪、甘露蜜、阿魏、白松香、五倍子、靛青、大米、胡椒、诃黎勒、附子、莳萝、枣椰树、菠菜、糖萝卜、莴苣、蓖麻、巴旦杏、无花果、齐墩果、阿勒勃、水仙、阿勃参等传入中国的物种。然后作者又转入与中国关系密切的马来亚和波斯产物、纺织品,伊朗的矿物、金属和宝石,萨珊王朝的官衔等主题。在《伊朗中国编》书后的附录中还对蒙古语中的伊朗语成分、突厥语中的汉语成分、波斯药物学中的印度语成分和西藏语中的外来词进行了探讨。虽然囿于当时的历史学、生物学和语言学水平,该书主要聚焦于资料和事实的归纳和概述,没有从中提取一套完整的理论和方法,但是从作者对于历史与发展的把握和对于辨认判断的独特视角来看,他已经进入了前人未曾涉足的广泛领域,给中华民族文化的读者留下了无限思考的空间和后续课题。

他笔耕不辍,求知若渴,著作等身,毕生矢志不移地致力于研究中东和远东地区之间的文化交流。他熟悉考古学和人类学专业,同辈学者中几乎无人能超越他。但生性敏感和长期超负荷工作使他患上了严重的抑郁症,得不到同事和亲人的关怀,1934 年 9 月 13 日他在芝加哥自杀身亡。

劳费尔是美国人类学家、东方学家和汉学家,一生共发表了 200 余部/篇著述,内容涵盖了中亚和东亚的民族、文化、语言、宗教、习俗和物种,以及部分考察和收藏报告。其中主要的有:

《中国和欧洲的鸟战车》(The Bird Chariot in China and Europe,1906 年)。

《落花生传入中国考》(Note on the Introduction of the Ground Nut into China,1907 年)。

《玉蜀黍传入东亚考》(The Introduction of Maize into Eastern Asia,1907 年)。

《中菲关系》(The Relations of the Chinese to the Philippine Islands,1907 年)。

《中国汉代陶器》(Chinese Pottery of the Han-dynasty,1909 年)。

《中国的耶教艺术》(Christian Art in China,1910 年)。

《汉代墓刻》(Chinese Grave Sculptures of the Han Period,1911 年)。

《玉器:中国考古与宗教研究》(Jade:A Study in Chinese Archaeology and Religion,1912 年)。

《中国圣母像》(A Chinese Madonna,1912 年)。

《五件新发现的汉代浅浮雕》(Five Newly Discovered Bas-reliefs of the Han Period,1912 年)。

《孔子及其塑像》(Confucius and His Portraits,1912 年)。

《王维山水画——辋川图》(The Wang Ch'uan t'u,A Landscape of Wang Wei,1912 年)。

《阿拉伯与中国海象牙和一角鲸鱼齿贸易》(Arabic and Chinese Trade in Walrus and Narwhal Ivory,1913 年)。

《中国祖先偶像的发展》(The Development of Ancestral Images in China,1913 年)。

《西藏花甲理论的适用范围》(The Application of the Tibetan Sexagenary Cycle,1913 年)。

《中国陶俑》(Chinese Clay Figures,1914 年)。

《鄂多立克到过西藏吗?》(Was Odoric of Pordenone ever in Tibet,1914 年)。

《吐蕃的鸟卜》(Bird Divination among the Tibetans:Notes on Document Pelliot no. 3530,1914 年)。

《中华文化要义》(Some Fundamental Ideas of Chinese Culture,1914 年)。

《金刚石—中国和希腊民间传说》(The Diamond:A Study in Chinese and Hellenistic Folklore,1915 年)。

《西夏语—印中语文学研究》(The Si-hia Language:A Study in Indo-Chinese Philology,*T'oung Pao* 17,1-126 页,1916 年)。

《中国瓷器起源》(The Beginnings of Porcelain in China,1917 年)。

《关于指纹史》(Concerning the History of FingerPrints,1917 年)。

《藏语中的借词》(Loanwords in Tibetan.*T'oung Pao* 17,404—552 页,1918 年)。

《中国伊朗编:中国对古伊朗文明史的贡献》(Sino-Iranica; Chinese Contributions to the History of Civilization in Ancient Iran, with Special Reference to the History of Cultivated Plants and Products,1919 年)。

《中国门》(The Chinese Gateway,1922 年)。

《西藏头盖骨和骨制品的使用》(Use of Human Skulls and Bones in Tibet,1923 年)。

《不同国画收藏家的唐、宋和元绘画》(T'ang,Sung and Yüan Paintings Belonging to Various Chinese Collectors,1924 年)。

《烟草及其在亚洲的用途》(Tobacco and Its Use in Asia,1924 年)。

《中国篮》(Chinese Baskets,Chicago,1925 年)。

《中国象牙》(Ivory in China,1925 年)。

《中国的鸣虫与斗蟋蟀》(Insect-Musicians and Cricket Champions of China,1927 年)。

《中国古玉》(Archaic Chinese Jades,1927 年)。

《英属洪都拉斯中南部的玛雅人种学》(Ethnology of the Mayas of Southern and Central British Honduras,1930 年)。

《食土癖》(Geophagy,Chicago 1930.S. 99—198. 8.)。

《哥伦布与华夏以及美洲在东方人民心目中的含义》(Columbus and Cathay,and the Meaning of America to the Orientalist,1931 年)。

《鸬鹚在中国和日本的驯化》(The Domestication of the Cormorant in China and Japan,1931 年)。

《中国乾隆时期的黄金财富》(The Gold Treasure of the Emperor Chien Lung of China,1934 年)。

《美国蔬菜移栽:土豆》(The American Plant Migration—The Potato, Chicago,1938 年)。

(二)对中国古代历史和宗教有独到研究的德效骞

德效骞(Homer Hasenpflug Dubs,1892—1969)号闵卿,又名德和美,出生于伊利诺伊州迪尔菲尔德。他的父亲德慕登(Charles Newton Dubs, 1862—1936)1885 年毕业于欧柏林学院,后去德国学习并传教一年。来华前德慕登夫妇曾在迪尔菲尔德和芝加哥等地传教,兼任尊道会(United Evangelical Church Mission)期刊《基督教使者》(Christliche Botschafter)编辑。1900 年美国尊道会决定派他们去湖南建立教区,因为义和团运动引起局势动荡,年底才带着儿子德效骞抵达中国上海。德效骞的生活和思想深受父母亲的影响,在湖南省曾就读于当地小学,1902 年随父母返回美国完成中学学业。

1910—1911 年德效骞在父亲的母校欧柏林学院学习,1914 年毕业于耶鲁大学,1916 年获哥伦比亚大学哲学硕士学位。1917 年他进入纽约的联合神学院(Union Theological Seminary)攻读神学。由于学习成绩优秀,他被吸纳为美国大学优等生荣誉学会与科学研究学会会员。

1918 年 10 月 2 日德效骞携夫人作为圣道会(Evangel Mission)传教士来华。在南京语言学校学习汉语期间,他拜访了在金陵神学院任教的司徒雷登，谈话中涉及儒学研究，司徒雷登鼓励他学习并研究荀子著作。当年为探讨中国的宗教生活他曾在《教务杂志》上先后发表了《中国的宗教教育》（Chinese Religious Education）、《儒家与迷信》（Confucianism and Superstion）和《儒家学者的敬祖态度》（Confucian Attitude to the Worship of Ancestors）等文章。

1924 年 5 月 21 日德效骞从上海返回美国，1925 年获得芝加哥大学的博士学位，论文是《荀子研究》。1927—1928 年他在伦敦以《荀子：古典儒学新论》（Hsuntze，the Moulder of Ancient Confucianism）为题出版了在自己博士论文基础上扩展成两卷本的专著，由司徒雷登作序。

1925 年他获得芝加哥大学哲学博士学位后受聘担任明尼苏达大学讲师，1927—1934 年升任为马歇尔学院哲学教授。1934—1937 年被聘任为美国学术团体理事会中国研究委员会中国断代史翻译主任。

1934—1947 年德效骞受美国学术团体协会之托，与中国学者任泰（Jen T'ai）、崔先生（C.H.Ts'ui）和潘乐知（P'an Lo-zhi）合作翻译并注释班固所著《汉书》。1934—1937 年他们译出了带详尽注释的三卷本《汉书》本纪（1～12 章），并计划撰写"序言"和"词表"。1938 年在卡内基基金会资助下出版了《〈汉书〉译注》第一卷（History of the Former Han Dynasty：A Critical Translation with Annotations），此后又于 1944 年和 1955 年先后出版了第二卷和第三卷。第一卷题为《帝王本纪：〈汉书〉卷 1 至 5》（The Imperial Annals，Chapter 1～5，Vol. 1），含《汉书》1～5 卷译文、原文和地图；第二卷题为《帝王本纪：〈汉书〉卷 6～10》（The Imperial Annals，Chapter 6～10，Vol. 2），含《汉书》6～10 卷译文；第三卷题为《帝王本纪：〈汉书〉卷 11～12 及〈王莽传〉》（Imperial Annals，Chapter 11～12 and the Memoir of Wang Mang，Vol. 3），含《汉书》11～12 卷和 99 卷以及 8 个附录。1947 年他的《前汉书》（History of the Former Han Dynasty）前两卷获法兰西研究院儒莲奖。虽然华兹生等学者曾批评德效骞的译文晦涩难懂，有损原文风格，但是作为早年美国汉学界的一项重大人文工程，其开创性的贡献仍不可低估。

1937—1943 年德效骞在杜克大学及所属的神学院任教，1943—1944 年负责太平洋学会的中国历史项目，1944—1945 年受聘于哥伦比亚大学。1945—1947 年他担任哈特福德神学院基金会（Hartford Seminary Foundation）的肯尼迪差会学院的汉学教授，1947 年接替戴闻达出任牛津大学汉学教授。在此期间，牛津大学为表彰德效骞在汉学方面的业绩，特别授予他荣誉文学硕士学位,此后又于 1958 年授予他荣誉哲学博士学位。

德效骞的汉学研究主要聚焦于中国历史、哲学和宗教,但是他学养有素,兴趣广泛,曾经开拓了中国天文学、日蚀观测、炼丹术、古代弓弩、步兵鱼鳞阵、汉代博山炉和王莽的经济改革等研究课题。他还研制了一套特殊的汉字拼音书写系统,以字母和阿拉伯数字来标注汉语发音、声调和汉字组件,并用于《汉书》翻译。

德效骞的另一个重要研究选题是有关汉朝与罗马帝国的关系。20 世纪 40 年代初他对公元前 53 年克拉苏率领的罗马军团在卡尔莱战役中惨败,部分突围的罗马军人下落不明的史实,联系《汉书 · 陈汤传》中有关公元前 36 年汉将陈汤发兵西域诸国擒杀郅支单于的描述,在汉学刊物《通报》上发表了《公元前 36 年中国与罗马的一次军事冲突》一文,1957 年以后他又陆续发表了《中国古代的一个罗马城》等论文。作者提出了这样一种大胆解读:陈汤攻破郅支城时遭遇到布"鱼鳞阵"和"重木栅栏"(double wooden palisade)的部队就是罗马军团残部,此后汉朝廷特设骊靬城安置了罗马降将及其部属。他认为"鱼鳞阵"大概就是罗马军人进攻堡垒时惯用的"龟甲阵"(testudo),而重木栅栏则是罗马军人用于加固护城河的结构,这些都是罗马军团在郅支都城存在的证明。据此他断定公元前 54 年被帕提亚俘虏并外迁的克拉苏罗马军团残部曾驻扎在康居,公元前 36 年汉军进攻郅支都城时他们充当了雇佣军。此前郅支单于帮助康居王驱逐乌孙后彼此因故结仇并加害于公主,被触怒的康居人需要借助外军平定战乱,在郅支单于宣布对抗帕提亚的前提下罗马兵团才同意被雇佣。

这是西方学者首次提出骊靬是"罗马城"的观点,很快就成为国际汉学研究中的一个热门话题,引起了众多学者的关注。他们接踵来华寻找骊靬城,掀起了前所未有的骊靬文化热。但是与此同时,持不同见解者也争相表明态度,气氛空前热烈。在骊靬罗马人的身份被确认之前,那个位於塔克拉马干沙漠之外被称为"骊靬城"的甘肃省者来寨见证了历史魅力如何吸引着许多谜团求解者的狂热追求。寨中的部分居民对照媒体报道,也在一夜之间忽然发现自己的体型、脸孔、肤色和风俗习惯有别于当地汉人和回民,期待着中外学术界在他们的汉学研究中就这个千古之谜进行破解。

德效骞于 1959 年从牛津大学教席上退休。1962—1963 年他曾任夏威夷大学访问教授,回国途中在澳大利亚短暂逗留讲学。1969 年 8 月 16 日

他病逝于英国,享年 77 岁。他的主要著作有:

《荀子:古典儒学新论》(Hsüntze:The Moulder of Ancient Confucianism. Probsthain's Oriental Series 15.London,1927 年)。

《荀子》(The Works of Hsüntze. Probsthain's Oriental Series 16. Translation,London,1927 年)。

《推理归纳法:哲学科学法分析》(Rational Induction:An Analysis of the Method of Science and Philosophy. Chicago:The University of Chicago Press, 1930 年)。

《前汉书选译》(The History of the Former Han Dynasty. 3 vols, Baltimore:Waverly,1938-1955 年)。

《孔子是否读过〈易经〉》(Did Confucius Study the Book of Changes? T'oung Pao 25:82-90. 1928 年)。

《中国没有形成哲学体系》(The Failure of the Chinese to Produce Philosophic Systems.T'oung Pao 26:96-109. 1929 年)。

《儒家学说的"本质"》("Nature" in the Teaching of Confucius.Journal of the American Oriental Society 50:233-237. 1930 年)。

《希腊和中国哲学比较》(A Comparison of Greek and Chinese Philosophy.Chinese Social and Political Science Review 17. 2:307-327. 1933 年)。

《西汉的日蚀》(Solar Eclipses During the Former Han Period. Osiris 5: 499-532. 1938 年)。

《汉代儒学之胜利》(The Victory of Han Confucianism. Journal of the American Oriental Society 58:435-439. 1938 年)。

《王莽与经济改革》(Wang Mang and His Economic Reforms. T'oung Pao 35:219-265. 1940 年)。

《罗马与汉朝的军事冲突》(An Ancient Military Contact Between Romans and Chinese. American Journal of Philology 42:322-330. 1941 年)。

《中国古代的神秘崇拜》(An Ancient Chinese Mystery Cult. Harvard Theological Review 35:221-240. 1942 年)。

《公元前 36 年中国与罗马的一次军事冲突》(A Military Contact Between Chinese and Romans in 36 B.C.T'oung Pao 36:64-80. 1942 年)。

《孔子的政治生涯》(The Political Career of Confucius. Journal of the

American Oriental Society 66:273-282. 1946 年)。

《中国史学的可信度》(The Reliability of Chinese Histories. Far Eastern Quarterly 6. 1:23-43. 1946 年)。

《道教》(Taoism. In H. F. MacNair, ed. China. United Nations Series. Berkeley: University of California Press, :266-289. 1946 年)。

《炼丹术溯源》(The Beginnings of Alchemy. Isis 38:62-86. 1947 年);

《孔子的出生日期》(The Date of Confucius'Birth. Asia Major (new series) 1. 2:139-46. 1949 年)。

《商朝年代考》(The Date of the Shang Period. T'oung Pao 40. 4-5:323-335, 1951 年)。

《孟子和孙子论人性》(Mencius and Sun - dz on Human Nature. Philosophy East and West 6:213-222, 1956 年)。

《中国古代的罗马城》(A Roman City in Ancient China. China Society Sinological Series 5. London, 1957 年)。

《中国天文学溯源》(The Beginnings of Chinese Astronomy. Journal of the American Oriental Society 78:295-300. 1958 年)。

《周代王室的宗教信仰》(The Archaic Royal Jou Religion. T'oung Pao 46:217-259. 1958 年)。

《汉代"博山炉"》(Han "Hill Censers." In Søren Egerod, and Else Glahn. Studia Serica Bernhard Karlgren Dedicata. Sinological Studies Dedicated to Bernhard Karlgren on His Seventieth Birthday, October Fifth, 1959 年)。

(三)中美历史关系发展过程的见证人拉铁摩尔

欧文·拉铁摩尔(Owen Lattimore, 1900—1989)出生于华盛顿。他的父亲戴维·拉铁摩尔(David Lattimore)1902 年曾在上海南洋公学教英文,后来受聘担任保定高等师范和天津北洋大学英文教习。拉铁摩尔襁褓之中随父母来到中国,12 岁时由母亲带着他和妹妹到瑞士和英国求学。19 岁时因为未能获得去牛津深造的奖学金,便再次来华。1920 年他任职于上海安利洋行(Arnhold Brothers & Co.Ld.),后来又在一家保险公司工作了一年。1921 年他父亲辞去了在北洋大学近 20 年的教席,携家人返回美国到达特茅斯学院执教,但拉铁摩尔却仍留在中国为自己的前途打拼。他通过担任《京津泰晤士报》总主笔的父亲旧友伍德海(Henry George Wandesforde Woodhead,1883—1959)的关系,谋得了该报《星期周刊》副刊编辑一职,平时除校对新闻和社论外也翻译一些文章。闲暇之余他努力学习中文。当年天津英租界俱乐部有一个为外国人服务的图书馆,他常常去那儿翻阅书报,广泛涉猎有关旅行和文化方面的各类著作。

1922 年他沿着丝绸之路进入疆旅行。1928 年获得一份奖学金到哈佛大学人类学学院进修了一年,1929 年出版了《通往突厥斯坦的沙漠之路》(The Desert Road to Turkestan)一书,同年他得到美国社会科学研究会的资助前往东北旅行,研究满洲移民问题。后来他继续到中国东北和内蒙等地调研,完成了《满洲:冲突的发源地》(Manchuria,Cradle of Conflict)一文,受到美国政界和学界人士的关注。

1933—1935 年他担任美国太平洋关系学会季刊《太平洋事务》(Pacific Affair Quarterly)的编辑。该刊曾经报道了长期被封锁的有关中国共产党、陕北根据地和红军的消息,拉铁摩尔因此成为一位国际知名的中国政治问题专家。

1937 年他受美国《美亚》(Amerasia)杂志记者菲力普·杰夫(Philip J. Jaffe)和毕恩来(Thoms Arthur Bisson,1900—?)等人邀请作为向导和翻译陪同一个美国访问团前往延安。接受邀请后拉铁摩尔首先向美国资深记者斯诺(Edgar Parks Snow,1905—1972)咨询,希望获得必要的帮助。斯诺当即致函延安的中共中央,不久便获得肯定答复,促成了杰夫等人的延安之行。他们从北平出发,通过瑞典车行老板埃菲的巧妙安排,借口游览古陵辗转到达了延安,受到了中共领导人的热情友好接待。访问期间,拉铁摩尔发表了一次露天演讲,由于他对中国少数民族有着浓厚的兴趣,接待人员特地安排他与参加长征的少数民族干部和战士座谈。拉铁摩尔通过自己熟悉的渠道传递了中共领导人欢迎更多的外国人士访问延安的信息。不久以后延安又接待了英国记者贝特兰(James Bertram,1910—1993)等客人。

1941 年春白宫的经济顾问居里(Lauchlin Bernard Currie,1902—1993)访华期间会见了蒋介石,把"自由主义的亚洲问题学者"拉铁摩尔推荐给蒋介石当私人顾问。1941 年 7 月 15 日拉铁摩尔飞抵重庆,蒋介石接见了他,并派立法院编译处处长谢保樵担任他的秘书,为他配备了仆人和小汽车。双方约定:蒋介石夫妇需要向他咨询时就派人约见,如要向罗斯福总统传递信息，则由他起草电报拍发给白宫的居里转呈。这期间，蒋介石只向拉铁摩尔咨询过一些宏观和战后的重建问题，从未让他参与重要决策，还告诉他有关中国国内事务可与孔祥熙、王宠惠和王世杰商谈。

1942年拉铁摩尔决定辞去私人顾问一职，因为有碍蒋介石的面子，他就策划了让自己收到一份要求他回国主持战时新闻局旧金山办事处的官方文书。这一年11月17日，拉铁摩尔与访美的宋美龄同乘一架专机飞往美国，抵美后彼此就不再往来。第二次世界大战结束后拉铁摩尔被聘为霍普金斯大学佩奇国际关系学院院长。

1950年6月25日朝鲜战争爆发，美国政府改变了对台湾政策。1951年7月25日至1952年6月20日举行的太平洋关系学会听证会（IPR hearing），调查该会曾否受到共产主义的宣传，对美国政府远东政策制定部门施加影响，进而误导了美国舆论。卡特（Edward C.Carter）等人士受到传讯，拉铁摩尔和一些外交官也被牵连其中。经过近一年的调查，以麦卡伦（Pat McCarran）为主席的小组委员会（Subcommittee）认定：虽然没有证据证明太平洋关系学会的大多数成员在追求学术目的以外的东西，但是控制该会的成员是共产主义者或者亲共派；拉铁摩尔和范宣德（John Carter Vincent，1900—1972）在1945年美国对华政策转至有利于中共的方向上起到了促进作用。[①] 虽然建立在伪证（perjury）基础上的指控被否定了，但是他仍然背上了“从20世纪30年代起的某些时候是苏联阴谋的清醒工具”的黑锅。他再也不可能以顾问身份在美国国务院工作，在美国的学术生涯（American academic life）从此终结。1963年拉铁摩尔决定移居英国，受聘担任英国利兹大学第一位汉学教授，主要从事中国历史教学和研究。

1971年周恩来总理曾邀请四位中国问题专家来华访问，其中一人就是拉铁摩尔。1972年9月21日他携夫人和孙子来到内蒙古农牧学院，参观了畜牧系和兽医系的饲料分析室、草料、病理和寄生虫学标本室、家畜解剖学实验室以及兽医院。亲眼看到他所熟悉的那片土地上发生的巨大变化，他心情激动，感慨良多。

拉铁摩尔是美国汉学家和蒙古学家，能说流利的普通话和蒙语。他在华北和蒙古地区的经历和考察，为他的中蒙历史和社会研究提供了丰富的

① 山极晃：《中美关系的历史性展开（1941—1979）》（鹿锡俊译），第31—32页，北京：社会科学文献出版社，2002年。

第一手资料。在一些重大问题上他有自己的独特见解和判断,对于战争给中国人民造成的巨大灾难也有沉重的记忆。他是中美曲折关系发展过程的见证人,也曾对中美两国事务做出过贡献。

拉铁摩尔于1970年退休,1989年5月30日逝世于罗德岛普罗维登斯,享年89岁。他遗嘱将个人所有藏书都捐赠给剑桥大学的蒙古和中亚研究所,把希望寄托在年青一代学者的身上。

他的主要著述有:

《通往突厥斯坦的沙漠之路》(The Desert Road to Turkestan. London: Methuen, 1928. Reprinted, Boston: Little Brown, 1929年)。

《高地鞑靼》(High Tartary. Boston: Little Brown, 1930年)。

《满洲:冲突之发源地》(Manchuria: Cradle of Conflict. New York: Macmillan, 1932; rev.ed. 1935年)。

《满洲的蒙古人》(The Mongols of Manchuria: Their Tribal Divisions, Geographical Distribution, Historical Relations with Manchus and Chinese, and Present Political Problems. New York: John Day, 1934年)。

《中国与蛮夷》(China and the Barbarians, in Joseph Barnes, ed. Empire In The East. New York: Doubleday, 1934年)。

《中国的亚洲内陆边疆》(Inner Asian Frontiers of China. New York: American Geographical Society, 1940. Reprinted, Boston: Beacon, 1967年)。

《蒙古游记》(Mongol Journeys. New York: Doubleday Doran, 1941年)。

《中国开放其荒漠西部》(China Opens Her WIld West. Washington, D.C.: National Geographic Society, Vol 82:3, September, 1942年)。

《现代中国的形成》(The Making of Modern China, 1944年)。

《亚洲的出路》(Solution in Asia. Boston: Little Brown, 1945年)。

《通往中国历史地理的亚洲腹地渠道》(An Inner Asian Approach to the Historical Geography of China, 1947年)。

《亚洲局势》(The Situation in Asia. Boston: Little Brown, 1949年)。

《亚洲的枢纽:新疆和中俄亚洲腹地边界》(Pivot of Asia: Sinkiang and the Inner Asian Frontiers of China and Russia. Boston: Little Brown, 1950年)。

《毁谤的折磨》(Ordeal by Slander. Boston: Little Brown, 1950年)。

《中国的亚洲腹地边境》(Inner Asian Frontiers of China, 1951年)。

《亚洲腹地的新政治地理学》(The New Political Geography of Inner

Asia. Great Britain: The Geographical Journal, Vol. CXIX Part 1, March 1953 年)。

《牧民与政委:蒙古重游记》(Nomads and Commissars: Mongolia Revisited. New York: Oxford University Press, 1962 年)。

《1928—1958 年边疆史研究文集》(Studies in Frontier History: Collected Papers, 1928—1958. London; New York: Oxford University Press; Paris: Mouton, 1962 年)。

《从中国展望世界:就职演讲》(From China Looking Outward: An Inaugural Lecture. [Leeds]: Leeds University Press, 1964 年)。

《中国的历史与革命》(History and Revolution in China. Lund: Studentlitteratur, 1970 年)。

(四)在加利福尼亚大学教授中国历史 50 年的宾板桥

宾板桥 1901 年出生于马萨诸塞州的剑桥市,他的父亲海勒姆·宾厄姆(Hiram Bingham, 1875—1956)曾任康涅狄克州州长和美国参议员,一度担任耶鲁大学历史学教授。

1924 年宾板桥进入耶鲁大学学习中国历史专业,1928 年他结识厄休拉·沃尔科特·格里斯沃尔德小姐(Ursula Wolcott Griswold)。两情相恋,两性相依,不久结婚成家。1929 年他获哈佛大学硕士学位,1934 年获加利福尼亚大学柏克莱分校历史学博士学位。

宾板桥曾于 1924—1925 年、1926—1927 年和 1934—1937 年三次执教于长沙雅礼学校(Yali Union school,取"子所雅言,诗书执礼"(《论语·述而》)之意)。该校是 1906 年美国耶鲁大学学生来华传教组织中国传教会(Yale Mission in China)在长沙创办的学校。1914 年该校改名为雅礼大学堂(College of Yale-In-China),后又增建湘雅医学专门学校,雅礼会曾派 10 名教师前往授课。宾板桥来华执教、进修和旅行,在乡间旅行、登华山、参拜道观,对于中国文化和社会有许多直接感受,对于他的汉学研究和教学工作都有很大帮助。他后来的研究方向和教学定位都得益于从来华经历中所获得的第一手感性资料。

1935—1937 年宾板桥是加利福尼亚大学中国历史专业研究生,获得硕士学位后任母校东亚史讲师,1940—1946 年他被提升为助理教授。

1943—1945 年他在美国海军情报和战略服务处获后备役上尉军衔，教授汉语和中国历史。1949 年他创建了加利福尼亚大学东亚研究所（Institute of East Asian Studies），并担任所长达八年之久。1947—1949 年任美国学术团体理事会远东研究委员会委员，1967 年起担任美中关系全国委员会委员。

宾板桥主要研究领域为唐太宗的生平和时代以及唐代的亚洲。1941 年他出版了专著《唐朝的建立——隋亡唐兴初探》（The Founding of the T'ang Dynasty, The Fall of Sui and Rise of T'ang: A Preliminary Survey, Waverly Press, 1941）。隋末唐初是中国封建历史上黄金时代的起始阶段。李唐王朝建立后，兴修水利，扩大农田，发展手工业和交通运输，出现了许多繁华的商业城市，文化、教育和艺术大发展，开元盛世时期达到了繁荣高峰。随着对外交往的扩大，佛教和伊斯兰教先后传入，中国的音乐、舞蹈和绘画通过广泛吸收西域和中亚的营养得到了迅速发展。作者的这一研究选题对于帮助西方读者了解中国历史有其特别意义。该书共 183 页，除序言、附录、索引和参考文献外，正文共十二章，包括：引论：隋杨皇帝；605—608 年长城和大运河的修建；隋朝对外关系；隋朝与突厥关系；611—615 年隋朝的对外关系与叛乱；隋朝内政崩溃；隋末政治分裂；陕西：李朝要都；太原之乱；"义军"起事；617—618 年李渊执政；结语。该书是美国史学界研究隋唐历史的权威著作，长期用作高校教材，受到广泛好评。

1956 年他还与两位高徒希拉里·康罗伊（Hilary Conroy）和弗兰克·英克尔（frank Inkle）合作编写了一部《东南亚简史》（Southeast Asia: A Brief History）。1964—1965 年他们再度联手编写了一部两卷本的《亚洲史》（History of Asia）。宾板桥晚年的大部分著述都是与亚洲研究和教学的内容有关。

他长期致力于组建加州大学柏克莱分校亚洲研究团队，在教学方面所花的时间和精力多于专题研究。他是 1941 年成立的远东协会创建者之一，曾担任《远东研究季刊》（现名为《亚洲研究》）的第一届编委，1947—1949 年他主要为季刊的专栏编辑学术活动要闻和注释。经过八年的艰辛努力亚洲研究学院终于 1949 年建成。据当时他的一位同事回忆，他始终以建立学院为奋斗目标，把东亚系看作一个大家庭，想方设法把大家团结在一起。近年来美国高校专业分工和分裂之事时有发生，不同学派的亚洲研究中心纷纷成立，现代和传统研究的分道扬镳已成定局，但是宾板桥却总是以一元化的统一眼光来看待学术研究。如此恪守职责,正是他与同时代其他学者的不同之处。

宾板桥的弟子常常怀着感恩心情回顾,在当时参考资料匮乏的情况下他如何一次次举办有关研究文献和方法的研讨会,帮助他们掌握方法和技巧。弗雷德里克·韦克曼(Frederick Wakeman)回忆说:

> 我作为他的一个入门弟子,曾深深地被他一丝不苟的学风所打动。我初到柏克莱做功课时对于一些在我看来无需计较的细节漫不经心。但是我慢慢地喜欢上他那种我所不具备的严谨治学态度。宾板桥教授告诫我们不要忽视研究工作的重要性。记得我呈交给他的第一篇有关中国历史的研讨会论文时,他审读得非常认真,然后指出应该如何提出自己的论点,就像一位律师教导他的职员如何在法官和陪审团面前进行陈述一般。①

宾板桥在扩大加利福尼亚大学东亚图书馆的中文藏书方面也发挥了极其重要的作用。1947 年他再次访华时带着一份购买 1400 册图书的采购单。几个月后在上海和北京他购买了 9000 册图书,还与代理商谈妥继续增购和发运的安排。他退休后把个人的藏书和拓片都捐赠给了东亚图书馆,还把个人和专业论文交给了班克罗夫特图书馆收藏。

晚年他集中精力撰写一部有关自己父亲的传记。他几乎每天都去办公室,在学院俱乐部的圆桌上用餐,一直坚持到把书写完。

他的学生对于他的正派和平等待人的作风敬佩有加。他们都知道老师是前辈学者,是"老派"人物,不过但凡与他共事过的人都无一例外地被他的善意和谦逊所感动。他的同事和学生至今仍然记得在他家宽敞典雅客厅受到他和夫人亲切接待的情形,聚会不仅让大家高兴,而且还增加了亚洲研究院成员之间的亲近感,这正是他的心愿。他们一家大力支持柏克莱新学院的建立,也令人难以忘怀。

宾板桥夫妇共养育四个女儿。他们家遵循着两个不同的传统:新英格兰中的老式家庭与儒家君子,两者都重视服务他人、克己复礼和诚实正直

① T. N. Blsson *et alii*: *Woodbridge Bingham, 1901-1986, in Memoriam 1986*, Universsity of Calidornia, p. 22.

(stressed service, decorum, integrity),宾板桥在这些方面堪称为典范。①

宾板桥在加利福尼亚大学执教50年,是美国的早期汉学家和教育家,也是美国东方学会、亚洲研究协会和美国历史协会会员。1986年5月2日他在家中辞世,以君子风度悄悄地离开了他毕生为之奋斗的校园和专业,给后辈学人留下了无限思考和发展的空间。

他的主要著述有:

《唐朝的建立:隋亡唐兴初探》(The Founding of the T'ang Dynasty, The Fall of Sui and Rise of T'ang: A Preliminary Survey, 1941年)。

《东南亚简史》(A Brief History of Southeast Asia, co-authored, 1956年)。

《亚洲史》(History of Asia, 两卷, 1964—1965年)。

(五)卜弼德的研究领域:汉语、阿尔泰语系与中华文化

俄裔美籍汉学家卜弼德(Peter Alexis Boodberg, 1903—1972)出生于符拉迪沃斯托克(海参崴),父亲曾为俄军将军。第一次世界大战爆发后他正在圣彼得堡军校受训。1915年因为俄国内时局动荡战祸蔓延,为避难他和弟弟被送到哈尔滨上学,后来转入符拉迪沃斯托克东方学院学习汉语。1920年夏天他离开俄国前往旧金山,后来全家都移民美国。

1924年他毕业于加利福尼亚大学东语系,几年后开始研修博士研究生课程。他跟卫理学习古汉语,跟久野(Y.S.Kuno)学习日文,跟亨利·卢茨(Henry F.Lutz)学习亚述-巴比伦文,跟威廉·波珀(William Popper)学习阿拉伯文,跟亚瑟·赖德(Arthur Ryder)学习梵文,跟克罗伯(A.L.Kroeber)学习人类学。1930年他获得东方语言学博士学位时已经能认读多国语言,包括:闪语、含语、阿尔泰语、汉语和马来波利尼西亚语,对许多国家的文化也有所了解。他的博士论文题目是《中国古代兵法——〈史记·魏公子列传〉研究》(The Art of War in Ancient China: A Study Based upon the Dialogues of Li, Duke of Wei)。

1931年秋天他被临时聘任为讲师。两个月后他向芝加哥大学、华盛顿大学、普林西顿大学、康奈尔大学、威斯康星大学、约翰·霍普金斯大学

① T.N. Blsson *et alii*: *Woodbridge Bingham, 1901-1986, in Memoriam 1986*, Universsity of Calidornia, p. 23.

和宾夕法尼亚大学寄送了一封又一封求职信，但是复函却都是婉拒。虽然后来那几所大学都先后创建了远东研究系或者中文系，但是直到1932年7月加利福尼亚大学柏克莱分校才聘请他担任远东语言教师，年薪为1800美元。后来他出版了专著《〈盐铁论〉第二十至二十八章评析》(Discourses on Salt and Iron Chaps.XX-XXVIII)，知名度日渐飙升。1935年他被提升为助理教授，担任古汉语、汉语词汇学和文献学等课程，不久他的《中华文明讲稿》(英文版)问世，为东语系构建了中华文化的理论框架，提升了教学和研究的水平。

从此卜弼德的专业生涯与加利福尼亚大学柏克莱分校的人文学科发展紧密联系了起来。1937年他被提升为副教授，1938—1939年因为他在古汉语的基础研究以及中国与中亚文化交流研究方面的贡献被聘任为古根海姆研究奖(Guggenheim fellowship)。这两个领域后来就成为他的主要学术研究和发展空间。1940年他受聘担任东语系系主任，率领全系团队迈进建系历史上最辉煌的年代，1948年他又被提升为教授。

但是在1950年宣誓效忠纷争(loyalty oath controversy)期间因为抗议行政当局所执行的政策，他愤然辞去了系主任职务。1951年他主要负责美国东方学会西部分会的筹建工作。1956年他第二次荣获古根海姆研究奖金。1960年他继任了原来由费迪南德·莱辛(Ferdinand Lessing)担任的东方语言和文学阿加西斯教席。1963—1964年他第三次获得古根海姆研究奖金，同年被推选为美国东方学会主席。1964年4月8日他在纽约召开的年会上发表了题为《似曾相识》(The Stranger in Our Midst)的就职演说。1970年他已经退居为荣誉教授，但是因为不可替代的作用仍然积极参与研究工作。

卜弼德早期主要从事汉语-阿尔泰语系的研究。1932年3月至1936年3月他曾经把自己书写工整的讲稿，以《胡天汉月方诸》为书名限量出版了13卷，寄赠给挚友和同好。从书名和内容可以看出作者对匈奴语中一些令人费解的史学问题的大胆解读，显示了他的博学多才。他根据《汉书》卷九六下《西域传下·乌孙传》中所载"小昆弥乌就屠死，子拊离代立，为弟日贰所杀"认为"拊离"即"böri"(狼)之音译，是文献中游牧民族首领以狼或豺命名的一个例证。他又依据曹丕《典论》中论汉武帝之文记载"刈单于之旗，剿阏氏之首，探符离之窟，扫五王之庭"，断定"符离"即乌孙之"拊离"，突厥之"附离"。作者把乌孙和突厥族起源传说中狼的元素与首领名号联系起来,对于西方读者阅读汉籍提供的思路具有举一反三的启发意义。在卜弼德时代,可供外国读者查阅的语音学工具书很少。他阅读汉籍时碰到需要了解中古读音的汉字,主要求证于瑞典汉语言学家高本汉(Klas Bernhard Johannes Karlgren,1889—1978) 1923 年编写的《汉语和汉日解析辞典》(Analytic Dictionary of Chinese and Sino-Japanese),其功底修炼并非一日之力,其艰难程度更可想而知。

一份标注为"1944 年 8 月"的打印文稿回顾了加利福尼亚大学东语系的发展历程,一般认为是卜弼德所撰,其中法国汉学的影响脉络清晰可见。文稿中的一段写道:

> 东语系及其学者对于中国研究始终持有这样的观点:只有把中国看作欧亚大陆不可分割的一部分才能对中华民族有正确的理解。这一"全球观念"具体表现在:研究应该把古代和近代中国的语言、历史和文化与其草原邻邦,并通过它们与欧亚"远西"边陲联系起来。

其实这就是卜弼德本人的研究方向,他坚信完美的哲学和史学分析所具备的学术价值。当年他曾不遗余力地对西亚各国翻译的汉籍进行译注,动力就源于这一指导思想,可惜译稿大部分都未曾付梓。

1936 年卜弼德在《哈佛学刊》阿尔泰语研究专集上发表了第一部有关汉语与阿尔泰语系的著作。其中精彩的篇章有:《蒙古的保加利亚人》(The Bulgars of Mongolia)、《希奥菲拉图斯 · 西莫卡塔论中国》(Theophylactus Simocatta on China)和《草原政治专名中的阿尔泰语"角"》(The Altaic Word for "Horn" in the Political Nomenclature of the Steppe)等。当时已经名噪一时的学者韦利(Arthur David Waley,1889—1966)曾经给他写信说:"拜读拓拔语高论,至为钦佩!"1946 年中国语言学家罗常培亦向他致函求证古代亚洲地名的汉译,例如"撒马尔罕"和"柬埔寨"等,信中写道:"我认为您是我在美国见到的唯一能在此领域为我解惑答疑的学问大家。"卜弼德的这一研究领域过去无人涉足,部分还受到非专业人员想当然的糟践,如今随着他的国际声誉攀升改变了现状。1939—1940 年他首次开设了"满文和蒙文文献导读"(Introduction to the Study of Manchu and Mongol Texts)课。1942 年他在研究生部作了一次题为《古代亚洲的突厥语、雅利安语和汉语》(Turk, Aryan and Chinese in Ancient Asia)的学术报告,其学术广度和深度在柏克莱甚至美国都是前所未有的。①

在研究东方学的同时,卜弼德还潜心研究中国古代语言史和汉字的演变史。1936 年顾立雅在一本专著中提出了“汉字属于表意文字”的论断,卜弼德在《哈佛学刊》亚洲研究专辑发表的一篇论文中却认为汉字过去和现在都不用来表示意义或者概念,而是用作词或者词素,其中多半都具有表音价值,因此可以说汉字就是一个符号体系。他在 1944 年的一份工作报告中再次亮明了自己的观点。这与当代语言学界多数专家的研究结论是相吻合的。

1938—1939 年卜弼德的研究重点是汉语四字格词汇(binomial expressions),不过只以打字稿形式记录了下来,并未送交出版商。虽然这一期间他还继续汉语史的研究,但是很少发表论文。他认为汉语大部分押韵的双音节词是正在消亡的双音声母辅音群(initial consonant clusters)的辞典学复位,与汉语辞典标音的传统反切法(fan-ch'ieh system)既有亲缘关系,又有所不同。据此他觉得将四字格定义导入词源学值得一试。实际上受益于他这一领域的开创性研究者只有他的少数弟子。他坚持不懈地研究汉字标音法直到去世,超过了对包括亚洲语文学在内的其他研究。但是他的许多汉学界同事对于他的研究新发现和成果却反应冷淡,甚至嗤之以鼻,个中缘由耐人寻味。

1954 年夏天他开始发表一些具有丰富信息内涵的短小文章,通常只有一张打印稿纸的篇幅,总标题为“柏克莱亚洲语言学工作室文稿”,以油印形式在同好中散发。第二批文稿题材范围有所扩大,涉及对一些中国文学作品的评析,例如《试论汉诗中的隐含排比》(On Crypto-Parallelism in Chinese Poetry)和《浅论汉诗中的隐含谓语》(On Latent Predicates in Chinese Poetry)。他的大师级但非主流的唐诗翻译在英语教授和作家中的风光程度超越了有传统情结的汉学家的反馈。其中大量妙趣横生的新词准确地塑造了一些新奇形象。虽然他很清楚在 20 世纪这种特权已经被社会学家和自然学家所摒弃,但是他坚信这样的创造正如几世纪前一样仍然是人文学家的专利。因为他对于文言文的式微和想象教育的衰退并不认

① Edward H. Schafer: *Peter A. Boodberg, 1903-1972*, *journal of the American Oriental Society*, vol. 94, No. 1, p. 3, Jan.-Mar. 1974.

可，这些出版物表现出与他的品位不同的中国通分道扬镳的倾向。在他看来所有有教养的人都应该熟悉希腊谱系和拉丁词根，并乐于接受一些新创词语。

卜弼德的兴趣和才能还表现在对传记文学和哲学的研究。在一篇精辟的短文中他曾对中国传统哲学和伦理学的主要术语的含义进行了辨析，为的是清除许多受英语常规套路影响的译者对那些术语解读中的错误。传记文学研究一直被认为没有任何学术价值，但却是他毕生的重要研究领域之一。他撰写的一篇孔子传记体现了严谨的评价方法与最现代的语文学知识的结合，早在1942年他就准确地把它称之为《圣人正传》。东语系接受卜弼德的积极提议，曾向加利福尼亚大学校长罗伯特·戈登·斯普劳尔(Robert Gordon Sproul)提出在1948—1949年为纪念孔子诞辰2500年举办庆祝活动的申请。虽然建议未被采纳，但是卜弼德却在1948年特别开设了"孔子生平及其时代"的专修课，并且持续了数年。1963年向古根海姆基金会提出费用申请时他把该项目描述为"《孔子生平和时代》专论修订"之所需。当时他还准备研究老子，从他发表的一篇引言中可以追溯到他的研究思路。

卜弼德还花了大量时间和精力设计一套可用于拼读30000个汉字的西式拼写系统。1956年他曾以《创建汉字语文学注音系统》(Towards a Philological System of Notation for Chinese Characters)为题发表了一个文告，用格雷柯-拉丁造词法(Graeco-Latin neologisms)对汉字符号和要素进行描写。他发现自己的编码不仅是把精确性引进尚欠精准(通常为非专业人员所为)领域的方法，而且还可以构成对中华文化和地中海国家文化的语义层面进行比较尝试的基础。尽管他设计并试用这些新术语时费尽了心机，可惜未被学生采用。过去大家熟悉的注音方法仍然继续沿用。

卜弼德常常在公开讲话中与他人分享自己的研究成果。例如1963年在发表就任美国东方学会及其西部分会主席的演说时，他曾散发自己事先准备好的讲稿提要，其中就包括一些精辟的论点和论据。特别重要的是他的《柏克莱亚洲语文学工作室文件》(Cedules from a Berkeley Workshop in Asiatic Philology)后来很快就成为一种收藏品。但是因为那些雄心勃勃的研究项目涉及范围广泛，有些设想尚未细化，多少显得空泛。

卜弼德是一位好老师。为进一步充实专业论著的出版数量，他的许多用汉语撰写的文言文原创性文稿都通过学生保存了下来并广为流传，即便有时因为曾经向他讨教过的学者的著述出版使他的理论受损或者被淡化，仍然无法改变这一事实。在基础阶段他也看不上源于中国学究用于对单纯学子进行古文权威解读的常用教学法。他的课程极具原创性价值，可以训练学生理解复杂书面语的能力(例如对古诗对偶结构的研究就是一例)并看懂古文注释，掌握正确解读所必需的其他技巧。因此他的学生成绩整体上优越于其他教师培养出来的学生的成绩。

在课堂上卜弼德总是循循善诱，对问题的看法极具挑战性。他的"名著选讲"全校闻名；他的汉字和亚洲语言课突破了本科生专业视野，深受欢迎。他的课堂组织并非十分严谨，但是教学效果好，注意激发学子们的想象力，鞭策他们对学业的追求。他讲课幽默风趣，学生们觉得听他带着口音的讲课是一种享受。他们发现在老师巨大的思维空间中不仅有他对于语文学研究的各种关切，也蕴藏着有关音乐和诗歌方面的知识。他对维多利亚时代诗人杰拉尔・曼利・霍普金斯(Gerard Manley Hopkins，1844—1889)的诗歌技巧非常推崇，并且常借用它来对唐代诗人杜甫的作品进行极富美学价值的评析。他在几篇纪念文章中对陈世骧(Shih-hsiang Ch'en，1912—1971)的细腻和典雅文风高度赞美，他自己用英语和俄语创作的诗歌也也属于同类佳作。①

卜弼德是一位大名鼎鼎的教授，对于普通教育(general education)贡献突出。他开设《中华文明》课程多年，对于加利福尼亚大学是一大奉献。学习该课程不要求高深汉语功底，因此吸引了数百名学生，使他们的学科本领得到极大提高，充实了有关远东的思想和文明知识。他的博学多才对于清纯学子从不构成任何障碍、伤害或者压迫，他们都爱上这门课。可与这门课相提并论的另一门课是"名著选讲"，涵盖了中国、日本和印度的文学和哲学。他对于这些学科简直了如指掌。比如他对日本文学和佛教哲学内中的奥秘的了解就连该专业的名流学者都对他佩服得五体投地。即便在学生对抗和批判职业教育时期这门课也深受欢迎。

卜弼德总是设法向非专业读者展示他的研究领域中的核心问题。他作为东语系系主任曾经组织过每月一次的东方学术论坛(The Colloquium Orientologicum)，由各个相关亚洲学科的湾区学者(Bay Area Scholars)发布

---

① Yuen Ren Chao *et alii*: *Peter Alexis Boodberg, Oriental Languages: Berkeley, 1903—1972*. University of California: in Memoriam, July 1975.

最新研究成果。除了卜弼德本人外，还有赵元任、哈斯(Haas)和奥尔茨基(Olschki)等事业有成者。论坛吸引了许多人，参加研讨会的师生至今难忘当时的盛况，在柏克莱校史上实属罕见。①

1960年他个人举办了题为“译事艰难”(The Moil of Translation)的系列讲座。他曾对其初衷作了如下描述：“那是有关翻译语义原则和语法的非正式讲座和座谈，是形诸传统汉字的经验文集，侧重于词与事分析和译文中的正确选词”。其中一个特别的标题是：“有关中国事物、问题和模式的基本法则。”他的世界文学知识和使命感充实了讲座的内容，极大提高了东语系的研究的水平。

在个人的学术生涯的后半段卜弼德似乎改变了自己的专业方向，清除了新机会主义的业余弊端。他对于美国各大学中文系的语文学人文主义的可悲现状深感失望，对于汉学家受到“团队”和“一体化”鼓吹者的有组织突然袭击的威胁愤愤不平，对于自己长期大胆倡导的准则是否能成功的前景越来越感到悲观。虽然平时待人热情，但是他似乎也很看重身份，甚至过分讲究繁文缛节。几乎没有人敢称呼他“彼得”，可他坚信孔子有关“学而不厌，诲人不倦”的教诲是为师之道。

卜弼德对于学术研究中的数字化并不看好，有时他签发文件时故意以雇员编号代替签名。他不喜欢使用商用机器公司卡，对于问卷调查不屑一顾，认为那一切都是非人性化的做法。他反对研究人员对各类索引的依赖，认为他们应该记住有关文献，熟悉文学和历史的相干资源，这样就可以甩掉拐棍大胆迈步。在他看来一位学者应该有好脑子、好书刊和好的社交圈子。

1974年春爱德华·H·谢弗在《美国东方学社学刊》第94卷第一期上发表的《卜弼德1903—1972》一文中写道：

> 尽管他有悲观情绪，但是对于通过传统的人文主义与大胆创新相结合在汉语和中国文学研究中进行一场革命的动机正确性他始终深信不疑。使他唯一感到自豪的是“语文学家”这个头衔。实际上他是一位最佳荣誉意义上的哲学家，“博学多才”与

---

① Edward H.Schafer: *Peter A.Boodberg, 1903-1972*, *journal of the American Oriental Society*, vol. 94, No. 1, p. 7, Jan.-Mar. 1974.

“想象力”互为表里。他一生的不幸在于只有少数人——主要是他的学生和其他领域中关心文学和历史的学者——对他在一些重大学术问题上的观点有所了解。慢慢地他认识到这个世界并不接纳他的思想。也许事情不至于此。因为他缺乏自信,追求十全十美和艰苦付出,最终他心中广博和丰硕的资源大部分都在学术界枯萎了。如果认为他只不过是一个偏执狂或者怪人,就像一些同龄人对他的看法,那是天大的错误。他完全不是那样的人,他是一位伟大的学者!

但是卜弼德的品格超出了“伟大学者”的范围。他有气派,与人类历史和文学结缘深厚。虽然他恪守诚实做学问的严格戒律,但是他一贯反对待人接物中的粗暴、私心和居高临下的态度。他认为彬彬有礼通情达理才是君子风度。他遵循的个人荣誉和忠诚的准则几乎不为我们时代的人所理解,他也不希望别人照此行事。他凡事身体力行,仅此一点就值得怀念。

卜弼德长期从事教学工作,对于汉字、汉语语言学和音位学有独到研究,培养了几代汉学家。1972 年他的健康状况每况愈下,这一年的 6 月 29 日因心脏病发作辞世。

他的主要著述除了前面提到的以外还有:

《汉语文言文演变之我见》(Some Proleptical Remarks on the Evolution of Archaic Chinese. Harvard Journal of Asiatic Studies 2, pp. 329-372, 1937 年)。

《汉字是表意文字吗?》(Ideography or Iconolatry?, Toung Pao, 35, pp. 266-288, 1940 年)。

《试论汉字》(The Chinese Script: An Essay on Nomenclature (the First Hecaton). Bulletin of the Institute of History and Philology, Academia Sinica 39, pp. 113-120, 1957 年)。

《北魏拓拔语》(The Language of the T'o-Pa Wei)。

《中国边疆史注释两则》(Two Notes on The History of The Chinese Frontier)。

《北朝史旁注》(Marginalia to The Histories of The Northern Dynasties)。

《中国生肖》(Chinese Zoographic Names as Chronograms)。

《早期的蒙文地名》(An Early Mongolian Toponym, Harvard Journal of Asiatic Studies 19, pp. 407-408, 1956 年)。

《〈老子〉第一章注释》(Philological Notes on Chapter One of The Lao Tzu)。

《卜弼德文选》(Alvin P. Cohen (ed.), Selected Works of Peter A. Boodberg. University of California Press, 1979 年)。

(六)跨学科汉学研究的参与者兼组织者戴德华

1905 年 12 月 13 日戴德华出生于英国考文垂。从伯明翰大学获得历史和政治学位后靠英联邦研究生奖学金的资助,于 1928 年赴美国约翰·霍普金斯大学和哈佛大学深造。1930—1932 年他以哈佛-燕京学社研究生的资格来北京研究太平天国史。1933—1936 年他被聘任为南京中央政治学院国际关系教授,1937 年任燕京大学法学院导师。

1938 年夏天戴德华随八路军先后到河北和山西等地,为他们购买药品和器材,从北京运到河北后转送到地方游击队。这期间他还受聘每天为《曼彻斯特卫报》撰写有关华北局势的报道,把自己在中国的所见所闻写成了《为华北而战》一书出版。后来日军发现他为八路军私购药品之事就强令他离开了中国。

1939 年他被聘任为西雅图华盛顿大学教授,1940 年任该校东方学院院长,1942 年任华盛顿特区战时新闻处副处长。他领导的外国人士气分析处(the Foreign Morale Analysis Division)聘请了哈佛大学人类学家克莱德·克拉克霍恩(Clyde Kluckhohn),组建成一个有 25 名成员的日本文化研究小组,拟通过背景资料的分析制定日军投降的条款和建立日本新政府的法律文件。鲁思·本尼迪克特(Ruth Benedict)的《菊花与剑》就是其中成果之一。战后他被晋升为美国国务院新闻处处长,仕途一帆风顺。

1943 年戴德华加入了美国籍。他曾经谴责美国军人在日本空投原子弹的抉择缺乏法律依据,认为社会科学家的手段事关大局,应该有助于重大政策的制定。回顾自己当年的科研分析过程他领悟到,只有通过举贤任能的途径,联络历史学家、政治学家、经济学家、人类学家以及其他相关学科的专家,才能充分发挥他们的聪明才干。1946 年他创建了一个跨学科的研究和教学机构——远东研究所(The Far Eastern Institute),三年后改名为远东和俄罗斯研究所(The Far Eastern and Russian Institute),成为魏特夫、梅谷、萧公权(Hsiao Kung-ch'uan,1897—1981)和瞿同祖(Chu T'ung-tsu,1910—2008)等学者经常聚会之地。虽然研究所的人才多半来自东海岸各个国家级文化中心,但是凭该所的最佳学科选题和有关亚洲与俄罗斯研究的一流刊物,很快就赢得了国内外的美誉。

戴德华喜欢文艺创作。第二次世界大战刚结束他就根据自己的在华经历在远离百老汇的西雅图创作了一部名为《凤凰与侏儒》的话剧。

在他的学术生涯中他曾参加各类全国性组织,获得过多项研究基金和亚洲研究奖金。1942—1943年他在纽约市做研究时跟太平洋关系学会一直保持接触。1948年他曾短期离开华盛顿大学到国家战备学院执教。合同期满后他还经常去那儿讲课,并且把范围进一步扩大到陆军学院、空军学院和海军学院。1955—1956年他受聘为菲律宾大学亚洲研究所的顾问和客座教授。1959—1963年他被推选为美国学术团体协会和社会科学协会创办的当代中国联合委员会主席。

戴德华曾参与中国王朝史的项目研究。该研究是学者魏特夫于20世纪30年代所立项目,旨在把历朝的重要汉籍译为英文,加以点评后出版。20世纪40年代项目总部设在加利福尼亚大学时,戴德华是其顾问委员会的成员之一。在后来的几十年中他与魏特夫的私交甚笃,一直全力支持该项历史研究。1950年参议员麦卡锡指控汉学家拉铁摩尔是苏联间谍,魏特夫和戴德华都曾经在听证会上作过不利于拉铁摩尔的陈述,因此为许多亚洲学者所诟病。戴德华把魏特夫和中国历史项目引介到华盛顿大学,并且在整个60年代给予慷慨资助,既保全了朋友和自己的面子,又满足了欲干一番事业的学者们的心愿。

冷战时期戴德华属于沉沦偏见中的一族。他曾公开声称反对承认新中国,积极支持美国的对越政策,曾撰写一篇社论批驳由费正清所起草12名华盛顿大学教职人员签名谴责美国轰炸河内的声明。1955年他辞去了美国国务院咨询处处长的职务,奉派前往亚洲重建菲律宾大学,九年后他出版了《菲律宾与美国:合作伙伴的问题》一书。

1963年美国国务院文化事务助理国务卿分管的外国学术委员会在开展富布赖特项目并实施相关政策方面头绪复杂,困难重重,肯尼迪总统(John Fitzgerald Kennedy,1917—1963)专门指派他前往协助。1966年约翰逊总统(Lyndon Baines Hohnson,1908—1973)延长了对他的聘任。1967—

1968 年戴德华加入了美国国务院中国和远东顾问委员会,1969—1970 他又受聘于美国企业研究所咨询研究委员会。

戴德华从早先的经验中体验到外贸在国家发展中的重要作用,1969 年退休后他首先致力于扩大华盛顿的国际贸易。1973 年他帮助组建了华盛顿国际贸易委员会,并于 1976—1987 年担任该会主席,这不但为贸易巨子、学者和官员提供了一个重要平台,也使之成为他在太平洋西北大显身手的一个组织。他在发表于《西雅图邮报》(Seattle Post-Intelligencer)的一篇文章写道:"自由贸易并非道德准则,但却是提高我们和其他国家生活水准的最佳办法。"①

他的主要著述有:

《中国的复兴运动》(The Reconstruction Movement in China,1936 年)。

《为华北而战》(The Struggle for North China, New York: International Secretariat Institute of Pacific Relations,1940 年)。

《变化中的中国》(Changing China, Co - authored, St. Louis, Dallas, Institute of Pacific Relations, American Council,1942 年)。

《新太平洋之美洲》(America in the New Pacific, New York: Macmillan, 1942 年)。

《凤凰与侏儒》(The Phoenix and the Dwarfs,1943 年)。

《现代世界中的远东》(The Far East in the Modern World, co-authored, 1956 年)。

《菲律宾与美国:合作伙伴的问题》(The Philippines and United States: Problems of Partnership,1964 年)等书。

(七)以研究中国古代思想文化史著称的顾立雅

顾立雅 1905 年 1 月 19 日出生于伊利诺伊州芝加哥市。1926 年他毕业于芝加哥大学,1927 年获得硕士学位,1929 年获中国哲学博士学位。1929—1930 年他在隆巴德学院任心理学助理教授,开始了自己博士后的学术生涯。在此后的学科深造和专业研究中他先后获得了多项资助:1930—1933 年获得美国学术团体协会颁发的研究奖金,1931—1935 年获

① 《西雅图邮报》1985 年 12 月 12 日。

哈佛燕京学社的奖学金，1936 年和 1945—1946 年还获洛克菲勒基金资助。

1936 年他被芝加哥大学聘任为中国历史和语言教师，1937 年晋升为中国古典文学助理教授，1941 年被提升为副教授，1949 年为正教授，可谓一帆风顺。在第二次世界大战结束前的 1943—1945 年间他像许多美国青年一样曾在陆军服役，以军情中校身份负责军事情报的译码和解码工作。1964—1974 年他担任马丁・赖尔森杰出服务中国历史教席，获得了许多令人羡慕的殊荣。

顾立雅时代的美国汉学研究刚刚进入了正规化和常态化阶段，环境和条件尚不理想，可供查阅文言文的工具书和专业理论参考书并不多。他根据自己的经验体会到阅读古籍可以直接获得第一手资料，对于专业学生来说至为重要。为此他要求他们在接触现代汉语以前首先学好文言文。一开始就任芝加哥大学东方语文系主任时，他就在汉学地图（Sinological map）上重点标出了汉籍阅读课程的位置，直至他退休时该阅读一直为优先教学科目。显然，这不仅仅是一个程序问题，更是一个教学理念的问题，在同事之中长期存在着争议。

在人们心目中顾立雅是一位中国古代史、中国哲学史和中国建制史专家，其实他的学术兴趣十分广泛，哲学、文学、艺术、文化、思想、人类学、铭文学、语文学、语言学、制度史以及经济考古学，都是他的研究范围。

他的中国古代思想史，特别是在儒家学说方面的研究成果，在欧美学术界有很大影响。他的著作《孔子与中华之道》表达了对孔子及其思想的崇拜。他分析孔子的教育思想、哲学思想和政治思想时，坚持通过历史语境还原人物和思想的真实，使结论令人信服。在评价 17—18 世纪欧洲启蒙运动与孔子思想的关系时，他经过研究和比较认定：当时的指导思想与其说与教会的观点一致，不如说与孔子主张更相吻合，这一事实后来得到了启蒙运动先行者的证实和说明。他还认为，儒学对美国民主思想的产生存在着一种间接的影响。杰斐逊与孔子都倡导人人平等，杰斐逊提出“治国之术包含真诚的做人之道”，与孔子的“政者正也”的思想是一致的。除了研究孔子外他也研究法家和道家的代表人物。

《中国的诞生》是顾立雅撰写的另一部有影响的中国文化史专著，跨度涵盖公元前 14 世纪到公元前 6 世纪，无论就其内容或者研究方法而言，对于关心亚洲历史的人类学家都有极大吸引力。作者综合利用了相关文学和历史资源，花了整整四年时间对商朝和周朝的史籍和文物进行研究和解读。1928年商代都城安阳遗址由中国文史所进行挖掘,出土的部分甲骨、彩陶、青铜器和其他物件曾在伦敦展览过。作者通过文物和文献资料,向西方读者展示了中华民族的形成和发展历史,印证了《诗经》和《易经》不可估量的文献价值,加深了读者对于中国古代文化的了解。该书文笔精炼务实,学术内涵深厚但不张扬。

顾立雅的著作是西方儒学研究者的案头参考书,他深厚的汉学修养以及与中国知名学者的交往,使得他的孔子研究具有鲜明的时代和个人特色,也是他的著述成为儒学研究领域中的名著并长期受到海外学术界关注的原因。在半个多世纪中他出版了许多著作,其中大部分多次再版。他勤于思考,大胆探索,著述深入浅出,文笔流畅,逻辑严谨,为读者所追捧。经过他和同事几十年的努力芝加哥大学已经成为以东亚研究著称的美国名校之一。

顾立雅是美国学术团体协会中国研究委员会和远东研究委员会委员,美国东方学会会长,同时还是亚洲研究学会(Association for Asian Studies)和美国哲学学会委员。他担任芝加哥大学东方语文系主任多年,是美国著名的汉学家、儒学权威和中华文明史专家。

据他的同事和学生回忆,读书是顾立雅的毕生嗜好之一。他做学问态度严谨,文风务实,用辞典雅。他对学生要求严格,有时甚至到咬文嚼字不讲情面的地步,但是他为人正直,不失学者风范。虽然这位孑然一身的老人晚年的学术热情不减当年,怎奈健康透支严重,无情岁月留给他的只是百病缠身,1994年6月1日他在家中悄然辞世,终年89岁。

他的主要著述有:

《中国的诞生》(The Birth of China, New York: John Day and Co.; London: Jonathan Cape, 1936年)。

《古代中华文化研究》(Studies in Early Chinese Culture, 1937年)。

《用诱导法学习汉语书面语》(Literary Chinese by the Inductive Method, 1938—1952年)。

《用诱导法学习报刊汉语》(Newspaper Chinese by the Inductive Method, 1943年)。

《孔夫子——圣人与神话》(Confucius, the Man and the Myth, 1949年)。

《孔子与中华之道》(Confucius and the Chinese Way, 1949年)。

《从孔夫子到毛泽东的中国思想》(Chinese Thought from Confucius to Mao Tse-tung, University of Chicago, Chicago, 1953 年)。

《中国治国之术发端》(The Origins of Statecraft in China, Vol. 1: The Western Chou Empire, 1970 年)。

《中国文化史中的道教及其他研究》(What is Taoism? and Other Studies in Chinese Cultural History, 1970 年)。

《申不害——公元前四世纪的中国政治哲学家》(Shen Pu-hai: A Chinese Political Philosopher of the Fourth Century B.C., 1974 年)。

(八)亚洲和中国现代化问题研究学者毕乃德

毕乃德出生于加利福尼亚州柏克莱。1927 年在加利福尼亚大学学完学士学位课程后进入了哈佛大学研修汉学。他被告知应该成为具备直接阅读汉籍资质的第一代美国学人,因为当时哈佛大学尚未开设汉语课,学校就决定把他派到中国来留学。他父亲为他筹措了 1000 美元,1928 年他乘坐"杰弗逊"号东渡天津。登岸后换乘开往北京的一列火车,一路所见令他兴奋不已。后来他在一篇回忆录中写道:"只见一片片精耕细作的庄稼地,农夫在那儿忙碌着。密集的村庄,还有一座座坟地,对我来说处处都是陌生的世界。"①

那一年他在北京华北协和语言学校学习汉语。后来他又从哈佛-燕京学社申请到两年的奖学金,一边学习汉语一边在燕京大学从事学术研究。他结识了 1922 年起就在燕京大学担任家政学系主任的卡米拉·米尔斯小姐(Camilla Mills)。1931 年他们结婚后返回美国,在剑桥安了家。毕乃德在继续读博士学位课程的同时,还在历史系兼职。1934—1936 年美国社会科学研究委员会(Social Science Research Council)批准了他的两年博士后研究资助的申请,使他在研究领域如鱼得水,取得了很大成绩。他根据收集到的大量历史资料、个人藏书和档案,写出了几部极有影响力的专著。1936 年他和邓嗣禹合作编撰了《中国参考著作叙录》,受到学术界的广泛好评。

---

① Sherman Cochran and Charles A. Peterson: *Knight Biggerstaff, 1906—2001*, *The Journal of Asian Studies*, 1 August 2001, pp. 933-935.

毕乃德在康奈尔大学先后被聘任为中国史助理教授、副教授和教授，开设了中国文明史概论、清史和中国现代史等课程。1945—1946 年他在美国驻重庆大使馆任中文秘书。1946—1956 年他在康奈尔大学从事中国和东南亚项目研究，1956—1963 年被聘任为该校历史系主任。他是亚洲研究学会的创建人，1965—1966 年任该会会长。

他是汉学家，也是美国近代城市发展学术界的亚洲和中国现代化问题专家。他在探讨国家现代化的全球共性同时，也注重各国现代化进程中的丰富个性。1960 年在日本箱根举行的一次学术讨论会上，学者们总结出国家现代化所具有的八个要素：在“城市化”的口号下人口高度集中于城市；非生命能源的使用率提高，商品流通和服务设施快速增加；市民广泛参与经济和政治活动；村社群体逐渐解体，人口流动范围扩大；文化知识普及导致社会生活科学化；政府、商业和工业机构中的官僚化倾向抬头；国家作用和国际关系的重要性越来越突出。

毕乃德用以上观点对 1919 年以前的中国社会进行了对比研究，认为当时中国的一些地方和社会层次已经出现了相关变化。由于特征所体现的价值取向差异，部分中国人主张抛弃传统观念并热衷于对新价值的追求——这是他对于中国历史上出现的“打倒孔家店”和“全盘西化”倾向的一种新解。

1966 年毕乃德在就任美国亚洲研究会会长发表题为《现代化与近代初期的中国》的演说中谈到：“19 世纪中叶以来近代交通运输和商业的扩展以及 19 世纪末以来近代工业的扩展，为城市发展提供了非同一般的刺激。虽然这种发展与现代化的大部分其他方面的发展一样，首先出现在外国控制的通商口岸，但在 1919 年以前，纯粹的中国城市也在一定程度上成长了起来。”①

2001 年 3 月 13 日毕乃德在纽约去世。他的主要著作有：

《中国参考著作叙录》（Annotated Bibliography of Selected Chinese Works，co-authored，1936 年）。

《中国最早的现代官办学校》（The Earliest Modern Government Schools in China，1961 年）。

① 毕乃德：《现代化与近代初期的中国》，载西里尔·E·希等主编《比较现代化》，第 218 页，上海：上海译文出版社，1996 年。

《中国：一个古代文明的革命性改变》(China: Revolutionary Change of an Ancient Civilization)。

(九)倡导汉学研究客观性、学术性和多元价值观的费正清

1907年5月24日费正清生于美国南得克萨斯州的胡龙镇，父亲是律师，母亲是活跃的妇女协会会员，对于费正清的人生道路有较大影响。

1925年费正清中学毕业后上的第一所大学是威斯康星大学，1927年转入哈佛大学，主攻希腊语、历史、哲学、政治、经济和艺术。1929—1931年他获得罗兹学者基金资助到英国牛津大学巴利奥尔学院研究东亚问题。1931年获得硕士学位后他开始在华盛顿美国国会档案局、剑桥和巴黎为自己的博士论文查阅资料。1932年他获得哈佛-燕京学社和洛克菲勒奖学金来华进修，在北京华北协和语言学校补习了几个月的汉语。1933—1935年他在清华大学和北京税务学校教英文，同时在历史教授蒋廷黻指导下收集资料，撰写博士学位论文。1935年圣诞节前他带着自己的博士论文手稿从北京返美，第二年在哈佛大学通过了博士论文答辩。他的博士论文《中国海关的起源》(The Origin of the Chinese Maritime Customs Service 1850—1858)从中国近代史、外交史和制度史三个方面进行综合考察，一反过去微观和个案的西方传统汉学研究路数，为美国现代汉学开辟了新方向。

1939年以后他与赖肖尔(Edwin Oidfather Reischauer, 1910—1990)在哈佛大学开设了东亚文明课程。1941年8月他奉调到华盛顿特区情报协调局远东组工作，第二年被派往重庆，第三年调陆军情报局远东部，1945年9月重返中国任重庆美国使馆新闻处主任。1946年秋他再次回哈佛大学任教。1952—1953年他以古根海姆基金会学者的身份访问日本，1958年被选为美国亚洲研究会主席，1968年当选为美国历史协会主席。费正清主张研究历史要与现实相联系，充分利用中国档案和史料来研究中国问题。

20世纪50年代麦卡锡主义肆虐，几乎没有任何美国学者敢公开涉足汉学研究，费正清与韦慕庭、史华慈等人却清醒地注意到中国共产主义运动是无法忽视的事实。通过研究他们发现中共不同于苏共，认为他们是真正的共产党人，因此对当时的美国官方政策提出了异议。

费正清曾从中国外交史、海关史和制度史方面展开了早期的汉学研究，但是他对于儒家学说也不可能不涉猎。不过他是从社会政治角度来研究儒学的，用社会科学的方法对儒学经典进行解析，把它作为认识近现代中国变革的资源。他认为，儒学不可能成为中国走上现代化道路的原动力。现代化必须具备民族主义、工业化和商业化等方面的条件，而儒教社会结构却造成了国家制度僵化和国民心理迟钝，因此妨碍了中国的现代化步伐。

1938—1991年，费正清以哈佛大学为基地，培养了一批又一批的汉学家和中国通，如果说20世纪末在美国名牌大学的历史教授中有一半是他的门生，也不算为过。据说在中美正式建立外交关系前夕，两国高层领导人案头都摆放着他的专著《美国与中国》。学术界把费正清和他的同事与弟子（如：列文森、史华慈、柯文和刘广京等）所形成的学派称为“哈佛学派”（The Harvard School），实际上就是以费正清为首的美国汉学研究团队。虽然他们的文化背景、社会阅历、学科选题、政治态度和学术观点不尽相同，但是他们对于汉学研究的目标和热情相同，在浩如烟海的史料中演绎、对比、探索、推论的手段相同，敢于追求真知，也勇于修正错误，在所持的观点及其价值取向方面明显与他人有差异。

1955年在哈佛大学、卡内基基金会和福特基金会的资助下东亚研究中心（Center for East Asian Studies）正式成立了，费正清本人出任主任。1977年费正清退休，中心改名为费正清东亚研究中心，以示同人对他的永久性纪念。虽然该中心的研究领域原来设计要涵盖东亚的历史、文化、政治、经济和社会等方面，但是因为学社的其他中心相继成立，分工有所不同，于是就把研究焦点定位于中国国情和文化，具体地说，包括中国历史、传统文化、政治运动、经济现状、对外贸易、国民教育、港台关系和民族问题等方面。几年后中心不断开拓壮大，形成了自己的教学、研究团队和品牌研究项目，获得了令人瞩目的成果。

费正清中心执行委员会成员都是哈佛大学和波士顿地区的权威汉学家以及东亚研究专家，也是中心的中流砥柱。例如伊维德（WIlt L.Idema）任中心主任时期，执行委员会就是由他本人以及安守廉（William Alford，哈佛法学院东亚法律研究所主任）、彼得·博尔（Peter Bol，东亚语言文明系主任、中国历史教授）、柯文（韦尔斯利学院历史学教授）四人组成。

费正清东亚研究中心的固定编制，除了主任、主任助理和工作人员外，研究员大约有3~4人，短期研究员大约100人，访问学者、博士后研究生和访问研究助理(visiting associates in research)的人数则随着每年计划变化而变化。中心的资金来源于联邦政府、各基金会和社团。

费正清东亚研究中心的活动主要是举办各类研讨会、学术讲座和年会。讲座有中心自己组织的，也有与其他研究机构联合举办的常态化安排，内容包括中国时政、汉语语法、港台讲座，范围广及中国历史、家庭生活、婚姻关系、小说、电影，对中心的师生和研究员都非常有吸引力。讲座总是充满着学术讨论的热烈气氛和自由思考空间。另外，每年圣诞节、春节、感恩节和新学年伊始，中心都要举行大大小小的庆祝联欢活动，以增进彼此情感沟通，营造东西方文化融洽的环境。

费正清东亚研究中心图书馆是在中心创建不久之后建立的，现有藏书20000多册，主要收藏中文和英文书籍。费正清去世后，他的全部书籍都捐赠给了中心图书馆，进一步充实了原有收藏，其中不乏珍本和绝版图书。作为汉学研究的重要文库，中心图书馆收藏的当代中国书籍和汉学著述数量大，年代久远，大陆和港澳台出版的都有。该馆还订阅了数百种中国和海外华人出版的汉学研究杂志、地方志和参考刊物，无论阅读、检索和下载都十分方便。此外，该馆还收藏了很多未正式出版发行的刊物、小报、图片和资料，为国外汉学研究人员提供了不可多得的背景线索。该馆的图书分类和编目都很规范，针对性强，上架及时，服务周到，为中心读者所称道。

在几十年的学术和教学生涯中，费正清暨重视学术研究又积极为美国的外交献计献策的双重功利观点，常常受到各方政客和学者的质疑。他是美国现代汉学的开拓者，强调汉学研究不能仅仅局限于语言学、历史学或社会学，而是要让相关学科联姻，用区域研究代替国别研究。他关心中美两国关系的发展，并为此做出了不懈努力。他的论述影响了几代美国学人和战后美国政府的对华政策。他晚年的学术观点带有浓厚的官方色彩，体现了美国现代学人的务实性和功利性，因而也不可避免地存在局限性。

费正清对于美国汉学的贡献主要表现在：一、以“区域研究”为指导思想，扩大学术视野，强化科学规范和研究运作；二、提倡汉学研究中的学科联姻，鼓励社会学科之间相互借用行之有效的研究方法和手段，告别早期厚古薄今、单科独进的微观自发模式；三、对研究人员实行专业化、团队化、产业化管理，不问参与者的出身门第，在注重汉学研究的客观性和学术性的同时也不忌讳为官方出谋献策，强调以预测高度检验成果的真伪成败；

四、提倡或者包容汉学研究多元价值观的存在和发展，既符合国际化背景的团队成员的现状，也可以顺应时局和学科变化的实际。这是费正清几十年来领导美国中国问题研究之成功奥秘，也是解读哈佛学派的汉学研究，乃至整个现代美国汉学的密码。

客观上讲，费正清并没有以“规则”来约束团队，但是20世纪西方政治、文化、产业以及美国的世界战略等因素所孕育的生态环境，实际上认同了独具务实性和功利性的费正清学术模式，他们每一年的可观物质成果又进一步提升了团队的进取精神。

1966年费正清联手欧亚学人开始了编写《剑桥中国史》丛书的雄心勃勃计划。100多位来自美国、英国、法国、德国、荷兰、瑞士、日本、澳大利亚、马来西亚、新加坡、中国香港、中国台湾等国家和地区的资深史学研究人员参与编写，充分利用了第一手中国历史档案资料和最新考古发现，广泛运用了人类学、社会学、政治学、地理学、民俗学、神话学、版本学、心理学、统计学以及田野调查、数量分析、问卷统计、年代测定等手段形成的结论，把传统和现代、东方和西方的治史方法发挥得淋漓尽致。《剑桥晚清史》的理论框架，由费正清的“冲击—反应”模式，列文森的“传统与现代”模式，直到柯文等学者的“中国中心观”模式的变化，就足以看出参编专家的独运匠心。可以毫不夸张地说，《剑桥中国史》的编写和出版过程，充分印证了哈佛学派的汉学观念和美国现代汉学的主流倾向。

费正清是美国有声望的汉学家。他的中国观在一定程度上代表了美国主流社会的看法，对美国政治家和几代学者都产生过深刻的影响。华裔学者余英时在《开辟美国研究中国史的新领域》一文中回忆费正清对美国汉学的贡献时曾经有这样一段评价：“半个世纪以来，他一直是美国中国研究的一个重要原动力；哈佛大学历史系正式把中国近代史列入课程是从他开始的。他的逝世象征着这一学术领域的时代落幕。”

费正清一生笔耕不辍，独著、合著、编辑的书多达60余部，主要有：

《美国与中国》(The United States and China，1948年)。

《中国沿海贸易与外交：1842—1854年条约口岸的开埠》(Trade and Diplomacy on the China Coast：The Opening of the Treaty Ports，1842-1854，1953年)。

《中国对西方的反应：文献通考》(China's Response to the West：A Documentary Survey 与邓嗣禹等合编，1954年)。

《中国的思想与制度》(China Thought and Institutions,1957 年)。

《清代的行政:三种研究》(Ch'ing Administration: Three Studies, co-authored with Teng Ssu-yu,1960 年)。

《东亚:伟大的传统》(East Asia: The Great Tradition, co-authored with Edwin Oilfather Reischauer,1960 年)。

《东亚:近代的变革》(East Asia: The Modern Transformation, co-authored with Edwin Oilfather Reischauer and Albert M.Craig,1965 年)。

《中国,人民中国与美利坚合众国》(China, the People's Middle Kingdom, and the U.S.A.,1967 年)。

《中国的世界秩序:中国传统的对外关系》(The Chinese World Order: Traditional China's Foreign Relations,1968 年)。

《中国的传统和现代化新解》(New Views of China's Tradition and Modernization,1968 年)。

《东亚:传统与改革》(East Asia: Tradition and Transformation, 1973 年)。

《认识中国:中美关系中的形象与政策》(China Perceived: Images and Policies in Chinese-American Relations,1974 年)。

《在华传教事业与美国》(The Missionary Enterprise in China and America,1974 年)。

《中国的兵法》(Chinese Ways in Warfare,1974 年)。

《中美相互关系:历史评述》(Chinese-American Interactions: A Historical Summary,1975 年)。

《中美关系展望》(Our China Prospects,1977 年)。

《心系中国》(China bound: A Fifty-Year Memoir,1982 年)。

《伟大的中国革命(1800—1985)》(The Great Chinese Revolution,1800-1985,1986 年)。

《美国对华贸易的历史回顾:中美双方的状况》(America's China Trade in Historical Perspective: The Chinese and American Performance,1986 年)。

《观察中国》(China Watch,1987 年)。

《新中国史》(China: A New History,1991 年)。

(十)韦慕庭统筹口述史访谈对中华民国史研究的贡献

1931年韦慕庭毕业于奥柏林学院,1933年就读于哥伦比亚大学,曾来北京协和华语学校进修。1941年他获得哥伦比亚大学博士学位,1947年留母校执教,并兼任该校东亚研究所所长。他曾获富布赖特研究奖金,1961年又获福特基金会资助创建美国学术机构与台湾“中研院”近史所联络委员会。

《孙中山:壮志未酬的爱国者》是韦慕庭撰写的一部全面介绍和评价孙中山的英文传记,以客观的态度讲述了孙中山屡次受挫却勇往直前的人生历程,也表达了作者对他的敬仰之情。该书除“序”和“前言”外,正文共九章,分别为:熏陶铸炼的影响和事业的方向;为革命筹款;为了反对清政府而寻找外援;利用外国力量的努力;向苏维埃俄国探寻摸索;有活力的联俄背景;在俄国的帮助下进行工作;挫折和新的希望;最后的追求探索。1985年6月4日韦慕庭在该书“前言”中写道:

> 孙博士是一个属于全世界的人,他在海外寻求政治上和经济上援助的不懈努力,和他所遭遇到的挫折沮丧一样,人们都必须牢牢地予以记住。当他力图推翻清王朝或其后取代北洋军阀政府的时候,理解和意识到他在中国如何受到客观条件困厄制约的情况,也是一桩十分重要的事情。作者试图理解这个非凡的人物:他的视野气宇和性格禀赋,都是经由中国和外国这两者的影响而陶铸形成的。他的爱国目标以及他为了实现这些目标时所采取的方式方法,也是受到他所生活的时代的中国特殊环境所影响着的。①

韦慕庭长期研究中国历史,对于中国近代史和共产主义运动方面的研究有很多成果。1956年他曾和夏连荫(Julie Lien-ying How)合作编撰了《关于共产主义、民族主义及在华苏联顾问文件,1918—1927年》一书,填补了西方国际共运史研究的空白。

---

① 韦慕庭:《孙中山:壮志未酬的爱国者·前言》(杨慎之译),北京:新星出版社,2006年。

1960年韦慕庭被告知,哥伦比亚图书馆在整理资料时从尘封已久的故纸堆里发现一篇1924年1月陈公博(Chen Kung po,1892—1946)的硕士论文英文打印稿,题目是《共产主义运动在中国》(The Communist Movement in China)。他惊奇地发现该论文的附录中收录了中外学术界寻找已久的中国共产党第一次代表大会文件。

作者陈公博出身于仕宦之家,1907年在家乡与其父组建有反清倾向的"三点会"。1917年他从广州法政专校毕业后进入北京大学哲学系深造。毕业后他回广州创办宣传新思维和马克思主义的《群报》。1920年陈独秀(1879—1942)和陈公博与谭平山(1886—1956)等人组成共产党广州支部。1921年中国共产党在上海召开第一次全国代表大会,陈公博以广州代表身份出席了大会。1922年6月因支持陈炯明叛乱受到留党察看处分,陈公博宣布退党到美国读经济硕士学位课程。1925年他获得哥伦比亚大学硕士学位后回到广州,加入了国民党,受汪精卫和廖仲恺的重视,先后担任党部书记和国民政府广东省工农厅长。1940年3月汪精卫在南京成立了勾结日本的"国民政府",陈公博追随他一度担任南京汪伪政府的立法院长,后兼任上海市长。1944年汪精卫赴日治病,陈公博代理伪"国民政府"主席。

陈公博的硕士论文《共产主义运动在中国》写于中共"一大"之后的第三年,谈到了中国共产党的建立过程。论文附录全文收入了六篇重要文献:中国共产党的第一个纲领(1921年);中国共产党关于党的目标的第一个决议案(1921年);中国共产党宣言(1922年7月第二次代表大会通过);中国共产党第二次全国代表大会决议案(1922年);中国共产党章程(1922年);中国共产党第三次代表大会宣言(1923年)。附录一、二、四、五正是散失多年的重要历史文献。

韦慕庭从1944年10月上海申报社出版的《寒风集》甲篇中发现陈公博写的几篇回忆文章:《少年时代的回忆》(1935年);《我的生平一角》(1933年);《军中琐记》(1936年);《我与共产党》(1943年);《改组派史实》(1944年);《补记丁未一件事》(1944年)。在《我与共产党》一文中陈公博详细记述了参加中共"一大"的经过,还谈到在民国十二年(1923年)2月12日他乘"总统"号赴美之事。抵纽约之后他进入了哥伦比亚大学的文学院,由原来的哲学专业改修经济专业。

陈公博的复杂经历增加了失而复得的中共"一大"文件的历史价值。

1960年哥伦比亚大学在该校社会科学研究会的赞助下，出版了由韦慕庭撰写“序言”的《共产主义运动在中国》一书，收入了陈公博36年前的硕士论文和中共党史的相关文献。

韦慕庭在哥伦比亚大学任教期间组织并参与的“中国口述史研究”是一项重大史学工程。

1947—1949年中国经历了三年内战之后，随着新中国的成立，一批国民党政要先后流落海外，其中部分旅居纽约。韦慕庭意识到这些民国要员的回忆可能成为珍贵的历史资料。1956年12月他前往纽黑文，与东亚研究所何廉（1895—1975）商讨编撰专题口述史的可行性，双方很快达成了共识。他们当即开始筹划“中国口述史研究”的具体计划以及所需开支，初步确定受访者必须是近现代中国历史的知名人物，如果以“学术自传”的形式出版将对中华民国史的研究有所贡献。第二年韦慕庭被聘任为哥伦比亚大学东亚研究所主任，他给该校国际事务部主任斯凯勒·华莱士（Schuyler Wallace）提交了一个申请，建议学校从所获福特基金中拨出部分款项支持“中国口述史研究”。1958年哥伦比亚大学获得了首笔福特基金会拨款1.5万美元，中国口述史的项目随之启动。采访对象人选确定后哥伦比亚大学校长格雷森·柯克（Grayson Kirk）同意以他的名义发出邀请，由何廉主要负责与受访者落实具体事宜。1958年2月第一批受邀请的是孔祥熙（1880—1967）和胡适，夏连荫和唐德刚（1820—2009）分别对他们进行了采访。

一般的口述史采访可能聚焦于受访者的生平回忆，但是韦慕庭主持的口述史则侧重于对问题的探讨。1961—1962年他到台湾地区休假时采访了白崇禧（1893—1966）等民国时期的军政要员，复印了许多关于20世纪20年代国共两党的材料。这些资料帮助他对国共两党研究切入点的确定，以及对中国历史的发展轨迹的探索，并由此推断后来国共政权交替的历史环节。

1962年韦慕庭采访了吴国桢（1903—1984），讨论了中国大陆国民党政权被共产党所取代的问题。吴国桢把国民党垮台的原因归结为四点：国民政府腐败，漠视政治改革；百姓和知识分子对共产主义缺乏了解；美国执行了错误的政策；俄国对于中共的援助促成时局的改变。韦慕庭长期思考而又找不到满意解答的这些问题，后来成了他口述史研究的理论依据。

1958—1980年韦慕庭统筹的中国近现代口述史研究项目先后访谈的

政要有:孔祥熙、胡适、李璜(1895—1991)、顾维钧(1888—1985)、陈立夫(1900—2001)、陈光甫(1881—1976)、李宗仁(1891—1969)、左舜生(1893—1969)、李书华(1890—1979)、沈亦云(1894—1971)、吴国桢、李汉魂(1895—1987)、蒋廷黻(1895—1965)、何廉、蔡增基(1892—?)和张发奎(1896—1980)等人。

韦慕庭的口述史研究,是在西方新史学思潮的背景下推动展开的,其研究成果为西方学者研究中国近代史和国共关系史留下了重要资料,也扩大了哥伦比亚大学汉学研究的影响。

韦慕庭是研究中国史的著名美国学者。1989 年他把自己保存多年的读书手札和函稿都捐赠给了台湾"中研院"近史所。1997 年他在美国辞世。他的主要著述有:

《中国的乡村政府》(Village Government in China,1934 年)。

《前汉时代中国的奴隶制》(Slavery in China during the Former Han Dynasty,1943 年)。

《孙中山:壮志未酬的爱国者》(Sun Yat-Sen: Frustrated Patriot,1976 年)。

《中国国民革命(1923—1928)》(The Nationalist Revolution in China,1923—1928,1984 年)。

《我生命中的中国:一个历史学家自己的历史》(China in My Life: An Historian's Own History,1996 年)。

《关于共产主义、民族主义及在华苏联顾问的文件(1918—1927):1927 年北京警察局查获的俄国使馆密件》(Documents on Communism, Nationalism, and Soviet Advisers in China, 1918—1927: Papers Seized in the 1927 Peking Raid,与夏连荫合编,1956 年)。

(十一)专攻中国制度、思想、文化和哲学史的专家卜德

1909 年 3 月 9 日卜德出生于上海。他的父亲西奥多·卜德(Theodore Bodde)是荷兰人,1919—1922 年任上海南洋公学(1921 年改名为"交通大学")物理教员,平时喜欢写些小文章。《圣尼古拉》杂志 1925 年 1 月号曾刊登他的《我在中国坐篷船观光》(My House-Boat Trip in China),1926 年又在同一杂志上发表了《游览中国长城和明陵》(My Trip to the Great Wall of China and the Ming Tombs)。卜德的母亲是美国人,对于他的成长有重要影响。

1930年卜德在哈佛大学主修英语,毕业论文为《莎士比亚与爱尔兰伪作》(Shakspere and the Ireland Forgeries)。在经济萧条年代就业机会很少,大学本科毕业后他就和五位同学一起研读汉学研究生课程。1931年他获得了哈佛-燕京学社奖学金的资助来华深造,专攻中国古代思想制度史。第二年哈佛大学给他捎来口信:"要续奖学金就得发表论文。"于是他写了《谈孔子的尊位》(On the Paternity of Confucius)和《〈论语〉通解》(A Perplexing Passage in the Confucian Analects)两篇文章,1933年其中一篇在《亚洲研究学刊》(JOAS)上发表了。意外的成功使他高兴,接着他又尝试用汉语撰写了《〈左传〉和〈国语〉详解》(On the Dzwo Jwan and Gwo Yw Texts),提出了一些值得思考的重要学术问题。

1935年他与俄国小姐加林娜·斯佩什涅夫(Galina Speshneff)结婚。婚后的小家庭幸福生活更加激发了他的上进心。1936年他翻译了清人富察敦崇礼臣氏编撰的《燕京岁时记》,1937年又翻译了冯友兰的《中国哲学史》。这年年底他前往荷兰研修汉学,业师为戴闻达。1938年他在莱顿大学获得了博士学位,论文题目是《中国的第一位统一者李斯》,他的研究才能在研读汉籍中得到了充分发挥。同年他被宾夕法尼亚大学聘任为中文讲师,为东方研究班和中国文化史讲习班开设了上古至10世纪的文化课程。他奇迹般地从一位青涩学子脱颖而出,由宾夕法尼亚大学初试身手到进入汉学领域的浩瀚天空,在辛勤耕耘中开始了自己的学术生涯。

1942—1945年他在美国战略和战时情报处服役,为政策制定撰写了多个有关中国文化背景的报告。大战结束后,他以富布赖特奖学金第一研究生的身份来华。

自20世纪30年代起卜德就开始研究中国的历史、制度、思想、文学、法律和节日。1948—1949年他在北京翻译了冯友兰的第二部著作《中国哲学史》。新中国建立后他出版了《北京日记:革命的一年》(Peking Diary: A Year of Revolution)一书。根据自己早年在北京对中国风俗习惯的了解,1961年他发表了《中国古代神话》。法制和管理问题在他的所有著述中都有所涉及,甚至早在1936年他给《天下月刊》(Tien Hsia Monthly)的投稿《对于中国古代科学和科学方法的态度》中就已涉及这一主题,后来在莱顿大学又进一步得到了发挥。

1974—1977 年卜德应李约瑟邀请到英国剑桥大学参与《中国的科学与文明》相关课题研究。他充分利用了研究所藏书丰富的图书馆，思考着就几个学术选题撰写专著。

有关汉语和汉字的历史地位和作用是卜德汉学研究的重要选题，主要围绕“李约瑟问题”的讨论展开：中国古代的辉煌科技成就为什么没能催生类似近现代欧洲出现的科技革命和社会经济制度变革？在《中国思想、社会和科学：前现代中国科学技术的思想和社会背景》一书的《汉语书面语的原动力》中他提出了“汉语本身具有独一无二的美感和魅力，赋予了中国诗歌、散文和戏剧等文学形式表达力量，有助于科学知识的积累”的观点，反对“表意文字缺乏表现力，阻碍科学思想产生”的说法。但是他也认为汉语书面语在历史发展的过程中逐渐成为知识阶层的专利，影响思想的记录、传播和普及，客观上有利于官僚主义制度的形成；古籍中充斥同音词和多音字以及没有词类区分和标点符号，使汉籍难读难懂，增加了读者的负担。这是导致中国传统的学术论证缺乏综合、概括和假设的原因之一，对中国人的思维方式有禁锢和阻碍作用，影响了哲学和思维的发展。

卜德与李约瑟等学者在这些问题上的观点存在着分歧。卜德曾在一篇回忆文章中写道：

> 过了很久之后，我的手稿付梓前进行了大刀阔斧的修改，李约瑟博士和我有关中华文明方方面面的分歧意见才开始明朗化。其中，首先但不是最后的一个问题是，汉语书面语作为揭示与科学有关话题的工具是否充分发挥其历史性作用？①

作为科学手段的汉语话题的总结后来由李约瑟交给了雅努什·赫梅莱夫斯基（Janusz Chmielewski）去完成，但是 1983 年赫梅莱夫斯基的健康已经每况愈下，无法视事。这样，有关语言问题的李约瑟研究所正式表态就交给了赫梅莱夫斯基的弟子克里斯托夫·哈伯斯米勒（Christoph Harbsmeler）发布。在系列丛书《中国的科学与文明》第七卷的《作者的话》中编者写道：

① E.Bruce Brooks: *Derk Bodde, 1909-2004*, 2004.

> 我发现,诚然,许多语义和逻辑结构完全有可能但是却无法在文言文中把意思体现出来。结果,那些通常看来都是与科学思维陈述不相干的话,或者用李约瑟在“绪论篇”的话来说,读者在后面的章节中将会发现许多常见的先入为主的见解受到挑战的情况。除非为有才能的科学思想家所使用,否则汉语语体文就是一种概念含糊的诗歌语言,不适用于科技文章的撰写。①

经过了大约一年时间漫长而艰难的谈判,卜德专门为李约瑟系列丛书撰写的文稿正式与其脱钩,重新对读者对象进行定位修改后,1991 年以《中国思想、社会和科学:前现代中国科学技术的思想和社会背景》为书名在夏威夷大学出版社出版。书中对于汉语是否不宜用于科技论文的撰写的问题进行了一番争辩,同时还探讨了中国社会结构是否也构成障碍的问题。其实这原本是一个很有学术价值的问题,但是刨根问底却又是个无底洞,把它做成大学本科生的期中论文的水平更不可取。在该书的“附录”部分,卜德列出的核心文本依据是中国传统社会阶层的降序排列“士”(scholar-gentry)、“农”(farmers)、“工”(artisans)和“商”(merchants),并以此为该书第三章内容的理论框架。但是持异议者却认为中国传统社会阶层并不总是 4 个,有时可多达 10 个,有时却只有两个(如“主”和“仆”),而且顺序也常常变化。他们对卜德研究的总体评价是:通观全书作者采取了先入为主的方法,社会生态环境被整体忽视了,汉学研究方法论也从根本上被否定了,语料本身并不能推导出任何结论。虽然这样的无情了断见仁见智,但是令人欣慰的是它基本上属于学科专家之间的正常争论,没有证据表明源于文人相轻或者帮派门户之见的负面影响问题。

1968—1969 年卜德曾任美国东方学会主席,1968—1971 年任亚洲研究协会理事和美国文理学院和哲学学会委员,1975 年任宾夕法尼亚大学中文荣誉教授,1978 年 10 月随余英时率领的美国汉代历史考察团来华。1981 年他在乔治敦大学任孙中山中国研究客座教授,1985 年曾获亚洲研究协会杰出学者奖。2003 年在美国逝世。

卜德先后发表了一百余篇有关中国文化与社会研究的著作和论文。这些论著探讨了中华文化在世界文明史中的地位和贡献,他所做出的一切

---

① E.Bruce Brooks:*Derk Bodde, 1909-2004*,2004.

努力为的是把真实的中国介绍给美国读者。他的主要著作和译述有：

《燕京岁时记》(Annual Customs and Festivals in Peking,英译清人富察敦崇礼臣氏编《燕京岁时记》,Henri Vetch Xxii,1936 年)。

《对待中国古代科学和科学方法的态度》(The Attitude Toward Science and Scientific Method in Ancient China,1936 年)。

《中国哲学史》(A History of Chinese Philosophy,译自冯友兰,Princeton University Press,1937 年)。

《中国第一位统一者：从李斯的生平研究秦朝》(China's First Unifier：A Study of the Ch'in Dynasty as Seen in the Life of Li Ssu,280—208B.C.Leiden：E.J.Brill,1938 年)。

《中国思想类型》(Types of Chinese Categorical Thinking,Journal of the American Oriental Society,1939 年)。

《中国古代的政治家、爱国者和大将军：〈史记〉秦朝人物传记三篇》(Statesman,Patriot,and General in Ancient China：Three Shih-chi Biographies of Ch'in Dynasty,255—206 B.C.American Oriental Society,1940 年)。

《中国物品西传考》(China's Gifts to the West,1942 年)。

《中国思想西传考》(Chinese Ideas in the West,Washington D.C.,1948 年)。

《中国哲学简史》(A Short History of Chinese Philosophy,编译,new York：The MacMillan Co.,1948 年)。

《北京日记：革命的一年》(Peking Diary：A Year of Revolution,1950 年)。

《中国的文化传统：是什么和向何处去》(China's Cultural Tradition：What and Whither? 1957 年)。

《列子与畜群》(Lieh-Tzu and the Droves ; Asia Major,VII,1-2 1959 年)。

《中国古代神话》(Myths of Ancient China,1961 年)。

《托尔斯泰与中国》(Tolstoy and China,1950,与妻子加林娜合撰,1967 年)。

《中华帝国法律》(Law in Imperial China,与克拉伦斯·莫里斯合撰,1967 年)。

《古代中国的节日：公元前 206—公元后 220 年汉朝的新年和其他年

度节日》(Festivals in Classical China: New Year and Other Annual Observances During the Han Dynasty,206 B C.-A.D. 220,1975 年)。

《汉代的节日》(Han Festivals,The Journal of Asian Studies,1977 年)。

《中华文明论文集》(Essays on Chinese Civilization, Princeton, New Jersey:Princeton University Press,1981 年)。

《中国思想、社会和科学:前现代中国科学技术的思想和社会背景》(Chinese Thought,Society and Science:The Intellectual and Social Background of Science and Technology in Premodern China, Hawaii: University of Hawaii Press,1991 年)。

(十二)极富美国行动主义精神的历史和宗教学家芮沃寿

1929 年芮沃寿曾和父母亲来亚洲旅行,沿途所见所闻使他眼界大开,开始对佛教产生了兴趣。他长期保存着几张颐和园门廊和日本镰仓佛陀的照片。他还购得了一枚特大中国印章,在他收藏的拉斐尔·彼得鲁奇(Raphael Petrucci,1872—1917)撰写的《中国画家》(Chinese Painters)一书上留下了印记,日期为 1933 年 5 月。

芮沃寿在斯坦福大学三四年级阶段曾师从阿尔贝·莱昂·盖拉尔教授(Albert Leon Guerard,1880—1959),对他的《一种理想的存亡:古典时期的法国》(The life and Death of an Ideal:France in the Classical Age)有深刻独到的见解。在教授的鼓励下芮沃寿曾就"个人意志与社会环境"的深奥命题进行了艰苦的探索。在一篇题为《巴尔扎克与历史精神》的论文中他研究了文学传统,对巴尔扎克"相信过去及其制度"的观点加以剖析和分解。他认为这位法国作家的思想具有客观性,是一种人性和才华的迸发。从 1934 年秋芮沃寿在一篇题为《梅列日科夫斯基与拿破仑,或神秘、历史、理论与荒谬》的论文中,可以看出他对一些有争议课题的研究力度和方式的变化。

1935 年芮沃寿毕业于斯坦福大学。当时的《斯坦福著作年鉴》(A Year Book of Stanford Writing)中收录了一篇芮沃寿的论文《卡莱尔与现代气质》,文后有这样一条注释:"芮沃寿,英国俱乐部成员和东方宗教学者,曾在东方游历,爱好高尔夫球,明年即将就读于牛津大学。"在业师修中诚(Ernest Richard Hughes,1883—1956)的指导下,他开始研修中国历史和宗教。

1937年芮沃寿返回美国进入哈佛大学,师从于叶理绥(Serge Elisséef,1889—1975)和魏鲁男主修汉语和日语,此外他还选修了美学、宗教社会学和印度宗教等课程。在哈佛他结识了瓦萨学院毕业后受业于费正清教授门下的玛丽·克莱博(Mary Clabaugh,1918—1970)。1940年夏天芮沃寿获得了哈佛大学硕士学位。同年7月6日他和玛丽在华盛顿大教堂举行了婚礼,两个月后夫妇二人从西雅图启程前往日本。

1940年9月至1941年5月芮沃寿在京都学习期间曾师从嵯峨清凉寺住持塚本善隆教授,为自己后来的《传记文学与圣徒传记:回教著名僧侣生平》研究作前期准备。他们夫妇二人聘请了七位家教,辅导自己学习汉语、日语口语、佛教历史和《莲花经》。他们经常参观寺庙,在教科书和食品都匮乏的环境中遵守日本政府禁止跳舞和饮酒的规定,曾经为买一个炉子疲于奔命,若干年后此事仍记忆犹新。

1941年年初他们的家教增至9人,平均每周跟每位教师学习两个小时,内容涵盖了佛教史、书法、读经、口语和时文。玛丽还另请了一位家教为自己讲授中国近代史,又请了一名学生辅导自己阅读有关中国的日语文献。

芮沃寿在研读由多位日本学者撰写的《河南龙门石窟佛教研究》(A Study of the Buddhist Cave Temples at Lung-men,Honan)后认为:虽然这部著作不能替代沙畹(Emmanuel Edouard Chavannes,1865—1918)的《华北考古纪实》(Mission Archeologique dans la Chine Septentrionale)对龙门石窟的研究,但对于从事中国艺术史、佛教史和文化史的研究者来说该书也具有同等参考价值。

芮沃寿曾于1941—1942年和1945—1948年以哈佛-燕京学社研究生资格两度来北京进修。1941年芮沃寿来华后三个月玛丽与他在北京相聚。他们在一位家教的帮助下每天学习三个小时的汉语。夫妻租住了一户旗人大院的厢房,有宽敞的起居室、卧室和缝纫室。他们还雇佣了打扫卫生的佣人和厨师。两个月后他们参观了山西的佛陀石窟和长城,被视为来华经历中的盛典长期保存在自己的记忆中。

然而后来日军侵华的枪炮声打乱了他们在北京的平静生活。1943年3月24日芮沃寿和玛丽被日军拘留,与数百名外国人一起被押送到山东潍县集中营。芮沃寿先后被派遣去杀猪,看管水泵,或到厨房打下手。他冒险把论文副本带进了集中营，闲来无事便偷偷翻阅，为他在战后发表于《哈佛亚洲研究学报》(1945—1947)第9期篇幅长达57页的论文《1941—1945年北平的汉学研究》的前期准备工作预留了宝贵的时段。在他脑海中那将是一篇全面考察战时汉学研究成果的论文，旨在对整个战争期间德国汉学家、中国和西方学者的学术生态进行描写和归纳。这一期间，玛丽也悄悄向集中营里的难友学习满语和俄语。

1946年芮沃寿夫妇访问了延安，见到了朱德和毛泽东，考察了监狱、学校和医院。延安的经历进一步丰富了他们的汉学研究选题。

1947年芮沃寿获得哈佛大学哲学博士学位后应聘任职于斯坦福大学。他连续发表了多篇论文，成为一名专门从事佛教研究的学者。1953—1954年他第二次访问京都。1959年他应邀在耶鲁大学哲学系任教，1961年起担任查尔斯·西摩历史学教席(Charles Seymour Professorship of History)。经过几年的辛勤耕耘他完成了多项佛教研究课题，最终以《中国历史上的佛教》结集出版。与此同时他还进行了其他相关选题的研究。

芮沃寿最初的研究领域为佛教史。他的著述主要围绕佛图腾和公元7世纪中国历史上的"三武一宗灭佛运动"，摆脱了传统佛教研究聚焦于语文学和神学的俗套。他的著述从历史学宽泛的框架内对佛教与政治学之间关系进行了探讨，通过对隋炀帝出于个人政治目的操纵佛教的史实研究，揭示隋代主流意识形态的影响。对于唐太宗推行的佛教政策的研究芮沃寿也基本沿袭同一思路。

芮沃寿勤于思考，刻苦钻研，喜欢以文会友，利用各种机会与同事和学者切磋学问，对大师名流虚怀若谷，积极组织并资助学术会议。除了母语英语外，他一生学习并掌握了法语、德语、汉语和日语四种语言，在早年的美国汉学家中实属罕见。在那个速均主义年代(age of galloping egalitarianism)他是一位直言不讳的精英，追求完美，谴责平庸，反对浮华。然而他又是热情、随和、豪爽的东道主，高尔夫球高手，集鉴赏家和美食家于一身，更是嗜酒如命的君子，这些品格使他对学术才干、财政和出版实用性具有敏锐的判断力。1950年他曾担任亚洲研究协会项目委员会主席，1951—1955年任《亚洲研究协会学刊》(Journal of Asia Studies)编辑，1955—1958年任该会董事，1963—1965年被推选为副主席和主席，1962—1965年领导国际学者联络委员会(Committee on International Scholarly Liaison)，1967年挂帅27届国际东方学家代表大会财务委员会。此外，他还通过会商福特基金会为1966—1971年度亚洲研究协会项目争得了12万美元的拨款。他担任斯坦福大学历史学教授时所体现的典型的美国早期行动主义精神(American Activism),与他的学术才能的发挥达到了相得益彰的效果。①

1976年夏天,芮沃寿在康涅狄格家中筹划自己的论文集出版时心脏停止了跳动,留下许多遗憾和不可弥补的损失。他的主要学术成果有:

《布鲁诺的生活概述及其他》(Giordano Bruno, a Synopsis of his Life, etc.,手稿,斯坦福大学,1933)。

《佛图腾》(Fo T'u-teng:A Biograph,1947年)。

《中国思想研究》(Studies in Chinese Thought,主编,1953年)。

《中国历史上的佛教》(Buddhism in Chinese History,1959年)。

《行动中的儒教》(Confucianism in Action, co-authored with David Shepherd Nivison,1959年)。

《儒教》(The Confucian Persuasion, co-authored with Denis Crispin Twitchett,1960年)。

《儒家人格》(Confucian Personalities,1962年)。

《儒家与中华文明》(Confucianism and Chinese Civilization,1964年)。

《唐代透视》(Perspectives on the T'ang, co-authored with Denis Crispin Twitchett,1973年)。

《隋朝——中国的统一》(The Sui Dynasty: The Unification of China, 1978年)。

《中国佛教研究》(Studies in Chinese Buddhism, ed. Robert M. Somers, New Haven: Yale University Press,1990年)。

(十三)对唐诗和道教有开创性研究的历史文化专家薛爱华

薛爱华(Edward Hetzel Schafer,1913—1991)出生于西雅图,中学毕业后全家迁往洛杉矶,因为家道中落不得不去一家食品批发公司打工。平时一有时间他就去当地的一个公共图书馆,涉猎古典埃及文化书刊。七年后

① Fairbak *et alii* , *Arthur Frederick Wright* , *1913—1976* , in *Journal of Asian Studies* , Vol. 36, No. 3, pp. 491-494, May 1977.

他在加利福尼亚大学洛杉矶分校主修物理学和哲学,渐渐地对人类文化学也产生了兴趣。后来他转学到加利福尼亚大学柏克莱分校,在艾尔弗雷德·路易斯·克罗伯(Alfred Louis Kroeber,1876—1960)和罗伯特·哈里·劳里(Robert Harry Lowie,1883—1957)等大师的关怀下学习文学学士课程,1938年获学士学位。

1940年他在加利福尼亚大学夏威夷分校获得了汉学硕士学位。第二次世界大战期间他一直在海军情报处服务,战后进入加利福尼亚大学柏克莱分校,在卜弼德教授指导下完成了博士学位学业。1947年薛爱华开始任教于母校东语系。

这一年东语系的职务晋升评委会向上级提交的一份有关他的报告称:

> 虽然薛爱华的正规教学经验有限,但是学术上颇有前途。他出版的著作不多,不过他的博士论文却表现出极强的学术才能。他已经被提名晋级(助理教授),不只是因为目前的竞争需要,也是因为他的条件(学术、超学科和年龄)优越于一般人。他的学科素养广泛而且有价值,精通汉语和日语更增加其优势。

几年后臭名昭著的效忠宣誓(loyalty oath)风波在柏克莱校园引起了纷争,他和其他17位教师因为拒绝在效忠声明上签名被辞退。为了继续支持系里的工作他经受了艰难的考验,直到1958年才被恢复职务。

1969—1984年他作为东方语言阿加西斯教授,在中华文明,特别是唐代文化和道教研究方面做了大量开创性的贡献。他依据所掌握的中国史料深入研究了8—10世纪的唐代文学,设法再现唐人的思维、梦想和世界观。他的专著,特别是《撒马尔罕的金桃:唐朝外来文明研究》、《朱雀:唐代南方的景象》、《珍珠海岸——古代海南岛》、《神女:唐代文学中的龙婆雨女》和《步虚:唐代奔赴星辰之路》等,受到了读者的广泛好评。与费正清的观点不同的是,他坚信语言技巧在汉学研究领域中的重要作用。

20世纪70年代薛爱华开始关注柏克莱女学者的地位平等问题,成功地帮助了那些能力已经达到教授水准但因为委任授权障碍仍然不公平地被作为讲师对待的女学者晋升。此外,他还领导了一项打破性别藩篱改变男女不能一起用餐的状况。

薛爱华喜欢咬文嚼字。他的学生入学后就发现写论文不能说"大概其”,必须弄清楚一位中国诗人描述的到底是杜鹃花还是牡丹花,因为对于唐代读者来说杜鹃花的含义与牡丹花的含义完全不同。他常常强调雪莱创作的《云雀颂》绝对不是《火鸡颂》。他在一次与同行的谈话中谴责了用英式符号代替人名和地名翻译的陋习,他把这种现象称之为“汉学布丁中无法消化的面团”。在柏克莱教汉学课程的老师都承认学生——尤其是优秀生——的期中作业和论文中有薛爱华的影响存在。①

薛爱华的兴趣非常广泛。他喜欢收藏有亚瑟·拉克姆(Arthur Rackham)插图的图书。他爱听音乐,尤其爱听肖邦的曲子,对于中世纪的教堂建筑也很有研究。他的戏剧鉴赏力非一般人可比,曾多次参加圣诞节晚会的演出。他常和妻子菲利斯·布鲁克斯(Phyllis Brooks)到热带地区旅行,观赏异邦他乡的野生动物。他去世前一个月还去过安哥拉。

1984年薛爱华退休时曾被授予了学院讲座教授的最高荣誉称号,②他最引以为自豪的校外职衔是1975—1976年被推选为美国东方学社社长一职。

1991年2月9日薛爱华患肝癌去世。1940—1985年他先后出版了13部专著,发表了110余篇论文、40余篇译文和书评,其中主要的著述有:

《撒马尔罕的金桃:唐朝外来文明研究》(The Golden Peaches of Samarkand:A Study of T'ang Exotics,University of California Press,1963年)。

《珍珠海岸——古代海南岛》(Shore of Pearls:Hainan Island in Early Times,1970年)。

《女神:唐代文学中的龙婆雨女》(The Divine Women:Dragon Ladies and Rain Madames in T'ang Literature,1973年)。

《步虚:唐代星辰之路》(Pacing the Void:T'ang Approaches to the Stars,1977年)。

《唐代的茅山》(Mao Shan in T'ang Times,1980年)。

《时间之海市蜃楼:曹唐的游仙诗》(Mirages on the Sea of Time:The Taoist Poetry of Ts'ao T'ang,Floating World Editions,1985年)。

---

① James Cahill *et alii* :*Edward H.Schafer* ,*Oriental Languages:Berkeley* ,University of California in Memoriam 1991,pp. 184—185.

② 美国大学的“讲座教授”或“研究教授”(Research Lecturer)是由若干权威专家组成的评议会,对拥有崇高学术地位或有重大研究成果的教师所授予的教席名衔。虽然各大学的具体规定不同,但授予对象都是拥有较高学术地位的学者。

《朱雀:唐代南方的景象》(The Vermilion Bird: T'ang Images of the South, University of California Press, 1985年)。

《吴筠的步虚词》(Pacing the Void by Wu Yun in Harvard Journal of Asia Studies 41, 1981年)。

(十四)哈佛大学东亚和中国研究的领军人物史华慈

史华慈(Benjamin Isadore Schwartz, 1916—1999)出生于一个美国犹太移民家庭,萧条时期结束后全家由东波士顿迁往多切斯特。他因为聪明好学获准就读于波士顿拉丁学校,1934年进入了哈佛大学。虽然获得了奖学金资助,但是他仍付不起住校费用,只得每天走读,中午吃方便午餐充饥。1938年他以优异成绩获得哈佛大学语言文学学士学位,1940年在哈佛大学教育研究生院获得了硕士学位。在就业艰难的情况下,他好不容易才找到一份替补教师的工作。

第二次世界大战期间史华慈奉派学习日语,1942—1946年在华盛顿美国通讯兵情报部服役,负责对日军情报的接收和解码。美军据日时期,他被晋升为上尉,担任大阪日刊的检查工作。1946年退役后他重返哈佛大学,专攻东亚研究。他一度试图学习佛教,但必须掌握多种亚洲语言,于是改选近现代中国研究。当时费正清正看好此项研究,竭力鼓励年轻人通过研读各类汉籍对中华文化进行探索。史华慈在哈佛大学获得了东亚研究硕士学位后,又继续研修中国历史和语言博士学位课程。1950年他应聘留校任教于政府历史系。他从助理教授(1951年)、副教授(1956年)一直到迁升到教授(1960年),工作非常认真,生活也非常充实。家庭背景和个人经历赋予了他许多优秀品质和预见能力。

史华慈是哈佛大学东亚和中国研究项目的领军人物。1964—1965年他曾任哈佛大学东亚研究委员会主席,远东语言、历史和哲学博士学位委员会主任,以及教育哲学博士学位委员会主任。1974—1975年他被聘任为哈佛大学历史系和东亚系博士委员会主席,还应邀担任英国牛津大学历史学讲座教授。1974—1977年他兼任哈佛大学东亚研究中心副主任。1978年和1981年他两度来华,先后访问了北京、西安、吉林、长沙、上海和广州等省市。1998年1月他被授予美国历史学会"学者荣誉奖"。

史华慈的学术成就主要表现在他三个治学阶段的代表性思想史著作

中：一、以中国共产主义运动研究为主题的《中国共产主义运动与毛泽东的兴起》；二、以中国近代思想史研究为主题的《寻求富强：严复与西方》；三、以中国先秦思想史研究为主题的《古代中国的思想世界》。

史华慈是美国中共党史研究的开拓者之一。《中国共产主义运动与毛泽东的兴起》是他 1950 年完成的一篇博士论文。通过对中国共产党及革命战略和贡献的总结介绍，他分析了指导中国革命战争的主流意识与毛泽东思想的密切关系，明确指出中国共产主义运动独立于苏联控制之外，中国人以斗争赢得了自己政权的建立。他把思想史与中国革命史的两大脉络贯穿于分析和论证之中，以便于外国读者对中国革命历史的了解。20 世纪 50 年代初史华慈还和费正清等学者联合编撰了《中国共产主义历史文献》，其编辑指导思想与《中国共产主义运动与毛泽东的兴起》的主旨是一致的。

1964 年史华慈撰写的《寻求富强：严复与西方》是研究中国思想史的另一部重要专著。作者通过分析严复（1853—1921）早年译介的几部欧洲哲学著作，探索西方资本主义发展时期保持社会张力和政治活力的思路和方式。自由竞争赋予了新兴资产阶级改变百孔千疮社会弊端的勇气，与中国圣贤以教条和习俗规范平民的行为形成鲜明的对照。他希望这样的比较探讨有助于分享人类社会发展的共同经验。

1968 年史华慈出版的《共产主义与中国：变革中的意识形态》是他的一部中国研究论文集，涵盖了中苏关系、中美关系、中国现代化和毛泽东思想等重大选题，其观点在西方汉学界有一定的代表性。

1980 年 3 月 22 日，史华慈在就任亚洲研究学会主席的演说中，以《亚洲研究是一门重要的学科》（Asian Studies as a Critical Discipline）为题畅谈了学会的历史进程，专业宏愿和对未来的美好期待。1990 年他的弟子为他编辑和出版了专辑《跨越文化的观念：献给史华慈先生的中国思想论文集》（Ideas Across Cultures：Essays on Chinese Thought in Honor of Benjamin I. Schwartz），这其中也包括对史华慈有关人类文明和人类普遍关怀研究的肯定。

1985 年出版的《古代中国的思想世界》是史华慈长期研究的学术观点在当代西方社会和学科中的运用总结。他在阐述中国古代思想的现代跨学科应用的同时，也表现了中国文化的多样性及其应用价值。他不否定中外文化中存在的共同趋向，在语言表达上十分严谨和准确，努力把新思维新观点传达给读者。在面对思想和道德新挑战的同时，广大读者也以热烈反馈参与新一轮的争论和探索。

史华慈在近50年漫长的学术和教学生涯中，勤勤恳恳地做学问，慷慨无私地帮助学子们探索新思维。1987年从教师岗位退休后他仍然关注社会生活和人才的培养，充满责任感和学人良知。1997年他荣获美国历史学会的杰出学术贡献奖（Scholarly Distinction）。

史华慈的好友林同奇在一次接受《东方早报》记者的电话采访时说：希望史华慈的思想宝库可以在中国得到更进一步地开发，因为他一直认为“史华慈不只是一位思想史家，而且更重要的是，他是一位名副其实的思想家……史华慈的思想资源包括轴心文明的各个大宗教思想传统，如中东的犹太教、基督教，中国的儒家、道家，印度的佛教、印度教，当然还有希腊罗马和文艺复兴启蒙运动的传统等，视野十分开阔。史先生的记忆力特别强，又能够使用十几种文字，因此在各个文明的研究之间游刃有余。史华慈一生都在探讨一个问题：‘人的全部带有悲剧性的复杂性’，这是他人文寻求的主题。这种探讨赋予他的思想以深度。”①

史华慈的主要著述有：

《中国共产主义与毛泽东的兴起》（Chinese Communism and the Rise of Mao，The President and Fellows of Harvard College，1951年）。

《中国共产主义历史文献》（A Documentary History of Chinese Communism，edited，1952年）。

《寻求富强：严复与西方》（In Search of Wealth and Power：Yen Fu and the West，Canbridge：Harvard University Press，1964年）。

《共产主义与中国：变革中的思想意识》（Communism and China：Ideology in Flux，edited，Harvard University Press，1968年）。

《五四运动的思考：一次研讨会》（Reflections on the May Fourth Movement；A Symposium，edited，Cambridge Mass.：Harvard University Press，1972年）。

《中国古代思想研究》（Studies in Classical Chinese Thought，edited，1979年）。

《古代中国的思想世界》（The World of Thought in Ancient China，

① 《林同奇谈史华慈》（对《东方早报》记者的电话专访），载《东方早报》2006年12月15日。

Harvard Belknap Press,1985年)。

《中国文化价值观》(China's Cultural Values, Tempe. Ariz.: Center for Asian Studies,1985年)。

《中国及其他》(China and Other Matters, Harvard University Press,1996年)。

《中国与当今千禧年——天下新事》(China and Contemporary Millenarism——Something New under the Sun,1999年)。

(十五)关注儒家思想与西方价值理念对话的狄百瑞

1941年狄百瑞毕业于哥伦比亚学院(哥伦比亚大学前身)。第二次世界大战爆发后他在太平洋战区的美国军情处服役。1948年他获哥伦比亚大学硕士学位后留校任教。后来他就读于哈佛大学,以《明夷待访录》为选题撰写博士论文,于1953年获得博士学位。他曾经在燕京大学和岭南大学做过研究,结识了陈荣捷等学者后开始倾心于儒学研究。

1971—1978年狄百瑞曾任哥伦比亚大学副校长,努力调整校内主干课程,其中包括非西方文明的名著选读课程,创建了东亚图书馆新馆、人文研究中心及其辖下的人权研究中心。他还担任过哥伦比亚大学东亚语言及区域中心主任,梅森讲座教授(John Mitchell Mason Professor of the University)。1969—1970年他被推选为美国亚洲研究学会会长,1978—1986年担任美国学术团体理事会主席,1974—1999年任美国文理和哲学协会院士。

狄百瑞是东亚语言和文化教授,人称"费正清第二"的美国汉学泰斗级人物。他的研究兴趣主要是以中国、日本和韩国的儒学为核心的东亚宗教和思想传统。他把新儒学研究引入美国学术界,探讨在通识教育和主流学科中确立全新儒学的构想,编撰了许多东亚(主要是中国和日本)文学、历史和文化方面的书籍,十分关注西方的价值理念和儒家思想之间的沟通。中国、日本和美国多位学者曾先后应邀到哥伦比亚大学开设新儒学思想专题研究课程,在美国学术团体联合会和各类基金会的赞助下举办过元代思想讨论会、17世纪中国思想讨论会和明代思想讨论会,产生了广泛的影响。他数十年如一日地研究东方学问,通过《荀子》和《孝经》等经典会读形式,把研究的问题与现代性挂钩。他在所编撰的25部著作中重点探讨了中国民间结社和人权问题。

狄百瑞注重通过对比方法来研究东亚儒学。他认为把明清时代的中国与李朝时代的朝鲜和德川时代的日本放在一起对照才能发现新儒学中的共同元因素,对儒学的博大精深才能有一个深刻全面的了解。

《中国的自由传统》是1982年狄百瑞任香港中文大学"钱宾四先生学术文化讲座"时的演讲论文集,也是他的代表作之一。书中以宋明两代儒者史料为主要引征依据,对中国儒家传统中的自由元素进行了全面的探讨,以发掘中西文化之间的共性价值。他在《白鹿洞书院揭示》中就指出朱熹治学的方式不仅通过师生之间的交谈,还借助于学子之间的问辩探讨,在知识传授中充分调动他们自由分析和判断的积极性。客观上讲,儒家的个人人格修养普遍倾向于自主和自任,不以物喜,不以己悲。因此从狄百瑞的论证中读者既可以感知到中国儒家传统精神世界的独特性,同时也可以感悟到这种传统精神的历史局限性。其实狄百瑞最为关切的是,儒家信奉的自由自任是否与传统价值一致的问题,以及如何以此指导个人独特的生活和精神世界。令人感动的是,这样的真诚期待竟发自一位西方汉学家的内心,至于他是否夸大了儒家自由传统与西方自由思想之间相似性的任何怀疑,就不那么重要了。

1988年出版的《东亚文明:五个阶段的对话》以上古至秦汉的古典时期、佛教传入时期、宋明新儒学时期、近代东西文化碰撞时期和后儒学时期为主线,探索各种思潮与制度之间的相互作用中的基本动力。孟子以"人性善"表达了对人类社会前景的乐观估计,而荀子却以"人性恶"的假设表达了对于礼制式微的忧虑。在作者看来,荀子并没有因为对人性的消极评价而提出加强法制和道德建设的要求,而是期待克己复礼目标的实现。虽然孟子和荀子对于人性的界定绝然相反,但是在对礼教的法典化方面,他们的观点并不冲突。综观全书似乎是对于历史的回溯,其实作者的论述却极具前瞻性,描绘了他所向往的未来世界的文明模式。

1991年出版的《儒家的困境》是狄百瑞本人颇为看重的一部著述,正文共六章:圣王与先知;《论语》中的君子;帝国的圣人与君子;理学正统先知思想和中国专制;程朱理学的宣传者方东树(1772—1851);先知与民众。该书分析了在东亚经济腾飞背景下复兴儒学的可能性,探讨了儒家思想是否有利于东亚的崛起,儒家的人格是否有助于现代社会的发展等问题。作者以《旧约》中的先知与《论语》中的君子进行比较,把君子和帝王之间的关系视为中国政治中重要的话题,提出了经济复兴不等于儒学复兴,儒学复兴不等于民主建立的观点。君子的力量源于替百姓和上天代言,君子没有得到百姓的托付也没有获得上天的支撑就是儒家历史上最大的困境。

繁忙的行政工作并没有影响狄百瑞对学问的追求。1969 年他荣获哥伦比亚大学优秀教师奖(Great Teacher Award),1987 年荣获马克·范·多伦优秀教学奖(Mark Van Doren Award for Great Teaching)。他一生著述等身,却也不忘忙中取乐。大概很少人知道,从 1953 年在哥伦比亚大学执教以来狄百瑞就从来没有错过一次观看哥伦比亚雄师足球赛的机会。

狄百瑞的主要著述有:

《印度传统资源》(Sources of Indian Tradition,1957 年)。

《东方古典文献研究法:通识教育中的亚洲文学和思想》(Approaches to the Oriental Classics:Asian Literature and Thought in General Education,1959 年)。

《中国传统资源》(Sources of Chinese Tradition:Volume 1,1960 年)。

《亚洲文明研究法》(Approaches to Asian Civilizations,1964 年)。

《东方古典文献指南》(Guide to Oriental Classics,1964 年)。

《日本传统资源》(Sources of Japanese Tradition:Volume 1,1964 年)。

《印度、中国和日本的佛学传统》(The Buddhist Tradition in India,China and Japan,1969 年)。

《明代思想的自我与社会》(Self and Society in Ming Thought,1970 年)。

《印度教传统:东方思想导读》(The Hindu Tradition:Readings in Oriental Thought,1972 年)。

《新儒家揭秘》(Unfolding of Neo-Confucianism,1975 年)。

《原则性和实用性:新儒家及其应用研究文集》(Principle and Practicality:Essays in Neo-Confucianism and Practical Learning,1979 年)。

《新儒学正统观念与心脑研习法》(Neo-Confucian Orthodoxy and the Learning of the Mind-And-Heart,1981 年)。

《元代思想:元蒙时期的中国思想与宗教》(Yüan thought:Chinese Thought and Religion under the Mongols,1982 年)。

《中国的自由传统》(The Liberal Tradition in China,1983 年)。

《韩国新儒学的兴起》(The Rise of Neo-Confucianism in Korea,1985

年)。

《东亚文明:五个阶段的对话》(East Asian Civilizations:a Dialogue in Five Stages,Harvard University Press,1988 年)。

《新儒学的思想》(Message of the mind in Neo-Confucianism,1989 年)。

《形成阶段的新儒家教育》(Neo-Confucian Education:the Formative Stage,1989 年);

《亚洲古典文献研究法》(Approaches to the Asian Classics,1990 年)。

《为己之学:新儒学思想中的个人论集》(Learning for One's Self:Essays on the Individual in Neo-Confucian Thought,1991 年)。

《儒学的困境》(The Trouble with Confucianism, Harvard University Press,1991 年)。

《盼天明:王子的策划》(Waiting for the Dawn:a Plan for the Prince, translation,1993 年)。

《韩国传统资源》(Sources of Korean Tradition:Volume 1,1997 年)。

《儒学与人权》(Confucianism and Human Rights,1998 年)。

《摩诃婆罗多》(Mahābhārata,translation,1998 年)。

《亚洲的价值取向与人权:一个儒家社群主义视角》(Asian Values and Human Rights: A Confucian Communitarian Perspective. Harvard University Press,1998 年)。

《高贵与礼仪:亚洲领袖和公众人物之理想》Nobility and Civility:Asian Ideals of Leadership and the Common Good,Harvard University Press,2004 年)。

《哥伦比亚活遗产》(Living Legacies at Columbia,2006 年)。

(十六)美国中国近代思想史研究的开拓者与先行者列文森

列文森出生于美国马萨诸塞州波士顿的一个犹太人家庭,曾就读于波士顿拉丁学校和哈佛学院(哈佛大学前身)。1939 年夏天他前往荷兰莱顿大学短期学习,1941 年 6 月以优秀成绩毕业于哈佛学院。1942 年他加入了美国海军预备役,在哈佛大学日语学院和科罗拉多大学学习了一年后赴美军太平洋战区以文书军士(yeoman)资格服役四年。1946 年他退役后返回哈佛大学继续学习,并分别于 1947 年获历史硕士学位,1949 年获历史博士学位。

1951 年 9 月经费正清推荐,他开始执教于加利福尼亚大学柏克莱分校。他的汉学研究成绩斐然,因此累获各基金会的资助。1954—1955 年他获得了富布赖特基金会研究奖金,1958—1959 年获得了行为学高级研究中心研究奖金,1962—1963 年获得古根海姆研究奖金,1966—1967 年又获美国学术团体理事会研究奖金。他曾荣任萨瑟历史讲座教授(Jane K. Sather Professor of History)。

列文森的亚洲经历对于他的学术发展影响深刻程度远远超过其他同辈美国中国历史学家。与史华慈等人一样,东方的军旅生活所赋予他的不是职业选择而是一种机遇。他通过应征参战,在所罗门群岛和菲律宾亲历了前线的军事行动,完全不同于早先在东亚经商或者传教的外国人的阅历。尽管对于犹太教的虔诚信仰可能使他被误认为与那些东渡亚洲的新教传教士同属一类,但是他对于东亚思想史的浓厚兴趣和热情却是那些传教士所没有的。

应该说他初学日文和日本文化时态度是认真和投入的,不过当他发现日本的许多传统都是源于中华文明时,就把汉语和中华文化作为自己主攻的学术目标。后来有人问及最初是什么因素吸引他研究中国历史时,他回答说是中国历史的独一无二之处,其中有许多西方人尚未开拓的领域。

列文森是 20 世纪 50—60 年代美国中国近代思想史研究领域的开拓者和先行者。他才华横溢,观点见解深刻,他的文章典雅深沉的叙事风格曾经使众多读者倾倒。在西方把中国近代思想史研究提高到一个全新的理论高度,其中有他的一份贡献。

列文森对于中国近代思想史的兴趣始于他对梁启超的研究。《梁启超与近代中国思想》原是他的博士论文,1953 年由哈佛大学出版社出版,1959 年再版,是国外有关梁启超研究最有影响的专著,主要探讨了梁启超的思想与中国传统文化的关系。列文森认为每个人都在情感上忠实于历史而在理念上则信守价值,二者尽可能完美的结合是他们的奋斗目标。然而在外患不止的 19 世纪,历史和价值在许多中国知识分子的心中却被无情地撕裂了。他认为应该将个人的理智和情感加以区分,当梁启超看到他国的价值时有可能在理智上疏离自己的民族文化传统,但是他在情感上却仍然倾向于中华文化。把梁启超的思想与民族文化传统的关系放大来考察,就是具有国际教育背景的知识分子与自己民族文化之间的感情问题,在近现代历史上其重要性和普适性一直为许多学者所关注。列文森是否属于与进步西方对抗的近代中国的同情者还需更多史证来支持,但是他对这个问题的考察和见解无疑以敏锐和深刻的特点震撼了读者,加深了他们对于中国近现代政治思想和时代特征复杂性的认识。

列文森的《儒教中国及其现代命运》分析并揭示了中国作为儒家文明国度在现代历史上的命运。该书的问世改变了中国近代思想史领域中研究者的知名度排列,引起了学术界的广泛关注。为什么近现代历史上的中国儒家传统受到了如此强烈的冲击,而佛教和伊斯兰教等其他文化传统在许多亚洲国家却保持了衔接和更新?为什么中国共产主义运动能够在“打倒孔家店”的运动中获得力量和启动?列文森以一位历史哲学家的犀利目光从政治制度、儒家文化、社会习俗和历史传统等方面具体分析了明清以后的社会变革,以及饱读诗书的知识分子如何对儒家传统进行再认识,展示了现代中国文化和政治变革的艰辛历程。虽然他认为现代儒学已经降格到历史博物馆陈列的水平,儒学与君主专制几乎是同一概念,在列强横行的社会背景中已经逐渐消解,但是这实际上反映了部分美国学者对于汉学研究与现代性挂钩的关切。长期以来在一些知识阶层心目中“西方”似乎代表着科技进步、商业发达、功利主义和现代化,而主张“君子不器”的儒家学说却往往被理解为“传统”、“礼教”、“封闭”和“民族主义”的代名词,使他们在这个问题上无时不感到纠结。

列文森的生命跨度没有为他提供撰写很多著述的机会,但是他在自己的专著中已经提出了诸如历史与价值、东方与西方、传统与现代、个人与民族之类令人深思的问题,无论对于中国知识界还是国际汉学精英都是具有重大意义的研究课题。梁启超及其时代知识分子所思考的问题,也是“五四”新文化运动中知识分子所面临的问题。他要求证的不仅仅是不同文化或者意识形态之间的对抗,也是时代和历史发展的方向和知识分子作为社会成员的使命定位问题。因为它直接关系到对传统和创新、中国与西洋、马克思主义与资本主义等问题的认识和态度,中外历史学家为此进行长期的探讨和求索实属必然。

列文森不仅精通历史学,对于哲学、社会学、美学和艺术也有独到研究。虽然他是一位备受争议的人物,无论在世时还是去世后都能在学术界听到批评他的声音,但是对于他的敬重还是多于挑战。为纪念他的学术成就,美国亚洲研究协会理事会还专门设立了“列文森中国研究书籍奖”,为所有对中国历史、文化、社会、政治和经济等方面研究做出了杰出贡献的作者呐喊助阵。

1969 年 4 月 6 日列文森一家在盖尔恩维莱度假时山洪暴发，在乘船返回途中舟覆落水，他的孩子因为穿着救生衣获救，而他自己却不幸溺亡，年仅 49 岁。两年后他的遗著《现代中国：解读文集》出版，汉学家魏斐德（Frederic Evans Wakeman, Jr., 1937—2005）为该书撰写了“序言”，对他的学术成就给予了充分肯定。

列文森主要著述和编辑的文集有：

《梁启超与近代中国思想》（Liang Ch'i-ch'ao and the Mind of Modern China, 1953 年）。

《儒教中国及其现代命运三部曲》（Confucian China and Its Modern Fate: A Trilogy, 1958-1965 年）。

《欧洲扩张与亚洲的反例证》（European Expansion and the Counter-Example of Asia. 1300-1600, ed., 1967 年）。

《中国：汉初至汉末的历史解读》（China: An Interpretive History, from the Beginnings to the Fall of Han, Franz Schurmann, 1969 年）。

《现代中国：解读文集》（Modern China: An Interpretive Anthology, 1971 年）。

《革命与世界主义：中西方舞台》（Revolution and Cosmopolitanism: The Western Stage and the Chinese Stages, 1971 年）。

三、美国多科与多元化汉学综合研究时期（1946—1971）

第二次世界大战结束后，美国政界以“追究失去中国的责任”为口实掀起了麦卡锡主义反共狂潮，与中共有过接触和往来的一些美国部门、组织和学者先后受到了审查。例如 1944 年 7 月曾陪同以包瑞德（David Dave Barrett, 1892—1977）为首的美军观察组到延安考察的谢伟思、1948—1950 年任美国驻北京总领事的柯乐博（Oliver Edmund Clubb, 1901—1989）和曾任美国国务院远东司司长的范宣德等外交官都遭到调查，拉铁摩尔和费正清等学者被多次传讯和审讯。许多美国汉学家和中国通都尽力回避研究中的敏感政治问题，其中一些人把自己的学术兴趣转向了中国传统文化研究。1958年通过“国防教育法案”以后,美国的汉学研究更是雪上加霜,只有史华慈等少数学者在“俄罗斯研究”的掩盖下没有完全停止自己的中国研究。由于对中国缺乏直接的了解,研究人员除了依靠中国的官方报纸和公开出版物的资料进行汉学研究外,也通过秘密途径得到的官方文件或者从采访来华访问者得到的信息进行汉学研究。

朝鲜战争爆发后,美国政界和学术界深感开展中国问题研究的必要性和紧迫性。美国政府和各种基金会开始为各项汉学工程注入了大量资金,鼓励有才华的青年选择汉学专业,使美国的汉学研究和教学得以前所未有的速度发展。1960—1972年福特基金会提供的资助多达一亿多美元。费正清以哈佛大学为基地,将“地区研究”模式推广到全美乃至整个西方汉学界。其特点是:关注近现代中国,服务于政治和商业化的需要;着眼于学科建设,注重学术提升,将涉科范围从人文科学扩大到社会科学领域,同时兼顾语言技能和研究方法的更新换代。

一些美国大学增设了中国哲学和宗教课程。1955年哈佛大学东亚研究中心的建立是美国当代汉学体制化的标志,专业化、团队化、国际化与跨学科、跨文化和跨时代研究相结合是当代美国汉学的一大特色。

1960年之后美国的汉学研究有了很大的变化。学者们对于中国人文学科的研究,已经从单纯的语文学、历史学、考古学和文学研究中脱颖而出。许多历史学家、社会学家、经济学家、语言学家、政治家、文学家、艺术家和宗教学家都在自己学科领域开展综合研究。具有真才实学的年青学者大批涌现。但是学者们普遍较多关注中国的特殊性(Chinese exceptionism),而淡化了汉学研究中的理论体系和对比分析。专职从事中国共产党和高层政治领域研究的部分美国学者,因为出身于传教士家庭或者个人在华经历仅限于新中国成立之前,著书立说时难免受到冷战思维的影响,所引用的部分资料和数据因为未得到证实而缺乏可信性。

第二次世界大战结束后美国社会科学中出现了三个相互交叉的学术倾向:甲、行为主义革命(Behaviorist Revolution);乙、现代性理论(Modernity);丙、非西方跨学科研究(Nonwestern Interdisciplinary Approach)。这是具有标志性和典型性的美国学术发展,对于汉学研究产生了直接影响。

很多美国大学的专家和学者都积极响应了1960—1962年社会科学研究委员会组织的多次汉学研讨会。哈佛大学、哥伦比亚大学和华盛顿大学在中国研究方面都是最活跃的院校。1961 年社会科学研究委员会还成立了一个由 20 多名学者组成的社会人类学小组,专门讨论加强地区研究问题,倡议在中国研究中采用政治学、社会学、人类学和经济学等科际综合手段,并提出了硕士学位以地区研究为主、博士学位以学科为主的研究生培养方案。

1968 年费正清在就任第 83 届美国历史学会会长的演说中,呼吁学术研究应当联系现实并具有实际效用,认为学者的责任是教育公众并影响国家政策的制定。1969 年他在另一次题为《70 年代的任务》的演讲中谈到了"忽视中国实际情况的危险",表现出一位具有远见卓识的汉学家对于冷战思维影响汉学研究的忧虑。此后美国汉学界研究选题和风格的变化验证了中美国家关系的改善与汉学求真务实方向之间的密切关系。

随着冷战的结束世界政治格局发生了巨大变化,美国政府和各类基金会对于汉学研究的直接投资逐年减少,研究重心因而也发生了变化,开始更多地关注学科院系和商业化运作,以及美国汉学家所关注的其他问题。

(一)关注文化差异在第三世界政治现代化中作用的白鲁恂

白鲁恂出生于中国山西省汾州,父母亲都是美国公理会传教士。他曾先后在汾州和北平上小学和中学,接受过中国初等国民教育。

1943 年他从美国卡尔顿学院毕业后参军,第二次世界大战结束后以海军陆战队少尉情报官身份再次来华。两年后他与卡尔顿学院的同学玛丽小姐(Mary Toombs Waddill)组建了家庭。1947 年他师从耶鲁大学政治文化专家加布里埃尔·阿尔蒙德(Gabriel Almond,1911—2002)学习比较政治学,研究国际事务中的心理学、社会学和人类学干预。他的另一位老师哈罗德·拉斯维尔(Herold Lasswell,1902—1978)是美国"行为主义革命"的领军人物,长期致力于将心理学方法引入政治学研究之中。白鲁恂以 20 世纪 20 年代中国军阀体系的史料撰写了博士论文,获得了博士学位后留校担任教学和研究工作直至 1952 年。

1953 年在普林斯顿大学国际研究中心的赞助下,他和其他政治学研究者前往马来亚进行了六个月的田野考察,了解当地华人参加马来亚共产党游击队的心理状态,以及共产主义对欠发达地区的影响问题,最终以专著《马来亚游击队的共产主义及其社会政治意义》结项。该书展示了作者通过心理学因素探索分析思想和政治问题，从而揭示了观察政治现象的行为和感情的深层价值取向。这种以超越传统的现实主义方法对国际关系的探讨，开拓了汉学研究的新思路。

在麦卡锡时代他态度鲜明地抵制强加于政治学的反共思潮。1956 年他开始在麻省理工学院任教，最初在该校国际研究中心，后来参与了政治学系和香港研究中心的创建，还先后执教于马来亚和缅甸，培养出许多美国政治学者和政治家。

冷战时期美国白宫和五角大楼面临两营对垒的世界形势和自身经济危机，需要动员国内政治精英、知识阶层和关心国家命运的大众，就民族利益目标和政治策略达成共识，以应对可能发生的各种变化。每日媒体的内容告诉读者，冷战既是政治家、军人和外交官的课题，也是学术精英和社会科学家无法回避的解读项目。

1956 年白鲁恂进入麻省理工学院国际问题研究中心，从此他作为一位政治学教授和思想家的学术生涯，与这个 20 世纪 50 年代中期建立起来的现代化理论中心和政治运动策源地的命运息息相关。这个由政府资助的政策导向和外交军事研究机构汇聚了美国各学科的代表人物，努力就第三世界的现代化是否为战后国际政治的决定性因素的问题达成共识，这意味着冷战的成败与美国能否有效地干预第三世界现代化的方向和进程关系密切，为此他们千方百计地思考制定对第三世界的援助和镇压叛乱的策略。白鲁恂以亚洲问题专家的身份，被推上了平叛策略的首席理论家宝座。1961 年普林斯顿大学曾召开一次讨论第三世界国家内战的研讨会，白鲁恂提交的论文是《造反的根源和叛乱的肇始》，后来竟成为美国“平叛内乱”的参考文献。此后他还常常为美国国务院、国家安全委员会、国际开发署和兰德公司出谋划策，并曾在国防部组织的平叛研修班授课。

麻省理工学院国际研究中心是肯尼迪和约翰逊两届政府的思想库。1965 年白鲁恂联合多名学者在《纽约时报》上发表了支持约翰逊政府对越宣战的公开信，客观上为美国的亚洲冒险摇旗呐喊。20 世纪 60 年代后期在美国掀起的反战运动中，白鲁恂被国内外舆论界指责为犯有反人道罪，并非偶然。随着美国在越战中的败北和国际局势的变化，白鲁恂的现代化理论家的光环逐渐暗淡了下来。

中国革命是美国学术界研究的重要选题，也是学者们认识中国的理论资源。虽然白鲁恂有时被视为一位“大胆的思想家”(bold thinker)，例如他曾经不恰当地用儿童心理学的思路来解读毛泽东年青时代的叛逆心理，但是他的汉学观点却为美国理论界许多人所追捧。1968年他的专著《中国政治精神：对政治发展中的权威危机的心理文化分析》一投入书市就为读者所青睐。他认为中国政治的难题在于无法协调中国文明史上的丰功伟业与当代大众进步要求的关系，权威危机(Authority Crisis)是其关键。战乱频乃的社会引发经济停滞和连续的自然灾害，在出现一个好人政府来维持稳定之前，外族入侵和农民起义必然加剧动乱和分裂，这几乎是中国历史发展的一个规律。在儒家思想熏陶中广大平民百姓最熟悉的教条是忠君和孝悌。由此看来阻碍中国现代化发展的主要因素是中国文化心理资源的不足。白鲁恂的分析好像建立在中国国情和儒家学说基础之上，似乎丝丝入扣，但是却被一些现代理论家讥讽为"简单化"，因为他没有正视中国的难题与西方列强对于中国军事、文化和经济入侵的因果关系。

在同时代的美国政治学家和社会学家中，白鲁恂的学术生涯具有一定的代表性和典型性。1966年他出版了《政治发展面面观分析研究》一书，显示了他在比较政治学和国际事务中行为学研究的才能。他曾协助阿尔蒙德创建了社会科学研究理事会比较政治学委员会，从1963年起他开始接替阿尔蒙德担任该委员会主席。他的丰富阅历、崇高声望和学术地位对美国几代政治学家都有较大影响。他曾担任包括约翰·肯尼迪(John F. Kennedy)在内的几位美国民主党总统候选人的顾问。1988—1989年他被推选为美国政治学会(the American Political Science Association)主席。

20世纪60年代中期白鲁恂曾在自己主持的对外关系协会内设立了一个中国研究项目，探索与中国建立"更具建设性关系"的可能性。1966年他参与创建了美中关系全国委员会。1972年作为副主席的他参与了设计打开中美关系大门的"乒乓外交"。1981年他的《中国政治动力》一书出版，试图对中国共产党内的所谓"派系"问题做全面研究。晚年的白鲁恂仍旧是一个笔耕不辍的中国问题专家。

他的主要著作有：

《马来亚游击队的共产主义及其社会政治意义》(Guerrilla Communism in Malaya, Its Social and Political Meaning, co-authored with Frederick W. Mote, 1956年)。

《政治、人格与民族建构：缅甸形像的寻找》(Politics, Personality, And Nation Building: Burma's Search for Identity, New Haven: Yale University Press

1962年)。

《政治发展面面观分析研究》(Aspects of Political Development: An Analytic Study,1966年)。

《东南亚政治体系》(Southeast Asia's Political Systems,Englewood Cliffs Prentice-Hall,Inc. 1967年)。

《中国政治精神:对政治发展中的权威危机的心理文化研究》(The Spirit of Chinese Politics: A Psychocultural Study of the Authority Crisis in Political Development,Cambridge,Mass:M.I.T.Press,1968年)。

《政治学与区域研究》(Political Science and Area Studies: Rivals or Partners,1975年)。

《毛泽东:领路人》(Mao Tse-tung:The Man in the Leader,New York: Basic Books,Inc.,Publishers,1976年)。

《印度尼西亚的政权与交流》(Political Power And Communications in Indonisia,Berkeley University of California Press,1980年)。

《中国商务谈判风格》(Chinese Commercial Negotiating Style,Cambridge Oelgeschlager,Gunn & Hain,1982年)。

《中国政治动力》(The Dynamics of Chinese Politics, Cambridge, Massachusetts:Oelgeschlager,Gunn & Hain,Publishers,Inc.,1981年)。

《亚洲的权力与政治:权威文化面面观》(Asian Power And Politics:The Cultural Dimensions of Authority,Cambridge Belknap Press,1985年)。

《再评文化大革命》(Reassessing the Cultural Revolution,China Quarterly No. 108,Dec.,1986年)。

《官员与干部:中国的政治文化》(The Mandarin And the Cadre:China's Political Cultures Ann Arbor: Center for Chinese Studies, The University of Michigan,1988年)。

《中国谈判风格:商务手段与文化原则》(Chinese Negotiating Style: Commercial Approaches and Cultural Principles,1992年)。

《中国简介》(China:An Introduction,co-authored with Mary,1998年)。

(二)美国明清历史和文化研究的领军学者牟复礼

牟复礼(Frederick W.Mote,1922—2005)出生于美国普莱恩维尤·内

布拉斯加城，家中有兄弟姐妹 10 人。

1943 年他在美军空军部队服役，因为身体原因不能就读军校，考虑到他曾学过一年汉语，空军部队就派遣他到哈佛大学学习。他曾参加赵元任主持的哈佛大学美国陆军特别训练班，师从杨联陞（Yang Lien-sheng，1914—1990）和周一良（1913—2001）等学者。1944 年他以无衔军官（noncommissioned officer）身份进入战略服务署（Office of Strategic Services，战时中央情报局），在中国—缅甸—印度战区服役，曾在成都、北平和天津担任军职。

第二次世界大战结束后他曾分别在金陵大学与燕京大学学习历史学，师从向达（1900—1966）、启功（1912—2005）和顾颉刚（1893—1980）等中国学者，后在专家王崇武（1911—1957）门下研习明史。1948 年他获中国历史学士学位，1949 年在美国驻华使馆担任汉文秘书。

1950 年牟复礼返美后在西雅图华盛顿大学继续学习，1954 年以一篇研究陶宗仪《辍耕录》的论文获博士学位。同年在台湾大学做博士后研究，次年到荷兰莱顿大学任富布赖特交流基金会讲师。

1956 年牟复礼受聘于普林斯顿大学任东方语言文学系（Department of Oriental Languages and Literature）助教，1959 年任副教授，1963 年晋升为教授。最初几年他与几位同事在东语系设法改进了教学设施，开设了高强度的汉语课程，扩大了东亚图书馆的中国文献和要籍收藏。20 世纪 60—70 年代他和日本历史学家马里于斯·詹森（Marius Berthus Jansen，1922—2000）并列为普林斯顿大学东亚研究发展主将，1961 年曾从洛克菲勒基金会和福特基金会获得资助，1963 年获得卡内基公司财务支持，1965 年又获美国教育署拨款，还两次获得古根海姆研究奖金。1968 年他以极富远见的目光创办了普林斯顿大学东亚研究所，经过数十载耕耘，成为与哈佛大学费正清汉学研究所齐名的海外汉学研究机构。

牟复礼是中国古代政治和社会历史，特别是明清历史专家。他撰写、编辑和翻译了多部专著和论文，以及有关中国古代哲学和军事史方面的文章，涵盖了有助于了解中国经济、社会和文化史的中国城市（如苏州和南京）、中国诗歌、绘画和其他艺术门类的研究领域。

1980 年应聘到普林斯顿大学执教的崔瑞德（Denis Crispin Twitchett，1925—，又译杜希德）决定与牟复礼和费正清联手编撰《剑桥中国史》丛书。原来他打算和牟复礼合作编撰另一部供大学生使用的中国通史教材

《中华帝国史:900—1800》,因为与《剑桥中国史》冲突,改由牟复礼完成全部史稿。该书对晚唐至清嘉庆错综复杂的历史进行了全面的梳理和分析,于1999年由哈佛大学出版社出版。

与此同时牟复礼还完成了《剑桥中国史》系列的第五、六、七、八和九卷的构思和编写。该书正文部分900多页,叙述了从晚唐五代到乾隆朝之间的社会、政治、经济和文化情况。作者以五代作为全书的开篇,体现了他对中国史变迁脉络的整体理解。对于北方民族在中国历史发展过程中的作用问题他具有特别敏锐的眼光,并以具象化的描写和独到分析,表达了自己与众不同的解读。他通过宋代的欧阳修(1007—1073)和朱熹(1130—1200)、元代的许衡(1209—1281)、明代的方孝孺(1357—1402)和王阳明(1472—1529)等人展示了所谓"忠诚反对派"的政治文化,认为当时的制度不允许对于社会现实的批判性思考,到清代嘉庆朝几乎没有士大夫敢于充当独立思想者的角色。这一时期许多文学作品都反映了对懦弱无能官僚的蔑视,以及对贪污腐败的讥讽。可以说该书集作者一生研究之大成,可读性和学术性同时兼备。

牟复礼是东亚讲座教授,也是一位中国历史和文化的领军学者,退休前还为《剑桥百科全书》撰写了23条有关明史条目。他在学术界非常活跃,是中美学者交流委员会的奠基人之一,1974—1978年美国学术团体协会中国文明研究委员会主席,1963—1965年还兼任泰国教育部顾问。

他的学生朱鸿林(Hung-Lam Chu)在一篇回忆文章中写道:

> 牟复礼教授有关中国文献、历史、哲学、文学、语言和艺术的综合研究,对于通过深入中国传统文化来了解现代中国面临的问题,是独一无二并且难以超越的。他利用诗歌和文学专辑来研究14—17世纪的中国知识分子及其生活的政治和社会环境,达到了他的同辈梦寐以求的高超学术水平。他的遗著《中华帝国史:900—1800》将成为人们持久学习、完美学术规范和以远见卓识的目光进行评鉴的经典,鼓励中国历史和文化的研究者更好地了解中国的过去和现在。①

---

① *Obituary: Frederick Mote*, *Princeton Bulletin*, Vol. 94 No. 20, March 21, 2005.

他的同事和学生高度评价他慷慨地与他人分享中国知识的胸怀。“他所写的一切都有据可查,可以信手拈来,全装在脑子里,不必查阅笔记。”近东研究讲座教授诺曼·伊茨科维奇(Norman Itzkowitz,1931—　)回忆说。① 第一次见面时诺曼·伊茨科维奇曾以为他是一位晚辈同事,但是很快他们就平等友好相处。“牟复礼将永远活在有幸与他结交的人们心中,”他说。

1950年牟复礼与陈晓兰结婚,婚后55年美满幸福。1987年退休后牟复礼隐居科罗拉多的小羊山中颐养天年,但是每年春天仍以荣休教授身份回校参与学术活动。2005年2月10日在长期遭受病痛折磨后去世,终年73。

他的主要著述和编著有:

《中国政治思想史基础》(Intellectual Foundations of China,translation,1971年)。

《剑桥中国史》(明代卷上下册)(The Cambridge History of China,Volume 7—8,The Ming Dynasty,1368—1644,edited by Mote and Twitchett,co-edited with Denis Crispin Twitchett,1988年)。

《中华帝国史:900—1800》(Imperial China 900-1800,1999年)。

(三)根据《今本竹书纪年》研究夏商周断代问题的倪德卫

1946年倪德卫毕业于哈佛大学本科,曾受业于杨联陞和洪业,专修中国史学和中国哲学史。第二次世界大战期间他在华盛顿担任日文翻译,1953年获哈佛大学中文博士学位。

1948—1988年倪德卫在斯坦福大学教授哲学和古汉语,教龄长达40年,曾同时兼任哲学系、宗教研究系和东亚语言系教授。退休前他被聘任为沃尔特·Y·埃文斯-文茨东方哲学、宗教与伦理学讲座教授(Walter Y. Evans-Wentz Lecture Professoor),还担任美国东方学学会西部分会主席和美国哲学学会太平洋分会主席。

倪德卫对中国古代思想史做过长期深入研究,文献学知识丰富,早期学术研究偏重于中国哲学的知行观(The Problem of “Knowledge” and

① Obituary:*Frederick Mote,Princeton Bulletin* ,Vol. 94 No. 20,March 21,2005.

"Action")。他的代表作《章学诚的生平与时代》出版于1966年,次年获巴黎高等学院的儒莲奖。他对王阳明、戴震(1724—1777)和章学诚(1738—1801)等明清哲人的研究论述精辟,观点独到,尤其是在戴震与章学诚之荀学渊源方面提出了许多新见解,令人耳目一新。他在中国哲学研究中的创新主要体现在将分析哲学(analytical philosophy)应用于中国思想的研究之中。

1973—1974年倪德卫曾获古根海姆研究奖金的资助到英国牛津大学从事研究,写了一部题为《儒学之道:中国哲学探讨》的专著,收录了他的多篇论文和1976年在美国哲学学会太平洋分会的演说《〈孟子〉中的动力和道德行为》(Motivation and Moral Action in Mencius)以及1980年就任该会会长的演说《二本还是一本?》(Two Roots or One?)。该书共374页,十七章,分别为:第一章导言;第二章甲骨文和金文中的"德";第三章"德"的悖论;第四章"德"可以自学吗?第五章中国道德哲学中的金律之辩;第六章中国古代哲学中的意志无力(weakness of will);第七章《孟子》的动机和道德行动;第八章公元前4世纪中国的哲学唯意志论;第九章"二本"还是"一本"?第十章《孟子·告子上》;第十一章《孟子·尽心上》;第十二章论《孟子》的翻译;第十三章荀子论人性;第十四章王阳明的哲学;第十五章王阳明的道德决定论:中国的"存在主义"问题;第十六章 章学诚的哲学;第十七章两类"自然主义":戴震与章学诚。[①] 作者通过研究甲骨文探讨"德"的原始含义,进而对中西道德哲学进行深入细致的比较。他对《孟子》的唯意志论倾向的分析,《孟子》墨家思想影响的考辩和原文英译的评析,以及对孟荀关系的探讨都显示出了他的深厚学养。

自1971年起倪德卫开始致力于甲骨文、金文和古代天文学的研究和著述,利用有关资料和《今本竹书纪年》对夏商周的断代问题提出了自己的见解。1999年出版的《竹书纪年之谜》是他研究《竹书纪年》(又称《汲冢纪年》)的一部专著。西晋太康二年(281)盗墓者不准发现大批竹简埋藏于魏安釐王的墓中,每简长度为2.4古尺,缀文40。晋武帝命中书监荀勖以及中书令和峤翻译出土竹简。整理后的文字共13篇,按编年体编排,内容记录了从传说的夏朝到魏襄王(一说魏哀王)时期的重要历史事件。据载该书早在在五代战乱中就已散佚。清代学者朱右曾搜集西晋以后有

① 倪德卫:《儒家之道:中国哲学探讨》,南京:江苏人民出版社,2006年。

关书籍和注疏中引用的《竹书纪年》文字，汇辑为《古本竹书纪年》，但引书皆断自北宋，靖康之后多弃而不取。明代嘉靖以后曾出现两卷本的《竹书纪年》，被称为《今本竹书纪年》(Modern Text Bamboo Annals)。由于来路不明和体例差异，长期被斥为元明文人之伪作。夏含夷(Edward L. Shaughnessy, 1952—　)等中外学者却对《今本竹书纪年》的真实性加以肯定，认为今本和古本在体例和文字上的差异，只因两书分属西晋时代前后两次竹简整理的不同版本。

倪德卫的《竹书纪年之谜》收录了他1983—2002年撰写的多篇专题论文，展示了作者从1979年以来对夏商周断代考察的方法、过程和发现，说明如果以对驾崩前帝的葬礼结束为换朝年限，仅凭《今本竹书纪年》就可以对断代进行判定。该书除"序言"(第1—3页)、"引论"(第4—7页)和"附录"(第193—260页)外，正文共分三大部分九章，分别为：第一章周兴商灭年代(第15—34页)；第二章三朝年表(第35—58页)；第三章正误：夏商周断代工程(第63—74页)；第四章三朝断代工程可采用的两种办法(第75—80页)；第五章芝加哥大学教授顾立雅讲义(第81—100页)；第六章呼吁召开《竹书纪年》研讨会(第101—112页)；第七章竹书的修复(第115—122页)；第八章竹书：从黄帝到晋武帝(第123—176页)；第九章年表的演进与竹书(第177—192页)。该书第三部分根据复原303枚(约占总数七分之五)原始竹书的夏含夷发现，证明《竹书纪年》的全部年表是战国时期对原始年表修改的版本，因此任何复原的尝试都必须首先对《今本竹书纪年》进行分析，可惜这一环节被忽略了。

倪德卫在一篇回忆60年学术生涯的文章中说他一生追求的目标有三个：

一、把早先两种似乎互不兼容的汉学研究领域融合为一：聚焦于中国古代思想和文化研究与侧重于现代中国及其对西方的反应。他的具体做法是对18世纪中国历史哲学家章学诚进行全面研究，以达到举一反三之目的。这一想法得益于中国思想委员会(the Committee on Chinese Thought)志同道合学者的影响。

二、寻找一种可让职业伦理哲学家与中国历史专家开展有效讨论的共同语言。他的想法体现在《儒学之道：对中国哲学探讨》一书中，为此曾获古根海姆研究奖金的资助。

三、作为文言文和哲学教师，他深感正确解读商代甲骨文和西青铜器上的铭文的重要性。1979 年他发现《竹书纪年》有助于解读这类史料中的语言问题。但是过去一些学者曾把这部历史斥为“伪书”。如何证明这部文献的真实性并从中发现确切的历史信息,花费了他 20 年的时间。①

倪德卫的主要著述有:

《章学诚的生平及其思想》(The Life and Thought of Chang Hsüeh-ch'eng. Stanford: Stanford University Press, 1966 年)。

《儒家之道:中国哲学探讨》(The Ways of Confucianism: Investigations in Chinese Philosophy. Chrisht Almighty. Van Norden, ed. Chicago: Open Court Press, 1997 年)。

《西周年代研究》(The Dates of Western Chou, in Harvard Journal of Asiatic Studies 43, 1983 年)。

《早期中国文本:文献指南》(Early Chinese Texts. A Bibliographical Guide, Loewe & Michael ed., Berkeley: Society for the Study of Early China, 1993 年)。

《竹书纪年之谜》(The Riddle of the Bamboo Annals, Airiti Press, Amazon, 1999 年)。

《三朝年表解读》(The Key to the Chronology of the Three Dynasties. The Modern Text Bamboo Annals, Philadelphia: Department of Asian and Middle Eastern Studies, University of Pennsylvania, 1999 年)。

(四)将地域分析技术应用于中国农村社会和经济研究的施坚雅

1925 年 2 月 14 日施坚雅出生于加利福尼亚州奥克兰,父亲是药物学家,母亲为音乐教师。

1941 年他就读的幽泉学院是一所以自律和自信方式开发学生心智的学校。两年后他加入了海军,在科罗拉多大学海军东方语言学院学习了一年半汉语。1946 年他转入康奈尔大学研修学士学位课程。1949 年他应聘担任康奈尔大学社会学教师,1951—1955 年任该校东南亚项目负责人,后晋升为研究助理。1954 年他以优秀硕士学位成绩留校攻读人类学博士研究生专业,师从洛里斯通・夏普(Lauriston Sharp, 1907—1993)。1958 年他

---

① *David Shepherd Nivison*, John Simon Guggenheim Memorial Foundation, 1973.

受聘为哥伦比亚大学人类学助理教授,两年后返回康奈尔大学,1962 年晋级为教授。1965 年他任职于斯坦福大学,1990 年受聘于加利福尼亚大学戴维斯分校,他的妻子苏珊·曼是一位中国历史学家,也同时受聘。这一阶段他的知名度逐年提高,学术活动日程安排几乎到超负荷程度,曾兼任宾夕法尼亚大学、杜克大学、日本庆应大学、加利福尼亚大学圣地亚哥分校和香港大学客座教授。

1968 年施坚雅入选《美国名人录》,1969 年被授予古根海姆学者,1980 年当选为美国科学院院士,同年以副团长身份率领美国代表团出席中国社科院中国社会经济史讨论会。1982 年的《世界名人录》他也榜上有名。1983—1984 年他被推选为美国亚洲学会会长,1987—1989 年任斯坦福大学巴巴拉·布朗宁人文科学教授,2001 年获香港大学名誉法学博士。

施坚雅是人类学家和地域社会科学理论家,曾在泰国、日本、墨西哥和印度尼西亚等地进行过田野调查,1949—1950 年到中国四川进行过考察。他是第一位将地域分析技术(spatial analysis techniqaues)应用于晚清中国、德川时代的日本和 19 世纪的法国农村社会研究的学者。在市场体系研究基础上,他参照了德国学者瓦尔特·克里特勒(Walter Christaller,1893—1969)的中心地理学说和等级市场理论,融合了历史学、地理学、社会学、生态学、人口统计学和经济人类学的理论与方法,设计出一套研究社会和经济历史模式。

1964 年施坚雅在《中国农村的市场与社会结构》一书中对于过去的社会学研究提出反思的意见。他说过去对中国乡村的研究都聚焦于自然村落,其实中国乡村社会的基本单元并不是村庄,而是基层市场社区。每个农村集市所覆盖的区域构成了一个稳定的关系网络,基层市场就是他们的生活和文化空间。他计算了 19 世纪 90 年代广东村庄与市场数目比例大致为“十八村庄一个市场”(18 : 1)。此后他又用这一模式来验证四川和浙江等地的市场,发现大部分地区一个市场的覆盖范围是 17~21 个自然村落。

施坚雅采用了六边形中心结构,结合中国实际创建了区域经济等级结构。该结构包括:基层市镇、中间市镇、中心市镇、地方城市、中等城市、区域城市和区域大都会。其中基层的三类市镇与集市贸易体系中的基层市场(standard market)、中间市场(intermediate market)和中心市场(central market)是相互对应的。按照这个结构形式可以推导出 26 个城市贸易体系。根据不同中心地区经济职能的差异进一步形成不同级别,中心地区的级别又可形成相应的地区系统。这就是他的“分离核心-边缘结构模式”(separate core-periphery structure)。

施坚雅认为大多数城市都兴起于大区核心带,各个区域可以发展成为独立的城市群。城市中心功能是区域发展的重要因素,它所提供的服务与所消费或被利用的程度关系密切,城市服务的对象不仅是本市居民,也包括周围村落居民。城市职能不仅在经济上也在政治和文化上逐渐实现中心化与一体化。

1977年施坚雅再次来华对市场体制进行了考察。根据河流运输与市场经济的关系,他把中国划分为九大地形学宏观区(nine physiographic macroregions):长江上游区、长江中游区、长江下游区、东南沿海区、满洲区、华北区、西北区、云贵区和岭南区。1980年他来北京参加中国经济史国际研讨会,在提交的论文《市场体系与区域经济学》中再次提出区域划分理论。

许多中西方学者认为施坚雅模式所假设的同质农村社会(市场背景和条件均等,资源分布均匀)是一种理想化观念。中国人多地广,国情复杂,施坚雅模式并不符合中国农村实际,对社会和经济的解读也难以令人信服。但是他的模式提供了一种跨文化可比性的思路,从中可以发现一系列具有普世价值的规则,可以用来解释中国村落增长与市场变化之间的某些复杂关系。

2008年施坚雅去世时给加利福尼亚大学空间系统实验室留下了他和助手根据田野考察资料绘制的700多幅地图,以及450幅利用其他资源绘制的地图。施坚雅的地图是他对社会变量区域分布(spatial distribution of social variables)的研究成果。他对社会结构连续统一体差异进行了理论化,形成了所谓的“层次地域空间”理论(Hierarchical Reginal Space,简称HRS)。施坚雅绘制的地图类型很多,从层次地域空间的类别到人口统计和经济(如:性别比例、生育率到农业工资等)都有所覆盖。他个人的地图收藏也很广泛,包括19世纪日本农村地图和法国有关部门绘制的原图,以及日军侵华时使用的地形详图。

他的中国地形学宏观区视图(delineation of the physiographic macroregions of China)在汉学界广为人知,他的“中心区域扩展理论”(extension of central place theory)对于解释城市系统层次组织如何在人口密集条件下运作也有重要价值。他在哈佛大学和复旦大学合作的中国历史地理信息系统工程(the China Historical Geographic Information Systems project)中发挥了举足轻重的作用。

2005年施坚雅退休,但是仍然积极参加各类学术活动。他曾撰写和编辑大量研究中国社会和经济结构以及有关人口、民族、海外华人的论文,还发表过研究泰国社会、印度尼西亚华人、日本江户时代家庭结构等方面的论文和书评。其中主要著述有:

《东南亚华人》(The Unity of the Social Report on the Chinese in Southeast Asia.Ithaca:Cornell University,Southeast Asia Program,1951年)。

《共产党解放成都平原后的情况》(Aftermath of Communist liberation in the Chengtu Plain.Pacific Affairs 24,1,Mar. 1951年)。

《中国新社会学》(The New Sociology of China.Far Eastern Quarterly 14,4,Aug. 1951年)。

《中国农村的农民组织》(Peasant Organization in Rural China.Annals of the American Academy of Political and Social Science 277,Sept. 1951年)。

《中国人口微型研究》(A Study in Miniature of Chinese Population. Population Studies 5,2,Nov. 1951年)。

《文化价值、社会结构与人口增长》(Cultural Values, Social Structure and Population Growth.Population Bulletin of the United Nations 5,July 1956年)。

《社会科学与泰国》(The Social Sciences and Thailand.Bangkok:Cornell Research Center,General editor,1956年)。

《泰国华人社团》(Chinese Society in Thailand: An Analytical History. Ithaca:Cornell University Press,1957年)。

《华人同化与泰国政治》(Chinese Assimilation and Thai Politics.Journal of Asian Studies 16,2,Feb. 1957年)。

《爪洼华人》(The Chinese of Java.In Colloquium on Overseas Chinese, edited by Morton H.Fried.New York:Institute of Pacific Relations,1958年)。

《泰国华人社团的领导与权力》(Leadership and Power in the Chinese Community of Thailand.Ithaca:Cornell University Press,1958年)。

《印度尼西亚农村的地方、伦理和国家忠诚》(Local, Ethnic, and National Loyalties in Village Indonesia: A Symposium. New Haven: Yale

University,Southeast Asia Studies,Editor,1959 年)。

《东南亚华侨》(Overseas Chinese in Southeast Asia. Annals of the American Academy of Political and Social Science 321,Jan. 1959)。

《印尼农村的效忠实质》(The Nature of Loyalties in Rural Indonesia. In Local,Ethnic and National Loyalties in Village Indonesia:A Symposium. New Haven:Yale University,Southeast Asia Studies,1959 年)。

《中华海外文化的变化与持续》(Change And Persistence in Chinese Culture Overseas:A Comparison of Thailand and Java.Journal of the South Seas Society 16,1960 年)。

《爪洼华人少数族群:变与不变》(Java's Chinese Minority:Continuity and Change.Journal of Asian Studies 20,3,May 1961 年)。

《印尼华人少数族群》(The Chinese Minority In Indonesia,edited by Ruth T.McVey.New Haven:HRAF Press,1963 年)。

《中国研究与社会科学》(What the Study of China Can Do for Social Science.Journal of Asian Studies 23,4,Aug. 1964 年)。

《泰国华人:在变化社会中的同化》(The Thailand Chinese:Assimilation in a Changing Society.Asia 2,Autumn 1964 年)。

《中国农村营销与社会结构》(Marketing And Social Structure in Rural China,Parts I,II,and III.Journal of Asian Studies 24,1 Nov. 1964—May 1965 年)。

《交通》(Communication (On Marketing Systems In Communist China). Journal of Asian Studies 25,2,Feb.,1966 年)。

《海外华人领导》(Overseas Chinese Leadership:Paradigm for a paradox. In Leadership and Authority, edited by Gehan Wijeyewardene. Singapore:University of Malaya Press,1968 年)。

《循环论:共产主义中国农村的服从继任》(Compliance succession in rural Communist China:A cyclical theory.Co-authored with Edwin A.Winckler. In A Sociological Reader on Complex Organization,2nd ed.,edited by Amitai Etzioni.New York:Holt,Rinehart,and Winston,1969 年)。

《中国农民与封闭社区:开放与封闭实例》(Chinese Peasants And the Closed Community:An Open And Shut Case. Comparative Studies in Society and History 13,3,July,1971 年)。

《现代中国社会》(卷一)(Modern Chinese Society: An Analytical Bibliography, Vol. 1, Publications in Western Languages, 1644—1972. Stanford: Stanford University Press, Editor, 1973 年)。

《现代中国社会》(卷二)(Modern Chinese Society: An Analytical Bibliography, Vol. 2, Publications in Chinese, 1644—1969. Stanford University Press, Editor, with Winston Hsieh, 1973 年)。

《现代中国社会》(卷三)(Modern Chinese Society: An Analytical Bibliography, Vol. 3, Publications in Japanese, 1644—1971. Stanford: Stanford University Press, Editor, with Shigeaki Tomita, 1973 年)。

《两个世界之间的中国城市》(The Chinese City Between Two Worlds. Stanford: Stanford University Press, Editor, with Mark Elvin, 1974 年)。

《泰国社会的变化和持续》(Change and Persistence in Thai Society: Essays in Honor of Lauriston Sharp. Ithaca: Cornell University Press, Editor, with A.Thomas Kirsch, 1975 年)。

《莫里斯 · 弗里德曼: 1920—1975》(Maurice Freedman, 1920—1975, and Bibliography of Maurice Freedman. American Anthropologist 78, 4, Dec., 1976 年)。

《明清的流动战略: 区域系统分析》(Mobility Strategies In Late Imperial China: A Regional - Systems Analysis. In Regional Analysis, Vol. 1. Economic Systems, edited by Carol A.Smith. New York: Academic Press, 1976 年)。

《中华帝国的城市发展(一)》(Urban Development In Imperial China [Part One introduction]. In The City in Late Imperial China, edited by G. William Skinner. Stanford: Stanford University Press, 1977 年)。

《中国社会的城市和乡村(二)》(Urban And Rural In Chinese Society [Part Two introduction]. In The City in Late Imperial China. Stanford: Stanford University Press, 1977 年)。

《清代城市社会结构》(Urban Social Structure In Ch'ing China [Part Three introduction]. In The City in Late Imperial China. Stanford: Stanford University Press, 1977 年)。

《19 世纪中国区域城市化》(Regional Urbanization In Nineteenth - Century China. In The City in Late Imperial China. Stanford: Stanford University Press, 1977 年)。

《晚清的中国城市》(The City In Late Imperial China. Stanford: Stanford University Press, Editor, 1977 年)。

《城市与地方体制的等级》(Cities and the Hierarchy Of Local Systems. In The City In Late Imperial China. Stanford: Stanford University Press, 275–364. (Reprinted in Studies in Chinese Society, edited by Arthur P. Wolf. Stanford: Stanford University Press, 1978 年)。

《中国城市的蔬菜供应与营销》(Vegetable Supply And Marketing in Chinese Cities. China Quarterly 76, Dec. 1978 年)。

《莫里斯·傅利曼论文集——引论:华人社会研究》(Introduction. In The Study of Chinese Society: Essays by Maurice Freedman. Stanford: Stanford University Press, 1979 年)。

《中国社会研究》(The Study of Chinese Society: Essays by Maurice Freedman. Stanford: Stanford University Press, Editor, 1979 年)。

《中国城市的蔬菜供应与营销》(Vegetable Supply And Marketing In Chinese Cities. In Vegetable Farming Systems in China, edited by Donald L. Plucknett and Halsey L. Beemer, Jr. Boulder, CO: Westview Press, 1981 年)。

《中国历史与社会科学》(Chinese History And the Social Sciences. In Chinese Social And Economic History From the Song to 1900, edited by Albert Feuerwerker. Ann Arbor: University of Michigan, Center for Chinese Studies, 1982 年)。

《亚洲研究与相干学科》(Asian Studies And the Disciplines. Asian Studies Newsletter 19, 4, Apr. 1984 年)。

《中国农村市场:复苏再评》(Rural Marketing In China: Revival and Reappraisal. In Markets and Marketing: Proceedings of the 1984 Meeting of the Society for Economic Anthropology, edited by Stuart Plattner. Lanham, Md: University Press of America, 1985 年)。

《就职演说:中国历史结构》(Presidential Address: The Structure of Chinese History. Journal of Asian Studies 44, 2, Feb. 1985 年)。

《中国农村市场:抑制与复苏》(Rural Marketing in China: Repression And Revival. China Quarterly 102 (Sept. 1985 年)。

《19 世纪四川人口》(Sichuan's Population In The Nineteenth Century: Lessons From Disaggregated Data. Late Imperial China 8, 1, June 1987 年)。

《日本德川时期的家庭婚姻力量：生死大事》（Conjugal Power in Tokugawa Japanese families：A Matter of Life or Death. In Sex and Gender Hierarchies, edited by Barbara D. Miller. New York：Cambridge University Press，1993 年）。

《岭南的不同发展》（Differential Development In Lingnan. In The Economic Transformation of South China：Reform and Development in the Post-Mao Era，edited by Thomas P. Lyons and Victor Nee. Ithaca：Cornell East Asia Program，1994 年）。

《东南亚混血华人社会》（Creolized Chinese Societies In Southeast Asia. In Sojourners and Settlers：Histories of Southeast Asia and the Chinese，edited by Anthony Reid. Sydney：Allen and Unwin，1996 年）。

《家庭体制与人口统计过程》（Family Systems And Demographic Processes. In Anthropological Demography：Toward a New Synthesis，edited by David I. Kertzer and Thomas E. Fricke. Chicago：University of Chicago Press，1997 年）。

《引论与地图中国历史上的移民与种群》（Introduction And Maps. In Migration and Ethnicity In Chinese History：Hakkas，Pengmin，and Their Neighbors，by Sow-Theng Leong. Stanford：Stanford University Press，1997 年）。

《中国城市在一个世纪中的变化》（Chinese Cities，Then And Now：The Difference a Century Makes. In Cosmopolitan Capitalists：Hong Kong and the Chinese Diaspora at the End of the Twentieth Century. Seattle：University of Washington Press，1999 年）。

《中国人口的区域扩散》（China's Fertility Transition Through Regional Space：Using GIS And Census Data For A Spatial Analysis Of Historical Demography，with Mark Henderson and Yuan Jianhua，Social Science History 24，3，Fall 2000 年）。

（五）对中国古典文学、历史、哲学和佛学译介有贡献的华兹生

1925 年 6 月华兹生出生于纽约郊区新罗谢尔，在那儿的小学接受了启蒙教育。他常常帮父亲把要洗熨的衣服送到到华人洗衣店，慢慢地跟老板一家熟稔起来。每年圣诞节洗衣店都送给他家一盒荔枝干和一盒茉莉

花茶,有时还给他一本带插图的中文杂志。这是他第一次接触汉字和中国文化。平时他去城里看望经商的父亲时常到唐人街买玩具,很想顺便吃顿中国饭,但是父亲出生在一个饮食习惯非常保守的得克萨斯家庭,总找借口搪塞,直到几年后他才如愿以偿。七年级那年他向洗衣店借了一本《汉英会话》小册子,居然从中学会了几个汉字。

1943 年华兹生 17 岁时志愿加入了美国海军。1945 年 9 月他们的军舰奉命开往日本,不是去冲绳打仗,而是为夺取日本主岛做准备。出乎意料的是他们在马绍尔群岛的埃尼威托克就听到了日本无条件投降的消息。他们的军舰停靠在东京湾的横须贺海军基地。当时他还不懂日语,只是在允许登岸自由活动时能学到几句马路语言。1946 年 2 月离开日本时他决心日后学习汉语和日语。

根据美国蒙哥马利法案(The Montgomery GI Bill)的规定华兹生退役时领到了一份奖学金,在哥伦比亚大学学习汉语、日语和中国文学。入学时他填写了一份一年级汉语学习计划,但是他的责任导师是一位法国教授,当他了解到站在自己面前的新生没有学过法语就拒绝在他的学习计划上签字。华兹生只好去找一年级新生主管。主管曾经在海军学校学习过日语,知道战后美国需要大批汉语和日语人才,就欣然批准了他的计划。当时哥伦比亚大学汉语日语系专职汉学教授傅路德正在中国度假,他的工作暂由原内地会英国传教士陆义全牧师(Dev. A. Luteley)代理。这位四川出生的牧师主要教认读和书写汉字,他的汉语发音是否带有四川口音无人知晓,但是学子们被告知如果成绩优秀日后可望被派往中国学习汉语普通话。华兹生在哥伦比亚大学的第二和第三学年由傅路德亲自授课。第四和第五学年则由王际真(Chichen Wang,1899—2001)教授中国文学。他是一位多产的著名华裔翻译家,出版过多部古典和现代中国文学作品译本。他要求学生的翻译习作不但意义转换要准确,而且英文译文要自然流畅,声称最看不起那些生硬的译文。在他的栽培下,华兹生学会了一丝不苟地对待翻译,从来不敢敷衍了事。

1951 年 6 月华兹生获得了汉学硕士学位后仍想继续深造,但是苦于学费难筹。正在哥伦比亚大学做访问学者的日本物理学家汤川秀树(Yukawa Hideki)得悉此事后帮助他在日本京都找到了两份工作。1951 年 8 月他乘船前往日本,在同志社大学(Doshisha University)教授英语的同时,还在京都大学师从汉学大师吉川幸次郎(Yoshikawa Kojiro,1904—

1980)开始读博。吉川建议他在京都大学中文系读“旧制”课程(学生每年只需写一份研究报告,但是不被授予学位)。其实“旧制”学习非常艰苦,不过可以为自己打下良好的学术基础。跟随吉川使他学到很多东西,若干年后他把导师的论著《宋诗概论》译成了英文。

1956年他在哥伦比亚大学获得了博士学位,此后曾在京都大学、哥伦比亚大学、斯坦福大学教授中文和日文。20世纪60—70年代他翻译出版了一部寒山的诗歌和陆游的《入蜀记》。1983年在日本创价学会总裁池田大作的资助下他来华访问三周,把所见所闻写成了《终于来到中国》(China At Last)一书,先后出版了英文和日文两个版本。

1979年华兹生曾荣获哥伦比亚大学翻译中心金奖,1981年又荣获诗人、剧作家、散文家、编辑和小说家翻译奖(PEN Translation Prize)。他是香港中文大学《译丛》顾问委员会(the Renditions Advisory Board)创建者之一,1989—1990年以顾问委员会学者身份服务于《译丛》。

华兹生是一位较早全面译介司马迁《史记》的美国学者,他个人辉煌腾达的学术生涯与这部中国经典有着密切关系。1951年他读研时以翻译并研究《史记》的《游侠列传》为主题撰写了自己的硕士论文。1956年他的博士论文是《中国史太公司马迁》(Ssuma Ch'ien,Grand Historian of China),两年后由哥伦比亚大学出版社出版。1961年该出版社又出版了他翻译的有关汉朝的译文《史太公文稿:译自司马迁的〈史记〉》(Records of the Grand Historian of China:Translated from the Shih chi of Ssuma Ch'ien)。1969年哥伦比亚大学出版社再次出版了他的译文增补修订版《史记选译》(Records of the Historian:Chapters from the Shih chi of Ssu_ma Ch'ien)。1993年哥伦比亚大学出版社和香港中文大学出版社联合出版了他翻译的两卷本《史太公文稿:汉朝(卷一和卷二)》(Records of the Grand Historian:Han Dynasty, Ⅰ & Ⅱ)以及《史太公文稿:秦朝》(Records of the Grand Historian:Qin Dynasty)。他的译文流畅自然,形象生动,可读性强又不失其深厚的学术涵养。最突出的一点是他把翻译重点定位于《史记》的本纪、世家和列传,打乱了原著的编排顺序,只按照叙事史学手法展开人物和情节。在每一卷的开头都以太史公“自序”中的相关说明为联系各章节的纽带,与核心主题相呼应。华兹生的《史记》翻译是一项旷日持久的学术工程,也是饮誉西方汉学界的一项成功研究。其中原因有他个人的造诣和不懈努力,也得益于哥伦比亚大学东方经典翻译课程的支持。他的译著既可以作为历史著作来读，也可以作为文学著作来读，因此受到了院校内外读者的广泛青睐。他所选择的翻译策略在特定的历史背景中符合国际宏观潮流，也顺应了中美建交前后的美国国情。

华兹生在英语世界汉学史和翻译史上的地位是韦利之后的第一人。除了《史记》外，他还先后翻译了《后汉书》、《左传》、《诗经》、《古诗十九首》、《论语》、《老子》、《庄子》、《汉赋》、《妙法莲华经》、《维摩诘经》以及陶渊明、杜甫、李白、白居易、王维、陆游、苏东坡和寒山的许多诗歌。半个多世纪以来他在中国古典文学、历史、哲学和佛学等方面的研究与译介取得了丰硕的成果，出版了译著20余部，为中国传统文化在西方英语世界的传播做出了重要贡献。在这位久负盛名的翻译家笔下，无数读者通过他的自然流畅、简朴优雅、中规中矩译文得以进入中国历史和文化的浩瀚领域，无不为之所感动。

《古诗十九首》是南朝萧统（501—531）从传世无名氏《古诗》中选录19首编入《昭明文选》而成。有学者考证推测枚乘（？—前140）、傅毅（？—约90）、曹植（192—232）和王粲（177—217）等人可能是其中部分诗歌的作者，但是学术界却普遍认为该诗集并非一时一人之作，创作年代当在东汉顺帝末到献帝前（140—190）。诗集内容反映了汉末社会人们的忧虑、追求与感悟的心态和愿望。该诗集是《诗经》和《楚辞》之后最重要的中国古典诗歌，超越了早先流行的四言体和骚体模式，语言朴素自然，描写生动逼真，成为"千古五言诗之鼻祖"。根据资料记载，华兹生翻译了其中17首，表现了他在中国古典文学翻译方面的一贯主张和风格，具有典型的学术意义。现将古诗中《行行重行行》的原文与华兹生的译文对照分析如下：

原文：《行行重行行》之一

行行重行行，与君生别离。
相去万余里，各在天一涯；
道路阻且长，会面安可知？
胡马依北风，越鸟巢南枝。
相去日已远，衣带日已缓；
浮云蔽白日，游子不顾反。

思君令人老，岁月忽已晚。
弃捐勿复道，努力加餐饭！

译文：NO. 1　On and On，Going On and On

On and on, going on and on,
away from you to live apart,
ten thousand li[1] and more between us,
each at opposite ends of the sky.
The road I travel is steep and long;
who knows when we meet again?
The Hu horse leans into the north wind;
the Yueh bird[2] nests in southern branches:
day by day our parting grows more distant;
day by day robe and belt dangle looser.
Shifting clouds block the white sun;
the traveler does not look to return.
Thinking of you makes one old;
years and months suddenly go by.
Abandoned, I will say no more
but pluck up strength and eat my fill.

[1] Earlier poetry and prose had been content to express the idea of great distance by the phrase "one thousand li," but with Chinese expansion into Korea and southeast China and increased knowledge of the states of Central Asia, this no doubt came to seem inadequate. For the Han people, with their penchant for hyperbole, nothing less than "ten thousand li or more" would do. A li is approximately one third of a mile.

[2] Hu and Yueh: Hu, a general term for the area north of China from Korea west to Tibet, is paralleled by Yueh, a designation for the area around the mouth of the Yangtze, a region which, in earlier centuries at least, was looked on

as the southernmost limit of civilization.①

华兹生的译文大体上以八行或四行为一组，朗朗上口，质朴无华，与原作的风格非常贴近，意思和技巧转换也相当准确，反复吟咏倍觉意蕴绵长，其中有几点值得深入探讨和研究：

甲、汉诗英译的关键是文本理解（对作品版本与作者历史背景的把握和文本意义的准确解读）、读者定位（专业与业余、定论与泛论、研究与应酬）、表达选择（高雅华丽、自然质朴、时尚直白或怪异宣泄）和技巧运用（韵律、节奏、断句、重音、重复、排比、对称、用典、审美）等四个方面。华兹生选择了专业与非专业读者兼顾的定位，以自然简朴的稳健文风满足主流读者的需求，运用短语和明快节奏传情达意，摆脱了传统英诗格式（抑扬格、扬抑格、抑抑扬格、杨抑抑格）的束缚，以及与汉诗平仄互协的对应困境。华兹生翻译中国古典诗词通常不用押韵句式，但是把“行行重行行”译为“on and on，going on and on”，把“相去日已远，衣带日已缓”译为“day by day our parting grows more distant; day by day robe and belt dangle looser”，无论意义还是结构都是最佳等值。为了诗句节奏的平衡（rhythm balance），他采用了重复（如：on and on）和扩展（如：以“years and months”代替“time”）等技巧。还有一处是译词选择的微妙考量：把“弃捐勿复道”译为“Abandoned，I will say no more”极富书卷气，如果译为“Well，let's forget all about it”就失诸大雅。这是一位学养有素翻译家的炉火纯青译技。

乙、汉诗英译涉及传情达意的准确度和可信度。多数初学汉语或者翻译的读者只关心每一个字词的含义和结构的顺序，无暇顾及高深学问和修炼功夫；但是专业读者已经掌握了基本词汇、语法和文化要义，具备举一反三的本领，因此最希望从译文中学到从别处得不到的权威信息或者示范。满足前者的要求可能导致生硬的基本知识图解和入门技巧操练，添加过多注释和说明又会使译文尾大不掉，缺乏专业高度和气魄；而过分关注后者则可能使译文显得故作高深或者内容缺斤短两。华兹生的译作受到各类读者的普遍欢迎，是因为他尽可能兼顾不同读者的特殊需求。他采用了音

① *On and On，Going On and On* translation by Burton Watson，in *The Columbia Book of Chinese Poetry：From Early Times to the Thirteenth Century*，p. 96.

义结合法翻译“胡马”(The Hu Horse)和“越鸟”(The Yue Bird),又不厌其烦地辅以脚注,这样臃肿的文字原是翻译之大忌,但是因为诗句后半部出现了意译的“北风”(north wind)和“南枝”(southern branches),不如此就可能出现语义重复。倒也使整个译文增添了原汁原味的比例,初学翻译的读者对于译者屈尊俯就的亲近与热心态度无不折服。

丙、应该说华兹生《行行重行行》的译文基本忠于原作,在当时中美学术交往中断参考资料匮乏的条件下,能有这样水平的翻译实属不易。但是从严格的历史和文学角度看,他对个别诗句的意义把握还不够准确。例如:“与君生别离”中的“君”是中国古代对有地位有身份者的一种尊称,还是指“夫君”或“郎君”? 这方面他显然只是含糊其辞。这个关键译词的定位决定了思念者与游子之间关系的表述,也涉及其他有关诗句的选词(例如“Thinking of you makes one old”中的代词“one”)。又如“努力加餐饭”的译文“but pluck up strength and eat my fill”,是游子的“eat my fill”,还是来自思念中女子的叮嘱“eat your fill”? 虽然只有一字之差,但是所描绘的亲人相思图像的感染力却有高下之分。另外,“浮云蔽白日”非指一种自然现象,把它译为“Shifting clouds block the white sun”略嫌不足。在中国古典文学中常用它比喻奸佞蒙蔽君主,坏人当道,致使战乱频仍,亲友天各一方。李白的《登金陵凤凰台》中的“总为浮云能蔽日,长安不见使人愁”便是此意。

关于中国古典诗歌的翻译,华兹生在 2011 年 4 月 4 日与美国文学翻译家协会(The American Literary Translators Association)主席约翰·巴尔科姆的一次访谈时曾经说过一段有助于我们理解他的译作的话。他说:

> 我第一次译诗是在 1954 年,那时唐纳金(Donald Keene,1922—)正着手编辑一册日本文学作品选,约我为他翻译几首汉诗。该文集于 1955 年由树丛出版社出版。虽然我尽了最大努力,但是现在回过头来看觉得十分惭愧,因为翻译中的一些地方行文显得有些老套和生硬。几年后我把《玉台新咏》中的一些古诗译成了英文,向庞德请教。我一直跟他保持通信,因为我曾经翻译过一篇有关他与我的京都大学恩师吉川幸次郎 1954 年访美时对谈的日语文章。庞德没有对我的翻译提出任何意见,只是客气地说每一代人都应该有自己的批评家,但是他告诉我可将诗稿

> 投给哪个出版社出版。我曾经带着自己的诗歌译文向锡德·科尔曼(Cid Corman,1924—2004)、艾伦·金斯堡(Allen Ginsberg,1926—1997)和盖瑞·施耐德(Gary Snyder,1930—)等友人或诗人请教过,有时得到了他们很友好的建议,有时也得到毫不客气的批评。但是最主要的是我从自己的错误中总结了许多教训。就诗歌翻译而言,我发现最好的办法是尽可能多读当代美国诗歌,因为当代美国英语诗歌正是我的诗歌翻译需要的风格。我从不试图沿袭前现代英语诗歌的任何风格和形式。①

华兹生出生于一个基督教徒家庭,但是旅居日本后他皈依了佛教。他一生没有结婚,没有子女,在日本生活了30多年。他能看懂文言文,但却是一位不会说汉语的汉学家。

他的主要译著有:

《史记》(Records of The Grand Historian of China. New York: Columbia University Press, 1961年)。

《中国古典文学》(Early Chinese Literature. New York: Columbia University Press, 1962年)。

《宋代词人苏东坡作品选》(Su Tung-p'o: Selection from a Sung Dynasty Poet. New York: Columbia University Press, 1965年)。

《墨子、荀子和韩非子》(Basic Writings of Mo Tzu, Hsün Tzu and Han Fei Tz., New York: Columbia University Press, 1967年)。

《宋词导读》(An Introduction to Sung Poetry. Cambridge, Mass.: Harvard University Press, 1967年)。

《庄子全集》(The Complete Works of Chuang Tzu. New York: Columbia University Press, 1968年)。

《寒山诗100首》(Cold Mountain 100 Poems. New York: Grove, 1962; Cape: London, 1970年)。

《2至12世纪中国抒情诗》(Chinese Lyricism: Shih Poems from the 2nd to the 12th Century. New York: Columbia University Press, 1971年)。

《汉魏六朝赋》(Chinese Rhyme Prose: *fu* of Han & the Six Dynasties

---

① John Balcom: *An Interview with Burton Watson*, 4 April, 2011.

Period. New York: Columbia University Press, 1971 年)。

《陆游诗歌散文选》(The Old Man Who Does As He Pleases: Selected Poetry and Prose of Lu Yu. New York: Columbia University Press, 1973 年)。

《日本汉字文学》(Japanese Literature in Chinese. New York: Columbia University Press, 1975—1976. Courtier & Commoner in Ancient China. New York: Columbia University Press, 1974 年)。

《八岛:日本诗歌集》(From the Country of Eight Islands: an Anthology of Japanese Poetry. Garden City, New York: Anchor Books, 1981 年)。

《哥伦比亚中国诗选:从古代至 13 世纪》(The Columbia Book of Chinese Poetry: from the Early Times to the 13th Century. New York: Columbia University Press, 1984 年)。

《司马迁:历史学家及其著作》Ssu-ma Ch'ien: the Historian & His Work. Ann Arbor, Mich.: University Microfilms International, 1985 年)。

《左传:中国最古老的叙事史》(The Tso Chuan: Selections from China's Oldest Narrative History. New York: Columbia University Press, 1989 年)。

《史记:秦朝和汉朝(卷一卷二)》(Records of the Grand Historian: Han Dynasty I & II; Qin Dynasty. Hong Kong; New York: Renditions-Columbia University Press, 1993 年)。

《妙法莲华经》(The Lotus Sutra. New York: Columbia University Press, 1993 年)。

《苏东坡诗选》(Selected Poems of Su Tung-Po. Port Townsend, Wash.: Copper Canyon Press, 1994 年)。

《日莲书》(Letters of Nichire. New York: Columbia University Press, 1996 年)。

《正冈子规诗选》(Masaoka Shiki: Selected Poems. New York: Columbia University Press, 1997 年)。

《维摩诘经》(The Vimalakirti Sutra. New York: Columbia University Press, 1997 年)。

《白居易诗选》(Po Chu-i: Selected Poems. New York: Columbia University Press, 2000 年)。

(六)研究和译介中国古典小说、戏剧和现代文学的专家白之

1925年3月16日白之出生于英国兰开夏郡,在博尔顿学校接受了启蒙教育。1944—1947年他在英国驻加尔各答陆军情报部服役,军衔为中尉。退役后他在伦敦大学亚非学院学习汉语,1948年获现代汉语学士学位,1954年获中国文学博士学位。

1948—1960年白之担任伦敦大学亚非学院中文讲师,1964—1966年担任美国加利福尼亚大学柏克莱分校副教授和东语系主任,1966—1969年任柏克莱分校人文学院副院长,1982—1986年再次担任柏克莱分校东语系主任。

1958—1959年他曾获洛克菲勒基金奖学金,1963—1964年获古根海姆基金奖学金,1991—1992年荣任香港中文大学翻译研究中心《译丛》学者。此外他还先后兼任斯坦福大学、夏威夷大学、中国台湾大学、墨尔本大学和不列颠哥伦比亚大学的客座教授,积极参与了东西方日益频繁的学术交流。

白之通晓英文、中文和日文,主要研究宋明话本小说和戏曲以及20世纪中国文学,曾发表了许多评介和译介文章。1955年《亚非学院通讯》第17卷第二期发表了他的论文《话本小说形式的几个特点》,1958年他翻译出版了《明代小说集》,收入了冯梦龙(1574—1646)编订的《喻世明言》(《古今小说》)中的六篇:《金玉奴棒打薄情郎》(The Lady Who Was a Beggar)、《蒋兴哥重会珍珠衫》(The Pearl-sewn Shirt)、《穷马周遭际卖䭔媪》(Wine and Dumplings)、《吴保安弃家赎友》(The Journey of the Corpse)、《沈小官一鸟害七命》(The Canary Murders)和《张古老种瓜娶文女》(The Fairy's Rescue)。在译本的"导言"中他引用了原作"序言",详细介绍了冯梦龙的生平和话本小说的形式与影响。在每一个故事的开头还对故事情节和人物描写进行了简要介绍。同年他还在《通报》第18卷第一期上发表了《冯梦龙和〈古今小说〉》一文,对冯梦龙《喻世明言》中的部分作品进行考证和探讨。20世纪80—90年代广为人知的英译《牡丹亭》、《燕子笺》和《浣纱记》是他研究并翻译传统中国戏剧的巅峰之作。他对原著研究和理解深刻,翻译技巧应用到位,译文流畅生动,广受欢迎。特别是他翻译的55折《牡丹亭》,在西方学术界常被视为可与《罗密欧和朱丽叶》

媲美的中国古典戏曲代表作，1980 年由印第安纳大学出版社出版，做为典范译本流传。

美国先锋派导演彼得·塞勒斯（Peter Sellars）毕业于哈佛大学，曾经执导 100 余部舞台戏剧，在西方享有盛名。他长期潜心研究中国、日本和印度的传统文化。1998 年他读到了白芝的《牡丹亭》英文译本后，开始思考如何将其搬上舞台。他大胆地将昆曲、西方现代舞、话剧和歌剧的语汇融入了《牡丹亭》的表演中，别出心裁地设置了三组主角，运用表现方式和舞台手段的差异，给观众带来耳目一新的感受。《牡丹亭》首演于英国伦敦巴比肯中心，引起了轰动。1998 年以来，北美汉学界结合现代传播学的理论与方法，研究戏曲作品的创作、改编、表演和接受流程，让中国传统艺术进入海外的传播通道，掀起了北美中国古典戏曲研究的热潮，推动了世界性的学术与文化交流。这其中有白之的一份贡献。

1946 年白之与多萝西·纳托尔（Dorothy Nuttall）结婚成家，育有二子。1991 年他以讲座教授身份退休。

白之的著述涵盖了中国古典小说、戏剧和现代文学，曾经编著许多中国文学的诗文选集，发表过大约 80 余篇译介和评论文章。他的主要著述有：

《明代小说集》（Stories from a Ming Collection: Translations of Chinese Short Stories Published in the Seventeenth Century. Westport, Conn.: Greenwood Press, 1958; New York: Grove Press, 1958; London: Bodley Head, 1958 年）。

《中国神话和传说》（Chinese Myths and Fantasies. London: Oxford University Press, 1961 年）。

《中共文学》（Chinese Communist Literature. New York: Praeger, 1963 年）。

《中国文学选集》（Anthology of Chinese Literature. New York: Grove Press, 1965—1972 年）。

《中国文学选集：从古代至 14 世纪》（Anthology of Chinese Literature from Earliest Times to the Fourteenth Century. Harmondsworth: Penguin, 1967 年）。

《中国文学流派研究》（Studies in Chinese Literary Genres. Berkeley: University of California Press, 1974 年）。

《桃花扇》[The Peach Blossom Fan (with Chen Shih-hsiang and Harold

Acton),Berkeley:UC Press,1974 年]。

《牡丹亭》(The Peony Pavilion,Bloomington:Indiana University Press,1980 年)。

《明代传奇选读》(Scenes for Mandarins:the Elite Theater of the Ming. New York:Columbia University Press,1995 年)。

《小姐与丫环》(Mistress and Maid:Jiaohongji. New York:Columbia University Press,2000 年)。

(七)把叙事学和喜剧理论运用于中国小说研究的韩南

1927 年 1 月 4 日韩南出生于新西兰。1948 年他毕业于新西兰大学,获得了学士学位,第二年他获得了英国文学硕士学位。后来他到英国伦敦大学亚非学院研究中国白话小说,深感自己对中华文化了解得还不充分,决心重学基础汉学课程。1950—1953 年他在该校读完了另一个学士学位课程,毕业后被聘任留校执教的同时开始准备博士论文。最初他打算以翻译和研究《史记》作为自己的博士论文选题,但是导师西蒙(Ernest Julius Walter Simon,1893—1981)告诉他很多学子都研究《史记》,这样的论文可能写不出新意,不如改选《金瓶梅》。当时翻译家亚瑟·韦利也鼓励他改变选题。

1957 年按照学校的教学安排他到北京见习一年。原来希望就读于北京大学,但未能如愿。在北京对外文化联络局的帮助下他在东单船板胡同的一家民房中安顿了下来。根据友人建议他上了一所补习学校,大部分课余时间都到北京图书馆、首都图书馆和北大图书馆阅览图书,并有幸认识了文化部文物局局长郑振铎(1898—1958)、戏曲研究家傅惜华(1907—1970)和学者吴晓铃(1914—1995)。郑振铎很欣赏他的向学精神,就介绍他到北京东城区的一个专家服务部,因为那儿可结识北京知识界的一些专家,也可涉猎在一般图书馆不对外开放的善本图书。那一年人民文学出版社正内部发行一套据明版影印的《金瓶梅词话》,郑振铎破例批准通过他售给伦敦大学图书馆一套,为他撰写博士论文提供了方便。

1954—1963 年韩南在伦敦大学亚非学院任讲师,1960 年他在伦敦大学亚非学院获得了中国古典文学博士学位,1963—1968 年在美国斯坦福大学先后被聘任为副教授和教授。自 1968 年起他受聘担任哈佛—大学东亚语言与文明系教授，1987—1996年他担任哈佛-燕京学社社长，如日中天般的事业给他带来的是鲜花和知名度。

《金瓶梅》是韩南最早研究中国古典文学的一个切入点，除了博士论文外他还撰写了另外两篇有影响的论文。1962年他在《哈佛亚洲学刊》上发表的《关于〈金瓶梅〉的文本》(The Text of the *Chin Ping Mei*)一文，探讨了该小说的各种版本形成的状况，并对原作和增补版本的关系进行了追溯和分析，引起了学术界的关注。第二年他又发表了《〈金瓶梅〉探源》，对由该小说衍生的话本、戏曲和史书进行了回顾和梳理，做出令人信服的评价。

韩南的中国古典文学研究曾深入到白话小说及其时代、作者与创作手法等方方面面。1973年他出版了第一本专著《中国短篇小说断代、作者和创作之研究》，奠定了他在哈佛大学的学术地位。1981年12月他的《中国白话小说》以充足的史料和科学的分析，重构了话本小说的发展历程。白话小说的断代(dating)问题曾经在学术界引发过长期争论。韩南提出了从作品语言风格寻找断代蛛丝马迹的主张，认为用考察人物对话风格的方法来对作者进行判断，比对所处时代的判断更具可信度。

李渔(1611—1680)是明末秀才，入清后放弃仕途，改以著述和导戏为生，曾在金陵芥子园开设书肆，编刻图书，广交达官名流。他的著述丰翰，小说、曲本、诗词、书画、文艺理论和园林设计几乎无一不精，还编写过专著《古今史略》和《资治新书》。他创作的戏曲有《凰求凤》和《玉搔头》，小说有《肉蒲团》、《觉世明言十二楼》和《连城璧》(三者合集书名为《无声戏》)。韩南是最早英译李渔作品的当代美国汉学家之一，先后推出了《禽海石》(Stones in the Sea)、《恨海》和《黄金崇》三个译本。1990年8月仁迪腾出版社以《无声戏》(Silent Operas)为书名出版了韩南所译的李渔小说。同一年他的《肉蒲团》的英译本也在纽约的一家公司出版。译本文字生动流畅，颇受青年读者的欢迎。1995年5月夏威夷大学出版社以《恨海：世纪之交的两部中国言情小说》为书名出版了韩南翻译的两部李渔白话小说《禽海石》和《恨海》。1996年韩南翻译的《肉蒲团》被美国《出版者周刊》(Publisher's Weekly)评为1995年最佳图书。1999年夏威夷大学出版社又出版了《黄金崇》一书。

2004年哥伦比亚大学出版社出版了韩南的专著《19—20世纪初中国小说评论集》，收录了他在各个时期撰写的有关中国小说的论文。全书285页，正文十一章，分别为：第一章“小说革命”前的叙事语气(9—32)；第二章名妓小说中的风流描写(33—57);第三章传教士小说中描写的19世纪中国(58—84);第四章译成中文的第一部小说(85—109);第五章早期《申报》刊登的翻译小说(110—123);第六章新小说之前的新小说——傅兰雅举办的小说竞赛(124—143);第七章白话小说的第二阶段(144—161);第八章吴趼人与叙事者(162—182);第九章《恨海》的独特文学关系(183—198);第十章陈蝶仙的自传体小说(199—216);第十一章鲁迅的小说创作技巧(217—250)。韩南在该书的《前言》中写道:

> 虽然本书收录的11篇论文各自独立成章,但是都有一个共同主题,即:19—20世纪初的中国小说,特别是中国小说与中西方文学传统的关系(这一时期西方传统已经逐渐为中国作家所了解)。其中包括彼此影响、文本互涉、模仿和创造性以及文化之间的相互交流。我想赋予"文学关系"(literary relation)这个陈旧术语新的内涵,并用它来表达一组概念。我打算尽可能对这一时期的中国小说运动,特别是对其创造性进行描述。
>
> …………
>
> 本书的第二大主题涉及这一世纪中国小说发展过程中来自西方的主要影响。我曾经就这一问题写过一些长短不一的文章,主要因为学者们一直极少对它关注。首先,一位侨居中国的外国人有意于小说研究令人觉得奇怪,但是许多西方人对于自己国家小说的说教作用(及其教育和娱乐价值)印象都很深刻。中国小说看来具有超越阶级和区域界线的特征,为此他们力求通过用中文创作和翻译小说来推动各种目标的实现。①

韩南在白话小说和李渔创作道路研究以及言情小说的翻译方面都做出了成绩。他重视从第一手资料进行考证,然后上升为理论并总结出规则。在对通俗小说与说唱文艺之间的关系以及通俗文学的转型问题的研究中他参照了西方文艺理论有关人物形象、叙事单位和情节结构的方法,建立起自己的叙事学体系,以此论证小说从创作到激发其他文学式样产生

① Patrick Hanan: *Chinese Fiction of the Nineteenth and Early Twentieth Centuries*, pp. 1—3, New York: Columbia University Press, 2004.

的逻辑关系,令人信服地解读了作品的流传和接受过程,在中国古典小说研究中是一个创举。他从版本到内容和形式进行了全方位考察,把西方的叙事学和喜剧理论运用于中国小说的研究中,展示了一种新思路。他还在明代戏曲中发现一些珍贵的孤本,使那些被束之高阁的文本重见天日,对明代戏曲史的研究做出了有益的贡献。

早先韩南重点研究中国古典小说,在美国大学执教时因为工作需要开始研究中国现代小说,晚年又转入中国近代文学,如此构筑了对中国文学发展体系的完整研究。他曾经在《哈佛亚洲学报》发表过两篇关于鲁迅小说技巧的论文。1974 年哈佛大学出版社出版了他的专著《鲁迅小说的技巧》。除了鲁迅,他对老舍等其他现代中国作家也有所涉及。

韩南的主要著作和译著有:

《中国早期的短篇小说:批评理论提纲》(The Early Chinese Short Story: A Critical Theory in Outline, Harvard Journal Asiatic Studies, 1967 年)。

《关于〈蒋兴哥重会珍珠衫〉和〈杜十娘怒沉百宝箱〉的创作》(The Making of the Pearl-Sewn Shirt and the Courtesan's Jewel Box, Harvard Journal Asiatic Studies, 1973 年)。

《中国短篇小说断代、作者和创作之研究》(The Chinese Short Story: Studies in Dating, Authorship, and Composition, Harvard University Press, 1973 年)。

《鲁迅小说的技巧》(The Technique of Lu Hsun'. s Fiction, Harvard University Press, 1974 年)。

《韩南中国小说论集》(王秋桂编,台湾联经出版事业公司,1979 年)。

《中国白话小说》(The Chinese Vernacular Story, Harvard University Press, 1981 年)。

《李渔的创作》(The Invention of Li Yu, Harvard University Press, 1988 年)。

《肉蒲团》(The Carnal Prayer Mat, Balantine Books, 1990 年)。

《无声戏》(Silent Operas, Hongkong Chinese University Press, 1990 年)。

《恨海:两部世纪之交中国言情小说》(The Sea of Regret: Two Turn-of-the-Century Chinese Romantic Novels, University of Hawaii Press, 1995 年)。

《黄金祟》(The Money Demon Translated by Patrick Hanan, Honolulu: University of Hawaii Press, 1999 年)。

《中国近代小说的兴起》(The Rise of Modern Chinese Novels,上海教育出版社,2004 年)。

《19~21 世纪初中国小说评论集》(Chinese Fiction of the Nineteenth and Early Twentieth Centuries,Columbia University Press,2004 年)。

《中国明代言情小说》(Falling in love: Stories from Ming China, University of Hawaii Press,2006 年)。

(八)对中国的政情、舆情和国情有深入了解的傅高义

傅高义(Ezra Feivel Vogel)1930 年 7 月 11 日出生于俄亥俄州特拉华市一个犹太人家庭,1950 年毕业于俄亥俄州韦斯利安大学后曾在美军服兵役两年。1958 年他获得了哈佛大学社会学博士学位,同年去日本进修了两年。1960—1961 年他在耶鲁大学担任社会学助理教授,1961—1964 年在哈佛大学做博士后研究,其间在香港生活了一年,为了顺应当时美国的汉学研究热潮他开始学习汉语和中国历史。此后他应聘成为费正清的助手,1972 年他接替了费正清的哈佛大学东亚研究中心主任一职。1967—2000 年他被聘任为哈佛大学亨利·福特二世社会学教授。1993—1995 年他中断在哈佛大学的教职担任美国国家情报局东亚处官员(U.S. National Intellegence Officer for East Asia)。

傅高义是一位通晓中文和日文的社会学家,也是中日两国事务研究方面的领军人物。1966 年在助手陈仲文的帮助下傅高义几乎每天都阅读《南方日报》、《广州日报》和《羊城晚报》,并常常与助手一起讨论有关文章的内容和背景,了解广东历史上政治运动的前因后果。《1949—1968 年共产主义制度下的广州:一个省会的规划与政治》就是他在当时条件下撰写的有关广东的一部专著。后来他在汉学研究方面的贡献使他扬名学术界,获得了“中国先生”的称号。

1973 年傅高义参加了一个美国科学代表团来华访问,曾在广州逗留数日。1980 年他和夫人艾秀慈(Charlotte Ikels)应邀访问了中山大学,在广州的两个月中有机会与许多市民进行交流。20 世纪 80 年代初广东省与美国马萨诸塞州结为姊妹省。州长提议吸纳傅高义进入马萨诸塞州与广东省姊妹关系研究委员会。广东省领导访美时他曾先后参加会见梁灵光省长、朱森林省长、杨立副省长以及广东省经济委员会主任杨迈等人。

后来马萨诸塞州州长回访广东时傅高义也随行兼任翻译。1986年杨迈主任询问傅高义是否有兴趣继续研究广东,得到了他的肯定答复。

《领先一步:改革中的广东》就是傅高义在这样的语境中对广东进行了为期7个月实地考察后开始动笔的。他的足迹遍及广东100个县中的70多个,并查阅了广东省经济委员会有关30多个县的经济发展简报。1980年以后他几乎每年都访问广东一次,亲眼看到了改革给广东带来的变化。1988年他又到广东做了一个月的研究才完成上述专著。他曾经在各种场合谈到了自己对广东发展变化的感受。他认为广东为中国的改革开放提供了宝贵的经验,广东成功的经济发展就是中国改革开放历程的折射,很有代表性。作为《邓小平震撼世界》(中国学者于光远《我亲历的那次历史转折》的英译本)的编者,傅高义觉得自己有责任把这一重要事实告诉美国民众。他以社会学家、政治学家和历史学家的敏锐目光,对华南大地一系列重大发展进行了深度扫描,并写进了专著。

20世纪末中国改革开放在各方面都取得了初步成绩,国际政治格局随着中国国际地位的提高逐渐有所改变,这触动了西方少数怀有冷战思维政客的敏感神经。美国一些右翼人士也参与"中国威胁"论的大合唱,鼓吹对华实施"遏制政策"。傅高义不失时机地推出了文集《与中国共存:21世纪的中美关系》,主张中美两国应该进一步发展政治、经济、文化、科技和教育的合作关系,消除中国加入世界贸易组织的障碍势在必行。

2000年夏天傅高义在韩国济州岛度假时一直思考着如何利用自己退休后的时间再写一部有关中国的专著,当时一起度假的《华盛顿邮报》外交事务资深记者唐·奥伯多弗(Don Oberdorfer,1931—　)建议他写一本邓小平传记。几周后傅高义接受了他的建议,并确定以"邓小平与中国的改革开放"为该书主题。写作期间傅高义曾在美国、日本和新加坡等地访问了与邓小平接触过的各国政要,包括李光耀、卡特、蒙代尔、基辛格、美国历任驻华大使、国务卿和白宫国家安全顾问。他还多次来华采访了江泽民、胡启立、钱其琛、邓榕和李锐,以及陈云、胡耀邦、仕仲夷和陈毅等人的子女。除了阅读一些尚未公开的档案外,他还在大量中、英、日文资料中搜索权威性记录和数据。为了写好这本书他还访问了邓小平当年打游击的太行山区以及与他的童年和家族史有关的四川广安、成都和重庆等地,在历史和现实的环境中体验邓小平当年叱咤风云走南闯北的革命家生涯。2011年他完成了一部长达876页的《邓小平与中国的变革》(Deng

Xiaoping and the Transformation of China)一书,由哈佛大学出版社出版。他以丰富的史料、学界的重要研究成果、档案资料和独家访谈为依据,对邓小平的政治品格及执政风格进行了全面分析。书中对毛泽东、周恩来、邓小平和陈云之间关系进行了细致解读,对中共三中全会、中美建交、经济特区和一国两制等重大决策的作出了详尽探讨,行文严谨、脉络清晰、观点鲜明,对于中国改革开放的历史进程有独到论述。更为重要的是,该书从不同角度研究了中国变革与社会发展的问题,以及邓小平个人在复杂艰难的政治角逐中所发挥的核心作用,使中国从一个封闭落后的农业社会转变成经济快速发展的东方大国,实现了千百年来中国人的追求和梦想。傅高义从客观的学术立场上向读者展示了这样的事实:过去30年的亚洲巨变发生在中国,中国巨变的主角之一就是邓小平。无论从历史文献还是从政治意义上看该书都是一部有重要价值的汉学专著,兼具客观的真实性和高度可读性,被誉为邓小平研究"纪念碑式"的著作,也是了解当代中国的必备文献,为此曾获加拿大多伦多大学莱昂内尔·盖尔伯奖(Lionel Gelber Prize)。美国前总统卡特和克林顿以及前国家安全顾问布热津斯基都推荐此书。

在20世纪80年代末中美关系处于艰难时期,傅高义高瞻远瞩地提出了中国的改革开放有利于美国,有利于世界和平与发展的观点,敦促美国政府尽快全面恢复与中国的往来。他在一些有见地的论文中对中国全面客观的分析为化解美国政界对中国的偏见和敌视态度提供了理性支持。

1958年傅高义曾携妻儿到日本东京工作了两年多,主要研究日本的家庭和精神健康问题,撰写了《日本的新中产阶级:东京郊区的一位工薪族及其家庭》一书。1979年他出版了另一本新著《日本第一:对美国的启示》,从社会结构的角度来研究日本,被评为西方作者非小说类长期畅销书,受到了读者的普遍欢迎。2000年正当日本经济一蹶不振时,他又出版了《日本仍是第一吗》,目的是告诉美国读者他不相信日本面临的危机会导致灾难性的后果。他的善意和客观态度提升了他在学术界的知名度。2000年以来他组织了一系列由中国、日本和西方学者参加的研讨会,就1937—1945年中国抗日战争中的一些敏感问题开诚布公地交换意见。他认为自己作为哈佛大学的教授,具有研究中日历史的十分有利的条件,希望能为加强中、日、美的友好关系和亚洲安全做出一份贡献;他坚信回避历史就无法走向未来,各方都应该在承认历史的基础上实事求是地解决问题,以便增进交流和合作。

傅高义曾两度担任哈佛大学费正清东亚研究中心主任,对中国问题的观察和写作持续了整整40年,对中国的政情、舆情以及社会经济状况有深入的了解,在哈佛大学享有"中国先生"的美誉。1997年江泽民主席访美时,到哈佛大学演讲。傅高义教授负责接待并主持了演讲活动。2000年6月30日退休后傅高义任哈佛大学亨利·福特二世社会学荣休教授,几乎每年都带领马萨诸塞州的部分中学教师到中国各地学校参观交流,为的是增加他们对中国社会的了解。

傅高义的主要著述有:

《现代家庭引论》(A Modern Introduction to the Family, with Norman W. Bell, 1960年)。

《日本的新中产阶级:东京郊区的一位工薪族及其家庭》(Japan's New Middle Class: the Salary Man and His Family in a Tokyo Suburb, 1963年)。

《1949-1968年共产主义制度下的广州:一个省会的规划与政治》(Canton Under Communism: Programs and Politics in a Provincial Capital, 1949—1968, 1969年)。

《现代日本组织与抉择》(Modern Japanese Organization and Decision-making, 1975年)。

《日本第一:对美国的启示》(Japan As Number One: Lessons for America, 1979年)。

《逐案追溯:恢复美国外贸的活力》(Comeback, Case by Case: Building the Resurgence of American Business, 1985年)。

《意识形态与国家竞争:九国分析》(Ideology and National Competitiveness: an Analysis of Nine Countries, 1987年)。

《中国的领先一步:改革中的广东》(One Step Ahead in China: Guangdong Under Reform, 1989)。

《亚洲四小龙:工业化在东亚的扩展》(The Four Little Dragons: the Spread of Industrialization in East Asia, 1991年)。

《与中国共处:21世纪的美中关系》(Living with China: U.S./China Relations in the Twenty-First Century, 1997年)。

《日本仍是第一吗?》(Is Japan Still Number One? 2000年)。

《邓小平震撼世界》(Deng Xiaoping Shakes the World, translation, 2004

年)。

《中美日三角关系的黄金时代(1972—1989)》(The Golden Age of the U.S.-China-Japan Triangle,1972—1989,with Ming Yuan and Akihiko Tanaka,2002年)。

《战时中国:1937—1945年中国战区》(China at War:Regions of China,1937—1945,with Stephen R.Mackinnon,Diana Lary,2007年)。

《邓小平与中国的变革》(Deng Xiaoping and the Transformation of China,Harvard University Press,2011年)。

(九)研究中国人性观念中的自然平等与价值平等的哲学家孟旦

孟旦(Donald J.Munro,1931—)出生于美国,祖籍苏格兰,家族世代都从事教育工作。1953年他在哈佛大学哲学系毕业后曾到美国海军服役,闲暇时间喜欢阅读英译的经史子集。他发现中国哲学是他所了解的众多人文学科中内容最丰富最有意义的学科,这一认识对他后来选择汉学研究作为自己的专业方向有密切关系。退役后他进入哥伦比亚大学东亚系学习,1964年获得了博士学位。1964—1968年他被密歇根大学聘任为哲学助理教授,1968—1973年任副教授,1973—1996年任哲学和汉学教授,1996年后任哲学和汉学讲座教授。

他还先后在斯坦福大学、华盛顿大学、特伦特大学和加利福尼亚大学柏克莱分校短期任教。由于在学界的声望和影响,他还担任过不少公职,曾被任命为文理学院执行委员会委员、美国人文学会联合委员会中国思想与宗教委员会主席、中国文明研究会主席和美国亚洲学会中国与中亚委员会委员。他曾多次来华访问,先后到过北京、台湾和香港,1965—1966年在港期间曾师从唐君毅,2003年在香港中文大学担任新亚书院"钱穆讲座"的主讲人。

儒家学说的发展经历了先秦儒学、两汉经学、宋明理学和乾嘉汉学等不同阶段。孟旦1969年出版的《早期中国关于"人"的概念》、1977年出版的《当代中国关于"人"的概念》、1988年的《人性的形像:宋人的描述》和1996年的《20世纪中华帝国式求索模式:新手段的应用》,是他多年来对儒学进行的全方位研究分析和评价。

《早期中国关于"人"的观念》是孟旦的一部代表作,2009年由北京大学出版社出版了中文版，全书239页，正文共八章，分别为：第一章人性与自然平等；第二章天道与人心；第三章儒家"人"的观念；第四章通往特权之路；第五章道家"人"的观念；第六章通往明镜之路；第七章道路的尽头；第八章古典的遗产。该书从儒家典籍中有关人性善恶之辩谈起，对中国历史上思想家有关人性本质的认识与实际社会待遇不一致的问题进行了深入考察。虽然自然人都是平等的，应该在政治、经济和法律上享受相同待遇，但是在等级社会中合理性是由自然本身的特点所决定的，因此作为社会成员的人彼此价值并不相同。中国古代思想家承认人的自然平等（描述性平等），但儒道两派对人的价值平等（评价性平等）却意见相左。作者认为"人的自然平等"观念对中国历史上的教育制度、儒家伦理和宗教信仰都产生了影响，是理解早期中国人性观的出发点。

《当代中国关于"人"的概念》聚焦于20世纪50—70年代中国对人性的看法。孟旦认为，虽然中国古人认为"江山易改，本性难移"，但是在注意到人类具有的相同属性的同时还存在着"君子"与"小人"的个性差别。而在美国人性（物质欲望、喜怒哀乐、恋母情结、自卫和同情心）不变的说法却一直占压倒优势。当代中国人更强调人性的可变性和延展性，毛泽东所说的"只有具体的人性，没有抽象的人性"成为人们所遵奉的至理名言。当代中国人有时对公共领域和私人领域不加严格区分的看法也有某些合理成分。

《人性的形像：宋人的描述》也是孟旦的一部力作，重点分析和探讨了宋代硕儒的理学观念。朱熹用家、水、光、体和生等形像来比喻人性的外在特点（结构形像）和内在功能（情感表达）。根据孟旦的研究，朱熹所说的"结构形像"（structural image）是指事实，而"情感表达"则是指人们接受的价值。两者的结合反映了事实与价值之间的辩证关系。不过中国哲学中容易混淆事实与价值关系的见解常为业外人士所诟病。

《20世纪中华帝国式求索模式：新手段的应用》是根据1994年孟旦在密歇根大学所作的同名讲座整理出版的专著。该书在研究中国探索方式时对认识论（epistemology）的解读，也不可避免地涉及人性论领域。这里所说的"帝国式的求索模式"实际上是孟旦心目中的宋明理学的探索手段。他认为中国传统的认识论包括三个基本要素：决定"天人合一"（harmony in human and natural spheres）的极权主义（totalism）、供行为参照的典范（models）和反映自然模式的思想观念。在书中他详细阐述了向旧的思维模式的挑战，同时也论述了在20世纪赖以生存的方式。他断言改变思想是了解并控制自然界的最佳办法，而天子核准的典范可为按照极权框架路线清理思想的参照标准，持久的认识(enduring assumption)包含"了解"、"觉察"和"付诸行动"三个步骤。人性与天性的沟通和谐就是社会秩序与自然规则的一致。孟旦在论证这种探索方式的积极意义时也指出了皇权干预失当的弊端，往往使学者和应用对象失去独立人格。

孟旦还致力于把传统儒家理念应用到当代人际关系和全球一体化的语境中。例如中国传统文化在实现现代性转换时必须超越家族的界线，而儒家传统思想却没有明确涉及这个问题。但孟旦注意到儒家鼓励人们之间"己所不欲勿施于人"和"老吾老以及人之老"的恻隐之心和互惠美德价值，认为仁爱不是纯粹的付出或者给予的行为，这就使得这一理念能够超越家族范围在更广的范围内推行，成为人类伦理关怀的基础。

孟旦的主要著述有：

《早期中国关于"人"的概念》(The Concept of Man in Early China, Michigan Classics in Chinese Studies, New York: Stanford University Press, 1969年)。

《当代中国关于"人"的概念》(Concept of Man in Contemporary China, Michigan Studies of China, 1977年)。

《个体主义与整体主义：儒家和道家价值观研究》(Individulism and Holism: Studies in Confucian and Taoist Values, University of Michigan, 1985年)。

《人性的形像：宋代描写》(Images of Human Nature: A Sung Portrait, 1988年)。

《20世纪中华帝国式求索模式：新手段的应用》(The Imperial Style of Inquiry in Twentieth - Century China: The Emergence of New Approaches, Michigan Monographs in Chinese Studies, 1996年)。

《新世纪的中国伦理学：钱穆历史文化讲座》(A Chinese Ethics for the New Century, Ch'ien Mu Lecture in History & Culture, 2005年)。

《应用伦理学：个人和公共选择可行性指南》(Ethics in Action: Workable Guidelines for Private and Public Choices, Tang Chun - ILecture, 2008年)。

（十）引领美国中国近代史研究朝新方向发展的孔飞力

孔飞力(Philip Alden Kuhn)1933年9月9日出生于英国伦敦,1940年就读于美国华盛顿特区的伍德罗·威尔逊中学。1950年他进入了哈佛大学,曾想师从人类学家克拉克洪,但是被告知起步应先学习历史学或希腊—罗马时代的经典著作。于是他开始研究德国社会学家马克斯·韦伯的著作,希望把应用社会学的理论和方法用于历史研究之中。1954年他从哈佛大学获得了学士学位后转学伦敦大学亚非学院学习日语和日本历史专业。

1955年夏他返回美国后应征入伍,在加利福尼亚州蒙特雷军队语言学校研修中文、中国文化和历史课程。1957年学习结束后他转到东海岸继续服兵役。1958年他在乔治敦大学攻读研究生课程,1959年获得了硕士学位。退役后孔飞力进入哈佛大学师从费正清和史华慈攻读中文博士学位课程,论文题目是《中国太平叛乱时期的民兵:团练的理论与实践》(Militia in China During Taiping Rebellion:The Theory and Practice of T'uan-lien),1964年他获得了历史与远东语言博士学位。他对中国近代历史的研究主要受到费正清的影响。

1962年孔飞力应聘在芝加哥大学历史系执教期间与程吾(Sally Cheng)相识相恋成家。1963年他被提升为芝加哥大学历史系讲师。1965年他以富布赖特研究员身份在日本京都大学做研究工作,1966年回国。1970—1971年他担任ACSL中国文明研究员。1971—1974年他被推选为芝加哥大学远东研究中心主任,1974年升任为正教授。1975—1977年他担任芝加哥大学远东语言文明系主任,兼任美国文理研究院(American Academy of Arts and Science)院士和美国《历史评论》编辑委员会委员。由于史华慈教授的鼎力推荐,1978年秋孔飞力回到母校哈佛大学任教,接替费正清担任希金森(Francis Lee Higginson)历史讲座教,1980—1986年担任费正清东亚研究中心主任。

1979年6~7月他随美国明清史专家代表团访华,参观了中国六所著名大学的历史系、图书馆以及中国第一、第二历史档案馆。1984年他担任美中学术交流委员会研究员,得到了资助到北京的第一历史档案馆从事研究工作,借阅了有关乾隆三十三年(1768)发生的"叫魂"清宫档案。同年8月

13~14 日他由中国人民大学韦庆远教授和辽宁省档案局领导陪同参观了抚顺市档案馆。1990 年 8 月 31 日至 9 月 3 日孔飞力在台湾“中研院”近代史研究所举办的“近代中国与世界”国际学术会议上，作题为《西方对近代中国政治参与和政治体制影响》的学术演讲。1994 年 1 月他在法国巴黎法兰西学院讲学。同年 6 月 28 日他在台湾“中研院”近代史研究所庆祝建所 40 周年举办的“纪念郭廷以先生史学讲座”上发表了“魏源（1794—1857）政治思想中的参与与权威”演讲。

在 20 世纪 60—80 年代中期孔飞力的学术研究主要聚焦于 1796—1864 年的中国地方军事化、晚清皇权衰落、太平天国起义以及民国时期的地方自治等问题。他在多篇论述中分析了中国社会动荡不安的环境，国家权威的衰落和乡绅势力的膨胀，政治实力的天平向以乡绅为代表的地方势力一端倾斜，错综复杂的阶级斗争孕育着推动近代社会发展的机制。

《中华帝国晚期的叛乱及其敌人——1796—1864 年的军事化与社会结构》是孔飞力对自己的博士论文进行修改后出版的一部专著，对当时中国近代社会矛盾提出了一系列令人深思的问题，在美国和国际中国史学界引起了强烈的反响。他利用地方志和其他中文资料，根据阶层和社会结构理论以及权力与政治相辅相成的观点，以中国社会的内部结构及其制度作为切入点，就晚清时期的团练、地方武装以及由此引起的社会政治平衡的变化进行了深入的探讨，指出中国地方武装是在乡绅地主的操控下组建起来的，并就此提出了中国近代史分期的新见解。他认为 1796 年湖北、陕西和四川交界地区白莲教举事时清政府首次动用了民兵去镇压，原因之一是白莲教与人民之间联系密切，人多势众，行动规模超越了地区、社团和宗族范围，清廷求助于地方团练实属无奈。早先的乡勇团练是受制于皇室的地方武装，对后来太平天国的地方武装的建立是一种可参照的先例。该书还探讨了“股匪”和“堂匪”等各种地方武装的出现及其与国家军事力量的区别，以及两者在一定环境中相互转化的可能。

孔飞力长期思考着这样一个问题：近代史承接着中华文明传统，但是历史学家对这个传统的渊源却疏于必要的考察。18 世纪明火执仗的西方军人在中国出现之前中华之邦是否已经成为王道乐土？20 世纪 80—90 年代孔飞力通过对清宫档案的解读，撰写了他的一部学术代表作《叫魂：1768 年中国妖术大恐慌》，受到了广泛的好评，获得了列文森奖（Joseph K. levenson Prize）。该书正文共 10 章，作者用了近一半的篇幅描述了所谓的

"叫魂"事件,从历史、社会、经济、民俗、宗教和政治角度分析了1768年初春"妖术"(Sorcery)从浙江省德清县开始出现,在半年多的时间内向全国蔓延,引起了人们的惶恐不安,影响了12个省份中国人的社会生活。开始时清廷官员采取隐瞒态度,斥之为"无知妄说"。但是不久之后割辫施法可以救赎的传闻却严重动摇了清朝统治阶级的名分,惊动了皇亲国戚,全国上下无不关注。官府下令对骚乱者进行围剿并严加治罪,各府各县都几乎同时采取了行动。对于地方官员来说,清查不光是为了保护一方平安,也是对朝廷效忠的表现。于是尔虞我诈,声东击西,欺软怕硬,假戏真唱,一时间引起了社会上人人自危。许多乞丐、贫僧和流浪汉受尽冤屈。春去冬来案情才大白于天下,原来"叫魂"只是一场闹剧,戳穿之后便草草收场。但是通过这件事对当时中国的社会、经济、宗教、政治和法律进行反思,揭开了"太平盛世"的假外衣,暴露了无处不在的社会弊端和矛盾。作者引用了大量的朱批奏折和秘档,从社会心理、区域经济、文化素养和民间习俗等方面进行扫描,揭示了晚清社会的种种矛盾。人们不禁联想到近年发生的所谓"法轮功"和"世界末日"闹剧,印证了"叫魂"作为学术研究选题的现实意义。该书通过叙事手法描写历史,内容丰满,语言生动,可读性强,堪称为史论的一种创新。

2002年孔飞力出版的《现代中国的起源》也是一部含金量高的专著,涉及了华人海外移民史领域。他认为海外移民与国内移民之间存在着形式和内容上的联系。中国海外移民运动的导因是近代商业化和城市化,大规模的海外移民客观上有助于中国社会的发展。对海外移民史的研究也可用于评估近代中国的海内外形象。

早在20世纪90年代中期孔飞力就把海外华人移民史作为自己的研究重点,通过把中国历史与世界历史联系起来的考察,在对比和反思的语境中高瞻远瞩地审视中国历史和人民,分析那些散居世界各地的同胞与自己国家和侨居国之间的关系,寻求最大可能的身份认同,探讨改变侨居国的社会以及侨胞自身的际遇和权利。作者明确地指出海外华人史是中国近代史不可分割的一部分,回顾中国人移民海外的历史,了解他们在异国他乡求生存求发展的拼搏历程,可以总结经验,从经济学、政治学、社会学、民族学、宗教学和国际关系角度升华人类智慧。

1993—1994年孔飞力曾在哈佛大学开设了海外华人课程。他认为中华文化赋予了中国移民在家庭制度和商业化方面的价值,中国早期商业化的发展促进移民潮的出现原因就在这里。中国移民在海外融合和发展过程中一直注意保持和维护自己的民族文化。他们的日常生活和宗教信仰仍然保留着中国传统文化的特征。中国移民的足迹遍布东南亚和世界各大洲。在全球化进程中中国的海外移民引人注目,在社会和政治生活中产生的影响力不可低估。在近现代国际关系史上,一些西方国家经济不景气时有人就借用"黄祸论"挑拨华人华侨与所在国人民的关系。孔飞力反对这种狭隘民族主义的观点,他把中国比喻为"移民学校",把中国沿海城市视为向海外移民的"中转站"。他们通过自己的创造性贡献获得了侨居国的认可,并通过各类商会、同乡会和慈善事业增强他们的向心力。

在中国近代历史研究中,中国传统如何与西方文论相结合是他经常关注的一个问题。对于诸如政治参与和政治体制、知识分子与公共服务、中央与地方的权限划分等重大理论问题,虽然有中国自己的历史传承,但是在历史研究中往往以西方的语汇来表达,对于中国文化的内在逻辑显然联系不够。这是像他这样有人类学学养的历史学家所思考的敏感问题。

孔飞力是一位知名度很高的汉学家。他长期致力于中国近代史的研究,学风严谨,视角独特,方法前卫,资料翔实,结论令人信服。他重视对中国原始档案的分析,善于对基本概念的深入浅出的阐述,驾驭汉语和史学技巧的能力超群。他对待教学工作一丝不苟,许多来自斯坦福大学、普林斯顿大学和加利福尼亚大学柏克莱分校的学生都愿意拜他为师,可见在美国学子中他有很好的口碑。

孔飞力的主要学术著述有:

《中华帝国晚期的叛乱及其敌人:1796—1864 年的军事化与社会结构》(Rebellion and Its Enemies in Late Imperial China:Militarization and its Social Structure,1796—1864.Harvard University Press,Cambridge,Mas.,1970 年)。

《〈清代文献·前言〉第一卷阅读文献:钟人杰叛乱》(Introduction to Ch'ing Documents:Vol.1 Reading Documents,The Rebellion of Chung Jen-Chieh.Harvard University,Fairbank Center for East Asian Studies,With John K. Fairbank,1986 年)。

《叫魂:1768 年的中国妖术大恐慌》(Soul Stealers:The Chinese Sorcery Scare of 1768.Harvard University Press,Cambridge,Mas.,1990 年)。

《故乡:海外华人历史的思考》(The Homeland:Thinking about the

History of Chinese Overseas. The Australian National University Press, 1997年)。

《现代中国政体的起源》(Origins of the Modern Chinese State, Stanford University Press, Stanford, California, 2002年)。

《太平叛乱时期的中国民兵:团练的理论与实践》(Militia in China During Taiping Rebellion: The Theory and Practice of T'uan-lien, Doctoral Dissertation, Harvard University, 1964年)。

《太平叛乱时期的地方团防制度》(The T'uan-lien Local Defense System at the Time of the Taiping Rebellion, Harvard Journal of Asiatic Studies, 1967年)。

《民国时期的地方自治:控制、自治和动员等问题》(Local Self-Government Under the Republic: Problems of Control, Autonomy, and Mobilization, in F. Wakeman and Cz Grant, eds., Conflict and Control in Late Imperial China, University of California Press, 1975年)。

《太平理想的起源:中国叛乱的跨文化考察》(Origions of the Taiping Vision: Cross-Cultural Dimensions of a Chinese Rebellion, Comparative Studies in Society and History, July, 1977年)。

《民国时期的地方税收和财政》(Local Taxation and Finance in Republican China, Select Papers from the Center for Far Eastern Studies, University of Chicago, No. 3, 1978—1979年)。

《朝代的衰落和叛乱的起源》(Dynastic Decline and the Roots of Rebellion, in The Cambridge History of China, Vo1. 10, 1978年)。

《太平叛乱》The Taiping Rebellion, in The Cambridge History of China, Vo1. 10, 1978年)。

《晚清政体观》(Late Ch'ing View's of the Polity, Select Papers, No. 4, 1979—1980年)。

《中国,一所移民学校》(China as a School for Emigrants, Tradition and Metamorphosis in Modern Chinese History, Essays in Honor of Professor Kwang-Ching Liu's Seventy-fifth Birthday, Volume II Essays in English, 1980年)。

《中国人的社会等级观》(Chinese Views of Social Classification, in James L. Wanton, ed., Class and Stratification in Post-Revolution China, Cambridge

University Press, 1984 年)。

《地方政府的发展》(The Development of Local Government, in The Cambridge History of China, Vo1. 13, 1986 年)。

《政治罪和官僚、君主制度: 1768 年中国的一个案子》Political Crime and Burueacratic Monarchy: a Chinese Case of 1768, Late Imperial China 8. 1, June, 1987 年)。

《政治参与和中国宪法》(Political Participation and the Chinese Constitution: The Role of the West. Chinese Historians Volume V, Number 2, Fall 1992 年)。

《中国现代国家的观念》(Ideas Behind China's Modern State, Harvard Journal of Asiatic Studies, Volume 55, Issue 2, Dec., 1995 年)。

《故土: 对海外移民史的思考》(The Homeland: Thinking about the History of Chinese Overseas, Fifth - eighth George Ernest Morison Lecture in Ethnology 1997 年)。

《国家掌控对象的妖术》(Sorcery as an Object of State Control, 1999 年)。

《公民社会与宪制的发展》(Civil Society and Constitutional Development, 1999 年)。

《北京政府能否治理好中国? 对改革和地区主义的反思》(Can China be Governed from Beijing? Reflections on Reform and Regionalism, in China's Political. Economy, Singapore: Singapore University Press, 2000 年)。

《王赓武: 所处时代的历史学家》(Wang Gungwu: The Historian in His Time, in Power and Identity in the Chinese World Order, Festschrift in Honor of Professor Wang Gungwu, edited by Billy K.L.So, John Fitzgerald, Huang Jianli, and James K.Chin Hong Kong: Hong Kong University Press, 2003 年)。

《与移民相适应的华人社会经验》(Chinese Social Experience Adaptable to Emigration, Asia-Pacific Forum No. 21, Sept. 2003 年)。

此外,他还参加过费正清主持的《剑桥中国晚清史》和《剑桥中华民国史》若干章节的编撰。

主编　阎纯德　吴志良

Sinological History Series

列国汉学史书系

美国汉学史

（下册）

熊文华　著

学苑出版社

(十一)以关切和批评为探索中国思想文化动力的墨子刻

1933年墨子刻出生于一个德国犹太人家庭,祖父是富商,父亲阿诺德·墨子刻(Arnold　Metzger)是一位酷爱音乐的哲学家,曾撰文批判纳粹时代文化。因为受到了希特勒政权的迫害,他毅然带领全家移居美国,定居于波士顿。墨子刻从小受到父亲言传身教的影响,长大后成了一位大提琴演奏高手,专业上对西方哲学史情有独钟。

20世纪50年代,墨子刻在芝加哥大学读本科时曾倾心于毛泽东思想研究,爱看斯诺撰写的《红星照耀中国》(The Red Star Over China),并自学中文。1952年芝加哥大学毕业后他曾在美国陆军乐队服役,后入华盛顿乔治敦大学,1959年获得硕士学位。他受到拉铁摩尔的学术思想影响对中国边疆历史很感兴趣,他的硕士论文就是有关中国的蒙民政策研究。

获得硕士学位后墨子刻进入了哈佛大学攻读博士学位课程。在导师费正清的指导下,他开始研究陶澍(1779—1839)经世改革、两淮盐法和清代的官僚制度,以《清朝官僚体制的内在组织》作为自己博士论文的题目。在撰写论文过程中他深入研究了《大清会典》和《处分则例》等史籍,了解到清代的官僚组织其实是一个颇有效率和改革机制的机构,在"以天下为己任"的儒家精神鼓励下不少官员都做出了成绩。1967年他获得了哈佛大学历史与远东语言系博士学位。

墨子刻对中国历史文化怀有好感,学习中国文化使他感受到精神上的激励,他认为《论语》比圣经更能打动他的心弦。他在推崇中国文化的同时对乌托邦精神持批判态度。通过中西政治和知识的对比,他对受到西方冲击的中国近代思想体会良多。

1977年墨子刻出版的《摆脱困境——新儒学与中国政治文化的演进》一书是他对儒家学说多年研究的成果,涉及了宋明理学、清代官僚制度、当代毛泽东思想和新儒学家学说,从"政治文化"的角度可以揭示宋代以后新儒学与政治发展之间的联系。他发现中国近代历史上出现的变化,除了源自于西方的影响外,主要还是中国传统思想本身所发挥的核心作用。虽然西方的现代技术和意识形态赋予了中国人一种能动力量,但是中国人的自我觉醒和求新变革的长期奋斗精神却更为重要。该书的理论价值得到了学术界的肯定,认为它奠定了作者在中国思想研究领域中的地位。1979

年美国亚洲研究协会在洛杉矶召开年会时曾围绕该书的中心论题和研究方法展开了热烈讨论，一致肯定它对推动美国的中国思想研究所做的贡献。

1998年墨子刻在《中国历史语境中的西方市民社会观念》一书中对近年来一些中国学者套用西方“市民社会”的概念来考察中国历史的现象进行了分析。他认为学术交流和借鉴本来无可厚非，但是中国历史上是否存在过“市民社会”，西方的这一理想是否对现代中国政治产生过影响，以及这种影响在何种程度上受到中国知识传统的型塑，却令人怀疑。他说西方的“市民社会”是指某种非乌托邦的政治秩序，其特征表现在国内事务、经济领域、文化活动和政治互动等方面，个人或群体可以从中协调，但是不受国家的直接控制。在一些中国学者的著述中，这种自下而上的“市民社会”定义却被修改了。在他们看来圣贤掌控国家或者获准对社会实行指导可与“市民社会”挂钩。这类政治理念上的分歧可能导致国际关系复杂化。

1968—1969年墨子刻曾在以色列耶路撒冷希伯来大学任汉学讲师一年，后赴台北斯坦福中心进修汉语。1970年他应聘到加利福尼亚大学圣地亚哥分校任教，由助理教授逐步晋升为教授。1980年他荣获加利福尼亚大学圣地亚哥分校研究员协会优秀奖。1990年他退休后成为该校讲座教授，同时兼任斯坦福大学胡佛研究所研究员。

墨子刻退休后在学术界仍然非常活跃，国内外的活动几乎排满了日程。1982—1985年他在台湾师范大学任客座教授，1994年在香港中文大学新亚学院为港台大学合作交流项目“钱穆历史文化讲座”授课。1995年他应邀在上海华东师范大学担任客座教授，2000年任武汉大学客座教授，2001年秋应聘担任北京大学客座教授，同时兼任中国社会科学院哲学所客座研究员。2003年3月他在密歇根大学汉学研究中心举办的“唐君毅系列讲座”发表了就职演讲；2004年在华东师范大学哲学系举办的“大厦论坛”发表演讲。他还先后在香港中文大学哲学系举办的有关钱穆（1895—1990）、唐君毅（1909—1978）、牟宗三（1909—1995）和徐复观（1903—1982）讲座发表了基调演说。2004年他还与北京国际儒学协会签署了为期五年的顾问合同。2005年他应聘担任中国社会科学院哲学所客座教授。

墨子刻撰写了许多论文、书评和专著，对中国的官僚组织、儒家传统的连续性、乌托邦与现代化、新儒家思想的时代意义等课题都有深入的研究。他认为儒家思想和中国文化不只是学术研究的课题，更是一种学问和智慧。听过他讲课的学生都能回忆起课堂上许多精彩的一瞬间——极富哲理沧桑的幽默。

他的主要著述有：

《清代商界的组织能力》(The Organizational Capabilities of the Ch'ing State on the Field of Commerce, in W.E. Willmott, ed., Economic Organization in Chinese Society, Stanford University Press, 1972 年)。

《清朝官僚体制的内在组织：合法性、规范性和融通性面面观》(The Internal Organization of Ch'ing Bureaucracy: Legal, Normative and Communication Aspects, Harvard studies in East Asian law, 1973 年)。

《摆脱困境——新儒学与中国政治文化的演进》(Escape from Predicament: Neo-Confucianism and China's Evolving Political Culture, Studies of the East Asian Institute-Columbia University Press, 1977 年)。

《中国思想的部分古代根源》(Some Ancient Roots of Chinese Thought, in Early China, 1987 年)。

《中国现代与前现代之间的衔接》(Continuities between Modern and Premodern China, in P.A. Cohen and M. Goldman, eds., Ideas across Cultures, Council on East Asian Studies, Harvard University, 1990 年)。

《大中华与美国的外交政策：相互对抗还是彼此尊重》(Greater China and U. S. Foreign Policy: The Choice between Confrontation and Mutual Respect, Co - authored with Ramon Hawley Myers, Hoover Institution Press, 1996 年)。

《超越西方：毛泽东的社会主义目光和邓小平现代化纲领理据》(Transcending the West: Mao's Vision of Socialism and the Legitimization of Teng Hsao-ping's Modernization Program, Hoover Institution Press, 1996 年)。

《中国历史语境中的西方市民社会观念》(The Western Concept of a Civil Society in the Contetxt of Chinese History, Hoover Press, 1998 年)。

《中国民族主义问题》(The Problem of Chinese Nationlism, co-authored with Ramon H. Myers, Hoover Diggest No. 2, 1998 年)。

《飞越太平洋上空的云朵：当今中西政治理论冲突论文集》(A Cloud Across the Pacific: Essays on the Clash between Chinese and Western Political

Theories Today, Chinese University Press, 2005 年)。

《北京不可思议的事情》(Enigma in Beijing, Hoover Digest No. 2, 2005 年)。

《邻国龙》(The Dragon Next Door, Hoover Digest No. 4, 2006 年)。

(十二)倡导在史学研究中以中国中心观取代种族优越感的柯文

1934 年 6 月 2 日柯文出生于美国纽约。1952—1953 年他就读于康奈尔大学,1955 年在芝加哥大学获得学士学位后转入哈佛大学,师从费正清和史华慈研究中国思想史和中西关系史,1957 年他从哈佛大学获得了硕士学位,1961 年获得了博士学位。

除了英语外他还精通法语、汉语和日语,长期从事教学和研究工作。1962—1963 年他被密歇根大学聘任为客座讲师,1963—1965 年担任阿默斯特学院助理教授,1965—1971 年任马萨诸塞州韦斯利学院副教授,1971—2000 年任伊迪丝·斯迪克斯·沃瑟曼亚洲研究和历史学教授,2000 年任该校埃默里托斯讲座教授。

柯文在学术界非常活跃,曾兼任许多研究机构的职务。1965 年他担任了哈佛大学费正清汉学中心研究员,1979 年任亚洲学会中国委员会研究员,1981—1982 任费正清中心执委,2000—2002 年被聘任为香港中文大学历史系外国顾问,2004 年任香港人文和社会学院顾问团顾问。

柯文早期的研究课题主要聚焦于西方传教士在华传教史。1957 年他发表了第一篇论文《戴德生和李提摩太的传教方式》,对传教士在中国采用的不同传教手段(上层路线与基层路线)进行了比较分析。1962 年柯文又在《汉学学会会刊》上发表了《晚清反传教士史料》,系统地整理了清末反基督教运动的历史文献。1963 年他对自己的博士论文进行修改扩充后出版了《中国与基督教:1860—1870 年间中国的传教运动及排外主义的发展》一书。在史学分期上他认为中国近代史头十年的 1860—1870 年,基督教在中国的传播规模和范围迅速扩大,对中国社会和人民的思想都产生了直接影响,分析这一时期的历史有助于读者正确理解当时充满内忧外患的晚清社会。基督耶稣进入了半封建半殖民地中国人民的宗教生活,在反基督教运动的群众和乡绅看来构成了对中国传统社会制度的威胁,引起了中西思想文化上的冲突。宣扬"中华归主"和西方近代新文化的神职人员并非“救世主”的代表,他们对于中国文化和社会缺乏全面的了解,遭到抵制只是时间问题。国外学者在研究这段历史时往往只关注西方冲击与中国回应过程中的某一环节而忽略其他。因此柯文决心就这一问题进行深入的探讨。

1974年柯文出版的第二部著作《在传统与现代性之间:王韬与晚清改革》讨论了王韬时代的社会改革问题,如:改良与革命、时代与历史变迁、“传统”与“现代性”、物资丰富与价值观念转型等。柯文认为,过去学术界倾向于把传统与现代性绝对分开是一种僵化观点,排斥了传统文化中某些因素,其实在现代化的语境中它们完全可以兼容并存。王韬虽然主张对现存体制进行改革,是近代史上一位先知先觉的人物,然而在他思想上却对于传统依依不舍。柯文在该书最后对王韬及其同时代的一些知识分子进行了集体扫描,肯定了当时中国沿海城市在改革大潮中所具有的活力,获得全国多数城市认可后是可以大有大有作为的。

柯文在《中国历史揭秘:有关近代中国的美国史学著述》一书中,通过考察第二次世界大战后美国历史学家撰写的有关中国的专著提出了中国近代史研究的方式与方法问题。他认为这一阶段的许多美国历史学家以西方中心观(Western-centric Perspective)来解读中国社会发生的变化,因而产生了诸多曲解和歧见,他们对此负有不可推卸的责任。他明确指出美国历史学家曾经错误地纠缠于三个基于偏见的分析框架(biased-based frameworks):冲击-回应模式(impact-response model)、传统-现代性模式(traditional-modernity model)和帝国主义模式。这三种模式无一例外地美化了西方国家在中国历史演变中的作用,夸大了他们的影响。

该书共分为四章,前三章分别讨论了三个框架的实质,第四章具体介绍了柯文提出的“中国中心模式”(China-centered/Sino-centric model)。第一章重点探讨中国对西方入侵的回应问题。持“冲击-回应”观点的美国中国历史学家把中国出现的巨大变化看作西方冲击的结果,中国自身的作用仅仅局限于对西方的回应。柯文解释说西方直接或间接的影响不能被解读为中国人民做出反应的导因,因为当时还有大量其他因素存在,比如太平天国造反和“同治中兴”。他坚持认为有些事情即便西方没有介入也可能发生,中国历史依然发展,义和团举事主要发生在没有西方影响的农村地区,就是其中一例。第二章“传统与现代性”谈到了该模式是建立在中国处于停滞和封闭的前提下,西方以现代性打破了当时局面。在这个问题上中国被认为只是与西方的水平不同,相比之下显得很落后。这是一个主观模式,因为历史学家估量重大变化的尺度是按照西方定义的“现代性”。这种认识导致历史学家错误地把中国传统视为前进中的障碍。柯文引用了列文森、芮玛丽(Mary C. Wright,1917—1970)和墨子刻等人的论述来支持自己的观点。第三章“帝国主义模式:现实还是神话”讨论了柯文的最后一个问题的框架。在他看来历史学家从两个视角建立起这一模式:视角之一是把帝国主义看作中国问题的根源(越南战争期间美国人不得不面对他们的干预导致灾难性的现实也是其中一个例证),视角之二是帝国主义给中国带来了政治上和智力上的正面与负面的变化。柯文觉得帝国主义模式不仅仅是偏见进入历史解读的证据,也是当代事态促使历史学家通过预测因果关系对历史进行的回叙。柯文赞同这样的说法:与其说帝国主义确实对中国产生了影响,倒不如说是对“打开中国历史万能钥匙”观点的否定。他对历史学家提出了这样的挑战:他们必须指出哪些情形真正与帝国主义有关,然后进一步指出哪些情况如何与帝国主义有关。第四章“迈向以中国中心观编撰的中国史”展示了他对中国历史行动的期待。柯文对美国历史学家的看法是悲观的,因为他觉得要彻底消除史学研究中的种族优越感(ethnocentric bias)几乎不可能。他希望采用“中国中心观”可以减少以“西方中心观”对中国历史的解读。为此他提出了包括四个步骤的解决方案:直接从中国和中国人论题开始研究历史,把中国分成若干个小区,从基层社会向上进行考察,重视从其他学科引进有效研究方法。

《中国历史揭秘:有关近代中国的美国史学著述》是一部反映了史学评估价值观潮流的代表作。柯文开宗明义地谈到了该书的写作源于个人和专业早期的自我评价,促使自己去揭示存在于中国历史解读中的偏见,进而扩大到对其他美国中国历史学家的深度分析,以及深受美国模式影响的其他历史学家的论述。他承认对于持不同观点者的批评范围有限,而且纯属个人的主观见解,出版该书的用意不在于对中国史学做出最终陈述。此外他还就自己的中国历史研究方法谈到了一些具体意见,主动邀请其他历史学家参与关于中国史学的对话,希望他们也进行自我评估,一起就史学领域的其他问题进行探讨。柯文议题的核心是提供一个超越中美学术界限的平台,可以使全世界各个领域的历史学家都从中受益。有关在历史中被认为起作用的因素与实际起作用因素的二分法(dichotomy)是历史学家在个人专业中应该重视的专业修养,更确切地说,他们的倾向性可能体现在对于历史事件和动因的判断之中。柯文率先打破了20世纪50年代由其恩师费正清提出的“冲击–回应”模式:认为由于中国政治、经济、文化和军事上的落后,不可能从本国产生新的变革力量。中国现代化的进程反映了西方列强入侵中国后引发的巨大结构性变动,经过多次改革和革命后才形成了现代中国的面貌。柯文提倡的方法对于中国史学的研究具有开拓性的意义,对世界史学的研究也具有宝贵的参考价值。该书的发表结束了费正清模式时代,为西方汉学界指出了一条研究新思路。

20世纪末到21世纪初,美国哈佛大学、普林斯顿大学、哥伦比亚大学和斯坦福大学先后掀起了“后殖民主义史学”和“新清史研究”的浪潮,以批判西方殖民者的立场来研究中国近代史,与柯文开拓倡导的方向有密切关系。

柯文的著述和编辑的文稿有:

《戴德生和李提摩太的传教方式》(Missionary Approaches: Hudson Taylor and Timothy Richard, Papers on China, Vol.ll, 1957年)。

《1862年湖南江西反传教士事件》(The Hunan-Kiangsi Antimissionary Incidents of 1862, Papers On China, 12:1-27, 1958年)。

《中国反基督教传统》(The Anti-Christian Tradition in China, Journal of Asian Studies, 20. 2:169-180, 1961年)。

《晚清反传教士史料》(Some Sources of Anti-missionary Sentiment During the Late Ch'ing. Journal of the China Society, No. 2, 1962年)。

《中国与基督教:1860—1870年间中国的传教运动及排外主义的发展》(China and Christianity: The Missionary Movement and the Growth of Chinese Anti-foreignism 1860-1870, Cambridge: Harvard University Press, 1963年)。

《王韬对变化中世界的看法》(Wang T'ao's Perspective on a Changing World, in Albert Feuerwerker, Rhoads Murphery, and Mary C. Wright, eds., Approaches to Modern Chinese History, Berkeley: University of California Press, 1967年)。

《王韬与早期的中国民族主义》(Wang T'ao and Incipient Chinese Nationalism, Journal of Asian Stduies, 26. 4:559-574, 1967年)。

《1850—1900年的中西冲突》(Ch'ing China: Confrontation with the West, 1850—1900, Modern East Asia: Essays in Interpretation, James B.

Crowley,ed.,New York:Harcout,Brace and World,1970 年)。

《千年追求:千年革命与中世纪的神秘无政府主义者》(The Pursuit of the Millennium: Revolutionary Millenarians and Mystical Anarchists of the Middle Ages,rev.and expanded edn.,New York:Oxford University Press,1970 年)。

《〈傅沙士〉前言:1895—1905 年美国在华传教团》(Foreword to Sidney A. Forsythe, An American Missionary Community in China, 1895 - 1905, Cambridge,Mass.:East Asian Research Center,Harvard University,1971 年)。

《欧洲东渐》(Europe Goes East,in Arnold Toynbee,ed.,Half The World: The History and Culture of China and Japan, London: Thames and Hudson, 1973 年)。

《19 世纪中国海疆和腹地:"基督教"改革家》(Littoral and Hinterland in Nineteenth-Century China:The 'Christian' Reformers,in John K.Fairbank, ed., The Missionary Enterprise in China and America, Cambridge, Mass.: Harvard University Press,1974 年)。

《讨论》(Discussion, in John Z. Bowers and Elizabeth F. Purcell, eds., Medicine And Society in China,New York:Josiah Macy,Jr.Foundation,pp. 75-81,1974 年)。

《在传统与现代性之间:王韬与晚清改革》(Between Tradition and Modernity:Wang T'ao and Reform in Late Ch'ing China.,Cambridge:Harvard University Press,1974 年)。

《19 世纪中国的改革》(Reform in 19th - century China, Cohen ed., Cambridge:Harvard University Press,1976 年)。

《新沿海改革家》(The New Coastal Reformers,in Paul A.Cohen and John E.Schrecker, eds., Reform In Nineteenth - Century China, Cambridge, Mass.: East Asian Research Center,Harvard University,1976 年)。

《美国青年政治领袖访问中华人民共和国代表团的报告》(Report on the Young Ammerican Political Leaders Delegation to the People's Republic of China New York:National Committee on United States-China Relations,1977 年)。

《近期中国发展专稿》(Feature Article on Recent Developments in China,Boston Globe,July 31,1977 年)。

《1900 年基督教传教团及其影响》(Christian Missions and Their Impact to 1900, in John K. Fairbank, ed., The Cambridge History of China, Vo1. 10: Late Ch'ing, 1800—1911, Part 1, Cambridge: Cambridge University Press, 1978 年)。

《剑桥中国史第十卷》(The Cambridge History, Vol. 10, Cambridge: Cambridge University Press, 1978 年)。

《1850—1900 年中美关系》(Sino-American Relations, 1850—1900, in The Historical Precedents for Our New Relations with China, Washington, D. C.: The Wilson Center, Occasional Paper No. 7, 1980 年)。

《美国的中国近代史研究》(Research on Modern Chinese History in America, Historical Research), No. 2, pp. 85-88, 1980 年)。

《近代史》(Modern History, co-authored with Merle Goldman, in Anne F. Thurston and Jason Parker, eds., Humanistic And Social Science Research in China, New York: Social Science Research Council, pp. 38-60, 1980 年)。

《清末民初美国中国历史研究的新动向》(New Directions in American Historical Scholarship on Late Qing and Early Republican China, Fudan journal, No. 6, pp. 73-84, 1981 年)。

《汉学太极:迈尔与墨子刻谈美国近代汉学研究现状》(Sinological Shadowboxing: Myers and Metzger on the State of Modern China Studies in America, Republican China, 9. 1:5-10, 1983 年)。

《中国历史揭秘:有关近代中国的美国史学著述》(Discovering History in China: American Historical Writing on the Recent Chinese Past, New York: Columbia University Press, 1984 年)。

《中国历史上的自由主义考察:是通往世界主义世界的铺路石,还是西方地方观念的最后立场?》(The Quest for Liberalism in the Chinese Past: Stepping Stone to a Cosmopolitan World or the Last Stand of Western Parochialism? —A Review of The Liberal Tradition in China by Wm.Theodore de Bary, Philosophy East and West, 35. 3:305—310, July 1985 年)。

《国家控制的中国领域:现实还是幻想?》(State Domination of the China Field: Reality or Fantasy? A Reply to Robert Marks, MODERN CHINA, 11. 4: 510-518, Oct. 1985 年)。

《答狄百瑞问》(A Reply to Professor Wm.Theodore de Bary, Philosophy and West,35. 4:413-417,Oct. 1985年)。

《谢和耐述评,中国和基督教的影响:一次文化冲突》(Review Essay on Jacques Gernet, China And the Christian Impact: A Conflict of Cultures, Cambridge: Cambridge University Press, 1985), Harvard Journal of Asiatic Studies,47. 2:674-683,Dec. 1987年)。

《中国中心论中的自强:美国史学的演进》(Self-Strengthening in China-Centered Perspective: The Evolution of American Historiography, Collected papers from the Conference on the Self-Strengthening Movement in the Late Qing,Taibei:Institute of Modern History,Academia Sinica,I,3-35,1988年)。

《从历史学视角看后毛泽东时代的改革》(The Post-Mao Reforms in Historical Perspective,Journal of Asian Studies,August 1988年)。

《以中国历史学家的身份表示我们的关切:答高慕轲问》(Our Proper Concerns as Historians of China: A Reply to Michael Gasster, The American Asian Review,6. 1:1-24,Spring 1988年)。

《社会演变中的环境和体制因素·导言之回应》(Response to Introduction: Situational versus Systemic Factors in Societal Evolution, in Ramon Myers,ed.,Two Societies in Opposition:The Republic of China and the People's Republic of China after Forty Years, Stanford: Hoover Institution Press,pp.xlvii-liv,1990年)。

《跨文化思想:纪念史华慈中国思想论文集》(Ideas Across Cultures: Essays on Chinese Thought in Honor of Benjanmin I.Schwartz,edited by Paul A.Cohen and Merle Goldman,Cambridge:Harvard University Press,1990年)。

《有争议的往事:作为历史与神话的义和团》(The Contested Past:The Boxers as History and Myth,collected articles from the International Conference on the Boxer Movement and Modern Chinese Society,1992年)。

《纪念费正清文集》(Fairbank Remembered,edited by Paul A.Cohen and Merle Goldman,Cambridge:Harvard University Press,1992年)。

《费正清: 1907—1991》(John King Fairbank, 24 May 1907—14 September 1991,Biographical Memoir,June 1993年)。

《中国文化: 一些问题的界定》(Cultural China: Some Definitional Issues,Philosophical East and West 43. 3:557-563,July 1993年)。

《我的学术生涯》(My Scholarly Career, Literature, History, And

Philosophy,261-63,March 1994 年)。

《我的老师费正清》(My Teacher John King Fairbank,Literature,History,And Philosophy,72-75,71,May 1994 年)。

《第二次世界大战期间执教于中国(吉克利)·前言》(Foreword to Edward V.Gulick,Teaching In Wartime China:A Photo-Memoir,1937—1939,Amherst:University of Massachusetts Press,1995 年)。

《历史三解:义和团之事件、经历与神话》(History in Three Keys:The Boxer as Event,Experience,and Myth,New York:Columbia University Press,1997 年)。

《想象红灯照》(Imagining the Red Lanterns. Berliner China-Hefte 12,May 1997 年)。

《从人类学视角看义和团》(New Perspective on the Boxers:The View From Anthropology,21 Century N0. 45,1998 年)。

《理解过去的三条途径:作为事件、经验和神话的义和团》(Three Pathways Toward Understanding the Past:The Boxers as Event,Experience,and Myth,World Sinology,122-132,May 1998 年)。

《20 世纪晚期中西之间的知识交流》(Knowledge Flows Between China and the West in the Late Twentieth century,Wenshizhe,4:21-29,June 1998 年)。

《时间、文化与基督教末世学:2000 年的西方和世界》(Time,Culture,and Christian Eschatology:The Year 2000 in the West and the World,American Historical Review,104. 5:1615-1628,December 1999 年)。

《引言:政治、神话 与真实的过去》(Introduction:Politics,Myth,and the Real Past,Twentieth-Century China,26. 2:1-15,April 2001 年)。

《20 世纪中西之间的不对称知识关系》(The Asymmetry in Intellectual Relations between China and the West in the Twentieth Century,in Zhang Qi xiong,ed.,China and the World in the Twentieth Century:Selected Essays,Taibei:Institute of Modern History,Academia Sinica,1:61-93,2001 年)。

《义和团、基督徒和神:被视为宗教战争的 1900 年义和团冲突》(Boxers,Christians,and the Gods:The Boxer Conflict of 1900 Seen as a Religious War,History Studies,1:17-28,February 2001 年)。

《关于 21 条件的记忆与遗忘:控制国人记忆的个案研究》

(Remembering and Forgetting the Twenty - One Demands: A Case Study in Manipulation of National Memory, Measuring Historical Heat: Event, Performance, and Impact in China and the West, November 2001 年);

《中国中心观的由来及其发展:柯文教授访谈录》(The Origins And Development of the China - Centered Approach: Transcript of Interview with Professor Paul A.Cohen, SHILIN, 4:32-42, Nov. 2002 年)。

《关于分界日期的沉思:中国历史中 1949 年分界》(Reflections on a Watershed Date: The 1949 Division in Chinese History, in Jeffrey N. Wasserstrom, ed., Twentieth - Century China: New Approaches, London: Routledge, 2002 年)。

《中国的中世纪过渡期:1946—1955 年大陆与台湾的延续与变革》(China's Mid-Century Transitions: Continuity and Change on the Mainland and on Taiwan, 1946—1955. Jeffrey N. Wasserstrom, ed., Twentieth-Century China: New Approaches, London: Routledge, 2002 年)。

《变动中的中国历史研究视角》(Evolving Perspectives on the Chinese Past, ERSHIYI SHIJI 78:34-49, August 2003 年)。

《中美之间:宋美龄夫人的事业》(Between China and America: The Career of Madame Chiang Kai-shek, WELLESLEY 88. 2:34-38, Winter 2004 年)。

《史学研究的专断标签》(The Tyranny of Labels in Historical Studies, ERSHIYI SHIJI 87:118-119, February 2005 年)。

《拳民人性化》(Humanizing the Boxers, in Robert Bickers and R. G. Tiedemann, eds., The Boxers, China, and the World, Lanham: Rowman & Littlefield, pp. 179-197, 2007 年)。

《文化的固有特性:新中国老故事》(The Tenacity of Culture: Old Stories in the New China, in Conference Volume Generated by Fairbank Center Conference on the PRC at 60, May 2009 年)。

《往事述怀:20 世纪中国的越王勾践传说》(Speaking to History: The Story of King Goujian in Twentieth - Century China (Berkeley: University of California Press, 2009 年)。

《传说与历史:蒋介石、国民党政策与越王勾践的传说》(Story and History: Chiang Kai-shek, Nationalist Policy, and the Saga of King Goujian, in

Conference Volume Generated by " Re - assessing Chiang Kai - shek: An International Dialogue Conference, Ontario, Canada, August 2009 年)。

《义和团起义》(Boxer Uprising, in David Pong, editor in chief, Encyclopedia of Modern China, Farmington Hills, MI: Charles Scribner's Sons/ Gale Cengage Learning, pp. 146-148, 2009 年)。

《2010 年再版序:中国历史研究中国中心观再思考》(Introduction to the 2010 Reissue: Further Reflections on the China - Centered Approach to Chinese History, in Discovering History in China: American Historical Writing on the Recent Chinese Past, New York: Columbia University Press, pp. xxxix - lxv, 2010 年)。

(十三)促进中国史学在西方英语世界传播的史景迁

史景迁(Jonathan D. Spence, 1936—　)出生于英国伦敦,曾就读于温彻斯特学院和剑桥大学克莱尔学院,获得了剑桥大学学士学位。1959 年他得到了克莱尔-梅隆奖学金资助,以交换生身份到美国耶鲁大学师从史学家费正清的学生芮玛丽。他上的第一堂讨论课就使他开始对中国历史感兴趣,决定攻读中国史学位课程。他拿到硕士学位后又继续学习中国历史博士课程。芮玛丽推荐他去澳大利亚师从房兆楹教授夫妇继续深造,他的博士论文《康熙与曹寅》因为造诣很高被授予约翰·艾迪生奖。1965 年他获得史学博士学位后破例被聘任留在耶鲁大学执教,1970 年芮玛丽去世后史景迁接替了她的教职。他曾给该校本科生上过多年的"1600—2007 年中国现代史"课程,每次听课学生都多达 500 多人,得到了广泛好评。1993—2008 年他担任耶鲁大学的史特林历史学讲座教授(Sterling Professor),2000 年他加入了美国籍。

史景迁是一位多产汉学家和评论家。他编写过有关中国历史的专著 12 部,还撰写了相当数量的论文,主要学术兴趣是通过传记题材来演绎中国文化史。他相信人们是通过形象而不是定义来了解历史的,但是概念对于人们了解历史也能起到理性化启发作用。他还长期关注中西学者在促进中国现代化方面所作的努力,并试图分析他们成功和失败的原因。他的文笔流畅、叙事性强,深入浅出,视觉独特,其中一些已经成为畅销读物,对於中国历史知识在西方英语世界的传播起到了推动作用。

1974年史景迁出版的《中国皇帝:康熙自画像》是一部以第一人称叙述历史的作品。他用文学手法描写了康熙如何操练骑术,结伴狩猎,勤政一生。平日与身边的嫔妃、大臣、王公、太监共享荣华富贵之余,也有自己的烦恼、感叹和内疚。对葛尔丹(1644—1697)的征讨,对三藩之乱的平叛,对西洋文化冲击的担忧,使他食不甘味。他感叹时光易逝,眼看年迈宠臣先后告老还乡,皇位继承尚无对策。这里有史学论著中罕见的形像描写、内心独白、想象驰骋和怨天忧人。因为毕竟作者是外国学者,虽然饱读汉籍,想当然的情节偶尔也现诸笔端。但是他没有忘记自己写的是历史而不是小说,因此故意虚构的文字基本没有。在42页的注释中都是中规中矩的引述和说明。这种介于文学和历史之间的撰史笔法显然有别于叙事史学,大概是史景迁个人的独创,见仁见智的评论层出不穷尽在意料之中。

史景迁1987年出版的《胡约翰的疑问》与《中国皇帝:康熙自画像》却有所不同,是一部以西方来华天主教传教士为历史背景虚构出来的故事,没有太多真实的微观史料价值。1622年神甫傅圣泽(Jean Francois Foucquet)奉命回国述职,因为需要中国助手帮助抄写和翻译文稿,就聘任广州圣心会门房胡约翰(John Hu)为随行秘书。但是离开大唐中土之后,胡约翰不但不信守合约旅行职责,却动辄索要银子,把体面行装赠给路人,而且竟然偷享他人的坐骑,还扬言要到乡下去做行脚僧。他在巴黎大街上对妇女指手画脚,敲锣打鼓,用汉语宣传孔孟之学。他的古怪言行引起了路人的反感,又因不懂法语无法跟人交流,被认为得了神经病,必须送精神病院医治。胡约翰在当地精神病院两年半中受尽了折磨,几乎到了崩溃边缘。虽然史景迁引用了大量巴黎、伦敦和罗马教廷的档案和史料,证明自己讲述的事情不是凭空虚构的,但是多数读者还是无法判断该书是历史还是小说。历史上的罗马耶稣会士中确有傅圣泽其人,有趣的是文献记载神甫出生于1663年,与史景迁设定傅圣泽携带大批汉籍前往法国的1622年整整提前了41年!据英国和美国书商销售此书广告所引用的读者述评,多数人对史景迁的这部文稿并不认可。难怪钱钟书访问美国与作者见面时戏称他为“失败的小说家”。

1981年史景迁出版的《天安门:1895—1980年中国人及其革命》再次展示了他的史学著述的风格和特色。他通过这一历史时期的知名人物康有为、梁启超、孙中山、毛泽东、蒋介石、徐志摩、沈从文、鲁迅、闻一多、瞿秋白、老舍、丁玲和茅盾等人,记述了1885—1980年间中国的革命和包括知识分子在内的各阶级对改良和革命运动的推进。作者在考察这些人物时发现他们当中的大多数面对波谲云涌刀光剑影的现实都义无反顾地奋勇拼搏,表现出非凡的生命力和可歌可泣的英雄气概。作者没有引用长篇资料和烦琐的考据,只以平实的语言把自鸦片战争、五四运动、新中国诞生和改革开放前的漫长历史画卷展现在“天安门”的主题之中。从这个意义上说《天安门:1895—1980 年中国人及其革命》是史景迁的史学代表作。

史景迁多次获得美国、中国香港和英国大学颁发的荣誉称号。他曾应邀担任北京大学客座教授和南京大学名誉教授,圣·迈克尔和圣·乔治勋章伴星曾以他的名字命名。1979 年他荣获古根海姆奖金,1982 年获《洛杉矶时报》历史奖,1983 年获美国科学院和文艺研究所沃瑟尔奖,1985 年被推选美国文理研究院院士,1988 年荣获麦克阿瑟基金会 31 万元巨奖,被吸纳为美国国会图书馆学者委员会委员。1993 年他入选美国哲学学会,1997 年被聘任为英国科学院通讯院士。2004—2005 年他被推选为美国历史学会的主席,2006 年担任剑桥大学克莱尔学院荣誉讲师。2008 年5~6 月他为里斯 60 周年举办的中国史系列讲座曾在英国广播公司的广播节目中播出。2010 年他获得联邦政府授予的人文学科最高荣誉,在国会图书馆发表杰弗逊年度演说。

2008 年史景迁退休后与妻子金安平在西黑文安度晚年,但是学术研究仍是他日常生活中的最大乐趣。

史景迁在 40 多年的教学研究生涯中撰写了 14 本有关中国历史文化专著,其中广为人知的有:

《曹寅与康熙》(Ts'ao Yin & The K'ang Hsi Empero,1965 年)。

《改变中国:1620-1960 年在中国的西方顾问》(To Change China:Western Advisers in China,1620-1960,1969 年)。

《中国皇帝:康熙自画像》(Emperor of China:Self-Portrait of K'ang Hsi,Alfred A.Knopf,Inc. 1974 年)。

《王氏之死》(The Death of Woman Wang,1978 年)。

《天安门:1895—1980 年中国人民及其革命》(The Gate of Heavenly Peace:The Chinese and Their Revolution,1895-1980,1981 年)。

《利玛窦的记忆宫殿》(The Memory Palace of Matteo Ricci,1984 年)。

《胡约翰的疑问》(The Question of John Hu,1987 年)。

《汉语迂回表达法:历史文化论集》(Chinese Roundabout:Essays on

History and Culture,1992 年)。

《中国天子:太平天国》(God's Chinese Son:The Taiping Heavenly Kingdom,1994 年)。

《王道乐土:西方眼中的中国》(The Chan's Great Continent:China in Western Minds,1998 年)。

《毛泽东》(Mao Zedong,Penguin Books,1999 年)。

《追寻现代中国》(The Search for Modern China, W. W. Norton, 1999 年)。

《叛国之书》(Treason by the Book,Penguin Book Ltd,2001 年)。

(十四)关注对汉语方言语音层次分析的语言学家罗瑞杰

19 世纪 60 年代之后在知名度较高的美国语言学家中,除了大批华裔学者外,西雅图华盛顿大学罗杰瑞也是其中一位代表。他早年在加利福尼亚大学柏克莱分校师从赵元任和默里·巴恩松·埃默里奥(Murray Barnson Emeriau,1904—2005)。1965 年罗瑞杰与陈方旭(Leo Chen)曾合作撰写《福州方言引论》和《福州方言—英语词汇表》,在汉语方言研究方面做出了成绩,引起了学界的关注。

这一时期在美国普林斯顿大学聚集了一批不认同高本汉直线式发展史观的汉学家。他们认为汉语的历史必须严格按照比较法的程序从现代汉语各方言比较做起,逐层构拟原始闽语、原始吴语和原始粤语,最后才能有充分理据构拟原始汉语。1966 年普林斯顿大学在福特基金会的资助下成立的中国语言学历史比较研究学者团体(又称"普林斯顿学派")的桥本万太郎(Hashimoto Mantaro,1932—1987)和余霭芹等成员提出了"普林斯顿假说"(Princeton Hypothesis),主张在构拟原始汉语的研究中必须首先摆脱传统的《切韵》框架。罗杰瑞对原始闽语研究的声誉使他很快被该研究团体所吸纳。

1969 年罗杰瑞把他在台湾居民中调查收集到的闽方言材料进行整理归纳后写成了一篇博士学位论文,1970 年以《福建建阳方言》为书名正式发表。该专著把建阳和建瓯方言置于闽方言系统中进行比较,同时在综合考虑了方言适用的地域环境、系统内部分支、使用人数和相互沟通诸方面因素的基础上做出理论分析。音位学部分研究的内容包括对音节结构、声母、韵母、声调、变调、韵头和韵尾的同现以及连读音变的描写。在语汇部分把近3000个汉字的建阳读音与汉语中古音字典条目进行对照。文本则根据各类短语和语法结构研究需要选样。作者提供了一份带英语说明的语音标注,课文之后还有语法注释、闽方言参考书目和汉字索引。建瓯方言要点附录其后,以便于与建阳方言进行对照。

1988年由剑桥大学出版社出版的《汉语》是罗杰瑞的一部呕心沥血代表作,全书304页,正文10章,分别为:第一章导论;第二章汉语历史音韵学;第三章汉字;第四章古代书面语;第五章白话文的兴起和发展;第六章现代普通话(一);第七章现代普通话(二);第八章华北和华中方言;第九章华东和华南方言;第十章语言和社会。作者对汉语的语音、文字、语法、方言、文言、白话、汉语的历史、现状和发展等方面进行了全面的介绍和分析。他从普通语言学、应用语言学、社会语言学和对外汉语教学的角度揭示并解读了汉语的应用问题以及许多与学习、教学和社会生活关系密切的现象。作者在《前言》中谈到了该书的读者对象定位为外国语言学家,因此每一章节都充分考虑到不同层次的专业理论问题。例如第二章的内容就包含了汉语史的分期、中古汉语的史料、《切韵》、宋代韵图、上古音和中古音的构拟方法、早期官话和声调的演变等问题。在第三章他谈到了历史上汉字系统通过变化调整来适应新环境,形声和会意的造字原则支持了数量增长和速度加快的要求。在第四章作者具体介绍了不同历史阶段的书面语语素、词、词类和句子,以及语法术语、地点与时间短语、名词与动词的修饰成分、名词化和并列结构等问题。该书一问世就受到了普遍关注,成为英语国家许多大学中文系的标准课本,并列入了专业学生的必读书目之中。

罗杰瑞除了研究建阳方言外,还通过对台湾的闽北籍居民的调查获得了大量有关建瓯、定安、邵武和浦城的方言素材,对于各方言点之间的比较也是他关注的重点之一。他展开的调查面之广和材料之多令人钦佩,有力地推动了闽北方言的研究。后来他利用建阳和建瓯的方言材料就构拟原始闽语的声母系统问题发表了一系列文章,因为他所构拟出来的原始闽语声母系统与中古音和上古音之间的差距较大,引发了学界旷日持久的争论。

罗杰瑞致力于构拟原始闽语系统,但是持异议者却主要关注原始闽语与中古音或上古音之间的对应变化。他们认为这种对应关系复杂,原始闽语的构拟与原始闽语和古音之间对应关系的考察原则不能忽略对政治文化统一标志的汉字考量。来自主流批评者的意见认为罗杰瑞对原始闽语的研究意义重大,可惜失误严重,然而他的多项建树在国际语言学界的重要影响却也是不争的事实。他是继高本汉之后开展汉语方言比较研究的有成就的学者,也是第一位关注汉语方言语音层次的语言学家。他认为闽语语音比较目的是构拟原始闽语,而不是给《切韵》的音类拟音;应该注重方言口语中的单音节常用词读音,而不是字典或韵书中的汉字读音;如果存在文白异读的情况则只取口语读音而不取书面语读音;他不赞同用非闽语的材料来解释闽语的语音变化。这些系统见解铸就了罗杰瑞不可动摇的闽方言专家身份。

1971 年罗杰瑞继承李方桂(Fang-Kuei Li,1902—1987)正式出任西雅图华盛顿大学教授和该校亚洲语言文学系主任。1983 年罗杰瑞曾应聘在北大中文系讲授福建方言课。他还先后在台湾中研院语言学研究所和中国社会科学院民族研究所从事研究工作。1998 年他从教授岗位上荣休,2012 年 7 月 7 日因原发性肺叶纤维化恶化辞世。

他的主要著述有:

《福州方言引论》(Introduction to the Foochow Dialect,co-authered with Leo Chen,San Francisco State College,1965 年)。

《福建建阳方言》(The Kienyang Dialect of Fukien,1969 年)。

《闽方言声调的发展》(The Tonal Development in Min, Journal of Chinese Linguistics 1-2,pp. 222—238,1973 年)。

《原始闽语的声母》(The Initials of Proto - Min, Journal of Chinese Linguistics 2~1,pp. 27—36,1974 年)。

《古代江南的南亚民族:一些词汇证据》(co - authored with Tsu - lin Mei,1976 年)。

《闽东方言的初步报告》(A Tentative Report on the East Min Dialects,1977 年)。

《闽语语音中的时间层次》(Chronological Strata in the Phonology of the Min Dialects,1978 年)。

《满英简明辞典》(Concise Manchu - English Lexicon, University of Washington Press,1978 年)。

《闽方言的时间层次》(Chronological Strata in the Min Dialects,《方言》

No . 4, pp. 268—274, 1979 年)。

《永安方言》(The Yong'an Dialect,《书目季刊》14~2, 113—165 页, 1980 年)。

《原始闽语的韵母》(The Proto-Min Finals,《中研究院国际汉学会议论文集》, pp. 35—73, 1981 年)。

《上古南方汉语》(1981 年)。

《比较闽方言》(Comparative Min Dialects, 1982 年)。

《闽方言的三个语源》(Three Min Etymologies, Cahiers de Linguistique Asie Orientale 13~2, pp. 175—189, 1984 年)。

《闽北方言的第三套清塞音和清擦塞音》(《中国语文》1:38~41, 1986 年)。

《汉语》(Chinese, Cambridge University Press, 1988 年)。

《福建政和话的支脂之三韵》(《中国语文》1:40~43, 1988 年)。

《建阳方言否定词探源》(The Origin of Negatives in Kienyang Dialect,《方言》1:31-32, 1995 年)。

《汉语历史语言学新探》(A New Approach to Chinese Historical Linguistics, co-authored with South Coblin, Journal of the American Oriental Society 115~4, pp. 576—584, 1995 年)。

《以历史眼光考察闽方言》(The Min Dialects in Historical Perspective, Languages and Dialects of China, Journal of Chinese Linguistics Monograph Series 3, edited by William S-Y. Wang, pp. 325—360, 1991 年)。

《镇前方言的声类发展》(Tonal Development in the Jennchyan Dialect, Yuen Ren Society Treasury of Chinese Dialect Data 2, pp. 7—41, 1996 年)。

《方言简报:连段村方言词表》(A Glossary of the Lianduentsuen Dialect, Short Chinese Dialect Reports (Yuen Ren Society) 1, pp. 339—394, 2002 年)。

《闽方言中的来母字和早期汉语》(Lai Mu Words in the Min Dialects and the Old Chinese,《民族语文》2005. 4:1~5, 2005 年)。

《闽方言中的动物体位词汇》(Min Animal Body Parts, Bulletin of Chinese Linguistics 1~1, pp. 133—143, 2006 年)。

《汉语方言田野调查与音韵学》(《北京大学学报》(哲学社会科学版) 第 44 卷第 2 期, 91—94 页, 2007 年)。

（十五）倡导叙事史学与理论分析相结合的魏斐德

1937年12月12日魏斐德出生于美国堪萨斯州堪萨斯城。他的外祖父在密苏里州经营几家面粉厂。外祖母是一位虔诚教徒，每个星期天都要带外孙去教堂。母亲有苏格兰和爱尔兰血统，是一位有加拿大与美国双重国籍的长老会教徒。

魏斐德家族是17世纪下半叶从英国约克郡移民美国的。他的曾祖父做过印度代理商。祖父在神学院接受过教育，被正式按立为牧师前竟然宣称自己是无神论者，然后毅然决然到堪萨斯州东部一个煤镇当报刊编辑。父亲弗里德里克·魏克曼（Frederic Wakeman, Sr.）是一位有哥伦比亚大学学历的小说家。魏斐德襁褓之中就随父母移居纽约，父亲服务于一家广告公司。太平洋战争打响后父亲像同龄青年一样被征召去海军服役，魏斐德与母亲暂住外祖父家，直到1944年全家才回到了故城纽约。有一次父亲幸运得到了一笔可观的稿费，欣喜若狂地宣布要带全家周游世界。魏斐德的少年时代是在加利福尼亚州、墨西哥、古巴、百慕大和法国度过的，最后在佛罗里达读完中学，多国的教育学历使他能熟练使用英语、法语、西班牙语和德语。

在魏斐德幼年心目中父亲是一位了不起的启蒙老师，总是要他阅读古希腊和古罗马的历史文学作品。侨居古巴时在父亲的影响下他竟读起哥伦布传记之类的书籍。1949年年初的一天，父亲把他从寄宿学校接了出来，乘上56英尺长的双桅“夏伦娜”号，沿着哥伦布第二次远航的路线漫游。那充满幻想和浪漫的时光永远封存在他的记忆中。魏斐德有一个弟弟和一个妹妹，弟弟在参加越战时死于癌症。

魏斐德在哈佛大学的专业是欧洲历史和文学，但是他却对法国文学和俄语特别感兴趣。他的毕业论文选题是关于法国历史上先贤业绩的陈述和评论。他在大学时代写过三部小说，其中一部《皇家棕榈大道17号》（17 Royal Palms Drive）脱稿几年后曾以伊万斯·魏克曼（Evans Wakeman）的笔名发表。这充满探索和想象的往事无疑有他父亲遗传基因的影响。

1959年魏斐德从哈佛大学本科毕业后在巴黎政治学院学习苏联历史和政治学，一度对越南和中国民间宗教感到兴趣，读了法国记者蒂博尔·芒特（Tibor Menthe）写的几本有关中国的专著后更增加了这方面的求知欲。1960年他原本打算返回哈佛大学师从费正清从事汉学研究，但是后来却阴差阳错地到加利福尼亚大学柏克莱分校当了列文森的博士研究生。按照东亚语言与历史系的课程安排，他开始学习中文和日文。

20世纪50年代末美国中央情报局曾经把魏斐德列入招聘对象名单中。但他不为任何美好的前程许诺所动，决心将来用自己的学术专长为国家服务，况且汉学研究也是与美国的世界战略关系密切的一个领域。令人难忘的是，加利福尼亚大学柏克莱分校的多彩多姿的校园生活使他增长了见识，也使他了解到世界潮流正在发生的变化。美国入侵古巴、参议员富布赖特敦促联邦政府改变不承认中华人民共和国的政策以及美军针对越南的敌对行动，一桩桩一件件，无不触动他的敏感神经，使他暗暗为美国的政治前途担心。

1965年魏斐德完成了有关1839—1861年间华南动乱研究的博士论文后获得了哈佛大学历史学博士学位，博士论文经修改后正式出版，他被母校聘任为历史学助理教授。

20世纪60年代魏斐德曾用半年时间撰写了《历史与意志：毛泽东思想的哲学观》一书，对毛泽东思想的中西哲学渊源作了全面分析，以自己的严谨学风向当时美国浮躁的激进潮流挑战，受到广泛的好评，1974年该书曾作为哲学类图书获得了美国国家图书奖提名。20世纪60—70年代魏斐德扩大了研究视野，开始关注中国近代政治经济制度的变化。1985年他完成了耗时十五载的专著《伟业：17世纪满人重建帝国秩序》，描绘了一幅满汉联手共治神州的历史画卷。此后他的学术研究兴趣逐渐转向民国史，对国民党时期的警察体制进行了深入的考察。

魏斐德的《1927—1937年上海警察三部曲》和《1937—1941年的是非之地——上海》都是研究上海社会的专著，另一部《间谍王：戴笠和中国秘密警务》也部分涉及上海的历史。他通过叙述上海社会的变化、市民的日常生活和警察的活动，揭示了国民党政府在国家建设和社会发展的失败过程和原因。作者的研究表明，警察是现代国家机器的符号，警察形像是透视社会文明等级的标志。20世纪20年代末上海市政府曾声称要把上海建成一个模范城市。在整顿治安方面，当时的市公安局曾设法关闭赌场，查禁非法毒品交易。但是因为没有得到中央政府的支持，他们的努力并未取得长期效果。在建设现代文化方面，1929—1930年近三万市民因为妨碍交通、打架斗殴、伤风败俗或损毁财物等行为而遭拘留、罚款和训斥。但是后来上海警察把主要力量用于对付共产党、国民党左派、民主人士和抗日青年，社会犯罪率继续上升。至于“新生活”运动的开展，在一般民众心目中无异于以新儒家的繁文缛节来作秀，因此没能得到市民的认可。随着国民政府向日本恶势力妥协、警员与社会流氓勾结、政府机关以暴力手段压制舆论的案例曝光，市民对于政府和警方指导市民生活的权威表示怀疑。《间谍王：戴笠和中国秘密警务》一书是作者对蒋介石、戴笠和国民政权制度演变过程的研究。《1937—1941 年的是非之地——上海》对“孤岛”时期国民党特务机关在上海的暗杀活动做了具体的描述，家常便饭式的监视、绑架、逮捕、拷打、暗杀和渗透之类的行为使平民百姓深受其害，如狼似虎的便衣特工肆虐街巷，埋下了天怒人怨的孽种。租界警察和伪政权警察几乎都是恐怖闹剧的导演者和直接参与者。

从魏斐德的著述中不难发现他不赞成社会科学在史学编撰中的泛化，在历史叙事（historical narration）面临舆论指责时他仍乐此不疲。虽然他具有深厚哲学和社会科学理论学养，但是他仍坚信叙事文体与理论分析在历史著述中的结合是一种最佳选择。在这方面他与史景迁和孔飞力都是所见略同的君子，是“中国中心观”的自觉自愿推动者和参与者，堪称为美国第三代汉学家中的有思想有作为的人物。

1974 年魏斐德初次访华，后来出任美中文化交流委员会主席，成为卡特总统执政期间中美学术交流的策划和统筹人物，为发展中美两国关系作出了重要贡献。他长期在加利福尼亚大学柏克莱分校担任东亚研究所所长，1986—1989 年被推选为美国的社会科学研究理事会主席，并在美国学术团体联合会和亚洲协会等机构任职。他的学术领域并不局限于汉学，1992 年他出任美国历史学会会长，还兼任《美国历史评论》（American Historical Review）、《近代中国》（Modern China）和《中国季刊》等杂志的编委或顾问——这就是他的社会活动家名片。

1998 年秋，在一次手术中魏斐德腰椎内一根神经被医生错切，导致左腿残疾，只能终日以轮椅代步。在那困难的日子里只有秘书和妹妹在身边照料他。不久来自上海的意大利哲学院客座研究员梁禾与他重新组成了家庭。2006 年 9 月 14 日魏斐德因为癌症恶化在俄勒冈州奥斯威戈湖畔家中辞世，就在此前一天他还在撰写一部关于潘汉年的书。

马克·埃利奥特在 2007 年 3 月的《中国季刊》上刊发的《怀念魏斐德》一文中深情地回忆起这位汉学家的卓越贡献。他写道：

在业内人士中对魏斐德的最亲切称呼是'弗雷德'。他是数十年来美国汉学研究中的领军人物,一位不知疲倦的研究者,引人入胜的故事大王,也是诲人不倦的师长。自1966年以来他在加州大学柏克莱分校培育了数代学子,对汉学领域的学术和建制发展都作出了巨大贡献,其中最重要的是在20世纪70—80年代促进美中两国学者重新建立学术交流所做的努力。1986年他被吸纳为美国文理研究院院士,荣获了古根海姆等多个奖项。他曾出任1986—1989年度社会科学研究理事会主席,1992年度美国历史学会主席,1990—2001年担任柏克莱东亚研究所所长达11年之久。2006年5月他退休时,加州大学授予他柏克莱荣誉状,对于他的光荣事业作出了最高嘉奖。他的渊博历史知识,入木三分的分析能力,对于复杂问题的思辨才能,以及他的幽默感和超凡人格魅力,使他成为一位备受欢迎的作家、评论家、顾问和演说家。每个人都希望得到他书写的一页文字,但是我们当中的大多数人都没能如愿以偿。①

魏斐德一生发表了百余篇学术论文和多部专著,其中广为人知的有:

《大门口的陌生人:1839—1861年华南社会动乱》(Strangers at the Gate:Social Disorder in South China,1839-1861,1966年)。

《现代东亚:文集解读》(Modern East Asia:Essays in Interpretation,New York,1970年)。

《历史与意志:毛泽东思想的哲学观》(History and Will:Philosophical Perspectives of Mao Tse-tung's Thought,1973年)。

《中国帝制的衰亡》(The Fall of Imperial China,1975年)。

《中华帝国晚期的冲突与控制》(Conflict and Control in Imperial China,co-edited with Carolyn Gran,1975年)。

《伟业:17世纪满人重建帝国秩序》(The Great Enterprise:The Manchu Reconstruction of Imperial Order in the 17th Century,1985年)。

① Mark C.Elliott:*In Memoriam of Frederic Wakeman 1937—2006*,*The China Quarterly*,189,March 2007,pp. 180-186.

《1927—1937年上海警察三部曲》(Shanghai Trilogy:Policing Shanghai,1927—1937,1995年)。

《1937—1941年的是非之地——上海》(Shanghai Badland,1937—1941,1996年)。

《间谍王:戴笠和中国秘密警务》(The Spymaster:Dai Li and the Chinese Secret Service,2003年)。

《1942—1952年:红星高照上海》(The Red Star Over Shanghai,1942—1952)。

(十六)汉魏六朝辞赋和扬雄研究专家康达维

1942年康达维出生于美国蒙特拿州,中学时就对中国文学产生了兴趣,开始学习中文。1960年他进入西雅图华盛顿大学学习,1964年获学士学位。后转入哈佛大学师从海涛玮,1965年获哈佛大学汉学硕士学位。1967年受业于华盛顿大学卫德明,并得到萧公权和李方桂等名师指点,1968年以论文《扬雄生平及其赋的研究》获华盛顿大学中国语言与文学博士学位。他曾先后执教于耶鲁大学和哈佛大学,1972年加盟华盛顿大学。现在他是华盛顿大学东亚语言与文学系主任。

辞赋是我国古典文学中一种体裁,在汉魏六朝得到了蓬勃发展,涌现出一大批著名的作家和作品。欧美研究辞赋的学者很少,主要是因为这种文体的题材古奥,文字艰深,许多学者望而却步,因此往往被排列在欧美汉学主流学科之外。康达维长期致力于汉魏六朝辞赋和扬雄研究,从1970年起他便开始翻译《昭明文选》(全集60卷),计划由普林斯顿大学出版社出版八册。第一册(第1~6卷)已于1982年出版,第二册(第7~12卷)于1987年出版,第三册(第13~19卷,包括赋的最后部分和诗的第一部分)已于1996年出版。康达维对于汉魏六朝辞赋研究的成果独一无二,在美国汉学家中属于为数不多的佼佼者。

《昭明文选》是中国现存最早的诗文总集,由梁代昭明太子萧统(501—531)主持编选,共录先秦至南朝梁代100多位作者700余篇各种体裁的文学作品,主要为诗文辞赋,除了少数赞、论、序、述被认为属于文学范围的作品外,经、史、子等著作皆不录入。所选多为大家之作,以楚辞、汉赋和六朝骈文为主。在唐朝《昭明文选》地位与《五经》(《易经》、《书经》、

《诗经》、《礼记》和《春秋》)并列,到宋代《昭明文选》更被誉为"文章祖宗",以后各朝研究都未中辍。

最早介绍《昭明文选》的美国学者是哈佛大学教授海陶玮,他在《〈文选〉与文体理论》一文中综述了中国文学文体的演变历史。把萧统《文选・序》中开列的38种文体与《昭明文选》中列出的37种问题一一进行对比考查。1956年哥伦比亚大学博士生华兹生在《汉魏六朝赋选》中翻译了《昭明文选》中宋玉的《风赋》、贾谊的《鹏鸟赋》、司马相如的《子虚赋》和《上林赋》、王粲的《登楼赋》、曹植的《洛神赋》、向秀的《思旧赋》、潘岳的《闲居赋》、木华的《海赋》、孙绰的《游天台山赋》、谢惠连的《雪赋》、鲍照的《芜城赋》、江淹的《别赋》、庾信的《小园赋》等十余篇。1954年耶鲁大学中国文学博士侯思孟(Donald Holzman,1926—　)也翻译了《昭明文选》中嵇康、曹植和曹丕的诗作,具有很高的学术价值。

20世纪研究辞赋的美国学者成就最高者当属康达维教授,现在研究这门学问的美国学者中多半都是他的门生。他的成果代表了20世纪西方赋学研究的最高成就,因此被海内外赋学界誉为"辞赋研究宗师"。

现在康达维是雅图华盛顿大学教授,兼任美国东方学会会长,2006年被推举为美国文理研究院院士。他的夫人张太平是华盛顿大学的助理教授。

康达维的主要著述有:

《扬雄生平及其赋的研究》(Yang Shyong, the Fuh, and Han Rhetoric, 1968年)。

《汉赋研究二种》(Two Studies on the Han Fu, 1968年)。

《汉代狂想曲:扬雄赋研究》(The Han Rhapsody, A Study of the Fu of Yang Hsiung, 53 B.C.E.-A.D. 18, Cambridge University Press, 1976年)。

《汉书・杨雄传》(The Han Shu Biography of Yang Xiong, 53 BC-AD 18. Tempe, Arizona: Center for Asian Studies, Arizona State University, 1982年)。

《〈文选〉译注》(第一册)(Selections of Refined Literature, Vol. 1, Rhapsodies on Metropolises and Capitals. Princeton: Princeton University Press, 1982年)。

《〈文选〉译注》(第二册)(Selections of Refined Literature, Vol. 2, Rhapsodies on Sacrifices, Hunts, Travel, Palaces and Halls, Rivers and Seas.

Princeton:Princeton University Press,1987 年)。

《谜语为诗:论荀子的〈赋篇〉》(刊于周策纵主编的《文林:中国人文研究》,1989 年)。

《鲍照的〈芜城赋〉:写作的年代与场合》(刊香港中文大学《庆祝饶宗颐教授七十五岁论文集》,1993 年)。

《西京杂记中的赋篇》(刊香港《新亚学术季刊》1994 年第 13 期)。

《〈文选〉译注》(第三册)(Selections of Refined Literature, Vol. 3. Princeton:Princeton University Press,1996 年)。

《汉赋研究》(Studies of the Han Fu, with Gong Kechang, American Oriental Series 84.New Heaven:American Oriental Society,1997 年)。

《中国早期宫廷文化与文学》(Court Culture and Literature in Early China. Variorum Collected Studies Series. Aldershot, Hampshire: Ashgate Publishing,2002 年)。

《中国古典文学与文化史》(Studies in Early Medieval Chinese Literature and Cultural History:In Honor of Richard B.Mather and Donald Holzman.with Paul Kroll,Provo,Utah:T'ang Studies Society,2003 年)。

《中国古典文学参考指南》(Ancient and Early Medieval Chinese Literature:A Reference Guide,Part One.with Taiping Chang,Leiden:E.J.Brill,2010 年)。

《剑桥中国文学史(东汉至西晋)》(From the Eastern Han through the Western Jin,AD 25~317,The Cambridge History of Chinese Literature.Kang-i Sun Chang,Stephen Owen,eds.Cambridge:Cambridge University Press,116-198. 2010 年)。

《中国文明史》(The History of Chinese Civilisation, translation, Cambridge:Cambridge University Press,2012 年)。

(十七)长期研究中国文化、哲学和宗教思想的孟德卫

孟德卫(David E.Mungello,1943—)祖籍为意大利日耳曼移民,1973 年获得加利福尼亚大学柏克莱分校博士学位。他曾以洪堡学者和沃芬布托学者身份在德国从事三年博士后研究。他的主要学术兴趣为基督教在中国的传播和地位,以及儒学在西方的引介与影响研究。他本人并不是基

督徒，但是却被视为基督教来华传播历史研究的现代权威之一。他曾先后执教于香港岭南学院、布赖尔克利夫学院和艾奥瓦科埃学院。现为得克萨斯州韦科贝勒大学历史与亚洲研究教授，《中西文化关系学刊》(The Sino-Western Cultural Relations Journal)创办人和编辑。

1977年由夏威夷大学出版社正式出版的孟德卫博士论文《莱布尼茨与儒学：寻求相互协调》，正文包括七个部分，分别为：①莱布尼茨同中国的接触；②莱布尼茨的中国解释者；③莱布尼茨和白晋；④论中国哲学(上)；⑤论中国哲学(下)；⑥莱布尼茨哲学的失误；⑦东西方融合的基础：精神修养和道德修养。孟德卫撰写该论文的初衷，首先是把莱布尼茨(Gottfried Wilhelm Leibniz，1646—1716)作为德国最早系统了解中国文化和哲学并取得突出成绩的代表人物来研究。根据莱布尼茨自己的说法，1679年前他就创建了二进制算术，1703年4月1日他收到来华耶稣会士白晋(Joachim Bouvet，1656—1730)所寄的中国伏羲八卦图，发现他的二进制与伏羲八卦图之间存在着一致性。为此他在法国《皇家科学院院刊》发表了一篇论文《二进位算术的阐述——关于0和1，兼论其用处及伏羲氏所用数字的意义》。莱布尼茨在他的二进制中提出通过0与1的不同结合就可以表示所有数字，如：000、001、010、011、100、111等。在《易经》八卦中，通过"阴"和"阳"的不同组合，同样可以表示宇宙中的万事万物。如果把"阴爻"看作0，把"阳爻"看作1，所有的卦象也可以被理解为0和1的不同组合。比如坤卦就是000000，乾卦就是111111，其余均可依此类推。伏羲图的64个卦象，可以被看作二进制算术从0到63的数字组合。

莱布尼茨的研究广及哲学、数学、法学、理学、光学、语言学和历史学等40多个领域，长期对中国的科学、文化和哲学思想十分关注。他曾向时任清廷钦天监监正的意大利耶稣会士闵明我(Philippe Marie Grimald，1639—1712)了解到许多有关中国的情况，包括养蚕织布、造纸印刷、冶金矿业和天文地理，并将其汇辑成册出版。莱布尼茨在《中国近况》(Novissima Sinica)一书的"序言"中写道："全人类最伟大的文化和最发达的文明仿佛今天汇集在我们大陆的两端，此端的欧洲和他端的东方中国……我相信，这是命运的特殊安排。大概是天意要使这两个文明程度最高的(同时又是地域相隔最为遥远的)民族携起手来，逐渐地使位于它们两者之间的各个民族都过上一种更合乎理性的生活。"他认为中西之间应当开展学术交流，据传他曾通过耶稣会士向康熙皇帝建议在北京建立科学院。

孟德卫撰写该论文的另一目的是出于当时西方对于非基督教文明的了解和评价的需要。17 世纪末新大陆的发现在欧洲宗教界和知识界引发了有关非西方文明重要性的激烈争论,同时也挑战了哲学家和神学家对世界的传统观念和对自身知识系统的质疑。来华耶稣会创始人利玛窦认为中国是一个乌托邦社会,在缺乏宗教教条和信仰的基础上形成了完善的东方道德传统实属奇迹。在他眼中儒学属于一种自然宗教范畴的有神论,应该而且可能与基督教一神论共存。为了在中国争取更多的基督教皈依者,可以采用“适应策略”(accommodation),允许新教徒保持祖先崇拜并践行儒家的礼仪。但是多明我会和方济各会的另一派却反对这种将“异教徒礼仪”与基督教兼收并蓄的主张。他们认为儒家实际上是信奉无神论的唯物主义者,对于上帝一无所知。1687 年耶稣会传教士柏应理出版了《中国贤哲孔子》(Confucius Sinarum Philosophus)一书,书中收录了《大学》、《中庸》和《论语》的拉丁文译文。他在“前言”中把儒家学说形容为“在没有神的启示情况下,理性从来没有显得如此完善、拥有如此强大的力量。”16—17 世纪的教派冲突和无休止的宗教战争促使人们想方设法去寻找解决冲突的办法,柏应理对儒家学说的解释因此赢得了许多读者的支持,受到了世俗主义者的欢迎。

孟德卫在《莱布尼茨与儒学:寻求相互协调》中,谈到了西方与中国哲学观点一致之处,具体表现在:《易经》八卦理念与莱布尼茨二进制思维之间的一致性;儒家哲学与莱布尼茨哲学有关内在和外在联系的一致性;“理”和“单子”把单独个体连接成一个有机整体,但是自身不能进一步分割的形而上学存在的一致观点;①对于“理”和“单子”的特性、关系和表现形式认识的一致性;②儒家关于“太极”与莱布尼茨的“空间”概念、组成和

① “理”是莱布尼茨选自中国宋元理学著述中的一个名词,并把它定义为“第一原理”和“使中西方保持一致的基石”。他说:“中国人把第一原理叫做‘理’,即整个自然界的原因和实体。世界上没有比‘理’更高更完美的东西。它是纯粹、寂静、精致、无体无形的,只能通过理解来感知。”(孟德卫:《莱布尼茨和儒学》(张学智译),第 70 页,南京:江苏人民出版社,1995 年。)

② “单子”是莱布尼茨哲学中的一个常用术语,用于对中国人的自然神学的解释,特别是对于理学家的“理”与“气”的关系,以及部分与整体关系的解释。“单子”使现象界变化发展而不受其影响,“单子”之间也不相互影响。它的特性由一个概括全部属性和发展规律的“圆满概念”来表示。“单子”的自然变化遵循来自内在的原则,因为外部的因素不能引起“单子”的内部变化。莱布尼茨认为“单子”是单纯实体,1696 年以前他很少使用这个词。灵魂(原动力)和原初物质(原被动力)共同构成了“单子”的两种属性。他有时也用“心灵”或“灵魂”来指代“单子”。(孟德卫:《莱布尼茨和儒学》(张学智译),第 75—76 页,南京:江苏人民出版社,1995 年。)

特性的相似性；中国人的"神"和基督徒"神"的概念部分含义相同；中国人祭祀的礼仪顺序和等级与基督徒的对应观念相同；中国人关于"上帝"、"天"和"理"与基督教的"上帝"概念意义相近；中国文化中的"太极"、"理"和"气"与基督教的"三位一体"认识一致；中国人有关死后受赏罚与基督教灵魂不朽和天赋正义的观念一致；中国文化有关无形精神和物质精神与基督教的"灵魂"概念非常接近。

孟德卫在《莱布尼茨与儒学：寻求相互协调》的"结束语：现在的一致"中写道：

> 在寻求中国和西方的相同点当中，第一步是达到对中国文化和中国社会的理解。从这些理解出发，我们才能看到中国文化和西方文化的相同点。但这样的相同点在这两种文化中将不会是同样发展的。很清楚，即使莱布尼茨看到了中国的精神修养和道德修养，他也不能把相当不同的基督教的精神修养性格变为中国人的精神修养性格。两个民族或两种文化之间的调和必须建立在一些共同的基点上，而两种文化借以达到此共同点的观念和信仰可以不同。不过，即使达不到中国那样的程度，认识并发展这些共同点也可以使之扩大，增加调和的机会。这就是为什么耶稣会士和莱布尼茨没有看到、也没有发扬儒家的精神修养因而削弱了他们在中西方融合点上的成就的原因。①

孟德卫对于儒家学说与西方哲学和宗教学的比较，视角独特，分析深入，极富思辨性和挑战性，超越了此前的任何同类著述。

孟德卫的《1500—1800 年中西方的伟大相遇》也是一部系统研究早期中西文化交往历史的专著。该书正文五章，分别为：第一章历史纵览（第 1—16 页）；第二章中国所接受的西方文化和基督教（第 17—52 页）；第三章中国所拒绝的西方文化和基督教（第 53—80 页）；第四章欧洲所接受的中国文化和儒学（第 81—112 页）；第五章欧洲所拒绝的中国文化和儒学（第 113—150 页）。该书的第一版本是 1999 年出版的，第三版本是 2009 年出版的，两个版本的内容和风格有很大不同。孟德卫在该书的"序言"

---

① 孟德卫：《莱布尼茨和儒学》（张学智译），第 133 页，南京：江苏人民出版社，1995 年。

中写道：

> 当今世界中国的作用越来越重要，这就带动了大量中西历史关系的新研究。本书的第三版打算把一些新内容，特别是人物志、男女关系和性别研究等敏感问题融入第二版的叙事史之中。本书是为历史专业学生和普通读者而编写的。因为目标是为了以最清晰最有意义的方式提供信息和思想，为此减少了那些学术性很强的注释，技术性术语则通过上下文来解释。虽然技术性大大降低了，但是思想性和挑战性却得到了强化。省略了脚注，参考书目也列在每章之后。由于专业性降低了，大部分外文资料也因此从略。书中提到的中文资料都放在段落文字中交代，而不另列参考书目。因为 1999 年 12 月 20 日香港回归，第一版论述到的两个阶段‘1500—1800 年与 1800—1997 年’，改为‘1500—1800 年与 1800—2000 年’。本书第一版的不足之处是故事缺乏人性化层面。为使知识、宗教和艺术重点得到最佳平衡，作者加入了有关历史周期的经历者的悲与喜、斗争与胜利的叙述，还特别补充了有关妇女、杀婴女犯、女同性恋者、音乐和技术方面的材料，以生动活泼的方式呈献于读者之前。①

如果说第二次世界大战之后欧洲史学界普遍青睐于实证和文本的研究方法，那么他们的北美同行则比较倾向于阐释和叙事历史的研究方法。孟德卫在上述专著中的方法论实践随着版本学思维的变化而变化，印证了欧美史学界研究方法存在差别的论断。

有一种认识论认为：世上万事万物的变化存在着“周而复始”的规则。佛教徒相信生命轮回，西方史学界也有不少学者相信历史循环的规则。孟德卫的《1500—1800 年中西方的伟大相遇》在结构和观点上都表现出认可历史在广泛意义上重复的倾向，因此揭示变化模式的重复及其意义就是历史研究的课题之一。早期中西交往出现的“中国热”在欧洲一度极富生命力和影响力，启蒙运动的先行者希望借用儒家思想来取代基督教的影响。

---

① David E. Mungello: *The Great Encounter of China and the West, 1500—1800*, Rowman & Littlefield Publishers, Inc. pp. VIII—XIV, 2009.

但是随着清帝国国力的衰败,在抗击外侮中一再失利,欧洲政界和学术界中的许多人慢慢地改用嘲讽和鄙视的目光来看待中国。同样地,当年信仰基督教的中国士大夫也曾企望借用西方的科技和富国强兵方略振兴中华。虽然1800年以前基督教义和西方文明在中国受到的排挤远大于欢迎,然而在彼此尊重的前提下开展的双向吸收和同化外来文化过程中,都逐渐改变了自视清高的态度。这种历史变化中出现的相似性显然是一种发展规律,谁也无法改变。

孟德卫在上述专著中用了大段篇幅回顾了利玛窦在华的传教历程。虽然他不是第一位进入中土的耶稣会士,但是至少也是一位可圈可点的人物。他对于中国文化和社会的评价褒中有贬:对于中国疆域广阔、人口众多、作物多样、气候调和、人民勤奋、儒学精深等方面心存向往,但是对于中国佛教徒和道教徒的个人品格和性倾向的所谓"道德败坏和恶行"却严辞谴责。基于这一见解,他把传教首选对象定位于中国的士大夫阶层,认为他们出身名门贵族,知书达理,闻名遐迩,多数人经过科举选拔进入国家各级机构,位尊权重——这就是后来在传教士中实施"适应策略"的思想基础。

为了开展与中国士大夫阶层最大范围的沟通与合作,传教士必须就是非取舍问题作出艰难决策。如果他们接受中国文化中与基督教信仰相抵触的元素,那么他们的适应策略的神学理论和表现一定是无效的。要让基督教在中国发展,就得面对本土化(inculturation)问题,使基督教在中国不再是一种外国宗教,而是为中国人所熟悉的一种改造中国文化的力量。

部分耶稣会士初到华南时穿起了中国僧人的长袍,但是他们很快就发现那种做法是错误的。因为他们主张以儒家学说为适应策略的思想依据,儒生的服饰才是他们的身份标志。他们开始深入士大夫阶层并从他们当中吸收信徒。1601年利玛窦和庞迪我(Jacques de Pantoja,1571—1618)结伴北上,开始在士大夫中实行自上而下的传教,在传播数学和其他自然科学知识过程中结识了李之藻(1565—1630)、杨廷筠(1557—1627)和徐光启(1562—1633)等学者。利玛窦除了负责管理在华耶稣会士外,还和中国学者联合翻译了许多西方科技书籍。1610年接任利玛窦事业的意大利耶稣会士艾儒略(Julles Aleni,1582—1649)来华,先后在北京、上海、扬州、陕西、山西、杭州和福州传教,出版了《口铎日钞》(Diary of Oral Admonitions)等有影响的专著。

西方耶稣会士在明末时期实行的“适应策略”大致是成功的，但是随着1644年满族贵族入主中原情况就发生了变化。耶稣会士的传教首选对象从地方士大夫阶层直接上升至中央政府高官，1622年来华的汤若望（Jean Adam Schall von Bell，1591—1666）和1656年来华的南怀仁（Ferdinand Verbiest，1623—1688）是实行新的“适应策略”的代表人物。西方的科技、绘画和音乐传入中国后产生了一定的影响，但是没能阻止17世纪下半叶反基督教的意识在中国的蔓延。孟德卫认为儒家的传统观念是其思想根源，引起了与基督教世界观的相互抗衡。来自于基督教不同教派的传教士的身份和经历也引起清廷统治者对自身政权稳定性的担忧，有关溺婴、祭祖、尊孔和风水等观念的分岐更进一步加剧了中国基层百姓对于洋教的抵触情绪，酝酿着鸦片战争之后的急风暴雨式的反清灭洋的风波的到来。然而，孟德卫认为历史回顾有益于对过去的了解，可以还原西方对中国的更多尊重，这就是他撰写该书的主题和宗旨。

孟德卫的主要著述有：

《莱布尼茨与儒学寻求协调》（Leibniz and Confucianism：The Search for Accord，University of Hawaii Press，1977年）。

《神奇的国度：耶稣会士的适应策略和汉学的发端》（Curious Land：Jesuit Accommodation and the Origins of Sinology，University of Hawaii Press，1989年）。

《被遗忘的杭州基督徒》（The Forgotten Christians of Hangzhou，University of Hawaii Press，1994年）。

《中国礼仪之争：历史及其意义》（The Chinese Rites Controversy：Its History and Meaning，Steyler Verlag，1994年）。

《1582—1793年中国与欧洲的首次重要文化接触》（The First Great Cultural Enconter Between China and Europe，1582-1793，Rowman & Tittlefield Publishers，Inc，1999年）。

《1650—1785年灵与肉之山东》（The Spirit and the Flesh in Shandong，1650-1785，Rowman & Littlefield Publishers，Incorporated，2001年）。

《1650年来中国溺杀女婴问题》（Drowning Girls in China：Female Infanticide since 1650，Rowman & Littlefield Pubilishers，Incorporated，2008年）。

《1500—1800年中西方的伟大相遇》（The Great Encounter of China and

the West, 1500—1800, the third edition, Rowman & Littlefield Publishers, Incorporated,2009 年)。

(十八)以中国哲学和宗教研究蜚声美国汉学界的韩禄伯

韩禄伯(Robert G.Henricks)1943 年 12 月 15 日出生于美国宾夕法尼亚州的卡塔维萨。1961 年他以优异的成绩进入威尔克斯学院学习音乐。1963 年转学到宾夕法尼亚州立大学,两年后获得了该校的宗教学学士学位。1965—1966 年在芝加哥大学的米尔恰·伊利亚德(Mircea Eliade,1907—1986)和约瑟夫·北村(Joseph Kitagawa,1915—1992)指导下攻读中国宗教、哲学和文化课程,后转学到威斯康星大学,师从周策纵(Tse-tsung Chow,1916—2007),1973 年 5 月获得中国语言与文学硕士学位。1976 年 12 月又获威斯康星大学中国语言与文学博士学位。

1968—1970 年韩禄伯受聘担任宾夕法尼亚州立大学哲学系主任助理。从 1973 年起他在威斯康星大学附设课程班讲授中国文学。1974—1976 年他担任宾夕法尼亚州立大学讲师,讲授汉语、宗教和其他人文学科课程。1976—1982 年他受聘担任达慕斯大学宗教学助理教授;1982 年被聘任为宗教学副教授;1986—1987 年任达慕斯大学亚洲研究计划执行主席;1988 年升任为宗教学教授。1992—1995 年他担任达慕斯大学宗教系系主任,开设了宗教模式、中国宗教导论、中国佛教、中国民间宗教、道家与道教和儒教等宗教研讨课。

韩禄伯先后参加了亚洲研究学会、美国东方学会、美国古代中国学会、美国宗教学会和美国中国宗教研究会等学术团体。自 1989 年起他担任美国白兰汀图书公司《中国古代典籍》丛书主编。除马王堆帛书《老子》外,他还把安乐哲翻译的银雀山简本《孙子兵法》收入了该丛书。此外,安乐哲翻译的《孙膑兵法》、叶山(Robin D.S.Yates)翻译的帛书《黄帝四书》和夏含夷翻译的帛书《周易》也先后作为丛书出版。

韩禄伯多次访问过中国大陆和台湾:1973 年暑期他为撰写博士论文赴台研究嵇康;1983 年夏他在北京师范大学督导 15 名达慕斯大学暑期班学生学习汉语;1986 年他赴台湾大学斯坦福中心研究和翻译寒山的诗。1987 年夏他与妻子率达慕斯大学校友旅行团访问北京、兰州、敦煌、西安、上海、苏州和桂林;1995 年他出席了海南国际汉学会议;1996 年 8 月应邀参加了北京道家文化国际学术研讨会，宣读了论文《再论〈老子〉分章的问题》。

他曾多次获得各种奖金与资助：1965年获PBK和PKP等研究生奖学金和约翰·怀特研究生奖学金；1970—1971年获华盛顿大学福特奖学金；1971—1974年获UWNDEA奖学金；1979年获NEH暑期研究奖金；1986年获IUP CSSC研究员奖金；1991年获达慕斯大学资深教师奖金；1995年获蒋经国基金会访问学者奖助金。

韩禄伯主要从道教和佛教着手研究中国哲学。他因为对于嵇康作品、寒山诗以及马王堆帛书《老子》的翻译和研究成果卓著，使他蜚声欧美汉学界。

1976年他完成了关于《嵇康的生平、思想与诗歌》的博士学位论文。1983年由普林斯顿大学出版社出版的《三世纪中国的哲学与论辩：嵇康的论文》，是他的一部有关嵇康13篇论文的英文译注本。

同年夏天他通过阅读寒山诗集发现这位禅僧的许多作品还没有被译成英文。除了沃森（Watson）译翻的100首、韦利翻译的27首和斯奈德（Gary Snyder）翻译的24首外，《全唐诗》中所收录的311首寒山诗多半还没有英译。他用了大约四年的时间完成了寒山全部诗歌的翻译，1990年由纽约州立大学出版社出版的《寒山诗译注全集》是寒山的全部诗歌的唯一的英文译注本。在诗集的"导言"中他开宗明义地谈到韩山诗歌英译的目的是：一、使读者了解寒山诗歌的全貌；二、为中国诗歌、唐诗与文学研究提供重要的资料和数据；三、为早期禅宗、韩诗和唐代佛教文献研究提供重要的思想源流。与此同时他还对寒山的生平和诗歌真伪进行了考辩。书后的"附录一"介绍了寒山生活的时代，"附录二"对于已有的英译寒山诗进行了点评。

韩禄伯对《老子》的研究也建立在对于中国哲学与宗教广泛把握的基础之上。他对马王堆汉墓帛书的研究主要聚焦于《老子》甲乙本，从文献学和哲学角度展开分析和解剖。就文献学角度的研究而言，他的论文涉及了版本、分章、异文、时代与流传诸方面，如：《马王堆帛书〈老子〉考：与王弼本的比较研究》（1979年）、《马王堆帛书〈老子〉的分章问题》（1979年）、《马王堆帛书〈老子〉及其时代》（1979年）、《马王堆本〈老子〉的异体字》（1981年）、《马王堆本〈老子〉异体字全表》（1981年）、《论〈老子〉的分章》（1982年）、《马王堆本〈老子〉及其文献流传的线索》（1985年）。就哲学角度研究而言,韩禄伯主要关注对原作的理解,包括总体的把握和细部的分析,如:《马王堆本〈老子〉的哲学:一些初步的意见》(1981 年)、《道与域:一个类推法的探讨》(1981 年)以及《〈老子〉五十章:"十分之三"还是"十三"》等。在此研究基础上他编撰了《老子〈德道经〉:新出土马王堆本的注译与评论》。1989—1993 年该书在欧美先后再版了六次。

韩禄伯翻译的《老子德道经》按照读者对象的不同分为两个部分:第一部分是以普通读者为对象的马王堆帛书乙本《老子》的翻译,是与注释、评论和两种帛书原文解读的合辑;第二部分面向专业读者,收录了"总论"和"优秀书目推荐"。"总论"介绍了《老子》和马王堆文书,《老子》的两种帛书告诉读者马王堆的文本与后世流行版本的异同。释文保存了古体汉字和一些在原文中类似标点符号的字符。韩禄伯的《老子》译文,文笔典雅,释义直达,专业性强,在表达上有不少独到之处。对于今文与帛书不同之处他都尽可能在注释中加以说明。韩禄伯将"道"比作宇宙的"子宫"和"处女地"——世间万物萌生之处。"道"滋生养育着万物,如同母亲呵护自己子女的胸怀。

韩禄伯主要著述有:

《道与域:类推法探讨》(The Tao And the Field:Exploring An Analogy,1975 年)。

《第三世纪中国的哲学与论辩:嵇康的文论》(Philosophy and Argumentation in Third Century China:The Essays of Hsi K'ang. Princeton University Press,1983 年)。

《嵇康》(Hsi K'ang,The Indiana Companion to Traditional Chinese Literature,pp. 410-412,Indiana University Press,1986 年)。

《老子〈德道经〉:新出土马王堆本的注译与评论》(Lao-tzu Te-tao Ching:A New Translation Based on the Recently Discovered Mawang-tui Texts. Balantine Books,The MacMilan Co. 1989 年)。

《寒山诗注译全集》(The Poetry of Han-shan:A Complete Annotated Translation. Albany:New York State University Press,1990 年)。

(十九)以西方女权主义批评观研究唐代传奇的倪豪士

倪豪士(William H. Nienhauser,Jr. 1943—　)出生于美国,中学时就喜

欢历史，读过很多传记文学作品，对中国特别感兴趣。他上的第一所大学是他父亲为他选择的科技大学，希望他将来能成为一名工程师。他只是奉命学习，所学学科却未曾在他心中燃起激情。1961 年的一天他无意中看到一则美国陆军征兵电视广告，便怀着满腔热情应征入伍，同年 12 月他进入了一所陆军语言学校。一年的中文课程使他对中国历史和文化有了初步的了解，为他后来选择的汉学研究专业打下了基础。1965 年服役期满后他转入了印第安纳大学东亚语言文学系专修中国文学，指导教授为柳无忌（Liu Wu-chi，1907—2002）。

他开始广泛涉猎欧洲和日本的汉学研究著作，慢慢地学会了借用参考书阅读中国古典文学。在柳教授的指导下他决定主攻唐代文学，并于 1968 年去德国波恩大学进修。当时波恩大学的唐代文学师资实力雄厚，他在老师的帮助下阅读没有标点符号的原版文献。那是一个无限广阔的历史空间，需要毅力、耐心和想象，但是充满东方魅力的文思给他带来了极大的乐趣。

1969 年他回到印第安纳大学后，柳无忌为他和其他同学开设了柳宗元研究课程。他坚持随时记下自己的读书心得和分析思考，时间为他集腋成裘的工程创造了财富，几年后他把自己的读书笔记整理成一部专著《柳宗元》，于 1973 年付梓。与此同时他还完成了博士论文《〈西京杂记〉中的文学和历史解读》。

1975—1976 年倪豪士得到了一笔奖学金，再次去德国汉堡大学学习西方和中国的唐宋散文。这一期间他的主要学术成果是《解读韩愈〈毛颖传〉中的讽喻》（发表于 1976 年 12 月的《远东》杂志）和《试析〈文苑英华〉中"传"的结构》（发表于 1977 年 5 月的《亚洲研究季刊》）。

1976 年他返回威斯康星大学继续研究中国唐宋小说和诗歌，两年后除了出版专著《皮日休》外，他还发表了多篇探讨六朝、唐代和明清文言小说的论文。1980—1983 年他担任威斯康星东亚语言文学系系主任。任职期间他编写了《印第安纳中国古典文学指南》，以及论文《中国小说的起源》、《〈南柯太守传〉和〈永州八记〉与唐代传记及古文运动的关系》。

1983 年他应邀担任台湾大学外文系客座教授，经常深入同事和同学中了解中国文化和汉学研究的情况，分享他们的心得和快乐。1985 年他又去了台湾大学外文系执教，课余时间在该校斯坦福中心研习相关汉学课程。

从1989年起他的研究重心转向了唐传奇研究和《史记》的翻译，研究领域的扩大使他学术上更加成熟。2001年他应中国社会科学院比较文学研究中心邀请担任客座研究员。其间他接受了《文学遗产》编辑部的专访，介绍了他个人研究中国古典文学的经历、治学方法以及对中国文学翻译的观点。2003年7月他参加了两岸学者在台北淡江大学召开的纪念杜甫诞生1290周年国际学术研讨会，介绍了美国学者研究杜甫的现状和成果。2009年3月他出席了上海复旦大学文史研究院与哈佛大学东亚系联合举办的"都市繁华：1500年来的东亚城市生活史"国际学术讨论会，宣读了他的论文《我心中的长安：解读卢照邻〈长安古意〉》，还应邀在该校文史研究院发表《再审〈李娃传〉》的专题讲演。

倪豪士对于中国古典文学的研究不随波逐流，也不空发议论，而以创见和开拓见长。2009年3月他在《重审〈李娃传〉》演讲中曾开宗明义地提出了有关白行简(约776—826)创作《李娃传》的年代和《李娃传》中的荥阳公子是否具有影射当时的牛李党争的问题。该作品是唐代传奇的名篇，又名《汧国夫人传》，写天宝中荥阳公子郑生赴京举秀才时恋上歌妓李氏，一年后资财耗尽，被鸨母逐出了院门，沦为唱挽歌的乞丐，又身患重病，幸得路人相救，最后以皆大欢喜结局。倪豪士从作者及其兄长的生活年代、素材源流、争论各方观点的理论依据以及原著中所披露的信息进行综合比较分析，并根据《旧唐书》、《新唐书》、北宋刘克庄(1187—1269)的《后村诗话》、明代学者薛审的《薛谐孟笔记》和清代硕儒俞正燮(1775—1840)的《癸巳存稿》等著述中的资料和论证，得出了这样的结论：

> 第一，白行简不一定是在一年之内完成《李娃传》的创作。他听《一枝花话》以后，可能向亲戚朋友询问过有关细节。据传他的创作可能长达十几年。第二，如果白行简写《李娃传》是有用心的，在以前学者提出的猜想之外，还可以考虑郑穆和郑亚分别为荥阳公和荥阳公子。如果《李娃传》是影射郑亚的话，白行简写成《李娃传》当在长庆二年或三年前后。①

他的以上结论既涵盖了文献学分析，也出于他对唐代传奇产生的社会

① 《重审〈李娃传〉》，上海复旦大学文史研究院2009年4月23日文史讲堂。

背景的考察。

倪豪士从20世纪70年代就开始从事《史记》研究。考虑到在西方学术界《史记》仍有相当一部分没有理想的译本,便决定与魏伯特(Robert Reynolds)、郑再发、陈照明和吕宗力等组成翻译团队,从1991年起开始翻译,决心要向西方读者奉献一套全译本《史记》。在过去20多年中他们已先后推出了《史记·汉以前的本纪》(1995)、《史记·汉以前的列传》(1995)、《史记·汉本纪》(2002)、《史记·汉以前的世家(上)》(2006)、《史记·汉代的列传(上)》(2008)等五卷,估计译文总数将多达9卷。译本保留了《史记》本纪、世家和列传等的排列顺序,为方便读者参考,译者还专门编写了纪年和度量衡对照表以及缩略语等,脚注包括词义解读、地点和章节说明。《史记》新译是一套极富学术价值的英语版中国文献,可以服务于中西方文化交流的需要。

倪豪士曾担任威斯康星大学麦迪逊分校东亚语言文学系主任多年,现任该校东亚语言文学系讲座教授。他对中国古典文学研究的特别贡献还体现在他所主编的《中国文学》(Chinese Literature)之中。因为当时美国大部分汉学刊物都在东海岸出版,而且缺少一份专门探讨中国文学的刊物。1979年他便与欧阳贞一起创办了总部设在中西海岸的中国文学专刊,1979—2010年他出任主编。

倪豪士自20世纪70年代以来撰写了论文近百篇,视角独特,手法新颖,令读者耳目一新。1995年台北南天书局出版了倪豪士的《传记与小说:唐代文学比较论集》,2007年中华书局获准再版。该书收录了20世纪70年代以来他撰写的12篇主要论述唐代文学的论文,包括《略论九世纪末中国古典小说与社会》、《〈南柯太守传〉、〈永州八记〉与唐传奇和古文运动的关系》、《柳宗元的〈逐毕方文〉与西方类似的比较研究》、《〈南柯太守传〉的语言、用典和外延意义》、《略论碑志文、史传文和杂史传记——以欧阳詹的传记为例》和《中国诗、美国诗及其读者》。他的《试析〈文苑英华〉中"传"的结构》按照结构主义理论分析将该书中的"传"分为三种类型。[①]又如他的《唐人载籍中之女性性事及性别双重标准初探》采用西方女权主义批评的观点对唐人小说及相关文献中的女性形象进行分析比较。作者根据不同的研究对象,选择有针对性的理论和方法进行解读,得出的结论

① 倪豪士:《唐代文学比较论集》,北京:中华书局,2007年。

令人信服。2003年他荣获洪堡基金(Humboldt Foundation)终身成就奖。

他的主要著述有：

《〈西京杂记〉之文学与历史解读》(An Interpretatopn of Literary and Historical Aspects of the Hsi－ching tsa－chi (Miscelanies of the Western Capital),1972年)。

《柳宗元》(Liu Tsung－yüan, Co－authored. New York：Twayne's World Authors Series,1972年)。

《中国文学批评论选》(Critical Essays on Chinese Literature, ed., Chinese University of Hong Kong,1973年)。

《皮日休》(P'i Jih－hsiu. Boston：Twayne's World Authors Series,1976年)。

《印第安纳中国古典文学指南》(第一册)(The Indiana Companion to Traditional Chinese Literature, Vol. 1. Editor and Compiler, Bloomington, Indiana：Indiana University Press,1985年)。

《唐代文学西文论著选目1~2》(Bibiography of Selected Western Works on T'ang-Dynasty Literature 1-2,1988年)。

《美国学者论唐代文学》(上海古籍出版社,1994年)。

《太史公记》(The Grand Scribe's Records, Vol. 1 ~ 2, Indiana：Indiana University Press,1994年;Vol. 3,1998年)。

《印第安纳中国古典文学指南》(第二册)(Indiana Companion to Traditional Chinese Literature, Vol. 2. Editor and Compiler. Bloomington, Indiana：Indiana University Press,1998年)。

《中国文学：古代与经典》(Chinese Literature, Ancient and Classical, Translation, Indiana：Indiana University Press,2000年)。

《传记与小说：唐代文学比较论集》(中华书局,2005年)。

《唐代传奇选》(Tang Dynasty Tales, A Guided Reader. Singapore：World Scientific Publishing Co.,2010年)。

(二十)通过塔克拉玛干考察打开中西文化交流新视窗的梅维恒

梅维恒(Victor Henry Mair,1943—　)年轻时喜欢英国古典文学,1965年毕业于达特茅斯学院。同年加入美国和平队(US Peace Corps),在尼泊尔服务了两年。回到美国之后他计划申请威尔逊奖学金开展对乔叟的研究。面谈时五位评委听了他有关尼泊尔和平队服务工作感受的叙述之后，认为他最具备研究佛学或东方学的条件。1967年秋天他在西雅图华盛顿大学学习佛学预科，中文、日文、藏文和梵文都是他的必修课程。后来他得到了马歇尔奖学金便转学到英国伦敦大学亚非学院，开始研究佛学和敦煌学。这期间他对组建自己的小家庭有着一种特别的期待，便从亚非学院退学移居台湾结婚成家，每日课余陶醉于温馨的新婚生活。然而对于像他这样有远大人生目标的学子来说卿卿我我的生活毕竟不是他所追求的目标，于是他又申请了另一份奖学金到哈佛大学研究佛学和敦煌经卷。1976年他完成的博士论文《敦煌通俗叙事文学》不仅展示了他的学术品格，也为他赢得了留校当助理教授的殊荣。

从1979年起他执教于宾夕法尼亚大学，现任该校亚洲及中东研究系教授，考古及人类学博物馆顾问，还先后短期任教于京都大学、香港中文大学、北京大学和四川大学。

梅维恒的研究领域包括中国语言文学、唐宋史和敦煌学，享有“北美敦煌学第一人”之美誉。他的《唐代变文：佛教对中国白话小说及戏曲影响之研究》、《绘画与表演：中国的看图讲故事及其印度发端》和《敦煌通俗叙事文学》等著述，为中西学界所熟知。近年来他曾在中国新疆塔克拉玛干沙漠进行考查，发现了存在于当地的2000 B.C.~200 A.D.的文明遗迹，为研究中西交通和欧亚文化交流史打开了新的视窗。

他潜心研究敦煌变文20余年，三部专著和多篇论文奠定了他的敦煌学权威地位。1983年他的博士论文《敦煌通俗叙事文学》经修改后由剑桥大学出版社正式出版，20世纪80年代他又发表了多篇有分量的论文。他认为敦煌变文是中国文学史上的叙事文学革命（Narrative Literature Revolution），值得深入研究。他的观点得到了众多中国唐代文学和敦煌文化学者的肯定，认为从民间文学和口头文学角度来研究唐代佛教文化，从丝绸之路的文化交流高度来研究敦煌文学，高瞻远瞩的分析可以加深人们对中西文化交流的历史和意义的理解。他翻译的《老子》和《庄子》在同类译作中位居前列，创意和突破颇多。他殚精竭虑地把《庄子》中的一些韵文翻译成了英文，展示出高品质译作的风范。

20世纪80年代梅维恒第一次来华，除了去拜访季羡林（1911—2009）和周有光（1906—　）等学者名流外，还到北京大学和北京国家图书馆查阅了有关敦煌文书。1988年他率领了一个美国博物馆代表团访问乌鲁木齐，所见所闻对于他后来的学术方向有很大影响。当地博物馆内陈列的各类干尸，仿佛是从遥远历史城乡前来迎接他们的小河人或者古墓沟人，正用吐火罗语向他们讲述尚未为世人所知的故事，带着他们去穿越时空隧道，期待着他们为现代读者写出有声有色的考察报告。梅维恒曾在《史记》和《阅微草堂笔记》等古籍中读到过有关中国西北边陲白种人的记载。他的雄心勃勃计划感动了斯坦福大学遗传学家卡瓦利·斯福尔扎（Luigi Luca Cavalli-Sforza，1922—　）和新疆考古所所长王炳华，都表示愿全力支持他的研究。在一位意大利学者的配合下他采集了数十具干尸的切片，经化验证实了他们的原先的预测。从此他每年夏天都携不同学科的学科专家去新疆考察。1996年在宾夕法尼亚大学他组织了一次由世界各地30多名学者参加的学术会议，报告各自研究新疆干尸的进展。1998年他编辑出版了会议论文集《青铜器和铁器时代初期中亚和东亚民族之研究》（The Bronze Age and Early Iron Age Peoples of Eastern Central Asia）。他还十分关心2000年新疆考古学家对于小河墓地的考察，并参与后续研究。他把塔里木盆地视为欧亚巨人的眼睛，把新疆看作自己的第二故乡，并不辞辛劳地指导拍摄了五部历史遗址纪录片。他还不定期组织出版《中国柏拉图文集》（Sino-Platonic Papers），作为西方学者发表有可能被束之高阁的研究论文的园地。

自20世纪80年代以来梅维恒每年都访问大陆和台湾，谈学问，也谈政治，希望中国和美国政界和学界增加互信，加强合作，希望两国学术界多出一些成果，少一些纷争。

他的主要著述和编撰有：

《敦煌通俗叙事文学》（Popular Narratives from Tun-huang，Cambridge，Massachusetts：Harvard University，1976年）。

《试论庄子》（Experimental Essays on Chuang-tzu，ed.，University of Hawaii Press，1983年）。

《绘画与表演：中国的看图讲故事及其印度发端》（Painting and Performance：Chinese Picture Recitation and its Indian Genesis，Honolulu：University of Hawaii Press 1988年）。

《唐代变文：佛教对中国白话小说和戏剧影响之研究》（T'ang Transformation Texts：A Study of the Buddhist Contribution to the Rise of

Vernacular Fiction and Drama in China, Cambridge, Massachusetts: Harvard University Council on East Asian Studies, 1989 年)。

《〈道德经〉:德与道之经典》(Tao Te Ching: The Classic Book of Integrity and the Way, New York: Bantam Books, 1990 年)。

《哥伦比亚中国古典文学选集》(The Columbia Anthology of Traditional Chinese Literature from the Asian Classics, Columbia University Press, 1994 年)。

《逍遥游:早期道家故事和庄子寓言》(Wandering on the Way: Early Taoist Tales and Parables of Chuang-Tzu, University of Hawaii Press, 1994 年)。

《哥伦比亚中国文学简史》(The Shorter Columbia History of Chinese Literature, ed., Columbia University Press, 1996 年)。

《梅乘〈七发〉与王勃〈滕王阁序〉》(Mei Cheng's Seven Stimuli and Wang Bor's Pavilion of King Terng: Chinese Poems for Princes, The Rdwin Press, 1998 年)。

《塔里木木乃伊》(The Tarim Mummies: Ancient China and the Mystery of the Earliest Peoples from the West, co-authored with J.P. Mallory, New York, N.Y.: Thames & Hudson, 2000 年)。

《哥伦比亚中国文学史》(The Columbia History of Chinese Literature, ed., Columbia University Press, 2001 年)。

四、美国具有现代性特色的汉学研究时期(1972 年至今)

第二次世界大战结束后,包括汉学研究在内的美国亚洲研究服务于联邦政府内外政策的倾向十分明显,不少专著和论文都不同程度地表现出种族主义偏见和殖民主义价值观,不仅成为宣传美国意识形态的工具,也对于制定对华政策产生了直接影响。1968 年,美国哈佛大学、斯坦福大学、密歇根大学和加利福尼亚大学柏克莱分校一些具有强烈反对越战思想的亚洲专业研究生和青年教员在宾夕法尼亚大学成立了关心亚洲学者委员会(Committee of Concerned Asian Scholars),尖锐地批评亚洲研究协会(Association for Asian Studies)对美国越战决策保持沉默,导致学术堕落并间离社会群体之间的关系。他们主张对亚洲社会的人道理解，保持文化完整，消除贫困和帝国主义压迫，反对在亚洲实施教区文化、为少数人私利而对外扩张的行为。1971年兰德公司军方分析师丹尼尔·艾尔斯伯格（Daniel Elsberg，1931—　）将美国五角大楼有关越战真相的7000多页文件，通过《纽约时报》记者向社会曝光，导致了全美范围的反战浪潮，迫使政府结束越南战争。由于越战给社会和国家造成的困难，美国财政部门和基金会对汉学研究的拨款逐年减少，一些项目只能从美国国内城市和民族研究渠道寻求资助。

1972年美国总统尼克松访华以及1979年1月1日中华人民共和国与美利坚合众国正式建交，为两国学术界的交流升级创造了条件，专家互访、留学生的交换和各类专业会议轮流在两国召开改变了过去70多年中各自封闭甚至相互抵制的状况。汉学专著、期刊、年鉴和会议文件汇编的出版数量逐年递增，汉学选题范围日趋扩大，专业队伍中不同年龄和经历层次的专家相互携手，为打造崭新的美国汉学大厦而联合。随着双边关系的逐渐改善，美国汉学界开始对传统汉学研究模式的反思和批判，研究观念和研究方法逐渐变得现实化和理性化。

这一阶段美国研究团队已经发展壮大，学者们不再满足于对于中国文化和国情发展的一般性解读，都普遍深入到文论或者作品的历史背景、社会意义、普世价值和学科影响等方面的深入探讨，从深层次发掘信息的人文和史学涵义。社会科学研究方法在汉学研究中的运用渐成科际整合的综合趋势。此时美国的现代中国文学研究，无论其广度、深度还是研究成果方面，都呈现出焕然一新的局面。各种新理论和新观念，诸如女权主义、新历史主义、后殖民主义、新文化、新儒家和现代性等，对于拓宽文学批评视野，重构现代文学的中国形象，创建新的史学模式都产生了冲击力。

多科整合为当代汉学研究开创了新思路，美国汉学家在这方面的贡献尤为突出。例如：费正清所倡导的汉学与社会科学研究联姻，白鲁恂把心理学、社会学和人类学理论运用于国际关系的分析，不仅扩大了研究人员的视野，同时也提高了他们的理论层次。美国新道家把传统道家的自然人文主义与现代性结合，体现了人文关怀中的科学精神，帮助人们审视各种现存的价值和秩序，在生命延续中实现超越功利至上的追求，给力于个人与社会之间的平衡、和谐与发展。波士顿儒学和夏威夷儒学把现象学、逻辑经验论、语言分析、过程哲学、实用主义以及社会批判等理论结合起来，对中国传统哲学进行了新的解读,实现了人文精神与科技精神互通,价值理性与工具理性兼容,促进了儒学的国际化和多元化发展。经济学家采用新古典经济学的理论模式进行实证性研究,通过理论假设、模式构建、数据验证和定性定量分析对中国的经济现状进行了有效的探讨。人类学家施坚雅主编的《中华帝国晚期的城市》(The City in Late Imperial China)综合运用了历史学、政治学、社会学、地理学和人类学的理论方法,是20世纪70年代美国中国史综合研究的一部重要著作。以上各学科的长足进步为70年代以后美国汉学的发展创造了有利条件,使现代美国汉学的发展云蒸霞蔚,盛况空前,气象万千。

美国学界通过长期的努力,把中国文化和中国价值观介绍到美国,帮助美国人对中国历史和社会的认识和了解,扩大了东方文明与西方文明之间的交流,促进了中美两国文化、经贸和科技的发展,使部分中国概念和思维提升到美国的主流意识水平。无论从国际汉学研究的发展,还是从全球一体化的发展方向来看,都是十分重要的贡献。

美国汉学的发展经历了从传统主流学科定位、实证性微观考察与研究中的应用比较,到田野调查、定性定量分析、科际整合的宏观研究。随着新的世界秩序取代了超级大国的两极对立,全球化和地域化观念就逐渐为人们所接受。这一思潮在当代美国汉学研究中的表现,首先是平等学术对话的提倡和人文学科现代性的自由发挥,其次是从世纪高度来考察现实,在应用前提下实现数码技巧与研究方法的更新。

然而,在全球一体化和学术成果商品化的语境中美国汉学研究也出现了一些新问题。例如:强势学术团体对于非强势学术团体的排挤,不同学科和学派之间彼此争夺话语权,对于学术成果的实用性、预警性和功利性的过分强调导致某些基础研究和教学遭遇冷落,基金会的慷慨注资一旦出现偏差就可能推高某些负面影响。目前美国部分大学东亚系研究中国社会学科的人数越来越多,无形中形成了对专攻古典文学的研究生就业的压力。另外,学者们还抱怨一些美国汉学研究项目太专业化,他们觉得只有更多了解其他领域和其他文明才能更好地认知中国文化。研究中国文史哲的学者与其他古代文明领域的研究人员之间开展合作将是大势所趋。从西方甚至国际汉学的高度来看,主流工作语言对于非主流文本学术地位和应用范围的长期抑制,在当前的学术生态中似乎难以完全消除,必须加以协调。凡此种种,无一不给美国汉学研究带来自耗和损伤,只有多方呼吁才能引起学术界的充分关注。

(一)敢于对翻译创造性和精准度挑战的葛浩文

葛浩文出生于加利福尼亚州,曾就读于南加州长滩州立学院。年少时轻狂,沉溺于喝酒跳舞游逛,虽然每门功课都勉强及格,但是对亚洲历史却不感兴趣。毕业后就业无门,只好当兵。1961 年他进入了海军学校不久就被派到台湾驻军中当一名通讯兵。后来调往日本,上了一艘开往越南的驱逐舰,经过多次恳求才返回台湾省,拜一位东北人为师学习中文。退伍后他留在台湾师范大学继续进修,直到得知父亲病危才结束留学生活。

回到美国后他进入旧金山州立大学就读,首次接触到萧军和萧红的史料,并认真读了第一本中国小说《八月的乡村》。1971 年他在印第安纳州立大学图书馆借到了萧红的《呼兰河传》,一看就不忍释手,五年后把它译成了英文,从此与中国文学结下了不解之缘。

他在旧金山大学硕士毕业后教了一年书,后来进入了印第安纳大学攻读博士学位课程,指导教授是旅美散文家柳无忌。他开始学习元杂剧、鲁迅和其他左翼作家的作品,既读英译本,也读原文。他的博士论文选题是萧红研究,1979 年以《萧红评传》为书名在香港正式出版。

葛浩文在台湾期间曾经翻译过作家黄春明(1935—)和王祯和(1940—1990)的作品,但真正吸引他走上专业翻译道路的是由翻译家戴乃迭建议翻译的张洁小说《沉重的翅膀》。在一次访京期间他去拜访杨宪益和戴乃迭夫妇。当时戴乃迭正在翻译该书,宾主谈起了共同感兴趣的话题都很投机,她便对葛浩文说文革和牢狱之灾使她与外部世界脱节多年,若由她完成该书翻译,恐怕会译成 20 世纪 50 年代那种老派英文。她相信由葛浩文来译文字会更有时代感,能更好地让外国读者了解中国。葛浩文欣然接过了翻译该书的任务。1989 年他的译本在美国出版后获得了广泛好评。葛浩文此次对杨宪益夫妇的拜访,不仅在专业上得到中国翻译专家的指点,也为他在中国出版译作提供了方便。后来他翻译的《萧红短篇小说选》、《红夜》、《朦胧的期待》和《鱼钓》,都先后由中国文学出版社作为“熊猫丛书”系列出版,他因此逐渐成为翻译界的知名人物。①

---

① 何琳:《翻译家葛浩文与〈中国文学〉》,载《时代文学》2011 年第 2 期。

在过去的40多年中，葛浩文先后翻译了萧红、陈若曦、白先勇、李昂、张洁、杨绛、冯骥才、古华、贾平凹、李锐、刘恒、苏童、老鬼、王朔、莫言、虹影、阿来、朱天文、朱天心和姜戎等20多位作家的40多部作品。其中有五六部是他和太太林丽君合译的。他的译文结构严谨，用词讲究，技巧娴熟，文风时尚而不落俗套，章法变化而不浮华。为了准确翻译姜戎的小说《狼图腾》中的大量蒙语词汇，葛浩文专门聘请了一位内蒙古大学的学生为他提供咨询，足见他对待翻译的态度是多么一丝不苟。2007年11月姜戎凭借《狼图腾》英译本在香港国际文学节上获得了首届曼氏亚洲文学奖（The Man Asian Literary Prize）。2007年、2009年和2010年曼氏亚洲文学奖得主之作品均为葛浩文译作。2009年他又获古根海姆研究奖。

在长期的翻译实践中葛浩文积累了丰富的经验，形成了自己的理论和风格。他说："我天生就爱翻译，翻译是我的爱好。对我而言，翻译就像空气一样，没有翻译，我就不能生活。"关于译者的身份和立场问题，他认为原著作者是为本国读者服务的，而外语译者则首先要着眼于海外读者群体；翻译是个重新写作的过程，"以原著为中心"是翻译的基本原则。关于自严复以来翻译界长期讨论探究的"信"、"达"、"雅"问题，他的观点是："信"、"达"、"雅"三者缺一不可，因为译文不是给作者看的，也不是给译者看的，而是给读者看的，读者的需要才是最终目标。做到了"信"和"达"，最关键也是最难的是"雅"——让读者读懂作品，能够发现其精髓，不要因为语言产生障碍。做翻译不能只为钱，企鹅出版社的《狼图腾》获奖了，但是他拿到的报酬只是基本稿费。关于翻译技巧的应用问题，他认为翻译从来就没有约定之规。他说："我翻译每一部作品的方式方法都不一样。原著本身就是我的'指南针'，我只能跟着它去走，不能用固定的方式来翻译那么多部不同的作品，否则《河岸》里面的人物说的话翻译出来，就跟《狼图腾》里面的主人公说的话一样了，那是要不得的！"翻译中常常碰到原著中的语言或者知识错误问题，他觉得既理解又无奈。如果保留错误，会很对不起读者，如果纠正错误，又觉得对不起作者。不过，只要可能就应该尽量与原著者沟通，但是对读者负责是一种译德，应该牢记。①

2002年4月葛浩文在《华盛顿邮报》上发表的《写作生涯》一文中说：

---

① 河西：《葛浩文与他的汉译之旅》，载《新民周刊》2008年4月17日。

> 有时我被人问起，既然在很多人看来翻译是个吃力不讨好的职业，你为什么还搞翻译？他们问我，既然你的日子（他们认为）还过得有滋有味，现在也该知道小说是怎么一回事，你为什么不写自己的小说呢？我只能说并不是所有的译者都可以成为闭门造车的小说家，我不认为翻译是低人一等的艺术，而应该是出精品的艺术。我个人对于这个问题的最简要回答是：因为我喜欢翻译，我爱看中文，也爱用英文写作，我喜欢这样的挑战，喜欢这样充满歧见和不确定因素的事业。我就喜欢游离于创造性和精准度之间的紧张，甚至还有不可避免妥协的感受，而且偶尔我还能找到被激情所驱使用英语表达令人兴奋的工作。换言之，为了活着我必须翻译。满足于知道自己忠诚地为两个“选区”的民众服务，使我乐于把那些优秀的、拙劣的和不算高明的中文，译成可读的、可感触到的，甚至可以推向市场的英语书籍。①

大凡从事翻译工作或者喜欢阅读翻译作品的人，都觉得这是经验之谈。懂得翻译原理的人，最善于发现历史的价值，最能捕捉生活的精彩画面，最会体验学科和谐互动之快乐。

1981年葛浩文第一次来北京访问，见到了萧军、舒群、罗烽、冯牧和萧乾等作家使他十分感动，这么多年读了他们的作品，终于跟他们见面了。在中国作协的帮助下，他还访问了萧红的家乡和呼兰河镇。后来又得到中国和美国政府的资助，对伪满时期的中国文学进行了专项研究。

葛浩文是当代英文世界知名度很高的中国文学翻译家，目前为美国圣母大学讲座教授。

葛浩文撰写、翻译或者与他人合译以及编辑的中国文学作品主要有：

《萧红评传》（Hsao Hung，Twayne Publishers，1976年）。

《萧红短篇小说选》（Selected Stories of Xiao Hong，1982年）。

《朦胧的期待》（Vague Expectation，1982年）。

《鱼钓》（Fishing，1987年）。

《红夜》（Red Night，1988年）。

《沉重的翅膀》（Heavy Wings，Grove Press，1989年）。

---

① Howard Goldblatt：*The Writing Life*，*The Washington Post*，Page BW10，April 28，2002.

《红高粱》(Red Sorghum:A Novel of China.New York:Viking,1993 年)。

《屠夫的灵媒娇妻》(The Butcher's Wife and Other Stories,Cheng & Tsui Company,1995 年)。

《天堂蒜薹之歌》(Garlic Ballads.Penguin USA,July 1996 年)。

《哥伦比亚中国现代文集》(Columbia Anthology of Modern Chinese Literature edited by Joseph S. M. Lau and Howard Goldblatt, Columbia University Press,1996 年)。

《灵肉》(Chairman Mao Would Not Be Amused,Grove Press,June 1996 年)。

《玩的就是心跳》(Playing For Thrills,Penguin Books,1998 年)。

《荒人手记》(Notes of a Desolate Man,co-translated with Sylvia Li-chun Lin,2000 年)。

《酒国》(The Republic of Wine.Arcade Publishing,2000 年)。

《千万别把我当人》(Please Don't Call Me Human,Hyperion East,2000 年)。

《师父越来越幽默》(*Shifu*,you'll do anything for a laugh,New York:Arcade Publishing,2001 年)。

《尹县长及其他文革故事》(The Execution of Mayor Yin and Other Stories from the Great Proletarian Cultural Revolution,co-translated with Nancy Ing,Indiana University Press,2004 年)。

《丰乳肥臀》(Big Breasts & Wide Hips,New York:Arcade Publishing,Incorporated,2005 年)。

《闹腾的麻雀》(Loud Sparrows edited by Aili Mu,Julie Chiu,Howard Goldblatt, Translated by Howard Goldblatt. Columbia University Press, 2006 年)。

《狼图腾》(Wolf Totem,Penguin,2007 年)。

《青衣》(The Moon Opera, co-translated with Sylvia Li-chun Lin. Telegram Books,2007 年)。

《河岸》(The Boat to Redemption,2009 年)。

《玉米》(Three Sisters,co-translated with Sylvia Li-chun Lin,2010 年)。

《生死场》(The Field of Life and Death,Cheng & Tsui Company,2002 年)。

《饥饿的女儿》(Daughter of the River, Cheng & Tsui Company, 2002年)。

《呼兰河传》(Tales of Hulan River, Cheng & Tsui Company, 2002年)。

《北京娃娃》(Beijing Doll, Riverhead Books, 2004年)。

《我的帝王生涯》(My Life as Emperor, Hyperion East, 2005年)。

《浮躁》(Turbulence: A Novel, Grove Press, 2003年)。

《古都》(The Old Capital, 2007年)。

《生死疲劳》(Life and Death are Wearing Me Out, Arcade Publishing, 2008年)。

《魔咒钢琴》(A Jewish Piano, co-translated with Sylvia Li-chun Lin, 2011年)。

(二)运用结构主义理论来考察分析历史问题的艾兰

艾兰(Sarah Allan, 1945—　)出生于美国，先后在加利福尼亚大学洛杉矶分校和柏克莱分校学习中文，1972年在英国伦敦大学亚非学院任教，1974年获博士学位。1995年夏天任美国达特茅斯学院(Dartmouth College)教授。她的研究领域广及甲骨文、青铜器、简帛和中国古代史。她在亚非学院长期教授中国古代哲学，熟悉先秦文献、考古、中华思想和文化，善于从哲学史角度探索和解读学术问题。

1982年艾兰与中国社会科学院历史研究所的专家李学勤和齐文心合作对英国所藏甲骨进行考察，共得英国11个单位所藏的3000片甲骨拓片。经过认真辨伪分析，排除了拟伪和字迹不清的残片后共选用2674块甲骨拓片编成《英国所藏甲骨集》一书，按照上编(图版)和下编(释文和附录)体例编排，分别于1985年和1991年由中华书局出版。该书不仅收录了浸礼会教士库寿龄(Samuel Couling, 1859—1922)、北长老会教士方法敛(Frank Herring Chalfant, 1862—1914)和金璋(Lionel Charles Hopkins, 1854—1952)等人的旧藏甲骨墨拓，而且还收入了不少过去未曾著录的甲骨刻辞，2674片所谓的“家谱刻辞”以及正反两面彩色照片，弥足珍贵。艾兰在考古方面的另一贡献是采用了新的甲骨鉴别技术和手段。通过摄像机和显微镜结合拍摄甲骨单字或局部，以便放大刻道轨迹，便于判断刀工刻划的次数和笔顺，为真字和伪刻字的比较和删选提供了科学鉴定的依据，一些疑难问题因此得到了充分验证和解决。

1997 年 8 月，艾兰在北京举办的一次道家文化国际学术研讨会上获悉在郭店楚简中有一部与今本《老子》很不一样的竹简本《老子》，她如获至宝，为此开始筹划举办郭店版《老子》学术讨论会。1998 年 5 月 22～26 日研讨会在达特茅斯学院举行，来自中国海峡两岸、加拿大、美国、比利时、英国、德国、法国和日本的 30 多位学者参加了会议，分别从考古学、历史学、古文字学、文献学、哲学以及宗教等角度对郭店楚简进行了广泛而深入的讨论。艾兰的想法是从不同国家的汉学研究领域的不同学科，请来既有深厚学养又熟悉出土文物业务的专家一起阅读这些在地下长眠 2000 余年的文献，为后续研究奠定一个坚实的基础。会后艾兰主编了《老子国际研讨会纪要》，作为"古代中国研究专刊"在美国出版。

艾兰对中国青铜器也有深入研究，曾与李学勤合著《欧洲所藏中国青铜器遗珠》一书。在该书"附论"中，她就欧美汉学界对中国青铜器的研究历史进行了回顾，权衡得失褒贬，颇具启发性。1992 年她主编了《中国早期青铜礼器的释义问题》一书，并撰写了专论《西方人眼中的中国青铜器》，论述了欧美学术界研究中国青铜器和中国早期文明中的宗教信仰和艺术传统的历史和倾向，对于青铜器的史学和文物价值提出了新颖的见解。

在《太一、水与〈老子〉：郭店新启迪》一文中，艾兰把"宇宙之最"与《老子》的"道"和"太一生两仪，两仪生阴阳"的深奥概念联系在一起。《孔子家语・礼运》中说："夫礼必本于太一，分而为天地，转而为阴阳，变而为四时，列而为鬼神。""道"的哲理源于自然之水，有水就有生命，就可养育世间万物。在中国传统哲学中，"太一"就是"道"的别称，就是"元气"，就是代表"天命"的中宫天极星。了解这些概念及其相互之间的关系，就能领会"阴阳五行"的比喻含义，脱离混沌。

艾兰的《世袭与禅让》是 1970 年她在加利福尼亚大学柏克莱分校撰写的博士论文，其思路源于她在早先的硕士论文中对周初太公望传说的研究，是借鉴西方结构主义（structuralism）理论来探讨中国史前史的一种尝试。20 世纪下半叶西方流行的结构主义认为事物和现象包含深层和表层结构，一个文化意义的产生与再现是透过其表意系统（systems of signification）的各种实践、现象与活动来实现的。法国人类学和民族志学家列维-斯特劳斯（Claude Lévi-Strauss）是一位早期的结构主义实践者，他把这一理论用来分析神话学、宗族以及食物制作等文化现象。后来结构主义理论应用范围进一步扩大到语言、文化、文学和社会学。美国学者乔姆斯基(Noam Chomsky,1928—　)曾因在句子分析中使用深层和浅层理论而闻名于语言学界。艾兰在《世袭与禅让》中大胆运用了结构主义理论来考察历史学问题。她指出中国古代史的记录方法随着史官哲学观点的改变而改变。封建社会的改朝换代既有禅让也有篡位之分,史家不同就会有不同的解读。传说中的中国历史先贤没有个人私利,因此能以德治国,举贤任能。但是当物质丰富阶级关系复杂化之后,皇族唯恐失去既得利益,就必然采取皇位世袭制度。艾兰论证了国家制度的变化与上下内外关系的变化相联系的规律。李学勤写道:

> 她(艾兰——引者注)1969年的硕士学位论文《周汉文献所见太公望》,发表在1972—1973年的《华裔学志》第30卷,是她涉足中国古代研究的肇端;1974年完成的博士学位论文《世袭与禅让》,吸取了列维-斯特劳斯的结构主义理论,在中国古史传说研究中别开生面,极有创新性,受到汉学界的广泛注意。①

艾兰在《龟之谜:中国古代神话、艺术和宇宙观》的"导论"中提出:要研究中国古代神话,不能孤立地去理解它,而必须联系与神话有关的因素,研究祭祀、占卜、艺术和宇宙观,只有在这整个体系的语境中才能理解其含义。她认为"十日并出"的神话表明商代人把自己与太阳和火联系在一起。根据结构主义的二元对立观念,夏人自然就与月亮和水相联系。这样就能较合理地解释神话中夏朝洪水和商朝旱灾的发生,以及商即将诞生的预兆。她批评那些根据欧美神话概念断言"中国无神话"的观点。她强调利用传说和史料来加深对神话的了解。她把中国古代文献中缺少神话归因于中国宗教的本质,因为在中国神、祖先和鬼魂三者都是灵魂,所以神和人之间没有本质的区别。②

2008年11月5日,艾兰应中国社会科学院历史研究所的邀请作了题为《饕餮纹的发展及其意义》的学术报告。她回顾了20世纪30年代以来

① 李学勤:《〈艾兰文集〉总序》,北京:商务印书馆,2010年。

② 中国国家图书馆:《汉学家资源库·汉学家·艾兰》。

西方学者对中国商代以前青铜器纹饰研究的历史,认为古代中国青铜器的艺术价值和纹饰系列以及变化规律,是引起西方学术界关注的第一因素。高本汉是对纹饰作了类型学的统计分类的早期西方学者之一,分析了饕餮纹等纹饰如何经历了由写实向抽象几何图形发展的过程。罗樾(Max Loehr,1903—1988)等学者提出了殷商青铜器纹饰五种型式彼此承接的构想,与新石器彩陶抽象的几何图案之间存在着渊源关系,不具有任何象征性的宗教、宇宙论和神话学意义。从艺术上看,饕餮纹复杂多变,并非某种特定动物或神灵的表现。白克礼(Robert Bagley)等人也认为商代青铜器的纹饰是纯粹的图案艺术,各个母题并无特殊的象征性。艾兰本人曾经在《龟之谜:商代神话、祭祀、艺术和宇宙观研究》一书中谈到对这一问题的看法。她认为神话符号的特征在于能够有意突破自然现实世界的界限,达到超现实世界的彼岸。而原始艺术则需要通过某种语言才能与另一世界沟通,其纹饰母题可以直接出自宗教信仰的结构,无须描绘。青铜器上的纹饰把不同动物的特征组合在一起,随意放大缩小,或方或圆,这正是其原始艺术的特征表现。艾兰介绍了大卫·莱维斯·威廉斯(David Lewis-Williams)与大卫·皮尔斯(David Pearce)合著的《新石器时代的心理:意识、宇宙与神域》(Inside the Neolithic Mind:Consciousness,Cosmos,and the Realm of the Gods)如何利用人类学和脑神经学理论对原始宗教和艺术所作的解释,探讨了萨满教(Shamanism)等原始宗教借用酒或者幻药让人产生幻觉,以实现人类世界与超自然世界的沟通。原始艺术孕育于原始宗教,通过图形或者隧道与漩涡上天入地,将不同动物的躯体组合成半人半兽的生命体。这些也许是萨满巫师能进入另一个世界的方式。艾兰认为,文献记载可能有历史依据,但饕餮纹描述的是一种幻觉经验,不一定与文献的记载相符。这就是她对饕餮纹产生方式所提出与众不同的解读和思考。

艾兰的主要编撰和著述有:

《周代太公望的身份与文学》(The Identities of Taigong Wang in Zhou and Literature,Monumenta Serica XXX,pp. 57-99.1972—1973 年)。

《中国四千年历史》(Four Thousand Years of Chinese History,New Community III (Summer),pp. 280—285.1974 年)。

《引言·中国的传说、学问与宗教》(Introduction,in Legend,Lore and Religion in China,Sarah Allan and Alvin P.Cohen,ed.,pp.i—xii.1979 年)。

《中国的传说、学问与宗教:现代中国民间宗教的商代基础》(Shang Foundations of Modern Chinese Folk Religion, in Legend, Lore and Religion in China, Sarah Allan and Alvin P.Cohen, ed., pp. 1—21.1979 年)。

《中国》(China, with C.Barnett, Cassells, London, 1980 年)。

《天子:中国古代的神话和图腾崇拜》(Sons of Suns: Myth and Totemism in Ancient China, Bulletin of the School of Oriental and African Studies, XLIV, pt.1, pp. 290—326.1981 年)。

《世袭与禅让:中国古代朝代更迭传说》(The Heir and the Sage: Dynastic Legend in Early China, CMC, San Francisco.1981 年)。

《夏朝的神话》(The Myth of the Xia Dynasty, Journal of the Royal Asiatic Society, 1984, no. 2, pp. 242—256.1984 年)。

《〈尚书〉失传的文本所载旱灾、人祭与天命》(Drought, Human Sacrifice and the Mandate of Heaven in a Lost text from the Shang shu, B. S. O. A. S., XLVII, pt. 3, pp. 523—539.1984 年)。

《英国所藏甲骨集》(Oracle Bone Collections in Great Britain, vol.I, 1985 年)。

《神话与商代青铜器纹饰含义》(Myth and Meaning in Shang Bronze Motifs, Early China XI~XII, pp. 283—289.1985—1987 年)。

《尧和舜》(Yao and Shun, Encyclopedia of Religion, MacMillan, New York.1987 年)。

《谈殷代的宇宙观与占卜》(On Yin Dynasty Cosomology and Divination, YInxu Bowuguan Congkan, pp.189—198.1989 年)。

《英藏敦煌手稿前言(三)》(Preface III, in Dunhuang Manuscripts in British Collections: Chinese Texts other than Buddhist Scriptures I, Sarah Allan and others, ed., pp.19—22.1990 年)。

《鲜簋的初步研究》(Preliminary research on the Xian Gui, 22 February 1990 年)。

《饕餮纹及其含义》(The Taotie Motif and its Meaning, 1990 年)。

《针刻纹三角援戈及相关问题》(A Triangualar Bladed Ge-halberd with Incised Decoration and Related Problems, 1990 年)。

《亚形与殷人的宇宙观》(The Cross-shape and the Cosmology of the Yin People, 1991 年)。

《龟之谜：中国古代神话、艺术和宇宙观》(The Shape of the Turtle: Myth, Art and Cosmos in Early China, State University of New York Press, Albany, 1991 年)。

《英国所藏甲骨集》(Oracle Bone Collections in Great Britain, Vol. II, 1991 年)。

《中国古代祭祀青铜器艺术及其意义》(Art and Meaning, in The Problem of Meaning in Early Chinese Ritual Bronzes, Colloquies on Art and Archaeology in Asia, XV, Roderick Whitifield, ed., Percival David Foundation ofChinese Art, School of Oriental and African Studies, London, pp. 9—33, 1993 年)。

《失落在伦敦的东汉大铜马》(A Large Eastern Han Bronze Horse which has slipped away to London), with Lu Liancheng, 1993 年)。

《中国早期哲学思想中的水》(Water in Early Chinese Philosophical Thought, 1993 年)。

《马王堆出土老子〈道德经〉英译·引言》(Introduction, Lao Tzu Tao Te Ching: Translation based on the Ma Wang Tui Manuscripts, D. C. Lau, trans., S. Allan, ed., Everyman's Library, Alfred Knopf, London. 1994 年)。

《最近出现的秦公户》(The Duke of Qin *hu* that has recently appeared, 1994 年)。

《关于夏的神话》(On the Myth of the Xia, 1995 年)。

《欧洲所藏中国青铜器》(Chinese Bronzes: A Selection from European Collections, 1995 年)。

《中国古代哲学思想之本喻》(The Root Metaphors of Early Chinese Philosophical Thought, 1996 年)。

《水之道与德之端：中国古代哲学思想之本喻》(The Way of Water and Sprouts of Virtue: Root Metaphor in Early Chinese Philosophical Thought. State University of New York Press, Albany. 1997 年)。

《虎、南方与罗樾》(The Tiger, the South, and Loehr, Style III, In Proceedings of the International Conference: Chinese Archaeology Enters the Twentieth Century, Department of Archaeology, Peking University, ed., Science Press, Beijing, pp. 149—180. 1998 年)。

《西方美术史学者眼中的中国青铜器》(Chinese Bronzes in the Eyes of

Western Art Historians, in Essays in Commemoration of the One Hundredth Anniversary of Rong Geng, Guangdong Yanhuang Wenhua Yanjiuhui, and others, ed., Guangdong People Press, Beijing, pp. 399—416, 1998 年)。

《中国早期哲学思想中的本喻》(The Root Metaphors of Early Chinese Philosophical Thought, in Sarah Allan, Tao Wang and Fan Yuzhou, ed. 1998 年)。

《西方人为什么要研究古代中国》(Why Should Westerners Study Ancient China, In China Reading Weekly, May 20, 1998 年)。

《早期中国历史、思想与文化》(Early Chinese History, Thought, and Culture Collected Articles Translated into Chinese by Yang Min, 1999 年)。

《瑞典斯德哥尔摩远东古物博物馆藏甲骨文字》(Oracle Bone Inscriptions in the Museum of Far Eastern Antiquities, Stockholm, Sweden, 1999 年)。

《西方人眼中的中国青铜器》(Chinese Bronzes Through Western Eyes in Roderick Whitfield and Wang Tao, ed., Exploring China's Past: New Discoveries and Studies in Art and Archaeology, Saffron Books, London, 2000, pp. 63—76. 2000 年)。

《太一,水与郭店版〈老子〉》(Tai Yi, Water and the Guodian Laozi, in Wuhan Daxue Zhongguo Wenhua Yanjiuyuan, ed., Wuhan University Press, 2000, pp. 524—533. 2000 年)。

《韦利译〈论语〉·引言》(Introduction to Arthur Waley, trans., Confucius: The Analects, Everyman's Library, Alfred Knopf, New York, 2000, pp.xi—xxix. 2000 年)。

《郭店新出土老子楚简与中国古代宇宙观》(The Newly Discovered Chu Bamboo-slip Laozi from Guodian and Ancient Chinese Cosmology, in Sarah Allan and Xing Wen, ed., 2000 年)。

《中国古代历史与思想史》(Ancient Chinese History and History of Thought, Fudan University Press, Shanghai, pp. 128—140. 2002 年)。

《太一、水与〈老子〉:郭店新启迪》(The Great One, Water, and the Laozi: New Light from Guodian, T'oung Pao, Vol. 89, 4 ~ 5, December 2003 年)。

《引言(一):中华文明的形成》(Introduction: Part I, in The Formation of

Chinese Civilization: An Archaeological Perspective, Sarah Allan, ed., Yale University Press, New Haven, pp. 1—6. 2005 年)。

(三)把西方叙事理论应用于中国文学研究的浦安迪

浦安迪是一位犹太人,1945 年 2 月生于美国纽约。他从小就对语言学习感兴趣,上中学时开始学习俄语,进入普林斯顿大学后学习汉语。19 岁那年他去台湾大学深造,研修汉语和中国文学课程。除了英语、汉语、俄语和希伯来语外,他还通晓日语、拉丁语、法语、意大利语、匈牙利语、罗马尼亚语、希腊语、阿拉伯语和土耳其语。台湾大学的课堂教学丰富了他的中国文化知识,加深了他对《红楼梦》等中国文学名著的理解。

获得普林斯顿博士学位后浦安迪受聘留校任教,为学生开设了《红楼梦》研讨课。据说他所使用的脂批线装《红楼梦》原是胡适送给普林斯顿东亚系创办者牟复礼教授的。教授退休前又将该书作为传家宝转到了浦安迪手中,其中深情厚意只有这几代学者才最能心领神会。

浦安迪知道,从传统的文学批评观点看,《红楼梦》不仅仅描写了宝哥哥和林妹妹的亲情和爱情,也是一部反映晚清社会人生百态的百科全书,其中有儒、道、佛哲理,也有官场的明争暗斗和闺房的私怨情伤,与西方文学名著相比较却又都是通过叙事形式演绎社会和人生主题的一种体裁。他尝试用结构主义理论研究《红楼梦》,引起了学术界的关注。他所倡导的人文学科研究语境化(contextualization)主张,是把作品中的各类相关元素钩勾连起来构成一个语境场,以便从宏观和微观角度透视人物和现象,使多科综合手段得到充分发挥,成为更新更有成效的文学分析手法。

20 世纪 80 年代浦安迪应邀来中国社会科学院文学研究所做访问学者。虽然是他第一次来中国大陆,但是他在台湾留学和生活的经历帮助他消除了陌生感,他先后结识了钱钟书、吴晓铃和周汝昌等学者名流,私交甚笃。

浦安迪的研究领域相当广泛,其中中国古典文学、中国思想史、中西文化比较和叙事学都是他的强项。后来他的学术兴趣转到了世界各国文学渊源的研究与比较,他的文章不断见诸报刊。

在一段相当长的时间内,浦安迪按照华盛顿大学教研部门的计划承担着重译部分中国古典名著的重任。几位来自哈佛大学、爱尔兰大学和加利福尼亚大学柏克莱分校的教授,分工负责把《诗经》、《尚书》、《左传》、《韩非子》和《论衡》等经典文献翻译成英文,以中英文对照形式出版。他个人翻译的《左传》已先期完成。

1989 年春浦安迪应邀担任北京大学比较文学与比较文化研究所客座教授,为研究生和年青教师开设了"中国古典文学与叙事文学理论"课。授课内容受到欢迎,20 多位学子有时就在他的寓所上课。他主要是从比较文学理论的角度,探讨中国古典小说的叙事方式,并且进一步阐明中国小说与世界其他各国叙事文学之间的关系。

他的学术演讲《中国叙事学》经过修订后于 1994 年由北京大学出版社出版。该书以叙事学理论对中国文学进行探讨,所用案例和语料主要选自明代四大奇书(《水浒传》、《三国演义》、《西游记》和《金瓶梅》)和清代小说《红楼梦》,视角独特,手法新颖,分析别开生面。全书正文共七章,分别为:第一章导言(第 3—33 页);第二章中国叙事传统中的神话与原型(第 34—54 页);第三章奇书文体结构诸型(第 55—97 页);第四章中国奇书修辞形态研究(第 98—124 页);第五章奇书文体中的寓意问题(第 125—166 页);第六章奇书文体与明清思想史通观(第 167—188 页);第七章不是结论的结论(第 189—199 页);附录:高友功(Yu-kung Kao)著《中国叙事传统中的抒情境界》(第 200—219 页)。浦安迪认为,文学中的"叙事"是通过讲故事的方式把人生经验的本质和意义传传递给读者,与"抒情诗"和"戏剧"共同构成了文学创作中的三大体裁。

20 世纪 80 年代中期西方叙事学理论开始传入中国,1986—1992 年一些最有代表性的西方叙事理论著作先后在中国翻译出版。中国本土化的叙事研究借鉴西方叙事理论,以中国所特有的文学资源和话语形式,展开了对古典文学和现当代小说的叙事研究,推动了中国叙事学的繁荣,给当代小说创作实践带来了影响,使之发展成为一场叙事革命。

浦安迪在《中国叙事学》中对于中国叙事文学做了以下的简要回顾:

> 中国叙事文学可以追溯到《尚书》,至少可以说大盛于《左传》,但是如果我们把研究的重心放在虚构性叙事文体(亦即英文中的 fiction)之上,则今天看得到的中国最古的小说,大概是六朝志怪,然后中经变文与唐人传奇,发展到宋元之际开始分岔,其中一支沿着文言小说的路线发展,另一支演化成白话小说。前者

从《阅微草堂笔记》和《聊斋志异》等清代文言小说为新的高峰，后者则以明代四大奇书和清代《儒林外史》和《红楼梦》为代表之作。明代是中国长篇章回小说创作的黄金时代，也是文人开始关心小说的滥觞期。在明清小说批评的领域里，文言小说与白话小说有着泾渭分明的界限。文言小说研究的特点是寓批评于分类，主要由胡应麟和纪昀这样的史评家来措手；而白话小说的研究则是寓分类于批评，基本由金圣叹、李卓吾这样的才子文人来进行。①

浦安迪在书中还提出了"叙述人的口吻"、"奇书文体"和"文人小说"等概念问题，很具启迪性，尤其在界定这些术语和叙事区分标准时很有必要。至于汉语的"小说"和"神话"与英语的"novel"和"myth"的语义和语用差别问题，对于跨文化跨时代的比较来说都是无法回避的环节，但是从翻译学和语义学的角度来看却显得过分较真，有悖于语言发展的实际。在汉语和英语这样历史悠久使用范围很广的语言中，"旧瓶装新酒"的现象太普遍了，例如现在我们常说的"跳槽"、"小资"、"传奇"和"搭车"等都碰到扩义和转义的情况，无法按照旧章程辨析。英语的"drama"与"play"原本也有分工，但是普通读者混用的情况却屡见不鲜。严格地说，"饺子"与"dumpling"并不等值，准确地翻译只能音译。问题是：如果对于意义不等值的词统统加以音译，译文就会失去其可读性，对于非专业读者来说是无法接受的。

北京大学教授乐黛云在谈到浦安迪的专著《中国叙事文：批评与理论文汇》时说：

我很喜欢他思考的深邃，视野的开阔和掌握资料的丰富翔实；甚至可以并不夸张地说，这本书在一定程度上激发了我对比较文学的兴趣，推动了我走向比较文学研究之路。

乐黛云对于他的课堂教学的评价是：

① 浦安迪：《中国叙事学》，第11页，北京：北京大学出版社，1994年。

> 浦安迪教授是一个很严肃的人，轻易不苟言笑，但却平易可亲，你会处处感到他的热心和真诚。他给我们研究所带来了新的教学法，也带来了新的风气，他很能提出有启发性的问题，带动学生思考，展开不同意见的争论。①

2006年8月10日他应邀访问了中国社会科学院外国文学研究所，与社科院外文所、文学所和北京师范大学等单位从事中国文学和比较文学研究的学者进行了交流与座谈。

浦安迪现在已从普林斯顿大学东亚系和比较文学系荣休，但是还兼任以色列希伯来大学东亚系教授。

浦安迪的主要著述有：

《红楼梦中的原型与寓意》(Archetype and Allegory in the Dream of the Red Chamber:Princeton University Press,1976年)。

《中国叙事文：批评与理论文汇》(Chinese Narrative. Critical and Theoretical Essays,Princeton Universffy Press,1977年)。

《明代小说四大奇书》(The Four Masterworks of the Ming Novel: Princeton University Press,1987年)。

《中国叙事学》(中文版，北京大学出版社，1994年；Toratha-gadol Jerusalem:Mosad Bialik,1997年)。

《大学与中庸》(The Highest Order of Cultivation and on the Practice of the Mean,London:Penguin Classics,2003年)。

《红楼梦批语偏全》(编释，北京大学出版社，2003年)。

(四)反对世界诗歌成为他国现代主义翻版的宇文所安

宇文所安(Stephen Owen)1946年生于美国密苏里州圣路易斯市，1959年全家移居巴尔的摩。14岁那年他在巴尔的摩市图书馆第一次读到一本书名为《白驹》的英文版中国诗集，其中收录了从东周到民国时期的诗歌。从此他开始喜欢上了中国诗，几乎每个星期都去那儿浏览他所能找到的中国文学书籍。他的父亲是一位物理学家，常告诫他“聪明不值钱。世界上

① 乐黛云：《中国叙事学·序》，北京：北京大学出版社，1994年。

聪明的人很多,但最终靠聪明成就大业的人却极少。”他的父亲还担心他将来以研究中国诗为职业无法谋生,这一告诫激励着他不断勤奋工作。

1968年宇文所安在耶鲁大学获中国语言和文学学士学位。1970—1971年他以富布赖特学者身份到日本京都大学进修。1972年他获耶鲁大学东亚语言和文学博士学位,论文题目是《孟郊与韩愈的诗》,1972—1973年他开始执教于母校;1973—1980年升任为助理教授。1980—1984年他被聘任为哈佛大学中国文学教授,1984—1994年担任该校中国比较文学教授,1994—1997年他任哈佛大学欧文·巴比特比较文学教授兼中文教授。

宇文所安除了研究中国古典诗歌外,也阅读其他中国文学作品和现代诗歌。他说他个人兴趣广泛,但主要兴趣是诗,不分国别与年代。20世纪90年代初他写过《什么是世界诗歌》一文,是一篇有关北岛诗英译的书评,引起了不少读者误解,认为他是以一个中国古典文学学者的身份来批评现代汉诗。后来他在多次访谈中回忆说,其实他那篇文章主要谈到了中国文学在世界文学中的地位问题,认为两者属于国家文化和国际文化之间的关系;新诗属于国际文化,是中国作家和其他国家作家平等交流的一种方式。虽然他的态度很客观,很诚恳,但是一些有话语霸权倾向的人仍然对他加以指责。他文章中有这样的两段文字:

> 诺贝尔文学奖在塑造“世界诗歌”方面,尤其在第三世界诗歌发展过程中,扮演着有趣的角色。诺贝尔奖的光环有时可以是巨大的:它标志着“国际”(也就是西方)的认同,这种认同给获奖者的国家带来荣耀,并且让原本受到很少关注的地方文学暂时成为全球注意力的中心。奖项前面排起长队,人们设想各个国家应该轮流得奖,其逻辑是文学才能应该像联合国的席位一样平均分摊。不过,要说诺贝尔文学奖最有趣的地方,还在于它颁发的对象通常是翻译的作品。当一个诗人得到诺贝尔奖,他的诗的成功翻译无疑是一个重要的获奖因素,甚至是决定性因素。
>
> 这种希望自己的作品在翻译以后能得到认可的期待,导致了在诗歌写作上使用可替换的字词的压力。传统上,诗的文字依赖于在其特定语言中的使用历史,诗里的每个字应该是不能被别的字替换的。可是,使用“错误的语言”写作的诗人(即便是用像中

文这样有大量人口使用的语言）不仅必须想象他们的诗被翻译成另一种语言，以求达到其广大程度令诗人感到满意的读者群，而且，他们还必须参与一项奇特的活动：想象出一种世界诗歌，并把自己放置在里面。按道理，“世界诗歌”应该游离于任何地区性的文学史之外，可结果是，它成为或者是英美现代主义、或者是法国现代主义的翻版；至于具体到某个国家中产生的“世界诗歌”是哪种现代主义的翻版，要看是哪种殖民文化浪潮率先冲击了当地的知识分子。这种现象并不奇怪，它体现了文化霸权的精髓：一个在本质上是地方性（英—欧）的传统，被理所当然地当成有普遍性的传统。①

宇文所安认为“欣赏另一种文化中的传统诗歌需要艰苦的努力”。早在耶鲁大学教授比较文学时他就开始编写《中国文论》（2002 年上海社会科学院出版社出版由王柏华和陶庆梅翻译的中文版书名为《中国文论：英译与批评》）。此前美国已出版的同类著作有刘若愚（James J. Y. Liu，1926—1986）的《中国文学理论》（Chinese Theory of Literature）和魏世德（John Timothy Wixted）的《论诗诗：元好问的文学批评》，但是他没有看好他们的编撰形式。他打算把中国文学批评理论介绍给希望了解非西方文学思想传统的西方文学学者和初学中国传统文学的学生，为他们在流行的研究方法之外提供一个补充选择。当时中国文学批评领域以“观念史”（History of Ideas）为主流，从参考文献的摘要或节选中提取观念，然后从历史角度考察这些观念的产生和变化。中国文学批评理论在“五四”时期已经开始系统整理，作为研究方法导读的“观念史”是这一领域的重要特征。读者通过阅读这些原始文献，可能改变对某一部作品的欣赏和接受。宇文所安主张最好从局外人的角度把特定的文学和文化史整合起来，用批评文献的观点来分析作品，看哪些理论在什么情况下使用，为什么出版，为谁出版。“观念史”隐含着一种发展主题，可能在某一情况下发挥作用，因此应该把批评立场放到文化史的大语境中来加以审视。②

① 宇文所安：《什么是世界诗歌？》洪越译，载《新诗评论》总第三辑，北京：北京大学出版社，2006 年。

② 宇文所安：《中国文论：英译与批评·中译本序》（王柏华、陶庆梅译），第 1—3 页，上海：上海社会科学学院出版社，2002 年。

《中国文论:英译和批评》是宇文所安为美国大学研究生讲授中国文论时所使用的教材。全书除"导言"外包括正文11章,分别为:导言(第1—16页);第一章早期文本(第17—37页);第二章《诗大序》(第38—59页);第三章曹丕《典论·论文》(第60—76页);第四章陆机《文赋》(第77—186页);第五章刘勰《文心雕龙》(第187—330页);第六章司空图《二十四诗品》(第331—394页);第七章诗话(第395—429页);第八章严羽《沧浪诗话》(第430—465页);第九章通俗诗学:南宋和元(第466—502页);第十章王夫之《夕堂永日绪论》与《诗绎》(第503—546页);第十一章叶燮《原诗》(第547—652页)。宇文所安的编排方式是一段原文,一段英译,然后对原文进行逐字解读,并对涉及的问题进行必要的评述。这样,既扫清了文字障碍,又能深入文本的精彩内容。从以上目录可以看出中国传统诗学和代表性文艺批评名著已囊括其中,是一份汉学专业研究生的必读书目。如果欧美学生用西方的本体论、认识论、审美价值观、意象功能、结构主义、叙事学理论、英步与韵律规则以及其他表现技巧来解读中国古典诗词是远远不够的。中西文论的研究都是为了充分揭示相关文学作品的潜在价值,因为观察对象、视角和观点不同,结论也可能不同,导致读者的接受或不接受。但是中西文论的共性都是为了消除异质文化的盲点,从这一点来看,最具启迪性和冲击力。

德国汉学家顾彬对宇文所安的印象特别好,他认为在美国汉学家中"宇文所安排第一,他是惟一可以和欧洲人一样思考的美国汉学家,惟一一个,连他的英文也不是一个美国人的英文。他的新思想特别多,他会开拓一个新的方向。"①

1982年,宇文所安应聘担任哈佛大学东亚系主任和比较文学系主任。他现在是美国人文科学院(American Academy of Arts and Sciences)院士,美国哲学学会(American Philosophical Society)会员,麦伦基金会杰出成就奖获得者。1997年他任哈佛大学詹姆斯·布赖恩特·科南特学院教授,以其汉学研究的突出贡献获此殊荣。

宇文所安的妻子田晓菲曾任教于柯盖特大学和康奈尔大学,2000年应聘任教于哈佛大学东亚系至今。他们都觉得彼此的结合是找到了知音,唯一不同的是,丈夫喜欢唐诗,而妻子却喜欢研究梁朝宫廷文化。

---

① 王寅:《如果美国人懂一点唐诗》,载《南方周末》2007年8月14日。

宇文所安的主要著述和译作有：

《孟郊与韩愈的诗》(The Poetry of Meng Chiao and Han Yü.New Haven：Yale,1975 年)。

《枯木》(Deadwood：The Barren Tree from Yu Hsin to Han Yu.Chinese Literature：Essays,Articles,Reviews,Volume 1,pp. 157-179,No. 2,1979 年)。

《透明度：读田园唐诗》(Transparencies：Reading The T'ang Lyric.HJAS, Volume 39,No. 2,pp. 231—251,1979 年)。

《传统中国诗歌与诗学》(Traditional Chinese Poetry and Poetics-Omen of the World.Madison：The University of Wisconsin Press,1985 年)。

《追忆：中国古典文学中的往事经历》(Remembrances：The Experience of the Past in Classical Chinese Literature.Cambridge,Mass：Harvard University Press,1986 年)。

《败业：文学史和乐园诗》(Ruined Estates：Literary History and the Poetry of Eden.Chinese Literature：Essays,Articles,Reviews,Volume 10,No. 1/2,pp. 21—41,1988 年)。

《地：金陵怀古》(Place：Meditation on the Past at Chin-ling,in Harvard Journal of Asiatic Studies,Vol. 50/2,pp. 417—457,December 1990 年)。

《中国文论》(Readings in Chinese Literary Thought. Cambridge：Harvard University Press,1992 年)。

《中国文学作品选集：从远古至 1911 年》(An Anthology of Chinese Literature：Earliest Times to 1911.New York：W.W.Norton,1996 年)。

《中国"中世纪"的终结》(The End of the Chinese'Middle Ages'：Essays in Mid-Tang Literary Culture.Stanford：Stanford University Press,1996 年)。

《初唐诗》The Poetry of the Early T'ang. New Haven and London：Yale University Press,1977 年)。

《盛唐诗》The Great Age of Chinese Poetry：the High T'ang. New Haven and London：Yale University Press,1980 年)。

《迷楼：诗与欲望的迷宫》(Mi-lou：Poetry and the Labyrinth of Desire. Cambridge：Harvard University Press,May 1989 年)。

《世界诗歌——评北岛的〈八月夜游人〉》(World Poetry,A Review of Bei Dao's The August Sleepwalker,translated by Bonnie McDougall in New Republic,November 1990 年)。

《情投字合:宋词传统真实的价值》(Meaning the Words:The Genuine as a Value in the Tradition of the Song Lyric, in Pauline Yu, ed., *Voices of the Song Lyric in China*.Berkeley:University of California Press,1994 年)。

《唐代别业诗的形成》(The Formation of The Tang Estate Poem.Harvard Journal of Asiatic Studies,Volume 55,No. 1,pp. 39—59,1995 年)。

《诗歌经典的再创造》(Reproduction in the Classic of Poetry. HJAS, Volume 61,No. 2,pp. 287—315,2001 年)。

《他山的石头记》(Borrowed Stone:Selected Essays of Stephen Owen, Translated by Tian Xiaofei.Nanjing:Jiangsurenmin chubanshe,2002 年)。

《中国早期古典诗歌的生成》(The Making of Early Chinese Classical Poetry.Cambridge:Harvard Asia Center,2006 年)。

《晚唐诗》(The Late Tang:Chinese Poetry of the Mid-Nineth Century (827—860).Cambridge:Harvard Asia Center,2006 年)。

《剑桥中国文学史》(The Cambridge History of Chinese Literature, co-edited with Kang-yi Sun Chang et alii,Cambridge University Press,2008 年)。

(五)为常州今文经学派揭开历史面纱的艾尔曼

艾尔曼(Benjamin A.Elman)1946 年生于德国,襁褓中随父母移居美国。1966—1967 年他就读于夏威夷大学东西方文化中心,1968 年获哈密尔顿学院学士学位。同年夏天他在菲律宾参加世界卫生组织的流行病学培训后赴泰国,为当地根除疟疾和泰缅边境地区的公共卫生计划服务至 1971 年。1972 年他返美担任纽约州奥农多加的公共卫生官员。据他本人后来的回忆,当时他出国和仕途选择是因为不愿服兵役。1973—1974 年他赴台湾斯坦福汉语中心学习,1976—1977 年转学日本斯坦福日语中心学习。1980 年他师从中国科技史专家席文,在费城宾夕法尼亚大学获得东方学博士学位,从此开始研究中国科技史、科举史和清史。

冷战时期艾尔曼参与了美国对中国国情的调研。1982—1983 年他获美国国家人文基金会资助以研究学者身份访问中国社科院、上海社科院和中国人民大学清史研究所。1983—1984 年和 1990—1991 年他获美国富布赖特计划资助在台湾进修,并结婚成家。1983 年和 1994 年他担任美国国家科学院美中学术交流委员会研究员,1991 年冬获日本国际交流基金资助在日本京都大学和东京大学担任研究员。1994 年 9 月他在法国高等社会科学研究院担任外国客座研究员,2000 年 1 月担任日本京都大学人文研究所客座研究学者。

1991 年秋艾尔曼获台湾科学委员会资助在台湾清华大学历史研究所担任客座研究教授。1999—2001 年他作为梅隆访问教授在普林斯顿高等研究院从事中国古代文明研究,并任普林斯顿大学历史学院访问教授,2002 年他正式出任该校东亚系和历史系教授。1992—1997 年他被聘任为加利福尼亚大学洛杉矶分校历史系副主任,1997—1999 年任该分校中国研究中心主任。1992—1999 年他应聘担任加利福尼亚大学洛杉矶分校中国研究中心和太平洋地区研究中心主办的《中国科学》(Chinese Science)杂志编辑。

艾尔曼的研究领域主要为中国思想文化史(1000—1900)、中国教育史(1600—1900)、中国科学史(1600—1930)以及中日文化史(1600—1850)。20 世纪 80 年代初他来华访问的观感和研究经历对于他的中国史研究产生了较大影响,甚至在一定程度上改变了《剑桥中国史》的编撰思路和美国汉学界部分学者的中国史观。

艾尔曼的研究被称为新文史观的"语境化"手法,是将思想文化史置于相应社会背景中来分析和解读,为的是更充分地理解并揭示其现实价值。他说,一旦思想史的研究与政治史或社会史结合起来,主题就会变得更为丰满,结论会更使人信服。在他看来,过去西方有关中国思想史的研究几乎都是中国哲学史的同义词,这一局面必须打破。他的研究广及晚清文化、思想、教育和科技史,但是在他的实际操作中,这几个领域却是相互贯通的。

艾尔曼对江苏常州刘庄家族的学术兴趣源于他对儒家学说的研究。他在探讨康梁维新变法的过程中接触到魏源(1794—1857)、龚自珍(1792—1841)及其恩师刘逢禄(1776—1829)和宋翔凤(1779—1860)的资料,于是又联系到清代大学者庄存与(1719—1788)。庄存与是清代著名的经济学家,提倡发挥《公羊传》,宣扬《春秋》中的微言大义,但又秉六经为宗,不守门户,唯求致用,动摇了考据学在中国经学传承中的地位,影响到后世的政治、文化和社会意识形态,形成了"常州学派"(公羊派)。

20 世纪 80 年代初艾尔曼曾经三次到常州进行专访和田野考察,但是收获甚微,原因是宗族和家谱在当时还属于"封建糟粕"。他的《古典主义、政治和宗族:中华帝国后期常州今文学派研究》一书,对常州今文经学派的产生和兴盛因素作了深入的分析,指出用当代观点来解读17—18世纪儒学要义实属本末倒置。正确的历史叙事必须遵循两汉经学——宋元理学——乾嘉汉学的脉络。常州学术在乾嘉时代声名远播应该归功于庄存与的奉献,他的思想地位不应该低于魏源和龚自珍。至于为何庄存与及其外孙刘逢禄被遗忘在陈陈相因的故纸堆中,主要是因为庄存与在担任大学士的后期与臭名昭著的宫廷侍卫和珅之间的矛盾引起的,这一时期他撰写的经文流露出对权贵和朝廷的失望。常州庄氏家族、大学者庄存与及其创立的今文经学派,曾经无数次地出现在艾尔曼各个时期的演讲、授课、访谈和论文之中。有些学者认为,如果不是他重笔浓墨地旧事重提,刘庄家族的荣耀将永远被打入冷宫。据说近年来刘庄家族已经重修族谱,特邀远在美洲的艾尔曼为其作序,算是当今汉学史上的一段佳话。

2000年艾尔曼出版的《中华帝国后期科举文化史》是一部关于中国文员考试制度形成和发展的历史,其特点为资料翔实,征引广泛,分析具体,观念前卫,被认为是西方研究中国科举制度的力作。该书共847页,正文11章,分别为:第一章帝国后期文员考试历史缘由的再思考(第1—65页);第二章帝国权力、文化政治与明初文员考试(第66—124页);第三章帝国后期文员考试的建制动力与精英动员(第125—172页);第四章考场与各朝权力局限(第173—238页);第五章帝国后期文员考试的经典文献与社会层面(第239—294页);第六章情感焦虑、中举梦想与举子生活(第295—370页);第七章文员考试的文化范围与精英的八股文(第371—420页);第八章考官的标准、学人的解读与明清知识控制的局限(第421—460页);第九章文员考试中的自然、历史和汉文化知识(第460—520页);第十章1800年以前清朝统治下的课程改革提速(第521—568页);第十一章非正统化与非经典化:帝国后期文员考试改革的陷阱(第569—627)。艾尔曼利用搜集到的1000多条明和清科举文档揭示1400—1900年间科举制度的利害得失。它牵动着从京师、行省到道府的帝国利益,给人民的生活带来了巨大的影响。明清时期学校教育与科举制度紧密结合,进学堂成为参加科举的必由之路,对于培育人才,举贤任能发挥了一定作用。虽然乡试和会试专取四书五经命题,学生答题必须按照八股文格式,严重束缚了士人的思想,但是艾尔曼仍然看到了这种考试制度的积极方面。他在该书的"序言"中写道:

通过认真查阅近15年开放的主要科举资料，拙著意在论证中国科举制度并非前现代的时代错误，亦非反现代的巨柱石。传统考试在支持帝国后期的社会结构，使精英士人和商家集团部分通过考试级别证书定位的同时，也满足了明清官僚有效地在文化、社会、政治和教育建设方面的需要。另外，道学（通称“新儒家”——原文如此，下同，译者注）作为公元1300年后举子正统古典文献课程，在帝国后期文化的重建中保证了1905年前精英知识生涯中的宋代道学的长期优势地位。①

艾尔曼现任美国加利福尼亚大学洛杉矶分校中国史教授，同时兼任普林斯顿大学历史系和东亚系教授。近年他主要从事有关晚清科学文化史和18世纪东亚文化交流史（包括中国经典儒学、医学和格致学对日本和朝鲜的影响）的研究。

他的学术著作主要有：

《从哲学到语文学：中华帝国后期思想与社会变化面面观》（From Philosophy To Philology：Intellectual and Social Aspects of Change in Late Imperial China，Havard University Press，1984年）。

《常州今文经学初探》（The Ch’ang-chou New Text School：Preliminary Reflections，1984年）。

《古典主义、政治和亲属：中华帝国后期常州今文学派研究》（Classicism，Politics，and Kinship：the Ch’ang - chou School of New Text Confucianism in Late Imperial China，University of California Press，1990年）。

《中华帝国后期科举文化史》（A Cultural History of Civil Examinations in Late Imperial China，University of California Press，2000年）。

《1550—1900中国对本国科学的描述》（On Their Own Terms：Science in China，1550—1900，Havard University Press，2005年）。

《1600—1900年明清的教育与社会》（Education and Society in Late Imperial China，1600—1900，Co-authored with Alexander Woodside，University

① Benjamin A.Elman：*Preface* to *A Cultural History of Civil Examinations in Late Imperial China*，pp.xix-xx，University of California Press. 2000.

of California Press,1994 年)。

《儒学再思考:中国、日本、韩国与越南的过去和现在》(Rethinking Confucianism:Past and Present in China, Japan, Korea, and Vietnam, co-authored with John B. Duncan and Herman Ooms, University of California Press,2002 年)。

(六)开辟了中西哲学和文化对话新途径的安乐哲

1947 年 12 月安乐哲生于加拿大多伦多。他父亲是一位侦探小说家,哥哥是英国文学教师。安乐哲曾慕名前往美国南加州雷德兰斯大学学习西方哲学,1966 年以交换生身份到香港新亚书院研修儒家学说,为中国哲学“修身”、“弘道”、“平天下”的思想宏愿所感动。他听过哲学家唐君毅和牟宗三的课,深受中国传统文化所吸引。那年夏末他又转学至沙田的崇基书院,师从劳思光(Sze-Kwang Lao,1927—　)钻研《孟子》。第二年夏季他从香港回到了加拿大。

他在雷德兰斯共用了 13 年时间读完博士学位课程,因为当时西方没有开设中国哲学学位课程的高校。为了能在英属哥伦比亚大学学习中国哲学,1970—1972 年他先去台湾大学学习汉语和哲学学士学位课程,然后才回到英属哥伦比亚大学亚洲研究系读研究生专业。1973—1975 年他在日本东京大学和东京教育大学进修,后转学到伦敦大学师从中国哲学翻译大师刘殿爵(Din Cheuk Lau,1921—2010)攻读博士学位。导师对阅读原始文献的要求为安乐哲的中国哲学研究打下了坚实的基础,使他如期获得了博士学位。葛瑞汉曾在伦敦大学和夏威夷大学为他授过课,让他学到了很多知识。1978 年他完成了伦敦大学的博士学业后,在恩师刘殿爵的推荐下他得到了西方唯一授予中国哲学博士学位的夏威夷大学哲学系的教职。

安乐哲到夏威夷大学后不久就开始了与郝大维合作,前后共翻译和撰写了六部学术专著。他们力图将汉学技巧和方法运用到中国传统哲学的诠释性研究以及哲学经典的翻译中。过去西方学术界对中国传统哲学的了解有许多不尽人意之处,对《论语》、《中庸》、《道德经》和《孙子兵法》等文献的研究缺乏应有的重视,解读时常加上西方式的假设,许多译词的选用也不准确。早先中国哲学文献经基督教化(Christianization)才为西方读者所熟知,后来又被置于诗化、神秘化和超自然化(supernaturalization)的模式之中。20世纪末中国考古发现了一些已失传的哲学文献。在过去几十年中安乐哲和同事们利用已有的研究成果重译了数种中国经典文献，根据自己对中国文化经典的理解和对当代中国发展方向的预测，纠正了西方学术界对中国哲学思想的错误解读，开辟了中西哲学和文化对话的新途径。

2006年7月河北人民出版社出版了安乐哲著、彭国翔翻译的《自我的圆成：中西互镜下的古典儒学与道家》，汇集了他个人有关中国哲学研究方面的许多精彩论述。全书长达665页，正文七章，分别为：第一章导论（第1—164页）；第二章认知（第165—252页）；第三章自我（第253—431页）；第四章性别与身体（第432—491页）；第五章社群与政治（第492—571页）；第六章古典儒家的死亡观（第572—592页）；第七章古典儒家非神论的宗教性（第593—617页）。安乐哲通过中西哲学的比较向读者展示了中国儒学和道家与西方哲学体系中相同和不同的观点。该书涵盖了道与德、形与体、生与死、本体与超越、伦理与实践等重要论题，深入探讨了如何在社区内外、精神内外、政治内外、宗教内外以及宇宙的不同区域中成就自我的问题。这些不仅是可供西方学者研究的重大课题，也是儒家和道家长期探索的选题，其最终成果都可以成为人类世界的重要精神财富。该书为读者描绘了一个多元化的美好世界，具有不同文化传统、政治观和宗教信仰背景的人们没有理由不尊重彼此的差异，应该致力于在已有物质和精神文明的基础之上建设现代社会。各国人民若要构筑一个共生和谐文化的世界，除了彼此交流相互学习之外没有其他选择。关于该书的选编过程、内容和意义，安乐哲在“序言”中写道：

> 在古代中国的世界观中，关于宇宙论，存在着不同于西方哲学的另一种微妙复杂的过程性思维方式，这种思维方式能够加入到对于超越主义（transcendentalism）的一直在进行的内在批判之中，而超越主义在以欧洲为中心的哲学学科之中仍然发生着作用。简言之，随着当前对怀特海（Alfred North Whitehead）尤其美国实用主义的兴趣日增，随着在其哲学文化自身内部的成熟，这种新的自然形成的过程哲学的西方版本能够从中国的传统中吸取资源和批评。从其有记载的历史的开端以来，中国的传统就信奉各种形式的过程哲学。
>
> 本书所选编的文字，完成于我学术生涯中不同的时期，为的

是使西方学术界能够了解古典儒家和道家的过程性思维方式的深刻。①

1978年至今安乐哲担任夏威夷大学哲学系教授,1983—1984年他任台湾大学哲学系客座教授,1986—1987年任剑桥大学克莱尔·霍尔研究员,1993年任香港中文大学哲学系余东旋杰出客座教授,2001—2002年任北京大学客座教授、第五届汤用彤学术讲座教授和第四届蔡元培学术讲座教授,2006年2~7月以富布赖特(Fulbright)学者身份到武汉大学哲学学院讲学。

1990年至今安乐哲应聘担任夏威夷大学和美国东西方中心主任,1991—1999年任夏威夷大学中国研究中心主任。1992年至今他任《东西方哲学》和《国际中国书评》(China Review International)主编。此外,他还兼任《亚洲哲学》、《中国哲学学报》、《圣彼得堡东方研究学报》、《道:比较哲学学报》、《国际汉学》和《中国学术》的编委或学术委员。

除了英语外,安乐哲还通晓汉语、法语和日语。他在哲学方面的贡献包括教学工作和学术研究以及中国哲学经典翻译等方面,秦汉哲学和中西哲学比较是他的主要研究领域。他翻译或与同事合译的中国哲学经典有:《论语》、《孙子兵法》、《淮南子》、《道德经》和《中庸》等,曾获得1990—1991年度里真特教学优秀奖和国家人文科学天才奖。基於对中西文化和经典文献的深刻了解,他在翻译用词方面往往采用与通行的译法不同的选择。许多译者对于儒家学说中常用术语的翻译如:"仁"(benevolence/humanity)、"义"(righteousness)、"礼"(ritual/ceremony)、"儒"(Confucianism)、"道"(way)、"无为"(no action)、"无知"(no knowledge)和"无欲"(no disire),在安乐哲的论文中却分别译为"consummate person/conduct"、"appropriateness"、"li"、"ru"、"dao"、"noncoercive action"、"unprincipled knowing"和"objectless desire"。他对中国哲学独特的理解和翻译方法改变了部分西方学者对中国哲学的看法,使中国经典的深刻含义为越来越多的西方人所理解。

安乐哲撰写、编辑和翻译了30多部书,在各类学刊发表了许多专著的

① 安乐哲:《自我的圆成:中西互镜下的古典儒学与道家》(彭国翔译),第9—10页,石家庄:河北人民出版社,2006年。

章节和论文。他曾任劳特里奇哲学百科全书(the *Routledge Encyclopedia of Philosophy*)的中国、日本和韩国哲学词条编辑。他个人或与他人合作撰写、翻译和编辑的主要作品有:

《孔子哲学思微》(Thinking through Confucius, co-authored with David L. Hall, Albany: State University of New York Press, 1987 年)。

《孙子兵法》(The Art of Warfare of the Classic Chinese Work of Pilosophy and Strategy, New York: Del Ray, 1993 年)。

《孙膑兵法》(*Sun Pin: The Art of Warfare—A Translation of the Classic Chinese Work of Philosophy and Strategy*, co-translated with D. C. Lau, New York, Ballantine, 1996 年)。

《治国之术:中国古代政治思想研究》(The Art of Rulership: A Study in Ancient Chinese Political Thought, 1994 年)。

《对汉哲学的自我、真理及其在中西文化中超越的思考》(Thinking from the Han: Self, Truth, and Transcendence in Chinese and Western Culture, co-authored with David L. Hall, Albany: State University of New York Press, 1998 年)。

《对中国的期待:通过中西文化叙述来思考》(Anticipating China: Thinking through the Narratives of Chinese and Western Culture, co-authored with David L. Hall, Albany: State University of New York Press, 1998 年)。

《原道》(Tracing Dao to Its Source, co-authored with D. C. Lau, New York: Ballantine, 1998 年)。

《逍遥游》(*Wandering at Ease in the Zhuangzi*, co-edited with David L. Hall, Albany: State University of New York, 1998 年)。

《论语:基于定州手稿的翻译》(*The Analects of Confucius: A Philosophical Translation Based on the Dingzhou Manuscripts*, co-translated with Henry Rosemont, Jr., Ballantine Books, The Random House Publishing Group, New York, 1998 年)。

《先哲的民主:杜威、孔子和中国民主之希望》(The Democracy of the Dead: Dewey, Confucius, and the Hope for Democracy in China, co-authored with David L. Hall, Carus Publishing Company, 1999 年)。

《中庸》(*Focusing the Familiar: A Translation and Philosphical Interpretation of the Zhongyong*, co-authored with David L. Hall, University of

Hawaii Press,2001 年)。

《道德经》(*Dao De Jing: A Philosophical Translation*, co-translated with David L.Hall,The Random House Publishing Group,2003 年)。

《自我道圆成:中西互镜下的古典儒学与道家》(石家庄:河北人民出版社,2006 年)。

《孝经》(*The Chinese Classic of Family Reverence: A Philosophical* Translation of the Xiaojing,co-translated with Henry Rosemont Jr.,2009 年)。

《儒学的伦理作用:钱穆系列讲座词汇》(*Confucian Role Ethics: A Vocabulary*—Ch'ien Mu Lectures Series,2011 年)。

(七)主张将中国文学纳入世纪文学史宏大叙事的金介甫

金介甫 1969 年毕业于芝加哥大学地理专业;1971 年获哈佛大学东亚研究硕士学位;1977 年获哈佛大学历史和东亚语言博士学位。

1979—1980 年金介甫任哈佛大学历史讲师,1979 年任圣约翰大学助理教授,1986 年升任为副教授,1993 年晋升为教授。他曾先后担任哥伦比亚大学访问教授、台湾中研院访问学者、湖南吉首大学荣誉访问教授。他为大学本科生开设的课程有:世界史、东亚史、中华文明史、中美关系史和东亚文学英译;为研究生开设的课程有:现代中国政治、社会和经济史、现代中国文化思想史、后儒家世界现代化模式等。

1972 年一位哈佛大学学者向金介甫推荐了沈从文 1943 年创作的小说《边城》。当时他正准备参加一个《从文学资料看中国近代现代史》的研讨会,根据沈从文的文学资料、湘西军阀史料和西方传教士的回忆录,他把沈从文创作的背景与民国史联系起来,被这位中国作家的不平凡经历所感动。后来他攻读博士学位课程时,就以沈从文的文学创作道路为其博士论文的选题。

金介甫从资料中了解到沈从文 1924 年开始文学创作,曾任教于西南联大、山东大学和北京大学。他是京派小说作家代表,他的小说文字优美,刻画细腻,田园式的描写极富魅力,对世界华文文学的影响很大。许多中国作家,像古华、韩少功、贾平凹、阿城和汪曾祺都是他 20 世纪 40 年代的学生。他是中国最早把弗洛伊德精神分析理论运用到文学创作中的少数作家之一,也尝试过将现代派意识流手法用于人物描写。他的一生经历充满着成功和挫折的故事,1948 年因为与左翼文化界一些位高权重人物的私人恩怨,长期受到歪曲和误解。金介甫经过几年的资料搜集,对沈从文在海外的学生和亲友的访谈和沈从文全部作品的分析,在数百张资料卡片的基础上,1977 年他顺利完成了论文《沈从文笔下的中国》,并获得了哈佛大学博士学位。

1979 年金介甫给沈从文写了一封信,告诉他自己所撰写的博士论文,并把论文目录寄给了他,希望有机会能跟他见面,不久就收到了他的热情回信。1980 年金介甫得到古根海姆研究资助来到北京,得悉沈从文已经调到了社会科学院历史所,正潜心撰写一部题为《中国古代服饰研究》的巨著。金介甫先后与沈从文面对面长谈了 12 次,根据自己带去的 600 多张资料卡片一个问题一个问题地向他请教。他还访问了卞之琳、冯至、袁可嘉、施蛰存、李健吾、朱光潜、汪曾祺等学者,深化了自己的研究思路,得到了许多宝贵的启示。离开北京后他又到沈从文的故乡湖南苗族土家族自治州凤凰县考察,走访了当地的居民,掌握了大量的第一手材料。同年沈从文到美国探亲讲学,他们又在耶鲁大学相聚畅谈多时。1981 年夏天金介甫携妻子来中国度蜜月,再次见到了沈从文,文学创作仍然是他们的主要话题。1986 年时任中国作协主席的王蒙举办了一次中国文学国际研讨会,金介甫应邀参加,见到了病中的沈从文。他不知道那是他们的最后一次会面,但是彼此的心情都格外沉重。

金介甫用后续研究资料进一步充实了自己的博士论文,写成了一部专著,1990 年由北京时事出版社以《沈从文传》为书名出版(符家钦译)。后来多家出版社又先后推出了不同版本的沈从文传记,其中包括:湖南文艺出版社(1992)、中国友谊出版公司(1993)、华东师范大学出版社(书名《沈从文笔下的中国社会与文化》,邵华强等译,1994)、台湾幼狮出版社(书名《沈从文史诗》,1995)、友谊出版公司(书名《凤凰之子:沈从文传》,2000)、光明日报出版社(2004 年)和国际文化出版公司(2005 年),受到了海内外读者的普遍欢迎。

金介甫认为,沈从文的作品最大的特色是乡土气息和现代主义手法。他在《凤凰之子——沈从文传》中有这样的两段叙述:

> 沈从文的早期作品,除了注意写当代都市生活的痛楚外,还喜欢写他最钟爱的题材——他的故乡。二十年代末期,他已开始

> 写出一批生动的乡土文学作品。几年之后，他又通过湘西风土人情来表现诸如生与死、爱与欲、永恒与变化等普遍性的问题。最后，他在写乡下人物的喜怒哀乐中，展示了现代中国道德情操的一个侧面。他凭借自己的抒情笔法，使现代中国的白话文扩展了应用范围，担负起文学语言的新任务。

> 沈从文心目中的现代派，当然是指一种总的倾向，他生长在技术落后的社会，因而从未担心过科学会对人的生存引起坏的效果。他是个泛世界主义者，当然欢迎一切外来的技术，不管这种技术是否已经成为"传统"，他要消化这些技术，而现代派却要叫它超越、净化，最后摒弃这种技术。他喜欢自然，反对做作。而且，虽然他意识到是为未来一代人写作，但他并不想通过自己的文艺作品来毁灭历史。他要抓住历史，把历史看成不屈不挠的力量。跟美国南方的现代派人主张一样。如果现代派的本质是用新的语言、新的词汇和语调来理解对象，进行创作（弗雷德里克·卡尔），那么，沈从文写作的意图正是如此。①

金介甫对于中国文学和学术思想发展倾向的关注还体现在他的《中国文学（1949—1999）的英译本出版情况述评》一文中。20 世纪 80 年代末，有些西方学者开始把研究中国的重心转向对中国非官方、非专业、非正式、非主流和非传统的出版物和学术倾向的关注，在翻译、介绍、评价和读者导向方面表现出与众不同的心态。这大概是金介甫这一时期把研究焦点定位于中国法制文学和非官方与非主流文学的背景有关。

金介甫在该出版述评中，就以下几个方面纵论了从新中国建立到新千年来临之际海内外中国文学的英文翻译和研究动向，既代表了这一时期他的中国文学发展观，也是一份极具学术价值的现代中国文学研究地图。现将该述评要点综述如下：

因为新中国被认为已经找到了解决社会政治问题的途径，毛泽东时代的文学深为北美和欧洲的中国研究者所重视。西方学者除了白之和杜博

① 金介甫：《凤凰之子——沈从文传》（The Odyssey of Shen Congwen）（符家钦译），第 187—189 页，北京：光明日报出版社，2004 年。

妮(Bonnie McDougall)等人之外并非都严肃对待新中国文学,许多人只是把英译中国文学作为了解中国革命和社会的文献来阅读。蔡梅曦(Meishi Tsai)编辑的文献目录《当代中国长篇和短篇小说(1949—1974)》(Contemporary Chinese Novels and Short Stories,1949—1974)和许芥昱(Kai yu Hsu)与丁望(Ting Wang)编辑的《中华人民共和国文学》(Literature of the People's Republic of China),都对新中国文学做了最好的概述。

以短篇小说体裁为主的"伤痕文学"描写了在"文革"中遭受迫害的人幸存下来的遭遇,其悲剧基调是前所未有的,此后许多青年作家争相发表作品表达自己对于这一历史阶段一些重要政治问题的不同见解。香港的《七十年代》(后更名为《九十年代》)转载了一些地方刊物上发表的暴露文学引起了国际关注,让西方人感到中国新时期文学关心社会批评远甚于文学价值。北美大学的中国研究学者都能读到的"新现实主义文学"(反思文学),也特别关注重返文坛的老一辈作家(如巴金)以及红卫兵出身的作家。金介甫本人编辑的《毛泽东去世后之1978—1981年的中国文学与社会》专章论述了类型小说(浪漫小说、侦探小说和科幻小说)、不同政见与艺术之间的冲突以及官方和民间文学的社会地位。

北岛是朦胧诗诗人的代表。宋祺和闵福德(John Minford)以英汉对照的形式编辑出版的《山上的树》(Trees on the Mountain),主要收入20世纪80年代大陆和台湾探索诗人的诗歌,是对中国现代主义诗歌和散文的导读。葛里格利·李(Gregory Lee)和约翰·加利(John Cayley)以细腻的语言翻译了多多的超现实主义的诗歌。这类诗歌虽然形式新颖,但西方读者觉得比意象诗更难懂。朦胧诗越是回避对政治的直接评论,越是被指责为孤芳自赏。

20世纪80年代之后一些中国长篇小说被译成英文,或者拍成电影,受到美国读者和受众的关注。夏威夷大学出版了由翻译家葛浩文编辑的"现代中国小说"丛书;香港中文大学翻译研究中心的《译丛》推出了不少高质量的英译中国小说;1997年哥伦比亚大学出版社也开始出版台湾小说的翻译与研究丛书。北京外文出版社相继出版了《1978—1979年获奖短篇小说》(Prize-winning Stories from China,1978—1979)、《1980—1981年获奖短篇小说》(Prize-wining Stories from China,1980—1981)、《当代七位女作家》(Seven Contemporary Chinese Women Writers)、《1949—1989年中国短篇小说》(Best Chinese Stories,1949—1989)、《王蒙选集》(Selected

Works of Wang Meng）以及《时机并未成熟：中国当代优秀作家及其小说》（The Time Is Not Yet Ripe：Contemporary China's Best Writers and Their Stories）。“熊猫丛书”为一些中国作家赢得了国际声誉，如古华、高晓声、茹志鹃、陆文夫、冯骥才、铁凝和张承志。旧金山的中国书刊公司与“熊猫丛书”合作，出版了不少质量上乘的译作。这一时期弗朗西丝·伍德（Frances Wood）翻译的戴厚英小说《石墙》（Stones of the Wall）是后毛泽东时代较早的现代主义小说。张洁是安妮·迪拉德（Annie Dillard）的《邂逅中国作家》（Encounters with Chinese Writers）一书中着墨最多的人物之一，她的早期短篇小说表现了对曾处于主流地位的社会现实主义创作手法的挑战。王安忆的中篇小说《小城之恋》（Love in a Small Town）、《荒山之恋》（Love on a Barren Mountain）和《锦绣谷之恋》（Brocade Valley）是中国大陆现代文学中最早触及性描写的作品。张贤亮的创作在性爱、试验和自我升华方面也引人注目。此外，还有韩少功的存在主义和“民族寓言”的寻根小说，莫言通过自然世界怪异化来映衬超现实的作品，以及音乐家作家刘索拉在人物刻画中运用西方式内省的故事。被称为“先锋派”（the Avant-garde）的中国作家，因为作品的实验性常常使人难以卒读，有些作品在知识性和社会性方面都不太符合“先锋”的概念。中国新潮小说好像既逆反于高潮现代主义（High Modernism）又抗衡于寻根派，但不乏地方色彩、自然主义、浪漫和喜剧效果，甚至荒诞魅力。

冷战背景曾导致美国汉学家和美籍华人把中国大陆和台湾的文学看成为相互竞争的作品，海峡两岸的普通读者直到20世纪80年代才能读到对方作家的作品。侨居美国的中国学人激发出的竞争能量推动了台湾文学作品的创作。刘绍铭编辑的《香火相传：台湾小说选集》（The Unbroken Chain：An Anthology of Taiwan Fiction）继承了原有的文集风格，因精良选材和精湛翻译而引人瞩目。齐邦媛和王秋桂编辑的《玉米田之死》（Death in a Cornfield），收录了本土和移民北美的中国台湾作家的短篇小说。颇受好评的台湾文学英译文集，如多卷本的《当代中国文学：台湾（1949—1974）》（An Anthology of Contemporary Chinese Literature：Taiwan：1949—1974），所收录的大部分是1949年前迁台的大陆作家的作品。美国出版的台湾优秀小说早于大陆作家的作品，台湾文学一度是西方文艺评论家的关注点。由傅静宜（Jeannette Faurot）编辑的《台湾小说》（Chinese Fiction from Taiwan）很有影响。白先勇是最好的中文小说作家之一，他的小说集《台北人》

(Wandering in the Garden, Waking from a Dream)以高超的技巧赢得了文学声誉。陈映真是现代主义和现实主义大家,卢西安·米勒(Lucien Miller)翻译的小说集《在家流亡》(Exiles at Home)很好地再现了陈映真的文学成就。从张系国的《棋王》(Chess King)可以看出台湾通俗文学的魅力。20世纪60年代后期台湾"本土主义者"用台湾方言创作了反民族主义的乡土和普罗小说。英译台湾的诗歌对西方的一般读者的影响甚微。帕兰德里(Agela C.Y.Jung Palandri)和贝瑟福(Robert J.Bertholf)翻译的《台湾现代诗歌选集》(Modern Verse from Taiwan)主要收录了现代主义诗人的诗歌,译文优美。后来出版的《千曲之岛:台湾现代诗选》(The Isle Full of Noises: Modern Chinese Poetry from Taiwan)由张错(Dominic Cheung)编辑,译文非常流畅。奚密编辑的《中国现代诗歌选集》同时收录了中国大陆和台湾诗人作品。《禁忌的游戏与录影诗》(Forbidden Games & Video Poems)译自台湾诗人杨牧和罗青的诗歌,有些属于后现代主题。年长的文学编辑商禽专写表现超越人、鬼、兽樊篱的超现实主义散文诗。

大多数学者认为后毛泽东时代的文学与1949—1976年毛泽东时代文学相比更接近"五四"文学。萧凤霞的著作《犁沟》重点研究左翼作家,勾勒了从"五四"到毛泽东时代,再到后毛泽东时代的文学发展路线。由艾伦·魏德默(Ellen Widmer)和王德威编辑的研讨会论文集《20世纪中国的小说与电影》(Fiction and Film in Twentieth-century China)收录了对中国新小说和新电影的大量精彩评论。奚密的《中国现代诗歌:1917年后的理论与实践》(Modern Chinese Poetry: Theory and Practice since 1917)受到理论界好评。

金介甫本人在《中国的正义与小说:当代中国的法制与文学》(Chinese Justice, the Fiction: Law And Literature In Modern China)中,将20世纪80年代中国的法制文学作为中国文学的一个缩影,而不仅仅看成是通俗小说的一种形式。他发现,中国历史上的文学文本与法律文本在结构和语体上有类似之处,并且以侦探小说情节为例,比较了西方和中国的文学类型建构。美国比较文学已经全面扩大了研究范围,将最新的中国文学也纳入研究视野。张英进编的论文集《多元中心世界中的中国:中国比较文学论集》(China in a Polycentric World: Essays in Chinese Comparative Literature)就是一例。近期出版的一批著作探索性更强,更具后结构主义或后现代色彩,通过关注20世纪80年代的中国文学的特定主题,与包括晚清文学和"五四”文学在内的创作联系起来考察。近期出版的对后毛泽东时代的文学分析的专著有:耿德华的《改写中文》(Rewriting Chinese)考察了整个20世纪语言的变化,对当代大陆和台湾尤为关注;埃里·哈吉纳(Elly Hagenaar)的《中国现代文学中的意识流与自由间接话语》(Stream of Consciousness and Free Indirect Discourse in Modern Chinese Literature)揭示了张洁和王蒙等中国作家运用了意识流技巧;刘易斯·斯图尔特·鲁宾逊(Lewis Stewart Robinson)的专著《双刃剑:基督教与20世纪中国小说》(Double Edged Sword:Christianity and 20th Century Chinese Fiction)论述了“五四”基督教主题和台湾文学。最近一个热点是对“旧体”通俗小说的研究,通过传奇和武侠故事将19—20世纪末的文学创作联系起来考察分析。大陆评论家非常关注当代妇女的社会问题,但最能打动美国读者的可能是关于中国旧家庭体系的作品。虽然离婚和寡居所反映的性别不平等以及妇女的健康问题很重要,但职业女性在工作和浪漫的世界里重新界定自我的现代问题的作品却没有引起广泛的关注。金介甫还谈到,20世纪从中国大陆、台湾和世界各地移居美国的华人学者,在思想史和文学批评史方面冲破了不同流派和学科的藩篱,重新审视了文学史和文学经典,倡导新的叙事方式和研究方法,对北美学者产生了不可低估对影响。

金介甫的论述全面客观,资料翔实,在综述不同的代表性意见的同时不回避个人的观点和评价,既不刻意通过夸张取悦某些有争议的群体,又很负责任地从历史高度解读容易被曲解的学术现象。他注意到,无论在国际上还是在华文圈里,当代中国文学都没有像20世纪80年代以前那样重要了。直至今天,中华人民共和国还没有出现反映本国社会经济变革的宏大文学,正如台湾省没有描写犯罪的小说、香港没有后殖民主义小说一样令人不可理解。但西方将统一的中华民族文化范围之外的游离成分看成边缘的推进力,是与中华民族精神相背离的。这种倾向在中国文学研究方面的表现,就是宏大的历史叙事而不是扩大的全球叙事。把20世纪末中国独特的文学纳入到一个世纪来的中国文学的宏大叙事肯定是翘首以待之事。值得注意的是,美国学术界的“区域研究”和人文科学因为被割裂而可能式微,有识之士因此担心文化研究会使他们错失理解中国和美国自身的机会。①

金介甫1993年曾获圣约翰大学校长杰出成就奖章。2006年他率团参加了在山西太原召开的第十一届中美教育研讨会;2008年率团参加在亨特学院召开的第十二届中美教育研讨。1991—1994年他被聘担任《亚洲研究学刊》助理编辑,2010—2011年他是约翰·西蒙·古根海姆基金研究学者。

金介甫个人或合作撰写、编辑和翻译的主要作品有:

《毛泽东去世后之1978—1981年的中国文学和社会》(After Mao: Chinese Literature and Society, 1978-1981. Harvard Council on East Asian Studies,1985年)。

《沈从文传》(The Odyssey of Shen Congwen. Stanford University Press, 1987年)。

《中国现代作家自画像》(Modern Chinese Writers: Self Portrayals. Co-edited with Helmut Martin, M.E.Sharpe,1992年)。

《不带地图的游客》(Traveller Without a Map. Trans. Hsiao Ch'ien. London: Hutchinson (Random House),1990年)。

《沈从文笔下的中国社会与文化》(Shen Congwen's Vision of Chinese Society and Culture, translation of Ph.D.thesis, opening chapters abridged, East China Normal University Press,1994年)。

《非至善乐土:沈从文小说集》(Imperfect Paradise: Stories by Shen Congwen. Ed.& main trans.. University of Hawaii Press,1995年)。

《〈边城〉译注》(Border Town by Shen Congwen. Trans. & annot. Harper Collins,2009年)。

《中国刑侦小说:现代中国法制与文学》(Chinese Justice, the Fiction: Law and Literature in Modern China. Stanford University Press,2000年)。

《凤凰之子——沈从文传》(The Odyssey of Shen Congwen,符家钦译,北京:光明日报出版社,2004年)。

---

① 金介甫:《中国文学(1949—1999)的英译本出版情况述评》(A Bibliographic Survey of Publications of Chinese Literature in Translation from 1949-1999),查明建译,刊《当代作家评论》2006年第3~4期。原著收入齐邦媛和王德威编辑的《20世纪下半叶中国文学述评》(Chinese Literature in the Second Half of a Modern Century: A Critical Survey, Bloominton and Indianapolis: Indiana University Press,2000)。

《中国社会主义后期的腐败与现实主义——政治小说的回归》(Corruption and Realism in Late Socialist China: The Return of the Political Novel. Stanford University Press, 2007 年)。

(八)研究北宋士人文化和美学思想的艾朗诺

1966 年艾朗诺(Ronald Egan, 1948—)在加利福尼亚大学圣巴巴拉分校学习英国文学,出于好奇偶尔旁听过白先勇讲授的中文课,被深深地吸引。这是他学术生涯中一个至今难忘的片段,他第一次读到的中国古诗竟是唐代诗人王维(701—761)的《鹿柴》。后来白先勇送给他一本《唐诗三百首》,第二年夏天带他到台湾参加暑期班学习时还特别邀请三位台大助教轮流给他上课,从此他与汉语和中国文化结下了不解之缘。1971 年他进入哈佛大学专门研修中国文学,导师是大名鼎鼎的海陶玮和方志彤,接受了他们严格的古典文学训练。

1976 年艾朗诺以论文《〈左传〉及先秦叙述形式》(Narritives in Tso Chuan)获得了哈佛大学东亚语言文明博士学位。他的学术领域宽广,多年来一直研究苏轼(1037—1101)与欧阳修(1007—1072)生平及作品、苏轼和黄庭坚的题画诗、宋徽宗和李清照的词、北宋书法理论、中国传统音乐、美学与士人文化,还有《红楼梦》与《文心雕龙》一类的名著。

1977—1983 年艾朗诺任教于哈佛大学韦斯利学院,兼任《哈佛亚洲研究学报》执行主编。1987—2005 年他接替白先勇任加利福尼亚大学圣巴巴拉分校东亚语言文化系主任兼教授,还常常到加利福尼亚大学洛杉矶分校授课。他曾两次获得美国国家人文科学基金和美国学术团体理事会研究资助。

1979 年 4—5 月间中国社会科学院组团访美,他的恩师方志彤与钱钟书原是清华大学的同级同学,就把艾朗诺介绍给了随团参访的钱钟书。那年《管锥编》中文版已经出版,方志彤劝艾朗诺认真读一读,将来有机会不妨把它翻译出来。1993—1998 年艾朗诺除了给学生上课以外,其他时间主要用于研究和翻译钱钟书的《管锥编》,想把这位一生致力于融通中西文化的作者及其著作介绍给西方的英语读者。

《管锥编》是一部用现代观念来审视古典文学、用西方文艺理论来探讨中国文学,然后提出自己见解的专著。翻译时艾朗诺首先选择英语读者可能感兴趣的内容，尽量再现原作所涉论题的广度和深度，保持作者原有的行文风格，并完整翻译所选条目。全书总共有1400多条，艾朗诺选译了其中的65条，但是篇幅上却占到了总量的五分之一。他按照内容把条目分为美学与批评，隐喻、意象与感知心理学，语义学与文学风格学，老子、道教与神秘主义，神与魔，社会与思想等六大类，为的是让英语世界的读者更好地接受它。

对于艾朗诺来说翻译《管锥编》的困难主要是如何正确体会原作者的写作动机和背景，把握一词一句的真实含义；其次是一丝不苟地对待原作所涉及的宽广知识面，准确转换那些冷僻的典故，疏通那些罕用的独例和孤证；第三是不厌其烦地从陈陈相因的故纸堆中查对引文。原著的体例是随笔、札记和读书笔记，作者大气磅礴，时而上天入地，时而翻江倒海，除了有意回避政治风险外，其他全凭自己丰富知识的金箍棒开路，任由胆小或者大意的读者去揣摩。艾朗诺认为这种文风表现了作者处处绕开曾经遭受过的内心创伤，但是西方委实没有类似的传统或者文本，美国的普通学者更愿意读长篇论文。艾朗诺指出，钱钟书的高明之处在于他能得体地将西方术语、典故、案例和名言以比较文学意识运用于对中国文学的评介之中，把貌合神离或似是而非的文案和纠缠不清的官司轻松了断，最后提出一个皆大欢喜的解读。

1998年艾朗诺翻译的《管锥编》终于由哈佛大学出版社出版了，得悉当时钱钟书正病重住院，就马上寄了一本给钱夫人请她转呈致意。他在《管锥编》选译本的"前言"中写道："这是一位当代中国杰出学者有关文学与思想的随笔，论述精辟独到，但是仅仅在中国国内得到认可，此前非汉语读者尚无缘分享。"

艾朗诺的另一个学术领域是是北宋文学。25年来他在研究11世纪两位中国文化巨人欧阳修和苏轼方面作出了成绩。1984年他的《欧阳修的文学作品》按照体裁分类研究，几年后他又对欧阳修的书法进行了深入探讨。他撰写的有关苏轼专著《苏轼的一生：言论、形像与行为》内容更全面，从作家、政治活动家、文化理论家和公共知识分子的高度来介绍苏轼，并辟专章分析其书法和绘画。近年来艾朗诺在自己的新作中以"美学转型"的概念和实践来解读北宋的士人文化（literati culture）。

2006年哈佛大学出版社出版的《美的问题：北宋的美学思想与追求》也是艾朗诺的一部代表作。全书432页，除"引言"和"结论"外正文共六章,分别为:引言(第1—6页);第一章往事寻踪:欧阳修论碑文(第7—59页);第二章谈诗词的创作(第60—108页);第三章牡丹的魅力:植物题材与花卉之美(第109—161页);第四章苏轼、王诜和米芾一生中的艺术收藏与不足(第162—236页);第五章宋词(一):苦恋(第237—294页);第六章宋词(二):再评——新男性之心声(第295—348页);结论:社会阶级、市场与性别之美学(第349—384页)。

该书是一部有关北宋士人文化和美学思想的文集,聚焦于11世纪中国的全新美学追求:拓片的版本记录(colophons)、以"诗话"(remarks on poetry)形式展开的文学批评(literary criticism)、牡丹及其他花卉的栽培与鉴赏、艺术品收藏、作为美学和浪漫表达手段的宋词(Song lyric),从欧阳修领导的北宋文学革新运动开始按照编年体的方式记述每一时期的进展。各章都可以独立成篇:对文学批评感兴趣的读者可以读前三章,对于艺术感兴趣的历史学家则可以选读后三章。

第一章聚焦于欧阳修《集古录》中有关书法鉴赏的论述,但是艾朗诺在书中侧重介绍了欧阳修的碑拓,并具体分析了历史学家、古董商、道学家、鉴赏家、艺术批评家、哲学家和词人的不同观点和态度。道学家喜欢高水准的书法,但是对于从寺庙或道观临摹的拓片却心存疑虑;而欧阳修对于有美学价值碑拓的感情却是复杂的,只强调"不为无益"的收藏。

第二章涉及的《六一诗话》是汉语"诗话"一词的最早出处。该书共收录了21个词条,再现了当时诗评的主导形式,到北宋末期已经先后出现了20~30部诗话。《六一诗话》既谈创作,又谈鉴赏,诸如选词、对偶、押韵和用典,并多次引用了范温的《潜溪诗眼》。艾朗诺认为北宋诗话的盛行原因在于批评家可以不拘泥于孰好孰坏的诗歌评价标准。

第三章涉及花草入诗的美学价值问题。中国古人用竹子、梅花和菊花比喻人的高雅品格,却回避使用过于妖艳的牡丹。欧阳修奉派供职洛阳时深为当地人的牡丹狂热所感动,撰文列出24类牡丹的名称以及相关的当地习俗,深知牡丹种类繁多声名远播不是出于天然而是人工干预的结果。他赞美那些聪明能干的北宋洛阳园艺家深谙嫁接技艺,掌握开辟选种基地、改良土壤,及时浇灌剪枝,消除虫害,最终培育出色彩艳丽的多瓣新品种技术。艾朗诺还注意到周师厚有关洛阳花卉的专论、司马光有关洛阳独乐园的描述、李格非(约1045—1105)在《洛阳名园记》中有关数千奇花异草的记载。

艾朗诺在该书第四章谈到苏轼所记述的王诜(1036—1093)书画收藏室。苏轼曾经告诫王诜不要太专注那些藏品,然而他本人却难以从诗画中自拔。他曾经写过数百篇诗词、题记、信函和专论,谈到了画与诗的关系,以及士人创作的画。苏轼还热衷于在文人雅士中交流艺术品,买入绘画和书法作品,然后又转让出去;他请友人为他作画,后来又将它馈赠他人。他非常不满书画作品的高昂价格,以及富人可以随意购买珍稀书画的特权。他希望直接鉴赏书画作品的精妙独到之处又不为其不必要的情感附加物所累。

艾朗诺然后把笔锋转至同时代艺术评论家米芾(1051—1107)。在著名的《画史》中米芾就艺术价值提出了自己激进的观点:世上的壮举远不如诗画和书法那样流传千古。人们往往淡忘古代英雄,却怀念有作品流传下来的艺术家。在米芾的著述中找不到欧阳修和苏轼在谈及他们收藏时那种“得来恨晚”的怨言。而米芾却往往吹嘘自己如何不遗余力地去收藏佳作,自夸独具慧眼。他声称自己可以从苏轼所怀疑的某公藏品中分辨出无落款的诗画。在其他方面米芾和苏轼的观点却基本相同。艾朗诺认为,对于苏轼来说艺术品的风险不在于是否有教育意义,或者能否净化心灵,而在于有没有以其美学价值使人心驰神往的魅力。

艾朗诺在最后两章谈到宋词的创作和美学价值。欧阳修和苏轼都是宋词大家,宋词是表达爱情、浪漫和情欲的一种文学形式,通过男性作者可以传达女性的美和温情。宋词因晏几道(1030—1106)和周邦彦(1056—1121)等杰出词人的作品而名闻天下,使之成为美学世界对美探索的一种手段。欧阳修本人很好古,他主要用美学语汇进行作品分析。

该书的“引言”篇幅不长,能把各章联成一体的主要依靠“结论”部分艾朗诺所引用的秦观(1049—1100)的观点:智慧与美没有阶级分野,它不可预测地存在于所有社会群体中。这一开放式观点适用于被士人阶层认为“太低俗”无法诉诸笔端的通俗文化和现象的了解。在收藏无名书法家的拓片作品中欧阳修比早先的评论家和理论家更“来者不拒”。他还坚信与牡丹有关的都是通俗文化。宋词被视为大众娱乐的产物,越来越多人只以批判性的眼光来接受它。其中道理可以从“雅俗”中的“俗”字含义的调节,或者通过对两者界限的模糊或者淡化理解得到印证。①

艾朗诺的夫人陈毓贤女士(Susan Chan Egan),1978—1980 年受业于洪业,专攻历史学,曾任燕京大学历史系主任,现任哈佛大学东亚语文系研究员。

艾朗诺的主要著述有:

《〈左传〉及先秦叙述形式》(Narritives in Tso Chuan, Harvard Journal of Asitic Studies, Vol. 37 No. 2, pp. 323-352, Dec. 1977 年)。

《欧阳修的文学作品》(The Literary Works of Ouyang Hsiu (1007—1072), Cambridge Studies in Chinese History, Literature and Institutions, Canbridge University Press, 1984 年)。

《苏轼的一生:言论、形像与行为》(Word, Image and Deed in the Life of Su Shi, Harvard - Yenching Institute Monograph Series, Cambridge: Harvard University Press, 1994 年)。

《钱钟书的文论与书信》(Limited Views: Essays on Ideas and Letters by Qian Zhongshu, Harvard - Yenching Institute Monograph Series. Cambridge: Harvard University Press, 1998 年)。

《美的问题:北宋的美学思想与追求》(The Problem of Beauty: Aesthetic Thought and Pursuits in Northern Song Dynasty China, Harvard University Press, 2006 年)。

(九)致力于古代中医出土文献的研究和翻译的夏德安

夏德安(Donald John Harper)1950 年生于美国加利福尼亚州。1970—1982 年就读于加利福尼亚大学柏克莱分校,先后获中文学士、古汉语硕士和博士学位。1983—1985 年他在斯坦福大学做博士后研究,后在科罗拉多大学执教。1990—1999 年他加盟亚利桑那大学,1999 年起执教于芝加哥大学东亚语言与文明系。他教授的课程有:中国的传统人体科学、中国文选阅读、敦煌文书、中国占卜、道教传统和中国古典文献。

他曾任古代中国研究学会主席和《古代中国》(第 21~27 卷)编辑,现

① Ronald Egan: *The Problem of Beauty: Aesthetic Thought and Pursuits in Northern Song Dynasty China*, Havard University Asia Center, September 2006.

任芝加哥大学东亚研究中心主任，顾立雅中国古文字研究中心成员。

他的主要学术兴趣为中国古籍研究，尤其关注与古代中医有关的出土文献研究。他在古文献和古文字学方面学养有素，除英语和汉语外，他还精通德文、法文和日文，这有利于他从欧洲及日本汉学中汲取营养。近年他与马克·卡利诺夫斯基(Marc Kalinowski)合作从事“早期中国占卦学”(Comparative Research on Early Chinese Divination Science)项目的比较研究。

1978年夏德安的硕士论文以《淮南子第十篇的翻译和导论》为题，充分表现出他对先秦哲学的兴趣。《淮南子》又名《淮南鸿烈》，是西汉淮南王刘安(A.D. 180~A.D. 123年)招募宾客集体撰写而成。据考，该书原著21内篇论道，33外篇杂说，将儒家、道家、墨家、法家和阴阳家学说融为一体，但主旨却倾向于道家。今本《淮南子》所存21篇系内篇遗稿。第十篇“缪称训”讲的是为君为民的道理。全文41780字，大意是：“道”至高无上，至深无底，所以体道者能进入不衰不乐不喜不怒的境界。如果君主治国合民心，办事顺民意，就能做到君民同德同心。“道”乃万物之先导，“德”系人性之充实，“仁”为恩德的见证，“义”实属迎合众望之大举。圣贤体道而不德，君子非仁义无以德，小人失嗜欲无以活。慈父爱子不图恩报，圣人养民是尽天职。五帝说：没有百姓的拥戴天下哪能太平？世间功成名就者皆得益于天命，循理受顺无不靠民心；言行无常是小人，善于度量人才者方为圣人。把中国古人深奥的治国哲理转换成现代语汇，无论在东方西方都极具教育意义，这大概是夏德安以此撰写自己的硕士论文的原因所在。

夏德安的博士论文题是《五十二病方的翻译和导论》，特显他对长沙马王堆汉墓出土帛书医书的学术关注。1974年在湖南长沙马王堆三号汉墓中发现的《五十二病方》共计14700字，写在宽达24厘米的半幅帛上，是治疗52种疾病的283种临床医方。该书的成书年代无明确记载，通过对书中复音词(包括音节与语缀)和小篆形制的比较，专家认为可能是战国末期的医方。该书正文中每种病名下分别记载不同的方剂和疗法，从1~30方不等，涉及常见的跌伤、咬伤、伤痉、痈疽、溃烂、肿瘤和肛肠病等外科疾病，癫痫、疟疾、癃病、痉病和淋病等内科疾病，以及儿科、产科、妇科、眼科和五官科病，显示了中国古人对某些病症的认识和治疗已达到了相当的水平。书中记载的240余种药物中有草、谷、菜、木、根、果和花等植物药，也有兽、禽、鱼和虫部位或干体等动物药，还有雄黄、白矾和水银等矿物药，并记载了有关药物的采集、收藏、炮制和提炼方法，反映了西汉以前中药学的水平。

《五十二病方》所记载的方剂大多是由两味以上药物组成的复方，比起早期人类社会用单种药物治病是一大进步。医者根据疾病的不同类型，调整主药的剂量，体现了早期的辨证论治思想。据对书中 283 医方的药物配伍、剂型、方剂用法的分析，说明理论与实践相结合的方剂学体系已初步形成。根据病人的病情和体质，分别使用丸、饼、曲、酒、汤、散、油膏和药浆等多种剂型，并对草药的煎煮和服用时间、次数、禁忌都作出了说明，看来当时的医疗水准已经远远超越了经验型阶段。

研究并翻译这样一册最古老的中医方书，无论文字、中国历史、文化和医药知识来说都要求很高，对于一位美国学者来说其艰难程度可想而知。

夏德安的专著《古代中国医学文献：马王堆帛书医书研究》是他二十多年来潜心研究马王堆汉墓出土文献的成果。该书由两部分构成，前半部 183 页为"导论"，后半部 254 页是对出土医方文献的翻译和详细注释。内容如下：

第一部分：马王堆医书；马王堆方书和文稿目录；与医学有关的出土文献；出处与释经问题。

第二部分：中药；医书；医生；处方、技术、计算、艺术；读者群与传播。

第三部分：医疗思想与实践；疾病；生理学；治疗；药品。

第四部分：长寿养生；思想背景；灵与肉；技术；哲学与长寿养生。

第五部分：巫术；神方；各种巫术。

翻译部分：《11 脉灸经》、《经络图》、《阴阳脉死候》、《五十二病方》、《谷食气》、《引导图题记》、《养生方》、《杂疗方》、《胎产书》、《十问》、《合阴阳》、《符箓》、《天下至道谈》。

夏德安根据 1985 年北京出版的马王堆帛书医书影印本进行英译，是各类外语译本中最全、注释最详尽的版本。他还对于原书转写文本进行了认真校订，"引论"高屋建瓴，译文简洁清晰，非汉学读者都可以读懂。

学术界认为中医中药体系成型于以秦汉时期的《黄帝内经》和《神农本草经》为标志的医药文献。夏德安把马王堆出土的帛书医书的研究与近几十年来从张家山、云梦、武威和包山等地出土的文献结合起来，揭示中医在其发展初期阶段与巫术神秘主义的关系。但是中国早期的医治观念出现在针灸应用之前,也不存在周易阴阳五行理论的痕迹,更有别于《黄帝内经》式的理性分析。

夏德安是一位学养有素的美国汉学家,他的博士论文《五十二病方的翻译与导论》曾涉及药剂、外科和驱邪等治疗手段,此后他又研究养生和《黄帝内经》中的问卜,帮助读者了解传统中医中有关"经脉"和"气"的概念。这就是为什么他的《古代中国医学文献:马王堆帛书医书研究》撰写非常得心应手的原因。他翻译和注释先秦出土文献牵涉到中国历史学、考古学、古文字学、植物学、神话学、生物学、生理学和药物学等领域的知识,没有深厚的中国文化和语言学养是无法胜任这样艰难的翻译工作的。

他的代表著述有:

《淮南子第十篇的翻译和导论》(Huai Nan Tzu Chapter10:Translation and Prolegomena,University of California,Berkeley,1978 年)。

《五十二病方的翻译和导论》(The Wu Shih Erh Ping Fang:Translation and Prolegomena,Umi Dissertation Services,1982 年)。

《古代中国医学文献:马王堆帛书医书研究》(Early Chinese Medical Literature:The Mawangdui Medical Manuscripts, Kegan Paul International, 1997 年)。

(十)先秦文化史、考古学和经学专家夏含夷

夏含夷(Edward L. Shaughnessy)1952 年生于宾夕法尼亚赛维克利。1970 年进入圣母大学主修神学。1974 年毕业以后曾在台湾进修三年,拜爱新觉罗·毓鋆为师,学习《老子》、《庄子》和《周易》。1978 年返美后入斯坦福大学东亚语文系,主修东亚语言。1980 年获文学硕士学位后在倪德卫教授指导下研修中国古代文化。他原计划以《周易》为选题撰写博士论文,但是导师对《周易》没有兴趣,却对甲骨文情有独钟。他便开始研究甲骨卜辞,慢慢地认识到历史和语言问题比哲学更有吸引力。1983 年他获得斯坦福大学哲学博士学位,博士论文题目为《〈周易〉的编纂》,是从历史角度来研究中国古籍的一篇论文。

1985 年夏含夷受聘为芝加哥大学东亚语文系助理教授,1997 年升任为顾立雅中国古史名誉教授。他现在担任芝加哥大学东亚语言与文明系

顾立雅讲座教授，兼任期刊《古代中国》(Early China)主编。

20世纪70年代是中国历史上发生重大变革时期。湖南长沙马王堆考古新发现推动了各类学术会议的召开，中国改革开放扩大了对外文化交流的规模，改变了长期封锁闭塞的状况。参加断代工程的讨论，以及在加利福尼亚大学接待参加大都会青铜器展览研讨会的中国学者代表团，对于夏含夷和他的同事们来说都是重要的学术活动。2000年他与北京大学李零等学者一起研读郭店《缁衣》，引起了他对古书篇章结构的兴趣。

2005年上海古籍出版社出版的《古史异观》是夏含夷各个时期撰写的论文自选集，共收录文章29篇，其中15篇讨论甲骨文和金文，另13篇主要论述《周易》、《诗经》、《尚书》和《竹书纪年》，以及与王家台《归藏》和阜阳《周易》有关的古文字资料问题。这反映了在过去30年中他研究中国文化和典籍的轨迹，不但在选题上受到导师爱新觉罗·毓鋆和倪德卫的影响，而且在思想观点和研究方法上也深得导师真传。

《古史异观》中有多篇论文涉及中国上古年代的推定和考证。如：《殷虚卜辞的微细断代法：以武丁时代的一次战役为例》(第19—39页)、《商王武丁的末期：中国上古年代学的重构实验》(第40—81页)、《西周朝代的绝对年代》(第131—190页)、《父不父，子不子：试论西周中期询簋和师酉簋的断代》(第201—204页)、《测定多友鼎的年代》(第221—225页)、《此鼎铭文与西周晚期年代考》(第226—245页)、《晋侯的世系及其对中国古代纪年的意义》(第246—257页)、《上博新获大祝追鼎对西周断代研究的意义》(第258—262页)、《四十二年、四十三年两件吴逨鼎的年代》(第263—269页)、《略论今文〈尚书〉周书各篇的著作年代》(第320—326页)、《〈竹书纪年〉与周武王克商的年代》(第378—394页)。夏含夷根据甲骨文和金文资料，参照现代天文学和其他文献的信息，进行对比、互证和判定。是否科学无误，是否能得到多数专家认可，有待进一步验证，但是作为一家之言有其独到之处。

1985年夏含夷在阅读《竹书纪年》时无意中发现了一个错简，引起了他的兴趣，写了《也谈周武王的卒年——兼论〈今本竹书纪年〉的真伪》一文。① 2000年他研究郭店《缁衣》时，也发现战国写本与流传的《礼记》本《缁衣》的次序不同，再次引起他对古书篇章结构的兴趣，后来便提出了

① 夏含夷：《古史异观》，第362页，上海：上海古籍出版社，2005年。

“重写中国古代文献”的想法。上海《东方早报》记者黄晓峰曾经在一次访谈中向他求证中国历史学家李学勤所提倡的“重写中国学术”与他所倡导的“重写中国古代文献”有何不同时，他回答说：“李先生所说的重写是广义的，就是要重新考虑、重新改写中国古代学术。因为我们有很多新的证据、资料，可以重新写作一段历史。我所说的‘重写中国古代文献’，是直接的意义，就是重新写一遍、写两遍。”①

夏含夷在美国研究中国竹帛、甲骨文、铭文和古籍的学者中是首屈一指的人物，学养有素，治学严谨，思想活跃。虽然他的一些观点与中国学者的看法不尽相同，例如“夏商周断代工程”是否有政治背景和学术道德问题，但因为他的观点具有代表性而得到尊重。他对于当前中西方学术交流中的一些现象曾经诚恳地提出过批评，值得深思。例如他在一次学术会议的总结发言中说：

> 这种偏见纠缠不休的是什么呢？无非是我们的中国同行，他们离其研究领域太近，在里面陷得太深，也太沙文主义，以至无法保持学术上的客观。但学术可以有不同目标，这是理所当然，客观性并不是唯一标准，对谁都适用。虽然这些不同的目标，相关的推论和运用的方法，全都可争可议，但我们最好还是达成默契，即争论决不应激化到剑拔弩张或堕落为相互攻击。

> 我发现，有些西方汉学家，很多西方汉学家，他们中的有些人有一种态度，就是认为中国文化传统只是一堆有待开发的原始材料，就是认为我们的中国同行没法解释它。除去懒惰无为或语言不灵，还有什么可以解释？在中国研究的很多领域，为什么汉学家总是不提中国学者对材料的进一步研究（诸位凡是读过《哈佛亚洲学报》书评栏的人恐怕都知道我讲的是什么意思）。在我们的注脚和书目中，你们几曾见过它们引用的都是中文原作，而不是用西文写成的重新分析过的作品，或者偶尔引用的日文研究成果？关于这一点，我不想多说。我想说的仅仅是，如果我们成心跟我们的中国同行过不去，不管他们是在中国还是在西方，这都

① 黄晓峰：《夏含夷谈中国历史研究》，载《东方早报》2009年7月19日。

> 不会使我们每个人的脸上有光，也不会使我们的学术界脸上有光。我们要想让我们的研究和观点立于不败之地，就一定得相互学习，取长补短。①

在与《东方早报》记者黄晓峰的一次访谈中夏含夷语重心长地说：

> 这三十年来，中西方的交流有很大的进步，但是还有很多分歧和误解。应当说，中国学者的爱国和民族主义，这是很自然的事，是不能避免的。现在很多中国学者都到国外去，对国外的学说和文物都有兴趣，经常到国外去参观博物馆，跟国外的学者交流。我觉得三十年前几乎是不可能的。我们不应该怪中国学者，因为他们那时是被封闭的。当然，西方汉学家也有他们自己的问题。他们认为自己是国际人物，所以没有民族主义的倾向，所以很客观，这其实是另一种偏见。他们有时欺负或鄙视中国学者的民族情绪。我希望双方能越来越接近、了解，当然这是一个漫长的过程。②

关于考古学和历史学研究之间的相互关系，是中西学者在史学交流中经常碰到的问题。因为观点和角度不同，笔墨官司经常现诸笔端。对此，夏含夷就自己的体会，归纳出五点参照标准：第一，中外对比的史料要从同期史实中采集，对号入座，不能拿晚期的史料讲早期的历史；第二，进行中外史学对比时要在地理上对“中国”的概念进行严格界定，因为中华民族在形成过程中疆域和组成成分存在变化的情况；第三，中国史前时期的传说须经考古学的验证，不能把传说当史证；第四，后期中国文献的有效性大于早期文献，早期文献属于考古学者的天下；第五，考古不应该受历史文献的束缚，研究者的眼光应高于文本。③

夏含夷的学术研究范围为西周和战国文化史、古文字学、经学和《周易》，主要著作有：

---

① 夏含夷：《知之好之乐之》（李零译），载《中国学术》2000 年第 2 期。

② 黄晓峰：《夏含夷谈中国历史研究》，载《东方早报》2009 年 7 月 19 日。

③ 李梓童、胡艳阳：《何谓“中中学问”，中国何时变成“中国”》，华东师大中文系学生论坛学术之窗，2011 年 11 月 21 日。

《小屯南地甲骨文索引》(A Concordance of the Xiaotun Nandi Oracle Bone Inscriptions, with Cai Fangpei and James F.Shaughnessy.Jr., Early China Special Monograph Series, Number One, Chicago, July 1988 年)。

《礼仪与敬仰:芝加哥大学斯马特画廊的中国艺术》(Ritual and Reverence: Chinese Art at the University of Chicago: Smart Gallery, 1989 年)。

《西周史料:青铜器铭文》(Sources of Western Zhou History: Inscribed Bronze Vessels.Berkeley: University of California Press, 1991 年)。

《易经:马王堆帛书〈易经〉第一英文译本》(I Ching: The First English Translation of the Newly Discovered Second Century B. C. Mawangdui Manuscript.New York: Ballantine Press, 1997 年)。

《中国古代史新史料:铭文和手稿导读》(New Sources of Early Chinese History: An Introduction to the Reading of Inscriptions and Manuscripts, University of California Press, Institute of East Asian Studies, 1997 年)。

《孔子之前:中国经典创建之研究》(Before Confucius: Studies in the Creation of the Chinese Classics.State University of New York Press, 1997 年)。

《剑桥中国古代史》(The Cambridge History of Ancient China: From the Origins of Civilization to 221 B.C. Co-edited with Michael Loewe, Cambridge University Press, 1999 年)。

《中国:帝国与文明》(China: Empire and Civilization, Oxford University Press, 2000 年)。

《中国:天龙之国》,(China: the Land of Heavenly Dragon, London: Duncan Baird, 2000 年)。

《古代中国:生活、神话和艺术》(Ancient China: Life, Myth and Art. London: Duncan Baird Publishers 2005 年)。

《重写中国古代文本》(Rewriting Early Chinese Texts. Albany, New York: State University of New York Press, 2006 年)。

《中国智慧:孔子、孟子、老子、庄子等大师的哲学远见》(Chinese Wisdom: Philosophical Insights from Confucius, Mencius, Laozi, Zhuangzi and Other Masters.London: Duncan Baird Publishers, 2010 年)。

《〈周易〉"元亨利贞"新解——兼论周代习贞习惯与〈周易〉卦爻辞的形成》(A New Explanation of the Phrase "Yuan heng li zhen" in the Zhou Changes: Together with a Discussion of the Practice of Repeat Divination in the

Zhou Period and the Formation of the Hexagram and Line Statements of the Zhou Changes, in Studies of the Zhou Changes. 5:3-15. 2010 年)。

《由眉县单氏家族铜器再论膳夫克铜器的年代:附带再论晋侯苏编钟的年代》(A New Discussion of the Dates of the Shanfuke Bronze Vessels from the Perspective of the Meixian Shan Family Bronzes: With an Appended Renewed Discussion of the Date of the Jin Hou Su Bell Set, in Collected Papers for the International Symposium of Ancient Chinese Bronze Vessels edited by Shanghai Musium and the Museum of Hongkong Chinese University, pp. 165—78. 2010 年)。

《中国最早的书写符号》(The Beginnings of Writing in China, in Visible Language: Inventions of Writing in the Ancient Middle East and Beyond, Chicago: The Oriental Institute, 2010, pp. 215—24. 2010 年)。

《再说〈系辞〉干专直坤翕辟》(Once again on the Appended Statements' Qian's being curled and straight, Kun's being closed and open, Wenshi 91, pp. 273—75. 2010 年)。

《呼之欲出的形像:卜诗与诗卜》(Arousing Images: The Poetry of Divination and the Divination of Poetry, in Divination and Interpretation of Signs in the Ancient World, ed. Amar Annus. Oriental Institute Seminars 6, Chicago: The Oriental Institute of the University of Chicago, pp. 61—75. 2010 年)。

《从出土文字数据看〈周易〉的编纂》(Looking at the Composition of the Zhou Changes on the Basis of Excavated Written Materials, in 2009 New Hermeneutics on the Zhou Changes Classic and Commentary Texts, ed. Zheng Jixiong, Taipei: Taiwan Daxue Chuban Zhongxin, 34—49. 2010 年)。

《"兴"与"象":简论占卜和诗歌的关系及其对〈诗经〉和〈周易〉的形成之影响》("Arousal" and "Image": A Simple Discussion of the Relationship between Divination and Song and of its Influence on the Formation of the Classic of Poetry and the Zhou Changes, Luojia Forum 6, 71—89. 2011 年)。

《阜阳汉简〈周易〉简册形制及书写格式之蠡测》(Estimating the Nature and Written Form of the Fuyang Zhou Changes Bamboo Strips, Bamboo and Silk 6, 2011 年)。

《从作册吴盉再看周穆王在位年数及年代问题》(From the Zuoce Wu he Looking Once again at the Length of Reign and Dates of King Mu of

Zhou, in Zhu Fenghan ed., Newly Appearing Bronze Inscriptions and Western Zhou History, Shanghai: Shanghai Guji Chubanshe, pp. 71—78. 2011 年)。

《中国历史与铭刻》(History and Inscriptions, China, in The Oxford History of Historical Writing, Volume 1: Beginnings to AD 600, General Editor Daniel Woolf, Volume Editors Andrew Feldherr and Grant Hardy, Oxford: Oxford University Press, pp. 371—393. 2011 年)。

《谜底揭示:竹书纪年,古代年代学》(Of Riddles and Recoveries: The Bamboo Annals, Ancient Chronology, and the Work of David Nivison. Journal of Chinese Studies 52: 269~290. 2011 年)。

(十一)潜心研究中国史学和古典文学的史嘉柏

史嘉柏(David Copley Schaberg, 1964—　)1984 年以交换学生身份去台湾学习汉语和中国文化。1996 年获得哈佛大学东亚系博士学位,论文题目为《中国历史学基础:〈左传〉和〈国语〉中的文学性表现》,通过研究汉籍探讨有关中国史学问题。

多年来他潜心研究中国史学和古典文学,希望把更多中国典籍介绍给美国读者。他先后出版过多部著作,还与他人合作翻译《尚书》、《春秋》和《国语》,因此荣获中国古代史研究最佳图书奖。2003 年他以《左传》和《国语》为例研究《模式化的过去:中国古代史的形式与思想》,由哈佛大学出版社出版,获得了列文森大奖。该书对《左传》和《国语》的修辞和叙述方式及其思想内容进行了深入探讨,以求对这两部著作所记载的公元前四世纪的历史事实的准确了解。

关于中国史学的文学性问题,史嘉柏在一次接受美国《侨报》记者采访时说,中国史学文献非常强调作者与社会之间的联系,例如东晋后期诗人陶渊明虽然已经辞官归隐山林,但在他的作品中依然表现出与山野农夫之间思想感情的息息相通。相比之下,西方史学文学自古以来更多强调个人活动,最典型的例子是美国女诗人迪金森(Emily Elizabeth Dickinson, 1830—1886),在与世隔绝的生活空间中却能创作出极富想象力的诗歌作品。①

① 徐燕:《中国印象系列(12):访史嘉柏》,载美国《侨报》2006 年 1 月"南加焦点"版。

2005 年史嘉柏接替了包瑞嘉(Richard Baum)在加利福尼亚大学洛杉机分校所担任的中国研究中心主任一职。

史嘉柏的主要著述有:

《中国历史学基础:〈左传〉和〈国语〉中的文学性表现》(Foundations of Chinese Historiography: Literary Representation in Zuo zhuan and Guoyu, Harvard University,1996 年)。

《模式化的过去:中国古代史的形式与思想》(A Patterned Past: Form and Thought in Early Chinese Historiography, University of California Press, 2001 年)。

(十二)研究科技对中国妇女性别规则与角色塑造的白馥兰

白馥兰(Francesca Bray)1973 年毕业于剑桥大学汉学系,1976 年获硕士学位,1986 年获剑桥大学人类社会学博士学位。

她最初的学术兴趣是中国农业、科技和医疗卫生史,曾在马来西亚吉兰丹进行了一年的民族文化学田野调查,向当地农民了解如何应对绿色革命技术的挑战。近几年她的学术兴趣转向日常技术的宏观和微观对策(包括粮食、住房、交通和卫生),与人类学家、历史学家、发展研究和科技社会专家开展项目合作。

1973—1982 年她任剑桥东亚科学史图书馆研究助理,1982—1984 年任李约瑟研究所利弗修姆研究员,1985—1987 年任法国巴黎国家科学研究中心研究员,1986 年曾以人类学家身份访问了韩国,1988—1993 年任加利福尼亚大学洛杉矶分校人类学教授,1994—1996 年任曼彻斯特大学韦尔柯姆医学史高级研究员,1993 年应聘为加利福尼亚大学圣巴巴拉分校人类学教授。2005 年她加盟爱丁堡大学,其间还到中国大陆和台湾、马来西亚以及加利福尼亚开展田野调查和查阅档案资料。

白馥兰在《技术与性别:中华帝国后期的权力结构》一书中明确提出:1800 年以后东西方社会发展的不平衡使亚洲国家的经济技术日渐落后,但是在 1600 年以前有些亚洲国家比欧洲先进得多,中国就是其中之一。白馥兰通过考察中国妇女在宋代至清代技术发展中的特殊作用,说明中国妇女不仅仅是家庭生活、纺纱织布和生儿育女的角色,也是技术发展、经济变革、文化创造的积极参与者和支持者。她反对用西方标准来衡量中国社会和经济发展,认为她们不应该成为君权、父权和夫权的牺牲品。她把妇女写进了科技史,就中国妇女作为遭受家长制压迫受害者的问题,以及中华帝国后期妇女的工作和养育子女的角色进行了分析,提出了"女性技术"(gynotechnics)的概念,以此开创一个探讨社会如何把道德和社交原则转化为物质形式和身体力行的网络。该书曾获1999年科技史学会(The Society for the History of Technology)德克斯特奖。

一位名为李德·泰勒的读者在一篇书评中写道:

> 白馥兰在《技术与性别:中华帝国后期的权力结构》的"引论"中浓笔重墨地对自己的研究加以归纳。她谈到参观博物馆的人因为不许触摸所看到的古代工具和家具而感到十分沮丧。如果他们能把玩片刻,必定在接触那些家庭用品时对于古代生活方式会产生一种亲临其境的感觉。
>
> 这里说的正是白馥兰所写的历史。她通过对当时较为时新的技术向我们演示了生活在那个时期(1000—1800)的感觉。这类安排和创造生存技艺的定义较为宽泛。她赋予了日常的纺织、农耕、生儿育女(当时人们的实际生活)的观念和工具明确无误的价值。该书的第三部分"母亲身份的意义:生育科技及其功用"包含了许多细节和非结论性要点,聚焦于妇德和妇道。当年的医疗、道德和经济思想,以别开生面的方式与她在开篇叙述的枯燥乏味的事实形成有趣的补充和对照。
>
> 该书不像王先生或者波梅兰兹近期出版的经济史。虽然王与波两位的著作属于宏观对比史(comparative macro-history),而白馥兰的著作却是一部奇妙无比的微观汉学史(Sinological micro-history)。她的结构说明、工具以及织布机示意图细节,为像我这样的读者提供了一种在看到该书之前往往会不知不觉地忽视把图示与人的平视细节联系起来的能力。①

白馥兰迪主要著述有:

《中国的科学与文明:农业卷》(Science and Civilisation in China,

① Read Taylor: *History As People Lived It, Not Just A Stage For The Elite*, November 30, 2000.

Volume VI Part 2:Agriculture,p. 742,Cambridge University Press,1984 年)。

《稻作经济:亚洲社会的技术与发展》(The Rice Economies:Technology and Development in Asian Societies,p. 250,Basil Blackwell,Oxford,1986 年)。

《技术与性别:中华帝国后期的权力结构》(Technology and Gender: Fabrics of Power in Late Imperial China,p. 419,University of California Press, 1997 年)。

《明代的技术与社会》(Technology and Society in Ming China (1368—1644), p. 87, American Historical Association - Society for the History of Technology, Historical Perspectives on Technology, Society and Culture, pamphlet series no. 1,AHA,Washington D.C.,2000 年)。

《中华帝国后期的工艺学与文明》(Technics And Civilization in Late Imperial China:An Essay in the Cultural History of Technology,Osiris 13,11-33,2000 年)。

《转基因商品对我们有益吗? 人类学家能为这场辩论做些什么?》(Are GMOs Good For Us? What Anthropologists Can Contribute to the Debate, General Anthropology 8,2001 年)。

《中国科学(卷 2)》(Karine Chemla,Francesca Bray,Fu Daiwie,Huang Yi-Long and Georges Métailié (eds),Le scienze in Cina,vol. II in Sandro Petruccioli (ed),Enciclopedia della historia della scienza,Roma,Istituto Treccani,2001 年)。

第六章
华人学者对美国汉学发展的持久贡献

史载早在1820年就有一位华人移居美国，但是大批华人移民美国却是在19世纪40年代之后。由于加利福尼亚州淘金热（Gold Rush）和贯穿美洲大陆的交通大动脉的建设急需技术人才和劳力，1868年美国和清政府签订了《中美通商条约》，为他们来华招聘人才提供了法律依据。华人移民序幕的开启，促进了中美两国之间人才、文化和技术交流高潮的到来。

1877年美国经济进入低谷后出现了历史上第一次排华浪潮，导致了国会《排华法案》的通过。20世纪50年代美国排华移民法解禁之后，从中国台湾到美国留学定居的人数有所增加。在加利福尼亚、纽约、夏威夷、马萨诸塞、马里兰、新泽西、得克萨斯、伊利诺伊和华盛顿等州，都有许多华人。纽约、旧金山、洛杉矶、休斯敦、西雅图和波特兰等城市的繁华唐人街，不仅是当地华人购买生活用品和食品的去处，更是他们学习中华文化、参加汉语培训和文娱活动，展示他们生命品质的橱窗。汉语在美国已成为除英语和西班牙语之外使用人数最多的语言之一。据统计，2011年全美已经有5000多所大中小学开设了汉语课程，学生人数超过了20万。

总体来说，美国华人是受教育程度较高的一个族群。华人华侨的历史存在和美国人文环境中的中华文化传播，维系着中华民族的历史记忆，不仅拓展了美国社会和学术领域的文化架构，丰富了人文学科环境，还为美国各个时期的汉学研究提供了直接的学术资源，为美国汉学的发展创造了有利条件。

在美国汉学发展史上有一支庞大的华裔学者队伍，与东亚和西欧从事中国研究的学者一起加盟美国汉学家的行列。1879年戈鲲化应聘到美国哈佛大学教授汉语和中国文化课程，此后便不断有华人学者在美国从事汉学研究和教学工作。陈绶颐、赵元任、洪业、林语堂、萧公权、陈荣捷、李方桂、杜联喆、邓嗣禹、柳无忌、房兆楹、杨联陞、何炳棣、柳存仁、黄仁宇、余英时、张光直、梅祖麟、钱存训等,都是华人学者中的佼佼者。

第二次世界大战之后有更多中国人文学科学者相继在不同高校执教或在研究机构著书立说,向美国学子传授中国史学、文学、语言学和宗教学等方面的知识,推动美国汉学研究的发展。例如艾朗诺的启蒙老师白先勇(1937—),哈佛大学的博士生导师海陶玮,曾任教于斯坦福和普林斯顿大学的宋史专家刘子健(James T.C.Liu,1919—1993)和方志彤,都是这一时期为美国汉学研究和人才培养做过重要贡献的中国学者。在哈佛大学等高校深造的徐中约、余英时和周策纵等学者也师从美国汉学家攻读学位课程,是二战以后从港台到美国汉学界发展的代表人物。

由于语言、社会背景、专业素养和对象定位的不同,多数美国学者习惯于从美国角度去考察问题,按照西方的学术思路去解读汉学史料,因此他们所得出的结论既可能有别于中国学者的见解,也可能偏离汉籍文本所传递的真实信息。许多华人学者饱读汉籍,又掌握了现代学术研究方法,长期参与美国各项课题研究或者课堂教学,注重联系实际的学科领域的拓展。他们中有些人在汉学文献的编译中担当了重要角色,有些人同美国同事一起致力于汉学教学所需的教材和工具书的编写,有些根据自己的治学经验和所在学校的学术优势建议设置特色课程,更多华人学者则在重大汉学工程中帮助学术把关和方向定位,纠正理解和表达方面的失误。一些中国图书馆学和目录学专家,根据1958年美国国防教育法案的要求,帮助美国各大图书馆采购近现代中国的报刊、文献和出版物,在中国图书市场搜集古籍善本,扩大特藏。他们在研究中所揭示出来的问题,有助于激发同事的新思路,对美国汉学研究发挥了无法替代的作用。

20世纪80年代之后大批中国大陆学者加入了美国汉学研究团队,从世界各地前往美国的华裔学者人数也比以往任何时候都多。在过去的30年中他们为美国的汉学发展作出了重要的贡献。20世纪90年代后期,许多美籍华裔专业人士返回中国,但与此同时也有许多中国学子到美国深造,“来来往往”成为人才流动的一种模式。2010年美国移民政策研究所(MPI)根据当年社会调查和国土安全部的统计推算,美国华人总数已达430万。华人学者的加盟进一步改善了美国汉学的研究和教学生态。

一般来说,参与汉学研究必须具备的基本专业条件是:一、能熟练掌握汉语和母语或第二种语言,最好还熟悉一种或多种中国方言以及少民族语言；二、较全面了解中国文化、历史、习俗和传统，以及中国人的思维方式和价值取向；三、具备必要的专业知识、对比知识和文化交流知识。第三代以后的美籍华人学者知识层次普遍比较高，也更专业化，为他们融入美国主流社会创造了必要条件。第五代华人移民中具有大陆背景者越来越多。他们长期生活在中西文化生态之中，深谙两种以上的语言文化和思想系统，多数人在投入汉学研究过程中能超越语言、政治或者文化障碍，娴熟地调动专业理论，运用一种或多种研究、考察、对比、分析和解读手段，并专业地运用评价参照系统。这就是他们当中许多人能取得高水准的研究成果的有利条件。

一、考据学、文本研究和中古音韵学专家赵元任

赵元任字宣仲、宣重，1892 年 11 月 3 日出生于天津一个书香官宦人家，祖籍江苏。1900 年他回到老家常州青果巷上家塾二中，14 岁时就读于常州溪山小学。1907 年他进入南京江南高等学堂预科学习，成绩优异。

1909 年他考取了留学美国的官费生，1910 年以清华游美学务处选送的第二批留学生身份进入了康奈尔大学研习数学，1914 年获理学学士学位。1915 年他进入哈佛大学研修哲学，经常向音乐教授希尔（E.B.Hill）和斯帕尔丁（W.R.Spaulding）求教。1918 年他在哈佛获哲学博士学位后在芝加哥大学和加利福尼亚大学继续深造。1919 年他回到康乃尔大学物理系任教一年。

1920 年赵元任回国担任清华学校的物理、数学和心理学教师，同年冬曾为英国著名哲学家罗素（Bertrand Arthur William Russell，1872—1970）来华讲学担任翻译。在清华期间，赵元任与杨步伟结婚。1921 年赵元任携夫人赴美，在哈佛大学研修语言学，之后应聘任哈佛大学哲学系讲师和中文教授。三年后他返回清华任教于国学院，进行了大量的语言田野调查和民间音乐采集工作。

1954 年赵元任加入了美国籍，开始任教于耶鲁大学，同时兼授夏威夷大学的中国音乐课。五年后他又回哈佛大学任外国语言特训班中文部主任，参加哈佛—燕京学社《汉英大辞典》的编辑工作，兼任密歇根大学语言研究所教授。1945 年他被聘任为美国语言学会会长。1946 年国民政府教育部长朱家骅发电报邀请赵元任回国出任南京中央大学校长，赵元任以

“一心只想做好自己所承担的加利福尼亚大学的教学工作”为由婉拒了国内邀请。1952 年他荣任阿加细东方语言教授(Agassiz Professsor of Oriental Langueges)。1959 年他曾到台湾大学讲学,第二年被推选为美国东方学会会长,1965 年他退休后任讲座教授。

他在语言学方面的建树使他闻名于国内外教育界。1934 年他发表了《音位标音法的多能性》一文,曾获得广泛的好评。后来他在另一篇论文《一套标调的字母》中提出了“五度标调法”,被国内外学者普遍采用于标识汉语声调。除了汉语和英语外,他还通晓德语、法语、日语、俄语和 30 多种汉语方言,并能认读古希腊文和拉丁文。他对于音位学、音韵学、汉语方言和语法都有独到的研究。他在语音学方面的造诣使他能从物理学、生物学和声学的角度分析语音形成的科学原理和生理机制,便于学习者的理解和接受。这种语音学解读手段不仅可以应用于教学,也适用于录音、电话、电脑和媒体语音设置的构建和调试。

大约在 1915 年他就曾写过《中西星名考》和《生物界物质与能力代谢之比较》等极具独立见解的论文。1925 年 6 月他应聘担任清华国学院导师,先后讲授数学、物理学、中国音韵学、普通语言学、中国现代方言、中国乐谱乐调和西洋音乐欣赏等课程,与梁启超(1873—1929)、王国维(1877—1927)和陈寅恪(1890—1969)一起被称为清华“四大导师”。1929 年 6 月他接受中研院的邀请担任历史语言研究所研究员兼语言组主任,同时为清华中国文学系讲授音韵学等课程。他的门生遍布世界各地,中国著名语言学家王力(1900—1986)、朱德熙(1920—1992)和吕叔湘(1904—1998)都曾经是他的学生。

音乐创作和研究是赵元任学术生涯中的一个重要组成部分。他的父母皆通音律,他自幼受到音乐熏陶,在南京上中学时就开始学钢琴。他调查方言时曾接触许多民歌民谣和其他民间音乐。1915 年他发表了钢琴曲《和平进行曲》,后来陆续谱写了约 100 多首作品,分别以《新诗歌集》(1928)、《儿童节歌曲集》(1934)、《晓庄歌曲集》(1936)、《民众教育歌曲》(1939)、《行知歌曲集》和《赵元任歌曲集》(1981)结集出版。他还给新诗谱曲,为中国音乐开辟了发展新方向。他的不少作品具有鲜明的爱国思想和民主倾向,他的歌曲《卖布谣》、《劳动歌》、《教我如何不想他》、《上山》、《听雨》、《呜呼三月一十八》、《也是微云》、《西洋镜歌》、《老天爷》以及合唱《海韵》等都体现了艺术上的创新。他善于吸收民族音乐的营养,也能把西洋音乐的元素与中国传统风格结合起来，因此他的许多作品既有典型的中国风格，又符合时代的潮流。他一生共创作了歌曲 132 首歌曲，钢琴曲 100 余首。

1973 年 5 月，赵元任夫妇携女婿迈克和外孙女昭波回国探亲，受到周恩来总理接见，宾主畅谈了文字改革等共同关心的问题。郭沫若（1892—1978）、刘西尧（1916—　）、吴有训（1897—1977）、竺可桢（1890—1974）和黎锦熙（1890—1978）等部门首长和旧友也参加了会见。1981 年赵元任应中国社会科学院语言研究所的邀请，携长女赵如兰、女婿卞学磺、四女赵小中回国访问，受到全国政协主席邓小平（1904—1997）的接见，并接受了北京大学授予的名誉教授称号。

胡适（1891—1962）对于赵元任曾经有这样的评价："每与人评论留美人物，辄推常州赵君元任为第一，此君……治哲学、物理、算学皆精。以其余力旁及语学、音乐，皆有所成就。此人好学深思，心细密而行笃实，和蔼可亲。以学以行，两无其待，他日所成，未可限量也。"①

赵元任的主要语言学著作有：

《国语新诗韵》（1923 年）。

《现代吴语的研究》（Wu Dialects，1926 年）。

《新诗歌集 · 序》（1928 年）。

《粤语入门》（Cantonese Primer，1947 年）。

《简明中国话辞典》（Concise Dictionary of Spoken Chinese. Co-edited with Yang Lien-shang，Cambridge，Harvard University Press. 1947 年）。

《中国话的读物》（Mandarin Primer：An Intensive Course in Spoken Chinese，Cambridge，MA：Harvard University Press. 1948 年）。

《语言问题》（1959 年）。

《中国话的文法》（A Grammar of Spoken Chinese，Berkeley：University of California Press. 1968 年）。

《中国社会与语言各方面》（Aspects of Chinese Sociolinguistics，1976 年）。

《通字方案》（General Chinese，1979 年）。

---

① 胡适：《胡适日记》（1916 年 1 月 26 日），太原：山西教育出版社，1997 年。

二、以中国史学和文献研究蜚声海内外的洪业

洪业，号煨莲，谱名正继，字鹿芩，祖籍福建侯官。年幼时勤奋好学，曾寄读福州南郊外祖林氏家塾，学习《四书》、《五经》和《尔雅》等经文。1904年他跟随为官的父亲移居山东，读过不少诗词文赋。1908年他考入山东师范附属中学，数、理、化和英语各科成绩均优。青年时代他不满清政府的腐败无能，决心报效国家。1909年他乘船到上海报考海军，因为误了船期失去了应试机会，便投靠父亲的好友高梦旦。高先生供职于上海商务印书馆总编辑室，劝他学习洋务。

1910年洪业就读于鹤龄英华书院，皈依了基督教。因学业成绩优异，1915年他获得书院董事克劳弗德（Hanford Crawford，1839—1860）的资助赴美深造，1919年获哥伦比亚大学文学硕士学位。1920年他在该校协和神学院完成了神学学士学业。1920—1922年他应几家演说团体的邀请，在美国各地巡回演说，谴责日本侵略中国，获得了美国许多友好人士的同情与声援，一些地方报刊都以醒目版面作了报导。

1922年燕京大学校长赴美，邀请洪业回国执教，他欣然应允。这一期间他利用从美国募集来的款项扩大校园建设，从原来位于北京城东南的旧校址迁移到城西郊的新校址，使燕京大学大大提高了知名度。因为他在哲学、文学和语言学等方面的造诣，曾先后担任过燕京大学文理科学院教务长、历史系教授、系主任和图书馆馆长，还创办了《燕京学报》。1924年洪业以燕大代表身份成功地与美方校董商洽创办哈佛—燕京学社，以扩大中国和远东文化的研究。

1928年洪业受聘赴美国哈佛大学讲学。1930年回国后他在燕京大学主持文科研究所，同时创办哈佛—燕京学社引得编纂处。从1930年秋开始，仅凭十余人的努力，先后编纂并出版了经、史、子、集各类古籍引得，包括正刊41种，特刊23种，合计64种81册。他曾创制一种图书号码排检法（中国字庋撷法），为此获得了哈佛—燕京学社本部的专项拨款。此外，他还制定了《引得编纂手续纲要》，具体规定从选题到出书的十个环节：选书、选本、钩标、抄片、校片、编号、稿本、格式、校印、撰序。实践证明该程序行之有效。他曾为引得作序十余篇，其中多数属于专门论述，或者说是以“引得序言”的形式发表的专论，如：《读史年表附引得序》、《白虎通引得

序》、《四库全书总目及未收书目引得序》、《礼记引得序——两汉礼学源流考》、《春秋经传引得序》、《杜诗引得序》。《礼记引得序》长达数万言，是一篇学养深厚的两汉礼学源流考，1937 年荣获巴黎铭文学院儒莲奖。

洪业在燕京大学任图书馆馆长期间，大力整顿加强了图书馆工作，制定了图书馆管理细则，增编并刊印了查书目录，采购国内外新出版的书刊以及明、清史志等善本图书，将一个仅有 20 万册藏书的图书馆扩大为藏书 60 万册的大馆，形成了适合全校文、理、法各专业的文献库，为学校的教学和科研创造了有利的条件。在没有电脑检索的年代，引得作为图书馆的工具书为历届师生查找资料、教学和科研提供了方便。

1941 年他遭日军关押，但不失民族气节，敢于据理抗争。1942 年获释后仍然受到监视，直至 1945 年抗战胜利后才得以返校任职。1946 年他应哈佛大学邀请赴美讲学，任东亚语文系客座教授，内战爆发后他继续留居美国。1948—1968 年他指导过许多博士研究生，但直至退休他也未能获得教授资格。1980 年 12 月 22 日他在美国去世。

洪业是国际史学专家和教育家，对于中国现代史学研究和中美学术交流都做出过卓越的贡献，在图书馆管理、工具书编写和索引研究等方面享誉国内外。他治学有方，文思敏捷，笔耕不辍，撰论著述 70 多部(篇)，是一份不可多得的精神财富。在学术上他深受胡适和顾颉刚(1893—1980)等学者的影响，力求充分利用史料，以严谨学风进行专题考证，开拓了宽广的学术阵地。鉴于洪业的学术造诣，1933 年美国俄亥俄卫斯里昂大学授予他名誉神学博士学位，1940 年又授予他文学博士学位。

他的主要著述有：

《引得说》(Indexing to Chinese Books，1930 年)。

《勺园图录考》(北平：哈佛燕京学社，1933 年)。

《清画传辑佚三种》(北平哈佛—燕京学社，1933 年)。

《考利玛窦之世界地图》(载《禹贡》第五卷第三、四合期，1936 年)。

《礼记引得序》(载《史学年报》第二卷第三期，1936 年)。

《春秋经传引得序》(载《引得特刊》第 12 号，1937 年)。

《杜诗引得序》(1940 年)。

《〈蒙古秘史〉源流考》(载《哈佛亚洲学志》第十四卷第三、四期合刊，1951 年)。

《中国最伟大的诗人杜甫》(美国哈佛大学出版社，1952 年)。

《破斧》(台湾《清华学报》第一卷第一期,1956年)。

《洪业论学集》(北京:中华书局,1981年)等。

三、长期从事中西文化交流的使者林语堂

林语堂乳名和乐,大名玉堂,1895年10月10日出生于福建省龙溪县坂仔村一个基督教牧师家庭。1901年他就读于坂仔教会办的铭新小学,1905年转学到厦门鼓浪屿小学,1908年入厦门寻源书院,1912年进入上海圣约翰大学学习。四年后他以全级第二名成绩毕业于圣约翰大学,之后在北京清华学校担任中等科英文教员。1919年夏他与厦门豫丰钱庄老板的千金廖翠凤结婚,同年秋天携妻子赴美哈佛大学比较文学研究所深造。一年后因为奖学金被停发,他不得已前往法国教华工读书写字。1921年他进入德国莱比锡大学攻读语言学,1922年获博士学位。

1923年林语堂回国,先后被聘任为北京大学教授、北京女子师范大学教务长和英文系主任。1924年以后他成为《语丝》主要撰稿人之一。1926—1927年他担任厦门大学文学院院长,1927年任武汉民国外交部秘书,1929年任上海东吴大学英文教授,1932年他主编《论语》半月刊,1934年创办《人间世》,1935年又创办《宇宙风》半月刊。

林语堂的研究领域为文学和语言学,毕生从事著书立说,中英文并用,古今中外无不涉及。早在20世纪30年代他编写的《开明英文》就成为全国各地的通用教材。1935年他在美国用英文撰写《吾国与吾民》(又译《中国人》),向西方读者介绍中国的传统思想、文化艺术和民族性格,成为畅销书,四个月内连续再版七次。1936年应赛珍珠夫妇的邀请,林语堂一家移居美国。1937年他用英文撰写的《生活的艺术》受到读者普遍欢迎。

1944年他到重庆短期讲学。1947年他被聘任为联合国教科文组织美术与文学部主任。1948年他返回美国重开写作生涯,1952年与人合办《天风》杂志。1954年新加坡筹建南洋大学,他受聘担任首任校长,但后来由于经费等问题,与南洋大学董事会意见不合离职。

林语堂生活的时代中文检字技术尚不发达,知识界不满意繁琐的《康熙字典》部首检字法,他决心研制一种新的检索体系。在先后尝试了"索引检字"、"号码索引"、"国音新韵检字"、"末笔检字"和"上下形检字"等方法后,他终于1947年发明了一种较为理想的中文检索方法用于打字机,

1952年他的打字机获得了美国专利。

林语堂系统学习过传统的中国文化,又接受过正规的英语教育,长期生活在美国。他总是自觉或不自觉地从西方人地角度来观察中国文化和社会,审视儒家和道家学说。他还一度游离于学政之间,但是本质上他还是一位中国学者。1966年他定居台湾省,1967年以"落叶归根"的情怀接受香港中文大学研究教授的聘任。虽然他没能回到日思夜想的故乡,但是也为生活在距离漳州不算远太远的城市而感到庆幸。林语堂的普通话和英语都很好,与人口笔语交流从来没有什么不便,然而在台北每当听到闽南话时总觉得很亲切。1963年他创作的自传体小说《赖柏英》,在书中使用的闽南话和对闽南风俗的描写,就是这种故乡情结的表现。有一次他在香港逛街买回了许多用不着的铁线和铁钉,原因就是店老板用闽南话跟他交谈,使他高兴得忘乎所以。

林语堂对中西方文化的了解和对中英两种语言的把握使他翻译起来得心应手。他用英文撰写了十多部专著,还创作和翻译了许多小说、散文、诗词、传记和文论。他的译论有《对译名划一的一个紧要提议》、《答青崖论"幽默"译名》、《论译诗》、《译乐隐词》、《英译黛玉葬花诗》、《尼姑思凡英译》等。1933年他为吴曙天编著的《翻译论》所写的近万言《论翻译》,对于翻译核心问题系统全面地提出了自己的观点。他认为鉴定译文质量的标准应该包括忠实、通顺和美三个方面;其中"忠实"又可进一步分为"直译"、"死译"、"意译"和"胡译"四等。他强调译者应该有对本国读者的责任心。

> 译者一方面对原著负责任,然既为本国人译出,当然亦有对本国读者之责任,此则翻译与著述相同之点。或以诘屈聱牙之文饷读者,而谓读者看惯了此种文便不觉得,这实在是不明译者对读者之责任。①

他还提出了"字译"、"句译"、"句为本位"、"中文心理"、"内外体裁"等专业概念,明确无误地告诉初学翻译的人不要照抄字典、"忠实"并非逐字对译、艺术论文不可译、译学无成规等翻译理论问题。但是他不是对羽

---

① 林语堂:《论翻译》,罗新璋编《翻译论集》,第427页,北京:商务印书馆,1984年。

毛未丰的译者泼冷水,而是以自己的经验鼓励他们认真对待每一篇译文,唯有如此,才能胜券在握:

> 译事虽难,却有基本条件。中文译英,则中文要看通,而英文要非常好;英文华译,要英文精通,而中文亦应非常好。不然,虽知其原文本意,而笔力不到,达不出来。两样条件都有了,须有闲情逸致,才可译诗。所谓好不好,都是比较的话。凡看见译文不好的,或者是未真懂原文,所以以直译为借口,生吞活剥;或者虽然原文深解了,而找不到确当的字以译之,又麻烦了。所以说要用字精炼恰当。我曾译柳宗元《愚溪诗序》(见 The Importance of Understanding),其中愚溪、愚山、愚亭、愚池很多。怎么想,用 foolish,crazy,stupid,都不妥,后来心血来潮,想到 follies 一字,问题遂解决了。①

1975 年林语堂被推举为国际笔会副会长。1972 年和 1973 年他曾被国际笔会推荐为诺贝尔文学奖候选人。1976 年 3 月 26 日他在香港逝世,同年 4 月葬于台北阳明山林语堂故居后园中。林语堂有三位女儿,分别为林相如、林太乙和林如斯。

林语堂在美国生活了 30 年,为中美文化交流做出了杰出贡献。他的著述在学术界、翻译界和教育界广为人知,其中主要的著述有:

《翦拂集》(上海北新书局,1928 年);

《林语堂时事述译汇刊》(Letters of a Chinese Amazon and Wartime Essays,上海开明书店,1930 年)。

《语言学论丛》(开明出版社,1932 年)。

《大荒集》(上海生活书店,1934 年)。

《吾国与吾民》(My Country and my People, New York: Reynal & Hitchcock, Inc., 1935 年)。

《浮生六记》(Six Chapters of a Floating Life, T'ien-hsia Monthly, 1935—1936 年)。

---

① 林语堂:《论翻译》,刘靖之主编《翻译论集》,第 218 页,香港:生活·读书·新知三联书店,1981 年。

《我的话》(上海时代图书公司 1936 年)。

《中国新闻舆论史》(A History of the Press and Public Opinion of China,上海别发洋行,1936 年)。

《生活的艺术》(The Importance of Living, Reynal & Hitchcock, Inc., 1937 年)。

《孔子的智慧》(The Wisdom of Confucius, Random House, 1938 年)。

《京华烟云》(Moment in Peking, A John Day Book Company, 1939 年)。

《讽颂集》(With Love & Irony, A John Day Book Company, 1940 年)。

《风声鹤唳》(Leaf in the Storm, A John Day Book Company, 1940 年)。

《语堂文存》(第一册,上海林氏出版社,1941 年)。

《中国文化精神》(上海国风书店,1941 年)。

《中印智慧》(The Wisdom of China and India, Random House, 1942 年)。

《啼笑皆非》(Between Tears & Laughter, A John Day Book Company, 1943 年)。

《枕戈待旦》(The Vigil of Nation, A John Day Book Company, 1944 年)。

《中国智慧》(The Wisdom of China, Michael Joseph, London, 1944 年)。

《苏东坡传》(The Gay Genius: The Life and Times of Su Tungpo, 1947 年)。

《唐人街》(Chinatown Family, A John Day Book Company, 1848 年)。

《老子的智慧》(The Wisdom of Laotse, Random House, 1948 年)。

《美国的智慧》(On the Wisdom of America, A John Day Book Company, 1950 年)。

《寡妇,尼姑与名妓:英译重编传奇小说》(Widow, Nun and Courtesan: Three Novelettes From the Chinese Translated and Adapted, A John Day Book Company, 1951 年)。

《英译重编传奇小说》(Famous Chinese Short Stories, Retold by Lin Yutang, 1952 年)。

《朱门》(The Vermilion Gate, A John Day Book Company, 1953 年)。

《远景》(Looking Beyond Prentice Hall, 1955 年)。

《武则天传》(Lady Wu, World Publishing Company, 1957 年)。

《匿名》(The Secret Name Farrar, Straus and Cudahy, 1958 年)。

《中国的生活》(The Chinese Way of Life, World Publishing Company,

1959年)。

《信仰之旅》(From Pagan to Christianity, World Publishing Company, 1959年)。

《帝国京华:中国在七个世纪里的景观》(Imperial Peking: Seven Centuries of China, Crown Publishers, 1960年)。

《理解的意义:中国古文小品选译》(The Importance of Understanding: Translation from the Chinese, The World Publishing Co, 1960年)。

《红牡丹》(The Red Peony, World Publishing Company, 1961年)。

《不羁》(The Pleasure of a Nonconformist, World Publishing Company, 1962年)。

《赖柏英》(Juniper Loa, World Publishing Company, 1963年)。

《逃向自由城》(The Flight of Innocents, G.P.Putnam's Sons, 1964年)。

《平心论高鹗》(文星书局, 1966年)。

《中国艺术理论》(The Chinese Theory of Art: Translation from the Masters of Chinese Art, G.P.Putnam's Sons, William Heinemann, 1967年)。

《爱国者和实用主义者孔子》(Confucius as Patriot and Pragmatist, Harvard Journal of Asiatic Studies, 1970年)。

《当代汉英辞典》(Chinese-English Dictionary of Modern Usage, 香港中文大学, 1973年)。

四、学贯中西的政治思想史专家萧公权

萧公权原名笃平,字恭甫,号迹园,笔名巴人、石沤、君衡,1897年出生于江西省南安县(今大庾县),襁褓中丧母,寄养姑母家。祖父和父亲去世后,他由大伯抚养。

萧公权幼年就读于重庆私塾,学习经文诗词。1916年考入上海中国基督教青年会中学,1919年夏毕业后考入清华学校高等科三年级(庚申级)。"五四"时期他与同学创办《晨钟》日报,立志日后学习新闻专业。

1921年清华学校毕业后他赴美求学,先入密苏里大学新闻学院,后转入哲学系,在萨拜因(George H.Sabine, 1880—1961)教授指导下攻读硕士学位课程。获得硕士学位后萧公权转入康奈尔大学哲学系,主任导师是唯心论哲学家狄理(Frank Thilly, 1889—1935)教授。1927年他获得博士学

位，论文选题为《政治多元论》。

萧公权回国后经堂兄萧蘧向南开大学推荐，接替辞职的徐谟教授讲授“中国政治思想”，以后他又在东北大学、燕京大学和清华大学讲授这门课。1937年抗战爆发后他定居成都，在四川大学、华西大学、光华大学、燕京大学任教，与陈寅恪、吴宓（1894—1978）和李方桂并称为“成都燕大四大名旦”，同时还兼任国立编译馆的工作。

1940年他完成了讲稿《中国政治思想史》的编写工作，1945年由重庆商务印书馆正式出版发行。该书按历史背景分为封建时期、专制时期和近代三大部分，从秦始皇统一华夏到帝制终结，共五编25章，分别为：第一编封建天下之政治思想——创造时期；第二编专制天下之政治思想——因袭时期；第三编专制天下之政治思想——转变时期（上）；第四编近代国家之政治思想——转变时期（下）；第五编近代国家之政治思想——成熟时期。萧公权用历史学的方法，以朝代为经，以思想流派为纬，梳理2000多年来中国的政治思想，分析历朝意识形态的变化及其历史作用，寻求可作当代借鉴的主流信息。中国历史上的儒法斗争错综复杂，君贵民轻振振有词，德礼政刑高调服众，大同世界众望所归，通过他的宏观立论入微剖析可以得出客观判断。1979年他的弟子牟复礼把他的《中国政治思想史》上卷英译出版，成为西方高校的一种通用教材。

1948年秋萧公权赴台，任台湾大学教授，同年当选为第一届中研院院士。1949年9月他被聘任为西雅图华盛顿大学远东语言文学和苏联研究所客座教授。

萧公权初到华盛顿大学执教时，远东研究所的同事建议他研究19世纪中国乡村问题。思考再三，他决定首先考察19世纪中国乡村的情况，然后考证清政府在乡村实行的制度和措施，最后探讨清政府对农村政策的影响和农民的反应。1950—1953年他查阅了近千种的中西文书刊，做了多达千张的文摘和卡片资料。每写完一章他都送交“中国近代史讨论会”（Modern Chinese History Colloquium）的同人，征求他们的意见。1955年秋《19世纪中国乡村的政治控制》脱稿，全书共约35万字，1960年由华盛顿大学出版社出版。

该书主要内容包括：清朝统治者对中国农村所实施的社会控制，自然环境和历史条件的决定因素，农民的反应和方式。全书内容包括：第一部分对农村、市集、城镇以及保甲与里甲的描述；第二部分对保甲、税收、救助和教化的控制体系介绍;第三部分对中国乡村社会和宗族控制功能的探讨。萧公权认为:晚清在农村实行的政策和制度对于稳定清朝政体发挥了一定作用的,但对于清朝统治者来说,完全满意的事实从未有过。

《19世纪中国乡村的政治控制》是萧公权的又一部代表作,出版后好评如潮,对美国的汉学领域产生了较大影响。美国学术团体协会曾以第三届人文学术卓著成就奖一万美元授予萧公权。权威人士建议将该书列为亚洲研究课程必读参考书。萧公权的学术思想得到了孔飞力和邓尔麟(Jerry P.Dennerline)等年青学者的响应,并将中国乡村主题进一步深化发挥。

1968年5月31日,萧公权在华盛顿大学讲完中国政治思想最后一堂课,随即向学生发表了简短的告别演说:

> 56年前的一个春天,哲学家兼诗人桑塔亚纳(George Santayana)正在哈佛大学授课,一只知更鸟飞到了窗台上。他看了看鸟回过头来对学生说:"我与阳春有约!",于是宣布下课,然后向校方提交了辞呈,退隐著书。那时他还不满50岁,竟已从心所欲,悠然而逝。我没有资格学他,但我知道一个他所不知道的秘密。按照11世纪北宋哲学家邵雍(1011—1077)计算,世界上的事物在129600年后都会轮回再现。现在我与你们约定,129600年后我们在这个教室再聚首吧!①

萧公权是一位政治思想史专家,也是一位学贯中西的哲人和诗人。退休后他任华盛顿大学名誉教授,1981年11月4日病逝于美国。

萧公权的遗著辑成《萧公权全集》,共九册。他的主要著述有:

《政治多元论》(Political Pluralism: A Study in Contemporary Political Theory, 1927)。

《近代中国与新世界:康有为变法与大同思想研究》(A Modern China and a New World: Kang Yu-wei, Reformer and Utopian, 1858-1927. Seattle, London: University of Washington Press. 1975年)。

《宪政与民主》(清华大学出版社,2006年)。

① 谭伯牛:《思想在思想史家足下》,载《南方都市报》2006年5月8日。

《问学谏往录》(台北:传记文学出版社,1972 年;黄山书社,2008 年)

《中国政治思想史》(History of Chinese Political Thought,2 vols,1945—1949.Chongqing:Shangwu Yinshuguan)。

《19 世纪中国乡村的政治控制》(Rural China,Imperial Control in the Nineteenth Century,Seattle:University of Washington Press,1960 年)。

《萧公权全集》(The Complete Works of Mr. Hsiao Kung-chüan,9 volumes.Taipei:Lianjing Chubanshe. 1982 年)。

五、西方朱熹思想研究领域的领军人物陈荣捷

陈荣捷 1901 年 8 月 18 日出生于广东台山开平,11 岁已能熟读"四书"、《诗经》、《书经》和《易经》,15 岁由香港拔萃书院(Diocesan House)进入广州岭南学堂(Lingnan Christian College in Canton)。曾与梁宗岱(1903—1983)等 9 人组成文学研究会,发行《文学旬刊》,还参与编辑校园刊物《南风》学报。

1924 年他在岭南学堂毕业后进入美国哈佛大学,因为当时该校没有为外国留学生设立奖学金,他只好到餐馆打工挣学费。获硕士学位后他停学一年,继续在餐馆打工挣钱准备攻读博士学位。1929 年他以《庄子哲学》论文获得哈佛大学哲学与中国文化博士学位。

同年陈荣捷学成回国,接受母校岭南大学(1927 年在岭南学堂基础上扩建而成)的聘请担任秘书,负责筹划哲学课程设置。1930 年他晋升为教务长,管理全校学生事务、扩大图书馆、建立博物馆以及组织与广州各大学学生和教师的交流与合作。

1935 年陈荣捷接受夏威夷大学的邀请去做一个学期的客座教授,代替因人事关系离职的教授李绍昌(Shao-chang Lee,1891—1977)。1937 年夏威夷大学增设了哲学系,陈荣捷同时在该校东方研究所和哲学系任教,与同事摩尔(Charles Moore)志趣相投,不久决定合作编写一部世界哲学资料,由他负责中国、佛教和日本部分,摩尔负责印度和伊斯兰教部分。1939 年他与哲学界同事在檀香山召开第一届东西方哲学家会议,获得很大成功。1940 年夏威夷大学东方研究所被取消,陈荣捷专职担任哲学系主任一职。

第二次世界大战爆发后夏威夷大学被迫停课,他决定到新罕布尔什州

的达特茅斯学院(Dartmouth College)任教。那时在美国的大学哲学不是热门的专业,在人文教育领域内长期存在着反智主义(anti-intellectualism),因此他被告知转入比较文学系。达特茅斯学院开设了宗教系后他就在该系开设了历史课。

1942年起陈荣捷在达特茅斯学院任中国哲学和文化教授。与此同时,他也兼任密歇根州立大学,并在奥伦诺达学院(Orenota College)暑期班授课。后来他还在匹茨堡大学和匹茨堡神学院开设了两门课。1948年他在哥伦比亚大学开设了世界宗教系列讲座,1951年起担任夏威夷大学《东西方哲学》编辑和《中国哲学研究》顾问,参加过八次东西方哲学家会议。1965—1967年他还在本科生和研究生中开设了中国思想课。

1966年陈荣捷退休后应宾夕法尼亚查塔姆学院(Chatham College)的邀请担任吉利斯皮哲学教授(Anna R.D.Gillespie Professor of Philosophy)兼任哥伦比亚大学的访问教授,讲授中国新儒学。1978年他被推选为台湾"中研院"院士。1980年他被达特茅斯学院授予人文荣誉哲学博士称号,并担任美国亚洲研究与比较哲学学会会长。1982年他在檀香山组织召开了国际朱熹研究学术会议,引起高度关注,进一步提高了他在国际汉学界的声誉。1983年为了更好地研究朱子的生平和哲学,他回到国内,先后赴江西、湖南和福建等地进行实地考察。1984年11月他应香港中文大学新亚书院的邀请参加了一个学术讲座,主讲"朱子之生平与思想",同时举办他的著作展览。1986年他被推选为北美华裔学者协会副会长。

陈荣捷长期从事宋明理学的研究,是朱熹哲学研究领域的国际权威。他认为建立在儒家学说基础上的中国哲学,人文主义为其最强大的动力,不仅确立了"正名"、"中庸"、"道"、"天"等核心概念,也使"仁"成为中国哲学的中心议题。孔子主张"德治"就是宣扬一个建立在仁政与和谐人际关系基础之上的社会,"善"的标准就是"义"。孔子是中国历史上把毕生精力献给教育事业的先贤。陈荣捷还认为朱熹对中国思想领域的影响仅次于孔子,是他所处时代的儒家学说权威,他的思想影响广及整个东亚。陈荣捷对于宋明理学的主要贡献就是致力于在西方世界传播儒家思想,因此享有"北美儒家开拓者"的美誉。

陈荣捷在国内外研究并讲授中国哲学数十余年,成果卓著。20世纪40—50年代他的著述侧重于中国哲学和宗教。20世纪60年代后他的学术兴趣聚焦于朱熹研究。这一时期他的成就体现在1982年出版的两部中文著作《朱子门人》和《朱学论集》之中。前者对朱子门人、地理关系、社会背景及其学术贡献进行了深入的考证分析，位居世界汉学研究同类著述之前列；后者收录了这一时期他所写的朱子论文，推进了朱熹思想研究领域的深度和广度，确立了他在这一领域的领军地位。1992 年亚洲研究协会授予他亚洲研究杰出贡献奖。

陈荣捷是朱熹哲学研究的国际性权威。他的著作等身，其中包括对中国经典哲学的英译。他有英文专著 14 种、中文专著 3 种，论文 140 多篇，还担任过《大英百科全书》有关中国哲学条目的主编。他的《中国哲学文献选编》被欧美学术界视为研究东方哲学思想的案头必备之书。

陈荣捷的主要著述有：

《庄子哲学》(Philosophy of Chuang Tzu, Cambridge, 1929)。

《评吴经熊和初大告的〈道德经〉译本》(Review of Wu's Lao Tzu's The Tao and its virtue and Chu Ta Kao's Tao Te Ching, Journal of the American Oriental Society, 1949 年)。

《现代中国的宗教趋势》(Religious Trends in Modern China, Columbia University Press, 1954 年)。

《中国哲学纲要与注释书目》(An Outline and an Annotated Bibliography of Chinese Philosophy, Yale University Far Eastern Publications, 1959 年)。

《中国传统之本源》(Sources of Chinese Tradition, co-authored with William Theodore De Bary, Burton Watson, Mei Yibao, Columbia University Press, 1960 年)。

《老子之道》(The Way of Lao Tzu, Indianapolis, The Bobbs-Merrill Co., Inc., Library of Liberal Arts, 1963 年)。

《王阳明〈知行录〉及其他》(Instructions for Practical Living and Other Neo-Confucian Writings by Wang Yang-Ming, Columbia University Press, 1963 年)。

《中国哲学文献选编》(A Source Book in Chinese Philosophy, Princeton University Press, 1963 年)。

《近事追忆》(Reflections on Things at Hand: The Neo-Confucian Anthology Compiled by Chu Hsiand Lü Tsu-Ch'ien, Columbia University Press, 1967 年)。

《智慧之路：中国哲学与宗教》(The Path to Wisdom: Chinese Philosophy

and Religion, a Chapter in Half the World: The History and Culture of China and Japan, Thames and Hudson, London, 1973 年)。

《朱熹对老子的评价》(Chu Hsi's Appraisal of Lao Tzu, Philosophy East and West, 1975 年)。

《佛教哲学要义》(The Essentials of Buddhist Philosophy co-edited with Charles Moors, Greenwood Press, Westport, CT. 1976 年)。

《王弼〈老子注〉》(Wang Pi's Commentary on Lao Tzu, co-edited with Arrienne Rump, University of Hawaii Press, 1979 年)。

《朱熹与新儒家》(Chu His and Neo-Confucianism, New York: 1985 年)。

六、对非汉语语言学研究有杰出学术贡献的李方桂

李方桂原籍山西省昔阳县,1902 年 8 月 20 日生于广州,1921 年考入清华学堂医学预科,1924 年毕业后赴美国密歇根大学学习医科,后改读语言学。1927 年获芝加哥大学语言学硕士学位,1928 年获芝加哥大学博士学位,论文题目为《马朵尔——一种阿塔巴斯堪语》。

1929 年李方桂回国后任中研院历史语言研究所研究员,开始研究汉语音韵学,并长期从事田野调查,对上古汉语和古藏文进行了深入研究,还走遍南方对傣语和壮语进行调研。1933 年他到泰国曼谷学习泰语。1934 年以后他深入调查广西的台语,后来又调查云南、贵州的台语方言,发表了《龙州土语》和《武鸣土语》等专著,并参与翻译《中国音韵学研究》。

李方桂除了精通英语、德语和法语,还师从印欧语言学大师 C.B.博克学习拉丁文和希腊文比较文法,以及古代波斯文、保加利亚文、立陶宛文、哥特文、冰岛文、挪威文。为了扩大语言学研究范围,又师从 W.E.克拉尔克教授学习梵文,师从布龙菲尔德(Leonard Bloomfield, 1887—1949)学日耳曼语和描写语言学理论。在人类语言学家萨丕尔(Edward Sapir, 1884—1939)的指导下,他掌握了无文字语言的调查技巧,实地调查了印第安语的几个语支。

1955 年李方桂还调查了台湾省高山族的邵语,1956 年与陈奇禄和唐美君合著《邵语记略》。1937 年他在英文《中国年鉴》发表的《语言和方言》一文中提出了中国语言系属分类意见,至今为大多数中外学者所认同。

他的语言学著作丰富,还培养了大批人才。

1948 年李方桂当选为中研院第一届院士,1949 年以后先后担任美国夏威夷大学和西雅图华盛顿大学语言学教授,20 世纪 50 年代初当选美国语言学会副会长,曾回台湾讲学,参加中研院院士会议。1971 年发表《上古音研究》一文,1972 年获密歇根大学名誉文学博士学位,同年退休。1973 年回台中研院史语所工作,曾任台大客座教授和《中国语言学报》副主编。1976 年香港中文大学授予他名誉博士学位。1977 年他发表的《台语比较手册》是他 40 多年的研究成果结晶。1980 年他被聘任为台湾"国际汉学会议"秘书长。1985 年获泰国国立朱拉隆功大学荣誉奖牌。

李方桂的学术成就主要是运用印欧历史比较语言学的方法研究不同系属的语言,其中包括美洲印第安语言、汉藏语系和傣语支语言。这些语言结构不同,可以采用不同的方法研究,但是他认为印欧比较语言学的理论和原则也适用于这些语言的研究。

关于印第安语言研究:李方桂在第一次田野调查中,发现了一个曾经被认为已经灭绝了的印地安语语支——马朵尔,对于拟构阿塔巴斯堪语的原始特征具有重要作用。除了 1930 年发表的《马朵尔—— 一种阿塔巴斯堪语》和《萨尔西语的动词词干研究》外,李方桂还出版了另外 8 种有关印第安语的论著,其中 4 种是调查赤坡岩语的成果。这些论著至今仍为研究印第安语言的重要文献。

关于侗台(壮侗)语族研究:1930—1942 年李方桂调查了云南、广西和贵州属侗台语族的壮、布依、傣、侗、水、佯僙、莫等 20 种语言和方言,又到泰国调查了泰语。他把台语划分为北支、中支和西南支,其成果反映在他先后出版的 5 本专著中:《龙州土语》(1940)、《莫话记略》(1943)、《武鸣土语》(1956)、《佯僙语》以及《水语研究》(1977 年)。此外他还发表了几十篇相关论文,如:《原始台语中系列先喉塞辅音的拟测》(1943 年)、《水语中声母和声调的分布》(1948 年)、《台语的复辅音》(1954 年)、《台语声母和声调的关系》(1962 年)、《台与侗水语言》(1965 年)等。1962 年李方桂在《台语系声母和声调的关系》中,根据台语各方言间声母和声调的关系,推断出古台语的声调分成清浊两类,而且从四声演变为八调。1970 年,他在《台语中声调的不规则演变》一文中,从声调不规则的变化推断出台语中也有四声和清浊别义的现象,这一发现对于汉语和台语是否有亲属关系的判断提供了依据。他的《台语比较手册》(1977 年)构拟了原始傣语的声调系统、辅音系统和元音系统，是他40多年来深入调查的结晶，对侗傣语族语言的历史比较和研究人才等培养，起到推动作用。

关于汉藏语系研究：1929年李方桂回国后开始研究汉语音韵学。1931年发表了《切韵的来源》，提出高本汉所拟的"切韵是从上古音的演变来的"论证。1932年又发表《中古东屋冬沃的上古音》，他认为中古的"东"、"屋"、"冬"、"沃"源自上古音uong、uonk、iuong、iuok。1971年他在《上古音研究》一文中提出了新的上古音系统。

1933年他发表了《藏文的前缀音对词根声母的某些影响》，1956年又发表了《唐蕃会盟碑的研究》复原了碑文残字，提出了100多条与前人不同的考证。1963年他发表的《敦煌汉藏词汇》，是他对敦煌发现的《藏汉词汇》的研究，并根据藏文字母的次序编出了索引。

1987年8月21日李方桂病逝于美国加利福尼亚州。他的主要著述有：

《马朵尔：一种阿塔巴斯堪语》(Mattole: an Athabaskan Language, Chicago: University of Chicago Press. p.152 ,1930年)。

《沙尔西语动词语干的研究》(A Study of Sarcee Verb Stems, International Journal of American Linguistics 6:3-27,1930年)。

《广西凌云瑶语》(The Yao Dialect of Ling-yun,1930年)。

《切韵a的来源》(The Sources of Ancient Chinese Vowel a,1931年)。

《切韵东冬屋沃在上古音中的读法》(Ancient Chinese -ung, -uk, -uoug, -uok, etc.in Archaic Chinese,1932年)。

《赤坡岩语语干录》(A List of Chipewyan Stems, International Journal of American Linguistics 7:122~151,1932年)。

《藏文前缀音对于声母的影响》(Certain Phonetic Influences of the Tibetan Prefixes upon the Root Initials,1933年)。

《赤坡岩语的声母》(Chipewyan Consonants,《庆祝蔡元培先生六十五岁论文集》pp. 429—467,1933年)。

《藏文的前缀音对词根声母的某些影响》(Certain Phonetic Influences of the Tibetan Prefixes upon the Root Initials. Bulletin of the Institute of History and Philology 6. 2:135~157. 1933年)。

《原始台语中带喉塞音声母的假设》(The Hypothesis of a Preglottalized Series of Consonants in Primitive Tai,1934年)。

《上古音中的 * -iwn、* -iwk、and * -iw》(Archaic Chinese * -iwn, * -iwk, and * -iw, 1935 年)。

《1936—1937 汉语与方言年鉴》Languages and Dialects, The Chinese Year Book 121~128, 1936—1937 年)。

《龙州土语》(The Tai Dialect of Lungchow, Text, Translations, and Glossary, 290 页。1940 年)。

《中国音韵学研究》(A Translation of B. Karlgren's Etudes sur la phonologie chinoise, co-translated with Yuen-ren Chao and Luo Changpei, 731 页, Shanghai: the Commercial Press, 1940 年)。

《莫话记略》(Notes on the Mak Language, 112 页, 1943 年)。

《台语中的复辅音》(Consonant Cluster in Tai, 1954 年)。

《武鸣土语》(The Tai Dialect of Wu-ming (Text, Translations, and Glossary, 301 页, 1956 年)。

《唐蕃会盟碑的研究》(The Inscriptions of the Han-Tibetan Treaty of 821~822. T'oung p'ao 44: 1~99. 1956 年)。

《马重英考》(On Ma Chung-Ying. Bulletin of the College of Liberal Arts, National Taiwan University, 7: 1~8. 1956 年)。

《台语中声调的不规则演变》(Some Tonal Irregularities in the Tai Languages, 1970 年)。

《上古音研究》(The Tsing Hua Journal of Chinese Studies IX1~2: 1~61, translated by Gilbert L. Mattos (1974—1975) as Studies on Archaic Chinese, Monumenta Serica 31: 219~287. 1971 年)。

《汉语及其方言》(Language and Dialects in China. Free China Review XXII, No. 5. 1972 年)。

《印地安语赤波岩故事集》(Chipewyan Texts, co-authored with Ronald Scollon, 450 页, 1976 年)。

《水话研究》(A Study of the Sui Language: Texts and Translations (I), 285 页, 1977 年)。

《比较台语手册》(A Handbook of Comparative Tai, The University of Hawaii Press, 389 页, 1977 年)。

《藏语辅音群与汉语的转换》(The Chinese Transcription of Tibetan Consonant Clusters. Bulletin of the Institute of History and Philology Academia

Sinica 50:231~240. 1979 年)。

《唐蕃会盟碑中的问题》(A Problem in the Han - Tibetan Treaty Inscription. Acta Orientalia Hungaricae 34:121~124. 1980 年)。

《藏文旧碑文的研究》(A Study of the Old Tibetan Inscriptions. Special Publications 91. Weldon South Coblin Taipei:Academia Sinica. 1987 年)。

《古代西藏碑文研究》(A Study of the Old Tibetan Inscriptions,486 页,1987 年)。

七、明清史和文献学知名专家房兆楹和杜联喆夫妇

房兆楹出生于天津,祖籍山东泰安(一说江苏阜宁)。1928 年他毕业于燕京大学数学系,获理学士学位,与该校历史系校友杜联喆(1902—1994)结为伉俪。1929 年秋房兆楹入武昌华中大学文华图书科学习,1930 年毕业后任燕京大学图书馆馆长助理。当时杜联喆正为哈佛—燕京学社购置中国古籍,房兆楹便加入了他们的购书工作。

20 世纪 30 年代初房兆楹夫妇应邀赴美,加盟"清人传记写作计划"。1933—1934 年他们定居于马萨诸塞州,一边在哈佛—燕京图书馆工作,一边在拉德克利夫学院(Radcliffe College)进修。1933 年暑假他们回国探亲,见到了久别亲友分外高兴,一个月后为生计又匆匆返回美国。第二次世界大战期间他们住在华盛顿特区,曾协助国会图书馆恒慕义编写《清代名人传略》。该书得到了洛克菲勒基金会的资助,撰稿人除了 50 多名研究生外,费正清等知名学者也参加了编写工作。1943 年该书由华盛顿政府出版社出版。

第二次世界大战期间房兆楹受聘参与陆军部组织的美国军人汉语培训计划。他和美国学者合作编写了两册汉语口语教材,列入了美国《陆军部教育手册》(Spoken Chinese, Two Books by Charles F. Hockett & Chaoying Fang, War Department Education Manual),于 1944—1945 年在华盛顿出版。1949 年他们住在纽约市,1952 年迁居到加州的帕洛阿尔托(Palo Alto)任职于斯坦福大学的战争、革命与和平胡佛图书馆(Hoover Library of War, Revolution, and Peace, Stanford University)。

1948 年房兆楹在美国撰写《清初满洲家庭里的分家子和未分家子》一文,收入《国立北京大学五十周年纪念论文集》。1950 年他还在《哈佛亚洲

学报》上发表了有关早期满族的军事化问题。他曾一度在美国国会图书馆中文部工作，参加华盛顿大学和哥伦比亚大学合作的“中国历史研究项目”(Chinese History Project)。1954 年邓嗣禹、费正清、孙任以都(E-Tu Zen Su)、房兆楹等人合作撰写的《中国对西方的反应：文献通论，1839—1923 年》由哈佛大学出版社出版。1957 年他们迁居柏克莱，供职于加利福尼亚大学东亚图书馆，同年加入了美国籍。1961—1963 年他们在澳洲国立大学太平洋研究所远东史学系从事教学和研究工作，三年后返回美国。

1962 年房兆楹编辑的《清末民初洋学学生题名录初辑》以“史料丛刊”系列由中研院近代史研究所出版。1963 年 9 月房兆楹夫妻由台湾返回美国，1965 年房兆楹参加了由美国亚洲研究会组织的“明代传记历史计划”(Ming Biographical History Project)。1966 年杜联喆在美国学术团体理事会组织的“明代思想讨论会”上发表了题为“明朝之梦”的报告。

1967—1971 年包华德(Howard L.Boorman)主编的四卷本《中华民国人物传记辞典》由哥伦比亚大学出版社出版，房兆楹为该书撰写了相关条目。1969 年他为加利福尼亚大学柏克莱分校阿萨密朝鲜文献图书馆编写的《注记目录》(The Asami Library, A Descriptive Catalogue)由加州大学出版社出版。该馆收藏了大约 1000 卷 16—20 世纪的朝鲜文献。房兆楹编写的这部《注记目录》与一般的图书目录不同的是，他以丰富准确的文献学和历史学知识对各类书籍进行了详细的评述，因此被视为优秀的朝鲜史学史著作。1976 年由富路德和房兆楹主编的两卷本《明代名人录》(Dictionary of Ming Biography, 1368—1644)由哥伦比亚大学出版社出版。大约有 120 位学者参与了该项学术工程，房兆楹夫妇忘寝废食全力以赴，撰写的稿件多达总数的一半。1987 年美国夏威夷大学出版社出版了由秦家懿(Julia Ching)与房兆楹合作完成的《明儒学案选译》是房兆楹的一部遗著。

房兆楹和杜联喆夫妇曾先后在美国和澳大利亚图书馆工作，精通文献学理论。晚年他们把收藏多年的大量图书陆续捐赠给中研院近代史研究所图书馆和澳大利亚国家图书馆。在从事研究工作的同时，房兆楹夫妇还指导美国学生进行明清史研究。芮玛丽、史景迁和倪德卫等国际知名的明清史学者均出其门下。房兆楹长期治中国史，知识渊博，观点独到，曾参与撰写明清著名历史人物的英文传记多部，在国际汉学界影响深远。1976 年哥伦比亚大学授予房兆楹夫妇名誉文学博士学位，以表彰他们在文献学领域的贡献。

房兆楹的主要著述有:

《清代名人传略》(Eminent Chinese of the Ching Period, 1644-1912, Washington DC:Government Printing Office,1943 年)。

《清初满洲家庭里的分家子和未分家子》(Printed in Papers On Occasion of the Fiftieth Anniversary of National Peking University,1948 年)。

《中国对西方的反应:文献通论,1839—1923 年》(China's Response to the West:A Documentary Survey,1839—1923,Harvard University Press, 1954 年)。

《清末民初洋学学生题名录初辑》(Taiwan:Elite Press,1962 年)。

《中华民国人物传记辞典》(Biographical Dictionary of Republican China, 4 Vols, Edited by Howard L. Boorman, Columbia University Press, 1967—1971 年)。

《明代名人录》(Dictionary of Ming Biography,1368—1644,L.Carrington Goodrich, Editor; Chao - ying Fang, Associate Editor, Columbia University Press,1976 年)。

《清代西人见闻录》(Beijing:People's University of China,1985 年)。

《明儒学案选译》(The Records of Ming Scholars by Huang Tsung-His, University of Hawaii Press,1987 年)。

八、美国著名国际华裔历史学家邓嗣禹

邓嗣禹,字持宇,祖籍湖南常宁。1932 年毕业于燕京大学,后考入该校历史研究所。1935 年他获硕士学位,留母校任讲师。1937 年他应邀赴美参加国会图书馆编纂《清代名人传记》,担任助理编纂。1938 年他前往哈佛大学攻读博士学位,师从汉学家费正清,1942 年获哈佛大学博士学位。他一度代理芝加哥大学汉学院院长,兼任远东图书馆馆长,1943 年升任为芝加哥大学助理教授。

第二次世界大战结束后邓嗣禹应北京大学校长胡适的邀请任该校历史系教授。第二年再次去美国,历任哈佛大学讲师、印第安纳大学副教授、美国亚洲研究会董事、明尼苏达大学教授、尼克松首次访华代表团资深顾问等职。1976 年他荣休,1986 年被聘任为印第安纳大学讲座教授。

五四运动中中国封建科举制度曾被当做糟粕批判，认为八股之害不亚于“焚书坑儒”。然而许多西方学者却认为中国的科举是人才选拔的最好方法，在这一基础上形成的文官考试制度值得称道，甚至把它称为“中国的第五大发明”。

1943 年 9 月，邓嗣禹在《哈佛亚洲研究学报》用英文发表了长达三万余言的《中国对西方考试制度的影响》，通过大量史料生动地展示了科举制度在中国产生、发展和消亡的历史。文中有对各朝考试制度的详尽分析，也有历史沿革的描述以及对历代科举制度得失的评判，让读者认识到与中国知识分子人生命运和悲欢离合密切相关的科举制度。在文章的“结论”部分作者提出“中国的科举是西欧制定类似制度的蓝本”的见解。这篇经典性的论文被认为对改变西方人才选拔制度产生了重要影响，引起了广泛的社会反响，被先后收入了多种文集。1953 年 7 月，邓嗣禹又以《中国考试制度西传考》为书名在台湾省出版了中译单行本。

1974 年 5 月邓嗣禹在《明报月刊》总第 101 期发表的《南中国海诸岛屿的主权问题》是一篇重要文章，对东沙群岛、西沙群岛、南沙群岛和中沙群岛的地理位置、分布和历史沿革详加陈述。他从三个方面谈到了中国对上述诸岛的主权依据：

甲、法显早在 414 年就发现并记载了七洲洋（即今之西沙群岛），12—13 世纪赵汝适《诸蕃志》“南海”条中有关“万里石塘”（即今之中沙群岛）记载，元朝远征军以及 15 世纪初郑和七次下西洋对南海中沙群岛和群礁的考察和命名，证明中国早已视之为固有，历史证据充分。

乙、从国际条约与惯例上来看，上述诸岛屿也是属于中国的：1887 年 6 月 26 日《中法续议界务专条》说明子午线 105°43′以东之岛屿，属于中国。1946 年 12 月中国派四条军舰从日本手中接收南沙群岛。根据 1951 年 9 月 8 日在美国旧金山签订的《对日和平条约》（Treaty of Peace with Japan）第二条，日本业已放弃对于台湾及澎湖群岛以及南沙群岛之一切权利与要求。

丙、据美国权威学术机构编纂的《哥伦比亚利平科特世界地名大辞典》（The Columbia Lippincott Gazetteer of the World）中有关条目说明：西沙群岛、东沙群岛、中沙群岛和南沙群岛的主权属于中国。

邓嗣禹是著名的国际历史学家，曾先后获得哈佛—燕京学社奖学金、燕京大学司徒登研究奖、美国哲学研究会研究奖、美国社会科学研究评论会研究奖、美国学术团体理事会研究奖、联邦政府卫生、教育与福利部之人文科学基金研究奖。

邓嗣禹在国内外出版了多部专著,还发表了100多篇专论,有些论著已成为欧美各大学研究中国近代史所必备的参考书。其中主要著述有:

《中国科举制度起源考》(燕京大学《史学年鉴》2卷1册,1934年)。

《〈太平广记〉篇目及引书引得》(哈佛燕京学社,1934年)。

《中国参考书选目解题》(An Annotated Bibliography of Selected Chinese Reference Works, co-authored with Knight Biggerstaff, Harvard-Yenching Institute Monograph Series, Harvard University Press, 1936年)。

《清代文献的种类与使用》(On The Types and Uses of Ching Documents, co-edited with John King Fairbank, Harvard Journal of Asiatic Studies, 5, pp. 1-71, 1940年)。

《中国科举制度西传考》(《哈佛亚州研究学刊》第7卷第四期,1943年)。

《西沙群岛的主权问题与重要性》(《天津民国日报》1947年2月7~日)。

《最近五十年的中国史学》(Far Eastern Quarterly Vol. 18, No. 2. pp. 131—157, 1949年)。

《中国对西方的反应》(China's Response to the West: A Documentary Survey, 1839—1923, Harvard University Press, 1954年)。

《清代行政机构研究三种》(Ching Administration: Three Studies, co-authored with John King Fairbank, Harvard-Yenching Institute Monograph Studies No. 19, 1960年)。

《译注颜之推〈颜氏家训〉》(The Family Instructions for the Yen Clan by Yen Chih-tui, Leiden: E.J. Brill, Monographies du Toung Pao, volume 4, 1968年)。

《南中国海诸岛屿的主权问题》(《明报月刊》总第101期,1974年5月7日)。

《邓嗣禹先生学术论文选集》(台湾食货出版社,1980年)。

《中国考试制度史》(吉林出版集团有限责任公司,2011年)。

九、为中西文化交流和比较研究培养人才的柳无忌

柳无忌是著名诗人柳亚子(1887—1958)之子,原名柳锡礽,笔名啸霞、萧亚、无忌,祖籍江苏吴江。1920—1923年他就读于上海圣约翰中学,积极参加"五卅运动",因坚持爱国立场受阻而中辍了学业。他曾学习两年化学专业课程,后插班到北京清华留美预备学校。

1927年他到美国劳伦斯大学学习本科四年级课程,获学士学位。1928年他攻读耶鲁大学英国文学博士学位。1931年与罗皑岚(1906—1983)、罗念生(1904—1990)、陈麟瑞(1905—1969)等人在纽约创办《文学杂志》,发表新诗和诗论多篇。同年柳无忌以《英国浪漫主义诗人雪莱》的论文获耶鲁大学英国文学博士学位。

1932年他回到国内,先后在南开大学、西南联合大学和中央大学任教。1935年他与罗皑岚在南开大学发起"人生与文学社",编辑期刊《人生与文学》和天津《益世报》文艺副刊。1941—1945年他受聘担任重庆中央大学文学院外文教授兼任师范学院教授,并代理系主任一职。

1946年他再度赴美,先后任劳伦斯大学和耶鲁大学英文和中国文化客座教授。他原来打算在大学找一个教英文的职业,后来获得研究中国文学的奖助金,在耶鲁大学学习了三年,读了数百部中英文的中国文学、哲学和历史书籍,最后决定改行研究中国文学。但是在20世纪40—50年代美国只有少数大学开设中文课程,直到50年代末期,美国国会通过了一项"国防教育法案",鼓励美国青年学习中、俄、东欧和远近东以及非洲的语言,情况才发生了变化。为了发挥自己的文学专长,他先后在耶鲁大学、匹兹堡大学和印第安纳大学任教或者从事研究工作。

20世纪60年代初,他在印第安纳大学创办了东亚语文系并担任系主任。在长达30多年的教学生涯中他所培养的学生遍布各界各地。翻译家葛浩文就是柳无忌当年的博士研究生,在他的指导下葛浩文完成了《萧红评传》的研究和撰写工作,顺利通过了论文答辩。1972年柳无忌加入了美国国籍,在政治上很活跃,曾经是福特、里根和乔治·布什(George Herbert Walker Bush,1924—　)三位总统的积极支持者。

柳无忌对于中国文学和西方文学均有深入研究。他曾紧随父亲柳亚子参加南社和新南社的各项活动,对苏曼殊(1884—1918)和柳亚子等

南社人物均有独到研究。在诗歌方面他深受英国浪漫派诗人雪莱的影响。柳无忌在国内讲授西方文学,在美国则讲授中国文学,为中西文学交流起到了桥梁作用。1976 年他退休后筹建国际南社学会,被推为会长,主编《国际南社学会丛刊》和"南社丛书",热心资助有关南社研究著作的出版。

1976 年柳无忌退休,两年后他举家迁居加利福尼亚州,所居孟乐公寓的住户大都是学者教授或文化界荣休老人,有共同语言和共同爱好。柳无忌笔耕不辍,乐在其中。1978 年他主要研究南社和柳亚子,1989 年国际南社学会(International Southern Society)在香港成立,学术活动频繁,各类著作源源出版。2002 年 10 月他病逝于旧金山,享年 95 岁。

柳无忌是中西比较文学的重要开拓者之一,也是一位著名的英文教育家,曾被世界数学大师陈省身(Shiing-Shen Chern,1911—2004)誉为"教授、学者和诗人"。他先后出版了中文书籍 14 种,英文书籍 9 种,英译中书籍 5 种,编选书刊 14 种,以及散见于各种报刊的英文文章百余篇。2002 年柳无忌女儿柳光南(Shirley Liu Clayton)把他书房物品 500 多公斤海运到中国,赠予柳亚子纪念馆。文稿包括苏俄戏剧、法国中世纪戏剧、印度文学、十九世纪英国浪漫诗歌、西洋戏剧发展史、西洋文学研究、现代英国文学研究等内容。

柳无忌长期从事中西文化交流工作,培养了一大批中西文化交流和比较研究人才。他撰写并出版了《中国文学导论》、《西洋文学研究》、《中西古典戏剧比较研究》和《关汉卿的戏剧艺术》等中英文著作。他不遗余力地向海外读者介绍中国文学,同时又把许多中国古典诗词名篇译成英文,为中西文化交流起到了桥梁作用。他的研究领域广泛,著述涵盖古代的孔子、杨朱、董仲舒、李白、杜甫、白居易、柳宗元、关汉卿、王实甫,到现当代的毛泽东、曹禺、沈雁冰、朱自清、鲁迅、胡适和梁宗岱,是一位博学多才的诗人、教授和文学理论家。

柳无忌的主要论著和译著有:

《英国浪漫主义诗人雪莱》(Percy Bysshe Shelley: An English Romanticist Poet, Yale University, 1931 年)。

《英国文学史》(莫迪·勒樊脱著,国立编译馆出版,1947 年)。

《莎士比亚时代抒情诗》(上海大时代书局,1947 年)。

《赵氏孤儿》(The Original Orphan of China, Antiquarian Booksellers'

Association of America, Comparative Literature Volume V, No. 3, 1953 年)。

《孔子的生平与时代》(Confucius, His Life and Time, Philosophy library, 1955 年)。

《当代中国文学作品选读注释》(Notes To Readings in Contemparary Chinese Literature: Volume 1: Plays and Poems, Mirror Series C No. 10, Co-edited with Tien-yi Li and Grace Wan, New Haven: Yale University, 1957 年)。

《中国文学导论》(An Introduction to Chinese Literature, Indiana University Press, 1966 年)。

《当代中国文学作品选》(Readins of Contemporary Chinese Literature, Vol.One: Plays and Poems, New Haven, Connecticut: Far Eastern Publications, 1968 年)。

《曼殊评传》(Su Man-shu, Twayne, 1972 年)。

《亚洲文学译丛》(A Repository of Asian Literature in Translation, Wu-chi, Liu, et al.ed.Bloomington & London: Indiana University Press, 1974 年)。

《葵晔集 · 三千年中国诗选》(Sunflower Splendor: Three Thousand Years of Chinese Poetry, New York: Anchor Books, Doubleday, 1975 年)。

《西洋文学研究》(中国友谊出版公司出版, 1985 年)。

《我们的父亲柳亚子》(1989 年)

《中国文学新论》(中国人民大学出版社, 1993 年)。

十、毕生致力于图书馆学和中西文化交流研究的钱存训

钱存训(Tsien Tsuen-hsuin, 1909—　)出生于江苏泰县,幼年就读于私塾。中学时代积极参加“五卅”爱国运动。1926 年他毕业于淮东中学,1928 年进入金陵大学攻读历史,曾选修刘国钧(1899—1980)主讲的《中国书史》和《图书馆分类法》,以及李小缘(1897—1959)的《图书馆学》等课程,同时在金陵女子大学图书馆兼职。

1932 年他获得了文学士学位,由校方推荐到上海交通大学图书馆担任副馆长,很快就熟悉了图书管理技术。五年后他接受了北平图书馆馆长袁同礼(1895—1965)的聘请,担任北平图书馆南京工程参考图书馆主任。

1937 年日军侵华战祸蔓延全国,北平图书馆决定将 6 万多册善本图书运到上海租界保存,无奈上海形势危如累卵,馆长袁同礼通过中国驻美

大使胡适商请美国国会图书馆馆长,代为保存宋元明清善本古籍 2720 种三万余册,装成 102 个木箱运美。钱存训在上海海关的友人协助下,冒着极大风险,在珍珠港事件前通过美国商船将古籍善本安全运抵美国国会图书馆暂存。1965 年这批善本书转运台北中央图书馆保存。这则中国学者在战火中挽救价值连城的中华文化遗产的往事,在几代中美图书出版界成为佳话流传。

1947 年他作为北平图书馆交换馆员到芝加哥大学图书馆深造。他与夫人许文锦将 1936 年后芝加哥大学图书馆收藏的 10 多万册中文藏书加以整理和编目,为该校远东图书馆的发展奠定了基础。1952 年他获得芝加哥大学图书馆硕士学位,论文为《西方通过翻译对中国的影响》。1957 年他以论文《中国印刷术发明前的文字记录:早期中国图书和刻印发展之研究》获得了芝加哥大学图书馆博士学位。1962 年该论文以《竹帛书:汉籍和刻印的起源考》为书名由芝加哥大学出版社出版。

1947—1978 年起他担任芝加哥大学远东图书馆馆长,同时他还兼任芝加哥大学东亚语言文化系教授,主讲《中国目录学》和《中国史学方法》。1964—1978 年他先后培养了 30 多名图书馆专业的硕士和博士研究生。1978 年退休后他被聘任为芝加哥大学东亚语言文化系荣誉教授、东亚图书馆荣誉馆长、李约瑟研究所研究员和中国国家图书馆顾问。2004 年华盛顿的美中政策基金会(U.S.-China Policy Foundation)在芝加哥海亚特酒店为钱存训颁发了终身成就奖,以表彰他在促进中美文化交流以及学术研究方面所作的杰出贡献。

中国造纸和印刷术历史是钱存训研究领域中的重要选题之一。他在《中国纸和印刷文化史》①一书中提出了纸张在东方和西方的功能相似但影响却不完全一样的新观点。他认为纸张在中国的价值高于西方,古代帝王以纸张赏赐学者和官员被视为最高的荣誉。纸、笔、墨和砚在中国被称为"文房四宝",始终与学术紧密联系着,受到了普遍的尊重。纸张的应用促进了思想的传播,使各种公私事务得以顺利进行,中国文化传统得到维系。在中国和西方,印刷术主要用于书籍出版,但是其规模和形式却有所

① 钱存训:《中国纸和印刷文化史》,原文收入李约瑟编辑的《中国的科学与文明》五卷一分册,1985 年剑桥大学出版社出版,后又分别在上海古籍出版社、北京科学出版社和广西师范大学出版社出版了中文版。

不同。相似之处是：印刷术使书籍的成本减低，产量增加，形式统一、流传广远。但在西方印刷工具较早实现了机械化和自动化，而在中国印刷术发明后的1000多年中却始终保持一种传统的手工业方式，一直到19世纪末20世纪初西方活字印刷术反哺中国，情况才有所改善。西方的印刷术促进了民族语言和文字的发展，支持了民族主义和新型国家的建立。中国印刷术保证了书写文字的连续性和普遍性，对于像中国这样一个多民族多元文化的国家来说至为重要，起到了保持文化和社会稳定的作用。中国留存的书籍浩如烟海是历史的需要和技术发展的必然。而在黑暗时代终结时西方文明仅保存极少数的文献遗产。中国的印刷业一般由政府机构或私人经营，营利并非主要目的；而欧洲的印刷业则多为谋利经营，因此形成了强大的出版工业。①

1962年芝加哥大学出版社出版的《竹帛书：汉籍和刻印之起源考》是钱存训撰写的一部经典性专著，稿本在1957年完成，英文初版印行于1962年，经过多次增补修订，先后又推出了中文、日文和韩文版本。他充分运用传世文献和考古文物资料，展示了汉籍和刻印如何从甲骨文、金文、陶文、玉石刻辞、竹简、木牍、帛书到纸卷的演变历程，涉及了卜辞、祭文、官书和档案等私家著述和官家收藏等形式。它不仅演绎了中国古代书籍如何产生和变化，而且还凸显了汉字的历史发展和作用，揭示了中华民族对人类文明的巨大贡献。书的内容包含着中国古代文化传播和继承的信息，为研究中国文化史、科技史、考古史和对外交往史提供了重要的实证。

钱存训是一位国际知名学者，毕生致力于图书馆学、历史学、印刷史和中西文化交流的研究工作，通过50多年的努力把芝加哥大学远东图书馆建成为美国第一流的图书馆。他出版专著和论文100多种，1968年曾应英国汉学家李约瑟之邀请参加了《中国的科学与文明》中有关造纸制墨和印刷术历史的撰写。1982年他出版的《纸和印刷》一书成为《中国的科学与文明》第五卷第一分册。他的主要著述有：

《西方通过翻译对中国的影响》(Western Impact on China Through Translation, University of Chicago Press, 1952年)。

《竹帛书：汉籍和刻印之起源考》(Written on Bamboo and Silk: the Beginnings of Chinese Books and Inscriptions, University of Chicago Press,

① 钱存训：《关于中国纸和印刷史研究的新结论》，载《北京日报》2005年2月8日。

1962 年)。

《区域研究与图书馆》(Area Studies and the Library, Papers Presented at the Thirtieth Annual Conference of the Graduate Library School, May 20~22, 1965. Co-edited with Howard W. Winger, University of Chicago Press, 1966 年)。

《汉学研究参考资料指南(初稿)》(A Guide to Reference and Source Materials for Chinese Studies: Preliminary Draft, University of Chicago Press, 1970 年)。

《1974—1975 年美国图书馆的东亚藏书现状》(Current Status of East Asian Collections in American libraries, 1974—1975, Washington: Center for Chinese Research Materials, Association of Research Libraries, 1976 年)。

《古代中国:早期文明研究》(Ancient China: Studies in Early Civilization, co-authored with David T. Roy, the Chinese University Press, 1978 年)。

《中国书目解题汇编》(China: An Annotated Bibliography of Bibliographies, Boston: G.K. Hall, the Chinese University Press, 1978 年)。

《中国纸和印刷文化史》(Chinese Paper and Printing: a Cultural History, 1985 年)。

《纸和印刷》(上海古籍出版社,科学出版社,1990 年)。

《中国书籍、纸墨及印刷史论文集》(The Chinese University Press, 1992 年)。

《中国文化史文集》(Collected Writings on Chinese Cultural History, The Chinese University Press, 2009 年)。

《中国图书文史论集》(钱存训主编,北京:现代出版社,1992 年)。

《中美书缘》(台北:文华图书管理资讯有限公司,1998 年)。

十一、以中国经济史和制度史研究闻名于学界的杨联陞

杨联陞,字莲生,出生于河北清苑(今保定),祖籍浙江绍兴。曾过继给任盐务官的伯父。

他少年时聪慧勤勉,在保定上初中,成绩优异,高中时转学到北京师大附中。1933 年他同时考取了北京大学中文系和清华大学经济系,后遵照

父训就读于清华经济系，但是对文史学科的兴趣始终未减。他博学多能，诗画皆通，曾被推选为学生会主席。在清华他受业于陈寅恪，曾在《清华学报》和《食货》等刊物上发表过文章。1937 年他以论文《租庸调到两税法》获硕士学位。日伪时期北大秘书长钱稻孙（1887—1966）曾聘请他担任北大助教遭拒，次日又给他送去副教授聘书，他仍然婉言谢绝。

1940 年秋，美国中国史学家嘉德纳邀请杨联陞赴美帮他翻译日文史料，从此他与嘉德纳交谊日深。赵元任一度聘任他到哈佛大学陆军特别训练班教授中文并编纂辞典。他因此获得哈佛—燕京学社奖金资助，在嘉德纳指导下攻读哈佛大学学位课程。1946 年他完成了论文《晋书·食货志译注》，获博士学位。1947 年他被聘任为哈佛大学远东语言文学系（后改称为东亚语言文化系）副教授，1958 年晋升为教授，1959 年他被推选为台湾"中研院"院士，1961 年入美国籍。1962 年他应邀到巴黎法兰西学院和日本京都大学讲学，1965 年他荣任哈佛—燕京中国史讲座教授，1977 年以后他一家移居马萨诸塞州的阿灵顿。

1949 年秋，杨联陞为了在哈佛大学开设《中国古代经济史》，对中国古代货币和信贷史进行了系统研究。在吸收当代研究成果的基础上，他对中国古代货币和信贷历史进行了概括性回顾，时间跨度从宋元到民初。作为该课程的一部分工作，他还列出了与中国货币和银行史有关的 300 个专业术语，要求学生学完有关章节之后就其中某些术语做进一步的研究并写出学术报告。1952 年，他得到哈佛高等研究基金会（Harvard Foundation for Advanced Stady and Research）的资助，由哈佛大学出版社将他的讲义以《中国货币与信贷》为书名正式出版发行，受到了广泛的好评。1971 年该书再版时他对原书的一些错误作了订正，并推出了中文版。中文版正文共十章，分别为：第一章历史回顾；第二章形形色色的货币；第三章宋元至晚清的圆形硬币；第四章圆形硬币的普遍性问题；第五章金银通货；第六章宋末的交子；第七章元朝至清朝的纸币；第八章传统的信贷机构；第九章钱庄与银行；第十章借款与利息。《中国货币与信贷》是杨联陞多年教学和科研的成果，系统研究了中国各个历史时期的货币形式、功能、变化和信贷机构的情况。在介绍各种形式的货币时，他主要聚焦于圆形硬币、金银通货和纸币；在信贷的部分他重点分析了从当铺到银行的作用，以及贷款和利率的关系。他把货币流通与当时的政治、军事和社会等方面的情况结合起来考虑，极具启发性，结论让人信服。

《中国制度史》是杨联陞发表于《哈佛亚洲研究杂志》上的一篇有关中国制度和经济历史的系列论文集,也是他多年的学术结晶。全书文字流畅,深入浅出,极具学术价值和可读性。

杨联陞与胡适的深厚交情长达20年,彼此长期以师生相待。1998年3月台北胡适纪念馆编印的文集《论学谈诗二十年:胡适杨联陞往来书札》共收录他们从1943年10月至1962年2月之间的往来书信205封,其中胡适致杨联陞信函87封。在很长一段世间他们的中心话题是《水经注》,此外也涉及了思想史中的"报"、南宋的会子、王莽新朝的"新"、六朝人名中的"之"、词尾助词之类的问题。当时已卸任驻美大使职务的胡适和晚辈杨联陞的笔谈,彼此莫逆于心,了无牵挂,纵论学问成为他们忘却世间纷争的最高境界和精神寄托,如此维系着师友之间的深厚情谊,后世读者无不为之心往神驰。难怪胡适预立遗嘱时,指定杨联陞为其英文著作的整理人。

杨联陞文风谨严,笔锋犀利,素以学术批评著称,在美国学界被戏称为"汉学警察"。1970—1976年他先后荣获华盛顿大学和香港中文大学名誉文学博士称号,1974年又获法国铭刻与文学学院德卢恩奖。他还担任过《哈佛亚洲学报》编委和新竹《清华学报》主编。1965年他担任哈佛—燕京学社中国历史讲座教授,1980年以哈佛大学名誉教授身份荣休。

1985年之后杨联陞得了抑郁症,患病时烦躁不安,精神备受折磨,周期最长可达一年。最后几年他又不幸中风,生活不能自理,全仗太太悉心照顾。1990年11月16日他在阿灵顿寓所辞世。

杨联陞专攻中国经济史,写过数百篇论文和书评。收录在他的《汉学论评集》中的40余篇文章,内容广及科技、地理、考古、文学、哲学、书画和戏曲。他的主要著述有:

《晋书·食货志译注》(Notes on the Economic History of the Chin Dynasty,1946年)。

《国语字典》(Concise Dictionary of Spoken Chinese, co-authored with Yuen Ren Chao, Harvard University Press,1947年)。

《中国史专题讲授提纲》(Topics in Chinese History, Harvard University Press,1950年)。

《中国货币与信贷》(Money and Credit in China,1952年)。

《文白对照中文诗选》(Selected Chinese Texts in the Classical and

Colloquial Styles Cambridge, Mass., Harvard University Press, 1953 年)。

《中国制度史研究》(Studies in Chinese Institutional History, Harvard-Yenching Institute Studies, Harvard University Press, 1961 年)。

《维多利亚·阿尔伯特艺术馆收藏的中国绘画和墨宝》(Chinese Painting and Calligraphy From the Collection of John M. Crawford Jr. at the Victoria & Albert Museum 17 June to 1 August 1965, Arts Council, London, 1965 年)。

《汉学散策》(Excursions in Sinology. Harvard-Yenching Institute Studies, Cambridge, Mass., Harvard University Press, 1969 年)。

《国史探微》(中译本,台北:联经出版事业公司,1983 年)。

《杨联陞论文集》(中国社会科学出版社,1992 年)。

《论学谈诗二十年:胡适杨联升往来书札》(台北胡适纪念馆编印,1998 年)。

十二、在经济史和社会思想史研究中贡献卓著的何炳棣

何炳棣(Ho Ping-ti, 1917—2012)出生于天津,祖籍浙江金华。少年时代受到父母和外祖母的良好教育,就读于天津私立第一小学和南开中学。他父亲曾任浙江宁波的检察官,堂兄何炳松(1890—1946)曾任商务印书馆编译所所长和暨南大学校长,他们对于何炳棣的性格形成和治学倾向都有重要影响。

就读清华大学化学系一年级时,何炳棣选修了刘崇鋐(1897—1990)的西洋通史课程。1934 年他由清华化学系转入历史系,按照系主任蒋廷黻(1895—1965)的建议主修近代外交史,同时自修西洋史。在浓郁的校园学术氛围中,他以社会科学方法和人文通识课程为自己出国留学做好铺垫。1938 年大学毕业后他前往云南,担任西南联合大学历史系助教。

1944 年他考取了第六届庚款留美生资格,获西洋史学科第一名,第一年赴美入哥伦比亚大学,专攻英国史和西欧史。1948 年他为了谋生前往加拿大任教,1952 年他以《英国土地问题与土地政策(1870—1914)》为题的论文,获得了英属哥伦比亚大学博士学位。

1962 年他被芝加哥大学聘任为中国史教授,1965 年担任该校汤普逊(James Wesffall Thompson)历史讲座教授,1966 年他获选为中研院院士。

1975—1976年他被推选为美国亚洲研究学会第28届年会会长,1977—1980年担任美籍华人协会副主席。1979年他获选为美国人文科学院院士,先后获得香港中文大学(1975)、劳伦斯大学(1978)和丹尼森大学(1988)颁发的荣誉法学或人文科学博士学位。

1986年他从芝加哥大学退休后定居于加利福尼亚州,同年他担任加利福尼亚大学鄂宛分校访问教授直至1990年。1997年他获选为中国社会科学院荣誉高级研究员。

因为工作环境的关系,何炳棣的早期著述主要用英文撰写。20世纪中期他致力于明清时期中国的人口、社会结构和会馆制度研究,他的《1368—1953年中国人口研究》和《明清社会史论》均属于典范之作。1966年出版的《中国会馆史论》是他的第一部中文专著。20世纪60年代以后他的兴趣转向了中国古代史和中华文化研究。1969年出版的《黄土与中国农业的起源》和1975年出版的《东方的摇篮——公元前5000—1000年中国新石器和早期技术和思想的起源研究》,对于中华文化的特征和中华文明的起源提出了新的解释。退休后他主要以中文撰稿,对象定位于专业和国内读者。晚年他的学术兴趣仍然很广泛,但是涉及最多的是古代思想史领域,同时也忙中抽空撰写回忆录,有意让毕生精神财富惠及后人。因此他的笔触经常游走于夏商周断代工程、中华文明之起源、农耕技术的发展、城乡社会阶层的变迁等问题,文献学和考古学手段联用,微观考证与宏观通论并举,引起了海内外学者的关注和钦佩。

他研究中国人口时综合考察了各个时期的土地、农业、移民、政治和财政等方面等因素,从国会图书馆、哈佛大学图书馆和哥伦比亚大学图书馆查阅各类资料,并充分利用3000多种方志、数千种善本书籍和几百种微缩胶片的数据,才得出令人信服的结论。西方研究者长期对中国农业和农村人口有很多偏见和误解,何炳棣的研究向西方学术界表明:16世纪中国的耕作技术不但不落后,而且还是世界上最先进的。中国农业的革命推动了农业生产,粮食产量足以维持人口的增长。1969年他的《黄土与中国农业起源》作为《美国人类学家》第一篇刊载,按照他当时副教授的资历,完全是因为他的论文水平和数据的详尽准确,并非一般人所能胜任。

1964年由哥伦比亚大学出版社出版的何炳棣英文专著《明清社会史论》主要研究明清两朝社会各阶级的变化,取材于包括近百种的进士登科录、子孙三代履历和同年齿录等历史档案。进士组共分析了15000个案例,举人贡生组的分析案例更多达25000个。该书正文共七章,分别为:第一章社会意识形态与社会阶层(第1—52页);第二章地位流动体系(第53—91页);第三章上行流动:进入官场(第92—125页);第四章下行流动(第126—167页);第五章影响社会流动之因素(第168—221页);第六章社会学成果和流动与地区差异(第222—254页);第七章概述与结论(第255—266页)。

何炳棣发现明代平民出身的进士约占总数的50%,到清代却减至37.2%;祖孙三代有生员以上功名者,明代占总数的50%,到清代升至62.8%,平民上行流动机会渐减的情况远远超过18世纪的英国。这可能是晚清加强捐纳制度,使平民社会地位上升困难的结果。

何炳棣沿用了柯睿格(Edward A.Kracke Jr. 1908—1976)1947年的分析方法来研究明清社会关系的变化。学者郝若贝(Robert Hartwell,1932—1996)指出南宋地方乡绅曾利用家族、经济和官府的势力帮助中举学子进入官场,但是何炳棣在分析明清社会阶级变化时却只看祖父和父亲的优势,而没有研究叔伯等延伸家族成员对于举子的影响,因此才会推断出这么高的变化比例。郝若贝还认为,何炳棣的分析方法与施坚雅用于描述从晚唐至南宋的中国社会变化的区域理论如出一辙。

客观地说,何炳棣是运用明清进士登科录及会试、乡试与同年齿录等科举史料进行量化分析的第一位美籍学者,他的资料数量和涵盖面都超越了前人,给人最深刻的印象是他还深入揭示了下行流动的导因,并注意到社会变动的地域差异。

《明清社会史论》是美国学术联合会向学界推荐的最佳750部历史著作之一。1960年夏天何炳棣曾以加拿大学者代表的身份参加了在莫斯科举行的第25届国际东方学者大会,并宣读了根据《明清社会史论》的统计数字写成的论文《明清统治阶级的社会成分》。他的著作影响广及中西方学术界。

1962年1月哥伦比亚大学东亚研究所所长马丁·威尔伯(C.Martin Wilbur)在《明清社会史论·前言》中写道:

> 何炳棣教授热衷于社会现实研究。他确信中国法律文件不一定都能准确反映社会现状。为此他对相关时期的多种文本进行了检索。哥伦比亚大学图书馆的家谱、讣告和纪念文集等非同

寻常却又几乎无人问津的收藏，正是他所考查的资源。

虽然他的研究围绕着社会流动(social mobility)的主题展开，但是对于建制历史也是一个不小的贡献。在何教授致力探讨的许多选题中，此项研究对于明朝家庭地位的登录系统、一些不为外人所知的明代科举和学术等级体系、社区学馆和私塾的运作，以及补助可能中举的应试学子(candidates for the civil service examinations)盘缠的社区金库都进行了考查。

这些探讨基本上都建立在方志和地方资料的基础之上，并从中获得了从国家文献中无法得到的信息。

何教授收集了500多年的大宗数据，可能会使欧洲史学者感到吃惊，因为19世纪以前欧洲的任何学会都没有保存同类数量和质量的数据。①

《读史阅世六十年》是2004年商务印书馆(香港)有限公司出版的何炳棣自传体回忆录，全书正文包括国内篇11章和海外篇9章，分别为：第一章家世与父教；第二章天津私立第一小学；第三章南开中学；第五、六、七章清华大学；第八章两年彷徨：光华与燕京；第九和十章西南联大；第十一章师友丛忆；第十二和十三章纽约和哥大；第十四、十五和十六章英属哥伦比亚大学；第十七、十八和十九章芝加哥大学；第二十章老骥伏枥：先秦思想攻坚。

何炳棣从童年家教、小学、中学、大学到研究生的艰辛求学过程，始终胸怀大志，求知若渴，又得益于名师教导和益友指点，练就一身好本领。从业后从西南联大、英属哥伦比亚大学到芝加哥大学一路走来，目光远大，拒绝做第二手文章，带着民族感情研究重要课题，临终前还在病榻上校阅文稿。他得到的不仅仅是鲜花、称号和奖励，更多的是积累了为人为师为友的诚信待人和勇攀高峰的宝贵经验。书中还附有私人信函和学术评估密件，反映出早年留学海外的中华热血青年在融合中西文化中的企求和探索，足以传世后人。

许多在西方功成名就的学者年迈时经常表现出自视清高，避谈政治，

---

① Ho Ping-ti: *The Ladder of Success in Imperial China: Aspects of Social Mobility, 1368-1911*. Columbia University Press. 1962.

冷眼旁观世界的态度。通读《读史阅世六十年》就会发现何炳棣并非以载誉荣归自居的老人。他满怀深情地回忆当年在选校、留学考试、论文答辩、故友聚会和个人得失恩怨的往事过程中,显得无比睿智、包容和亲切。他融会贯通西方社会科学和自然科学的研究方法,兼收并蓄,扬长弃短,论文经常发表于第一流学科刊物。这是一种何等可贵的典范!他的人生故事和治学之道无疑值得有志于学术追求的青年一代借鉴和仿效。

何炳棣不仅在经济史领域成就卓著,在考古学、社会史和思想史领域也有杰出贡献。他曾在汉学、历史学和社会科学报刊先后发表英文和中文的学术论文30多篇。去世前几年还以中文撰写了许多有关中国古代哲学思想、宗教和制度史的论文和回忆录。其中主要著述有:

《翁同和与百日维新》(Weng T'ung-ho and the"One Hundred Days of Reform",Far Eastern Quarterly.Vol. 10,No. 2,February 1951年)。

《英国土地问题与土地政策(1870—1914)》(1952年)。

《扬州盐商:18世纪中国商业资本主义研究》(The Salt Merchants of Yang-chou:A Study of Commercial Capitalism in Eighteenth-Century China, Harvard Journal of Asiatic Studies,1-2,1954年)。

《中国史上的早熟稻》(Early Ripening Rice in Chinese History, Economic History Review,2nd Series,Vol. 9,December 1956年)。

《美洲作物移入中国考》(American Food Plants in China,Plant Science Bulletin,Botanical Society of America,Vol. 2,No.I,January 1956年)。

《1368—1953年中国人口研究》(Studies on the Population of China, 1368—1953,Cambridge,Mass,Harvard University Press,1959年)。

《中国社会流动的比较研究》(The Comparative Study of Social Mobility, co-authored with Vernon K.Dibble,Comparative Studies in Society and History, Vol. 3,No. 3,April 1961年)。

《商代文化与建制的若干问题》(Some Problems of Shang Culture and Institutions:A Review Article,Pacific Affairs.Vol. 34,No. 3,Fall 1961年)。

《中华帝国成功之梯:1368—1911中国社会流动面面观》(The Ladder of Success in Imperial China:Aspects of Social Mobility in China,1368—1911, New York,Columbia University Press,1962年)。

《中国会馆史论》(台湾学生书局,1967年)。

《清代在中国史上的重要性》(The Significance of the Ch'ing Period in

Chinese History, Journal of Asian Studies, Vol. 26, No. 2, February 1967 年)。

《危机中之中国》(China in Crisis, Vol. 1: China's Heritage and the Communist Political System, in two books. The University of Chicago Press, 1968 年)。

《黄土与中国农业之起源》(The Loess and the Origin of Chinese Agriculture, American Historical Review. Vol. 26, No.I, October 1969 年)。

《东方的摇篮——公元前 5000—1000 年中国新石器和早期技术与思想起源研究》(The Cradle of the East: An Inquiry into the Indigenous Origins of Techniques and Ideas of Neolithic and Early Historic China, 5000—1000 B.C., Hong Kong, 1975 年)。

《悠久中华文明之起源——美国亚洲研究学会主席就职演说》(The Chinese Civilization: A Search for the Roots of Its Longevity, the AAS Presidential Address, Journal of Asian Studies. Vol. 35, No. 4, August 1976 年)。

《评论:古代华北的作物环境》(The Paleoenvironment of North China—A Review Article, Journal of Asian Studies. Vol. XLIV, No. 4, August 1984 年)。

《中国古今土地数字的考释和评价》(中国社会科学出版社, 1988 年)。

《中国历代土地数字考实》(台北:联经出版事业公司, 1995 年)。

《关于中国化——对罗斯基想象中清人之抗辩》(In Defense of Sinicization: A Rebuttal of Evelyn Rawski's Reenvisioning the Qing, Journal of Asian Studies, Vol. 57, No. 1, Feb., 1998 年)。

《明初以降人口及其相关问题(1368—1953)》(生活·读书·新知三联书店, 2000 年)。

《有关〈孙子〉和〈老子〉的三篇考证》(中研院近史所, 2002 年)。

《读史阅世六十年》(商务印书馆(香港)有限公司, 2004 年;广西师范大学出版社, 2005 年)。

《从〈庄子〉天下篇首解析先秦思想中的基本关怀》(台大文史学报, 2007 年)。

《国史上的大事因缘解谜——从重建秦墨史实入手》(中研院演讲题, 2008 年)。

十三、提倡以大历史观解读中国历史的黄仁宇

黄仁宇(Ray Huang,1918—2000年)出生于湖南长沙。父亲黄震白曾经是同盟会会员,希望儿子好好学习,长大后有机会上大学,当工程师,体面赚钱,不当政客或军人。

黄仁宇在初中阶段就开始给《湖南日报》副刊投稿,每次发表的世界名人传记都配有他自己绘制的人物肖像。1936—1938年他就读于天津南开大学机电工程系。抗日战争爆发后他决定辍学救国,因父亲反对他才未离开课堂。1937年七七事变后,教育部要求南开、北大和清华三所北方大学南迁长沙成立临时大学,黄仁宇随学校师生南下长沙。在等待开学期间他毛遂自荐到《抗日战报》社任职,结识了田汉、廖沫沙和范长江等知名学人。

《抗日战报》停刊后黄仁宇考入了国民党成都中央军官学校,成为第14期步兵科学员。

1940年毕业后他先后担任过陆军第十四师少尉排长和中尉代理连长。1943年他任新一军上尉参谋,随一支远征军进驻缅甸,在前线担任观察员,有时把所见所闻写成文章刊登在《大公报》上。1944年5月8日中国驻印军队在缅北密支那地区对日军第十八师团发起进攻战,击毙日军2000余人,俘虏70多人。黄仁宇撰写了一篇关于该战斗的12000字长篇报道,连载4天,挣得稿费300卢比,备受鼓舞。此后他经常冒险进入无人区观察,一次负了伤,回到军营后受颁海陆空军一等奖章。抗战结束后他晋升为第三方面及东北保安长官司令部少校参谋,进入了东北。

1946年他考取了留学资格,获保送入美国雷文沃思堡指挥参谋学院受训。多年后回顾往事时,他庆幸自己没有参与内战保得一身清白。1947年他毕业回国后任国防部第五厅科员,不久任驻日本军事代表团团长朱世明的副官。1950年朱世明被怀疑通共遭解职,黄仁宇随之退出了军政界,再次赴美深造。他凭当年在美国陆军指挥参谋学院所修的学分获密歇根大学取录,攻读新闻专业,1954年获学士学位,1957年获硕士学位。其间因为囊中羞涩,曾在餐馆洗过碗碟,在栈房做过小工。后来他转入历史系,于1964年获密歇根大学博士学位,博士论文的题目是《明代的漕运》。此后他曾在南伊利诺大学执教,1967年任哥伦比亚大学访问副教授,1970年

任哈佛大学东亚研究所研究员，1968—1979 年被聘任为纽约州立大学新帕尔茨分校教授。

在哈佛大学期间黄仁宇打算撰写一部专著《16 世纪明代之财政与税收》，原想以财政为主线，涵盖上至洪武永乐下至天启崇祯，分析明朝由兴盛而衰败的原因，但向该校权威费正清教授请教后被告知如此写法涉及面太宽，内容必定庞杂，最后将选题定位于 16 世纪。黄仁宇写完第一章后请他过目，费正清表示满意，但是认为历史论文的撰写重在分析，不宜过多描述。到第二章时，两人的观点发生了严重分歧，费正清表示不能再给他提什么意见了。1970 年黄仁宇完成了全部书稿送交费正清审核，但是很长时间没有得到任何答复。1971 年夏季，黄仁宇将文稿副本寄给英国剑桥大学教授崔瑞德（Denis Crispin Twitchett，1925—，又译"杜希德"），询问是否可能在剑桥出版。邮件发出后黄仁宇接到了费正清的答复，说可以把他的部分文稿在哈佛大学刊物上发表。但是黄仁宇不愿将书稿拆分，便婉拒了。1974 年《16 世纪明代之财政与税收》在英国剑桥大学出版社正式付梓。

早在 1967 年 7 月黄仁宇就接到李约瑟博士邀请他加盟《中国的科学与文明》的编研计划。此后双方一直保持着通信联系，1972 年 8 月，黄仁宇终于携妻子和孩子到达剑桥。在不到一年的时间他为《中国的科学与文明》写出了 200 多页的书稿，又从中提取 10000 字摘要，由黄仁宇和李约瑟共同署名刊登在香港、罗马和旧金山的专业期刊上。363 天后，为了按照美国移民局的规定时间申请加入美国国籍，黄仁宇携夫人与幼子匆匆从英国返回了美国。此后他的知名度进一步得到提高，曾先后应邀到哥伦比亚大学、普林斯顿大学、瓦萨学院和麻省理工学院做专题演讲，还获得密歇根大学和古根汉姆基金会的研究经费，普林斯顿大学的《剑桥中国史》编辑部也邀请他为明代部分撰稿。

1979 年黄仁宇因纽约州立大学新帕尔茨分校以"压缩编制"为由遭到解聘，知情人了解到主要是因为人事关系和学术歧见所致，几位华人同事为他奔走呼号也无济于事。他曾到当地的社会福利局去查询，得到的答复是：像他这样的情况 62 岁退休每月可能得到大约 400 美元的社会福利金，加上其他收入总共只有 600 美元，这还不到他一家每个月基本生活费用的一半。与此同时他的专著《万历十五年》出版也碰到了困难，虽然牟复礼和崔瑞德都一致肯定他书稿的学术价值，但是因为不是严格按照传统的学术论著格式撰写,审稿人无法予以通过。后来黄仁宇把书稿译成汉语,托友人带到大陆,不久之后才由中华书局正式出版发行。

虽然黄仁宇在美国连续居住了19年,并且已经入籍,但是因为学术观点和思维习惯等原因使他长期不能融入美国主流社会,在史学界和汉学界累累受到批评,使他无处倾诉。于是他决定将心中恩怨诉之笔端,开始撰写回忆录《黄河青山》。他不按时间地点顺序,灵感所至挥笔疾书,天马行空任由驰骋。每当夜深人静之时,在他眼前出现的是故国的山河,印缅荒原与日寇厮杀的情景,在学术会议和访谈时的唇枪舌剑,是一番何等壮丽的景象!他以自己的历史观去审视过去和现在,自己和他人,中国与世界,听到不同的声音确实在所难免的。他在卷首语中赫然写道:"为了独排众议,黄仁宇必须付出很高的代价"。英文稿《黄河青山》于1980—1983年写成,经过多次修改之后束之高阁,私下里曾向家人和友人表示必须等他百年之后才予发表。2000年黄仁宇驾鹤西归,物是人非,黄夫人将其手稿寄给台湾联经出版公司,才得与读者见面。

这一阶段他先后出版了《万历十五年》和《中国大历史》等专著,享誉华人学术界。他提出了"历史长期合理性"(long-term rationality of history)和"数字化管理"(mathematically manageable)等概念,主张以实证主义方式从技术角度来审视历史,以免引起意识形态纷争。所谓的"大历史观"(macro-history)包涵着一种大而化之的精神,与西方历史学家通常说的"微观史学"并不是一组对立的概念。黄仁宇强调把历史的基点推后三五百年才能摄入大历史的轮廓,通过当时社会的整体面貌才能解读历史。这样的历史不是普通编年体,也不是仅仅记录大事件的历史,个案分析可以并行不悖。不过,他告诫说:要明白大历史观不是单独在书本上可以看到的,也不能凭个人的聪明才智就可以领悟获得的。①

他在《万历十五年》一书中,不专门揭示历史人物的善恶忠奸,而是把他们放到整个明代的社会框架中来研究,实际上是淡化了社会矛盾和对人物与事件的本质分析。"大历史观"理论还认为,时代走向是由各种因素决定的,历史舞台上的人物只相当于戏剧中的角色,没有是非和责任。他的见解在史学界存在着很大的争论,有许多学者质疑或批判他的观点,甚至说他是半途出家的历史学家,客观一点的说法是"学术性的历史著作不

① 黄仁宇:《万历十五年和我的大历史观》,《万历十五年》附录二,北京:中华书局,2007年。

是这么写的"。何炳棣也批评他"对历史不忠实"。①

黄仁宇入美国籍前娶格尔（Gayle）为妻，育有一子名杰弗逊（Jefferson）。2000年1月8日他在一场音乐会开场掌声中因心脏病发作，倒在在妻子怀中，经医院抢救无效辞世，享年83岁。同年11月20日他的妻子格尔也不幸去世。

黄仁宇曾参与《明代名人传》和《剑桥中国史》以及李约瑟主持的《中国的科学与文明》的研究和撰稿工作。他还写过两部历史小说《长沙白茉莉》和《汴京残梦》，虽然是历史传闻，却立足于现实，写得中规中矩。他的著作在海峡两岸受到欢迎，主要作品有：

《缅北之战》(上海:大东书局,1946年)。

《明代的漕运》(The Grand Canal during the Ming Dynasty,1368—1644. Ph.D Thesis,The University of Michigan,1964年)。

《明代的国库管理》(Fiscal Administration during the Ming Dynasty. Columbia University Press,1969年)。

《16世纪明代之财政与税收》(Taxation and Governmental Finance in Sixteenth Century Ming China.London:Cambridge University Press,1974年)。

《万历十五年》(1587, A Year of No Significance:The Ming Dynasty in Decline.New Haven & London:Yale University Press,1981年)。

《放宽历史的视界》(Broadening the Horizons of Chinese History. Armonk,New York:M.E.Sharpe,1987年)。

《中国大历史》(China:A Macro History.Armonk,New York:M.E.Sharpe, 1988年)。

《赫逊河畔谈中国历史》(台北:时报文化出版事业有限公司,1989年)。

《长沙白茉莉》(White Jasmin of Changsha,作者署名李尉昂,宋碧云译,台北:时报,1990年)。

《地北天南叙古今》(台北:时报文化出版事业有限公司,1991年)。

《资本主义与21世纪》(台北:联经出版事业公司,1991年)。

《现代中国的历程》(与劳思光、金耀基、戴国辉、高希均等合著,台北:华视,1992年)。

---

① 胡国洪:《何炳棣院士采访录》,载《金华日报》2008年5月25日。

《从大历史的角度读蒋介石日记》(台北:时报文化出版事业有限公司,1993年)。

《近代中国的历程》(台北:联经出版事业公司,1995年)。

《汴京残梦》(小说,作者署名李尉昂,台北:联经出版事业公司,1997年)。

《新时代的历史观:西学为体,中学为用》(台北:商务印书馆,1998年)。

《关系千万重》(台北:时报文化出版事业有限公司,1998年)。

《黄河青山:黄仁宇回忆录》(Yellow River and Blue Mountains,张逸安译,台北:联经出版公司,2001年)。

《大历史不会萎缩》(台北:联经出版事业公司,2004年)。

《黄仁宇书信集》(北京:新星,2006年)。

十四、享誉美国学术界的口传历史学家唐德刚

唐德刚(Tong Tekong,1920—2009)出生于安徽省合肥县西乡山南馆的唐老圩,在当地接受私塾和小学教育后上了合肥中学,少年时就圈点过《资治通鉴》。1939年秋他考进了国立中央大学(今南京大学前身)历史系,每当谈起郭廷以(1904—1975)、向达(1900—1966)、白寿彝(1909—2000)和韩儒林(1903—1983)等历史学家常为自己学校的名流感到自豪。1943年他完成了中央大学的课程,获得了学士学位,到大别山区的岳西中学当了一年的历史教员。1944年他还应聘在安徽学院史地系教授《西洋通史》,首次体验到为人师表之甘苦。

1946年他官费留学美国,主修欧洲史和美国史。但是随着国内政局的动荡,他生活上碰到的最大困难就是缺乏经济来源。1949年初春他只剩下七美元,还有一周房租未付,靠慈善机构的帮助才渡过难关。考虑到回国就业可能面临的窘境,他在哥伦比亚大学曾改学了一年多的建筑专业。

20世纪50年代初朝鲜战争爆发,当时大约有800名中国留学生获得了美国政府颁发的特别许可证,允许半工半读但不能回国。他曾给安徽学院的一位前系主任写信询问回国之事,但是却没有接到对方的回函,便开始考虑如何在北美安身立命。1952年他获得了哥伦比亚大学硕士学位,

1959年获得了史学博士学位,博士论文题目为《1844—1860年美国对华外交》。

因为情治信息的需要,第二次大战后不少美国学者特别关注新中国的发展和变化,但是由于文化和历史的障碍他们的研究急需中国学者加盟。唐德刚根据当时的情况在哥伦比亚大学先后开设了《汉学概论》、《中国史》、《亚洲史》和《西洋文化史》等课程,并兼任该大学中文图书馆管理员七年。

关于唐德刚的教学生涯,他在《自序:告别帝制五千年》中有这样一段概述:

> 作为一个以历史为专业的教师,我个人生涯中,十、九是在美国纽约的两所大学里度过去了。在哥大自24岁开始在大学教授历史以来,至此已40余年。在哥大研究院专授两门课,整整地教了七年。一门可说是包罗经史子集、诗词歌赋的汉学概述;另一门则是包含中国近现代史的史料学。上课时往往是推着整书车'史料'进课室的。在纽约市立大学则前后教了近40年。前20年在市大各分校兼课;后20年则在市大本部的市立学院作专任。其中12年则兼亚洲学系的系主任,并负责设计和教授各种课目。在纽约市政府和联邦政府所主办的中学教师训练班中,也曾担纲教授多种课目。总之,40年中在纽约市大所设计和教授的课目几近20种之多。作为一个'课目设计'(course proposal)的负责人,你纵不亲自上课,但对教学内容也必须有其彻底的掌握。加以纽约市大的学生和家长们都来自世界各地,种族、宗教和政治背景皆万般复杂。作为一个历史课目的教师,尤其是设计人,各方面可能发生的问题,都得面面顾到。日久在不知不觉中,竟会变成个无所不知,也没一项知得太多的大杂家。荒时废业,莫此为甚。①

随着学术地位的提高,唐德刚以美籍华人历史学家和红学家的知名度享誉美国学术界。他是胡适晚年的入室弟子,还与民国政要张学良、顾维

① 唐德刚:《自序:告别帝制五千年》,《晚清七十年》第1—2页,长沙:岳麓书社,1999年。

钧、李宗仁和陈立夫等人交往甚密。唐德刚与郭廷以都是中国近代史专家，特别关心美国华人史的研究。

唐德刚把中国4000多年的政治社会制度划分为“封建”、“帝制”和“民治”三大阶段。他认为中国从“封建”到“帝制”发生于商鞅与秦皇汉武之间，过渡历时300年；从“帝制”转为“民治”则发生于鸦片战争之后，中国社会在西方强权政治影响下发生了第二次转型，大约需要200年时间。如果不出现重大变故，到公元2040年中国历史可望走完第二个阶段，将迎来一个崭新的时代。这就是广为人知的所谓“历史三峡观”，是解读他的历史专著的一把钥匙。

历史研究使唐德刚体会到整理和抢救史料的重要性。恰巧此时他的老师阿伦·内文斯（Allan Nevins）有意开展一项“口述历史计划”（The Chinese Oral History Project），当时美国对很多国家都有兴趣，政府和基金会也有一笔基金为此目的服务。1948年哥伦比亚大学口述历史研究所（The Columbia University Oral History Research Office）正式成立，韦慕庭为项目负责人之一。

唐德刚身为哥伦比亚大学的中国史教授助理，便利用自己的汉语和史学特长参与此项计划。他是现代中国口述史学会（The Society of Oral History of Modern China）的奠基人，呼吁把侨居海外有影响中国人士的经历通过口述方式记录下来，经整理或翻译后出版。根据唐德刚的估计，国民政府流亡海外的党政军官员至少有数百人，其中很多人都乐于参加口述历史工程为后代读者留言留影，这无疑是一个庞大艰巨但又功德无量的系统工程。当时胡适正闲居美国，唐德刚便以“安徽同乡”的身份前往拜访，又以“哥伦比亚大学研究所”名义与他商谈，拟订出了《自述大纲》工作程序。征得他的同意后，每次用半天或一天时间跟他交谈，在帮助他回忆自己政治和学术生涯中的重大事件过程中进行记录和同步录音。访谈结束后整理出一份《胡适口述自传》英文稿，由胡适本人审订。1958年4月胡适返台出任中研院院长，他的口述自传由编辑人员进行后期制作。1972哥伦比亚大学出版社推出了《胡适口述自传》，1979年唐德刚参照原录音和胡适修订的初稿，将自传译成了中文。《胡适杂忆》是唐德刚专为《胡适口述自传》撰写的《序言》，对相关情况进行了具体说明和分析。

1958年夏哥伦比亚大学校长柯克博士（Dr. Grayson Kirk，1903—1997）致函客居美国的李宗仁（Li Tsung-jen，1891—1969），询问他是否同意做一项有关他本人的口述自传，如获允许，校方愿意提供资助和相关支持。不久李宗仁函复乐观其成，唐德刚便被安排前往李公馆按胡适模式落实计划。唐德刚和李宗仁相见甚欢，不知疲倦地一次又一次谈了 3 年，对于这样一位当年叱诧风云的老人而言，这既是对他人格的信任也是对历史的尊重。经过无数次的撰写和修改，7 年后终于完成了一部煌煌巨著《李宗仁回忆录》，详尽地记录了他从广西边陲省份的童年到南京国民党政府代总统的坎坷历程。原稿用中文记录，定稿后译为英文，约 60 万字。

此后唐德刚还为顾维钧和张学良等人安排了传记口述，为中国近现代史研究留下了一笔珍贵财富。据《哥伦比亚大学东亚图书馆学刊》的记载，从 1958—1980 年共有 17 位国民时期的政要和学者参与"口述历史"的项目：①

1.蔡增基	（Choy Jun-ke，1892—？）	1970 年录制
2.陈光甫	（Chen Kung-fu，1881—1976）	1961 年录制
3.陈立夫	（Chen Li-fu，1900—2001）	1959 年录制
4.顾维钧	（koo Vi Kyuin Wellington，1888—1985）	1958—1975 年录制
5.何廉	（Ho Franklin L. 1895—1975）	1966 年录制
6.胡适	（Hu Shih，1891—1962）	1958 年录制
7.蒋廷黻	（Tsiang Ting-fu，Fuller，1895—1965）	1965 年录制
8.孔祥熙	（K'ung Hsiang-hsi，1880—1967）	1958 年录制
9.李汉魂	（Li Han-hun，1895—1987）	1962 年录制
10.李璜	（Li Huang，1895—1991）	195？ 年录制
11.李书华	（Li Shu-hua，1890—1979）	1961 年录制
12.李宗仁	（Li Tsung-jen，1891—1969）	1961 年录制
13.沈亦云	（Shen I-yun，1894—1971）	1962 年录制
14.吴国桢	（Wu Kuo-cheng，1903—1984）	1962 年录制
15.张发奎	（Chang Fa-k'uei，1896—1980）	1970—1980 年录制
16.左舜生	（Tso Shun-sheng，1893—1969）	1961 年录制

① Table 1，Chinese Oral Project Collection of Reminiscences，*Journal of East Asian Libraries*，No. 140，P. 72，Oct. 2006.

1972年2月美国总统尼克松访华后中美关系升温，两国之间人员互访逐渐增加。唐德刚通过各种渠道得悉80岁的老母依然翘首期盼与他相聚，使他兴奋多日，夜不能寐。他绕道中国驻加拿大使馆询问回国探亲的可能性，并及时办妥了相关手续。当航班飞临故国上空时他竟然老泪纵横，无法自已。阔别25年的母亲依然精神矍铄，笑迎海外归来的骨肉，是何等的喜悦和幸运。

1972年唐德刚因人事关系受到排挤离开了哥伦比亚大学，后受聘为纽约城市大学教授，兼任系主任长达12年之久。1981年唐德刚以交换教授身份再度回国，先后访问了中国社科院国际关系所、北京师范大学、山东大学、安徽大学、安徽师范大学和西北大学。除了座谈、授课、观光和叙旧之外，他还参加了林则徐诞辰200周年纪念活动。1986年6月他再次回国参加在哈尔滨举办的国际《红楼梦》学术讨论会。

1987年后他回国参加的学术活动更多，日程表上所列的有：周秦汉唐史学术研讨会、胡适学术讨论会、纪念台儿庄大战55周年国际学术讨论会、安徽近代人物国际学术讨论会。

唐德刚除了教学和研究工作外，还担任纽约文艺协会会长和旅居美国和加拿大的安徽同乡会会长。他组织会员通讯录的编印，安排各类学术会议、节日聚会、结伴出游以及接待国内访问团，还为华人子弟入托、入学、建幼儿园和医院而奔忙。

1991年唐德刚荣休。他和太太在美国40多年中，生活一向节俭，但是为华人的慈善机构捐钱却很慷慨。他还积极投入人道主义运动，参加各种集会、演讲和游行，揭露第二次世界大战期间日本军国主义的侵略行径，要求侵略者为其暴行谢罪和赔款。他发动同事声援保钓运动，曾代表纽约地区华人起草了一份《保钓宣言》，直接送往日本驻纽约和华盛顿使领馆。2002年，他与杨振宁等学者发起全球征集一亿人的签名运动，抗议日本右派分子非法登钓鱼岛，要求日本政府对中国平民战争伤亡和财产损失赔偿。

唐德刚将自己全部藏书共计124箱捐给了安徽大学。2002年唐德刚老家的地方政府将曾被征用的唐氏祖屋发还给他。为此他专程回国，将祖屋转交给家乡改建为希望小学，还捐赠了5000美元发展基金。

唐德刚不仅仅是史学家，也是独树一帜的散文家，创作过长篇小说《战争与爱情》，所写的剧本、题跋和诗词已为多个版本的专辑所收录。

唐德刚的夫人吴昭文是中国国民党元老吴开先之女,夫妇多年甘苦与共,举案齐眉。唐德刚晚年肾病缠身,严重时必须定期到医院透析。2009年10月26日他在旧金山家中辞世,享年89岁。

唐德刚的主要著述有:

《1844—1860年美国对华外交》(U.S. Diplomacy in China, 1844-1860. Seattle: University of Washington Press, 1964年)。

《顾维钧回忆录》(The Memoirs of V.K. Wellington Koo. Published in Microfiche by the New York Times Inc., 1977年)。

《胡适回忆录》(The Memoirs of Hu Shih. Published in Microfiche by the New York Times Inc., 1977年)。

《李宗仁回忆录》(The Memoirs of Li Tsung-jen. Boulder, Colorado: Westview Press, 1979; Dawson Folkstone, England, 1979年)。

《胡适口述自传》(An Autobiography: As Told by Hu Shih (Chinese), Taipei: Chuan-chi Wen-Hsueh, 1981; Shanghai: East China Normal Univeristy Press, 1980年)。

《胡适杂忆》(中文版1979年, Random Memories of Hu Shih (Chinese), Taipei: Chuan-chi Wen-Hsueh, 1985年)。

《第三种美国人》(The Third Americans: A Selected Bibliography on Asians in America with Annotations. Oak Park, Illinois: CHCUS, Inc. 1980年)。

《美国历史讲座》(Lectures on American History (Chinese), History Department of Shangtong University, 1982年)。

《战争与爱情》(华东师范大学出版社,1999年)。

《史学与红学》(广西师范大学出版社,2006年)。

《书缘与人缘》(广西师范大学出版社,2006年)。

《张学良口述历史》(中国档案出版社,2007年)。

《梅兰芳传稿》(收入《五十年代的尘埃》,中国工人出版社,2008年)。

十五、以中国现代小说史奠定文学评论家地位的夏志清

夏志清(Hsia chi-tsing)1921年出生于上海浦东,祖籍江苏吴县。父亲毕业于吴淞商船学校,但是后来却在银行谋得了一个职员的差事。1942年夏志清毕业于上海沪江大学英文系,读过许多中国文学名著,喜欢西方

古典文学,研究过威廉·布莱克档案(William Blake Archive)。毕业后曾到台湾教了一学年的英文,1946年9月由其兄长夏济安(1916—1965)推荐到所执教的北京大学教英文写作课。

1947年湘籍旅美华侨李国钦(1892—?)捐赠北京大学文、法、理三科留美名额各一名,校方决定通过考试从年青教员中选拔留学人员,命题作文为《出洋留学两回事》,要求必须用英文完成,外加近期撰写的英文论文一篇,夏志清以88分的优秀成绩名列榜首。公榜后有人不服,校长胡适虽然并不看重毕业于教会学校的应试人员,但他还是批准了对夏志清的录取。

1951年夏志清在耶鲁大学取得了硕士学位,1952年又获耶鲁大学英文博士学位,此后曾协助饶大卫(David Nelson Rowe,1905—1985)编写供美军军官培训使用的《中国手册》(China: An Area Manual)。1952—1955年夏志清在编制上属于耶鲁大学研究员。1955年他离开了纽黑文,在密歇根大学任访问讲师一年,教中国思想史等课程。此后他获得洛克菲勒基金会每年4000美元的资助编写《中国当代小说史》,1961年由耶鲁大学出版社出版。该书正文共三编:第一编初期(1917—1927年,第1—96页),讨论了鲁迅、叶绍钧、冰心、凌叔华、许地山、郭沫若和郁达夫等作家的创作思想和作品;第二编成长的十年(1928—1937年,第97—250页),讨论了茅盾、老舍、沈从文、张天翼、巴金和吴组缃等作家的创作思想和作品;第三编抗战期间及胜利以后(1937—1957年,第251—436页),讨论并分析了张爱玲、钱钟书和师陀的创作思想和作品。①

这部专著在写法上有别于当时流行的正统文学史,对曾经被冷落的作家钱钟书、沈从文、张爱玲等人给予了高度的评价。夏志清把钱钟书评价为吴敬梓之后最有才华的讽刺小说家;认为张爱玲的《金锁记》是一部古往今来最了不起的中篇小说,对这位名不见经传的作者推崇备至;称赞张天翼为近十年出现的最富潜力的短篇小说家。1975年夏志清获悉钱钟书已经过世,特地写了一篇《追悼钱钟书先生》的长文刊登在台北《中国时报》上。若干年后钱钟书依然健在,随团访问了哥伦比亚大学,使夏志清深感愧疚。夏志清还运用了中西方学界熟悉的语汇尽力提携余光中、陈世

① 夏志清:《中国现代小说史》(刘绍铭等译),Ⅲ—Ⅳ页,香港:香港中文大学出版社,2001年。

骥、卢飞白、于梨华和陈若曦等一批实力派作家。因此《中国现代小说史》出版不久就被尊崇为文艺批评的典范之作，奠定了他的评论家地位。1962年夏志清应聘为哥伦比亚大学东亚语文系副教授，1969年升任为正教授。

王德威在《重读夏志清教授〈中国现代小说史〉》一文中说：

> 夏志清教授的第一本英文专书《中国现代小说史》，为西方学院的现代中国文学研究奠定了基础。该专著综论1917年文学革命至1957年反右运动的半世纪间中国小说的流变与传承。全书体制恢宏，见解独到，对任何有志于现代中国文学研究的学者和学生都是不可或缺的参考资料。该书所展现的批评视野，使夏志清得以跻身欧美著名评论家之列。在该书出版近40年后的今天，它仍与当代的批评议题息息相干。世纪末的学者治现代中国文学时，也许会碰到许多夏教授当年无从预见的理论和材料，但要另写一本同类专著不参照不辩难不反思他的观点是很难下笔的。《中国现代小说史》中的论述，使学界对中国文学现代化的看法有了典范性的改变，后来者必须充分吸收或辩驳他的观点才能推陈出新。①

夏志清在东西方冷战对峙时期参考资料极度匮乏的况下研究中国文学，对于中国大陆文艺现状和研究成果不甚了了，因此他在《中国现代小说史》中的分析和判断有时难免自说自话，缺乏令人信服的论据。出于意识形态的敏感他自觉或不自觉地冷淡了鲁迅和萧红等文坛巨匠。他批评《阿Q正传》的“结构很机械，格调近似插科打诨”，“为时代所摆布，显然受到过誉”，引起了中西方文艺批评界有识之士的质疑。他在书中谈到第一和第二阶段的共产小说时，多次使用了“粗俗”和“千篇一律，枯燥无味”，甚至还说“中共的小说，既然都是千篇一律，对于个别作者的讨论也是多余的”。（第405页）在论及丁玲的创作道路时，他说：“可是自1931年开始创作无产阶级小说后，（对性开放描写）这一点微带虚无主义色彩的坦诚态度也丧失了。剩下来的，只是宣传的滥调。”（第230页）涉及作家与政治关系时，夏志清说：“中共政权费尽心机去制造各式各样的敌人——美国

① 夏志清：《中国现代小说史》（刘绍铭等译）XI页，香港：香港中文大学出版社，2001年。

帝国主义、蒋介石、地主、富翁以及一切反共的阴谋分子——来引导作家及人民的仇恨。"（第402页）读者的印象是，夏志清所使用的抗战前后国统区书肆和地摊文学的语汇，无疑降低了自己的身份。20世纪末中国留学生在欧美的一些中小城市偶尔还能遇到一些当年从叱咤风云的政界或学界退居下来的中国老人，对于世易时移的外部缤纷世界竟然一无所知，令人心情特别沉重。如果说，在过去的年代有些学者把政治口号当作在海外安身立命的表态和通行证可以理解的话，那么，在当今多元文化的世界中认可这种选择的人将会越来越少。多元文化毕竟是充满希望倾向的开端。

20世纪60年代初捷克著名汉学家雅罗斯拉夫·普实克（Jaroslav Prusek，1906—1980）在《通报》上发表了一篇逻辑严谨的《中国现代文学史的根本问题——评夏志清的〈中国现代小说史〉》，直截了当地指出夏志清的研究缺乏科学性和客观性，绝大部分内容旨在满足外在政治标准，因此对一些中国作家的评价和结论与史实不符。普实克并非等闲之辈，他是国际汉学界布拉格学派的代表，兼翻译家、文艺理论家、历史学家和教育家于一身，著有《关于中国文学和学问》（1947）、《鲁迅：中国最伟大的作家》（1951）、《茅盾的文学道路》（1957）、《中国现代文学中的主观主义和个性主义》（1957）和《中国现代文学简介》（1964）等专著。夏志清为此写了两篇长文在布拉格东方研究院的杂志《东方文案》（Archiv Orientalni）上发表，有意澄清事实，说明情况。1963年8月5日夏志清在写给捷克汉学家马立安·高利克（Marian Galik）的一封信中说："普实克教授几个月前曾来纽约——尽管他曾经对我的书写了一篇不友善的评论文章，他对中国文学的了解也很让人钦佩。"①

1986年唐德刚为参加在哈尔滨召开的国际《红楼梦》研讨会撰写了一篇《海外读红楼》，发表在《中国时报·人间副刊》和《传记文学》杂志上。文中写道：

> 吾友夏志清教授熟读洋书，以夷变夏，便以中国白话小说艺术成就之低劣为可耻，并遍引周作人、俞平伯、胡适之明言暗喻，以称颂西洋小说态度的严肃与技巧的优异。

---

① 马立安·高利克：《捷克和斯洛伐克汉学研究》，阎纯德和吴志良主编，第162页，北京：学苑出版社出版，2009年。

唐德刚的中心议题是：文化冲突不限于满汉两族，古今皆然，中外亦同；明清白话小说的发展其实是社会经济发展的必然结果。

夏志清读后心中愤愤不平，在台北《联合报》和《传记文学》以及美国《世界日报》上发表了长文《谏友篇——驳唐德刚〈海外读红楼〉》。全文共九节，分别为："极右派的罪证"、"狄更斯改姓成孤儿"、"胆大心粗读导论"、"删削译文改原意"、"恶意类比，毫无道理"、"多少脚，昨晚梦魂中"、"评断小说非易事"、"林黛玉与梅兰芳"、"批夏之政治用意"。①

唐德刚回敬夏志清的文章《红楼遗祸——对夏志清"大字报"的答复》刊于《中国时报·人间副刊》。文章各节的小标题分别为："夏教授的'大字报'"、"自骂和自捧"、"疯气要改改"、"学问倒不妨谈谈"、"以'崇洋过当'观点贬抑中国作家"、"学界姑息养奸的结果"、"崇洋自卑的心态"、"对'文学传统'的违心之论"、"社会科学上的常识"、"从宏观论'左翼作家'"、"宏观下之'右翼'与'极右'"、"也谈：《块肉余生录》"、"'好莱坞'电影算不得学问"、"红学会议的资格问题"、"红学会的性质和意义"、"为林娘喊话"、"为梅郎除垢"、"做人总应有点良知"。从这些小标题可以看出当年对垒双方剑拔弩张，上纲上线互不相让，到了政治化和白热化的地步。

唐德刚和夏志清都是学养有素的海外华人学者。这次彼此论战，终于1986年10月10日在纽约文艺协会欢迎萧乾夫妇宴会的欢快气氛中平息，双方在闪光灯中握手言和。但是关心海外华人学术的读者认为，夏志清有时对于涉及大陆的文学评论表现出过于的敏感，往往因小见大，发挥过当。就《中国现代小说史》而言，他对大陆文学史中受到关注的作家以西方标准重新排了座次，本来也无可厚非，但是他的意识形态倾向太张扬了，更主要的是缺乏事实和依据，因此失诸公允。不管史家是否可以做到内修上善若水，外修至美如纯，"客观论道，公正传经"毕竟是传统美德。评论家的大度和包容是消除辩论中不必要火药味的良方，价值观和方法论的差异是客观存在的，以理服人才是交流上策。

1991年夏志清荣休后为该校中国文学名誉教授，2006年7月被推选

---

① 刘梦溪：《第十七次论争：唐德刚与夏志清之间》，《红楼梦与百年中国》，第391—395页，河北教育出版社，1998年。下同。

为中研究院院士。他喜欢听评书,看京剧、电影和歌剧,2013年12月29日逝世于纽约,享年92岁。他的主要著述有:

《1917—1957年中国现代小说史》(A History of Modern Chinese Fiction,1917-1957,With an appendix on Taiwan.New Haven,Yale University Press,1961)。

《中国古典小说导论》(The Classic Chinese Novel;A Critical Introduction,New York,Columbia University Press,1968年)。

《爱情·社会·小说》(台北:纯文学出版社,1970年)。

《20世纪中国小说》(Twentieth-Century Chinese Stories edited by C.T. Hsia,with the assistance of Joseph S.M.Lau.,New York,Columbia University Press,1971年)。

《文学的前途》(台北:纯文学出版社,1974年)。

《人的文学》(台北:纯文学出版社,1977年)。

《新文学的传统》(台北:时报文化出版事业有限公司,1979年)。

《1919—1949年中国现代小说选》(Modern Chinese Stories and Novellae,1919—1949,edited by Joseph S.M.Lau,C.T.Hsia,and Leo Ou-Fan Lee.New York:Columbia University Press,1981年)。

《印象的组合》(香港:香港文学研究社,1983年)。

《鸡窗集》(台北:九歌出版社,1984年)。

《夏志清文学评论集》(台北:联合文学杂志社,1987年)。

《先夏志清论中国文学》(C.T.Hsia on Chinese literature,New York:Columbia University Press,2004年)。

《夏志清序跋》(古吴轩出版社,2004年)。

《谈文艺 忆师友》(上海书店出版社,2007年)。

十六、中国近代史研究的权威学者徐中约

徐中约1923年出生于上海,1946年毕业于燕京大学历史专业。该校师资实力雄厚,方法上注重实证和考证,使他得以接受中国传统史学方法的训练。20世纪50年代他从香港到美国深造,师从费正清、杨联陞、赖肖尔、兰格和叶理绥等学者,在现代历史研究方法的实践中他的史学研究水平很快就有所提升。1954年他获哈佛大学哲学博士。此后曾执教于美国

加利福尼亚大学圣巴巴拉分校历史系,任系主任多年。1971年他被聘任为研究讲座教授(Faculty Research Lecturer),1998年担任香港中文大学伟伦讲座教授。改革开放初期他曾回国探亲,感受到故国情怀。

《中国近代史》是徐中约的一部力作,1970年出版,1971年获加利福尼亚州"共有财富奖"(Commonwealth Prize)。该书重点探讨了1600—2000年间中国的内政外交的发展历程,叙述了中国如何从古老的儒家帝国转变为一个近代民族国家的历史。在17—20世纪的400多年之间,中国历史发展从西方列强对中国的冲击,迫使中国作出被动回应开始,慢慢地进入到半殖民地模式的局面。以费正清为代表的美国汉学家根据所谓的"挑战与回应"理论分析了自汉唐以还封建统治者所执行的朝贡制度,并叙述了晚清中国社会的变化,从宏观的政治、外交、文化、社会和经济角度审视了清政府的对内和对外政策。作者不赞同以欧洲为中心的中国历史观,但是却有保留地接受了费正清学派的"冲击与回应"理论,因此被称为"折衷的历史观"。

编写一部中国通史是一项耗时费力的复杂人文工程,不如写地区史、行业史和断代史来得顺手,其中意识形态往往是最难突破的固有观念拘囿。研究中国史有不同的角度和立场,不同的历史学家有不同的标准,但是史学界对于基本的理论框架和重大历史事件的共识应该得到尊重。徐中约通过对于史料和史实的解读、评价和分析,提出了中华文化与美国所代表的西方文化之间只有相互通达取长补短才有可能发展的观点,这既体现了他个人的深厚学术功底,又验证了该领域多数学者深信不疑的信念。

学者们对于中国近现代史分期有不同的看法。作为一部为西方高校编写的教材,《中国近代史》把明清时期作为近代史的起始点有助于读者对中国完整历史的理解,是一种成熟的思路,在教学的安排上这种切分也有一定的灵活性。全书的内容丰富充实,事件和人物的评价比较实事求是。当然是否合理还有待读者和受众的进一步验证,但是至少在美国史学界目前已获好评。这部中国历史的编写,体现了作者对美国汉学界迄今尚存争议问题所做的修正价值和意义。

徐中约是中国近代史研究的权威学者,他的主要著作有:

《中国现代的崛起》(The Rise of Modern China, Oxford University Press, 1970年)。

《清代学术概论》(Intellectual Trends in the Ch'ing Period,梁启超专著

翻译,Harvard University Press,1959 年)。

《中国进入国际社会的外交,1858—1888 年》(China's Entry into the Family of Nations:The Diplomatic Phase,1858-1880,Harvard University Press,1960 年)。

《伊犁危机:中俄外交研究,1871—1881 年》(The Ili Crisis:A Study of Sino-Russian Diplomacy,1871—1881,Cambridge University Press,1965 年)。

《毛泽东之后的中国——寻找世界新秩序》(China Without Mao:The Search for a New Order,Oxford University Press,1983 年)。

《1866—1905 年晚清对外关系》(Chapter on Late Ch'ing Foreign Relations,1866—1905 in The Cambridge History of China,Volume 11:Late Ch'ing,1800—1911,edited by John K. Fairbankand Kwang - Ching Liu,Cambridge University Press)。

十七、从历史上去寻找中国文化精神的余英时

余英时(Xu Ying-shih)1930 年 1 月 22 日出生于天津,祖籍安徽潜山。其父余协中(1898—1983),名谊爽,先后就读于燕京大学、美国卡拉格大学和哈佛大学,曾任国立师范大学历史系教授、天津南开大学和安徽大学教授,担任过民国政府官员、国立编译馆编辑和昆明经济研究所研究员等职。后以外交联络员身份随中国远征军赴缅甸。1937—1946 余协中一家为避战祸暂住安徽乡下,20 世纪 40 年代末移居香港,1957 年定居美国。他共育两子,余英时为其长子。

1949 年余英时考入燕京大学历史系。1950 年为与家人团聚他转学到香港新亚学院(后并入香港中文大学),师从中国传统哲学名家钱穆,成为首届新亚学院毕业生。1955 年由于钱穆的推荐他进入了哈佛大学历史系深造,师从哈佛—燕京学社汉学家杨联陞,1962 年获得博士学位。

余英时曾任密歇根大学副教授、哈佛大学中国史教授、耶鲁大学历史系讲座讲授,1991—1992 年任美国康乃尔大学第一任胡适讲座访问教授,2001 年任普林斯顿大学东亚研究讲座教授和新加坡儒家伦理委员会海外顾问等职,培养了许多史学研究人才。他是少数能执教于常春藤联合会(Ivy League)院校的教授之一。1973 年他加入了美国籍,同年返回母校新亚学院任院长和香港中文大学副校长。后来他重返哈佛大学执教,1977

年转入耶鲁大学,1987 年加盟普林斯顿大学,2001 年余英时从普林斯顿大学退休。

余英时曾获多项名誉称号和奖励。1974 年他被选为台湾“中研院”院士,1977 年任香港中文大学荣誉法学博士,1984 年任美国明德学院荣誉文学博士,1992 年任香港大学荣誉文学博士,现任普林斯顿大学讲座教授。2006 年 11 月他获得了美国国会图书馆颁发的克鲁格人文与社会科学终身成就奖(Kluge Prize Rewards Lifetime Achievement)。

余英时的个人学术研究主要聚焦于中国思想史领域,曾系统地研究过中国历史上的“士”。儒家学说认为儒出身于“士”,又以教育“士”为己任。子贡曾问孔子“何如斯可谓之士矣”,孔子回答说:“行己有耻,使于四方不辱君命,可谓士矣。”(《论语·子路》)。孟子也说过:“士之仕也,犹农夫之耕也”(《孟子·滕文公下》)。从这一意义上说,儒学就是为国家培养人才的学说,原典儒学就是关于“士”的修身道德规范和从政原则。孔子以中国价值维护者的高标准来要求“士”,对后世影响深远。从汉末的李膺(110—169)、陈藩、范滂(137—169),北宋的范仲淹(989—1052),晚明东林党人到近现代中国知识分子,都曾经风里雨里为这一目标奋斗过。1987 年上海人民出版社出版的余英时专著《士与中国文化》,对上述见解有所阐述。

余英时运用马克斯·韦伯的观点考察了宋明理学与两汉经学的关系,认为先秦儒学演变到乾嘉汉学是一种学术进步。他指出智识主义(intellectualism)与反智识主义(anti-intellectualism)的对立倾向长期存在于儒家、道家和法家等先秦诸家之间,道家和法家对于知识和智慧一向表现出轻视甚至反对的态度。儒家虽然承认学习他人是成功的条件,如孔子所言“三人行,必有我师焉”(《论语·述而)至今仍有现实教育意义,但孔子也说过“仁者安乐,智者利仁”(论语·里仁),“智及之,仁不能守之,虽得之,必失之”(论语·卫灵公),他显然把“智者”与“仁者”截然区分开来。西汉大儒扬雄(前 53—18)的重智思想被认为是缔造圣贤的一种修养,而明代全能大儒王阳明(1472—1529)的心学却明显地存在着反智识主义的倾向,可见儒家内部也有重智和反智两派。正如余英时所说:在对待知识和智慧问题上先秦各家学说中始终存在着对立派别。

中外学术界都有学者认为儒家学说与现代民主思想是格格不入的。余英时从宏观角度研究传统文化,强调中国文化和思想具有内倾特征,与现代生活并不抵触，只要对传统观念略作修正就可作为现代中国人的行为规范。余英时被学界视为新儒学的倡导者之一，但是他从不认为自己是新儒家。

《论戴震与章学诚》是余英时1974—1975年撰写的一部代表作，1976年由香港龙门书店刊行。全书分“内篇”八章（第1—182页）和“外篇”录·六章（第183—356页）。1985年北京文物出版社出版的《章学诚遗书》，公布了一些此前未曾披露的重要资料，因此作者特撰《章学诚文史校雠考论》作为“内篇”的补正，2000年由生活·读书·新知三联书店出版了增订本。余英时在该书《增订本自序》中写道：

> 本书的基本立场是从学术思想史的“内在理路”阐明理学转入考证学的过程。因此明、清之际一切外在的政治、社会、经济等变动对于学术思想所投射的影响，本书全未论及。然而我并不是要用“内在理路”说来取代“外缘影响”论。在历史因果的问题上，我是一个多元论者。历史上任何一方面的重大变动，其造因都是极其复杂的；而且迄目前为止，历史学家、哲学家或社会学家试图将历史变动纳入一个整齐系统的努力都是失败的。“内在理路”说不过是要展示学术思想的变迁也有它的自主性而已（此即所谓“The autonomy of Intellectual history”）。必须指出，这种“自主性”只是相对的，不是绝对的；学术思想的动向随时随地受外在环境的影响也是不可否认的客观事实。我之所以强调“内在理路”，是因为它是以破除现代各种决定论（determinism）的迷信，如“存在决定意识”之类。“内在理路”的有效性是受到严格限定的，它只能相对于一个特定的研究传统或学者社群而成立。①

戴震和章学诚的研究是清代学术思想发展史上的巅峰，显示出儒家学术思想如何由“尊德性”向“道问学”转变过程中兴起了智识主义的。余英时认为，仅仅从“满人入主中原”之类的外部因素，不足以揭示清代考据学兴起的原因，还应该分析其“内在理路”。作者同时运用了史学与心理学

① 余英时：《论戴震与章学诚·增订本自序》，第2页，北京：生活·读书·新知三联书店出版，2000年。

诠释的方法对戴震和章学诚的研究进行了分析，以发现更多转型中的个人因素。有关章学诚的文史理论和清代思想史的解读，增加了结论的可信性。

余英时的研究表现出对历史上知识分子命运的关注。他从通观历史的角度评论过不少现代文化名流，如：顾颉刚、陈独秀、郭沫若、鲁迅、钱钟书和梁漱溟，大都辨析精当，入木三分。他在《论戴震与章学诚》中说：现在中国正在为建设一个强大国家而努力，尊重知识尊重人才比什么时候都重要。

1973 年秋天余英时回到香港中文大学新亚学院执教，为建院十周年做了《红楼梦的两个世界》的讲座，1974 年他的讲稿被译为英文在香港中文大学期刊《译丛》上发表，1978 年又由台北联经出版事业公司出版了中文增订版。

“两个世界”是该书的中心议题，余英时认为《红楼梦》中的两个世界，一是曹雪芹经历过的历史世界，另一个是他在创作中所虚构的艺术世界。他还认为，不但小说《红楼梦》中有两个世界，《红楼梦》的研究中也存在着两个世界。他是从思想史和考据学角度来研究《红楼梦》的，支持他的解读和研究方法的重要一点是他认为《红楼梦》属于一种“自传体”小说，大观园的兴衰史就是曹氏家族由显赫兴旺的皇族，因子孙贪图淫乐，分朋树党，终于到了罢官封产家败人亡的地步。考据学的工作就是对于有关典籍和史料与小说中人物和事件的描写进行验证和比照，找出史实与虚构的关系和程度。1978 年 11 月余英时在与俞平伯的一次会见中彼此讨论过《红楼梦》是否属于“自传体”小说的问题，俞平伯说早在 20 世纪 20 年代他就放弃了原来的观点，但是由于脂砚斋评语的公诸于世，他已经无力改变“自传体”观点的扩散了。

余英时在《红楼梦的两个世界》一书中说：

> 《红楼梦》中的两个世界是分不开的，红学研究中的两个世界也同样无法截然划分。所以本书中有几篇讨论曹雪芹生平和所谓“脂批”的文字正是属于传统红学考证的范围。这些考证文字都是为“两个世界论”服务的，因为它们同样具有“自传说”的作用。自传派的红学考证从来就不是纯粹客观的东西，它是在“自传说”的大前提的指导之下搜罗所谓“证据”。因此有时不免

> 曲解证据，甚至把完全不相干的历史资料当作“证据”来运用。在“自传说”深入人心的情况下，以考证破考证是一个必要的步骤。①

一般来说，作家创作中使用的素材，一是源于他们对社会生活的普遍参与、体验和观察；二是从自己记忆数据库中对个人阅历的调取。小说的素材可以构筑艺术的真实，但是它并不等于生活或者历史的真实，否则在跨越体裁的创作过程中就会受到太多的限制。更重要的一点是在中国封建社会文字狱的残酷刑法体系中，一旦有人对号入座（传抄的文字也不例外），认为某部作品是对当朝重臣或者“明主”的影射，那么，轻则公堂之上鞭刑伺候，重则问斩灭族。昔日“皇恩浩荡”，瞬间化作似虎如狼。所以曹雪芹借托千年古石幻化，一道一僧唱着《好了歌》在开场和终场对风流公案作一交待，奉劝衮衮看官诸公即便心中有多少疑惑或者恩怨，事关性命前途，姑且搁置争议为好。另外他在《红楼梦》中对诸多敏感的人名、地名、朝代、服饰、官职和习俗，都尽可能作了泛化或者虚化处理（一言以蔽之“失落无考”）。如果以上观点成立，那么《红楼梦》研究中的史料考据似乎没有太大必要。难怪新红学派学者俞平伯最早觉悟，不再拿“自传体”来做《红楼梦》的文章；新红学派干将胡适自当驻美大使和中研院院长后也忙于应酬没有时间过问“自传体”的官司，在美国当寓公时心情纠葛，更无暇顾及此事。余英时说“自传派的红学考证从来就不是纯粹客观的东西”，是有感而发的。至于“以考证破考证”的托辞，与其说是作者“自嘲”，不如说是一种实事求是的态度。

余英时继承钱穆“从历史上去寻找中国文化的精神”的核心理念，治学中西合璧，古今贯通，儒家思想与道统文化（orthodoxy culture）的现代诠释兼顾。传承中有创新，吸收前先批判。他的中英文著述多达数十种，主要有：

《东汉生死观》（Views of Life and Death in Later Han China. Doctoral Dissertation，Harvard University，1962 年）。

《汉代的生命与不朽观念》（Life and Immortality in the Mind of Han China，Harvard Journal of Asiatic Studies 25，1964-1965 年）。

---

① 余英时：《红楼梦的两个世界》，第 2—3 页，上海：上海社会科学院出版社，2002 年。

《评崔瑞德对唐代财政管理的论述》(A Review Article on D. C. Twitchett, Financial Administration under the T'ang Dynasty, Journal of the American Oriental Society 84. 1, 1964 年)。

《汉代贸易与扩张:汉胡经济关系的研究》,(Trade and Expansion in Han China, A Study in the Structure of Sino-Barbarian Economic Relations. Berkeley: University of California Press, 1967 年)。

《红楼梦的两个世界》(The Two Worlds of Hung-lou Meng, translated by Diana Yu, The Renditions—English Translation Magazine, The Chinese University of Hong Kong, No. 2, Spring 1974 年)。

《清代儒家智识主义兴起之刍议》(Some Preliminary Observations on the Rise of Ch'ing Confucian Intellectualism, Tsing Hua Journal of Chinese Studies, New Series XI. 1/2, December 1975 年)。

《论戴震与章学诚:清代中期学术思想史研究》(香港:龙门书店, 1976 年)。

《关于 17 世纪中国智识转换的解读》(Toward an Interpretation of the Intellectual Transition in Seventeenth-century China, Journal of the American Oriental Society 100. 2, 1980 年)。

《古代中国有关来世观念新证》(New Evidence on the Early Chinese Conception of Afterlife, Journal of Asian Studies XLI. 1 November 1981 年)。

《中华人民共和国的古代史研究》(Early Chinese History in the People's Republic of China. Editor and principal author, Seattle: School of International Studies, University of Washington, 1981 年)。

《中国历史研究:回顾与展望》(The Study of Chinese History: Retrospect and Prospect, in George Kao, ed., The Translation of Things Past, Chinese History and Historiography. Hong Kong: The Chinese University of Hong Kong Press, pp. 7—26, 1982 年)。

《戴震与朱熹传统》(Tai Chen and the Chu Hsi Tradition, in Chan Ping-leung, ed., Essays in Commemoration of the Golden Jubilee of the Fung Ping Shan Library, Studies in Chinese Librarianship, Literature, Language, History and Arts. Hong Kong: Hong Kong University Press, pp. 376—392, 1982 年)。

《个人主义与魏晋时期的新道家运动》(Individualism and Neo-Taoist Movement in Wei-Chin China, in Donald Munro, ed., Individualism and

Holism: Studies in Confucian and Taoist Values. Ann Arbor: University of Michigan Press, pp. 121—155, 1985 年)。

《桐城派》(T'ung-ch'eng School, in William H. Nienhauser Jr., editor and compiler, The Indiana Companion to Raditional Chinese Literature. Bloomington, Ind.: Indiana University Press, pp. 837—840, 1986 年)。

《道德与朱熹哲学体系中的知识》(Morality and Knowledge in Chu Hsi's Philosophical System, in Wing-tsit Chan, ed., Chu Hsi and Neo-Confucianism. Honolulu: University of Hawaii Press, pp. 228—254, 1986 年)。

《汉代对外关系》(Han Foreign Relations, in Denis Twitchett and Michael Loewe, eds., The Cambridge History of China, vol. I: The Ch'in and Han Empires, 221 B. C. ~ A. D. 220. Cambridge: Cambridge University Press, pp. 377—462, 1986 年)。

《魂兮归来:前佛教中国有关灵魂和来世观念变化研究》(O Soul, Come Back! A Study in the Changing Conceptions of the Soul and Afterlife in Pre-Buddhist China, Harvard Journal of Asiatic Studies 47.2 363 ~ 395, December 1987 年)。

《士与中国文化》(上海:上海人民出版社, 1987 年)。

《居于哲学与语文学之间的戴震》(Tai Chen's Choice between Philosophy and Philology, Asia Major, Third Series, 2.1, 79 ~ 108, 1989 年)。

《孙文学说与中国传统文化》(Sun Yat-sen's Doctrine and Traditional Chinese Culture, in Chu-yuan Cheng, ed., Sun Yat-sen's Doctrine and the Modern World. Boulder & London: Westview Press, pp. 79—102, 1989 年)。

《匈奴》(The Hsiung-nu, in Denis Sinor, ed., The Cambridge History of Early Inner Asia. Cambridge: Cambridge University Press, pp. 118—150, 1990 年)。

《新文化拐点与亚洲传统的再发现:国际亚洲历史学家协会第 12 次会议基调演说》(Clio's New Cultural Turn and the Rediscovery of Tradition in Asia, A Keynote Address to the 12th Conference, International Association of Historians of Asia. University of Hong Kong, , pp. 10—30, 1991 年)。

《内在超越之路:余英时新儒学论著辑要》(北京:中国广播电视出版社, 1992 年)。

《现代编年体传记与史学概念》(Modern Chronological Biography and

the Conception of Historical Scholarship, Chinese Historians 6. 1: 31 ~ 43, Spring 1993 年)。

《唐宋过渡的智力突破》(Intellectual Breakthroughs in the T'ang-Sung Transition, in Willard J.Peterson, Andrew H.Plaks and Ying-shih Yu, eds., The Power of Culture. Hong Kong: The Chinese University of Hong Kong Press, pp. 158—171, 1994 年)。

《文化的威力:中国文化史研究》(The Power of Culture, Studies in Chinese Cultural History. Co-editor with Willard J. Peterson and Andrew H. Plaks, Hong Kong: The Chinese University of Hong Kong Press, 1994 年)。

《20 世纪中国历史的观念变化》(Changing Conceptions of National History in Twentieth-century China, in Erik Lonnroth, Karl Molin, Ragnar Bjork, eds., Conceptions of National History, Proceedings of Nobel Symposium 78.Berlin and New York: Walter de Gruyter, pp. 155—174, 1994 年)。

《20 世纪中国现代化与革命拜物教》(Modernization versus Fetishism of Revolution in Twentieth-century China, in Eric Wu and Yun-han Chu, eds., The Predicament of Modernization in East Asia. Taipei: National Cultural Association, pp. 59—74, 1995 年)。

《章学诚与戴震:18 世纪中国的智识挑战与回应研究》(Zhang Xuecheng versus Dai Zhen: A Study in Intellectual Challenge and Response in Eighteenth-century China, in Philip J.Ivanhoe, ed., Chinese Language, Thought and Culture, Nivison and His Critics. Chicago and La Salle: Open Court, pp. 121—154, 1996 年)。

《民主观念与现代中国精英文化之曙光》(The Idea of Democracy and the Twilight of the Elite Culture in Modern China, in Ron Bontekoe and Marietta Stepaniants, eds., Justice and Democracy: Cross-cultural Perspectives. Honolulu: University of Hawaii Press, pp. 199—215, 1997 年)。

《中国民族主义新浪潮》(China's New Wave of Nationalism, in Larry Diamond, Marc F. Plattner, Yun-han Chu, and Hung-mao Tien, eds., Consolidating the Third Wave Democracies. Baltimore: The Johns Hopkins University Press, pp. 257—264, 1997 年)。

《商贸文化与中国传统:中国历史上的商人文化演变之研究》(Business Culture and Chinese Traditions—Toward a Study of the Evolution of

Merchant Culture in Chinese History, in Wang Gungwu and Wong Siu－lun, eds., Dynamic Hong Kong: Its Business and Culture. Hong Kong: Centre of Asian Studies, the University of Hong Kong, pp. 1—84, 1997 年)。

《中国知识分子论》(康正果编,河南人民出版社,1997 年)。

《儒家伦理学与资本主义》(Confucian Ethics and Capitalism, in The Challenge of the 21st Century, the Response of Eastern Ethics. Asa Foundation International Symposium, Seoul, South Korea, pp. 57—77, 1998 年)。

《现代儒学论》(上海:上海人民出版社 1998 年增订版)。

《民主、人权与儒家文化》(Democracy, Human Rights and Confucian Culture, The Fifth Huang Hsing Foundation Hsueh Chun－tu Distinguished Lecture in Asian Studies, Asian Studies Centre, St. Antony's College, University of Oxford, pp. 1—22, 2000 年)。

《余英时学术思想文选》(何俊 编,上海古籍出版社,2010 年)。

《史学研究经验谈》(邵东方 编,上海文艺出版社,2010 年)。

《中国文化史通释》(生活·读书·新知三联书店,2011 年)。

《中国文化的重建》(中信出版社,2011 年)。

《朱熹的历史世界》(生活·读书·新知三联书店,2011 年)。

《重寻胡适历程:胡适生平与思想再认识》(上海三联书店,2012 年)。

《余英时访谈录》(陈致 访谈,中华书局,2012 年)。

《卮言自纪——余英时自序集》(北京大学出版社,2012 年)。

《中国情怀——余英时散文集》(北京大学出版社,2012 年)。

十八、基于语言与文学的中国人文研究开拓者周策纵

周策纵 1916 年出生于湖南祁阳(今祁东县),字幼琴。父亲周耿琴(1887—1951)光绪三十年(1904)秀才,曾参加同盟会,并在长沙组建反清武装。辛亥革命爆发后他指挥新军五十标(团)参加长沙光复战役和武汉战役,后肩负主持武汉《江声报》、《自由日报》、《新民国日报》和《洞庭波》笔政的重任。1913 年讨袁之役失败后他亡命日本,进入东京帝国大学求学,翌年回国任《新民国日报》主编。1921 年湖南开始联省自治,他受聘为省宪审查委员和首届省议员,兼任长沙《大中国日报》和《大公报》副刊主

编。1925 年他因不满官场黑暗退归故里，创办大营市小学，1939 年又创办祁阳达孝中学，任校长长达 23 年之久。他擅长诗文和甲骨文研究，重视以传统文化教育子女。

周策纵 9 岁入新武小学读书，后入衡阳五中和岳云中学，受到有革新思想教师的影响。作为校刊《长高学生》主编，他在学生时代就表现出在国文、历史、地理、写作和书法方面与众不同的才能。高中毕业后他考入了金陵大学农学院，但是后来却转学到重庆中央政治大学攻读行政学位课程。1942 年毕业后他曾主编《新认识月刊》、《市政月刊》和《新批评》，一度供职于重庆市政府。1945 年他升迁至国民政府主席侍从室编审，与陈布雷（1890—1948）、陶希圣（1899—1988）和徐复观共事。1947 年他看不惯政界党派纷争，为实现个人自我充实和自我完善，他决定自费留学美国。

1948 年周策纵在密歇根大学攻读政治学硕士学位课程。1954 年他获密歇根大学博士学位，博士论文为《五四运动——现代中国的思想革命》。1954—1962 年他供职于哈佛大学东亚问题研究中心。1960 年他把自己的博士论文扩写成一部 55 万字的专著，由哈佛大学出版社出版。全书正文包括：第一章导言（第 1—20 页）；第一部分五四运动的展开（第一至十章，第 21—371 页）；第二部分主要思潮的分析（第十一至十四章，372—506 页）①该书出版后受到学术界的普遍关注，先后再版了 7 次。

周策纵通过大量的历史资料，对“五四”新文化运动的历史背景、思想和过程进行了分析，对中国知识分子的历史使命和作用加以探讨，使之成为海内外研究五四运动的经典著作。过去对于“五四运动”的评价主要聚焦于“反对帝国主义和封建主义”以及“青年学生的爱国行为”等方面。周策纵强调此次学潮是中国历史上的一次思想启蒙运动，是中国人争取自由、民主、科学和人权的先声。在他看来，“五四”精神不是单纯的爱国主义，而是基于民意至上、民权至上和思想觉醒的革命；是思想运动和社会运动的结合，旨在通过思想解放实现民族独立和社会公正。他认为“五四”学潮可以定位于 1917—1921 年之间：1919 年之前在先知先觉的中国知识分子中开始传播变革思想，1919 年之后激进学生把思想武器对准了旧体制及其官僚。五四运动是辛亥革命之后又一个历史里程碑。中国知识分

---

① 周策纵：《五四运动——现代中国的思想革命》（周子平等译），南京：江苏人民出版社，1996 年。

子通过暴风雨的洗礼意识到要改变中国的命运就必须跟旧思想旧制度决裂，确认人权和民族独立为争取民主自由的前提，使国家经济、社会、政治和思想领域进入革命阶段。所以，五四运动的本质是一场思想革命，从而推动了社会、政治和文化的变革。

在该书第十四章第六节“对‘五四’功过的再评价”中，周策纵写道：

大致地说，五四运动的倾向几乎决定了以后几十年中国的思想、社会和政治的发展。在这场思想骚动中开始形成的深刻的社会和民族意识一直长盛不衰。“五四”以后，新知识分子继续和更强烈地要求现代“科学文化”，要求有一个有效力的政府以保证多民族国家大家庭中各民族的独立平等。历史标明，那些违逆这股潮流而动的政治领导人和派系招致了自身的垮台，而那些“弄潮儿”尽管有种种曲折和闪避，但最终占取了上风。争取个人解放、宣扬民主和独立思考的不懈努力，虽然后来遭到来自强调服从组织活动思潮的阻挡，但其产生的深远影响是不能低估的。“五四”时期中国知识分子头脑中所种下的破除偶像的种子已不是轻易可以除去的。民主在人们心目中赢得了崇高的声誉，自此以后，甚至那些极力反对民主的人也只能采取迂回对抗的手法。任何专制主义都将感到，忠实地记述这场运动是对它自身的一个威胁。

如果说这些是“五四”时期改革所取得的主要成就，那么这里也不妨举出它一些一般的缺陷。改革者们在对中国旧传统进行批判时，很少有人对之作过公平的或怀有同情心的考察。他们认为几千年的社会停滞不前，给进步和改革之途留下无数障碍，为了清除这些障碍，对于整个传统过火的攻击和对其价值的低估是难免的。这使得儒家学说和民族遗产中的许多精华遭到忽视或避而不提。从长远的观点来看，改革者们的批判在一些方面是肤浅的、缺乏分辨的和过于简单化的。但这在当时整个民族充满惰性的状况下也许是必要的。

另一方面，“五四”时期新知识分子对于从外国输入的新思想又过于轻信。虽然他们也声称要进行批判的研究，但在实践中却做得很不够。他们往往大谈空泛的“主义”，而对其内容却没有做认真细致的考察。结果,尽管有一些要防止不清晰的思想的告诫,但他们对于西方思想仍是常常含混不清地要么大力提倡,要么全盘否定。这或许是任何一个群众性思想转变过程初期的一种自然现象。①

1963年到威斯康星大学任教后,周策纵的汉学研究从中国近代史的费正清模式转向语言、文字与文学领域的中国人文研究方向。他的研究范围广及文学、历史、政治、文化和艺术等方面,其中对《红楼梦》的研究是他在文学方面的一大成就。令人难以想象等是,在他"弃园"寓所林林总总的藏书中,各个时期出版的《红楼梦》、红学著述以及红学书刊就多达数千册。他的大部分精力都用于《红楼梦》考证、文论撰写和疑难释读,但是策划国内外红学研讨会所占用时间却无法具体量化。1980年6月他在威斯康星成功地主持了首届国际《红楼梦》学术研讨会,其后又相继促成了第二、三、四、五届国际《红楼梦》研讨会在哈尔滨、扬州、台北和北京召开,其中苦乐和付出只有他自己知道。最能代表他的红学研究成就的论文有:《论关于凤姐的"一从二令三人木"》(1961)、《〈红楼梦〉研究在西方的发展》(1971)、《论〈红楼梦〉研究的基本态度》(1972)、《〈红楼梦〉"本旨"试说》(1980)、《〈红楼梦〉与〈西游补〉》(1980)、《玉玺·婚姻·红楼梦——曹雪芹家世政治关系溯源》(1982)、《有关曹雪芹的一件切身世——胖瘦辨》(1986)、《天命与大义·分与情——〈红楼梦〉里的一个思想问题及其背景》(1986)、《红楼梦大观》(1987)、《胡适的新红学及其得失》(1997)和《红楼梦案:弃园红学论文集》(2000)。

1978年周策纵为筹备第一届国际红学研讨会返回大陆,在北京华侨大厦与周汝昌见面。这两位饮誉海内外的红学大家过去没有机会接触,此次相见执手言欢,畅谈多时,从此书信不断。1980年夏第一届国际红学大会在美国威斯康星大学召开,周汝昌应邀率团出席,会上会下,言无不尽。周策纵热情邀请周汝昌再游北美,不久促成他以访问教授身份又一次赴威斯康星,为尽地主之谊他自己开车伴游。周策纵为参加胡适百年诞辰赴台,周汝昌应邀代课,深受学子欢迎。1991年门生为庆祝周策纵75大寿编

① 周策纵:《五四运动——现代中国的思想革命》(周子平等译),第497—498页,南京:江苏人民出版社,1996年。

辑纪念文集向周汝昌索稿，周汝昌用诗句表达了彼此宏愿：“欲结奇盟动天地，直齐宇宙筑红楼！”1998 年 11 月，中国 13 家文化教育单位联合为周汝昌举办八秩寿诞庆典，特别推出了《周汝昌红学精品集》。主办者曾函邀周策纵莅临仪式，他因故未能参加，但是寄去了贺诗表达深情。

几十年来周策纵以不同方式向美国学界介绍了中国文化。他曾在威斯康星大学先后开设了中国文化史、佛学史和哲学史课程，创办了“五四”研究班、书法培训班和《易经》讲习班，帮助学子深入体验中国文化博大精深的内涵。他以威斯康星大学为基地，1963—1994 年长达 31 年的教学与研究中，开拓了基于语言与文学的中国人文研究，其特色有别于基于近现代历史思想的哈佛大学汉学研究。

1981 年以后周策纵多次到大陆和台湾讲学，不遗余力地扩大中外学术界之间的交流。在个人电脑还未普及的年代，他就率先在威斯康星大学指导学生采用电脑数据分析对《红楼梦》后 40 回是否为高鹗续书的问题进行了探讨。他是最早运用电脑研究《红楼梦》的汉学家之一。

周策纵是美国威斯康星大学东方语言和历史系终身教授，曾先后获美国福特基金会学术奖、美国卡内基基金会学术奖、美国古根汉姆学术奖和美国科学院学术奖。他被推选为国际中国现代文学讨论会主席。

周策纵博学多才、学风严谨，将中国传统的考据学与汉学研究相结合，开拓了人文研究的新领域，是一位具有国际视野的汉学大师。周策纵也是一位有实际创作经验的作家与艺术家，对东西方古今文学理论与作品有深入研究。2007 年 5 月他病逝于美国旧金山阿巴尼家中。

他的主要著述有：

《论儒、释、道三教之交互影响》(On the Mutual Influences of Confucianism, Taoism, and Buddhism, National Heritage, Changsha, 1936 年)。

《荀子礼乐论发微》(An Exploration of Xunzi's Philosophy on Music and Rites, Academic World Monthly, Shanghai, Vol. 34, No. 2, January 16, 1937 年)。

《汉晋诗歌中所表现的妇女生活及婚姻问题》(Women's Life and Marital Problems as Reflected in Poetry from the Han and Jin Periods, Reading and Study Monthly, Vol. 1, Nos. 4 & 5, August 1940 年)。

《进化的人性论与革命民权说》(The Evolutionist Theory of Human Nature and the Theory of Revolutionary Civil Rights, New Political Science

Monthly,Chongqing,Vol. 5,No. 2,December 1940 年)。

《政治与冲动:罗素政治思想研究之政治目的论》(Politics and Impulse:the Purpose of Politics, a Study of Bertrand Russell ' s Political Thought,New Understanding,Vol. 5,No. 6,August 15,1942 年)。

《"五四运动"意义的新估价》(A New Evaluation of the Significance of the May Fourth Movement,Heping Daily,May 4,1947 年)。

《依新装,评旧制——论"五四运动"的意义及其特征(Measure Old Practices by New Standards:The Significance and Characteristics of the May Fourth Movement,L'Impartial,Shanghai,May 4,1947 年)。

《论"五四运动"》(On the May Fourth Movement,Central Daily,May 6, 1947 年)。

《"五四运动"——现代中国思想革命》(The May Fourth Movement: Intellectual Revolution in Modern China,Harvard University Press,1960 年)。

《从〈哀郢〉论屈原的放逐》(On the Banishment of Qu Yuan,Based on Qu's Poem,-A Lament for The World Forum,Vol. 1,No. 2,February 1,1960 年)。

《〈哀郢〉译记及〈哀郢〉新译》(A Vernacular Translation of-Ai Ying, with Notes on the Translation,The World Forum,Vol. 1,No. 2,February 1,1960 年)。

《论有关凤姐的"一从二令三人木"——《红楼梦》考之一》(The Solution to Lady Phoenix ' s Riddle,in The Dream of the Red Chamber,The World Forum,Vol. 2,No. 11,November 1,1961 年)。

《论王国维〈人间词〉》(On Wang Guowei's Ci Poetry Collection,In the Human World,The World Forum,Vol. 3,No. 2,February 1,1962 年)。

《"五四运动"研究资料》(Research Guide to The May Fourth Movement. Cambridge,Massachuttes:Harvard University Press,297 pp. 1963 年)。

《墨家起源新说》(A New Theory on the Origins of Mohism— A Paper Presented at the XXVII International Congress of Orientalists, Ann Arbor, Michigan,August 17,1967 年)。

《文林:中国人文研究》(Wen-lin:Studies in the Chinese Humanities, Vol. 1.Edited.Madison,Wisconsin:University of Wisconsin Press,325 pp. 1968 年)。

《中文单字连写区分刍议》(That Chinese Compound Words Should Be Written and Printed As a Unit,a Preliminary Suggestion,Singapore,New Year's Day Special Issue,1968 年)。

《"五四运动"的本质和评价》(The May Fourth Movement:Its Nature and An Evaluation),trans.Peiqiong,Pangu,no. 24,May 25,1969 年)。

《〈破斧〉新诂:诗经研究之一》(A New Study of-The Broken Axes from the Book of Poetry.Singapore:Island Society,1969. 70 pp.First published as an article in 1968 年)。

《文道探原》(Ancient Chinese View on Literature, the Tao, and Their Relationship—A Paper Presented at the Conference on Traditional Chinese Literary Criticism,St.Croix,Virgin Islands,December 6-10,1970 年)。

《论〈红楼梦〉研究的基本态度》(On the Basic Principles of Studying The Dream of the Red Chamber, Ming Pao Monthly, Vol. 7, No. 5, serial No. 77,May 1972 年)。

《关于屈原与杜甫——答徐复观教授》(About Qu Yuan and Du Fu—further discussions on These Poets in Reply to Professor Xu Fuguan,Ming Pao Monthly,Vol. 8,no. 7,serial No. 9,July 1973 年)。

《论诗小札——与叶嘉莹教授论杜甫〈秋兴八首〉书》(Letters on Poetry [4]:A Letter to Professor Chia-ying Yeh Discussing Du Fu's-Autumn Thoughts,Eight Poems,Dalu zazhi,Vol. 50,No. 6,June 15,1975 年)。

《关于中国文学和现代诗的谈话:访问记》(My Views on Chinese Literature and Modern Poetry—An Interview,Youth Monthly,Taiwan,Vol. 42,No. 5,serial No. 275,November 1,1975 年)。

《论词体的通名与个性——金云鹏著〈唐宋词评论书目〉小序》(On *Ci* as a Poetic Genre, a Foreword to Stanley M. Ginsberg, A Bibliography of Criticism on T'ang and Sung Tz'u Poetry,University of Wisconsin China Series,No. 3,December 1975 年)。

《我对中国文学及思想史的看法——访问记》(My Views on Chinese Literature and Intellectual History:An interview,China Times Weekly,No. 250,June 7,1976 年)。

《周策纵教授谈汉学研究》(中英对照访问记)(Professor Chow Tse-tsung on Chinese Studies [in Hong Kong and the U.S.A.])(An Interview,text in both Chinese and English), Interflow, a journal of the University of Hong Kong, July 1977 年)。

《与周策纵教授谈为学方法》(胡菊人访问)(Professor Chow Tse-tsung on Research Methods: An Interview by Hu Juren on July 9, 1977, Ming Pao Monthly, Vol. 12, No. 9, serial No. 141, September 1977 年)。

《漫谈欧美汉学的新趋向》(访问记)(New Trends in Sinology in the U.S.and Europe—An Interview, Nanyang shangbao (Kuala Lumpur, Malaysia), March 27, 1979 年)。

《"五四"与中国》(May Fourth and China. Co-authored; edited by Zhou Yangshan. Taipei: Shi Bao Wenhua Chuban Gongsi, 1979 年)。

《新文学六十岁》(New Literature Turns Sixty: An Interview, Eight Views of Chinese Literature, Hong Kong, no. 1, September 1, 1979 年)。

《中国古代的巫医与祭祀、历史、乐舞、及诗的关系》(Ancient Chinese Wu Shamanism and Its Relationship to Sacrifices, History, Dance-Music, and Poetry, Tsing Hua Journal of Chinese Studies, new series, vol. 12, Nos. 1-2, December 1979 年)。

《〈红楼梦〉是世界文学——首届国际红楼梦研讨会开幕词》(The Dream of the Red Chamber Is a Masterpiece of World Literature: Opening Remarks to the First International Conference on The Dream of the Red Chamber, Zhong Bao Yuekan, Hong Kong, No. 8, September 1980 年)。

《〈红楼梦〉"本旨"试说》(1980 年 6 月 18 日在首届国际红楼梦研讨会所提论文)(An Exploration of the Authorial Intent Behind The Dream of the Red Chamber—A Paper Presented at the First International Conference on The Dream of the Red Chamber, June 18, 1980 年)。

《和巴金的谈话》(钟玲与刘晓梅据录音整理)(Conversations with Ba Jin, edited by Chung Ling and Liu Xiaomei from a recording, Ming Pao Daily News, December 19-28, 1981 年)。

《中国诗与中国语言:1982 年 3 月 13 日在香港中国语文学会讲演》(Chinese Poetry and the Chinese Language—A Speech Given at the Chinese Language and Literature Association of Hong Kong, March 13, 1982 年)。

《如何从古文字与经典探索古代社会与思想史》(在 1983 年 9 月 5~9 日香港中文大学举办之中国古文字研讨会上所提论文)(How to

Reconstruct the History of Ancient Society and Thought Using Paleography and Classical Texts—A Paper Presented at the International Conference on Chinese Paleography, the Chinese University of Hong Kong, September 5-9, 1983, Ming pao Monthly, Vol. 18, No. 12, serial No. 216, December 1983 年)。

《甲骨文巫字初义探源》(On the Original Meaning of the Graph Wu from the Oracle-bone Inscriptions, A Paper Presented at the conference at Yinxu, Anyang, October 16, 1984 年)。

《谈诗》(访问记),(On Poetry—An Interview, Harbin Daily, June 17, 1986 年)。

《古巫医与六诗考:中国浪漫文学探源》(Ancient Chinese Wu Shamanistic Medicine and Poetry: A Study of the Origin of China's Romantic Literature. Taipei: Lianjing Chuban Shiye Gongsi, pp. 364, 1986 年)。

《红楼梦大观》(A Grand View of The Dream of the Red Chamber. Co-authored and Prefaced. Hong Kong: Baixing Banyuekan Chubanbu, p. 326, 1987 年)。

《苏轼〈念奴娇〉赤壁词格律与原文试考》(Su Shi's Ci Poem on the Red Cliff—Nian nu jiao: A Study of the Poem's Standard Metrical Pattern and Original Text, Zhongguo Yuwen Tongxun, No. 20, May 1992 年)。

《四千年前中国的文史纪实——邹平县丁公村龙山文化陶文考释》(Testimony to Chinese Civilization and History Four Millenniums Ago: A Study of the Pottery Inscription of the Longshan Culture, Unearthed at Dinggong Village, Zouping County (I), Ming Pao Monthly, Vol. 28, No. 12, serial No. 336, December 1993 年)。

《〈易经〉里的针灸医术纪录考释》(Acupuncture and Moxibustion Records in the I Ching—A Proposed New Discovery, Sino Humanitas, Hong Kong Baptist University, Inaugural issue, April 1995 年)。

《"五四"思潮对汉学的影响及其检讨——1991 年 6 月 18~21 日在新加坡国立大学国际汉学会议上宣读论文》(The May Fourth Intellectual Movement: A Study and Evaluation of Its Impact on the Development of Sinology—A Paper Given at the International Conference on Sinology, held by Singapore National University, June 18-21, 1991, Beijing: Zhonghua Shuju, September 1995 年)。

十九、对中国考古学和台湾史前史研究贡献杰出的张光直

张光直(Chang Kwang-chi)1931年4月15日出生于北京,祖籍台湾台北县板桥。父亲张我军是台湾新文学先锋人物、哥哥张光正青少年时期就到苏区参加革命,他和弟弟张光诚与父母生活在一起。1943—1946年张光直就读于北京师大附中。每天上下学走过高高的城墙,街头叫卖的烧饼、麻花、炸油饼,热闹的厂甸,12岁那年花一块大洋买到的宋拓王羲之字体的《大唐圣教序》——故都浓郁文化氛围给少年张光直的心中留下了难忘的印象。

抗日战争胜利后全家返台,他转学到台北市建国中学,在左派校长陈文彬和国文教师罗铁鹰的影响下,接受了许多新事物,培养了对文学的兴趣。有一天他在街头购得一本考古学专家裴文中(1904—1982)的《中国史前时期之研究》深深地吸引了他。这一年台湾大学开设了考古人类学专业,他便以第一志愿通过了录取考试。在攻读专业期间他师从我国第一代考古学家李济(1896—1979),学习了以研究中国古代历史为目的、以欧洲考古层位学和类型学为研究方法的中国考古人类学,并广泛吸取了社会学和民族学研究的营养,充分利用自然科学的先进手段进行科际协同研究。

1949年4月6日,台湾军警对要求提高公费待遇的台湾大学和台湾师大学生进行弹压,抓捕学生100余名,张光直不幸受到牵连,通过一年多的交涉才获释。此事对于他的思想和人生道路产生了很大影响。1954年张光直从台湾大学考古人类学系毕业后,便到美国哈佛大学人类学系读研。1961年在哈佛大学获得哲学博士学位,他开始执教于耶鲁大学人类学系,长达16年之久。1977年他回到母校哈佛大学人类学系任教,1981—1984年被聘任为人类学系系主任。

早在20世纪50年代,聚落考古学就已作为一门有重要影响的学科在美国悄然兴起,开始了美国考古学的新阶段。张光直在哈佛大学的导师戈登·伦道夫·威利(Gordon Randolph Willey,1913—2002),是一位通过对秘鲁的比鲁河谷(Viru)研究确立了聚落形态研究法的考古学家。张光直在他的启迪下开展了对聚落形态的理论和方法的研究,发表了数篇有关美洲聚落考古(Settlement Archaeology)的论文,为他后来撰写《古代中国考古

学》打下了坚实的基础。他的博士论文《中国史前聚落:考古学理论和方法研究》是由威利指导的成果,也是将聚落形态的研究方法应用于中国史前史研究的经典案例。在哈佛大学张光直还跟研究旧石器时代的专家哈勒姆·伦纳德·莫维斯(Hallam Leonard Movius,1907—1987)学习了欧洲传统考古学的田野考查法。

张光直在哈佛大学读研时积极投入了新考古学的讨论和实践,从而形成了自己的学术思想。他深知科学方法和理论的重要,但是又不能忽视文化传统对个人行为的指导作用。他不盲从任何一个学派的主张,而是通过自己的独立思考和研究实践自己的准则。他以人类学的观点研究中国考古学,以世界性的眼光观察中国问题,把中国考古学纳入了世界的学术体系内。他珍视中西考古学的传承,但在具体研究中却处处联系中国的现实情况,通过对比揭示中国文明和西方文明在起源和特征上的异同。他在美国接触到多种学派和学说,广泛涉猎了有关西方考古学理论和方法的著作,正确定位自己的职责和任务。他把学到的理论和方法应用到后来开展的中国史前考古学中,勇敢地承担起促进中西考古学界交流的责任,从文明起源与扩散的高度努力探索中国大陆与台湾的历史联系。他为中外学术交流所做的杰出贡献,得到了国际学界广泛的关注和高度的肯定。

关于中国文明起源的问题在海内外学术界曾经有"西方中心说"、"东西方二元对立说"和"多元说"三种见解。张光直最初赞同20世纪50年代后期盛行的中华文明是单一继承的观点,认为中华文化由商周文化、龙山文化到仰韶文化的脉络发展而来,这种见解实际上是对"西方中心说"的一种批驳。1959年他在《中国新石器时代文化断代》一文中还提出了"龙山形成期"的理论,认为在历史上中原文化一直处于向四周扩散的优势地位。

张光直在《古代世界的商文明》一文中有这样一段陈述:

在《东方的摇篮》一书里,何炳棣做了这样的探讨,他的结论是"输入中国的所有文化因子,不仅数量少,就质量和年代上说,无论对任何主要的中国文化因素的起源或者整个中国文化的形成,都没有多少关系"。

何炳棣的研究有充分的事实为依据,但是我们很难把它看作有关中国文明起源问题的定论。威廉·麦克内尔(William H.

McNeill)在为何氏一书撰写的序言里讲道,他对何氏论辩的力量深为折服,他说他发现"很难想象有什么样的证据能够推翻或者根本改变这项研究的总的结论"。

在对何著持批评态度的另一书评里,吉德纬(David Keightley)向何氏发出挑战,而且罗列了几种他认为可以重创何著的证据。我不想充当他们的裁判,但是我得说,尽管何炳棣的著作不是最后的定论,但在将来相反的可靠的证据出现以前,我们必须接受(就我所知吉德纬也同意)何氏的总的结论。

不过,现在的真正问题不是中国文明的本土性问题,目前的大量证据已经证明了它的本土性。问题是,中国文化的本土发展,是否足以关系到利用中国的材料为人类一般演进模式的研究做出贡献。对此,麦克内尔的回答显然是相当肯定的:"(中国文明的本土观)要求西方人放弃他们旧有的人类全体根本沿同一途径走向文明的观点,——这种观点,凑巧珍藏在从原始共产主义到资本主义的剥削制度等等的社会发展普遍阶段的马克思主义的教科书里"。①

随着考古新发现公诸社会,"西方中心说"受到了无情的挑战。1986年张光直在第四版的《古代中国考古学》中提出了中华文化"七个相互作用圈"的新观点,强调中原地区与周边地区在文化上相互交流影响的可能性,说明中华文明是由多民族、多语言和多文化的源流在古中国所形成的。红山文化和三星堆文化遗址的发掘证明了他的论断的正确。随着世界考古技术的发展,出土文物数量增加,20世纪80年代考古学家又提出了人类文明传播的"连续与断裂"模式。张光直在他的《中国文明的形成及其在世界文明史上的地位》论文中对此进行了详尽的解读。考古学是一门跨越时空的学科,涉及遗迹遗物研究、历史学、人类学、地理学、文献学和文字学等多个学科,需要研究人员深厚的学养,敏锐的目光,科学的论断和修正观点的勇气。张光直正是这样一位出色的学者。

张光直毕生从事中国历史与考古学研究,他的最大贡献有两个方面:一是以其远见卓识在哈佛大学创建了中国考古学专业,这在西方高校中也

① 张光直:《古代世界的商文明》(陈星灿译),载《中原文物》1994年第4期。

属先例;二是经过他的努力促成了台湾历史研究所的成立,以及开展由他主持的"台湾史前史研究"和"台湾浊水大肚两溪流域自然与文化史研究计划"两个重大田野考古项目。这些都是他对考古学发展所做贡献的重要组成部分。他发表的有关东南沿海史前文化和南岛语系关系的论述,对于东西方史前史的研究都产生了深刻的影响。1964—1965 年他主持的台北的大坌坑、园山和高雄凤鼻头的考古发掘,以及 1972—1976 年对于台湾浊水与大肚流域的考查报告,进一步揭示了福建和广东大陆东南沿海省份与台湾大坌坑之间的文化渊源关系。

张光直对于中国青铜时代、聚落形态、商王庙号、青铜纹饰和台湾史前史等方面的研究都有独到的见解,在研究机构的创建、田野考古的实施、中外学术交流以及两岸学术互动等方面都做出了卓越的成绩。他的晚年学术兴趣转向了宗教信仰和艺术。

1974 年他获选为台湾"中研院"院士,1979 年获选美国国家科学院院士,1980 年获选为美国人文科学院院士,1987 年获颁香港中文大学荣誉社会科学博士。1985—1988 年他被推选为哈佛东亚咨询委员会主席,兼任哈佛赫德荪考古讲座教授。1994—1996 年他出任台湾"中研院"副院长,并兼任北京大学教授。1996 年亚洲研究学会授予他亚洲研究杰出贡献奖。

张光直一生笔耕勤奋,兴趣广泛,学风严谨。他在中国史前史研究方面的许多论断,引起了广泛的关注和讨论。他培养了多位英才,出版专著十余本,论文一百多篇。但是他患帕金森症多年,默默地地忍受痛苦,为的是争取更多著述和参与活动的时间。1996 年由于健康原因辞职,回美休养,2001 年 1 月 3 日病逝于马萨诸塞州,享年 70 岁。

他的代表作品有:

《古代中国考古学》(The Archaeology of Ancient China,1963 年)。

《商王庙号新考》(台湾:《民族学研究所季刊》第 15 期,1963 年)。

《考古学再思》(Rethinking Archaeology,1967 年)。

《聚落考古学》(Settlement Archaeology,1968 年)。

《凤鼻头、大坌坑与台湾史前史》(Fengpitou, Tapenkeng, and the Prehistory of Taiwan,Yale University Publications in Anthropology Vol.No. 73, 1969 年)。

《中国古代文明:人类学展望》(Early Chinese Civilization:

Anthropological Perspectives，1976 年）。

《中国饮食文化：考古历史展望》（Food in Chinese Culture：Anthropological and Historical Perspectives，1977 年）。

《商代文明》（Shang Civilization，1980 年）。

《美术、神话与祭祀：中国古代掌权之道》（Art，Myth and Ritual：the Path to Political Authority in Ancient China，1983 年）。

《蕃薯人的故事》（回忆录，生活·读书·新知三联书店，1998 年）。

《中国青铜时代》（张光直著，生活·读书·新知三联书店，1999 年）。

《青铜挥麈》（张光直编，上海文艺出版社，2000 年）。

《中国文明的形成及其在世界文明史上的地位》（The Formation of Chinese Civilization：An Archaeological Perspective，2002 年）。

二十、从比较视野中探索中国古代思想文化史的陈启云

陈启云（Chi-yun Chen）1933 年出生于广州，祖籍广东省电白县。他上幼稚园时日军就侵入了广州，为了避难一家逃往法租界的广州湾。他父亲在那儿办了一家《岭南日报》报馆，因为刊登了有关法国在第二次世界大战中的负面新闻，一度被捕入狱。父亲被营救出来后举家迁往乡下，后来又辗转到了香港和台湾。抗战胜利前半年他母亲去世。

1956 年他毕业于台湾省立师范大学后在香港新亚学院读硕士学位课程，师从国学大师钱穆。他的硕士论文选题《两晋三省制度之渊源、特色及其演变》，重点研究中国制度史。1958—1960 年他留校从事研究工作，完成了《元明胥吏》和《蒙古人统治下中国南方经济势力之发展与朱明建国之关系》两部书稿。1960 年由恩师推荐，他以香港新亚学院助理研究员身份获得了哈佛—燕京学社奖学金的资助，到美国哈佛大学攻读博士学位课程，导师为汉学家杨联陞。陈启云用了三年时间通过了博士资格考试，后来到马来亚大学一边教中国历史和思想史，一边赶写自己的博士论文，1967 年他获得了哈佛大学的哲学博士学位。

陈启云曾在加利福尼亚大学圣巴巴拉分校历史系执教 27 年。其间，1973—1975 年兼任哈佛大学客座副教授，1980—1981 年任香港中文大学莫庆锵讲座教授，1991—1993 年任新加坡国立大学客座教授。他还先后应聘担任香港大学中文系、新加坡国立大学中文系和澳大利亚国立大学中

国研究中心的博士学位校外评审。1994 年他任加利福尼亚大学终身荣誉教授,并兼台湾新竹清华大学历史研究所教授。1996 年他荣任人才发展基金会的杰出人才讲座教授;2002 年被提升为新竹清华大学终身荣誉教授和新竹商银荣誉讲座教授。2005 年他受聘为天津南开大学陈省身讲座教授,2006 年受聘为吉林大学名誉教授。头衔多意味着肩负的责任重大,他凡事都认真负责,努力为学子们开拓学科新领域。

陈启云研究中国古代史在不同时期有不同的目标定位,早期他偏重于政治制度的考证,后来较多关注相关时期中国的社会经济发展,被聘任为讲座教授前后多聚焦于思想文化史研究。他认为按照近代西方史学理论的说法,中国的思想文化研究普遍存在着两个方面的问题:一是中国思想传统缺乏对“认识论”的关注;二是中国文化传统中缺乏明确的“真理”观念。① 他对于中国古代思想文化史的理论建树是多方面的,从近年来的著作和访谈看,他围绕历史认识论谈到了如何正确理解“历史”的定义、亨廷顿(Samuel Phillips Huntington,1927—2008)的“文明冲突论”的危害性、“国学”、“汉学”和“中国学”的本质差异、反理性思潮对史学的冲击、后现代主义对史学的批判、学术界对于贺德太(Rechard Holstadter,1916—1970)“反智识主义”的误读,以及研究方法随着研究对象的变化而变化等问题。

40 多年来陈启云对古前期中国史(汉、魏、晋、南北朝)和古代思想史领域的研究硕果累累,享有很高的知名度。1978 年联合国教科文组织邀请了各国史学精英编写《人类科学文化史》,历时 19 年完成了该项工程,于 1994—1997 出版了《人类科学文化史》第三卷。陈启云是参编的三位华人历史学家之一,分工负责《秦帝国》和《汉帝国》部分的撰写。

陈启云关心时局,关心社会,常在美国英文报刊上发表文章批评美国的一些负面决策。2002 年年底美国扬言要攻打伊拉克,他便为报纸撰写社论,反对这一动议。2003 年 2 月初加利福尼亚大学学术评议会以 90% 以上的票数通过了委员代表起草的《反对入侵伊拉克的公开宣言》,他与同事一起出席了那次会议并投了一票。为了缅怀母亲,他在南开大学历史学院专门捐资设立了基金会,以他母亲的名字命名为“陈邵博贞纪念基

---

① 吕庙军:《在中西比较视野下对中国思想文化史的艰辛探索——陈启云教授访谈录》,《史学集刊》2009 年第二期。

金”,奖励优秀学子发奋上进。他把仁爱之心化作学术研究的责任心:想着他人,为了他人。

陈启云的主要中英文学术著作有:

《荀悦的著作:〈汉纪〉与〈申鉴〉》(Preblems of Hsun Yueh's Writing: Han-chih and Shen-chien, Monumenta Serica 24, 1968 年)。

《荀悦(148—209 年):一位中世纪早期儒士的生平与反思》(Hsun Yueh A.D. 148-209: The Life and Reflections of An Early Medieval Confucian, New York: Cambridge University Press, 1975 年)。

《荀悦与东汉思潮——〈申鉴〉译注与引言》(Hsun Yueh and the Mind of Late Han China: A Translation of the Shen-chien with Introduction and Annotations, Princeton University Press, 1980 年)。

《汉代中国:经济、社会和国家权力》(Han Dynasty China: Economy, Society, and State Power, T'ung Pao, 1984 年)。

《东汉儒家、法家和道家思想》(Confucian, Legalist, and Taoist thought in Later Han, The Cambridge History of China, Vol.I, Cambridge University Press, 1986 年)。

《从东西文化、学术、思想看〈易学〉的意义和特色》(中国哲学史, 1994 年)。

《秦汉帝国》(The Qin and Han Empires in UNESCO, History of Humanity, Vol. III, Ch. 26. Paris, and Routledge, London and New York, 1996 年)。

《汉晋六朝文化·社会·制度——中华中古前期史研究》(Han, Chin, and Six Dynasties Culture, Society, and Institutions——Researches on Early Medieval Chinese History, Taipei: Hsin-wen feng Publishing Co., 1997 年)。

《荀悦与中世儒学》(Hsun Yueh and Medieval Confucianism, Liaoning University Press, 2000 年)。

《从亨廷顿的“文明意识”论孔学前景》(船山学刊, 2000 年)。

《从历史比较角度看中国古代思想与文化》(Ancient Chinese Thought and Culture: From Comparative Historical Perspectives, Peking University Press, 2001, 2003 年)。

《中国古代思想文化的历史论析》(北京大学出版社, 2001—2003 年)。

《关于思想文化史研究》(开放时代, 2003 年)。

《钱穆与中西思想文化比较——“历史主义”论释》(中国文化,2004年)。

《汉代中国经济、社会和国家权力——评许倬云的〈汉代农业:早期中国农业经济的形成〉》(史学集刊,2005年)。

《跨学科与超领域的研究》(南开学报(哲学社会科学版),2006年)。

《梁启超与清末西方传教士之互动研究——传教士对于维新派影响的个案分析》(史学集刊,2006年)。

《钱穆的儒学观念与中国文化》(中国文化研究,2007年)。

《封建与大一统之间:关于中国传统政体的理论和史实》(学术月刊,2007年)。

《地理与人文动态互应考析之一:中西地理环境的比较》(兰州大学学报(社会科学版),2007年)。

《汉儒与王莽:评述西方汉学界的几项研究》(史学集刊,2007年)。

《治史体悟——陈启云文集(一)》(Journey Through Historiography: Collected Works of Chi-yun Chen, I, Guangxi Normal University Press, 2007年)。

《儒学与汉代历史文化——陈启云文集(二)》(Confucianism and and Culture-making In Han Dynasty China: Collected Works of Chi-yun Chen, II, Guangxi Normal University Press, 2007年)。

《中西方传统中的先验思想》(Transcendental Thought in Traditional China and the West, Academics Mothly, 2009年)。

《中国文化传统与现代化问题》(Issues in China's Cultural Tradition and Modernization, Social Sciences Frontiers, 2009年)。

《中西文化传统与“超越”哲思》(学术月刊,2009年)。

《从多元历史视野宏观中国现代化问题:蒙古西征与人类文明》(史学集刊,2009年)。

《历史“认识论”与西方史学理论》(天津师范大学学报(社会科学版),2009年)。

《皇权与中华文化传统》(西江月,2010年)。

《中国人文学术的近代转型——胡适、傅斯年和钱穆个案》(河北学刊,2010年)。

《社会名望与权力平衡:解读王敦之乱》(史学月刊,2010年)。

《中国传统社会领导层的建构和演变》(历史教学(高校版),2010年)。

二十一、汉藏语言比较、汉语语法史和方言史专家梅祖麟

梅祖麟(Mei,Tsu-lin)1933年生于北京,是燕京大学校长梅贻宝之子,北京清华大学校长梅贻琦的侄子。

1952年梅祖麟就读于美国俄亥俄州欧柏林学院(Oberlin College)数学系,1954年获学士学位,1956获哈佛大学数学硕士学位,1962年获耶鲁大学哲学博士学位。

1962—1964他担任耶鲁大学哲学讲师。1964年任哈佛大学亚洲研究系助理教授,教了7年汉语。1967—1968年曾任普林斯顿大学汉语语言学访问学者。1969—1971年被哈佛大学聘任为副教授。1972—1994年他升任为康奈尔大学亚洲研究系教授,1972—1977年任系主任。1983年他应邀到北京大学中文系当了一学期的客座教授,开设了"汉语语法史选题研究"课程。1989年他到新竹清华大学当了一学期客座教授。

1992年梅祖麟任中研院历史语言研究所研究员,1994年被推选为中研院院士,1997年任中研院语言学研究所通信研究员,2000年任康乃尔大学东亚研究系名誉教授。

据梅祖麟本人回忆,他的专业道路、学术兴趣和研究课题的选择先后受到董同和(1911—1963)、勃劳克(Bernard Bloch,1907—1965)和罗杰瑞等三位学者的影响。①

梅祖麟在大学本科原来学习数学专业,慢慢地发现那不是自己的主攻方向。读哲学博士课程时他觉得哲学家争论的一些问题都是不可能解决的伪问题,因此总想找机会改学其他专业。在一次中国学者聚会时他与董同和偶然相遇。董同和专攻中国音韵学,40岁就出版了《中国音韵史》专著。他学问做得深,治学严谨,早在20世纪60年代就在哈佛旁听机器翻译和印欧语言史课。他关心学生,在学术研究话语权问题上主张师生平

① 梅祖麟:《我的学思历程》,载《中国语文研究》2001年第一期(总第十二期),香港中文大学中国文化研究所。

等，这一切使他对董同和的学识和为人感到钦佩。梅祖麟曾把自己发表的第一篇文章寄给他，向他请教，得到了他的回信，夸奖那是一篇“学人的文章，不是文人的文章”。“1955—1956 年间跟董先生的接触影响了我一生，在 60 年代使我走向汉语语言学的路，”梅祖麟回忆说。①

勃劳克是在语言学方面对梅祖麟影响最大的第二位学者。1956 年梅祖麟在耶鲁大学学习哲学的主要兴趣是语言哲学，觉得学点语言学可以扩大知识面，对于他兼任汉语教学也有帮助。1958 年他结束了博士研究生资格预考后就去听勃劳克为语言学系研究生开的语言学导论和语言结构两门课。为了赚钱谋生，梅祖麟一连几个夏天都在耶鲁大学当汉语“操练教师”（drill instructor），为此他也去旁听别的教员的语法课。当他第一次听到教员分析汉语的“动补结构”时，发现其中语法规则很有讲究，被深深地吸引了。教了几个夏天的中文后他对现代汉语语法系统已经有所了解。后来他读到几位英国哲学家讨论“主语”和“谓语”以及“尝试动词”和“成就动词”之间的差别文章时，觉得与语言事实并不相符，就先后撰写了《主语和谓语：语法初阶》和《汉语语法与哲学中的语言学运动》两篇文章，指出汉语语法在这方面跟英语有所不同。他后来撰写的博士论文就是在那两篇文章基础上扩充而成的。②

1967—1968 年梅祖麟在普林斯顿大学做了一年的汉语语言学访问学者，结识了比自己小三岁的罗杰瑞。那时他刚从台湾省完成了闽语田野调查回美，正在用比较拟构法重建共同闽语作为他的博士论文的主题。他在上古音、闽语史、汉语音韵史等方面都有比较深入研究。那时梅祖麟还不熟悉欧洲语言史，跟杰瑞学习了不少这方面的知识。经罗杰瑞的推荐他还读了俄国雅洪托夫（Sergei Yakhontov，1926—　）、法国奥德里古（André Georges Haudricourt，1911—1996）和加拿大蒲立本（Edwin George Pulleyblank，1922—）有关上古语音研究的著作。他们谈到了上古汉语中的词头、词尾、上古音和闽语之间的关系。他向罗杰瑞学习了汉语音韵史、借词和同源词的研究和传统训诂学的知识，改变了自己的语言观，认识到语言是人类在历史发展过程中创造的，词汇意义有分层（substratum）也有

① 梅祖麟：《我的学思历程》，载《中国语文研究》2001 年第一期（总第十二期），香港中文大学中国文化研究所。

② 梅祖麟：《我的学思历程》，载《中国语文研究》2001 年第一期（总第十二期），香港中文大学中国文化研究所。

表层(superstratum)的差异。语言可以观察,但是其结果却随着时间、场合和语言类型的不同而有所不同。20 世纪 60 年代末期,不少追随乔姆斯基转换生成语法系统的学者都先后改变了观点,他发现自己就是其中的一个。①

梅祖麟戏称他 45 岁以前是"玩学问",虽然先后写过有关哲学、文学和语言学方面的文章,赏试过用新批评(New Criticism)和结构主义诗论(Structural Poetics)分析唐诗,但是合作者如高友功等人的见解居多。至于帮助读者了解并欣赏唐诗宋词和元白诗则主要还是靠名家的论著,渐渐地他觉得自己不适合搞文学批评,1976 年发表了《唐诗中的意义和比喻》一文后就不再写这类评论了。45 岁以后他才"打定主意做学问",认为汉语语法史是他觉得唯一能做出成绩来的领域。那时吕叔湘的《汉语语法论文集》、太田辰夫(1916—1999)的《中国语历史文法》、王力的《汉语史稿》都是重要的论著,1968—1976 年他认真读了吕叔湘和太田推荐的语法史著述,终于进入状态,做出了成绩。

关于语言学研究中的理论和语料之间的关系是学术界经常关注的问题,也是专业风格和非专业风格的问题。梅祖麟说在哲学上他是实证派,不喜欢空谈。他也用理论,但是觉得整天谈理论没有什么用。结构主义研究和比较研究都是这样,要看实效。对于汉语语法史研究,文献那么多,得好好地理一下,连最基本的资料整理工作还没有做就谈理论没什么用。他的态度是:不反对用新的理论,也不反对谈理论,但是还是要看实效。②

梅祖麟的主要著述有:

《主语和谓语:语法初阶》(Subject and Predicate: A Grammatical Preliminary, Philosophical Review 52:153-175. 1961 年)。

《汉语语法与哲学中的语言学运动》(Chinese Grammar and the Linguistic Movement in Philosophy, Review of Metaphysic 14:463~492. 1961 年)。

《深层语法逻辑》(The Logic of Depth Grammar, Philosophy and Phenomenological Research 24:98~109. 1963 年)。

---

① 梅祖麟:《我的学思历程》,载《中国语文研究》2001 年第一期(总第十二期),香港中文大学中国文化研究所。

② 赵彤:《梅祖麟教授访谈录》,载《中华读书报》1999 年 3 月 24 日第九版。

《文法与诗中的模棱》(《中研院历史语言研究所集刊》39上:83~124,1969年)。

《古汉语的数词“陆”》(The Numeral“Six”in Old Chinese,co-authored with Jerry Norman,in Roman Jakobson and Shigeo Kawamoto eds.,Studies in General and Oriental Linguistics:Presented to Shiro Hattori on the Occasion of his Sixtieth Birthday.Tokyo:TEC,pp. 451—458. 1970年)。

《唐宋汉语的语调和韵律与升调雏形》(Tones and Prosody in Middle Chinese and the Origin of the Rising Tone,HJAS30. 86~110,1970年)。

《唐诗的句法、用词与意象》(Syntax,Diction,and Imagery in T'ang Poetry,co-authored with Yu-kung Kao,Harvard Journal of Asiatic Studies 3:51~136. 1971年)。

《试论几个闽北方言中的来母s-声字》(与罗杰瑞合著,《清华学报》9:96~105,1971年)。

《王士祯七绝的末句》(Ending lines in Wang Shih-chen's ‘ch'i-chueh,co-authored with Yu-kung Kao,in Christian Murck ed.,Artists and Traditions:Uses of the Past in Chinese Culture. Princeton:Princeton University Press,pp. 131—144. 1976年)。

《古代华南的南岛语:部分词语佐证》(Austroasiatics in Ancient South China:Some Lexical Evidence,co-authored with Jerry Morman,Monumenta Serica 32:274~301. 1976年)。

《16世纪官话的声调与连读变调》(Tones and Tone Sandhi in 16th Century Mandarin,Journal of Chinese Liguistics 5. 237~260,1977年)。

《唐诗的意义、比喻和引喻》(Meaning,Metaphor and Allusion in T'ang Poetry,co-authored with Yu-kung Kao,Harvard Journal of Asiatic Studies 38:281~355. 1978年)。

《现代汉语选择问句法的来源》(《史语所集刊》49. 15~36,1978年)。

《吴方言中关于“体”标志词源》(The Etymology of the Aspect Marker tsı in the Wu Dialect,Journal of Chinese Linguistics 7:1-14. 1979年)。

《四声别义中的时间层次》(《中国语文》427~433,1980年)。

《现代汉语完成貌句式和词尾的来源》(《语言研究》1. 65~77,1981年)。

《明代宁波话的“来”字和现代汉语的“了”字》(《方言》66,1981年)。

《古代楚方言中“夕([xi])”字的词义和语源》(《方言》215~218,1981年)。

《“之”和“其”的共有词源及其古汉语音位学的相关问题》(A common Etymon for chih 之 and ch'i 其 and Related Problems in Old Chinese Phonology,《中研院国际汉学会议论文集语言文字组》,台北中研院,页185—212,1981年)。

《说“屙”和“恶”》(与张惠英合著,《中国语文》1983.3:219~220,1983年)。

《敦煌变文里的“熠没”和“[ju]举”字》(《中国语文》44~50,1983年)。

《从语言史看几本元杂剧宾白的写作时期》(北京,《语言学论丛》,1984年)。

《中国语言学会第二届年会》(The Second Annual Meeting of the Linguistic Society of China, Journal of Chinese Linguistics 12.1: 199~207.1984年)。

《关于近代汉语指代词——读吕著(近代汉语指代词)》(《中国语文》401~412,1986年)。

《唐、五代“这”、“那”不单用做主语》(《中国语文》205~207,1987年)。

《内部拟构汉语三例》(《中国语文》3.169~181,1988年)。

《杜甫的〈秋兴〉:从语言学角度的评论》(Tu Fu's Autumn Meditations: An Exercise in Linguistic Criticism, co-authored with Yu-kung Kao, Harvard Journal of Asiatic Studies 28:44~80,1998年)。

《上古汉语 s-前缀的使役和命名功能》(The Causative and Dinominative Functions of the s-Prefix in Old Chinese, Proceedings of the Second International Conference on Sinology (Section on Longuistics and Paleograph, 33~52,1989年)。

《唐宋处置式的来源》(《中国语文》3.139~216,1990年)。

《词尾“底”和“的”的来源》(《史语所集刊》59.1.141~172,1991年)。

《从汉代的“动·杀”,“动·死”来看动补结构的发展》(《语言学论丛》16辑,1991年)。

《汉藏语的“岁、越”,“还(旋)、圜”及其相关问题》(《中国语文》325~

338,1992年)。

《近代梵语韵律雏形》(The Sanskrit Origins of Recent Style Prosody,co-authored with Victor Mair,Harvard Journal of Asiatic Studies 51. 2:375-470. Then in Bernard Hung-Kay Luk and Barry D.Steben eds.,Contacts between Cultures Vol. 3.Lewiston:E.Mellen Press,pp. 220—225. 1992年)。

《再谈吴方言"体"的标记》(More on the Aspect Marker tsi in Wu Dialects,in Chen,Mathew Y.and Ovid Tzeng eds.,In Honor of Wolliam S-Y. Wang,323~332,1994年)。

《古汉语词法概念笔记》(Notes on the Morphology of Ideas in Ancient China,in Willard Peterson et al.eds.,The Power of Culture:Studies in Chinese Cultural History.Hong Kong:Chinese University Press,pp. 37—46. 1994年)。

《方言本字研究的两种方法》(《吴语和闽语的比较研究》(中国东南方言比较研究丛书第一辑),上海:上海教育出版社,页1—12,1995年)。

《几个闽语语法成份的时间层次》(与杨秀芳合著,《中研院历史语言研究所集刊》66. 1:1~21,1995年)。

《汉语七个类型特征的来源》(《中国境内语言暨语言学第四辑语言类型》,台北:中研院历史语言研究所,页81—103,1997年)。

《"哥"字的来源补证》(余霭芹、远藤光晓编,《桥本万太郎纪念中国语学论集》,东京:内山书店,页97—102,1997年)。

《台湾闽南话几个常用词的来源》(《训诂论丛》第三辑,台北:文史哲出版社,页21—42,1997年)。

《汉语语法史中几个反复出现的演变方式》(郭锡良主编,《古汉语语法论集:第二届国际古汉语语法研讨会论文选编》,北京:语文出版社,页15—30,1998年)。

《先秦两汉的一种完成貌句式——兼论现代汉语完成貌句式的来源》(《中国语文》4:285~294,1999年)。

《梅祖麟语言学论文集》(北京,商务印务馆,2000年)。

《现代吴语和"支脂鱼虞,共为不韵"》(《中国语文》1:1~15,2001年)。

《南北是非:汉语方言的差异与变化》(台北:中研院语言学研究所,2002年)。

《比较方法在中国,1926—1998》(《语言研究》,第23卷第1期16~

26,2003年)。

《介词"于"在甲骨文和汉藏语里的起源》(《中国语文》,323~332,2004年)。

《苏州话的"唔笃"(你们)和汉代的"若属"》(《方言》第3期,2004年)。

《闽南话"给予"的本字及其语法功能的来源》(Language and Linguistics,2004年)。

《上古汉语动词浊清别义的来源——再论原始汉藏语s-前缀的使动化构词功用》(《民族语文》3~19,2008年)。

《甲骨文里的几个复辅音声母》(《中国语文》195~207,2008年)。

二十二、中西哲学比较和儒家哲学与本体诠释学专家成中英

成中英(Chung-Ying Cheng)1935年11月8日生於南京,祖籍湖北省阳新县。1956年他毕业于台湾大学外文系,1958年获华盛顿大学哲学与逻辑学硕士学位后转学哈佛大学,1964年获得哲学博士学位。

他曾任台湾大学哲学系教授、系主任兼研究所所长、中华文化复兴委员会常务理事,以及国际本体阐释学学会(International Institute of Ontological Hermeneutics)主席。自1983年起他执教于美国夏威夷大学哲学系,现为该系教授。他还先后兼任耶鲁大学和纽约市立大学客座哲学教授,日本国际基督教大学客座教授,中国人民大学、北京大学和西安交通大学客座教授,上海师范大学兼职教授和博士生导师。

成中英在向西方世界介绍中国哲学以及为中华文化走向世界做出了突出贡献。1973年他在美国檀香山创立了国际中国哲学学会,创办了《中国哲学学刊》(Journal of Chinese Philosophy)并任总编辑。1978年他主持了第一届国际中国哲学研讨会,为促进中西哲学的交流和弘扬中国思想文化创建了一个新平台。他曾创办美国国际东西大学(International East West University)并兼任校董会总监和校长,还担任东西方文化中心传播研究所高级顾问以及国际环境决策管理咨询委员会环境哲学总顾问。他是国际易经学会、中国哲学高级研究中心、远东高级研究学院的创立者和主席,也是国际中国管理与现代伦理文教基金会的奠基人。他先后获得国家

科学基金会、太平洋文化基金会、斯坦福哲学研究所和富布赖特基金会的奖励和资助。1995年他曾获俄罗斯科学院远东研究院名誉博士称号。

多年来成中英往返于夏威夷和中国内地之间，或利用假期与世界各地研究中国哲学的同行交流。现在他正潜心于重新翻译包括《论语》在内的中国古典文献。

司马南等学者曾就"普世价值"（ecumenical value）和"普遍主义"（universalism）等问题与持不同观点的西方学者进行过争论。对此，成中英也一直在思考西方"普世价值"与中国传统伦理价值的内涵差异问题，曾经在不同场合表示了自己更倾向于一种模糊的普遍主义，因为这样有利于相互沟通避免冲突。他解释说：

> 普世价值代表了启蒙时代以来衍生过来的价值观，现在我们谈到所谓的普世价值就会联系到西方人的价值观，然后西方人又倾向于强加于人。普遍主义或者普世价值，首先会被提升为独立于每一个个体、文化、经验的绝对客观存在。这种普遍性，从中国哲学角度来看，我们是反对的，因为这会脱离现实和经验。中国的传统、中国的宇宙观、生命观和历史观认为，人类是不断发展丰富，而不是固定不变的。从儒家来说，人是从体验历史经验中提取教训，不断发展，也就是《周易》中说的'与时俱进'。儒家不把普遍性当作独立不变的价值观。①

成中英和他的同事及其相邻时代的学者都经历或者见证了辛亥革命、五四运动和"文化大革命"之后儒家中心主义的失落和政治与学术对立的危机，曾经思考过儒家的自身重构和与世纪同步发展的问题。从前儒学（Early Confucianism）到后儒学（Neo-Confucianism）的演变便是中国知识分子为适应时世和社会改革而采取的重要对策。

学术界认为前儒学是在农耕文明和自然经济的语境中发展起来的心性之学，以封建体制和权贵为服务对象，以1911年以前的儒学典籍为圭臬，鼓励知识分子"学而优则仕"。

后儒学又称"新儒学"或者"新儒家"，自称与两汉经学和宋明理学之

① 石剑峰：《我是纯粹的哲学家》，《东方早报》2008年9月15日。

间有着一脉相承的道统，儒家人文主义可以实现道德精神和思想文化的统一。在“五四”新文化运动全盘西化的思潮中，部分学者坚信中国本土固有的儒家文化和人文思想具有永恒的价值，可以在重建价值系统的基础上吸收西学营养，通过取长补短相互交流实现中华文化的现代化。

学术界认为，1921—1949 年哲学家熊十力（1885—1968）、梁漱溟、张君劢（1887—1969）、冯友兰、钱穆等学者属于新儒家的第一代人物；1950—1979 年哲学家唐君毅、牟宗三、徐复观是新儒家第二代的代表；1980 年至今哲学家成中英、刘述先（1934—　）、杜维明和余英时是新儒家第三代的传人。但是成中英并不承认自己是新儒家的代表，认为自己所关心的是作为一个整体的中国哲学，而不是儒家一派的传统。

成中英的本体诠释学理论吸纳了儒家、佛家和道家等中国古代诸子百家之长，并借鉴了美国哲学家蒯因（Willard Van Orman Quine，1908—2000）的本体论和方法论，以此形成了自己的理论体系。他对道教和佛教中有价值的东西（如禅理）也一视同仁地加以肯定。他认为儒家学说的核心是“仁”和“礼”，倡导以一种自我修养方式达到个人思想和精神的完善。成中英对宋明理学也有很多精辟见解，综观孔子、二程、朱王的儒家思想分析知识与道德的关系，强调从总体上看经学、理学和汉学都代表了中国哲学的独有智慧，有助于西方摆脱现代精神和文化的困境，使人类文明在全球一体化的潮流中健康发展。

关于新思潮中提倡的“民主精神”和“文明对话”，成中英说：

> 在中国儒家传统中，儒家并不是不重视民主。中国儒家有一个传统，对“人”的重视，因为人是宇宙所生，每个人都有自主性，他上通于天，天人相通，所以人有独立性尊严，君要尊重这种尊严，要以民为主，或称为民本。中国的民主不是单纯的西方自由主义，是共同之善之下，以人为本的民主精神，兼顾人对共同之善的追求，强调沟通和行为的一致，达到共同的政治生活。
>
> …………
>
> 文明对话的意思就是，国与国、传统与传统、宗教与宗教之间对话解决问题。我认为文明对话需要五个步骤——理性认知，共同知识基础，理解对方要求价值，建立共识，最后合作。但这是否能够做到？我的观点是，对话允许模糊的空间，自由发挥的空间，

允许人们在自由发挥空间里寻求沟通点、创造沟通点，开拓一个多元空间。在这里面，中国的智慧是一方面不否定法律，另一方面强调道德的自我修养和相互信任，从而建立全球化的道德公共空间。①

成中英曾思考如何把中国哲学应用到当代社会。1979年他尝试把《周易》理论运用到企业管理之中，融哲学、管理和艺术为一体，创造性地提出了“中国管理科学化，科学管理中国化”。1987年8月他发表了《C理论走出中国管理自己的天空》，创建了以《易经》哲学为主体的C理论架构。在他看来，《易经》的哲学精神可为企业管理开辟一个最佳的境界。

所谓的“C理论”就是一种中国式的管理理论，代表了China（中国）、Change（易经）、Creativity（创造性）、Confucius（孔子）和Culture（文化）等元素。C理论的内在含义包括：Centrality（中心）、Control（控制）、Contingency（权变）、Coordination（协调）。企业文化对于企业管理至关重要，可以调动职工的积极性，有利于坚定决策的信心和意志，形成新的动力，这就是C理论的关怀。

成中英的研究领域为中西哲学比较、儒家哲学与本体诠释学。他的学术魅力直接触及了西方哲学核心，为的是弘扬中国哲学精神并推动中国哲学与世界哲学之间的交流，以达到大善大美的境界。他先后撰写了21部专著，论文250篇。其中主要有：

《皮尔斯归纳有效或然论》（Peirce's Probabilistic Theory of Inductive Validity，in：Transactions of the Charles S.Peirce Society，1967年）。

《孔夫子的智慧》（The Wisdom of Confucius，in Thought and Words：Journal of Humanities and Social Sciences，Vol .5 No.5，1968年）。

《皮尔斯和刘易斯的归纳理论》（Peirce's and Lewis's Theories of Induction，Martinus Nijhoff Publishing Company，The Hague，The Netherlands，1969年）。

《古典儒学中的正名》（Rectifying Names（Cheng-Ming）in Classical Confucianism，in：Proceedings of the XXV International Congress on Orientalists：Essays in Asian Studies，editor Harry Lambly，Honolulu：University

① 石剑峰：《我是纯粹的哲学家》，载《东方早报》2008年9月15日。

of Hawaii Asian Studies Publications,1969 年)。

《儒家道德和人类玄学的辩证法》(Dialectic of Confucian Morality and Metaphysics of Man:A Historical Analysis,in:Philosophy East and West,1971 年)。

《"一"是儒家道德具体应用的普遍原则》(*Yi* as a Universal Principle of Specific Application in Confucian Morality,in:Philosophy East and West,1972 年)。

《中国哲学与汉语的生成统一》(A Generative Unity:Chinese Philosophy and Chinese Language, in: Journal for the Association of Chinese Language Teaching,3:1 1973 年)。

《中国哲学中的悟性、思想和个别》(Conscience,Mind and Individual in Chinese Philosophy,in:Journal of Chinese Philosophy,2:1 1974 年)。

《中国哲学与中国文化》(台北:三民书局,1974 年)。

《身心问题的哲学》(The Philosophical Aspects of the Mind - Body Problem , In English, Editing with Introduction and Article by Myself, University Press of Hawaii,Honolulu,1975 年)。

《知识与价值:和谐,真理与正义的探索》(台北:联经出版事业公司,1986 年)。

《从禅宗的"本体论诡论"到欧美佛学研究的现况》(《当代学人谈佛教》,台北:东大图书公司,1986 年)。

《中国现代化的哲学省思——"传统"与"现代"理性的结合》(台北:三民书局,1988 年)。

《中国哲学的现代化与世界化》(北京:中国和平出版社,1989 年)。

《世纪之交的抉择》(上海知识出版社,1991 年)。

《文化、伦理与管理》(贵州:贵州人民出版社,1991 年)。

《新儒家哲学》(New Dimensions of Confucian/ Neo - Confucian Philosophy,In English,State University of New York Press,Albany,1991 年)。

《权力与奖励的分配:民主与社会正义研究》(Distribution of Power and Rewards:Studies in Democracy and Social Justice,edited with James Hsiung, University Press of America,Washington,D.C.,1991 年)。

《中西哲学的会面对话》(台北:文津出版公司,1994 年)。

《知识与价值——成中英新儒学论著辑要》(李翔海编,北京:中国广播电视出版社,1996 年)。

《论中西哲学精神》(上海:东方出版中心,1996 年)。

《21 世纪:经济竞争力与文明说服力》(武汉:华中理工大学出版社,1996 年)。

《C 理论—中国管理哲学》(修订本,上海:学林出版社,1999 年)。

《合内外之道——儒家哲学论》(北京:中国社会科学院出版社,2001 年)。

《创造和谐》(上海:上海文艺出版社,2002 年)。

《当代中国哲学》(Contemporary Chinese Philosophy, edited with Nick Bunnin, with Foreword and Afterword of more than 50 pages, Blackwell Publishers, Boston United States and Oxford, England, 2002 年)。

《中国哲学百科全书 14 主要词条》(14 Major Entries in Encyclopedia of Chinese Philosophy, edited by Antonio Cua, Routledge, London and New York, 2003 年)。

《道与心:成中英自选集》(济南:山东教育出版社,2003 年)。

《从中西互释中挺立:中国哲学与中国文化的新定位》(北京:人民大学出版社,2005 年)。

二十三、美国中国现代文学研究的代表人物李欧梵

李欧梵(Leo Ou-fan Lee)1939 年 10 月 10 日出生于河南太康,父亲李永刚和母亲周瑗都是当时中央大学音乐系毕业的音乐教育家。20 世纪 40 年代末李欧梵随父母迁居台湾省,1957 年就读于新竹中学。少年时代他曾喜欢当童子军,希望将来成为音乐指挥家,艺术和音乐成为他的热切追求。

1961 年他与白先勇和陈若曦一起毕业于台湾大学外文系。同年李欧梵赴美,先在芝加哥大学国际关系专业深造,后转到哈佛大学专攻中国近代思想史和文学,1964 年获硕士学位,1970 年获博士学位。

1970—1972 年他被香港中文大学聘任为助理教授,1972—1976 年任普林斯顿大学助理教授,1976—1982 年任印第安那大学副教授,1982—1990 年晋升为芝加哥大学教授,1990—1994 年受聘为加利福尼亚大学洛杉矶分校教授,1994—2004 年任哈佛大学东亚系中国文学教授,2004 年 8

月他加盟于香港中文大学文化和宗教研究系，获聘为人文学科教授。

李欧梵有关鲁迅的研究以及关于20世纪30—40年代以上海为案例的中国都市文化论述，在学术界产生了广泛的影响。他长期潜心研究上海的舞厅、街道、影院、餐馆和咖啡馆等娱乐消费场所，以及施蛰存、穆时英、刘呐鸥等"新派"作家的小说。在他看来那些作家的作品叙事都有一些现代性的实验，表现的是现代都市生活带给人们身心的冲击，代表了20世纪中国文学的最高成就。

《铁屋中的呐喊》是李欧梵研究鲁迅的一部力作，在20世纪60年代末开始构思，80年代后期脱稿。该书正文分三大部分共十章，分别为：第一部分：一位作家的产生；第一章家庭和教育（第3—26页）；第二章传统和"抗传统"（第27—54页）；第二部分：鲁迅的创作；第三章短篇小说之一：现代化技巧（第55—79页）；第四章短篇小说之二："独异个人"和"庸众"（第80—100页）；第五章《野草》：希望与失望之间的绝境（第101—127页）；第六章杂文：对生活和现实的种种观感（第128—154页）；第三部分：关于文学和革命，第七章对文学和革命看法的变化和发展（第155—174页）；第八章马克思主义美学和苏联文学（第175—201页）；第九章革命前夜（第202—222页）；第十章结束语：鲁迅的遗产（第223—234页）；附录：鲁迅与现代艺术意识（235—262页）。

在该书的第一章中李欧梵写道：

> 鲁迅1936年逝世以后，被全国一致地赋予了民族英雄的地位。任何一位过去的或现在的中国作家，都不曾像这样在整个民族中被神化过。关于他的生平有过那么多的记载，对他的研究是那么细致入微，看来，再写一次传记是无必要的了。但是，正是由于这样大规模的偶像化，使鲁迅生平的某些方面被夸大得失去了分寸。①

李欧梵认为，过去鲁迅被视为新文化的权威，是从进化论到阶级论的党外布尔什维克，具有鲜明的意识形态光环。但是通过吸收包括夏济安和普实克等中西方汉学家对鲁迅研究的成果，以及他本人对鲁迅作品的全面

① 李欧梵：《铁屋中的呐喊》（尹慧珉译），第2页，长沙：岳麓书社出版，1999年。

解读，逐渐对鲁迅的文学成就和精神世界有了一个深入的了解。他发现鲁迅不仅仅是英勇的斗士，也是一位有着丰富感情的普通人，对中国传统有继承也有叛逆。鲁迅生活在充满冲突和斗争的时代，在经历了许多困惑、挫折和失败之后才悟出了人生真谛，其中有喜剧，也有悲剧。鲁迅晚年接受了马克思主义美学观点，译介苏俄文学，积极投入左联文学运动，这些都是他思想中光辉的一面，但是并非全部。他在孤独中抗争，以自我牺牲的代价进行生命复仇的主题是高尚情怀，但是他只属于动荡社会的历史英雄。李欧梵在《鲁迅的现代艺术意识》中谈到了鲁迅思想的一些不为人知的"阴暗面"和艺术鉴赏中的"颓废面"，所以才"自以为发人所未言"。

诚然，对一位有贡献作家的过度神化容易使他的形像远离读者，但是一味追求"揭短"也往往使人难以接受，因此李欧梵的观点在学术界一直存在着异议和争论。人们尊重他的自由发言，对于他的诚恳和说理态度十分理解，只是担心被卷入阶级斗争年代的那种意识形态论战，或者为了照顾某些读者的接受能力而过分夸大其中一些见仁见智的成分（这就是鲁迅作品长期在台湾省被禁的原因之一），使问题复杂化。其实"神化"通常都不是读者的过错，如果说是舆论导向，倒也有几分道理。

李欧梵的学术兴趣后来转向了晚清文学和文学现代性（modernity）问题的研究。在《铁屋中的呐喊》中他试图从中国文化传统的角度来分析鲁迅的文学作品，认为鲁迅对西方创作技巧的运用是由他作品中的现代性所激发的。什么是文学作品的"现代性"？对此李欧梵因为其概念复杂而"故意绕着讲"，但是非专业读者可能把它误解为"时代性"或者"时间差"的问题，于是会联想到近年秋裤型高层建筑的设计者、把自己头发染成斑马纹的便衣、让大头苍蝇爬满自己半边脸的脑残行为艺术家、编排稀奇古怪穿越剧的电视导演、到法国卢浮宫和莫斯科红场跳广场舞的中国大妈，以及拿当代国人的假唱、同性恋、在投资市场以疯狂购金对抗美联储、到巴黎老佛爷百货商场扫货为开涮题材的相声演员。其实，现代主义的文学、艺术、雕刻、摄影和建筑与现代性并不是一个层次的概念。一般认为，现代性在看待历史和现实的观点上有别于古代和中世纪，它与资本主义的缘起关系密切。更具体地说，现代性是一种观察和解读现实世界的观念，一种写人状物的话语和风格，一种文艺创作和批评的思潮。现代主义文学家不主张用自己作品去真实地再现生活，只鼓励作家从主观心理感受出发去表现社会现实对人性的压迫和扭曲，就像塞万提斯的表现主义和超现实主义

《堂吉诃德》中的主人公。

李欧梵所关心的主要是现代性对于身为作家的鲁迅在个人世界观和文学角色方面的转换,以及鲁迅的小说、杂文和散文诗中表现出来的现代性立场、意象、象征、反讽和叙事方式。当年鲁迅怀着救死扶伤的高尚情怀留学日本,但是有一天从屏幕画面上看到刽子手杀害无辜爱国同胞时,围观的国民竟然无动于衷,不由得对他们国民性中的麻木不仁和愚昧无知感到悲戚,决心弃医从文。对于官僚体制理性化的觉醒,就是鲁迅文学阅历中现代性的表现。

李欧梵在分析鲁迅《狂人日记》时发现,作品中的深沉宏大的叙事风格与练达严密的结构章法的结合,明显受到传奇和志怪小说以及20世纪域外文学的影响,用以抒发个人心中情怀,其清新可人的先锋色彩无疑是对于传统游记和笔记小说套路的反动。"狂人"是在病体康复后才发现世事秘密和人吃人的社会惨剧的,于是大声疾呼"救救孩子"。章法的因果颠倒顺序增加了主题思想的可信度,直接从结论中追叙往事也是其现代性手法的另一处表现。李欧梵还总结了鲁迅在小说创作中人物描写与叙事的结合以及描写与简短复述兼用的手法,以此传达某一抽象命题或者刻意包装的说教。这是一种象征和写实技巧在鲁迅作品中的运用,与他的散文诗《野草》的行文风格和信息传递的技巧大体相当。

李欧梵在《铁屋中的呐喊》第三章中写道:

> 显然,鲁迅的小说并非创作于偶然冲动,而是长期苦闷和反思以后积累起来的创作力的爆发。对后来的读者来说,鲁迅小说最易识别的标志就是感情的成熟。他发表《狂人日记》时已经37岁,心理上已是个中年人,却置身于年龄、思想都是青年一代人的狂热之中。和大多数"五四"早期那种过分浪漫主义、形式松散的作品相比,鲁迅小说严密的结构和富有学识的反讽,在那个时代完全是"非典型"的。和他年轻的同时代人不同,鲁迅在成为一个新文学作者时,已经在思想上和心理上都承载了许多过去经验的遗产。旧时的种种给予了他一种特殊的沉重悲怆的感情,要为创新而奋斗,要在一个承载着许多前人和种种陈规的文化传统中创造出某种新的前所未有的东西来。许多早期"五四"作家响应了文学革命的号召,鲁迅是其中最自觉的实践者。他不是仅仅

喊出反传统的口号，而是积极寻求艺术地对待这传统，改造某些他视为可用的，扫除另一些，又辅以外国文学的榜样，重建自己的文学形式。他的创作确实是现代的，不仅是因为采用了“白话”，还由于它们在观念上、表现上都是全新的。

我着重通过中国传统的根子来寻求鲁迅的“现代性”，甚至不去考虑它的西方来源，是以他的亲身经历为依据的。值得注意的是：当鲁迅作为一位现代作家从事创作时，他同时也在教授着中国传统文学。从1920年起，他就在北京大学、北师大、女师大执教，其后又南下到厦门广州的大学任课。直到1928年到上海后才成为专业作家。学术工作的背景和侧面不仅赋予他的作品以学识的广度（他的许多杂文都是证明），也标志着他和露骨的西方倾向作家如徐志摩等大有区别，后者更直接地依教西方榜样，作品中不可避免地有许多“洋”味。正是在这意义上，鲁迅才是一位更自觉的“中国现代作家”。①

1985年李欧梵曾获王安研究奖，1986年获古根海姆奖，2001年获香港科技大学人文荣誉博士，2002年当选为第24届中研院院士。现为哈佛大学东亚系荣休教授、香港中文大学讲座教授。

李欧梵曾与舞蹈家王晓蓝（Lan-Lan Wang）结婚，后离婚。2000年9月他与李玉莹重组家庭。20世纪80年代初李欧梵第一次来北京，同行的还有印第安纳大学出版社社长，为在美国出版中国文学作品做前期准备工作。中国作家协会毕朔望安排了他们跟王蒙、张洁、刘心武和曹禺等作家见面，宾主在座谈会和宴席上的畅谈，为后来中美作家之间的交流做了很好的铺垫。

李欧梵是美国中国现代文学研究的代表人物，著名作家和文化评论员，研究领域包括现代文化、小说和电影研究，先后出版了20余种中英文著作，长篇小说、散文及评论常刊发于《亚洲周刊》、《信报》、《明报月刊》和《瞄》。他的主要著述有：

《现代中国作家浪漫一代》（The Romantic Generation of Modern Chinese Writers, Cambridge: Harvard University Press, 1973年）。

① 李欧梵：《铁屋中的呐喊》（尹慧珉译），第55—56页，长沙：岳麓书社出版，1999年。

《西潮的彼岸》(台北:时报文化出版公司,1975 年)。

《抒情与叙事:现代中国文学研究》(The Lyrical and the Epic:Studies of Modern Chinese Literature,Bloomington:Indiana University Press,1980 年)。

《1919—1949 年现代中国小说》(Modern Chinese Stories and Novelle 1919-1949,edited with Joseph Lau,C.T.Hsia,New York:Columbia University Press,1981 年)。

《浪漫之余》(台北:时报文化出版公司,1981 年)。

《中西文学的徊想》(香港:三联书店,1985 年)。

《鲁迅及其遗产》(Lu Xun and His Legacy,Berkeley:University of California Press,1985 年)。

《铁屋中的呐喊》(Voice From the Iron House:A Study of Luxun,Bloomington:Indiana University Press,1987 年)。

《没有鬼佬的国度:中国人对 19 世纪中叶至今美国的印象》(Land Without Ghosts:Chinese Impressions of America From the Mid - Nineteenth Century to the Present. translated and edited by R. David Arkush and Leo O. Lee.Berkeley:University of California Press,1989 年)。

《现代上海:1930—1945 年中国新都市文化的繁荣》(Shanghai Modern:the Flowering of a New Urban Culture in China 1930—1945,Cambridge:Harvard University Press,1999 年)。

《徘徊在现代与后现代之间》(上海:上海三联书店,2000 年)。

《现代性的追求》(北京:三联书店,2000 年)。

《狐狸洞呓语》(沈阳:辽宁教育出版社,2000 年)。

《范柳原忏情录》(长篇小说,上海:上海文艺出版社,2000 年)。

《音乐的遐想》(北京:文化艺术出版社,2000 年)。

《世纪末的反思》(杭州:浙江人民出版社,2001 年)。

《李欧梵自选集》(上海:上海教育出版社,2002 年)。

《东方猎手》(长篇小说,上海:上海文艺出版社,2002 年)。

《中国现代思想史》(An Intellectual History of Modern China,Merle Goldman and Leo Ou - fan Lee,Ed,Cambridge:Cambridge University Press,2002 年)。

《文化之都预案:中国“五四”工程》(The Appropriation of Cultural Capital:China's May Fourth Project. Milena Dolezelova - Velingerova,Oldrich

Kral, and Graham Sanders Ed, Harvard University Asia Center, 2002 年)。

《过平常日子》(与李玉莹合著,北京:经济日报出版社,2003 年)。

《李欧梵季进对话录》(苏州:苏州大学出版社,2003 年)。

《中国现代文学与现代性十讲》(上海:复旦大学出版社,2003 年)。

《寻回香港文化》(桂林:广西师大出版社,2003 年)。

《都市漫游者:文化观察》(桂林:广西师大出版社,2003 年)。

《一起看海的日子》(与李玉莹合著,沈阳:辽宁教育出版社,2005 年)。

《恋恋浮城》(与李玉莹合著,香港:天窗出版社,2007 年)。

《两个世界之间的城市:我的香港》(City Between Worlds: My Hong Kong. Cambridge, Mass.: Harvard University Press, 2008 年)。

二十四、以多元化发展的目光审视传统儒学的杜维明

杜维明 1940 年 2 月 26 日出生于云南省昆明市,祖藉广东南海县西樵乡。1945 年他随父母移居上海,在该市小学接受启蒙教育。1949 年他随全家迁往台湾,就读于台北女师附小。1951 年小学毕业后他进入台北建国中学学习。1954 年初中毕业升入该校高中,曾在老师周文杰指导下开始读四书。1955 年暑假他旁听了牟宗三讲授的中国哲学课。1957 年高中毕业后,他以第一名优异成绩考入了台中东海大学外文系。1958 年他转入了中文系师从徐复观攻读儒学。第二年又师从鲁实先学习《文字学》和《历代文选》。1960 年在孙克宽指导下学习杜诗,在梁容若指导下学习中国文学课程并完成了学位论文。1961 年夏他从东海大学中文系本科毕业后开始服兵役,1962 年 8 月在嘉义退伍。

同年 9 月他获美国哈佛—燕京学社资助,赴哈佛大学留学,1963 年获哈佛大学东亚研究硕士学位。1964 年他师从帕森斯(Talcott Parsons, 1902—1979)选修宗教社会学,同时选修埃里克森(Erik H. Erikson, 1902—1994)主讲的高级心理学。1965 年为准备博士论文他研读了现代欧洲和美国思想史、西方哲学以及中国思想史等必修课程。1966 年他通过了博士论文答辩。同年 6 月他出席了在美国伊利诺伊州召开的明代思想研讨会,会后访问了荷兰莱顿大学,顺游奥地利维也纳后返回台湾省,被聘任为东海大学人文学讲师,讲授"文化认同与社会变迁"课程。

1968—1971 年杜维明在普林斯顿大学执教,1976 年他加入了美国籍,

1971—1981 年在加利福尼亚大学柏克莱分校任教。1981 年升任为哈佛大学中国历史和哲学教授,并曾担任该校宗教研究委员会主席和东亚语言与文明系系主任。1988 年他获选美国人文社会科学院院士,1990 年他一度担任夏威夷东西中心文化与传播研究所所长,兼任达沃斯世界经济论坛成员,联合国推动文明对话杰出人士小组成员。1995 年他应印度哲学委员会之邀在南亚五大学府开办了"国家讲座",从 1996 年起出任哈佛—燕京学社社长。

杜维明在中学时代就受老师周文杰的影响对儒家学说产生了兴趣,东海大学教授牟宗三和徐复观的教导使他在研究儒家学说方面进入了更高层次。哈佛大学的比较思想史研究让他领悟到儒学传统的核心价值。他把自己的学术思想发展历程归纳为三个阶段:第一阶段(从起步到 20 世纪 70 年代上半叶)他开始了对儒家精神价值的探索,努力诠释儒学传统;第二阶段(1978 年至 20 世纪 80 年代末)潜心解读儒家传统的内在价值并展示儒学的现代生命力,探讨的领域包括"传统与现代"、"儒学创新"、"儒学三期"、"东亚工业"、"核心价值"和"轴心文明";第三阶段(20 世纪 90 年代以后)他进一步开拓了研究领域,关注"文明对话"、"文化中国"、"全球伦理"、"人文精神"、"启蒙反思"、"印度启示"和"新轴心文明"。①

杜维明站在现代人类文化发展的高度,一直以多元化发展的目光来审视传统儒学,力图通过诠释、传播和竞争,使中国文化朝着世界化的目标发展,提高知名度。他把中国儒学发展史划分为三个时期:

第一时期从先秦到汉唐的古典儒学(经学)以强劲势头出现在东方地平线,但是由于诸子百家之间的相互竞争以及佛教大规模传播的影响,儒学的发展受到了一定程度的限制。

第二时期宋明新儒学(理学)经受了连年战乱和朝代更迭的洗礼,在创新和扩大中对佛教进行了一次又一次勇敢的挑战,逐渐提升至华夏乃至整个东亚思想和文化的核心地位。

第三时期鸦片战争以后的现代儒学受到西潮的大规模冲击,在"打倒孔家店"的呐喊声中日渐式微,为挽狂澜于既倒勇于面对西方文化的挑战。

杜维明认为孔子所选择的是一条入世之路。儒家"人为贵"的思想,

① 郭齐勇:《论杜维明学术思想——以新出〈杜维明文集〉为中心》,《中国哲学史》2002 年第 4 期,114—119 页。

经过与资产阶级“自由”、“民主”与“科学”以及个人主义、放纵主义、商业至上和宗教超越思想的交流融合（如淡化了“夷夏之辨”和“儒佛道”的藩篱，与“三人行必有我师”精神协调的企业团队精神），逐步实现了价值转换，成为全球文明对话的一个重要伙伴。

第三时期现代儒学如何发展始终是杜维明所关注的问题。他透过国际视野，从普世关怀的意愿出发，把儒学的发展与东亚和新加坡以及世界各地的华人社会联系起来，同时扩大世界各国认同儒学的非华人族群范围。在儒家哲学重建的过程中，杜维明回应了西方文化和基督教传统的挑战，同时希望儒学能与马克思主义进行深入的对话，并从中找到交汇点，应对弗洛伊德有关存在主义色彩的人性阴暗面之类的理论。

杜维明有关儒学第三时期发展的考虑，是与以美国文化为主流的西方文明以及列文森有关“儒家传统业已死亡”的观点针锋相对的。现代儒学的复兴，还必须涵盖意识形态、学术话语、商业道德、市民社会、企业文化等当今思想文化领域所涉及的层面。

中国在实现“四化”过程中是否能保存儒家的传统？从儒家传统与现代的关系来看，杜维明认为现代化不等于西化，新儒家理论应该成为回应西方冲击的正能量，也是对于家庭、公司、集体和国家的更大承诺。儒学将在知识分子自觉反思的基础上，用于直面西方文明、现代化与全球化的挑战。他认为西方学人对儒家学说的关注“基本上是伦理，包括个人的修养问题，还有社会的和谐问题、人和自然的关系问题。儒学的人文精神是很宽广的。西方的人文学和人文主义基本上是反自然和反宗教的，对自然有侵略的倾向，对宗教不闻不问。但儒家所代表的人文学要求人类既要和自然保持和谐，又要与宗教保持相辅相成的关系，所以它的内涵比较宽广。”①

鸦片战争之后儒家的传统地位受到冲击，特别是“五四”以后受到批判，使人感到痛心。杜维明认为虽然西方的一些价值观念值得我们吸纳，但是理性的价值之外必须有同情，法制的价值之外必须有礼仪，权利的价值之外必须有责任，尊严的价值之外还应该有社会核心。儒学至今仍然活着，表明其历久不衰的金刚身。儒学不发展将是人类文化的遗憾。

杜维明在过去30多年中坚持不懈地探究、注释并推广儒家文化。他

① 唐勇:《访哈佛大学教授杜维明》,《环球时报》2006年8月27日。

把自己看作"五四精神的继承者",将儒家文化置于世界思潮的背景下来研究,关注如何使中国传统文化与现代化接轨的问题,借鉴哲学、人类学、比较文化学、比较宗教学和社会学等学科的研究方法,阐发儒家思想的现代意义和发展的前景。

近年来,杜维明先后受聘为北京大学、山东大学、曲阜师范大学、武汉大学、华中理工大学、南京大学、复旦大学、中山大学、华南师范大学等高校的客座教授,任国际儒学联合会副会长、中国旅美社会科学教授协会顾问、香港城市大学当代中国研究中心顾问,并担任《哈佛亚洲研究学报》、《东西方哲学》、《中国哲学史》、《人文论丛》、《当代》、《二十一世纪》、《明报月刊》、《亚洲文化》和《人文杂志》等学术刊物的顾问或编委。

杜维明是当代新儒家的代表,出版了中英文著作 30 多部,论文数百篇。由于他的杰出的贡献,杜维明在 2001 年和 2002 年分别荣获第九届国际李退溪研究奖和联合国颁发的生态宗教奖等奖项。他的主要著述有:

《传统中国》(Traditional China, co-edited with Liu, James T. C., Englewood Cliffs, NJ: Prentice-Hall, 1970 年)。

《人文心灵的震荡》(Cultivation of the Heart-and-Mind, Taipei: Shibao Publishing Company, 1976 年)。

《行动中的宋明儒家思想:王阳明的青年时代》(Neo-Confucian Thought in Action: Wang Yang-Ming's Youth. Berkeley, CA: University of California Press, 1976 年)。

《仁与修身:儒家思想论文集》(Humanity and Self-Cultivation: Essays in Confucian Thought. Boston: Asian Humanities Press, 1978 年)。

《人性与自我修养》(Humanity and Self-Cultivation, Berkeley: Asian Humanities Press, 1979 年)。

《今日的儒家伦理:新加坡的挑战》(Confucian Ethics Today: The Singapore Challenge. Singapore: Federal Publications, 1984 年)。

《儒家思想——以创造转化为自我认同》(Confucian Thought: Selfhood as Creative Transformation. Albany, NY: State University of New York Press, 1985 年)。

《中与庸:论儒学的宗教性》(Centrality and Commonality: An Essay on Confucian Religiousness. Albany, NY: State University of New York Press, 1989 年)。

《儒学的历史透视》(Confucianism in Historical Perspective. Singapore: Institute of East Asian Philosophies, 1989年)。

《儒学人文第三期发展的前景问题》(The Third Epoch of Confucian Humanism, Taipei: Lianjing Press, 1989年)。

《儒家自我意识的反思》(Reflection on Confucian Consciousness, Taipei: Lianjing Press, 1990年)。

《三重和弦:儒家伦理、工业东亚及韦伯》(The Triadic Chord: Confucian Ethics, Industrial East Asia, and Max Weber: Proceedings of the 1987 Singapore Conference on Confucian Ethics and the Modernization of Industrial East Asia (editor), Singapore: Institute of East Asian Philosophies, 1991年)。

《儒家传统的现代转化——杜维明新儒学论著辑要》(中国广播电视出版社,1992年)。

《儒家世界的透视:当代东亚儒家人文精神的讨论》(美国夏威夷东西中心主编,1992年)。

《道、学、政:论儒家知识分子》(Way, Learning, and Politics: Essays on the Confucian Intellectual. Albany, NY: State University of New York Press, 1993年)。

《转化中的中国》(China in Transformation. Cambridge: Harvard University Press, 1994年)。

《常青树:今天做中国人的新含义》(The Living Tree: The Changing Meaning of Being Chinese Today. Stanford, CA: Stanford University Press, 1994年)。

《东亚现代性中的儒家传统:日本和"四小龙"的道德教育与经济文化》(美国哈佛大学出版主编,1996年)。

《现代精神与儒家传统》(Confucian Traditions in East Asian Modernity. Cambridge: Harvard University Press, 1996年)。

《儒学与人权》(Confucianism and Human Rights. Co-edited with De Barry, William Theodore, New York: Columbia University Press, 1998年)。

《文化中国的认知与关怀》(台北:稻乡出版社,1999年)。

《杜维明学术文化随笔》(北京:中国青年出版社,1999年)。

《杜维明:文明的冲突与对话》(长沙:湖南大学出版社,2001年)。

《杜维明文集》(五卷)(武汉出版社,2002年)。

《儒学的精神性》(Confucian spirituality, Vols. 1-2. Co - edited with Tucker, Mary Evelyn, New York: Crossroad, 2003-2004 年)。

《儒学研究》(Confucian Studies, Vols. 1-4. Co - edited with Yao, Xinzhong, London: Routledge, 2010 年)。

第七章
中国通:美国汉学史中的华丽一族

从20世纪40年代起,美国国会、利益集团、传播媒体、政治家和中国通(old China hand)联合形成了一个可以左右对华关系的网络,成为美国影响中美关系的一个变数。其中的"中国通"又称"中国问题专家",原指19世纪侨居中国通商口岸的外国商人,后来泛指通晓汉语,熟悉中国文化和国情的外国人。早期的美国中国通多半是精通中国事务并可能在制定对华政策方面有影响力的外交官、政治家、学者和军人,如:戴维斯、谢伟思、费正清、范宣德(John Carter Vincent,1900—1972)、柯乐博和齐文(Raymond P.Ludden,1909—1979)等人,其中的一些人可能出身于来华传教士家庭。

1925—1949年来华采访的美国记者人数将近200人,其中不少人毕业于名校,为主流媒体和通讯社特派记者。虽然他们所持立场彼此各异,家庭背景和社会阅历不尽相同,有人追求革命与激进,也有人渴望了解东方文化和习俗,既对中国充满希望和期待,也有自己的猜测和成见,但是大都思维敏捷,对新闻工作满怀热忱。埃德加·斯诺、海伦·福斯特(Helen Foster,1907—1997)、白修德(Theodore White,1915—1986)、阿格尼丝·史沫特莱、伊罗生(Harold Robert Lsaacs,1911—1986)、安娜·路易斯·斯特朗(Anna Louis Strong,1885—1970)、伊斯雷尔·爱泼斯坦(Israel Epstein,1915—2005)、欧文·拉铁摩尔等人,曾长期深入中国社会采访,向世界报道了当年不为外人所知的中国现状,让毛泽东领导的革命运动传遍了世界。他们都是这一历史时期美国中国通群体中的重要成员。

比起做学问的汉学家来,中国通的政治和官方色彩比较浓厚,其中一些人曾带着个人感情和兴趣涉猎过汉籍。虽然他们有机会为政府制定对华政策提供咨询和服务,敢于就涉华问题发表公正意见,但是在国会听证会或者著书立说为政府出谋划策时，也都表现出美利坚合众国忠实公民的姿态，在政治和国家利益问题上总是持正面的立场，普遍采取比较宽容的说理方式。

早先部分有从政经历的中国通没有受过正规学术训练，退出官场后往往供职于政策研究智库，或者以自由职业者身份等待签约。其中一些人缘于与中国的特殊历史渊源，善于与中国部门打交道，甚至与中国驻外机构官员或公众人物有过愉快交往，看问题比较客观实际，又有解决具体问题的才干和办法。不过多数中国问题专家都处于政府决策圈外，只能起说客或院外活动家（lobbist）的作用。也有一些人游走于官场和智库之间，随潮流而动。

20 世纪 40—50 年代美国的中国问题专家人数不多，几届入主白宫的总统在对待新中国政府和蒋介石政权之间的态度曾一度表现出摇摆不定的倾向。为换取苏军出兵中国东北牵制日本关东军，美国在与苏联签订的雅尔塔协定中所作的承诺与朝鲜战争爆发之后出动第七舰队介入台海的失衡，暴露出有远见卓识的对华外交人才数量和水平的不足。20 世纪 60 年代美国官方开始支持组建中国问题专家团队，但是当时美国对新中国了解有限，国际关系分析中带着浓厚的意识形态色彩，往往侧重于政策性研究，强调实用价值，缺乏学科品格。他们的信息来源主要是在港台对来华过客进行访谈，对中国报刊和广播资料进行剪辑汇编，或对持不同政见者的心理分析，存在一定的局限性和片面性。

1949 年成立的哥伦比亚大学东亚研究所是纽约地区研究亚洲问题的重要科研机构，培养了约翰·佩顿·戴维斯和黎安友等人才。1955 年费正清在哈佛大学创办了以中国为主要研究对象的东亚研究中心。傅高义、柯伟林（William C.Kirby）、孔飞力、马若德、詹姆斯·沃森（James Watson）和罗伯特·罗斯（Robert S.Ross）都是该中心培养出来的中国通。学员中不少人曾到中国港台高校学习过中文，为的是深化自己的专业研究，开阔视野。在哈佛大学，除了费正清东亚研究中心以外还有燕京学社、亚洲中心、赖肖尔中心、韩国中心、东亚法律研究中心、国际发展研究中心等相邻学科研究机构，拥有设备完善的图书馆或者资料库。

美国参议院内部的恩斯克斯坦基金会是根据研究分析中国军事政治决策与部署的需要而建立起来的机构之一，总部设立在加利福尼亚。目前该会已经组建成有 123 名成员的中国军政问题专家顾问团，其中 28 人是来自大陆的中国人。美国加利福尼亚大学军事发展中心也是研究中国军事发展的一个机构,其成员霍华德·斯迪文森博士就是一位中国问题专家,主张对华军事关系应该采取对抗与合作相结合的策略。

在中西对峙的冷战时期美国的不少中国通把中国视为苏联模式的极权主义国家,主要聚焦于精英政治和精英文化研究。20 世纪 60—70 年代一些美国学者受到"文化大革命"的影响,在对行为主义反思基础上回归国家学派,力荐多元主义研究模式。苏联解体后美国的对外政策表现出由双边争霸到单极独霸的倾向,克里姆林宫学(Kremlinology)悄然退出了学术领域,中国问题研究成为热门。

美国各类智库声称独立于政府之外,但是却总是以不同方式影响并参与政府决策过程,左右美国的政治、经济、外交和军事,其中一些涉华研究项目直接受国务院或国防部的委托,影响举足轻重。1962 年创立的美国战略与国际问题研究中心目前有 80 位研究专家和大约 100 名助理。他们通过邀请决策者和智囊人物一起开展战略分析,然后向政府相关部门转达他们的共识,以此影响官方政策的构建。卡内基国际和平基金会也是经常开展中国问题讨论的美国智库之一,他们邀请观点相左的辩手参与讨论目的是为不同意见提供表达平台。有些辩手在交锋中往往以观点代替事实,因理论应用不当或者先入为主的偏见引发与会人员唇枪舌剑的争辩时有发生。除了专家互访和学者交换外,他们还采用问卷调查、定性定量分析、卫星资源、媒体手段以及出版刊物等方式。经常被评论和引用的出版物有:战略与国际问题研究中心的《华盛顿季刊》(The Washington Quarterly)、卡内基国际和平基金会的《外交政策》(Foreign Policy)、布鲁金斯学会的《布鲁金斯评论》(Brookings Review)、尼克松中心的季刊《国家利益》(The National Interest)以及外交关系委员会的《外交》(Foreign Affairs)双月刊等。

20 世纪 90 年代后出现的中国热浪潮推动了美国中国通人数的几何级增长,中国问题一直是美国重要的外交课题。大华盛顿地区的中国研究学者、说客和咨询人员目前至少有 1200 多人。在 K 街和马萨诸塞大道两旁的智库有卡内基和平基金会、布鲁金斯研究所、传统基金会、卡托研究所和国际经济研究所,周边的战略和国际研究中心、企业研究所和乔治·华盛顿大学都先后设立了中国研究项目或者中国研究中心,人数多、实力强、专业面广为其一大特色,有较强的竞争实力,有些智库还在中国开设了研究分部。美国主要部委和兵种也都上马了中国研究专项,仅美国中央情报局的中国分析员就有百人之多。

全美现在至少有1000多个成建制的汉学研究机构和中国问题研究中心,其中很多按照市场化和产业化方式运作。据专家估计,仅K街和马萨诸塞大道智库每年的交易额就高达30多亿美元,其产品的战略含金量待价而沽。第二次世界大战后根据美国陆军航空兵司令阿诺德(Henry Harley 'Hap' Arnold,1886—1950)提议在加利福尼亚州的圣塔莫尼卡成立了研究中国问题的兰德公司,20世纪50年代初曾经在一份研究报告中预言美军将败阵于朝鲜战争。也许当时五角大楼过高估计了美国在联合国的人脉和国防实力,也许兰德公司的报价太高,军方竟然不顾一切以联合国名义出兵朝鲜半岛,最后不得不承认确实"在错误地方错误时间与错误的对手打了一场错误的战争。"①此事后来成了研究中心和智库教科书上的经典案例。除了反恐战争外,兰德公司现在的研究重点仍是中国问题,与美国国防部的关系至为密切。

新一代的美国中国通多数都懂汉语,重视将自己的研究成果转化为对华政策制定的建言。比起老一代中国通来,他们的兴趣更为开放和多元,普遍具有较强的问题意识和探索兴趣。在研究方法上多采取很具体的研究方法,有的还举办学者与官员联席讨论会,选题范围从原先的政治、经济和文化领域扩大到农村研究、环境保护、市民社会、人权保障、抗议运动、反恐联合、中外合资、对台军售和少数民族等方面。哈佛大学政府学院教授江忆恩(Alastair Iain Johnston)在《文化现实主义:中国历史上的战略文化与宏韬伟略》一书中,对明朝永乐至万历年间用兵奏折中的"主战派"与"主和派"案例进行了量化统计,然后对照《武经七书》的资料,总结出中国的战略文化数据,很具学术魅力。

近年侨居美国的一些中国大陆研究生和学者的加盟为美国对华智库输入了新生力量。他们的优势是了解中国的文化传统和考察方式,又熟悉西方的政治思维,研究问题的起点高,针对性明确。

中国通是美国汉学史上的一个特殊群体,既善于通过引经据典在书香

① 美国奥马尔·布拉德利五星上将1951年5月15日在美国参议院武装力量与对外关系委员会的听证会上的发言称:"红色中国还没有实力主宰世界。参谋长联席会议坦率地认为:实施(入侵朝鲜)这一策略将把我们卷入在错误地方错误时间与错误的对手打响的一场错误的战争。"

墨海中推演兵法,又身怀绝技问鼎政界,敢于打动那些翻手为云覆手为雨的美国政客改变谋略,期待在鲜花美酒香车中凯旋。如果把卫三畏列入前汉学时期的学者,那么费正清就是早期美国汉学史上最知名的领军人物。因为他在美国学术界和政界的影响都举足轻重,所以人们在尊称他为"汉学家"的同时也赋予他"中国通"的美誉,而他本人亦心领神会,乐此不疲。20 世纪下半叶,美国涌现了一批又一批的中国通,其中鲍大可、施乐伯和基辛格等人有较高的知名度。中美国家关系解冻以后,美国出现了研究中国的热潮,何汉理、黎安友、奥克森伯格、李侃如和戴维·蓝普顿(David M. Lampton,1946—　)等人先后闪亮登场。他们是中国问题研究领域的可圈可点人物,也是美国国会听证会上荣誉尽享的客卿。在局外人看来他们的专著和演讲只不过是与每周电视节目预告一样的新品,却能直接或间接地影响大印在握的白宫首脑对华政策的制定。

由于美国的中国研究队伍庞大,相关的学术机构众多,自由价值取向早已成为风尚,因此很难形成承上启下的美国传统和影响对当代中国文化、政治、社会和经济研究的统一倾向。中美两国关系,从 1997 年《中美联合公报》中"战略伙伴"关系的表述,到前国务卿鲍威尔(Colin Luther Powell,1937—　)的"战略竞争对手、经济合作伙伴",前副国务卿佐利克(Robert Zoellick, 1953—　)的"利益攸关方",柯庆生(Thomas J. Christensen, 1962—　)的"负责任的利益攸关方(responsible stakeholder)",再到何汉理的"经济竞争对手和战略合作伙伴"等诸多变化,可以看出美国中国通对于中美两国在国际事务中的地位与作用的不同思考和定位。即:中美两国间虽然存在着政策和认知差异,但是在相互利益协调并与国际社会接轨的过程中,是否单方面要求中国自行调整策略,还是中美两国都应该彼此相向而行,共同承担责任?在这一重大问题立场上,美国历届政要的观点显然是不完全一致的,美国中国通的代沟比任何国家都突出也是不争的事实。

一、对中国文化和政治充满热情的罗德里克

罗德里克(John Prescott Roderick,1914—2008)出生于美国缅因州沃特维尔一个清贫家庭,在兄弟 5 人中他排行最小,幼年时父母先后去世。13 岁那年他在缅因高尔夫球场当球童时就被中国消息激起了向往之情。

一位刚从上海回国的球员向他讲述了中国革命中发生的事情，于是他暗暗下定决心有朝一日要来中国看看。

他的新闻从业经历始于15岁，曾为当地《沃特维尔晨哨》(Waterville Morning Sentinel, Today's The Central Maine Morning Sentinel)写过有关中学活动的报导。1936年他毕业于科尔比学院，第二年通过朋友的介绍，参加了美联社组织的国会新闻采访。1941年美联社总部调他到华盛顿开展业务。当时珍珠港事件刚发生不久，他应征服役后被安排到耶鲁大学学习日文，培养他战后从事翻译工作。但是毕业后他却被派到昆明美国战略服务部(中央情报局前身)任职，准备到日军后方进行侦察谍报活动。不久日本无条件投降，他所在的部队也解散了，但是他希望继续留在中国采访。

1945年11月他以美联社驻重庆记者身份访问了中国共产党圣地延安。当他看到星条旗在被称为“迪克西使团”的一个美国军事观察团的窑洞前升起时感触良多。在此后4年中他多次会见了中国共产党毛泽东主席及其战友刘少奇、朱德和周恩来，报道了由美国总统哈里·杜鲁门(Harry S. Truman, 1884—1972)派遣的特使乔治·马歇尔上将(General George Marshall)斡旋中共与国民党之间谈判的情况，向美联社发送了有关毛泽东及其战友的事迹。1947年在一次采访毛泽东主席时他曾经流露出对中国未来的担忧，毛主席笑着对他说：“两年后请到北平来采访我吧。”虽然后来因为种种原因他未能来华，但是通过美国《生活周刊》(Weekly Life)编辑部委托法国摄影师亨利·卡尔捷·布雷松(Henri Cartier Bresson)所拍摄北平解放前夕市民生活的画面，他了解到中国命运的转折性变化。

不久罗德里克被调往中东。1948年以色列发表建国声明两个星期之后他到达约旦首都安曼，采访了联合国调停人康特·福尔克·贝纳多特(Count Folke Bernadotte)。他在伦敦和巴黎待了一段时间，1954年5月奠边府战役爆发时他被派往报道战况，1956年任美联社香港分社社长。1959年起他担任驻东京记者，花了5000日元(相当于25英镑)在日本东南部城市镰仓购买下了一座18世纪的农舍。

他是1971年访华的美国乒乓球队随团记者，见证了中美“乒乓外交”。在三位随团记者中，罗德里克的报道表现出更具权威性和说服力。他注意到：跟1945年的印象比较起来，1971年的上海发生了惊人的变化。当年的上海是罪恶的渊薮，到处是要饭的叫花子、肮脏的贫民窟、面黄肌瘦的人力车夫、挣扎在死亡中的穷人,而1971年的上海街头已经看不到叫花子、人力车夫和穷人,出现了过去所没有的社会和谐,普通市民看上去都显得壮实、健康和自得其乐。他认为1971年的中国是变化中的友善巨人。

1971年4月14日,周恩来总理在北京人民大会堂接见美国代表团时对罗德里克说:"你们已经打开了通往中国的大门,美国乒乓球队访华掀开了中美两国人民关系史的新篇章。"①关于中美两国的关系问题,周恩来总理请罗德里克向尼克松政府转达:美国与中华人民共和国建立外交关系的前提不是立即从台湾撤军,但是美国政府应该正式发表声明表明不奉行"两个中国或者一中一台"的政策。罗德里克认为台湾问题是中国人自己的内部事务,力荐美国政府接受这一观点,在后来两国建交的谈判中美国政府代表正式确认了这一原则。②

1978年和1991年,中国政府两次邀请仍然健在的迪克西使团成员及其家属访问延安。1979年3月他再次来华担任美联社北京分社首任社长。从1980年起他作为一名特派记者在亚洲各国采访,发表了许多见证中国变化的文章。

虽然他长期住在日本和夏威夷,但是却始终对于中国文化和政治充满热情。他是一名富有勇气的记者、风度翩翩的作家、故事大王和资深媒体人。在美联社供职近60年中他先后在中国、日本、欧洲和中东一些国家留下了足迹。1977年他获得"美联社特约撰稿人"头衔。从2006年开始他每月撰写一篇有关北京奥运会的系列文章。2008年2月18日他在为美联社的一篇撰稿中写道:"在我的昏花老眼中,中国从流血痛苦中复苏,摆脱了贫困,在极短时间内竟成了世界上最富有的国家之一。"

1984年他正式退休,但是在70岁以前仍然笔耕不辍。他所作的有关中国问题讲座受到了许多西方读者,特别是年轻人的欢迎,还通过电子邮件跟数百位亲友保持着联系。因为年迈失聪,他有时说话难免提高嗓门。在每年都造访的伦敦东方俱乐部,他常常大声谈论往事,品评餐桌上牡蛎的鲜美,或者夸赞某一服务生的漂亮,每每语惊四座。在生命最后几年,他与日裔妻子和养子居住在镰仓的农舍内,完成了自己的一部回忆录。

---

① John Roderick: *Premier Tells US Team Friendship Begins Anew*, *New York Times*, 15 April 1971.

② John Roderick: *Red China Hints Softening Of Position On Tie To US*, *New York Times*, 18 April 1971.

2008年他在檀香山公寓的病榻上，因严重心脏衰竭和肺炎无法正常交谈，只以微笑和点头方式与家人和朋友交流。临终前他除了巧克力冰淇淋什么都不能吃。他对身边的亲友说："世人皆朋友，一起吃冰淇淋总比相互残杀好。"2008年3月5日他的养子对关心罗德里克的亲友说："现在老人家身体极度虚弱。他觉得这辈子已经过得很充实，如今去意已决。"12日他以93岁高龄辞世。

罗德里克的主要著述：

《中国进步了，但是仍然贫穷》(John Roderick：China Progresses, But is Still A Have-not, *Washington Post*, 19 April 1971年)。

《进步与笑脸迎接访华客人》(John Roderick：Progress and Instant Friendly Grins Greet A Visitor to China, *Washington Post*, 19 April 1971年)。

《周恩来总理告诉美国乒乓球队友谊重新开始》(John Roderick：Premier Tells US Team Friendship Begins Anew, *New York Times*, 15 April 1971年)。

《红色中国暗示软化对美联系立场》(John Roderick：Red China Hints Softening Of Position On Tie to US, *New York Times*, 18 April 1971年)。

《关于中国》(What You Should Know About the People's Republic of China, January 1, 1972年)。

《中国报导：一名美国记者从中国革命年代到邓小平时代的媒体生涯》(Covering China：The Story of an American Reporter from Revolutionary Days to the Deng Era October 1, 1993年)。

《民家：我在日本的农舍》(Minka：My Farmhouse in Japan, October 4, 2007年)

二、具有务实前瞻精神的东亚政治学家施乐伯

1919年10月19日施乐伯出生在堪萨斯州莱文沃斯(Leavenworth)的一个教师家庭。幼年时父亲为生计四处奔波，他一家辗转于堪萨斯和密苏里各地。虽然小学六年级时他父亲在加利福尼亚州的圣巴巴拉找到了一份教师的工作，但是因为家境清贫他只能就读于圣巴巴拉学院。他学习努力，积极参加社会活动，曾被推选为学生会主席。毕业后为攒钱读研究生学位他在母校教了一年书。1941年他结识了学习音乐专业的艾达·美伊

·杰森(Ida Mae Jesson),两情相投,两爱相依,不久便组成了家庭。

1941年9月施乐伯在哈佛大学政府学院读研。最初他打算学习欧洲政治和国际事务专业,但是珍珠港事件发生后,他应征入伍服役。1943年他在科罗拉多海军语言学校经过为期15个月的训练后被指派到夏威夷担任密码破译员。1945年年初他又被派往冲绳,通过阅读文献和与日俘谈话,提高了自己的日语水平,并修完了博士学位课程。

1946年秋天施乐伯返回哈佛大学,开始关注日本战后的民主问题。在他的博士论文《战前日本的民主与政党运动》中他回顾了20世纪20年代日本的民主进程因为20世纪30年代军人篡权而受挫,决定把自己的研究范围拓展到整个亚洲。1947年他担任中国政治学家钱端升(Ch'ien Tuan-sheng)的助教时开始关注中国问题,同时还研修了三年的汉语课程。

1949年他获得博士学位后在加利福尼亚大学柏克莱分校任助理教授。1953年他在日本进行了为期一年的研究后,朝鲜战场的硝烟已经散尽,他便全身心投入了教学和研究之中。在列文森、托马斯·史密斯(Thomas Smith)、罗伯特·贝拉(Robert Beira)和弗朗兹·舒尔曼(Franz Shurmann)等人的共同努力下,加利福尼亚大学逐渐成为国际知名的亚洲研究中心。1956年施乐伯被晋升为教授。

1959年,他的一位旧友康伦(Richard Conlon)接受委托为参议院对外关系委员会起草一份关于美国亚洲政策的文件,邀请施乐伯为其中有关东北亚的章节执笔。他经过再三审慎思考,在文件中提出了反对孤立中国的观点,建议美国政府改变对华政策,通过谈判逐步发展两国之间的平等关系,消除恢复中华人民共和国在联合国席位的障碍。这份被历史学家称为“康伦报告”的出台引起了美国舆论界的广泛关注,促进了中美之间的接触,并拓展了美国学术界对当代中国大陆的研究。消息传到台湾省后引起了轩然大波,时任国务卿的赫特(Christian Herter)匆忙表态“美国政策没有改变”,“康伦报告”随后束之高阁。

施乐伯是一位受到学生拥戴的讲师,除了研究中国和日本问题外还热衷于媒体的亚洲事务评论。1967年他撰写了一部专著《1920—1966年的日本共产主义运动》,后来又与李钟石(Chong-Sik Lee)合作出版了两卷本的《朝鲜的共产主义》,还与他的一位博士研究生于子乔(George T.Yu)合撰了《1850—1920年现代中国及其革命过程》和《中国无政府主义运动》。

1965年,施乐伯因为越南战争在校园内的争辩受到了更多的关注。

在研究了日本、朝鲜和东南亚共产主义运动之后,他认为抗击美军入侵的越南人也是强烈的民族主义者,主张美国必须坚决抵制共产主义在越南的发展。这样他就成了校园反战运动的众矢之的。不但他的授课时常被打断,他和他的家人还遭到了人身威胁。两枚炸弹在他家门前爆炸之后警方为他家提供了半年的监控保护。但是在抗议声中他仍坚持授课,并一如既往地给予所有学生课业指导和帮助。他尽了最大努力维护着从1962年以来他所领导的政治学系的正常运转。

在自己的学术生涯中,施乐伯始终都是各类亚洲研讨会的热情参与者。1972年以后他先后访问了中国63次。1962—1996年他担任了《亚洲研究》(Asian Survey)主编,在对杂志社管理和选稿进行指导的过程中加深了自己有关亚洲各国的知识。他就被忽视的一些重要选题主动向学者约稿。在他本人为期刊撰写的文章中不仅谈到了区域内的政治问题,也涉及了亚洲各国与世界的热点,包括欧洲和非洲之间的关系。他曾两次被提议担任东亚事务助理国务卿,但是都被他谢绝了。

作为一位东亚政治学家,施乐伯曾先后兼任亚洲基金会、亚洲学会、大西洋理事会、全美亚洲研究所、外交关系协会和太平洋论坛的主任、顾问或理事。他和同事创建了美中关系全国委员会,并担任了第一任主席。该会宗旨为增进对中国的了解并推动美国对华政策的完善。“乒乓外交”(Ping Pang Diplomacy)为该会提供了接待第一个中国访美友好团队的机会。从此以后该会就在接待赴美的中国政要和鼓励美国名流访华方面一直发挥着核心作用。他的务实前瞻精神,促进了中美两国关系的发展。1996年台海危机时期,美国外交政策全国委员会每半年都举行一次圆桌会议,邀请美国和海峡两岸学界代表参加,施乐伯每会必到,被视为推动两岸关系“第二轨道外交”(Track Two Diplomacy)的积极参与者。

1990年他从加利福尼亚大学柏克莱分校教授岗位荣休。2011年11月1日他因呼吸道感染引起的并发症不幸辞世,享年92岁。

他先后独立或合作撰写、编辑有关亚洲政治和美国与亚洲政策的专著39部,论文540篇。1973年他与李钟石合著的《朝鲜的共产主义》荣获伍德罗·威尔逊基金奖。他的主要著述有:

《战前日本的民主与党的运动》(Democracy and the Party Movement in Pre-War Japan,1953年)。

《中国无政府主义运动》(The Chinese Anarchist Movement, with George

T.Yu,1961 年)。

《当代日本的党派和政治》(Parties and Politics in Contemporary Japan, with Junnosuke Masumi,1962 年)。

《1920—1966 年的日本共产主义运动》(The Japanese Communist Movement,1920-1966,1967 年)。

《朝鲜的共产主义》(Communism in Korea, with Chong-Sik Lee, 1972 年)。

《中华人民共和国的精英》(Elites in the People's Republic of China, 1972 年)。

《亚洲的前进之路》(Asia and the Road Ahead,1975 年)。

《美国与韩国:向前看》(The United States and Korea: Looking Ahead, 1979 年)。

《早期日本的劳工运动》(The Early Japanese Labor Movement, 1983 年)。

《发展政治学:20 世纪亚洲观》(The Politics of Development: Perspectives on Twentieth Century Asia,1989 年)。

《处于十字路口的北朝鲜》(North Korea at a Crossroads,1997 年)。

《从莱文沃斯到拉萨:生活在革命时代》(From Leavenworth to Lhasa: Living in a Revolutionary Era,2008 年)。

三、中美关系的重要推动和维护者鲍大可

鲍大可 1921 年生于上海一个美国传教士家庭。父亲鲍乃德(Eugene Barnett)在 20 世纪初来华传教,创办了基督教青年会,曾担任上海中华基督教男青年会总干事。鲍大可在兄弟中排行最小,其兄长罗伯特·巴奈特曾任约翰逊政府助理国务卿,兄弟姊妹其他人均从事教育和对华民间交流事业。

1936 年鲍大可随父母回国,第二次世界大战期间在耶鲁大学攻读国际关系并随后在海军陆战队服役,退役后开始研习东亚语言,1942 年获耶鲁大学国际关系学士学位。1947 年他获耶鲁大学国际关系硕士学位后以《芝加哥每日新闻》中国和东南亚事务记者及当代世界事务研究所研究员的身份再次来华,撰写了许多有关中国人民的生活和斗争的报道。他目睹

中国社会的剧烈变化，记下了中国当时的情况。对于中国社会的真实了解使他在后来的研究中始终保持着对华积极友善的态度。

20 世纪 50 年代初期鲍大可担任美国驻香港总领事馆新闻官，后以研究员身份在美国大学驻港办事处工作，50 年代后期他是福特基金会香港国际训练及研究计划主持人，兼美国国务院外交学会区域研究项目主任。

1960 年，他在专著《共产党中国与亚洲：对美国政策的挑战》中具体谈到了他的对华政策主张。他认为中国的共产主义决不是一个短暂的现象，美国应立足于中国目前的现实来调整对华政策，改变沿用 10 年之久的章程；美国对中共施压不会产生预期的效果，要阻止中国实现自己的目标，就必须直面与中国的竞争，这样的结果将决定亚洲的未来。

1961 年，鲍大可应聘在哥伦比亚大学法律与政治系执教，经常组织有关中国问题的专题讨论会和讲座，告诉学生如何通过历史视野审视中国正在发生的历史剧变，理解中国发生的变化对美国可能产生的影响。

1966 年 3 月，美国参议院外交委员会主席富布赖特（James William Fullbright）召开了历时一个月的有关中国政策听证会，邀请鲍大可、费正清、施乐伯、戴德华、汉斯·摩根索（Hans Morgenthau）等 14 位中国和国际问题专家出席。鲍大可在听证会上第一个发言。他说：在过去近 17 年中美国对新中国采取遏制与孤立的政策，虽然有必要但却不明智，从根本上讲也是不成功的。他说，尽管美国正在越南从事一场痛苦的战争，但是对中国实行遏制而不孤立政策的时机已经到来。他主张在恢复大使级谈判的基础上与中国寻求建立正常关系。他的观点在美国政界和舆论界引起了强烈反响，为激活华盛顿对华政策的新选项立下了汗马功劳。

1966 年，鲍大可与施乐伯、费正清、白鲁恂等中国问题学者联合发起成立了美中关系全国委员会，为市民有关中美关系的辩论提供了讲坛。1968—1969 年鲍大可担任美中关系全国委员会主席。1969 年 3 月，他主持召开了一次有 2500 名学者、官员、议员和社会知名人士参加的大型研讨会，就中美关系的发展和走向进行了热烈的讨论。1970 年鲍大可还将代表的发言编辑成《未来十年的美国与中国》（The United States and China: The Next Decade, New York: Praeger Publisher）一书出版。

尼克松当选总统后不久，鲍大可与费正清、赖肖尔、史华慈、傅高义、白鲁恂、汤姆森（James Thomson）、帕金斯、柯恩（Jerome Cohen）等一批中国问题专家联合向尼克松提交了一份关于中美关系的备忘录，就改善中美关系及为此采取的步骤与措施提出了他们自己的看法。1971 年尼克松派美国国家安全事务助理基辛格秘密访华。

1982 年鲍大可应约翰·霍普金斯大学之聘出任讲座教授，开设了中国研究课程，1989 年从教学职位上退休。1999 年 3 月 17 日他因肺癌和并发性呼吸系统疾病，在华府乔治城医院逝世，享年 77 岁。

鲍大可是一位杰出的中国问题专家，是中美两国关系的重要推动者，长期为此做出了不懈的努力。中美关系正常化以后，他为维护中美关系的健康发展还继续进言献策。在去世前几天，他还对弟子李侃如表达了对中美关系的乐观态度。他毕生致力于当代中国研究，出版专著 20 多部，为世人留下了丰富而宝贵的学术遗产。他在 20 世纪 80 年代访问中国西北地区后撰写了《中国西部边陲：四十年之变化》，对西部民族和生态问题提出了一些独到见解。他的主要著述有：

《共产党的经济战略：大陆中国的崛起》（Communist Economic Strategy: The Rise of Mainland China, National Planning Association, 1959 年）。

《共产中国与亚洲：对美国政策的挑战》（Communist China and Asia: Challenge to American Policy, 1960 年）。

《共产党接管前夜之中国》（China on the Eve of Communist Takeover, New York: Frederick A.Praeger Publisher, 1963 年）。

《1949—1955 年的共产中国》（Communist China: the Early Years, 1949—1955, London: Pall Mall Press, 1964 年）。

《共产中国的干部、官僚与政权》（Cadres, Bureaucracy, and Political Power in Communist China, 1967 年）。

《毛泽东以后的中国：附文献选编》（China after Mao, with Selected Documents, 1967 年）。

《美国对华新政策》（A New U.S. Policy toward China, 1971 年）。

《不确定的航程：中国后毛泽东时代的过渡》（Uncertain Passage: China's Transition to the Post-Mao Era, 1974 年）。

《中国政策：老问题与新挑战》（China policy, Old Problems and New Challenges, 1977 年）。

《中国与东亚主要国家》（China and the Major Powers in East Asia, 1977 年）。

《全球视域中的中国经济》(China's Economy in Global Perspective, 1981 年)。

《美国对台军售之纠结》(United States Arms Sales: The China-Taiwan Tangle, 1982 年)。

《中国外交政策的制定:结构与过程》(The Making of Foreign Policy in China: Structure and Process, 1985 年)。

《中国西部边陲:四十年之变化》(China's Far West: Four Decades of Change, 1993 年)。

四、中美首脑峰会的铺路者和见证人基辛格

基辛格原名海因茨·阿尔弗雷德·基辛格,1923 年出生于德国巴伐利亚州菲尔特市一个犹太人家庭。在 20 世纪 30 年代惨绝人寰的希特勒大屠杀中,基辛格家族的 13 个亲人先后被押送到毒气室。此事对他的思想和性格产生了终生的震撼。像所有经历了苦难、贫困和歧视的年轻人一样,他勤奋学习,独立思考,善解人意,决心做出成绩,过上受人尊重和有安全感的生活。为了逃避纳粹对犹太人的迫害,1938 年他随父母移居纽约。望子成龙的父母把他送进了华盛顿一所接纳犹太学生的高级中学读书,但是那时基辛格的最大愿望只是想毕业后做一名普通的会计师。虽然他长期生活在曼哈顿华盛顿高地,但似乎出于恋旧情结,他说英语时始终保留着德语口音。为了维持生活,基辛格白天在一家剃须刷工厂上班,晚上才去乔治·华盛顿高中读书。

1943 年 6 月 19 日基辛格加入了美国籍。1943—1946 年他在美国陆军服役。在军队中他遇到了德裔列兵克雷默尔,两人很快就成了好朋友。1944 年 9 月基辛格从所在的美军第八十四师被派往欧洲战区,第二年进入了德国。由于克雷默尔的建议,基辛格被调到师部担任德语翻译,军衔也从列兵提升为军士。后来他又从第八十四师调到第九七〇反谍报部队,并被任命为陆军中士参谋。在担任德语翻译期间他非常谨慎地使用自己的权力,避免有任何对德国军人报复心理和行为的表现。1945 年 3 月他被任命为接管被德国占领城市的官员。

第二次大战的炮火硝烟散尽之后基辛格回到了美国。根据美国《士兵权利法案》,1947 年 9 月他获得了一份奖学金就读于哈佛大学政治系。他

的导师威廉·埃利奥特是黑格尔信徒,向他传授了一套保守主义政治哲学。在他的权威指导下,1950 年基辛格完成了本科毕业论文《历史的真义:关于施本格勒、托因比和康德的感想》,长达 377 页。

1952 年基辛格获得了哈佛大学硕士学位。在攻读博士学位期间,基辛格曾担任哈佛大学社会学概论的教学工作,还组织了国际问题研究班,创办了季刊《合流》。1954 年基辛格获得了哈佛大学哲学博士学位,他的博士论文《世界的重建:1812—1822 年梅特涅、卡斯尔雷与和平问题》(A World Restored: Metternich, Castlereagh and the Problems of Peace, 1812—1822) 长达 365 页。该文聚焦于 1815 年维也纳体系(欧洲古典均势学说)的建立与延伸。他的兴趣似乎不在于评价历史人物,而在于研究梅特涅等人创设的维也纳均势理论。这使基辛格现实主义学派学者的才华含苞待放,最终被授予了夏季奖,但是他后来提出留校任教的愿望却遭到了婉拒。

1955 年基辛格回到纽约,担任美国对外关系协会研究小组主任。1957 年他出版了《核武器与对外政策》一书,他的"有限战争"理论受到了对外政策专家的赏识。哈佛大学当局为此向他下达了聘书,并授予他讲师职称。1957—1969 年基辛格历任哈佛大学讲师、副教授和教授等职。

与此同时,基辛格还担任了洛克菲勒兄弟基金会特别研究计划主任、国际问题中心成员、国家安全委员会和兰德公司顾问。作为一个希望在外交界有所作为的共和党人,基辛格成了纽约州州长纳尔逊·洛克菲勒的追随者。

1969—1973 年基辛格担任尼克松政府国家安全事务助理,兼任国家安全委员会主任。1973—1977 年他被任命为美国国务卿。他是在少数加入美国籍的非美国出生公民中担任国务卿的第一人,在接受任命前就访问过北京和莫斯科。他既能吃鱼子酱又能喝茅台酒的修养,使他避免因为出身于单一文明可能滋生的文化自大或自卑主义,因而容易了解并亲近不同的文化,并把对不同文化群体的同情与理解融入了自己的外交思维中。他对中国充满友好感情,首先是出于对中国文化的正面理解与推崇。他按照自己的"均势外交"理念,积极推动尼克松政府与中国改善关系,对苏联推行缓和战略,以此建构构稳定的世界和平格局。

1971 年 7 月和 10 月基辛格两度秘密访问中华人民共和国,会见了周恩来总理,为 1972 年结束两国间 23 年的敌对与隔阂状态的中美峰会铺路,从而完成了美国战略性外交政策的转变。他和周恩来总理就台海问题进行了多轮会谈。1979 年美国终于与中华人民共和国正式建交。

1987 年 3 月基辛格担任了美国—中国协会的美方主席。在 1989 年以后中美关系一度处于危机的时刻,基辛格曾多次访问中国,呼吁保持中美之间的正常交往。担任公职期间的 8 年里,他九次访华。在退出公职后,他也几乎每年都访问中国,迄今已达 50 多次。1977 年 1 月福特总统授予他总统自由勋章。

出于某种考虑,基辛格决定退出政坛回哈佛任教,但是当时的哈佛校长博克并没有向他发出聘函。于是他转而接受了乔治城大学的教席,担任乔治城大学国际战略研究中心顾问,并兼任阿彭斯学会高级研究员和大通曼哈顿银行国际顾问委员会主席等职。1982 年基辛格创建了基辛格联合咨询公司,由他本人担任董事长。1983 年他应聘担任美国广播公司新闻分析员。

离开政界以后基辛格仍然继续撰写论文,发表演讲并出版著作,对里根政府和布什政府的外交政策均发生过重要影响。多年来他一直关心和支持中美关系的发展。2003 年 10 月他应外交学会邀请访华。2005 年 5 月应中国国际战略学会的邀请再次来访,受到国家主席胡锦涛的接见。2009 年 1 月他来华出席中美建交 30 周年纪念活动。2011 年 6 月 27 日,国家副主席习近平在人民大会堂会见了基辛格。

他的主要著述有:

《核武器与外交政策》(Nuclear Weapons and Foreign Policy,1957 年)。

《世界复兴:1812—1822 年梅特涅、卡斯尔雷与和平问题》(A World Restored:Metternich,Castlereagh and the Problems of Peace,1812-1922,1957 年)。

《选择的必要:美国外交政策展望》(The Necessity for Choice:Prospects of American Foreign Policy,1961 年)

《麻烦的伙伴关系:大西洋联盟再评估》(The Troubled Partnership:A Reappraisal of the Atlantic Alliance,1965 年)。

《大西洋伙伴关系新章:关于独立执行任务团队的报告》(Renewing the Atlantic Partnership:Report of an Independent Task Force,1965 年)

《国家战略问题》(Problems of National Strategy,1970 年)。

《美国外交政策的扩展》(American Foreign Policy Expanded,1974 年)。

《白宫岁月》(The Wtite House Years,1979 年)。

《纪录在案:1977—1980 文选》(For the Record:Selected Statements 1977—1980,1981 年)。

《动乱年代》(Upheaval,1982 年)。

《演讲和论文集》(Observations:Selected Speeches and Essays 1982—1984. 1985 年)。

《外交》(Diplomacy,1994 年)。

《与北京和莫斯科的绝密会谈》(Kissinger Transcripts:The Top Secret Talks With Beijing and Moscow,co-authored with William Burr,1999 年)。

《论中国》(On China,2011 年)。

五、中国政治和亚洲事务研究资深专家何汉理

何汉理 1946 年出生于美国马萨诸塞州的波士顿,1967 年在普林斯顿大学获得公共和国际关系学士学位,先后于 1969 年和 1974 年在斯坦福大学获得政治学硕士和博士学位。

1970—1971 年何汉理曾任职于斯沃塞摩学院政治系,1971—1983 年执教于斯坦福大学,任胡佛研究所国家研究员,1975 年他荣获斯坦福大学华盛顿沃尔特学者奖。1979—1980 年任职于伍德罗·威尔逊国际学者中心,1983—1994 年任布鲁金斯研究所外交政策研究项目高级研究员。1995 年 1 月—2005 年 6 月他担任乔治·华盛顿大学国际事务艾略特学院院长,为该院的教学赢得了国际声誉。2005 年 8 月 1 日他加盟全球政治风险咨询的欧亚集团,先后任研究分析主任和中国事务主席。2007 年他返回艾略特国际事务学院,在溪谷中心任国际事务教授。2009 年 1 月他辞去艾略特国际事务学院职务,创建了弗吉尼亚大学巴腾领导与公共政策学院。

何汉理是美国的中国政治和外交事务专家,曾任多位美国总统的中华人民共和国发展事务顾问。在布什总统第一任期内他把非正式会谈模式带到了戴维营。他还担任过克林顿政府的特别国家安全顾问,也是奥巴马外交智囊团的重要成员。

何汉理长期从事中国问题与亚洲事务研究,他的见解客观深刻,受到广泛重视。美国前国务卿鲍威尔曾经把中美关系定义为“战略竞争对手、经济合作伙伴”。何汉理根据当时中美关系的具体特点提出了与鲍威尔相

反的见解，认为中美两国应该是“经济竞争对手和战略合作伙伴”，两国的政治格局虽然复杂但是可以相互依存。

何汉理认为中国的崛起不可避免会使一些国家感到有压力，但是这种新的竞争也许不是坏事，为此他建议美国和日本应该把中国崛起视为挑战而不是威胁。

2007 年 4 月美国卡内基国际和平基金会会刊刊登了何汉理一篇题为《重新思考中国》的文章，对中国面临的问题进行了详尽分析。他指出：有人认为中国正在走钢丝，经济依靠外资，领导正在高视阔步，军事扩张威胁着全世界。何汉理用事实批驳了西方关于中国的各种无端猜测。他认为，中国最大的危险不是经济，而是生态环境与疾病传染。空气污染已经影响到了北京、上海和香港等地的生活质量，城市和乡村的水资源短缺现象十分严重。他从正面表达了自己的观点：虽然中国确实有很多问题引起了民众的不满，但是政府正在采取措施增加农村拨款，取消了农业税，并对欺压乡民的官员刑之以法。中国政治正在进一步制度化，领导人越来越务实。尽管银行的巨额呆账已经达到警戒线，然而一般中国民众除了存款别无其他投资途径，况且银行仍然拥有充分的周转能力。中国已经深度融入了国际市场，成为世界贸易大国之一，每年大量出口纺织、机械和电器产品，同时也进口技术和石油以及其他燃料。中国拥有巨大的国内市场，所吸引的外国直接投资比十年前增加了两倍。不应该夸大所谓的“民族主义”。现在，中国政府强调和平崛起，“和谐社会”的政策无疑会消除各种形式的民族主义。何汉理坚信中国崛起将导致军事冲突的可能性不大，至少在可以预见的将来如此。当然，如果国家核心利益受到威胁，中国将会诉之武力。中国正在军事、经济、外交、意识形态和文化方面发生重大变化，中国对世界的最大挑战不是要进攻哪个国家，而是运用其迅速增长的资源来改变世界力量对比，使之更加有利于中国。①

何汉理长期研究中国政治、外交政策、中美和亚太关系。1981 年何汉理的《组织中国：1949—1976 年的官僚问题》被授予大平正芳纪念奖，他的《脆弱的关系：1972 年以来的美国和中国》曾获杰出学术著作奖。他的主要著述有：

《组织中国：1949—1976 年的官僚问题》（Organizing China：The

① 陈有为：《中国面临的危险是什么》，新加坡《联合早报》2007 年 3 月 27 日。

Problem of Bureaucracy,1949—1976,Stanford University Press,1981 年)。

《20 世纪 80 年代中国的对外关系》(China's Foreign Relations in the 1980s,Yale University Press,1984 年)。

《中国的第二次革命:毛泽东之后的改革》(China's Second Revolution: Reform After Mao,Brookings Institution,1987 年)。

《中国和东北亚:政治层面》:(China and Northeast Asia:The Political Dimension,University Press of America,1988 年)。

《1945—1955 年中美关系:对危机 10 年的联合再评估》(Sino - American Relations,1945-1955:A Joint Reassessment of a Critical Decade,SR Books,1989 年)。

《脆弱的关系:1972 年以来的美国和中国》(A Fragile Relationship:The United States and China Since 1972,Brookings Institution,1992 年)。

《中印关系:美国需要了解的情况》(The India - China Relationship: What the United States Needs to Know,Columbia University Press,2004 年)。

六、聚焦于中国政治体系和政策制定程序的奥克森伯格

奥克森伯格 1938 年 10 月 12 日出生于比利时的安德卫普,童年时期生活在佛罗里达。1956 年他读完塔拉哈西列昂中学,1960 年获斯沃塞摩学院政治学学士学位,1963 年和 1969 年先后获高伦比亚大学政治学硕士和博士学位。1966—1968 年他担任斯坦福大学政治学代课教授,1968—1974 年他加盟于哥伦比亚大学政治学系,1973—1992 年执教于密歇根大学长达 20 年之久。1992—1995 年他被聘任为兼具智库、学术研究和教育机构功能的檀香山东西方中心主任,并任斯坦福大学亚太研究中心高级研究员和胡佛研究所名誉研究员。在 25 年教学和研究生涯中他所培育的当代中国研究学者人数超过了任何人,为美国学者访问中国积极创造了条件。

奥克森伯格的研究主要聚焦于中国政治体系和政策制定程序的分析,同时探究中国对于国际条约的行为以及对于中美关系的观点。他不断呼吁美国对亚洲作出具体的承诺,促进与中国建立更多具有能产价值的关系。他说:"就危害人性、环境和健康的问题以及农业生产等方面加强与中国的合作至关重要。为求地区稳定对于韩国和印度支那等区域的建设性

承诺也非常重要。至于对日本和欧洲的覆盖则并非美国对华政策的利益所在。”

奥克森伯格是美国资深政治学家和中国问题专家，长期从事学术和政策研究，曾直接参与并负责联系 1978 年中美关系正常化以来的多项中美事务。1977—1980 年他离开密歇根大学就任卡特政府国家安全委员会分管中国和东亚事务官员，努力执行改善中美关系的尼克松政策。当时碰到的主要困难是要终止与台湾的协防条约。1977 年国务卿万斯（Cyrus Vance）的北京之行并没有取得完满的结果，为加速关系正常化的步伐他陪同国家安全顾问布热津斯基（Zbigniew Brzezinski）于 1978 年年初访问了北京，与美国驻华联络处代表伍德科克密切合作，为两国建立外交关系做进一步的铺垫。1978 年 12 月 15 日美国宣布将于 1979 年 1 月 1 日正式承认中华人民共和国为唯一合法政府，并结束与台湾省当局的官方关系，但是维持与其非正式往来。

奥克森伯格在 1979 年中国领导人邓小平访美时参与草拟一份有关信息共享文件。他还就 1979 年苏联入侵阿富汗中国帮助阿富汗抵抗运动的问题与中国政府进行了谈判。他在 2001 年去世之前一直就对华政策问题为此前几任美国总统提供了咨询。他还全力投入创建中美关系国家委员会、中美学术交流委员会和中美贸易协会的工作。

奥克森伯格致力于中国问题的研究和教学，重视培养新一代中国通。他认为中国的崛起是当今世界上头等重要的政治事件，而中美两国的共同利益使得两国间的战略合作必不可少。鉴于中美关系的复杂性，他主张中美在缩小分歧的同时应尽力扩大合作领域。为了给美国学者在中国开辟实习基地，他想方设法与中国有关部门商谈此事，最后确定地点在山东邹平县。这时他已经被检查出罹患癌症，但他仍然坚持工作。他去世后，中美两国专门设立了“奥克森伯格—鲍大可”中美关系讲座，以纪念这两位杰出学者型官员的贡献。

他的弟子社会学教授安德鲁·瓦尔德（Andrew Walder）说：“奥克森伯格是美国最有经验的中国问题高级顾问，在 25 年的教学生涯中他所培养的当代中国研究学者人数超过了任何人。他对于这一学科的热情无与伦比，可以轻松地转换于学术界和政界之间，并能广泛联系各类受众和对象。”

奥克森伯格除了教学、撰写专著之外，还写过很多文章。他的主要著

述有:

《文化大革命:1967 年回顾》(The Cultural Revolution:1967 in Review: Four Essays, Michel Oksenberg et al., Ann Arbor: University of Michigan, Center for Chinese Studies,1968 年)。

《中国的发展经验》(China's Developmental Experience, edited. New York,Published for the Academy of Political Science,Praeger,1973 年)。

《龙与鹰:美中关系的过去与未来》(Dragon and Eagle—United States-China Relations—Past and Future, co-authored with Robert B. Oxnam, 1978 年)。

《1949-1975〈人民日报〉社论研究指南》(Research Guide to People's Daily Editorials, 1949—1975, co-authored with Gail Henderson. Ann Arbor: Center for Chinese Studies,University of Michigan,1982 年)。

《中国的决策:领导、结构与过程》(Policy Making in China: Leaders, Structures,and Processes, Co-authored with Kenneth Lieberthal. Princeton, N. J.:Princeton University Press,1988 年)。

《中国加入国际货币基金、世界银行和关贸组织有利于全球经济秩序稳定》(China's Participation in the IMF,the World Bank,and GATT:Toward a Global Economic Order, co-authored with Harold K. Jacobson, Harold Karan, Ann Arbor:University of Michigan Press,1990 年)。

《中国现身于相互依存的世界:向三边委员会的报告》(An Emerging China in a World of Interdependence: A Report to the Trilateral Commission, co-authored with Yoichi Funabashi,1994 年)。

《美中关系的建构:长期战略》(Shaping U.S.-China Relations:A Long-Term Strategy,1997 年)。

《世纪历程:各大国如何组建当今世界》(A Century's Journey:How the Great Powers Shape the World,1999 年)。

《中国入世:进步与展望》(China Joins the World: Progress and Prospects, co-edited with Elizabeth Economy. New York: Council on Foreign Relations Press; Washington, D.C.: Distributed by Brookings Institution Press, 1999 年)。

《对华政策的制定:布什与克林顿两届政府的经验教训》(Making China Policy: Lessons from the Bush and Clinton Administrations, co-edited with Ramon H. Myers, and David Shambaugh. Lanham, Md.: Rowman & Littlefield Publishers,2001 年)。

七、研究中国经济改革和跨国投资的专家李侃如

1943 年 9 月 9 日李侃如出生于北卡罗来纳的阿什维尔。1965 年他获得达特茅斯学院的文学士学位,1968 年获得纽约哥伦比亚大学的文学硕士学位和东亚学院证书,1972 年又获哥伦比亚大学比较政治学博士学位。

李侃如曾担任密歇根大学政治学教授以及该校罗斯贸易学院的威廉·戴维森教授。他的研究领域是中国政治经济发展、中国和印度跨国投资、中国对外政策的制定、美国外交政策和亚洲安全问题。1998 年 8 月至 2000 年 10 月他曾任美国总统国家安全事务特别助理和国家安全委员会亚洲事务部主任,负责美国对东北亚和东南亚的政策事务。今年他任职于奥巴马总统中国顾问团,兼任美中关系国家委员会的委员。此外,他还被聘任为约翰·桑顿中国中心主任和华盛顿非营利布鲁金斯研究所外交政策和全球经济发展的高级研究员。他是当代美国有影响的中国问题专家,2004 年曾荣获密歇根大学杰出教学成就奖。

1983—2007 年的大部分时间他都教授"共产主义中国的发展"课程,还为罗斯学院对华贸易的硕士研究生授课,激发他们对对华投资的兴趣。相关领域的顶级专家经常应邀开设讲座,其中有美国对华贸易公司的资深干事、中国法律、贸易和社会科学学者。

李侃如是石桥国际有限责任公司(Stonebridge International LLC)的高级顾问。他先后参与或者任职的机构、协会和论坛有:全国委员会美中关系中心、东西方研究中心、美中关系基金会、全美亚洲研究所、美国国会顾问理事会有关东亚事务(首尔)、清华大学中国与世界经济研究中心、北京大学当代中国研究中心、战略与国际研究中心、国际教育协会中国未来发展中心、哈佛大学亚洲研究访问委员会、新加坡国立大学东亚研究中心,并兼任北京大学政治发展与政府治理研究协会的研究员。

20 世纪 80 年代,李侃如和同事在美国商务部的赞助下开展了有关中国政府结构和决策过程的项目研究,1986—1988 年他先后出版了《中国的政治机构与能源发展》(Bureaucratic Politics and Chinese Energy Development)和《中国的决策过程:领导、结构与进程》(Policy Making in

China:Leaders,Structures and Processes)。

李侃如在2004年出版的《治理中国:从革命到改革》中,论述了经济发展、环境、国家和社会的挑战等四个方面的问题。他认为历史上每一个社会都经历过转型,但是没有一个国家的变革速度像中国这么快,转型必然会给社会带来矛盾和不稳定因素。他说,目前中国经济发展面临科学与资源的有效使用,必须调整模式应对环境污染、人口老龄化和就业问题。中国模式在某一发展阶段的运用可能效果不错,但是必要时可以进行调整。

李侃如的专著《应对中国的挑战:如何在中华人民共和国成功经营》(Managing the China Challenge: How to Achieve Corporate Success in the People's Republic)探讨了中国正在进行的经济改革,及其为跨国经营所提供的机遇。该书于2011年5月由布鲁金斯研究所出版社发行。他引用了许多实例来支持自己的论点,不仅展示了如何在对华贸易中营利,也告诉读者如何避免贸易过程中可能出现的严重风险。他论述的经营策略意义涉及面宽广,极具指导意义。他对于面临挑战的详尽分析,应对策略的远见卓识介绍,为从业者指明了正确方向,避免重复他人所犯的错误。

李侃如及其同时代的美国中国问题学者生活在美中关系提升后的改革开放年代,有更多机会直接深入中国社会,因此他的选题范围覆盖面广,观点新颖务实。他撰写和编辑了14部专著,先后在《纽约时报》、《华盛顿邮报》、《洛杉矶时报》、《金融时报》和《南华早报》等报刊上发表了70余篇文章。他还任职于多家非官方学术机构、贸易咨询委员会和学刊编辑部,包括:《中国季刊》、《亚洲政策》、《外交政策》、《当代中国》、《中国国际杂志》、《中国经济评论》和《国际商学教育》。2004—2007年他还在美国国防部联合战略评论中心高级评论小组任职。近期他聚焦于美中清洁能源和气候变化合作开发方式研究。他的主要的著述有:

《中美汽车产业合作之路》(Paths to Sino-American Cooperation in the Automotive Sector, with Michael Flynn, et al. Washington, D.C.: United States Trade Development Program. 1989年)。

《毛泽东去世后中国的官员、政治和决策》(Bureaucracy, Politics and Policy Making in Post-Mao China, co-edited with David M.Lampton.Berkeley, California: University of California Press, 1991年)。

《现代中国观:四周年透视》(Perspectives on Modern China: Four Anniversaries, contributor and co-editor. New York City, New York: Myron E.

Sharpe,1991 年)。

《中国建设:文化与经济之相互关系》(Constructing China:The Interaction of Culture and Economics,co-edited with Shuen-fu Lin and Ernest Young. Ann Arbor, Michigan: University of Michigan Center for Chinese StudiesMonograph Series,Vol.No. 78. 1997 年)。

《中国的管理制度及其对环境政策实施的影响》(China's Governing System and Its Impact on Environmental Policy Implementation, China Environmental Series, Washington, D. C.: The Woodrow Wilson Center, 1997 年)。

《国内力量与中美关系》(Domestic Forces and Sino-U.S. Relations, in Living With China:U.S.-China Relations in the Twenty-First Century,ed.Ezra Vogel,pp. 254-276.New York:W.W.Norton,1997 年)。

《帝国法人之终结》(The End of Corporate Imperialism, with C. K. Prahalad,Harvard Business Review,1998 年)。

《连接纽带》(The Ties That Bind,The China Business Review,pp. 10—16,1998 年)。

《美国对华政策》(US Policy Toward China,Brookings Policy Brief #72, Washington,D.C.:The Brookings Institution,2001 年)。

《治理中国:从革命到改革》(Governing China:From Revolution Through Reform,Second revised edition.New York City,New York:W.W.Norton,2004 年)。

《中国对能源安全的需求及其对美国政策的影响》(China's Search For Energy Security and Implications for US Policy, with Mikkal Herberg. Washington,D.C.:National Bureau of Asian Research,2006 年)。

《消除气候变化对美中合作的障碍》(Overcoming Obstacles to US-China Cooperation on Climate Change,with David B.Sandalow.Washington,D. C.:Brookings Institution. 2009 年)。

《美国情报团体与对外政策:如何正确分析》(The U.S. Intelligence Community and Foreign Policy: Getting Analysis Right. Washington, D. C.: Brookings Institution,2009 年)。

《中国政治:新资源、方法和田野战略》(Chinese Politics:New Sources, Methods,and Field Strategies,contributor and co-editor.Cambridge,England:

Cambridge University Press,2010 年)。

《面对中国挑战:如何在中华人民共和国成功经营》(Managing the China Challenge:How To Achieve Corporate Success in the People's Republic. Washington,D.C.:Brookings InstitutionPress,2011 年)。

八、重视著述中的经验价值和前瞻功能的蓝普顿

蓝普顿是美国斯坦福大学政治学博士和俄罗斯科学院远东研究所名誉博士。1987—1997 年他曾担任纽约市美中关系全国委员会主席,并兼任美国企业研究所和尼克松中心中国政策研究部主任。他从事中国问题研究近 40 年,研究领域为中国和东亚问题,现任约翰·霍普金斯大学中国研究部主任、乔治与萨迪·海曼教授和中国研究项目负责人,被聘任为中国社会科学院美国研究所资深名誉研究员。他曾在上次美国换届选举期间担任奥巴马的中国政策高级顾问。

据蓝普顿回忆,有两件事促成了他一生从事中国问题研究:一是受他中学中国历史老师的启发使他对中国产生了兴趣;二是他深感当年越战的发生源于美国当局对亚洲历史的浅薄见解,使他立志要研究中国。

美国中国通的著作和论文的最大特点是,对于中国历史、政治、文化和社会等学科中重大问题的分析和概括时,非常重视其阶段性、历史性和政策性特征、经验价值、预警作用和前瞻功能,力图通过这类选题揭示中国制度的本质和规则,为美国读者提供与中国人交往需要了解的中国社会背景、心理分析和制度理解的知识。20 世纪末以来美国的中国通撰写了不少有关中华人民共和国各项政策制定的指导思想和程序的专著,这一选题和论证方式明显区别于一般美国汉学家的同类著述。

1974 年蓝普顿在《中国季刊》上发表的《大跃进时期的医疗政策》就是其中最典型的一篇。该文篇幅共 30 页,内容包括:引言;1958—1960 年大跃进时期医疗政策的多元化;中国人举办或参与的医疗卫生会议数;医药分配问题;九人分党委;公社卫生院;卫生部;毛泽东与九人分党委;作为政治舞台的公社;结论。作者在论文的"引言"部分开宗明义地说:"在中国,政策一致性是人所共知的特点。本文要证明至少在公共卫生领域,即便在激进时期(1958—1960)人们也表现出对非统一公共政策的追求。原因是在不同的政治舞台或者机构环境中存在着不同的医疗政策派别。构建一

个舞台的外界压力、直觉和资源未必适用于另一个舞台。”在“1958—1960年大跃进时期医疗政策的多元化”一节中，蓝普顿继续写道：“医疗政策是一个可供验证的有意思的案例，因为当周期性模式引导我们期待时，它既没有动摇我们的统一意识，也没有改变我们的大众方向。医疗保健至少包括六个方面：医学教育、医学科研、医疗保健服务系统的建设、卫生保健财务、中医和大众保健。也许计划生育、工业生产安全、环境保护和生产巡检也可以包括在内，不过不在此讨论。不管是否使用‘激进或保守’、‘大众或精英’、‘城市或农村’中的任何一组语汇，大跃进时期上述六方面的政策在多元化方向中都发生了动摇。”在“医药分配问题”一节中，作者写道：“卫生部是唯一的大舞台，除非把无法解决的问题交由上级机关或者其他部门处理，否则卫生部就要对所有问题负责。该部权限已经在1950年8月召开的第一届全国卫生大会上确定了下来。”最后作者在“结论”中做了这样的概括：“在大跃进时期各个方面的医疗政策都没有所谓的‘激进的’、‘全民的’或者‘大众的方向’。我的用意是提醒读者：不是所有政策都是由相同的机构、相同的领导、出于相同的压力、利用相同的资源制定出来的。就不同的问题由不同的机构处理而言，我探讨了在直接问题分配上可能出现政治上讨价还价或者出现矛盾冲突的情况，并验证了机构所寻求或者为坚守政策职责范围所需的策略。”①

2008年由哥伦比亚大学出版社出版的蓝普顿专著《中国力量三面：军力、财力和智力》也是具有鲜明前瞻性和预警性的著述。全书共七章，362页，分别为：第一章关于力量；第二章军力；第三章财力；第四章智力；第五章中国及其邻国；第六章危险的平衡；第七章中国国力对美国和世界意味着什么。作者认为在今后20年内中美两国将处于“双重冒险”（double gamble）阶段，美国必须就中国领导人对于发展经济或对外扩张与否的问题押上自己的赌注；而中国领导人也必须就美国是否压制中国回归权力和繁荣社会打赌。蓝普顿在书中就中国的军力、财力和智力三方面的问题，应用国际关系学和比较政治学的理论进行逐一细致和精辟的分析。他考察了中国影响力增长所涉及的军事、经济和智力领域，并从一个新的角度对中国进行了评估：中国力量发生了什么变化，中国的弱项和不确定性表

① David M. Lampton: *Health Policy During the Great Leap Forward*, *The China Quarterly*, No. 60, Dec. 1974, Cambridge University Press, pp. 668-698.

现在什么方面,美国和其他国家应该如何看待中国力量的增长。蓝普顿构建了一个很有启发性的理论框架,分析了中国人在过去几千年对待国力兴衰的态度,与此同时也探讨了中国人如何期待本国未来国力的变化。他运用了大量从采访中国和亚洲其他国家官员中得到的相关信息来论证自己的观点。他在多次接受中国记者的访谈中曾经表明该书的读者对象设定为美国人,目的是告诉他们中国怎样理解自己目前在世界上的地位以及将来可能出现的情况,现在中国怎样为提高国力所作出的努力。他指出尽管中国对于军事现代化相当重视,但是中国的策略是只强调经济实力和智力而不强调军力。随着中国国力的提高,美国也必须改革自己的体制。

关于当前中美两国的关系,蓝普顿认为:"在尼克松和基辛格 1972 年去中国与毛泽东和周恩来会面时,两国的关系可比喻为一种'单腿关系',中美要与苏联抗衡,所以让我们两国走到一起来了,这是一种鉴于安全考虑的关系。进入 20 世纪 80 年代,两国的文化和经济关系也开始发展,但'安全'这条腿是最牢固的,因为我们要共同对付苏联的威胁,而经济和文化这两条腿却比较弱,不稳定。20 世纪 90 年代苏联解体后,安全的考虑被摆到一边。然后我们开始发展经济和文化合作,被称之为'经济文化两条腿'的关系。但是,自从'9・11 事件'发生后,安全问题再次成为中美关系中的重要问题,两国经济文化关系也越来越牢固,两国关系朝着多方面迅速发展。我认为,现在的中美关系是一种平衡的、多样化的、广泛合作的关系,比过去任何时候都好。"①

蓝普顿曾经多次随美国政府官员代表团访问中国,会晤过多位中国国家领导,也组织过中美民间及学术界的互访。2010 年他成为由美国亚洲研究局和伍德罗・威尔逊国际中心(Woodrow Wilson Center)颁发的施乐伯奖(Scalapino Prize)的首位获奖者。

蓝普顿撰写或编辑的主要著述有:

《大跃进时期的医疗政策》(Health Policy During the Great Leap Forward,The China Quarterly,No. 60,pp. 668-698,Dec. 1974 年)。

《中国的医疗政治》(The Politics of Medicine in China,1977 年)。

《恢复关系》(A Relationship Restored,co-author,1986 年)。

---

① 黄念:《美中关系全国委员会前会长蓝普顿:我看温家宝》,2003 年 12 月 10 日南方日报报业集团《21 世纪经济报道》。

《权力之路:当代中国精英的流动》(Paths to Power:Elite Mobility in Contemporary China,1986 年)。

《毛泽东之后的中国政策实施》(Policy Implementation in Post-Mao China,editor,1987 年)。

《中国的全球存在》(China's Global Presence,co-editor,1988 年)。

《毛泽东之后的中国官员、政治和决策》(Bureaucracy,Politics and Decision-Making in Post-Mao China,co-editor,1992 年)。

《改革时代中国外交和安全政策的制定》(The Making of Chinese Foreign and Security Policy in the Era of Reform,editor,2001 年)。

《同床异梦:1989—2000 年中美关系的调控》(Same Bed,Different Dreams:Managing U.S.-China Relations,1989—2000,2001 年)。

《台湾的选举、直接搏击与中国的沙地路线》(Taiwan's Elections,Direct Fights and China's Line in the Sand,co-author,2005 年)。

《中国力量的三面:军力、财力和智力》(The Three Faces of Chinese Power:Might,Money and Minds,2008 年)。

九、研究中国政治学和台湾海峡和平前景的包瑞嘉

包瑞嘉 1962 年毕业于加利福尼亚大学洛杉矶分校,1963 年获加利福尼亚大学柏克莱分校政治学硕士学位,1970 年又获该校政治学博士学位,此外他还被授予台湾大学校际中文证书。他现任加利福尼亚大学洛杉矶分校政治学教授,研究领域为中国政治学和台湾海峡的和平前景,被视为美国学术界的中国政治研究权威之一。

1966 年,包瑞嘉携妻子卡罗琳(Carolyn)和襁褓中的儿子马修(Mathew)乘跨越太平洋的航班飞到了台湾省,为的是参加一项中文强化训练,并为撰写自己的博士论文收集材料。那时中美尚处于对峙时期,台湾被西方人视为情报搜集站(Intelligence Dragnet),他一度看到深圳的中国人从境内外来来往往不由心中感慨万千。1975 年他终于有机会陪同一个庞大的美国体育代表团,到广州、上海、北京比赛和参观。那是他第一次踏上大陆的土地,心中充满着好奇和期待。

包瑞嘉曾任美中关系全国委员会主任和美国亚洲协会中国理事会委员。多年的汉学研究使他体会到了解中国政治必须有一种共鸣感,中国和

美国的政治体制和社会情况千差万别,只有深入研究、设身处地地观察和思考,才能掌握中国政治的真谛。他认为虽然目前中国经济生产人均值不高,但是总量一直持续增长,在国际上中国的观点越来越受到重视,与当年邓小平提出“韬光养晦”的阶段相比,情况已经发生了很大变化。

2008年年初,包瑞嘉被克林顿·希拉里聘任为她的竞选团队外交政策顾问,几个月内团队与希拉里通过电话交谈了多次,他诚恳地向她建议批评中国不要夸大其词,尤其是中国的人权、美国贸易入超和人民币汇率等敏感问题,但希拉里一心只想拉选票,没有听进他的建议,他不得已辞去了顾问职务。在发给美国媒体的电子邮件中他解释说:“希拉里将美国的经济问题归咎于中国,这是错误的”。他认为在中国人权问题上,与其指责批评甚至羞辱,倒不如提出一些中国政府能接受的具体意见更能解决问题。

包瑞嘉的《中国兴衰史》是美国教学公司(The Teaching Company)为成人和终身教育编撰发行的一部中国历史讲义。该公司由美国参议院委员会劳工与资源首席顾问汤玛斯·罗林斯(Thomas M.Rollins)于1990年创建。根据个人自修经验他发现通过录像带学习效果很好,便发起一个为公众制作学习录像带的政府项目,但是由于版权的规定无法付诸实践。直到离任前,他才得以聘请一些知名教授为公众制作讲座录像带。到2007年该公司共提供了260多门课程的录像带,总时长达3000小时,涵盖了9门不同学科,包括:历史、文学、英语、哲学、宗教、数学、商务、经济学、艺术与音乐等学科。《中国兴衰史》共包括48个讲座,时间跨度由公元600年至2008年。第一讲为《大哉中华:600—1700年》(The Splendor That Was China,600—1700),第48讲为《中国崛起:沉睡巨人的猛醒》(China's Rise—The Sleeping Giant Stirs)。在讲义的“课程介绍”部分有这样一段叙述:

> 中国是世界上文明最古老并且发展延续不断的国家,在近代历史的短暂时间内发生了惊人的变化。自从1911年曾经荣耀的帝国崩溃以来,中国在后来的几十年中进入了翻天覆地变化的时代,进入新世纪后以权力主义大国和经济动力站的姿态亮相,成为世界上一支庄严威武的力量。据统计,中华人民共和国将在几十年内成为世界上最富有最强大的国家,经济上超过美国,军事

上并驾甚至超越于美国。这一切将怎样发生？我们将如何看待中国的华丽登场及其完全出乎意料的全球崛起？对于我们西方人和人类未来这又将意味着什么？由加利福尼亚大学洛杉矶分校的包瑞嘉教授亲授的《中国兴衰史》，将通过人性竞争的生动画面、巨大的政治动荡和中国惊人速度的现代再生来解读上述重大而又耐人寻味的问题。①

包瑞嘉曾在中国和世界各地旅居和任教，以客座教授或访问学者身份访问过北京大学、香港中文大学、荷兰莱顿大学、日本明治学院大学、普林斯顿大学、亚利桑那州立大学，并长期担任加利福尼亚大学柏克莱分校中国研究中心主任。在40余年的学术生涯中他任职于美中关系全国委员会和当代中国社会科学研究协会联合委员会等多家机构，先后被聘任为白宫、联合国和兰德公司的顾问，还担任过英国广播公司、美国之音、有线电视新闻网和全国公众广播的评论员，多次接受过《亚洲华尔街日报》和《洛杉矶时报》等报刊的采访，发表了自己对中国政治问题的见解。

包瑞嘉先后出版了9部专著，在专业和通俗刊物上发表过100多篇论文，应聘担任过《现代中国杂志》(Journal of Contemporary China)、《中国季刊》、《中国信息》(China Information)和《亚洲调查》(Asian Survey)等杂志编委。他的主要的著述有：

《四清：1962-1966年社会主义教育运动》(Ssu－Ching：The Socialist Education Movement of 1962—1966，with Frederick C.Teiwes，U.C.Berkeley，Center for Chinese Studies，1968年)。

《酝酿中的中国：文化大革命透视》(China in Ferment：Perspectives on the Cultural Revolution，Prentice-Hall，1972年)。

《革命序幕：毛泽东、党和农民问题》(Prelude to Revolution：Mao，the Party，and the Peasant Question，1962—1966，Columbia University Press，1975年)。

《中国四个现代化：新技术革命》(China's Four Modernizations：The New Technological Revolution，Westview Press，1980年)。

《毛泽东去世后中国的改革和反应：通往天安门之路》(Reform and

① *The Fall and Rise of China*，The Teaching Company，DVD Rip，2010.

Reaction in Post-Mao China:The Road to Tiananmen,Routledge,1991年)。

《中国经济改革的政治逻辑》(The Political Logic of Economic Reform in China,University of California Press,Berkeley and Los Angels,California,1993年)。

《毛泽东辞世:邓小平时代的中国政治》(Burying Mao:Chinese Politics in the Age of Deng Xiaoping,Princeton University Press,1996年)。

《中国兴衰史》(The Fall and Rise of China,The Teaching Company,DVD Rip,2010年)。

《中国观察家:一位偷窥北京者的忏悔》(China Watcher:Confessions of a Peking Tom,University of Washington Press,2010年)。①

十、对中国政治有与众不同见解的谢淑丽

1967年谢淑丽(Susan Shirk,1945—)毕业于奥利奥克山学院政治专业,1965—1966年在普林斯顿大学攻读语言专业,1968年获加利福尼亚大学柏克莱分校亚洲研究硕士学位,1974年又获麻省理工学院政治学博士学位。

谢淑丽从政之前曾加盟美国国防政策理事会、东西方研究中心(夏威夷)理事会、美日基金会理事会、美中关系全国委员会,以及外交关系协会三边委员会。她先后参与研究的项目有:中国区域重点研究项目、朝鲜区域重点研究项目、全球冲突与合作研究学院研究,以及21世纪中国研究项目。1997—2000年她曾担任东亚和太平洋事务局副助理国务卿。

谢淑丽现任加利福尼亚大学圣地亚哥分校国际关系和太平洋事务研究所研究生院教授,同时兼任全球战略公司——奥尔布赖特石桥集团资深主任,协助客户解决有关东亚关系问题。她的丈夫塞缪尔·波普金(Samuel L.Popkin)也是加利福尼亚大学柏克莱分校的著名教授。

谢淑丽主要从政治角度来研究中国。作为前美国政府官员,她在自己的著述中总是明确地站在维护美国立场上思考问题。但是由于她从学生时代起就一直关注中国,她本人不仅与老一代中国领导人有过接触,也多

① “Peking Tom”是作者根据英语固定词组“peeping Tom”(下流的偷窥者)自创的谐音词组,可译为“偷窥北京者”,有自嘲的含义。

次受到当代中国领导人的接见，她对中国有着一种与众不同的深刻见解。

1971 年中美之间进行乒乓外交时，谢淑丽作为美国研究生代表正在香港调研。趁这个机会她和其他同学相约来到了北京。在一次与周总理长达四个小时见面畅谈尼克松总统访华安排时，周总理像熟悉的朋友一样曾多次叫她的名字，还开玩笑地说："我宁愿见谢淑丽，也不愿见尼克松"。

从此谢淑丽就一直特别关注中国的情况和变化。她认为世界上没有任何一个国家的经济发展能像中国在过去 30 年那样快地增长。1971 年第一次来华时她觉得中国是一个非常贫穷和封闭的国家，而现在却变成了充满活力的国度。当年她从香港进入内地后，两地之间的巨大差异让她感到惊讶。在上海访问时，她们曾坐着手摇的摆渡木船到浦东农村，而现在的浦东却处处高楼林立，车水马龙。

2007 年谢淑丽出版了专著《中国：一个脆弱的超级大国》。在该书序言中她写道："中国政府面临着一个两难的局面：中国越发达繁荣，中国领导人就越有一种不安全感和受威胁感"。她要表达的意思是，中国 30 年改革开放已经使中国社会发生了巨大变化，随之而来的是贫富差距加大，城乡居民收入差距加大，沿海地区与西部省份的贫富差距加大，这就逐渐影响了政府的权威和形像。1989 年的天安门风波和 1996 年发生的亚洲经济危机，对中国政府是一个考验。中国的国际地位不断提高，但是中国政府的国内地位却存在着不稳定的因素，因此一直重视在保持政治上安定团结的同时加速经济的繁荣发展。群众的任何不满都可能导致经济发展的短路。她认为，除非对于国内脆弱的政治思想和担心有正确认识，否则一旦有重大国际事务处理不当就可能引发纷争。这种前瞻性的分析，尽管属于个人见解，但正是中国通著述的典型表现。

中共第十八届代表大会召开前夕，美国加利福尼亚大学圣地亚哥分校 21 世纪中国研究中心召开了一次由中美关系专家参加的研讨会。该中心学术研究主任谢淑丽认为，将中共内部持不同观点者进行简单化划分是很不明智的表现。面对中国发展中出现的问题，中国新领导已经把民生和解决三大差别放到了重要议事日程上了。

谢淑丽撰写和编辑的主要著述有：

《同志间的竞争：中国的职业刺激与学生策略》（Competitive Comrades：Career Incentives and Student Strategies in China，1981 年）。

《中国和日本的挑战：东亚的政治与发展》（The Challenge of China and

Japan：Politics and Development in East Asia，1985 年）。

《中国经济改革的政治逻辑》（The Political Logic of Economic Reform in China，California Series on Social and Political Economy，1993 年）。

《中国如何对外开放：中华人民共和国外贸与投资改革中的政治上成功》（How China Opened Its Door：The Political Success of the PRC's Foreign Trade and Investment Reform，1994 年）。

《实力与繁荣：亚太经济与稳定相结合》（Power and Prosperity：Economic and Security Linkages in the Asia Pacific，co-edited with Christopher P.Twomey，1996 年）。

《政体：北朝鲜的核政治》（The Body Politic：Nuclear Politics in North Korea，2006 年）。

《中国：一个脆弱的超级大国》（China—Fragile Superpower：How China's Internal Politics Could Derail Its Peaceful Rise，2007 年）。

《变化的媒体，变化的中国》（Changing Media，Changing China，editor，2010 年）。

十一、精通中国古代战略文化和亚太关系的柯庆生

柯庆生 1980—1984 年就读于哈弗福德学院（Haverford College），获历史特优学士学位。1985 年他在康奈尔大学学习了三个月的强化汉语课程。1985—1987 年他进入宾夕法尼亚大学读研，获国际关系硕士学位。1987 年暑假他在中国首都经贸大学进修汉语后回国进入哥伦比亚大学读博，1990—1991 年他再次来华在北京大学进修并撰写博士论文。1993 年他获哥伦比亚大学政治学博士学位。他能说一口流利的汉语，读过《孙子兵法》，对于中国古代战略文化和国际安全问题有深入研究，近年来几乎每年都要来中国参加学术交流。

2005 年 9 月，柯庆生曾应邀出席美中经济安全委员会举办的一次听证会。他在作证时表示，如果陈水扁当局试图通过“修宪”造成台湾与大陆在法理上的分裂，中国政府将会不顾美国的反对，坚决对台用兵。他敦促当时的布什政府践行对中国的承诺，不但与陈水扁的“台独”言论保持距离，还要公开批评他的错误言论。在对台军售上，柯庆生也反对美国向台湾出售爱国者三型导弹和潜艇等进攻型武器，因为这可能向台湾发出错

误信息,造成区域紧张。

柯庆生曾先后在麻省理工学院和康奈尔大学政治系任教,后来加盟普林斯顿大学威尔逊政策学院。他的学术领域是从社会学角度研究中国古代战略文化、亚太关系和国际安全问题,被视为海峡两岸问题专家。早在进入国务院前他就为美国政府做过政策咨询工作,并在 2002 年获得国务院颁发的“杰出公共服务奖”。

2006 年 7 月 17 日柯庆生被聘任为美国务院分管东亚及太平洋事务的副助理国务卿。上任后他经常提醒民主党的对华决策者遇事要说服中国,唯有从正面讲道理才能促使中国成为一个“负责任的大国”,而居高临下的外交批评、以中国为假想敌的军演和虚张声势地强化双边军事同盟都是不可取的。

同年 8 月 3 日在美中经济与安全审议委员会听证会上,柯庆生做了题为《中国是负责任的“利益攸关方”吗?》的发言。他指出:常务副国务卿佐利克希望推动中国成为“利益攸关方”,中国很有可能朝这一方向发展。美国不应该把中国的发展视为“威胁”,也不应遏制中国。美国对华政策的核心是“在最大程度上扩大共同利益与相互合作”。

2008 年柯庆生受聘于普林斯顿大学,利用学校给他的半年学术休假时间在中国各个国际关系研究部门会见中国朋友。他在普林斯顿主持的“中国与世界”研究项目,提携并资助了众多研究中国问题的青年学术精英。

从 2010 年至今他任职于布鲁金斯研究所,兼任约翰·索顿中国中心编外高级研究员,2011 年至今任普林斯顿大学国际事务政治学教授,中国与世界研究项目主任,他也是美中关系全国委员会的理事。近年来他多次到中国大陆和台湾进行学术交流。

柯庆生有不少观点,例如:要求中国承诺以和平方式解决台海争端、为藏独和布什总统向达赖喇嘛颁发美国国会金质奖章辩解,以及对中国人权、宗教自由和政治开放的指责,曾饱受媒体的批评,反映出他主张的美国对华政策的两面性,以及他力图从合作和遏制中寻求平衡的原因所在。值得一提的是他对于许多有关中美两国利害关系问题的态度也是原则分明的。2007 年 9 月 11 日他曾代表美国国务院以严厉的措辞批评陈水扁当局的所谓“入联公投”。他说:“这一点是明确的:美国毫无疑问反对对台湾的任何强制行为,但是我们也不承认台湾是独立国家,所谓有利于台湾保持现状和海峡两岸的和平与稳定的'台湾独立'挑衅性言论,是我们所不能接受的。"①

柯庆生在美国政坛的亮相,为美国国务院客观地了解中国提供了一个新的思考。

柯庆生的主要著述有:

《为什么错过机会? 美中对峙原因再探》(A Lost Chance for What? Rethinking the Origins of US-PRC Confrontation, The Journal of American-East Asian Relations, Vol. 4, No. 3, 1995 年)。

《中国强权政治》(Chinese Realpolitik, Foreign Affairs, September/October 1996 年)。

《中国、美日联盟与东亚安全困境》(China, the U.S.-Japan Alliance and the Security Dilemma in East Asia, International Security, Vol. 23, No. 4, 1999 年)。

《澄清台湾问题:纠正台海双方的错觉》(Clarity on Taiwan: Correcting Misperceptions on Both Sides of the Strait, Washington Post Op Ed, 2000 年)。

《中国》(China, in Richard Ellings and Aaron Friedberg, eds., Strategic Asia, 2001-2002, Seattle, Washington: National Bureau of Asian Research, 2001 年)。

《当代安全困境:消除一次台湾冲突》(The Contemporary Security Dilemma: Deterring a Taiwan Conflict, The Washington Quarterly, Vol. 25, No. 4, 2002 年)。

《新挑战与台海机遇:美国作用定位》(New Challenges and Opportunities in the Taiwan Strait: Defining America's Role, New York: National Committee on US-China Relations, 2003 年)。

《中华人民共和国与美利坚合众国的安全关系:为何诸事顺遂》(PRC Security Relations with the United States: Why Things Are Going So Well, China Leadership Monitor, No. 8, 2003 年)。

《中国是否可成为'负责任的利益攸关方':六方会谈、对台军售与中日关系》(Will China Become a 'Responsible Stakeholder'? The Six-Party

① Thomas Christensen's Speech at the Conference on Taiwan's security established by the U.S.-Taiwan Business Council, Sept. 11, 2007.

Talks, Taiwan Arms Sales, and Sino－Japanese Relations, China Leadership Monitor, No. 16, 2005 年)。

《美中经济与安全评审委员会关于中国军事现代化和海峡均势听证会的声明》(A Statement Before the U.S.－China Economic and Security Review Commission, Hearing on China's Military Modernization and the Cross－Strait Balance, 2005 年)。

《是加强稳定还是制造魔鬼？中国的崛起与美国的东亚政策》(Fostering Stability or Creating a Monster? The Rise of China and U.S. Policy Toward East Asia, International Security Vol. 31, No. 1, 2006 年)。

《中国崛起中的选择：奥巴马政府近期的教训》(Shaping the Choices of a Rising China: Recent Lessons for the Obama Administration, Washington Quarterly, 2009 年)。

《中美关系中寻求共同利益的必要性》(The Need to Pursue Mutual Interests in U.S.－PRC Relations, Washington, DC: United States Institute of Peace Special Report, 2011 年)。

《为何世界需要自信的中国》(Why the World Needs an Assertive China, New York Times/International Herald Tribune, 2011 年)。

十二、美国制定对中国政策的核心人物杰弗里·贝德

杰弗里·贝德(Jeffery A.Bader, 1945—　)从 20 世纪 70 年代开始研究中国问题。他的外交生涯主要和中国事务打交道，1977 年进入美国国务院东亚和太平洋事务局，曾经参与中美建交的筹备工作，20 世纪 80 年代初就被派到美国驻华使馆任职。在克林顿政府时期，他曾担任国家安全委员会主管亚洲事务主任。此后他在国务院官运亨通，辉煌腾达，从主管中国事务的副主任、主任升迁到负责东亚和太平洋事务的副助理国务卿。

贝德是一名有思想有作为的中国通，曾任奥巴马竞选团队中的国家安全顾问委员会成员。2009—2011 年他担任美国国务院副助理国务卿，国家安全委员会东亚事务高级主任、美中关系全国委员会成员以及亚洲协会成员，被认为是美国制定对亚洲和中国政策的核心人物。平日到白宫椭圆形办公室向奥巴马汇报亚洲地区的动态，协调白宫各部门的亚洲政策是他的业务之一。甚至奥巴马在办公室与各国政要通话时都有他在一旁协助。

奥巴马访华期间的每日活动，贝德更是如影随形。

在奥巴马倚重的智库中多数中国通都支持中美两国间发展建设性的关系，认为美中许多经济项目都需要相互合作。2009 年 5 月初在美国华人组织的“百人会”（Committee of 100）第 18 次年会上贝德谈到了奥巴马政府所奉行的中国政策。他认为鉴于中国已经崛起的客观事实，解决世界问题离不开中国的合作。至于中国的人权问题，奥巴马政府只能用成功的实例来证明其中道理。奥巴马看到了美中贸易不平衡的状况，但是他明智地让财长盖特纳（Timothy Franz Geithner，1961—　）出面肯定中国在人民币升值方面所采取的措施，并放弃把中国列入货币币值操纵国的想法。奥巴马主张推动中美两国军方高层的会谈，还经常与亚洲各主要国家领导人通话。这一切都反映了包括杰弗里·贝德在内的白宫中国通的思路和努力。

2010 年年初，中美关系曾经一度出现这样那样的摩擦，贝德和美国国务院常务副国务卿斯坦伯格（James Braidy Steinberg，1953—　）被适时派遣访华，把风险降低到最低程度。

1987 年贝德曾任教于普林斯顿大学。2011 年他离开白宫后回到普林斯顿大学担任政治学和国际关系教授、布鲁金斯学会中国研究中心主任、约翰·韦特哈德高级国际关系研究员以及石桥国际公司高级副总裁。

贝德的主要著述有：

《调控中东的中美能源竞争》（Managing China-U.S.Energy Competition in the Middle East，Washington Quarterly，2005 年）。

《有关中国的国际地位和外交政策的中国观》（Chinese Perspectives on China's Place in the World and its Foreign Policy，Behind the Bamboo Curtain：Chinese Leadership，Politics，and Policy，2005 年）。

《中国和东亚》（China and East Asia，Washington Asia Forum，American University，2005 年）。

十三、研究美中关系、国际政治和亚太安全的权威沈大伟

沈大伟（David L.Shambaugh）1977 年毕业于乔治·华盛顿大学埃利奥特国际事务学院，1980 年获约翰斯·霍普金斯大学高级国际研究学院的

硕士学位，后又在密歇根大学政治学系获得博士学位。1983—1985 年他在北京大学国政系（国际关系学院的前身）学习，一边听课一边撰写博士论文《中国的美国问题专家对美国的认知》。他还在南开大学和复旦大学深造，研究中国的政治和外交政策。2009—2010 年他得到富布赖特项目研究的资助在中国社科院世界政治经济研究所做了一年的访问学者。此外他还在香港、台湾、德国、俄罗斯、日本等地研究机构做过访问学者。

从 1996 年起沈大伟担任埃略特国际事务学院中国政策研究项目（the China Policy Program in the Elliott School of International Affairs）主任，并兼任布鲁金斯学会外交政策研究项目（the Foreign Policy Studies Program at The Brookings Institution）的高级研究员。1976—1977 年他曾担任国务院情报和研究局（the Department of State Bureau of Intelligence and Research）的分析员；1977—1978 年供职于国家安全委员会；他还曾于 1987—1988 年间负责担任伍德罗·威尔逊国际学者中心亚洲项目（the Asia Program at the Woodrow Wilson International Center for Scholars）的执行主任；他同时还在美国国防部（The U. S. Department of Defense）、福特基金（The Ford Foundation）、洛克菲勒基金（The Rockefeller Foundation）、美国新闻署（United States Information Agency）、微软公司（Microsoft Corporation）、兰德公司、国会图书馆担任顾问。他不仅供职于多家编辑委员会，而且还是国际战略研究中心（the International Institute of Strategic Studies）、美中关系全国委员会（National Committee on U.S.China Relations）、世界经济论坛（the World Economic Forum）、亚太安全委员会（the Committee on Security Cooperation in the Asia Pacific）等许多国际重要机构的成员。他是一位研究当代中国事务、美中关系、国际政治和亚太地区安全问题的权威。在奥巴马总统提名洪博培（Jon Meade Huntsman, Jr. 1960— ）担任驻华大使之前，沈大伟曾一度进入了候选人名单。

1987—1996 年他先后任伦敦大学亚非学院政治研究系讲师、高级讲师和教授；1987 年任密歇根大学政治系讲师。1991—1996 年他担任《中国季刊》编辑；1996 年以来他被聘任为乔治·华盛顿大学艾略特国际事务学院教授，1998 年担任中国政策项目主任。从 1998 年至今他还兼任民主党核心智库布鲁金斯研究所外交政策研究项目的非编制高级研究员。

沈大伟是国际战略研究所、美中关系全国委员会、太平洋国际政策理事会、亚太安全合作委员会、亚洲协会等研究机构和学会会员，曾任《国际安全》(International Security)、《战略研究杂志》、《当代史》和《神州展望》等杂志的编委。他还在《外交》(Foreign Affairs)、《国际安全》(International Security)、《生存》(Survival)、《华盛顿邮报》(Washington Post)、《纽约时报》(New York Times)、《远东经济评论》(Eastern Economic Review)、《国际先驱论坛报》(International Herald Tribune)等杂志和报刊上发表过多篇有关中国研究的文章、书评和社论。

在《美丽的帝国主义者》一书中沈大伟指出,直到20世纪80年代末,中国的美国问题专家仍然习惯于马列主义的分析方法,偏重于对人物的社会化评价,因此主观见解略显不足。

2006年他在所主编的《权力转换:中国和亚洲的新动力》一书中指出,亚洲的力量均势正在从东京向北京转移,离华盛顿将越来越远。这一转变目前尚未完成,也不至于引起恐慌。如果美国不把中国视为敌对国家,美国也许还能在亚洲发挥关键作用。

2008年,沈大伟出版的《中国共产党:收缩与调适》(2011年中央编译出版社出版了中文译本)是他的一部代表作。全书共八章,分别为:第一章导论:共产主义崩溃后的中国共产党;第二章西方学者论共产主义国家;第三章西方学者论共产主义中国;第四章中国学者论共产主义国家;第五章中国学者论非共产主义国家;第六章中国共产党的重建:思想方面;第七章中国共产党的重建:组织方面;第八章保持活力:中国共产党为什么能历久弥坚。该书的主要特色是客观陈述了20世纪90年代之后西方学者对于中国共产党发展历史的分析和预测,并对近20年来中国共产党在组织和思想建设等一系列重大举措进行了评价。作者概述了在20世纪90年代初世界局势发生动荡之后,中共对一些国家执政党垮台的原因进行了系统的分析,并剖析了自身所面临的各种国内外挑战。对于那些执政党垮台原因和诱因的探索经历了漫长的过程(在中国引发了长达十几年的反省和争论),但也充满了现实感和紧迫感:为了避免重蹈覆辙,中国共产党应该从苏联和东欧国家执政党失去政权的深刻教训中得到启示。西方许多学者对中国共产党前景的三种预测是崩溃、维持现状或者开始民主化进程。作者断言中国将来将会选择一种中庸之道。中共在思想和组织上所制定的改革措施在深度和广度上远远超出了西方学者的预料,是有效应对当前面临的挑战并保持其政治活力的必需。

关于当前的中美关系,沈大伟曾经发表过这样的见解:两国关系已经进入了相当稳定和成熟阶段，最大的特点是高度建制化、相互依存，以合作为主，竞争在所难免。两国政府部门已建立了广泛的合作与交流关系，目前已有60多个经常性的对话磋商合作机制，对于减少双方误解，在众多全球和热点问题上形成共识，开展务实合作和发展关系显得至关重要。就社会层面而言，中美关系从未像现在这样高度依存和双向互动。在中国已经取得世界话语权的今天，双方利益以前所未有的方式在广泛的领域相互交织的背景中，中美关系已不仅仅是一个双边或者区域关系，更是一个有影响力的全球性关系。①

沈大伟曾经多次来华参加学术会议，2008年担任上海社会科学院客座教授，同年在上海浦东干部学院发表学术演讲。2009年应中国外交部和中国人民外交学会的邀请，参加和现场观看了新中国成立60年周年的阅兵仪式和庆典。《参考消息》和《中国社会科学院院报》曾对他进行了专访。

他先后撰写或编辑了25本论著、200余篇论文和书评，其中主要有：

《过渡中的中国军事》(China's Military in Transition，1991年)。

《中国政治家邓小平肖像》(Deng Xiaoping: Portrait of a Chinese Statesman，1995年)。

《中国外交政策：理论与实践》(Chinese Foreign Policy: Theory and Practice，1996年)。

《改革时代的中国读物》(The China Reader: The Reform Era，1998年)。

《面向未来的中国军事》(China's Military Faces the Future，1999年)。

《现代中国》(The Modern Chinese State，2000年)。

《中国是否稳定：以事实为据》(Is China Unstable: Assessing the Factors，2000年)。

《美丽的帝国主义者：中国的美国观》(Beautiful Imperialist: China Perceives America，1993年)。

《现代化中的中国军事：进程、问题与前景》(Modernizing China's Military: Progress，Problems，and Prospects，2003年)。

《权力转移：中国和亚洲的新动力》(Power Shift: China and Asia's New

① 马小宁：《美中关系相当稳定和成熟——访乔治·华盛顿大学中国政策项目主任沈大伟》，载《人民日报》2009年1月4日。

Dynamics,2005 年)。

《中国皇家艺术珍宝历险记》(The Odyssey of China's Imperial Art Treasures,2005 年)。

《从欧洲、日本和美国的角度观察中国》(China Watching:Perspectives from Europe,Japan,and the United States,2007 年)。

《中欧关系》(China-Europe Relations,2007 年)。

《亚洲的国际关系》(International Relations of Asia,2008 年)。

《中国共产党:缩减与适应》(China's Communist Party:Atrophy & Adaptation,2008 年)。

《美国和欧洲与中国的关系》(American and European Relations with China,2008 年)。

《中国未来图示:国内和国际的挑战》(Charting China's Future:Domestic and International Challenges,2011 年)。

十四、研究军控、软实力以及军事与环境的专家季北慈

季北慈(Bates Gill,1959—　)毕业于美国密歇根阿尔比恩学院,主修政治学和法语,能说一口流利汉语。1991 年他获得了弗吉尼亚大学外交专业博士学位,论文题目为《龙之火:中国安全政策中的武器转移》(Fire of the Dragon:Arms Transfers in Chinese Security Policy)。

1992—1993 年季北慈担任南京大学和约翰斯·霍普金斯大学合办的中美文化研究中心费彝民比较政治学教席。1998—2002 年他应聘为布鲁金斯学会高级研究员及东北亚政策研究中心主任,2002—2007 年任美国战略与国际研究中心费和中国研究讲座主任(Freeman Chair of China Studies in Center for Strategic and International Studies),2012 年他应聘为悉尼大学美国研究中心主任。

季北慈曾先后加盟于美中关系国家委员会(National Committee on United States - China Relations)、美中政策基金(the US - China Policy Foundation)、美国中国研究协会(the American Association for Chinese Studies)、美国菲利斯基金会(the Feris Foundation of America)、中国—默克艾滋病联盟(the China-Merck HIV-AIDS Public/Private Partnership),并兼任美国亚洲研究所(the US-Asia Institute)高级顾问,外交关系委员会(the

Council on Foreign Relations)会员,还担任《当代中国》(Journal of the Contemporary China)、《香港学刊》(the Hong Kong Journal)和《中国安全》(China Security)编委。他阅历丰富,曾长期在法国、瑞典、瑞士和中国居住或从事学术研究。

季北慈的主要研究领域是军备竞赛、军费与武器贸易、化学武器、裁军和军控谈判以及军事活动对环境的影响。2007年10月他担任斯德哥尔摩国际和平研究所所长后,加强了该所对中国的研究,增聘3~4名中国问题专家,还在北京设立了一个办事处,研究选题包括:中国与全球安全、中国在世界维和中的作用以及中国在非洲的安全作用等。他曾主持并出版有关世界军备和裁军问题研究的《世界军备与裁军年鉴》、《斯德哥尔摩文件》和《研究报道》等学刊,是国际政界、学界和新闻记者的案头必备参考资料。

2004年斯德哥尔摩国际和平研究所年鉴曾以《中国的新安全观——多边主义及其对亚太地区的影响》为题介绍了中国积极参加地区和全球多边安全举措的情况。该文指出中国对参与敏感地区维和行动采取了积极态度,2000年以来中国参与联合国国际维和行动的人数增加了20倍。近10~15年间中国在军控和防止扩散方面发挥了重要作用,充分显示出中国为世界和平和安全所作出的贡献。他希望中国能为联合国在亚洲和世界各地维和作出更大贡献。

2003年12月季北慈在美国美中经济和安全评估委员会听证会上指出:中国的地区政治、外交和安全战略已变得越来越主动和自信了,地区的影响力在不断增强。北京已经采取了越来越多的主动对策,设法营造与自身利益一致的安全氛围,目的是为了更加开诚布公地与其邻国实现互利共赢。中国认识到并加大参与地区安全并建立信任机制,最能说明这种变化的两个例子是建立上海合作组织和参与东盟地区论坛。中国在2001年举办亚太经合组织首脑会议时发挥的作用,不仅作为一个地区经济和政治大国的姿态亮相,而且还在促成这次会议发表一项联合反恐声明时表现出娴熟的外交技巧。对于这三个趋势的分析有助于理解中国的自信。①

关于中国如何才能对外提高软实力的问题,季北慈认为主要是在道义

① 季北慈:《中国作为地区经济大国的发展影响及意义》,中新网2003年12月19日。

领导的基础上,或通过提出一个对国际行为有吸引力的模式,使他国政府和国际行为体能更亲近中国,并在事关中国利益的问题上更支持中国。中国的文明和历史成就,或者更广泛地说中国文化,是中国最受世人欣赏的方面,是中国软实力的一个重要组成部分。经济实力也是最有力的工具,中国政府自然会用它作为提升中国利益的一种途径,但是经济利益、道义领导和政治上具有吸引力的模式或形象的结合才是最有效的软实力。中国需要加强与其他国家公民社会组织和行为体的接触以及有效地说服并吸引它们的能力。①

季北慈对于艾滋病与社会发展的关系问题也有独到研究。2003 年 1 月 13 ~17 日,应当时中国卫生部部长张文康的邀请,美国国际战略研究中心考察团 18 人来华访问,了解中国在艾滋病毒/艾滋病防治方面的工作以及中美两国在这方面合作的價值与方案。该中心讲座主任季北慈和非洲项目主任史斯蒂芬 · 莫里逊(J.Stephen Morrison)在《防止艾滋病病毒/艾滋病在中国的蔓延》的报告中写道:中国目前面对艾滋病病毒/艾滋病流行的危险,预料在 2010 年以前可能会有 1000 万~2000 万中国人感染艾滋病,将严重影响中国的主流社会及经济发展。中国卫生部了解艾滋病威胁的严重性和复杂性,通过增加资金、增强政府部门间的合作、扩大培训项目、增强预防教育工作以及扩大国际交流合作等渠道,认真领导防治。美国政府加强了对中国援助的协调,北京的联合国专题工作组也加强了捐赠国之间的合作。中国政府在艾滋病病毒/艾滋病方面的预防及治疗经费已增加至每年一亿元人民币,另外还得到了 15 亿元人民币的政府债券支持,国家的血库安全亦已得到改进。世界健康基金会的约翰 · 浩维(John Howe)还宣布了与中国卫生部合办 10 个艾滋病病毒/艾滋病治疗培训中心的计划。

季北慈撰写和与人合写的专著有:

《中国武器的转移》(*Chinese Arms Transfers*,Praeger Publishers,1992)。

《中国武器的外购:求购‘高级秘密武器’(合撰)》(*China's Arms Acquisitions from Abroad*:*A Quest for ‘Superb and Secret Weapons’*, co－authored with Taeho Kim,Oxford:Oxford University Press,1995 年)。

《武器、透明度与东南亚安全(合编)》(*Arms*,*Transparency and Security*

① 褚国飞:《软实力需结合多重因子》,《中国社会科学报》2010 年 1 月。

in Southeast Asia, co-edited with J.N.Mak, Oxford University Press, 1997 年)。

《临危不惧：台湾及其周边与亚洲金融危机(合编)》(*Weathering the Storm: Taiwan, Its Neighbors and the Asian Financial Crisis*, co-edited with Peter Chow, Brookings Institution Press, 2000 年)。

《中国资产负债表：世人所需了解的超级大国如何兴起(合撰)》(*China: The Balance Sheet: What the World Needs to Know Now about the Emerging Superpower*, co-authored with C. Fred Bergsten, Nicholas Lardy, and Derk Mitchell, Public Affairs, 2006 年)。

《崛起之星——中国新安全外交》(*Rising Star: China's New Security Diplomacy*, Brookings Institution Press, 2007 年)。

《亚洲的新多边主义：合作、竞争与共同体探索(合编)》(*Asia's New Multilateralism: Cooperation, Competition, and the Search for Community*, co-edited with Michael J. Green, Columbia University Press, 2009 年)。

《弹药的管控：核武器的民控与民主职责(合编)》(*Governing the Bomb: Civilian Control and Democratic Accountability of Nuclear Weapons*, Oxford University Press, co-edited with Hans Born and Heiner Hänggi, 2010 年)。

第八章
美国汉学的文化基因与普世意义

“基因”(gene),又译为“遗传因子”,在生命科学中是指带有遗传信息的脱氧核糖核酸(DNA)的片段,是两个生命体结合之后父系和母系的遗传密码在下一代生理和心理信息链中的系列存在。早先认为,产生遗传信息传递的生命体结合必须满足“同种同属”的条件,但是随着生物科技的发展,基因芯片、蛋白芯片、酶工程和细胞工程可以为生物技术与生物工程的嫁接创造条件。科学家根据基因移植理论认为:把北极鱼体内具有防冻功能的基因植入西红柿中,制造出耐寒的新品种并非神话。生理矛盾(差异)越大的生命体之间的结合,其优质传承的可能性就越大。基因具有先天遗传功能,如果一方基因优于另一方基因,那么处于强势的一方就可能进入更畅通的传播渠道,使其后代接受更多的强势基因密码。当然,基因也可能在后天外部环境中逐步发生异化。

在现代文本学中学者们常借用“基因”一词来描写两个非生物体(例如两种文化、政治或者企业体系)在交流结合之后性质所发生的变化。中国文化和美国文化相互碰撞和融通,首先有一个相互了解和适应的阶段。通过借鉴互补,人们会发现某些人群(如移民、涉外人员、旅游者和文化比较研究者)在所处的领域(如外交、外贸、旅游、文教和对比史学研究)中,有关两种文化交流的思维和行事方式能得到他们较好的理解和接受。这说明伦理和民族认同可赋予人们研究或理解某一文化问题的特殊能力,或者说这是载体在客观环境中自然习得的结果,其可延续部分一般都具有传承基因特性。

美国是一个多种群多宗教的国家,白种人占人口总数的80%以上,其中大部分为欧洲移民的后裔。基督信徒在美国居民中占多数,第二大宗教罗马天主教信徒人数的比例也很高,因此基督教文化(Christian Culture)在美国理所当然地占据着主导地位。又因为与东正教、天主教和新教及其诸多教派之间的历史渊源,基督教文化就构成了跨族跨境的基督教文明的主体。基督教早期哲学鼓励教徒对外部世界的探险和征服,在“世界末日”来临之前规劝所有人皈依上帝,并实现对自然界的监控和利用。基督教强调精神世界服从上帝,物质世界尊重子民,客观上形成了对世俗社会王权的约束,这就是基督教国家现代民主政治的基本指导思想。基督教还提倡世俗社会承担照顾弱者的责任,为此应该建立所需的孤儿院、养老院和医院,这种主张就是宗教社会主义思潮的基础。

早期的欧洲移民把西欧文化带到了美国,亚洲移民进入新大陆之后,美国文化中又增加了东方元素。美国人追求民主与自由,开拓与竞争,凡事讲求理性和实用。他们有强烈的成就崇拜和英雄崇拜倾向,成就感是每一个公民前进的动力。地域和社会流动是美国社会生活的两大特点,观念开放和交通便利为美国人从乡村流动到城市,从北方迁徙到南方,从国内走向国外创造了条件。通过努力改变自己的社会地位几乎是每一个人的梦想,美国的多元文化还重视个人利益和享受及其价值的最终实现。这些就是美国基督教具有传承功能的文化基因。

中国和美国都是地大物博文化多元的国家,简短的定义似乎很难概括两国文化的主要内涵和属性。但是在主流政治与社会意识形态所主宰的环境中,每一个人都自觉或不自觉地为构建自己的核心价值观和人生观而努力,这种心态使主流文化的传承成为可能。

中国的文化基因体现在千百年来超越民族超越疆域的儒家文化之中。以孔子(前551—前479)为代表的儒家,面临春秋战国诸强称霸、礼崩乐坏的局面,与法家、道家、墨家、名家、杂家、农家、阴阳家、纵横家和小说家,就治国和修身之术提出了同中有异或者针锋相对的主张。孔子一生中的大部分时间都从事教育,收纳弟子3000名,贤者72人,曾周游列国,在私下和公开场合发表过充满智慧的见解,有“四书”和“五经”传世。儒家希望国君修己恤民、德政礼让,鼓励“齐家,治国,平天下”(《礼记·大学》)。在孝、悌、忠、信、礼、义、廉、耻(《论语·学而》)各项价值观标准中,“仁”和“礼”为其核心。儒家的“民为贵,社稷次之,君为轻”(《孟子·尽心下》)在当时算是相当前卫的政治思想了。儒家还宣传积极入世的精神,倡导“富贵不能淫,贫贱不能移,威武不能屈”(《孟子·滕文公下》)和“舍生取义”(《孟子·告子上》)的人格道德规范,跟今日美国人认同的个人主义、放纵主义和享乐主义人生观完全不同。

因为植根于中国固有的价值系统之中,为了适应时代和社会的变化儒家学说不断进行梳理和调整,经历代统治者的推崇以及人们的实践和传承,对中国文化的发展起到了决定性的作用,长期被奉为指导意识形态的国学不断发展。

所谓“普世价值”有两个基本含义:一是“属于整个基督教世界的价值标准”(oecumenical value);二是“适用于普天之下的价值标准”(universal value),前者是宗教界的定义,后者为中性定义。就汉学研究领域而言,学者们倾向于后者,因为儒家典籍并非宗教经文,孔子是中国历史上有血有肉的伟人。

有人说人是有阶级性的,阶级不同利益也不同,所谓“普世价值”是不存在的。但是作为人口和国土大国的中美两国,都有代表自己国家、民族和时代的主流社会和核心利益,因此也必然有代表多数人的“普世意义”(universal significance)价值观和人生观。时至今日,儒家学说仍然具有强大的生命力。

普世价值实现的高度是学科现代性的重要标志,也是现代汉学研究的重要命题。批判对普世价值的抗衡有利于学术领域现代化的发展。“五四”新文化运动以来,民主、自由、科学和法制为越来越多的普通中国人所接受,从某种意义上说,新文化运动的历史就是中国人接受并参与现代化建设的近代历史。承认并保护文化的多样性是中国和美国学术界都应该承担的任务。美国对于某些意识形态问题的怀疑和敏感态度,影响到两国文化、科技和贸易的交流事件在媒体中常有报道,其中不乏文化理解上的失实权衡。中国公众对于美国一些文学、艺术和学术的观点、内涵、风格和形式的怀疑和不接受,一方面可能源于两国文化传统和美学观点的差异;另一方面可能对于某些文化艺术形式缺乏深入的了解,需要探讨和交流。显然,尊重文化多样性与尊重普世价值是一个问题的两个重要方面,学界的当务之急是不要把“文化多样性”贬低为文化单一性,更不能以“尊重普世价值”为口实强制“他者”认同与自己格格不入的价值观。每一位成功的汉学家都应该具备这样的素养和品格。

一、关于“美国特殊论”与“中国特殊论”

“美国特殊论”(American exceptionalism,或“美国特殊性”)是19世纪法国政治社会学家托克维尔(Alexis de Tocqueville,1805—1859)创制的一个术语。他认为美国人与众不同之处主要表现在其无限膨胀的个人主义、工作狂、为挣钱疲于奔命以及收入待遇平等诸方面。“完全的商业习性”赋予了美国另类特色。显然,他描述的美国特殊论,除了“收入待遇平等”以外其他都是负面的。1996年乔治·梅森大学公共政策教授西摩·马丁利普塞特(Seymour Martin Lipset)在他的专著《美国特殊论:一把双刃剑》中指出:美国在笃信宗教、个人主义、爱国主义、加入志愿组织、犯罪率、监禁与诉讼以及对工作的投入方面都超越别国,但是在投票、平等、选民资格、休闲时间、社会主义影响以及尊重权威方面却落后于他国。可以用于概括美国意识形态的五个词是:自由、平等、个人主义、民粹主义和不干涉主义。美国特殊论是一种双刃剑现象,它的不少积极性恰恰来自于有着负面特征的思想和习惯,因此美国既是一个最好的国家,也是一个最坏的国家。美国以其殊殊论在世界事务中扮演了重要的角色,在冷战时期以及苏联崩塌之后还得到了进一步提升。①

所谓“特殊论”或“特殊性”用于描写一个国家、社会、机构或者时段在某些方面的超常规状态时,通常根据以往经验、观念、感知模式和历史比较的结论,行为者可不必按照既定规则判断或做事。第二次世界大战后有些国家经济腾飞,有些国家像瑞典那样虽然贸易规模不大但是一直保持着高利润水平,都是“特殊论”(“特殊性”)的种种表现。学术界认为如果过分强调举足轻重的比较,就可能陷入与历史主义(historicism)的错误类比。在由意识形态激发的辩论中,一些人表述“特殊论”立场时可能直接或者不直接使用这一术语。有些人可能因为“特殊论”(“特殊性”)被用来取代常规分析词汇而对它持批判态度,或者因为不恰当的使用使它成为一个错误标志而不悦。从语用功能上讲“exceptionalism”既可用作褒义词(相当于汉语的“独一无二”或“出类拔萃”),也可用作贬义词(相当于汉语的“各

---

① Seymour Martin Lipset: *American Exceptionalism: A Double-Edged Sword*, pp. 267—292, W W Norton & Company, Inc, 1996.

别”、“另类”或“离群索居”)，其语义因使用者的观点或语境的不同而不同。例如美国政府拒绝签署一些多数人赞同的人权条约以及没有加入国际刑事法庭，被视为“American exceptionalism”(美国特殊论)的因素在起作用，就像一些人拒绝参与被广泛认可的原则或者实践受到的指责一般。“exceptionalism”还常用来表示一个区域或者团体与他人差异的实际程度和标志。

“中国特殊论”或“中国特殊性”(Chinese exceptionalism)是20世纪末以来许多西方汉学家、中国通、外交家、商业领袖和媒体人谈到中国经济和文化发展时经常套用的一个术语。西方和海外学者把“特殊论”(“特殊性”)用于描写中国政治、经济、文化和国情的例子很多，有作为大词小用的，也有作为小词大用的，褒义、贬义和中性用法的都有。下面是一些报刊文论实例：

一种理论认为，中国作为一个崛起中的大国，其特殊地位至关重要。“中国特殊性”是指革命时期的中心地位和国际主义立场，以及建设时期的和平崛起与和谐包容立场。中国把所有国家都看作合作和竞争对象，尊重世界政治文明的多样性，拒绝干涉主义。

许多西方中国通都有一种“中国特殊论”的看法：认为只有他们自己才最有资格解读中国的动机和言行，而普通人对中国投资、人权、外交和军力等问题的担忧均属无知、误解或杞人忧天。

“中国文化特特殊论”是针对研究其他文明的方法和观念可否适用于中华文明研究的问题提出来的。新信古派主张批判殖民主义时期的非中国视角的历史研究，拒绝一切非中国传统模式的阐述方式，同时坚信学习中国古典文献是汉学研究的重要途径，因此只有中国学者才最得天独厚。而不少西方汉学家却认为，在人文学科中没有哪个重要理论模式是中国学者首先提出来的，因此中国传统文化仅仅是一堆有待开发的原始材料，如果没有西方汉学家的参与和合作中国学者没法充分解释它。

20世纪60年代之前，由于客观条件的局限美国学者对中国国情和文化的研究多采用宏观分析的方法，对于中国各地区和各民族之间的特殊性一点也不敏感。20世纪70年代后他们开始聚焦于中国各地区和民族的发展变化，于是有关中国穆斯林的研究很快就成为美国汉学的主流学科。新疆和西藏由于其特殊的地理位置、敏感的历史问题和多民族的社会背景而备受关注。这一“汉学特殊论”的观点相继存在于有关分支学科的研究中。

1998年,时任一家杂志主编的雷默(Joshua Cooper Ramo)曾写过一篇文章称浦东是“上海的经济泡沫”,并把上海市建筑的快速发展与战后欧洲的重建相提并论。他后来担任基辛格顾问公司(Kissinger Associates Inc.)董事会副董事长时却把浦东的崛起称为“中国特殊论”的样板。

英国曼彻斯特大学国际政治和中国研究教授柯岚安(William A. Callahan)在《中国话语:中国特殊论与历史政治学》一文中写道:

> 许多学者和公共知识分子在其新近的著述中对于中国的崛起提出了一种新的认知。虽然早先倾向于认为中国正融入国际社会,但是许多作者宣称中国基於其独一无二的文明将走自己的现代化之路。那些著述从中华帝国的历史中寻找决定中国和世界未来的线索。这种揭示即便不是影响世界至少也将影响亚洲的中华文明实质研究可以称为“中国话语”(Sino-speak)。中国与东亚邻国的关系史不失时机地引导我们对广泛认可的“中国特殊性”的准确分析。……世人皆知:世界力量正从西方向东方发生巨大转移。许多评论家断言,中国因为经济快速增长,国土辽阔,人口众多,现代化的军事和辉煌文明,不仅将成为下一个超级大国,而且肯定会对21世纪产生巨大影响。中国和世界各国人民都想了解北京对于未来的计划:中国对于未来的宏大目标是什么?中国强大后要做什么?中国会不会像官方政策所说的那样逆反不满势力的历史潮流在现有国际体制中“和平崛起”?北京在从规则遵守者到规则制定者身份转变过程中将如何重建国际规范和制度?①

就政治、经济和文化而言,许多西方学者认为“特殊论”就是不接受普世价值,逆反国际政治、经济或外交规律行事。学术界对于中国是否有“特殊论”目前还存在不同的理解:一种意见认为在政治与社会价值观、历史发展道路及对外关系经验等方面中国有其特殊话语(exceptionalist

---

① William A. Callahan: *Sino-Speak: Chinese Exceptionalism and the Politics of History*, *The Journal of Asian Studies* page 1 of 23, 2012..The Association for Asian Studies, Inc., 2012.

discourse)。但是与西方对应原则“征服与支配”不同的是,“中国特殊论”的基本理念是“和平与包容”。中国把所有国家看做合作伙伴,而不是战争或掠夺的对象;中国尊重世界文明传统的多样性,而不是建立一个排他性的意识形态或价值观霸权;中国也拒绝宗教式的干涉主义,追求仁厚包容的中和主义。① 另一种意见认为中国是一个发展中国家,没有“特殊论”,中国外交的基本特点是:高度现实主义,追求权利和利益,很难发现与其他国家不一样的地方。第三种看法是历史上中华帝国实行天下主义;“五四”时期提倡“中学为体,西学为用”;新中国建立后,提倡社会主义普世主义,不讲例外。②

“中国特殊论”有时被理解为新出现的“东方主义”术语(the emerging dialect for the new orientalism),因为价值观的差异在学者们自己的汉学著作中常有不同理解和表述。有些西方学者别有用心地提出了所谓的“中国崩溃论”(China Collapse)和“中国威胁论”(China Threat)的论断。令人觉得奇怪的是,为什么“崩溃”和“威胁”是中国呢? 中国经济已经从过去不协调不可持续发展的状况进入了正常的发展阶段。如今倒是有很多人愿意用“中国模式”或“奇迹”来概括中国过去30多年的骄人的经济发展。

波奇·特德(Pouch Twitter)在《中非关系的特殊性:从语汇到实质性的差别》一文中写道:

> 中国在非洲的权力道德基础,是一种可以被称为用语言、国家正式关系的框架和实际行动表述和法规化的“特殊性”。其内容为一种求同存异的陈述:中国作为一个国家,本质上有别于此前与非洲往来的所有外来势力,这种差异主要建立在作为一个发展中国家的经验基础之上。因此中国的特殊性是一种确保互惠和双赢的大陆与双边的参与形式,这样建立起来的关系在经济方面可能不对称,但是就确认经济利益和政治立场而言(互相尊重和政治上一视同仁)却是平等的。中国政府建构中非关系的久负盛名的模式是建立在具有历史意义的平等、互利、相互尊重领土

① Feng Zhang, 2012. *Chinese Exceptionalism in International Relations* , at Distinguished Speaker lecture, Murdoch University, also in *World Economics and Politics* , No. 3, 2012.

② 方可成:《中国例外,还是普世价值?》,载《政见》2012年8月16日。

> 主权和不干涉内政，以及公平竞争的基础之上，对于贸易的扩大发挥了作用。时至今日中国做法是成功的，外界反应也表明中国在非洲不存在政治势力或者经济危害。
>
> …………
>
> 中国特殊性的三个基本特征（主权平等与互不干涉、互惠和中国对自己在非洲经验的解读）凸显中国对维护国际社会秩序和稳定的追求，以及在政治平等和经济互补基础上与其他发展中国家共事的强烈愿望。正如2006年1月在其非洲政策（及尔后的相关声明）所阐明的那样，作为持久利益基础的该框架将密切服务于非洲各国的建设需要，为此，决不做任何不利于实现中心目标的事情。有别于西方国家的做法是，中国通过重申以相关原则为指导的外交政策，为自己的非洲权利表达提供了道德基础，确保彼此关系不会降格为某种宣传。①

美国人认为，“美国特殊论”是一套建立在多数人智慧的民主体系基础上的思想和行为方式，这种想法通常是不会出错的。美国从建国时候起就是一个提倡自由、民主和博爱的特殊国家，两百多年来因为推行了这一模式而一枝独秀。2011年11月的美国《外交政策》杂志发文称：过去两个世纪以来，美国被称为“自由帝国”，“地球上最后最美好的希望”，是“自由世界的领袖”。报道指出，“美国特殊论”认为，美国的价值理念、政治体制和历史是无与伦比的，言下之意是：美国在世界舞台上发挥独特的作用是命中注定的，天意赋予了他们这个权利。②

美国总统奥巴马在竞争连任演说中曾经说过：有美国特殊论就像英国人认为有英国特殊论、希腊人认为有希腊特殊论那样，岂不说明美国并无特殊之处？看来他不喜欢美国沦落为政治上和经济上“老二”的地位，不完善的“美国特殊论”需要重新进行定位。

美国前国务卿亨利·基辛格认为美国的特殊论是普世的，而中国的特殊论却是文化的。中国人认为自己代表着一种独一无二的文明；而美国的

---

① Pouch Twitter：*China's Exceptionalism in Africa：from Rhetorical to Substantive Difference?* 25 August，2010.

② 斯蒂芬·沃尔特：《“美国例外论”五大错觉》，载《中国日报》2011年12月8日。

特殊论则是一个长远的概念：由于其观念和历史关系美国在世界民族之林中处于一个特别的地位。中国在国际体系中维护自己权益时常受到“挤对”，但是当前他们都尽可能在某种程度上保持一致。①

基辛格在他的专著《论中国》一书中对中国特殊论还有专门的论述。他写道：

> 中国版的特殊论与美国的不同，特别是在其如何建立与外部世界的联系方面。根据儒家思想，中国拥有一套既普世又世俗的价值观，不过没有必要将它传播到境外。中国相信自己与生俱来的优越性，认为没有哪个新世界需要移民，没有什么遥远彼岸的人需要救赎，中国就是福地，中国人已经在此居住。他把中国描述为一个以长远眼光看待历史并且谨慎做事的国家。中国会在某些优势难以察觉而且敌对者尚未意识到与中国之间存在对抗之时，就努力去发现面前对手的优势。②

二、美国人对中国文化符号的理解与诠释

几年前，一则来自境外的消息称：美国《新闻周刊》（News Weekly）曾通过国际网民投票，评选出了中国和美国等12个文化大国和代表各自文化的20个符号。经向该刊编辑部求证得到的答复是上述消息纯属虚构。

2010年11月27日，在北京公布的中国社科基金项目“文化软实力发展战略研究”课题组《大学生中国文化符号观调查报告》称：由北京师范大学艺术与传媒学院院长王一川教授主持的调查吸收了近百名研究人员参与，在全国18个省、市、自治区的24所高校中发放了近2000份问卷。调查内容包括“全国大学生眼中最具代表性的中外文化符号”、“全国大学生眼中最具推广价值的中国文化符号”以及“全国大学生眼中最具推广价值的外国文化符号”。在270个备选项目中，我国大学生心目中最具代表性的前10个中国文化符号（cultural symbols）的统计结果为：汉语（汉字）、孔

---

① Thomas Omestad：*Former National Security Adviser Kissinger on U. S. Exceptionalism.* News Feature，May 17，2011.

② Ajit Mohan：*Panorama：Kissinger's China，India's Neighbor*，*Wall Street Daily*，October 24，2011.

子、书法、长城、五星红旗、中医、毛泽东、故宫、邓小平、兵马俑。评选结果显示:就整体而言,受访者对我国的传统文化、政治文化和非物质文化符号认识普遍趋同,但是对中国现代文化符号的标准和选项分歧较大。

文化符号是经过时代洗礼的精神文明和非物质文化的精华,是民族文化和理念的载体,也是通过客观存在的物质外在特征表现出来的广义观念。这些象征性符号具有相对固定的独特含义,是人们在社会交流中普遍认可并具有深远影响的思想,体现了中华文明,代表一种经典、现代和国际化的形像。因此中国文化符号就是中国文化的象征系统,通过这些符号可以直接使人们感知中国文化和历史的存在。

2008 年 6 月译林出版社出版的《符号中国》收录了数千张从从风俗到礼仪、从人物到景观的中国文化符号图片,涵盖了中国物质与非物质文化遗产、自然遗产和历史遗产诸方面的内容。主编冯骥才在为该书撰写的"序"中对于中国符号有这样一段精辟论述:

> 对于一些巨大的事物,比如城市、国家和民族,符号本身是一种公认的结果。对于一个城市或国家,它是首先被想到的、记忆最清楚的,也是最响亮和夺目的;符号不同于一般的记号。城市的符号是城市的标记和标志,国家的符号是国家最具特征的细节。最鲜明的符号被认做象征。这样的例子举不胜举。
>
> 然而,能成为国家符号的事物无所不包。其中,有举世闻名的文化遗址与历史建筑,有罕世绝伦的艺术珍品,有名贯千古的风流人物,有特立独行的民风民俗,也有得天独厚的山川奇观。它们从不同侧面显现着一个国家的精神,或情感、或智慧、或审美、或个性。反过来,它又是我们认识一个国家具体的凭藉。应该强调,符号不是人为刻意制造的。它是历史积淀和选择出来的。它是一个民族的文化精华,是最深刻的内容最鲜明地外化。愈是博大和深厚的文明古国,它的符号就一定愈多、愈丰富和灿烂。符号的灿烂是文明的灿烂之使然。①

1681 年南京天主教徒沈福宗(Michael Alphonsius Shen Fu-Tsung,

① 冯骥才:《符号中国·序》,南京:译林出版社,2008 年。

1657—1692)陪同比利时传教士柏应理赴罗马教廷述职。1684年9月15日法国国王路易十四(Louis XIV,1638—1715)在巴黎接见他们时,沈福宗向国王呈献了孔子和康熙画像,以及《大学》、《中庸》和《论语》等儒家典籍的拉丁文译本。9月26日在路易十四宴请沈福宗宴会上,沈福宗向在座的主宾展示了筷子的用法。他还身着青丝蓝缎纹龙织锦与柏应理参加了另一次王宫宴会,在参观圣路易王宫时展示了中国的丝画艺术。1687年3月柏应理和沈福宗顺访了英国。英国国王詹姆斯二世(James Ⅱ,1633—1701)派画家戈弗雷·克内勒爵士(Sir Godfrey Kneller)特别为沈福宗画了一幅全身肖像画,并请他为牛津大学的中文藏书编目。沈福宗在牛津大学图书馆会见了东方学家托马斯·海德(Thomas Hyde,1636—1703),向他介绍了中国的辞书《海篇》和《字汇》以及中国象棋和围棋,还做了中国游戏"升官图"和汉字书法表演,并共同探讨了中国历史、哲学和语言等问题。当时欧洲大陆正流行"中国风",沈福宗向英法君臣展示的孔子和康熙画像、中国辞书、汉字、织锦、丝画、筷子、象棋、围棋和升官图,都是帮助法国和英国人了解中国和中华文化的符号。

1795年5月,荷兰来华朝贺团副使范罢览(Houckgeest Andre Everard van Braam,1739—1801)因为荷兰局势动荡决定移居美国。临行前他在广州为美国总统夫人马萨·华盛顿(Martha Washington)订购了一套中国瓷器,为自己计划在美国建造的新家购置了一套中国家具,还专门聘请了两位广州画匠以他往返北京途中所做的大量速写为蓝本绘制了1800余幅中国画,并装裱成册。1796年他抵达费城后,从中挑选了350幅在自己寓所举办画展,引起了当地新闻界的关注,对他的中国之行做了大量报道。后来他在特拉华河畔建造的公馆用了许多中国工艺品进行室内外装修。2000年美国埃塞克斯博物馆中国艺术部副主任麦志明博士(Dr. Bruce Maclaren)在该馆地下室发现了范罢览当年遗留的《中国画册》中的249幅水墨画,引起了极大轰动。观看过那些中国画的美国汉学家和艺术家都认为画中的主题涵盖了中国人类学、历史学、地理学、民俗学和工艺学,以及艺术、文学、考古和神话领域的诸多元素,表现了清代为欧美市场创作的中国画风格的多样性,为外部世界提供了感受当时中国社会的真情实景,同时也证实了早期美国民众从美学上对中国艺术的认可。那些中国画就是一个价值连城的中国文化符号数据库。

人们认识事物有时从文本介绍开始,有时从具体人物和事情开始,在进入记忆储存之前都必需经过梳理、归纳、比较、概括和抽象化,最后形成“知识”。当人们在社会实践中为了加速或者深化对某一新事物的认识时,需要从自己记忆中调取所积累的知识,通过类比和对照对新经验进行归类。如果不对已知信息进行再现这一学习或习得过程几乎是不可能的。

符号学(semiotics,或 semiology)的理论可以用来分析和解读中国文化符号。19 世纪末 20 世纪初西方符号学有两大学派,一是以索绪尔(Ferdinand de Saussure,1857—1913)为首的欧洲语言符号学派;二是以查尔斯·桑德斯·皮尔斯为首的美国逻辑符号学派,20 世纪 60 年代两者以“现代符号学”之名扩展到文化和视觉文化研究领域。皮尔斯原来在哈佛大学学习化学专业,后来从事形式逻辑研究,创立了实用主义符号学。索绪尔建立了包括“意指”(signified)和“所指”(signifié)的二元体系,皮尔斯则以“符号”(所代表的语音和拼写,即“能指”,signifier)、“阐述者”(中介)和“事物”(所指)为一体的三元体系区别于前者。

符号学是研究符号表意的科学,其核心元素是符号与象征。符号学与语言学直接相关部分包括:语义学(考察符号和“所指”的含义)、句法学(考察符号间的关系)和语用学(考察符号的使用问题)。索绪尔创建的语言符号学派,以法国后结构主义理论家罗兰·巴特(Roland Barthes,1915—1980)为现代符号学的重要人物。巴特对符号学理论的贡献主要是他对索绪尔语言学的超越并与文化研究挂钩,使语言学的“所指”变成文化研究的“能指”,从而构成一个有更深层意义的“所指”。他不仅将语言符号学引入到象征符号学,还赋予了符号学社会和政治意义。从广义而言汉学也是符号学的分析和研究领域,无论在学术上还是现实生活中都很重要。

符号学思维方式就是对事物意义及其表达进行思考的方式。对“表达形式”关注的优先性与对具体内容关注的优先性属于两种不同的思维方式。就外国人了解中国文化而言,因为主客观条件的限制,不可能都直接通过纯文本或者图像化文本方式进行思考,也不可能都直接通过具象或者数字化具象方式加以接受,但是最好的方式是两者结合。

在汉学研究和教学中,符号学知识的运用十分重要和广泛,可以实现话语政治和话语历史的转向。正确的符号学应用有助于学习者通过具体内容吸收历史正能量,形成一种愉快的心结。反之,则可能接受历史负能量,产生抵制情绪的积淀。

第二次世界大战结束之后,美国文化在影响亚洲文化的同时也接受了亚洲文化的影响,范围所及不仅仅是大众文化和精英文化,也包括价值观和思维方式。不同民族文化之间的平等交流通常都是双向的,因此在日常社会交际中文化冲突现象时有发生。美国密歇根大学中国艺术与文化中心教授包华石(Martin Joseph Powers)在北京清华大学的一次演说中说:冷战时期美国的汉学研究学者提出了“文化本质论”、“欧洲文化优越论”、“文化冲突与竞争的必然论”以及“文化目的论”四个方面的观点。包华石认为文化本身不具备本质性,流变性才是其主要属性;欧洲文化并非总是先进的,需要具体问题具体分析。文化之间除了竞争,也应包括相互学习和交流,既有激烈的排挤与抵触,也可以共享共赢。至于文化发展的终端,“西方终将胜利”之说失诸片面,因为历史并没有具体的终点。① 他认为中国文化是美国汉学研究中的核心内容。

三、意识形态与美国汉学

许多美国政府官员、历史学家、宗教领袖、外交家、政治家和富商,长期以来一直认为美国的特殊性帮助自己建立了一个举世无双的“自由世界”,并以不同方式向世界传播其“20 世纪必定为美国人世纪”的价值观,但是这个“自由”国家的舆论和宣传机器却不允许来自本国公民或者外部世界的“非美”和“反美”的思想享有自由空间,因此引起了从精英阶层到普通民众对这一美国模式普世价值的质疑。

美国人使用的英语是当代世界的主流语言之一,这一现实使许多美国人相信自己的文化霸权(culture hegemony)地位可以经久不衰。美国大学的历史系、东亚系、社会学系和人类学系需要很多中国人文学科专家,但是那里却是“欧美中心主义”(Euro-American Centralism)偏见最强烈的科系,容不得“中国中心论”与其平起平坐。② 美国的比较文学领域也普遍存在着“西方中心主义”(Western Centralism)。在东西方文化处于不平等对话

① 方麟:《美国汉学家包华石做客清华解读文化冲突》,清华大学国学院海外学者短期讲学课程“文化冲突的新解读”之二,清华新闻网 2012 年 5 月 15 日。

② “中国中心论”有两种不同的解读。一种观点认为历史上中国封建统治者视华夏为世界中心,中国的皇朝是“天朝”,而其他民族是“化外之民”或者“蛮夷”,他们与中国的关系是藩属国与宗主国之间的关系。另一种是在汉学研究中与“西方中心论”对立的观点,以柯文为代表的美国汉学家认为西方入侵中国引发的巨大结构性变动是中国革命和人民斗争反抗的结果,汉学研究中应该提倡“中国中心观”(Sino-Centralism)。

的年代，中国政治、经济和文化的发展与西方国家相比较明显处于弱势地位。虽然这种偏见在多元文化共存的潮流中也在缓慢地改变着，但是要美国舆论真正理解、认识并接受东方现实无疑尚需时日。

现代社会没有任何一个国家像美国那样在外交事务中坚持意识形态(Ideology)对其政策实施、文化传播和经援对象进行严格控制的。冷战时期的“麦卡锡主义”，当代所谓的“民主外交”和“人权外交”，从“布拉格之春”到“阿拉伯之春”，都是以“意识形态”为切入口大做文章的，广泛涉及自由、平等、民主和三权分立等诸多目标与理念。

意识形态是表达人们政治思想的一种价值体系，包含对社会和现象本质的正面和负面的认知。它是人们认识和解释世界的依据，源于特定的经济和政治背景的理念和观点的总和，也是人与人之间关系的反映，通常伴随着经济基础的变化而变化。意识形态不是个别人偶发或者零乱的思想判断，而是形成于一定社会经济基础之上的一种人生观和世界观，这就赋予了它群体性、系统性和历史性等特性。一般来说，意识形态对于考察对象负面成分过多地关注或者故意曲解和夸张，必然会对人们观察世界和分析问题的过程和结果产生直接影响，从而对问题作出错误分析和推导。由于时代局限或者考察者个人的认知方式存在偏差，也可能在研究中留下隐患。就政治实践和学术研究而言，多数人追求的是真知实情。不管愿意与否，社会人都生活在一张无形的意识形态大网之中，受到吸引、限制或迷惑，不能不做出自己的选择。

意识形态存在于人们的政治、社会、艺术、审美、宗教、哲学和伦理的观念之中。在不同时代、不同阶级、不同社会人们的意识形态之间存在着巨大差异。历史证明:意识形态的发展动向和诠释活动无一不是在特定的权力背景下展开的，因此占统治地位的观念都是执政集团思想的具体表现。追求权力的个人或组织往往会通过自己的言行和表现方式去影响社会主流意识形态，设法使它朝自己所希望的方向变化。在权力竞争公开化的社会，一些人会通过手中的权杖突出自己的意志，排斥不同的见解，使自己或者自己所属的阶层获得全部历史和学术诠释活动的合法性。掌握一定范围权力的人还可以通过信息封锁、制造假新闻或者垄断宣传，使周边的人生活在被意识形态所左右的虚拟世界，放弃纠正错误和为实现美好人生目标所做的努力。

冷战时期许多美国社会科学家、外交官、学人和记者，通过各种渠道和方式参与了对外事务。他们不仅是那个时代学术界的重要角色,也是现代美国思想史中的学术精英和领衔人物。相对而言,那些受到打击、排挤、审查和批判的对象却成了历史大潮中的牺牲品。这就是第二次世界大战之后,美国的汉学研究所经历的麦卡锡主义清洗运动、1958 年国防教育法颁布后的汉学大发展和 20 世纪 70 年代经济低谷的停滞状态对汉学研究的负面影响因素。

第二次世界大战结束若干年后的美国已经完全建立了所谓的三权分立、两党制大选、军队国家化、舆论监督、新闻、结社和宗教信仰自由、以及司法公正等体系,然而这些建制并没能防止 1950 年“麦卡锡主义”的出现,政界的党派矛盾和斗争在一定程度上成了阻碍美国汉学发展的因素。

从 20 世纪 40 年代末到 50 年代初,美国掀起了以麦卡锡主义为主导思想的反共和排外运动。1945 年 3 月,美国众议院以 207 票赞成 186 票反对,将备受抨击的“非美委员会”(House Committee on Un - American Activities)改建为常设机构。同年 3 月 11 日美国联邦调查局借口当年 1 月 26 日的《美亚》杂志(Amerasia)刊发的一篇文章与他们所掌握的一份密件内容相同,便联合战略情报局的特工一起突击搜查了该杂志编辑部,事后声称从办公室搜出了 1700 多份机密级和其他密级的政府文件。6 月 6 日联邦调查局再次查抄了该杂志编辑部,对外宣传已经从中搜查出 1069 页政府文件,其中有 504 页属于保密级的公文。同日,美国司法部以“窃取政府绝密文件”的罪名逮捕了曾任职于原美军驻延安观察组的国务院官员谢伟思等 6 人。据统计,后来大约有 2000 万美国公民先后受到了不同程度的审查,至少有 800 万美国人需要宣誓效忠自己的国家。连一个为街区商店做广告模特名为帕萨迪纳的 3 岁女孩也不能幸免,她的母亲被告知女孩必须签署“忠诚宣誓书”后才能领取报酬。

20 世纪 50 年代初,麦卡锡(Joseph Raymond McCarthy,1909—1957)因怀疑罗斯福新政中任要职的阿利格尔·希斯(Aliger Hiss)是共产党人而大肆鼓动“十字军运动”的共和党人。他原在威斯康星州担任律师,1942 年任巡回法院法官,1946 年才正式被选为参议员。1950 年 2 月,麦卡锡公开揭露有 205 名共产党人进入了美国国务院雇员编制,但是他并不掌握具体人员的名单。同年 6 月,一个组织在所发表的《赤色频道:共产党在广播电视中影响的报告》(Red Channels: The Report of Communist Influence in Radio And Television)中列出了 150 多位广播电视雇员的名单,指责他们并非效忠美国的公民。联邦调查局还出于同一目的责令纽约市摄影联盟解散。为了安全起见美国各地公民纷纷掀起了效忠宣誓之风。《时代》、《生活》和《芝加哥论坛报》等报刊也耸人听闻地散布所谓“被赤化”的言论。朝鲜战争爆发后,麦卡锡指责民主党政府中有人暗中“私通苏共”并“出卖了蒋介石”,把曾经担任驻华特使的美国国务卿和国防部长乔治·马歇尔将军(George Catlett Marshal,1880—1959)打成了里通外国的“叛徒”。

1953年4月,麦卡锡在两名助手的协助下对美国驻外使馆的藏书目录进行了审查,把美国共产党领袖威廉·福斯特(William Foster,1881—1957)、左翼作家白劳德(Earl Russell Browder,1891—1973)和史沫特莱等75位作家的著作列为禁书,甚至连著名历史学家小阿瑟·史莱辛格(Arthur Meier Schlesinger,1917—2007)和幽默作家马克·吐温(Mark Twain,1835—1910)的作品也被列入了“危险书籍”。据估计,被列入黑名单的书目多达200万册。随后在美国一些城市和学校的图书馆开始查禁或者焚毁的可疑书籍和杂志中,竟包括有关雕塑、医疗、幼教和建筑类的专著,以及侦探小说和爱情小说。1953年11月6日,美国司法部长小赫伯特·布劳内尔公开指控杜鲁门总统本人曾经庇护一名苏联间谍,因此对他是否忠诚国家表示怀疑。

美国国会自1950年起先后成立了泰汀斯委员会和麦卡伦委员会对欧文·拉铁摩尔进行了审讯,美国忠诚审查委员会和参议院国内安全小组委员会对费正清进行了多次传讯,案卷长达1000多页,使他在相当长的时间内无法从事研究。因为在战时和战后参与美国对华事务而受到审查的谢伟思、柯乐布和艾奇逊(Dean Acheson,1893—1971)名誉扫地。埃德加·斯诺因受到审查不得不偕同夫人移居瑞士,后来客死日内瓦。太平洋学会、美国学术理事会、外交关系委员会、美国教育委员会、洛克菲勒和里斯基金会先后被列入了调查名单之中。物理学家钱学森因被指责参加过美国共产党的活动受到了联邦调查局的传讯,他的私人信件被拆,住宅电话被窃听,他所持的“国家安全许可证”也被吊销,1955年他离开美国以前一直受到各种限制、盯梢和监视。

戴维斯1908年出生在四川一个传教士家庭,在中国接受过小学和中学教育,后来返回美国上大学,毕业后加入了外交官行列。1942年他被先后任命为美军驻中缅印战区部队司令官史迪威的顾问和美国驻重庆大使馆二秘。1943年6月,戴维斯在写给国务院的一份报告中建议美国与共产党人建立直接的联系，并向延安派驻观察员。1944 年 1 月 15 日，戴维斯致函史迪威，再次呼吁尽早向中共控制地区派遣军事和政治观察小组。在他和其他美国有识之士的努力下，1944 年 7 月美国派出了一个军事观察小组对延安进行了 16 天的访问。

两年后戴维斯任职于美国国务院政策司。但是在美国国内掀起“谁对失去中国负责”的大辩论中戴维斯、范宣德和谢伟思被认为难辞其咎。戴维斯一次次接受审查，一次次被宣布无罪。1954 年他第九次接受了审查，虽然不再是“不忠诚”，但却被指认为“缺乏判断力、不审慎和不可靠”。戴维斯被辞退后移居秘鲁，为了养活家人，做起了家具生意。因为他并不善于经营，只能勉强维持生计。

1964 年，为了让孩子有更好的前途，戴维斯返回了美国，开始了为恢复名誉而奋力抗争的漫长历程。他的代理律师要求国务院重新审查他的案件，但国务卿腊斯克对此毫无作为。1966 年腊斯克拒绝了远东事务助理国务卿延聘戴维斯参加亚洲问题专家顾问委员会的建议。直到 1969 年美国国务院才批准他参与一项涉及接触保密资料的研究项目，间接地为他平了反，此时他已进入了花甲之年。1971 年年底他举家移居西班牙，直到 20 世纪 70 年代末才回到美国。

令人不解的是，那些与“民主”和“自由”含义不相称的现代迫害手段竟被视为一种遗产长期在世界各地兜售和复制。40 多年后华裔科学家李文和（Wen Ho Lee，1939—　）因莫须有的“核武器机密案”遭拘禁，被认为是一桩典型的教科书式案例，反映了特工部门和媒体为集团私利联合起来对付一个无辜学者所能造成的巨大心身伤害。

由于许多汉学家和机构都不同程度遭受了审查，美国现代汉学研究在很长世间内成了危险的雷区，几乎无人敢问津。一些心力交瘁的学者开始把自己的学术兴趣转入中国传统文化研究，或者从事汉学经典著作翻译。这一时期美国出现了几位研究中国历史、语言和文学方面的专家，如顾立雅、魏鲁男和卡利斯（Helmut G. Callis）。美国中国思想委员会（The American Committee on Chinese Thought）先后召开了以“中国思想的历史特征”、“中国思想与制度”、“行动中的儒家”、“儒家的说服术”和“历史上的儒家人物”为主题的中国儒家思想研讨会。

1954 年 12 月美国参议院以 67 票对 22 票通过了谴责麦卡锡的决议案，满目苍夷的美国学术史从此翻开了新的篇章。当时朝鲜战争已经结束,美国和苏联相互挥舞橄榄枝,东西方紧张局势有所缓和。但是麦卡锡主义对美国汉学研究的负面影响却远未终止。20 世纪 50 年代前在《纽约时报》和《纽约先驱论坛报》发表有关中国政治、经济和社会问题的文章中有 22 篇的作者被列入了黑名单,几年后他们的名字在这两家报纸上消失了。①

1958 年美国国会通过了《国家国防教育法》,任何大学设立的汉学专业要纳入国防人才培养体制就要通过审查。因为当时中美两国处于政治上对峙状态,他们只能往台湾地区或者香港地区派遣留学生学。攻读汉学专业的学生申请奖学金也要通过政审,对于有"左"倾思想或者共产主义信仰者受到了严格限制。

从 20 世纪末到 21 世纪初的几年中,美国国会每年都提出 80 多个涉华议案,内容主要是指责中国或者批评白宫的对华政策。在国会对华贸易问题进行表决时,意识形态和党派利益无不成为考虑的主导因素。在媒体炒作和利益集团制造的氛围中,中美之间的外交,经济和文化等问题都被涂上了政治色彩,美中经济与安全评估委员会不失时机地扮演了摇旗呐喊的角色。

2001 年 10 月 26 日美国总统乔治 · 沃克 · 布什声称"反恐"需要,促使国会通过了备受争议的"国会法案"(Act of Congress,正式名称为 Uniting And Strengthening America by Providing Appropriate Tools Required to Intercept And Obstruct Terrorism Act of 2001,据词头字母合称为"爱国者法案"USA Ptriot Act)。美国法院根据该法案第 215 条规定允许国家安全局实施"棱镜与时代互联网监控计划"(Prism and Tempora Internet Surveillance Programs),警察机关有权搜索电话、电子邮件、通信、医疗、财务和其他种类记录,减少对于美国本土外国情报单位的限制,扩大美国财政部长的权限以控制金融流通活动,加强对于居留、驱逐被怀疑与恐怖主义有关的外籍人士的权力。对"嫌疑者"的邮件、电话、照片、存储数据、文件传输、即时消息、视频会议和社交网络资料进行监控后来范围进一步扩大。《爱国者法案》撰稿人之一的共和党议员森布伦纳(Frank James Sensenbrenner,1943—)被引述称"这一行动完全超出了《爱国者法案》允许的范围,是过度的,非美国式的"。

据媒体报道:2013 年 6 月下旬美国国家安全委员会和中情局国防项

① 《国外社会科学动态》1986 年第 6 期,第 42 页。

目技术签约方雇员爱德华·约瑟夫·斯诺登(Edward Joseph Snowden, 1983—　)在香港爆料美国黑客四年前就已入侵中国网络系统上百个,持续攻击清华大学主干网络以及拥有庞大海底光缆的香港佩克网(Pacnet)总部计算机。斯诺顿说:"他不希望生活在一个滥用职权的社会中,也不希望生活在一个一言一行都被记录的世界里。"这一爆炸性新闻引发了全球性政治风波。美联社的一篇时评分析称,在美国有将近50万像斯诺登这样的雇员,能接触到大多数敏感文件。据信谷歌(Google)、苹果(Apple)、微软、雅虎(Yahoo)、美国在线(AOL)、聊天室(PalTalk)、夜话(Skyle)、视频分享(You Tube)、脸谱(Facebook)和推特(Twitter)等信息技术巨头都以不同方式与美国官方监控部门结盟。决策者认识到,当今在越来越多的国际事务中可以通过互联网达到政治目的,使美国稳坐"全球领导者"之尊位。这是美国意识形态对于人文社会领域施加影响的典型案例,使人联想起当年的"麦卡锡法案",在此美国语境中其汉学研究难免不受干扰。

美国意识形态对于汉学研究的负面影响不仅仅表现在学术生态方面,而且还表现在学术思维方式和对于中国经典文献的解读与评价方面。麦卡锡主义肆虐期间美国的汉学研究基本上无法开展正常的学术活动,对鲁迅、茅盾和巴金等中国作家的研究极少。许多美国图书馆连他们的主要作品都没有收藏。虽然美国学人很早就译介了左联作家丁玲等人的作品,但由于受意识形态的影响,20世纪50年代也只出版了丁玲的《生活与创作》,到了80年代以后情况才有所改善。美国学术界对于中国解放区文学的译介与研究也是薄弱环节,只有罗·弗兰德对艾青的研究,西里尔·贝契和杰克·贝尔登对赵树理的研究。

汉学研究的跨文化跨学科性质离不开翻译活动的保障,一般认为,翻译过程中策略与原文同等重要。译文质量的高下取决于译者对原文及其风格的理解是否正确,译词选择是否贴近,技巧和表达手段的使用是否得体,以及读者或受众对象的定位是否符合实际,而这一切最终又由话语权所体现的文化政治意识形态所定夺。

葛浩文在翻译旅英作家虹影的小说《饥饿的女儿》时碰到了书名的翻译问题。作者曾经考虑以"Hunger"为书名,但是未能获得出版社的首肯,个中缘由是从市场营销角度看对于读者缺乏吸引力。作者对书名中"饥饿"二字曾做过"生理饥饿、灵魂饥饿和性饥饿"的解读,但是英语中很难找到同类的多义词,于是译者退而求之,以符合译事规范的"改写"办法将书名译为“Daughter of the River”。显然，这里也有一个由话语权所体现的文化政治意识形态操控的问题。

具体到文本的翻译，由意识形态引起译词选择、语义表达和技巧运用的难度比起书名的翻译要大无数倍。如果有一个良好的语言环境，问题是可以迎刃而解的。这样的例子多得不胜枚举，几乎可以信手拈来。

四、美国汉学研究中的学术代沟与话语权

在美国200多年汉学发展历史中，先后涌现了以卫三畏、克陛存和柔克义为代表的第一代研究中国文化的学者群，以德效骞、费正清和拉铁摩尔为代表的第二代汉学家班子，以白鲁恂和牟复礼为代表的第三代汉学家团队，和以宇文所安和夏含夷为首的第四代汉学家阵容。他们从翻译和解读华夏经典文献开始，由微观个案研究逐渐扩大选题范围，覆盖了越来越广泛的汉学人文学科领域。学者们致力于对儒家学说核心价值观的揭秘，对抢救史料的口述史访谈方式的倡导，把美国行动主义精神与历史研究相结合，在第三世界政治现代化中对文化差异的关注，以中国中心观取代种族优越感的呼吁，在汉语方言分析中层次语音理论的创造性运用，在历史研判中用结构主义理论模式进行的解读，以及在科技评析中对中国妇女性别规则的考察。总之，选题和分析手段一直保持着更新和变化。

美国学者在不同时期的研究中，曾经出现过因为视角、观点和方法差异而得出反差悬殊甚至绝然相反的结论，形成了代沟和话语权的纷争。由于学术生态的变化，人们认知事物方式的多样化，加上所获得的信息量差别而导致了代沟周期的缩短。除了上述情况之外，学者们所处时代学政部门的导向，读者因潮流变化而对某些信息的接受和抵制，都可能对学术分析、表述和结论产生干预。曾经有一段时间，美国学术研究中“所有的东西都被解释成话语，话语成为本质。一谈到文本，只是与话语有关，这个文本与那个文本就是一样好。”①现在全球一体化正为我们建构一个多元文化的时代，在学术研究中每一位学者都可以成为不同群体的代言人，虽然中西文化之间仍然存在着巨大差别，但是日益增加的交流使学术互通和借鉴

① 魏斐德：《代沟是怎样形成的》，2004年6月接受《每日经济新闻》主编叶檀博士访谈，载《古代中国：传统与变革》。

变得比任何时候都频繁和容易。

应该说明的是,汉学研究方法和观点的更新是人文学科发展史中正常的新陈代谢现象,不过其中一些只有新旧之分,而另外一些则有优劣之别,不能一概论之。例如:微观个案与宏观全方位研究、精英文化与大众文化务实性研究、单科独进与多元并立理念、个人研究与团队化国际化攻关等,在很大程度上是受主客观条件和学科水平的限制以及学科项目复杂性的制约。汉学研究也可能因为标准不明确而导致自由定位和随意解释的情况发生,例如"中国中心观"与"西方中心观"、"中国奇迹论"与"中国崩溃论"、"技术理论评测"与"学术问题政治化"之间的观点立场差异,后者明显为带偏见的意识形态化所左右。

费正清是一位有影响的理论家,作为"学术企业带头人",他所培养的弟子中有许多人已经成为美国学术界的权威。他毕生独著、合著和编辑的著述达 60 余部之多,还写了大量的论文和书评,总是从历史与现实结合的角度来阐述问题。在研究中国近代史的学者中,他就中国传统文化和社会变化的关系所提出的"冲击—回应"模式在 20 世纪 50 年代的美国学术界有广泛的代表性。这一观点在他的《美国与中国》和与邓嗣禹合著的《中国对西方的反应》中都做了较全面的论述,认为其影响已经深入到各个学术领域以及相关的研究进程之中。在他看来,长期居正统思想地位的儒家学说确保了中国社会的稳定,但是中国也因此变得封闭、保守、排外、缺乏发展活力。于是西方对中国的挑战就成为一种打破平衡的刺激,为我们这个古老大国提供了机遇。这就是他所谓的"冲击—回应"模式的作用机制,在美国汉学界相当一段时间内主导了学者们对中国问题的探讨,甚至成了一种套路。

但是 20 世纪 60 年代后期,一次次激进学生运动席卷了欧美,在随之而来的郁闷日子里西方青年的革命激情被迫转向了从信仰、制度、语言到学术权威的"解构"(deconstruction)对抗。可能受到对越南战争反思和批判的学潮的启发,一些学者开始对费正清模式提出了质疑。以柯文为首的一代后起之秀主张研究中国近现代史不能沿袭西方传教士撰写来华传教史的模式,必须摆脱西方中心论先入为主的假设来审视中国的过去。他们认为可以通过多学科研究揭示中国社会内部的发展动力,确认中国现代化进程反映了西方列强入侵中国社会后引发的巨大结构性变动,经过中国人民多次改革和革命后才形成了现代中国的面貌。1984 年,柯文在《中国历史揭秘:有关近代中国的美国史学著述》中对其业师费正清的史学模式提出了批判观点,指出其弊端是只注意中国所受到西方影响的一面,却低估了中国传统社会能动抵制外来入侵的另一面。柯文倡导以“中国中心观”来研究中国文化和历史,反对以西方列强对中国冲击和中国的被动回应作为中国近代史的主旋律。这不仅是对中国史学研究固有路线的反思,也是对西方研究中国文化模式的勇敢挑战。

费正清的高明之处表现在他诚恳地接受了年青学者对他的批评,承认了自己的中国史观并非无懈可击,并且在《中国新史》和再版的《美国与中国》中对自己过去的中国史观作出了修正,郑重地指出中国的近代化动力主要源于中国社会内在的生命力,而来自西方的外部影响只是有限的因素。

美国汉学家何伟亚(James L.Hevia,1947—)是1986年芝加哥大学博士,他的主要研究领域为中国近代史和世界发展史,以及18世纪后的中国、欧洲和北美关系史,曾任北卡罗来纳大学历史系副教授,后任芝加哥大学国际研究中心主任。他的专著《怀柔远人》(Cherishing Men from Afar: Qing Guest Ritual and the Macartney Embassy of 1793)1995年由杜克大学出版社出版,并获得了1997年美国亚洲协会颁发的列文森优秀著作奖,被认为是后现代主义(Post Modernism)的研究经典而饮誉国际学术界。有关该专著的主要思想架构以及相关人文学科理论的应用,何伟亚在《怀柔远人·序言》中有这样的一段陈述:

> 关于马嘎尔尼使团所受之接待,从前的学术界持有三种看法,本书正是对这些看法的回应。第一种是结构—功能学派的看法,这一学派源于20世纪70年代的人类学。它的批判性的分析促进了对古典模式如“中国的世界秩序观”和“朝贡体系”的再思考。但随之而来的问题是:如果摒弃“朝贡体系”,那么,18世纪晚期以来的中西关系又会是怎样的呢?
>
> 第二个问题部分也是由人类学的分析所激发,而与社会学的礼仪观有关。我确信,正是欧美世俗(非宗教的)学者对礼仪的特别的看法,才使中西冲突被构建为一种文化误解。我考虑的问题包括两部分:一、形成这种阐释的文化观是什么?二、倘若抛开文化因素,冲突会是什么样的?

第三个争议与我自己的态度有关。我不赞成中国中心主义和以中国为中心的世界秩序这样的观念，尤其考虑到清朝的建立者是满人而非汉人。由此引向第三个问题：如果欧洲与亚洲的接触，不是被看做生机勃勃的扩张性的西方对停滞的闭关自守的东方，而是被视为两个扩张性的帝国——满族多民族帝国和大英多民族帝国的相遇，那么，自马嘎尔尼使团之后的清英互动又该是什么样呢？这本书和我正在写的第二本书试图阐释这些问题。①

加利福尼亚大学圣地亚哥分校教授周锡瑞（Joseph W. Esherick，1942—　）在1997年香港发行的《二十一世纪》12月号上刊登了《后现代式研究：望文生义，方为妥善》一文，对何伟亚的专著提出了批评。该刊同期还发表了艾尔曼和胡志德（Theodore Huters）合撰的《马嘎尔尼使团，后现代主义与近代中国史——评周锡瑞对何伟亚著作的批评》。1998年周锡瑞又在《现代中国》（Modern China）刊发了长篇评论，指责何伟亚在解读文献中存在着严重失实的问题，并由此质疑其后现代研究方法在中国史学研究中的有效性。海外汉学界对于这一问题的旷日持久争辩引起了国内学术界的关注，1999年第一期的《历史研究》发表了罗志田的书评《后现代主义与中国研究：〈怀柔远人〉的史学启示》，对书中两大核心观念——"多主制"和"迎宾礼仪"提出了申论。2002年中国社科文献出版社推出了由邓常春翻译的该书中文版《怀柔远人：马嘎尔尼使华的中英礼仪冲突》，译文中的中文参考文献均按照原著的英文回译，但是在脚注中提供了中文文献原名，供读者研判。至此，《怀柔远人》以及史学中的后现代研究方向成了海内外学术界的重要话题，其中许多观点值得深思。

周锡瑞是1966年加利福尼亚大学柏克莱分校的毕业生，曾师从费正清、列文森和魏斐德，很重视经济研究对历史理解的作用。他认为没有绝对的"中国中心观"和"欧洲中心观"，"冲击—反应"模式和"中国中心观"是两个极端。他对学术现代性持批评态度，认为从研究角度看分析立场只有两个：一个是从革命的视角进行研究，一个是从学术角度进行研究。中国的历史悠久复杂，个人研究应该重视调查分析而不应从先入为主的概念

① 何伟亚：《怀柔远人——马嘎尔尼使华的中英礼仪冲突》（邓常春译），北京：社会科学文献出版社，2002年。

出发。他是一位坦诚的学者,对待不同的观点总是喜欢据理争辩。他主持的讨论课也因注重培养学生的交流意识和视野扩展而享誉海内外学术界。

由艾尔曼、莱恩(Ellen Laing)和魏斐德等组成的评选委员会,对于何伟亚通过后现代主义观点与档案材料相结合赋予了马嘎尔尼使团访华旧事一种全新的诠释,表示了充分的肯定。此事在美国汉学界虽然不算开新风气之先,但是确属一种有益的尝试。"后现代主义"是一个什么概念?有人说它不是一个"主义",而是一种"社会生活状态"。有关后现代主义在西方出现的时间说法不一,其中一种观点认为是20世纪70—90年代,但是在法学、建筑学、教育学、社会学、政治学、文艺批评和心理分析等领域学者们均提出了自成体系的论述,反对以特定方式来继承既定的理念。最早出现后现代主义概念的领域是哲学和建筑学。事实上,后现代主义常被理解为女性主义、多元文化、解构主义、时间元素、媒体应用或者物质主义中的一项或者多项,严肃的哲学家因为该概念含糊而不喜欢使用这一术语。回顾西方近代发展史,年轻一代学者发现工业革命之类的声势浩大社会发展运动,无不融合了美国清教徒的开拓精神和二元对立的政治模式,因此从后现代主义衍生出来的文化信念都是反对主流方案、理性中心或者二元对立思想,更反对以功能主义和实用主义为主导的美国文化生活方式,然而对现代主义以前的社会生活方式却充满着怀旧之情。

宾礼研究是何伟亚在《怀柔远人》中重点论证的一章,也是他展示史学研究中后现代主义理论功能的关键一章。马嘎尔尼来华受挫是中西交流史上引人观注的事件,由于清廷视西夷为化外之人,建立在"多主制"思维观念之上的礼仪制度因其不确定性导致了贡使的冒犯,结果乾隆皇帝拒绝了马嘎尔尼代表英国所提出的通商要求。这里,马嘎尔尼事件的价值似乎只被何伟亚用于证明后现代主义理论在史学研究中有效性的外事案例。

周锡瑞对于史学研究中的后现代主义倾向持批评态度,认为把列文森奖授予何伟亚等于不恰当地提倡学术研究中的后现代写作方式。他还从史料和翻译角度批判了何伟亚的治史方式想象的东西太多,在征引原始档案时以猜想代替了忠实的翻译,对中文文献解读的错误严重影响了其结论的可信度。何伟亚引以为自豪的后现代主义的史学研究新方式正是造成文献解读错误的根源。在史料运用方面没有任何突破的情况下,仅凭后现代主义理论未必就能确保分析正确。

虽然周锡瑞只比何伟亚年长五岁,但是彼此的学术观点和思维方式却有所不同。他对何伟亚的批评反映了美国两代汉学家在研究取向上的差异,也是周锡瑞无法接受后现代主义方式研究的理由。周锡瑞是在西方左派运动中成长起来的汉学家,长期坚持批判西方列强对于中国的入侵。他热爱中国文化,同情中国人民在近代史上的不幸遭遇,理解中国人民为实现现代化所做出的不懈努力。而何伟亚及其时代的学者却有较多机会接受后现代主义的影响,在专业上往往偏向于中立价值观,在理解中文经典文献时难免有不到位之处。这就毫不失真地反映了周锡瑞与何伟亚各自所代表的汉学家的代沟立场和价值观。

由代沟引发的话语权纷争有时也从美国学术界延伸到与其关系密切的华人学者圈中。1977 年,由杜维明倡议的“18 世纪中国学术研讨会”在美国召开,74 岁的徐复观和 37 岁的余英时均应邀赴会。与会者的发言主要围绕清代思想家戴震(1724—1777)的学术思想主题展开讨论。由于胡适和梁启超(1873—1929)的推崇,戴震在美国有很高的知名度。徐复观当时提交的与会论文为《清代汉学衡论》,对乾嘉学派进行了综合性评析,基调是清代汉学逃避了现实社会的责任,以汉学之名行攻击宋明理学之实无异于断送儒学生命。1965 年他曾表示要发愤撰写一部专著,重塑汉代学术的精神面貌。1972 年华东师范大学出版社出版了他的《两汉思想史》第一卷,1975 年出版了第二卷,1979 年又出版了第三卷,以此向学术界表明他已经践行了自己的承诺。

余英时是香港新亚书院文史系第一届毕业生,曾师从国学大师钱穆。他对于儒家学说的基本观点是:清代汉学代表了儒学智识主义(Confucian Intellectualism)的新发展,力图在儒学与现代科学之间寻找一条联系通道。在宋明理学的研究成果方面,钱穆著有《朱子新学案》,余英时也著有《朱熹的历史世界》,师生二人的学术指向与治学之道一脉相承,都想通过重构朱熹所经历的世界向学术界展示理学的光彩一面。余英时此次向研讨会提交的论文是他的最新得意之作,要为清代汉学的发展进献新解。年高德昭的徐复观与血气方刚的余英时年辈不同,虽然在研讨会上彼此都相互尊重,没有出现激烈的争论,但是他们在学术观点上的歧见却由来已久,学术界早有耳闻。

1976 年,余英时出版了《论戴震与章学诚——清代中期学术思想史研究》,提出了许多令人耳目一新的见解。他认为宋明理学代表的只是传统的“尊德性”,而清儒的“道问学”却标志着儒学发展的新阶段,如果在两者之间找到一条通道,也许后者的意义会超越前者。面对西方列强近代对中国军事和文化入侵留下的负面影响,儒家学者的使命就是要树立一面科学认知精神的大旗,大力提倡新的价值观,减轻或者消除西方文化冲击所产生的消极后遗症,以获得与外部世界对话的主动权。徐复观对于余英时在"尊德性"与"道问学"两者之间寻找平衡通道的努力似乎并无异议,因为他本人在提倡儒学自律演进的既定目标也是寻求现代的发展,但是对于余英时的结论却不完全认可。

徐复观与余英时在学术观点上的代沟和分歧有他们自己思想意识方面的问题,也与余英时的业师钱穆的影响有关。钱穆年长于徐复观,声望也高于徐复观。钱穆曾经就治学之道与徐复观有过语重心长的交谈。徐复观经办《学原》和《民主评论》期间曾得益于钱穆的赐稿。但是徐复观从日本留学回国后从政多年,曾任国民党军队团长、参谋长和师管区司令,1943 年受命任驻延安高级联络和参谋,20 世纪 50 年代才与唐君毅和牟宗三一起推动儒家现代化研究,因此被指认涉世较深,过于重视学术与政治的关系,而且谈经论道时常意气用事缺乏坦荡之气,使人觉得他并非清纯学界君子。而在徐复观看来,钱穆从内地到港台后部分改变了自己的原先的学术观点和治学方式,认为儒学的出路需要借助科学。1958 年元旦徐复观、牟宗三、张君劢和唐君毅联合在香港《民主评论》上发表了一篇题为《中国文化与世界——我们对中国学术研究及中国文化与世界文化前途之共同认识》的宣言,敦请钱穆签名助阵,但是却遭到婉拒,成了学术史上一桩无法了断的难案。后来余英时曾撰专文《钱穆与现代新儒家》,郑重声明钱穆和他本人无缘与现代新儒家认宗结派的前因后果。

徐复观重视两汉经学,兼治宋明理学,强调人文现实精神。他批判清代汉学脱离现实,逃避时代的责任,缺乏使命意识——这样的评判也许不算耸人听闻。而余英时立足于清代汉学研究,坚持儒学智识主义,力图打开经学与汉学之间的联系通道,加固承前启后的纽带,可谓用心良苦。虽然他们各自代表了对中国传统研读与现代思想阐发的不同路数,但是目标显然都是为了儒学的现阶段提升。最为可贵的是他们彼此都表现出中国文人的一种自律和自觉,展示出新时代儒学发展生生不息的内在机制,从人文精神和认知原理的不同起跑线上奔向多科发展的目标。学人意向之深厚浅薄都可在对现实的关怀中得到验证。代沟倾向的张扬,大而言之是政治叫板,小而言之纯属一种感情发泄。但是就徐复观和余英时的情况而言,他们没有也不可能对对方话语权造成很大程度的伤害。

美国汉学界的学术代沟比任何国家都突出,皆因学术生态与传统使然。但是代沟是思想进步的表现,是先进理念的扩张和积累,也是由沙龙清谈雅教过度到唇枪舌剑革命的演习。美国汉学的阶段性变化幅度之所以大,可以从这一特点分析中得到揭示。

五、美国汉学与中国形象的构建

国家形象是一个国家的文化和国情在另一个国家公众舆论中的镜像,也是一国读者或受众根据对另一国的总体印象所做出的评价和判断。从这个意义上说,美国的中国形象(image of China)就是美国中国观的一种表现。在全球一体化和信息化的当今世界,传媒由于其影响的广泛性和权威性一直发挥着国家形象最快捷最广泛传播工具的作用。

根据不同的涉科手段,可以从新闻与传媒、文学与影视、历史与文化、科学与技术等方面构建一个研究对象国的国家形象。如果构建的目的是为了妖魔化对象国,就属于负面国家形象,如果构建的资源来自对象国的真实社会现实,就是正面的国家形象。中国形象的构建是一项历史性的复杂工程。从美国早期的文本化中国形象,到近代视觉艺术的中国形象,再到当代全球一体化中的科际解读中国形象,历史在变化中发展,中国形象也在发展中不断进一步细化。

美国主流社会的中国观是构建美国中国形象的核心资源。在 19 世纪中叶之前,由于美国的南北战争(1861—1865)和中国的太平天国运动(1851—1864)的爆发,中美两国之间几乎没有机会开展经济和文化的直接交往。美国人早期对中国的认识主要源于欧洲有关中国的知识:一个实行开明专制的国家,对各类宗教持宽容态度,社会繁荣建立在重农轻商的思想基础之上。当年波士顿、纽约和费城的少数富商和显贵家庭中都或多或少收藏着中国的瓷器和漆器,中国茶叶、丝绸、家具、墙纸在当时美国上流社会也风行一时,娱乐场所上演中国杂耍和功夫以及化妆舞会的中国穿戴成为一种时尚,为的是表达他们对于早期美国文化中古典主义的零容忍。

1896 年,美国缪托斯柯甫公司发行了《李鸿章在纽约》和《李鸿章驾临第四街区和百老汇》。这是美国最早公映的中国新闻纪录片,穿着朝服的李鸿章也是最早出现在美国银幕上的中国官员。此后还有 1898 年的《香港政府建筑》和《上海警察局》,以及 1902 年的《北京前门》和《天津街景》等,给没有机会来华的美国观众留下了奇特、神秘但又模糊的中国印象。至于 1937 年根据赛珍珠的小说《大地》(The Good Earth)改编的电影,尽管故事中的那些不苟言笑的人物显得多么呆傻和古板,但是他们言谈之中体现出来的孔孟之道文化层次却感动了成千上万的美国观众。

19 世纪 40 年代的一些美国知识分子对中国古典哲学情有独钟,艾默生为了寻求超验主义(Transcendentalism)的理论支持把目光投向了东方。他不仅在《日晷》(The Dial)上刊登了孔子语录,还在自己的日记、演讲和随笔中经常引用中国诸子百家理论。超验主义行为使越来越多的美国人亲近中国文化。美国诗人惠特曼(Walt Whiteman,1819—1892)与艾默生的超验主义俱乐部关系密切。1855 年他的诗集《草叶集》出版后遭到冷遇,艾默生向他表示了同情与声援。惠特曼对中国文化的兴趣和向往也与艾默生的影响分不开。在他的心目中中国与印度都是并列的东方文化大国。在惠特曼的诗歌中,中国的山川、城镇、古庙、宫殿、平民和儒家学说时常被提及,他还从中国的审美文化中吸收了丰富的营养。此外,卫三畏的《中国总论》和明恩溥的《中国人的特性》都是美国早期系统译介中国文化和社会的著作。

但是后来移民美国的华工给美国人的印象却是诚实勤劳与愚昧迷信兼有,因为对美国经济和就业带来冲击,美国公众舆论对华人的态度开始改变。于是,异教徒、堂会的恶棍、洗衣店的穷人、唐人街的鸦片馆开始出现在通俗文学作品之中。美国传教士、外交官、军人、海员、学者和观光客的来华观感、报告和回忆录都有许多挖苦和嘲弄中国人的文字,令人难以卒读。甚至在作家弗兰克·诺里斯(Frank Norris,1870—1902)、罗伯特·威廉·钱伯斯(Robert William Chambers,1865—1933)、杰克·格里菲斯·伦敦(Jack Griffith London,1876—1916)的作品中都有负面的华人形象出现。明恩溥的《中国人的特性》一书也有一些不真实的描述,1890 年该书出版后受到了广泛的关注,媒体述评中既有肯定也有否定,因此 1892 年再版时,批评中国人的“裙带关系”、“好吃”、“好名利”、“不会保存古迹”和“缺乏利他主义”等共约 10 万字符的内容都被删除了。

鸦片战争后美国学者从西方文化的立场对中国进行考察和研究,无法掩饰他们对于中国的贫穷落后状况评测的悲观,以致在他们笔下的文盲、盗匪、流民、灾荒、瘟疫和战乱的阴暗面频频出现,扭曲的中国形象在相当长的时间内成为导向性基调的依据。19世纪的美国商人视中国为潜在的国际市场,新教牧师也把中国看作传教的重要对象国。美国的外交官提出了“门户开放”政策,为的是在不具备军事力量与西欧列强抗衡的情况下确保美国人能自由进入中国,利益均沾。

第二次世界大战时中国加入了同盟国,美国政府和民众为帮助中国击败日本侵略者曾给予慷慨援助。七七事变之后,美国媒体开始报道在日军铁蹄下被蹂躏的中国人的消息。飞虎队队长陈纳德(Claire Lee Chennault, 1893—1958)、执行迪克西使命①的谢伟思、远征军司令史迪威和防长马歇尔,通过书信、访谈和述职在很大程度上影响了美国人的中国观。斯诺、史沫特莱和斯特朗等媒体人有关中国的报道对美国人中国形象的构建也起到了重要作用。

1950年以后,美国与新中国之间的尖锐对峙却持续了22年,中国形象受到了严重的损伤。直到1966年,一些美国中国问题专家才公开呼吁对华政策应该从“遏制与孤立”转变为“遏制而不孤立”。但是在20世纪80年代之前,除了少数具有良知的美国汉学家外,很少人敢于展示具有积极意义的中国形象,美国人的中国观为意识形态所驱使由此可见一斑。

地区或国家形象的构建无不体现着与历史学、社会学、政治学和人类学相关的时代印象,国家形象与国际媒介的每日新闻和言论报道的关系越来越密切。可是当今国际新闻是如何采集的呢?媒体专家认为一些美国人的性格中总有一种传教士的冲动,希望看到别国人民变得更像自己,以此来证实美国的各种价值,这就成了他们的新闻采集标准。近年来,随着我国综合实力的不断增强,一些美国媒体经常通过动态性的歧视报道影响外部世界对我国的整体评价。1989年的“六四”风波又一次改变了美国的中国形象,所谓的“人权问题”被提升为决定两国关系的首要条件,一些报刊和电视新闻随后掀起的导向性宣传竟长达一年之久。美国主流媒体每年转发美国国防部送交国会的《涉华军事与安全发展报告》(Military and Security Developments Involvig the People's Republic of China),炒作我国的军费开支、装备现代化和武器进出口情况,为“中国威胁论”煽风点火。有关死刑、藏独、疆独、贪腐、对台军售、人民币汇率和南海主权伸索等问题几

① Dixie Mission,是“美军中缅印战区驻延安观察组”的代称。“Dixie”原指美国内战时期的叛乱南方各州,被借指中国共产党领导的陕北根据地。

乎成了一些政客的命题作文。他们还把西方近年的经济停滞与产品营销不畅归咎于中国产品的全球销售,把有关我国环境污染的情况夸大为影响地区低碳排放的一个重要因素。中国和平崛起逐渐成了美国政界、军界、商界、学界和媒体的无休止话题,他们注意到中国不仅经常对世界形势作出反应,也对本地区的事态发展施加影响,于是担心中国的发展是否谋求世界霸权,会不会打破现有政经格局。一些有识之士认为,这一罕见现象的出现不排除有些人为了角逐白宫的宝座或者话语权而打“中国牌”来取悦选民的可能,毕竟美国对中国有着一种特殊的关切。

世事沧桑,历史在波涛汹涌的世界大潮中发展。几年前金融危机袭击了东南亚,中国信守人民币不贬值的承诺,并向一些地区和国家提供了援助和贷款,表现出一个负责任大国的形象。在“非典”和汶川大地震等突发事件中,中国各族人民按照政府果断决策冷静应对,赢得了海内外媒体的好评。2008 年北京奥运会和残奥会的成功举办缩短了中国与世界的距离。近期有关美国汽车和再生能源等高科技企业和人才为中国所吸纳的报道,以及载人“神州九号”与“天宫一号”交会对接都成了传播频率极高的新闻,正构建着新的中国形象。

2012 年 9 月 18 日美国皮尤研究中心(Pew Research Center)发布的最新民调结果显示:65%的美国受访者认为美中关系总体良好,93%的受访者认为中国人工作努力,89%的受访者认为中国人具有竞争力,73%的受访者认为中国人具有创新精神。就总体而言,美国公众对中美关系持乐观看法。在受访者中,美国年轻人对中国持积极态度的比例较高。虽然其中不少人对中国持有美国国债、就业机会向有利于中国方向倾斜以及对华贸易逆差等问题表示关切,但是他们中的多数人认为中国只是拥有经济优势而不对美国构成军事威胁。①

美国人中国形像的构建,除了美国汉学研究成果的影响外,还有贸易、新闻、影视、参访与人员交流等渠道的积极因素,其成果进一步促进了美国汉学的发展。

---

① 温宪:《美国皮尤研究中心民调》,《人民日报》2012 年 9 月 20 日。此次美国民调由皮尤研究中心与卡内基国际和平基金会和伍德罗·威尔逊国际学者中心基辛格中美研究所于 2012 年 3~5 月合作完成,也是上述三个机构与中国战略文化促进会和北京大学现代中国研究中心的合作研究项目。

六、美国汉学研究方法论

早期的人文科学概念强调以人为中心的资产阶级思想文化科学，是对14—15世纪神权至上的蒙昧主义主流价值观的否定。人文学科的研究范畴包括文学、哲学、法学、语言学、历史学、考古学、宗教学、艺术史和艺术批评等具有内在性、主体性和系统性的学科。人文科学与社会科学的区别是：前者从人性而非"神性"角度进行考察，而后者却着眼于相关学科的社会性。但是与中世纪相比较，现代学科分工中的人性与"神性"的观念对立已经淡化，两者之间的界线有时模糊到几乎可以忽略的程度。

单纯的方法论是存在于所有学科之中的方法系统，或者说是所有的学科都必须运用的方法体系。它并不用于描述具体的方法，而是用于表示对特定程序或步骤的性质和类别的关注。一般过程框架的方法论用于深入研究同构的微过程（sub-process）或者程序的变化。人文学科的内在价值在于寻找生命存在意义与精神领域的联系和平衡，学者们所追求的是对人类心灵与精神世界的理解、分析和诠释。人文学科的外在价值则在于通过其承载的价值观承担起指导并规范人的行为责任，因而有助于社会成员提高个人的审美情趣和人文修养。人文学科研究方法论就是人文知识在形成、积累和运用过程中通过理解和诠释人文现象并作出相关表达的系统方法。

虽然汉学的涉科范围很广，但是本质上都是以中国的知识和思想作为研究对象。许多美国汉学家不把汉学作为历史文物来研究，而是把它视为仍充满活力的哲学思想和方法体系，小而言之就为某一研究领域寻找治学路径，广而言之则将它置于哲学语境中与本国的思想系统加以比对和考察。一种有趣的现象是：美国学术界对汉学研究的感悟都或多或少反映了美国人对自己国家和社会的看法。美国建国初期的几位总统和同时代的一些先知先觉的学者都是中国思想和文化的推崇者，曾经试图将中华文明的积极元素引介到北美的政治生活中，用于解决他们在建国初期所遇到问题的参照依据。

美国不同历史时期的汉学研究在方法上受到当时学术生态和选题语境的制约。20世纪50年代初，美国学者不能进入中国考察，只能从香港和台湾省等地进行远距离研究，于是就套用苏联东欧研究的理论模式运用演绎法和归纳法来分析和评价中国的事情。

芝加哥大学教授苏源熙(Caled Powell Haun Saussy,1960—)的专著《话语长城以及文化中国的其他探索》(The Great Walls of Discourse and Other Adventures in Cultural China,Harvard University Asia Center,2001)深入讨论了有关西方的中国观问题,涉及知识顿悟和对中国的理解以及历史与现代的差异,强调要用多种方法来叙述历史,明确指出该书把中国视为以互惠的外围与中介为特征的知识客体。这是一种对传统模式反思的互动研究思想。

现代社会科学研究强调方法培训,量化分析被视为一种重要的科研解读手段,大学教职对于这方面的要求越来越高。一些美国大学在研究生培养项目中把学习研究方法与外语能力作为替换选项,在这样的语境中很多美国非语言专业研究生不再重视中文研修以及对于原始文献的深入研读,因而在一定程度上影响了他们对中国历史和社会发展复杂性的直接感受和理解。

如果了解汉学史研究的复杂性,那么,对于"研究无成法"或"史无定法"的观点是可以接受的。汉学家根据自己的专业特长、读者定位、研究授权和选题需要,在撰写有一定篇幅的论文或容量较大的专著时一般都采用多种研究方法。在这些方法中有些具有可操作性(包括数字化、文本化和图像化),有些理论意义大于实用价值,而有些则具有鲜明的时代或者地区特征。不能根据统一的学术标准来评价哪种方法"不好"或哪种方法"过时",须知任何方法的使用都是发展变化的,不能简单地"对号入座"。只要项目研究立论明确并且建立在事实基础之上,方法科学,有理论依据又能自成体系,结论具有可信度,便都会有自己的读者群。19 世纪的美国汉学研究模式有别于同期欧洲的汉学研究,当代的美国汉学研究方法与英国的汉学研究方法也不完全相同,因为学术生态差异,考察角度不同,读者对象有别,具体选题对讨论方式的要求就可能不一致。

适用于跨学科跨文化跨领域的汉学研究方法很多,其中最值得关注的有:微观与宏观研究、对比史学与对比社会学研究、重古非今与厚今薄古研究、区域视野与综合语境研究、精英文化与实用性文化研究、回顾式总结与前瞻性预警研究等等。现择要综述如下:

(一)微观汉学与宏观汉学研究

在人文和社会科学中,通常把从个别或者局部方面去考察和分析问题的科学叫作“微观科学”,用于这类学术研究的方法就叫“微观方法”。相对而言,从全局或者整体方面去考察和分析问题的科学叫作“宏观科学”,用于这种学术研究的方法就叫“宏观方法”。

以经济学为例,研究社会单一经济体的行为,以及相应的经济变量的单项数值的经济学说就是“微观经济学”(microeconomics,亦称市场经济学或价格理论)。它是现代经济学的一个分支,在马歇尔(Alfred Marshall,1842—1924)的均衡价格理论基础上,吸收美国经济学家张伯仑(Edward Hastings Chamberlin,1899—1967)和英国经济学家罗宾逊(Joan Violet Robinson,1903—1983)的垄断竞争等相关理论建立起来的学派。而以整个经济及其运行方式与规律为研究对象,并从总量上分析经济问题的经济学说通常被称为“宏观经济学”(macroeconomics),它构成了现代经济学的另一个分支。

汉学研究也有“微观汉学”与“宏观汉学”之分。前者偏重于对中国国情和文化的个案考察、对比和分析,其视角特点是因小见大,由点到面,把握全局,例如劳费尔的《落花生传入中国考》、卜德的《中国物品西传考》和卫理的《清代中国国教》。而后者则注重对中国国情和文化的总体评测,在宏观语境中深入细部,总量涵盖个量,大而化之,例如卫三畏的《中国总论》、费正清等主编的《剑桥中国史》和德效骞的《希腊和中国哲学比较》。微观汉学与宏观汉学只是研究切入点不同,两者的观察和分析目的与实质则基本一致。在理论体系上,微观和宏观各有千秋,可以相互补充和相互依存,优秀的汉学著作常常微观与宏观手段并用。

随着汉学研究领域的拓宽和方法论的多元化,汉学与其他学科的交流和相互渗透程度日渐加深,大量其他领域的研究理论被吸收容纳其中,并因此派生出许多交叉学科和边缘学派。但是多数汉学家只把微观和宏观手段视为一种思维方式或者治学方法论。

（二）比较史学与比较社会学研究

中外史学研究模式有多种，比如编年史学（annual history）、叙事史学（narrative history）、事件史学（eventual history）、分析史学（analytical history）、结构史学（structural history）、问题史学（history through problems）和比较史学（comparative history）。历史学家可以根据任务目标、研究授权和读者定位对古今中外特定领域或者选题，如宗教、教育、外贸、节日、手工业、文员选拔、女权主义、丧葬习俗等进行比较，以便学习、扩大或验证相关的历史知识和理论。历史学家还把不同的民族和制度加以横向和纵向对比，以展示各自独特的思想体系，揭示差异，发现共性，说明问题。比较研究真正成为一个独立的历史学派是20世纪初的事情，美国历史学家巴灵顿·摩尔（Barrington Moore, Jr., 1913—2005）和赫伯特·博尔顿（Herbert Bolton 1870—1953）就是这种研究模式的倡导者。研究方法的选择首先要考虑适用性的问题，与其他史学研究方法相比较并没有孰好孰坏之分。年轻学者倾向于趋时求新，表现出对于新的研究模式和观点甚至时髦术语的特殊关注，这是一种规律性的现象，也因此常常引起务实性学者的诟病。

比较史学研究可以使我们看到单一文本中隐含的问题，用于比较的样例可以为被比较的事实提供考察模式和评判标准，进行正面或者反面的剖析，证明某一论点的正确性，同时也提供解决问题的方法。从这一意义上说比较史学是史学研究中的一大进步。很难想象，如果不使用比较手段一部美国汉学史将如何着笔？

比较社会学是一个很大的学科板块，涉及中美两国社会学、法学、经济学、政治学、文化学、地理学、人类学、伦理学、考古学、民俗学、心理学、管理学和传播学。同类学科的比较具有针对性和导向性，构成了汉学研究的主流学科。

汉学研究是在外国语境中用外国人所熟悉的观点和方法来研究中国文化和国情，因此汉学家无论自觉与否，都会采用对比史学的思路，并可能由此衍生出比较文学、比较文化学、比较社会学、比较政治学、比较宗教学和对比语言学等学科。如：狄百瑞的《印度、中国和日本的佛学传统》、施坚雅的《华人同化与泰国政治》、墨子刻的《中国历史语境中的西方市民社会观念》等。

（三）重古非今与厚今薄古研究

欧美传教士来华后都十分重视汉语和汉语方言的学习，翻译并研究儒学经典、中国历史、宗教和文学，了解中国的风俗习惯。因为他们的使命是传教，必须在短期内了解中国情况，深入中国社会，掌握中国人的语言，以便为在中国各地开堂礼拜创造条件。19 世纪下半叶，一些西方外交官、商人、军人、学者和观光客纷纷加入了中国国情和文化研究者的行列。他们根据自己的兴趣，涉足中国人文和社会学科中的不同领域，推动了跨学科和跨文化汉学专业的建立，不断扩大涉科范围，在此背景下出版了一部又一部专著和论文集。

美国是一个开放移民国家，在 200 多年的历史中形成的文化传统并非根深蒂固，因此具有极大的可塑性和可变性。普通美国人的历史观念不会为恋旧情结所纠缠，或者被美好往昔的记忆所伤感，自由价值取向成为他们追捧的一种时尚，多数人随遇而安。在美国打倒一个“主义”与创建一个“主义”一样容易，或者一样不容易。美国汉学家的人数比其他任何汉学大国都多，理论模式和方法论也更丰富，与此同时，美国汉学研究中的商业化色彩、实用主义追求和物质主义刺激都非常突出。麦卡锡主义终结之后美国逐渐进入了意识形态自信时期，许多安于现状的美国知识分子倾向于与官方指令和主流社会保持一致，除了竞选或者舆论需要极少人撰文对本国的核心价值提出挑战。中美建交之后美国汉学进入了大发展时期，新的专业，新的领域，新的选题和新的学术研讨会一个接着一个，学者们没有因为不熟悉新事物而大伤脑筋。

就选题范围而言，当代美国汉学的总趋势是厚今薄古。梅维恒的《哥伦比亚中国文学史》、杜博尼（Bonnie S. McDougall）和雷金庆（Kam Louie）的《20 世纪中国文学》（The Literature of China in the Twentieth Century, New York: Colunmbia University Press, 1997）、金介甫对沈从文等中国现代作家的研究、葛浩文在过去 40 多年中翻译的 20 多位中国现代作家的 40 多部作品，都是众多美国学者现代汉学研究的成果。

美国当代汉学发展的新趋向不仅表现在题材范围和年代方面，也体现在汉学家的研究思想方面：主题紧扣人类的命运和中国的未来，对后殖民主义和现代主义的反思，以问题意识对传统观念做出开创性的诠释。

史华慈是美国中共党史研究的开拓者之一。1950年他和自己的导师冒着风险完成了博士论文《中国共产主义运动与毛泽东的兴起》,把思想史与中国革命史的思维贯穿于分析和论证之中。20世纪50年代初他和费正清等学者联合编撰了《中国共产主义历史文献》。1964年他撰写的《寻求富强:严复与西方》是他的另一部重要专著,通过比较分析论证了人类社会的发展方向。1968年他出版的《共产主义与中国:变革中的意识形态》,融入了中苏关系、中美关系、中国现代化和毛泽东思想等重大主题,体现了他对于有关人类文明和普世价值的关切。

这是美国汉学的优势,但也是社会现实使然,评论家大可不必拿这一点与欧洲汉学家进行攀比。

(四)区域视野与综合语境研究

1946—1949年费正清倡议为美国本科和硕士研究生设计"区域研究"(Area Studies)授课计划,其背景是第二次世界大战结束后美国政界呼吁加强对外军事和经济扩张,以应对可能出现的外来威胁。福特基金会、洛克菲勒基金会和纽约卡内基法人社团(Carnegie Corporation of New York)先后召开了多次会议商量对策,并就如何立项和投资以及建立大型智库达成了广泛共识。

1950年福特基金会创建了外国区域研究学者计划(Foreign Area Fellowship Program),1953—1966年共为34所大学的区域和语言研究投入资金2.7亿美元,又为社会科学研究会以及美国学术总会下属委员会投资数百万美元,以期接管外国区域研究学者计划。根据1957年美国的国防教育法令(1965年更名为"高等教育法令")在125所大学建立了全美大学资源中心(National Resources Center),以及大学生外语与区域研究中心(Foreign Language and Area Studies Fellowships for Graduate Students)。

美国的区域研究重点是东亚研究、东欧研究、西亚和中东研究。该研究从一开始就受到社会舆论的严厉抨击。一些有良知的汉学家意识到此计划与美国中央情报局、联邦调查局以及其他情报和军事部门的冷战计划有着千丝万缕的联系,参与这样的计划无异于行使国家部门的职能。其实,早在第二次世界大战结束前后美国联邦战略服务机构就组织了一批学者在战争情报办公室(Office of War Information)和战略服务办公室(Office of Strategic Services)开展过“区域研究”。

学者们根据政治学和经济学中的理性选择理论(Rational Choice Theory)对区域研究提出了质疑。在社会科学中,几乎所有的理论都隐含着对个人行为是否理性的预设。有关人的行为的理性与非理性二分法的质疑范围包括:人的本质是自私的还是唯意志主义?人对于社会的正确态度是作为纯粹工具还是服从规范和道德?人是否根据预测的效果决定行动步骤还是为感情和欲望所支配?

苏联解体后西方科技机构和慈善基金会减少了对区域研究的支持,不再鼓励学者开发所谓“发展与民主”研究项目。美国社会科学研究会和美国学术总会也先后关闭了区域委员会。2010 年美国之音决定停止对外华语广播,也是大势所趋。

区域研究被认定为在本国政治、社会、文化、经济和历史等综合语境中开展汉学研究的一种有效方式。费正清所提倡的区域研究是为了充分利用社会科学中的相关知识,突破早期汉学研究选题狭窄和学科之间缺乏联系的弊端。他的第一个目标是实现汉学与社会学研究的完美结合,然后进一步扩展到汉学与更多其他学科的连接。因为汉学本身就是一种跨文化和跨学科的学问,仅凭单一学科的资源、理论和方法无法胜任汉学研究中的各类选题,更别说国际化和团队化的大型研究攻关项目了。学者们越来越清楚地看到区域研究的实质就是科际整合,离不开与其适应的综合语境。这一学术领域的新方向预示着学科重组时代的到来。

美国汉学家经常把新的思维模式和方法论用于自己的选题或者学科领域研究之中。顾立雅注重通过历史语境还原孔子及其教育、哲学和政治思想的真实,费正清倡导汉学与社会学联姻,用区域研究代替国别研究,狄百瑞关注儒家思想与西方价值理念的对话,列文森主张汉学家把情感上忠实于历史与理念上信守价值尽可能完美的结合,为的是让每一位汉学家都能在竞争中创新。白鲁恂强调第三世界政治现代化中的文化差异作用,倪德卫为职业伦理哲学家与中国历史专家对话寻找共同语言,韩南致力于用叙事学和喜剧理论指导中国小说研究,孟旦对中国人性观念中的自然平等与价值平等的思考——他们都没有满足于学术继承,而是在钻研中不断寻求务实目标。至于孔飞力对于“叫魂”件事所反映的中国的社会、经济、宗教、政治和法律的反思,柯文关于在中国史学研究中以中国中心观取代西方种族优越感的呼吁,魏斐德为叙事史学与理论分析结合所做的努力,倪豪士以西方女权主义批评观研究唐代传奇的示范,艾兰运用结构主义理论来考察分析历史问题的尝试,以及浦安迪把西方叙事理论应用于中国文学研究等方面的学术尝试,更显示了美国汉学史中了不起的观念突破和品格提升。

2005年,英国国际战略研究所资深研究员尼古拉·麦肯林(Nicolas Maclean)就西方汉学家对中国经济研究中的一些有普世意义的问题撰写了《汉学方法论的构建》一文。[①] 他写道:

> 这里,我想就汉学研究方法论的构建提出几点意见:
>
> **1.关于屈光度分析:**外国人从局外人背景中分析中国情况时难免对一些问题产生曲解,就像光线照射空气或者水等具有不同透明度的物质一样会发生折射,如果我们带着傲慢或杂念面对“他者”时理解上就可能不准确。已故学者爱德华·赛义德(Edward William Said,1935—2003)提出的“东方主义”破解了屈光度分析的诸多案例中的一个。分析中国情况时我们应该持自我批评的态度,如果运用德国物理学家海森贝格(Werner Heisenberg, 1901—1976)的“不确定原则”(Principle of Uncertainty),我们永远都无法消除屈光度的因素。
>
> **2.关于谦恭的态度:**自我批评的方法引导我们探讨问题。不管自己多么聪明,结论的依据看起来多么过硬,都不应该趾高气扬。只要以“欠身”的谦恭姿态思考就可以得到全部答案。须知中国的反论(paradox)和矛盾说法多得很。
>
> **3.关于透明度:**中国比起实施对外改革开放新政策的30年前透明度显然增加了很多,但是比起自由民主国家来有些情况和意见仍被视为机密。出于对国家安全的考虑,有时传递数据可能违法。各级政府都关注此事,但是现在也出现了某种不对称的情况:中国政府允许原来在学术研究或辩论中受到限制的透明度。

① Nicolas Maclean: *Construction of the Methodology of Sinology* , Symposium Handbook, pp. 51-54, Aichi University press, Japan, 2006.作者尼古拉·麦肯林的父亲于1910年来华,侨居中国18年之久,曾任天津国际商会会长。麦肯林于1972年第一次访问中国,曾任撒切尔夫人的私人助理,20世纪80—90年代多次来华,对于中国各地情况非常熟悉。《汉学方法论的构建》是2005年他在南开大学与日本爱知大学联合举办的汉学研究方法论研讨会上的一次发言。

许多自由民主国家已经或者正要就数据保护立法，以保护个人隐私，中国也在考虑是否这样做。立法带来的好处将减少透明度。

4.关于零散数据：把中国的一些统计数字用于某些宏观经济学分析自然是常有的事，但是通过其他语境审视平均值就可能发现其误导性，因为中华人民共和国提供的是互有差别的广大地区的例子。中国作为一个多元经济国家，情况的界定不可避免地比小国经济复杂得多。

5.关于等级划分：这个问题与前面所说的情况有关，可能影响对统计数据和零散数据的分析，也会再次引出界定的问题，就中国作为一个欠发达国家的某些利益和责任而言，具有重要的政策意义。

6.关于推断法：中国经济发展出现的倾向和在法律框架内的改革进步往往容易使人忘记中国历史阶段特征的存在。用某种模式来分析中国情况很有诱惑力，根据近期情况就可以推断未来。在有蒙蔽性水域航行时唯一可靠的指南就是凭因果关系的精确分析和对于一切假想质疑的判断来掌舵。另外，无论怎样，推断有时还是可以用于对有效手段的检验。例如根据“中国通”马塞尔·沃尔弗斯(Marcel Wolfers)提出的沃尔弗斯浪潮理论，对于1978年以后的中国经济发展模式的预言——第一浪潮发生在经济特区和沿海大城市，第二浪潮和类似浪潮发生在长江和珠江流域，第三浪潮发生在西部和东北部——至今仍然是正确的。

7.关于再优化：当中国或者世界环境发生变化时，有效的汉学研究不会再显示其已有的优势。环境对于经济增长和能源诸方面的制约越来越暴露就是一个及时的相关实例。对于这一有时呈现负面的关键领域需要进行更多的学术研究，因为这一领域在工业化进程中对于中国的农业、人口、邻国和合作的影响都很大。

8.关于促和：汉学研究面临的最大的挑战，是如何对中国舞台上的国家和地区领导、不同的利益集团和人群中部分人动机的正确判断。比如：中国将如何在世界舞台上行使其不断增长的巨大权力？因为“文革”结束后它是世界稳定的一个因素，但是中国个别发言人在非正式场合说“中国仍然是一个发展中国家，对外扩张实属非法”,人们就经常对未来的事情表示怀疑。不妨回顾一下中国如何在绵延的边界之内保持着长期稳定的传统。但是“仍然是一个发展中国家”的观点却引出了这样的话题:“中国何时才能成为一个军事大国?”中国现在的武装力量和武器装备已经相当可观,军事和政治领袖之间的频繁国际对话已经证明是有益的。中国当前为打破北朝鲜在六方会谈中的僵局所发挥的协调作用,就是中国所扮演的促进关系发展外交角色的好例子。

9.关于伙伴合作:有效汉学研究的实质就是与中国学术界以及海外华人学者之间建立合作伙伴关系。通过开展成功的合作研究和讲座交换,屈光度分析就不会有什么问题。我还希望看到在外语学习和研究(尽早从小学开始)中的国际化和更多的相互了解议程的启动,还希望看到中学和更活跃的网络面对面交流。媒体无拘无束的交流有助于创建一个健康的环境。

以上是西方学者观察和分析中国经济问题的经验之谈,是他们汉学研究方法论的归纳,值得关注。

参考文献

中文部分

[1]蒋彝:《旧金山华人纪事》,载《中外关系史译丛》(第 4 辑,第 232—249 页),中外关系史学会与复旦大学历史系编,上海:上海译文出版社出版,1985 年。

[2]迈克尔·谢勒:《二十世纪的美国与中国》,徐泽荣译,北京:生活·读书·新知三联书店出版,1985 年。

[3]柯文:《在中国发现历史》,林同奇译,北京:中华书局出版,1989 年。

[4]龙夫威:《徐继畬与美国:一种特殊的关系》,载《徐继畬与东西方社会文化交流》,第 22—34 页,任复兴主编,北京:中国社会科学出版社出版,1992 年。

[5]浦安迪:《中国叙事学》,北京:北京大学出版社,1994 年。

[6]程钢:《二十世纪英美汉学界中国思想史研究的变化趋向》,载《国际汉学著作提要》,第 390—394 页,李学勤主编,南昌:江西教育出版社出版,1995 年。

[7]周策纵:《五四运动——现代中国的思想革命》,周子平等译,第 497—498 页,南京:江苏人民出版社,1996 年。

[8]明恩溥:《中国人的特性》。匡雁鹏译,北京:光明日报出版社出版,1998 年。

[9]孟德卫:《莱布尼茨与儒学》,张学智译,南京:江苏人民出版社出版,1998 年。

[10]刘梦溪:《红楼梦与百年中国》,石家庄:河北教育出版社,1998 年。

[11]刘岩:《中国文化对美国文学的影响》,石家庄:河北人民出版社,1999 年。

[12]李欧梵:《铁屋中的呐喊》,尹慧珉译,长沙:岳麓书社出版,1999 年。

[13]熊文华:《美国的汉学研究》,载《汉学研究》第四集,第 7—45 页,阎纯

德主编,北京:中华书局出版,2000 年。
[14]余英时:《论戴震与章学诚》,北京:生活·读书·新知三联书店出版,2000 年。
[15]余英时:《红楼梦都两个世界》,上海:上海社会科学院出版社出版,2002 年。
[16]山极晃:《中美关系的历史性展开(1941—1979)》,鹿锡俊译,北京:社会科学文献出版社,2002 年。
[17]裴宜理:《中华人民共和国和美国的中国学研究 50 年》,黄育馥译,载《国外社会科学》,2004 年第 2 期。
[18]金介甫:《凤凰之子——沈从文传》,符家钦译,北京:光明日报出版社,2004 年。
[19]何炳棣:《读史阅世六十年》,商务印书馆(香港)有限公司,2004 年;广西师范大学出版社,2005 年。
[20]李爱丽:《晚清美籍税务司》,天津古籍出版社,2005 年。
[21]仇华飞:《早期中美关系研究(1784—1844)》,北京:人民出版社出版,2005 年。
[22]夏含夷:《古史异观》,世纪出版集团和上海古籍出版社出版,2005 年。
[23]魏思齐:《美国汉学研究的概况》。载《汉学研究通讯》26:2(总 102 期),2007 年 5 月。
[24]熊文华:《卫三畏及其〈中国总论〉》,载《汉学研究》第十集,第 208—222 页,北京:学苑出版社出版,2007 年。
[25]丁韪良:《汉学菁华》,沈弘译,北京:世界图书出版公司出版,2008 年。
[26]沈大伟:《美国的中国研究 60 年》,张小溪译,载《中国社会科学报》2009 年第 2 期。
[27]熊文华:《试论美国早期汉学》,载《汉学研究》第十二集,第 217—242 页,阎纯德主编,北京:学苑出版社出版,2010 年。
[28]熊文华:《哈佛大学见证美国汉学的发展》,载《汉学研究》第十三集,第 37—66 页,阎纯德主编,北京:学苑出版社出版,2011 年。
[29]浦安迪:《浦安迪自选集》,刘倩等译,北京:生活·读书·新知三联书店,2011 年。
[30]艾兰:《龟之谜——商代神话、祭祀、艺术和宇宙观研究》,汪涛译,北京:商务印书馆,2011 年。

[31]熊文华:《通过科际万花筒透视美国汉学》,载《汉学研究》第十四集,第98—154页,阎纯德主编,北京:学苑出版社出版,2012年。

[32]熊文华:《活跃于美国汉学界和政界的专家群体》载《汉学研究》第十五集,第155—189页,阎纯德主编,北京:学苑出版社出版,2012年。

英文部分

[1] Samuel Wells Williams: *The Middle Kingdom*. Wiley & Putnam. 1848.

[2] Justus Doolittle: *Social Life of the Chinese: With Some Account of Their Religions. Governmental, Educational, and Business and Opions*. Harpers, New York. 1867.

[3] Mathew Tyson Yatos: *First Lessons in Chinese*. Reprinted in 1904 by American Presbyterian Mission Press in Shanghai. 1871.

[4] Hampden C. DuBose: *The Dragon, Image, and Demon, or, The Three Religions of China: Confucianism, Buddhism, and Taoism: giving an account of the mythology, idolatry and demonolatry of the Chinese*. The Presbyterian Committee of Publicationin Richmond, Va. 1889.

[5] John Watson Foster: *American Diplomacy in the Orient*. Houghton, Mifflin and Company. 1903.

[6] Berthold Laufer: *Chinese Pottery of the Han Dynasty*. Brill, the Netherlands. 1909.

[7] Kenneth Scott Latourette: *The History of Early Relations between the U.S. and China*. Yale University Press, New Haven. 1917.

[8] Samuel Isett Woodbridge: *Fifty Years in China*. Presbyterian Committee of Publication in Richmond. 1919.

[9] Charles Keyser Edmunds: *Modern Education in China*. Cornell University Library. 1919.

[10] James Whitford Bhashford: *China: An Interpretation*. Kessinger Publishing House, U.S.A. 1919.

[11] Westel Woodbury Willoughby: *Foreign Right and Interests in China*. The John Hopkins Press. 1920.

[12] Sidney David Gamble: *Peking: A Social Survey* Conducted under the Auspices of the Princeton University Center in China. 1921.

[13] Carroll Brown Malone: *The Study of Chinese Rural Economy*. China International Famine Relief Commission Publication, Series B. 1924.

[14] Harley Farnsworth MacNair: *China's New Nationalism and Other Essays*. The Commercial Press. 1925.

[15] Charles Frederick Remer: *The Foreign Trade of China*. Shanghai: Commercial Press. 1926.

[16] John Earl Baker: *Explaining China*, A.M.Philpot ltd, London. 1927.

[17] Edward Williams: *A Short History of China*. Harper & Brothers, New York. 1928.

[18] Kenneth Scott Latourette: *A History of Christian Missions in China*, Society for Promoting Christian Knowledge, London. 1929.

[19] Lewis Charles Arlington: *Through the Dragon's Eyes — Fifty Years' Experiences of a Foreigner in the Government Service*. Constable & Co. ltd, London. 1931.

[20] Charles Henry Riggs: *Agricultural Engineering in Chinese Agriculture*. Ithaca, N.Y.. 1932.

[21] Esson McDowell Gale: *Basics of the Chinese Civilization*. Shanghai: Kkelly & Walsh. 1934.

[22] William Reginald Morse: *Chinese Medicine*. AMS Press Inc. 1938.

[23] John Lossing Buck: *An Agricultural Survey of Szechwan Provinve, China*. The Farmer's Bank of China. 1943.

[24] Hallett Edward Abend: *My Life in China* 1926 ~ 1941. Harcourt, Brace and Company, New York. 1943.

[25] Charles S. Gardner: *The Future of Chinese Studies in America*, the University of Pennsylvania Library Chronicle, Vol. 12 No. 1. 1944.

[26] Arthur Frederick Wright: *Buddehism in Chinese History*. Stanford/Oxford University Press. 1959.

[27] Bureau of Intelligence and Research, External Research Division of State Department: *Area Study Programs in American Universities*. 1959.

[28] Clarence Martin Wilbur: *The Communist Movement in China*. Reprinted in 1966 by Octagon Books. New York. 1960.

[29] Herrlee Glessner Creel: *The Birth of China: A Survey of Formamtive Period*

of Chinese Civilization. Frederick Ungar Publishing Co, New York. 1961.

[30] Laurence G. Thompson: *American Sinology, 1830–1920—A Bibliographical Survey*, see *Tsinghua Journal of Chinese Studies*, new Vol. II, issue 2, pp. 244–290. 1961.

[31] Ho Ping-ti: *The Ladder of Success in Imperial China: Aspects of Social Mobility in China*, 1368 ~ 1911, New York, Columbia University Press. 1962.

[32] Oliver Edmund Clubb: *20th Century China*. Cilumbia University Press. 1966.

[33] Liu Kwang-Ching (editor): *American Missionaries in China: Papers from Harvard Seminars*. Harvard University Press. Cambridge-Mass. 1966.

[34] Shee Sung: *Sinological Study in the United States of America*, East-West Center, Honolulu. 1967.

[35] John King Fairbank: *AHA Presidential Addresses* in *The American Historical Review*, Vol. 74, No. 3, Feb. 1969, pp. 861–879. 1968.

[36] Arthur Doak Barnett: *A New U. S. Policy Toward China*. Brookings Institution, U.S.A. 1971.

[37] Owen Lattimore: *History and Revolution in China*. Curzon Press Ltd. 1974.

[38] John King Fairbank (editor): *The Missionary Enterprise in China and America*, Harvard University Press, Cambridge-Mass. 1974.

[39] Paula Cronin: *East Asian Studies at Harvard—a scholarly bridge between two worlds*, *Harvard Today*. 1974.

[40] John King Fairbank: *The United States and China*. Cambridge: Harvard University Press. 1976.

[41] Rodney Yonkers Gilbert: *The Unequal Trteaties: China and the Foregner*. Arlington Va: University Publications of America. 1976.

[42] John King Fairbank: *China: Tradition and Transformation*. Houghton Mifflin and Company. 1978.

[43] John King Fairbank: *The United States and China*. Harvard University Press. 1983.

[44] Harry Harding: *The Evolution of American Scholarship on Contemporary China*, in *American Studies of Contemporary China*, pp. 14–40. M. E.

Sharpe Incorperation, U.S.A.. 1993.

[45] David Shambaugh: *Beautiful Imperialist: China Perceives America*, 1972–1990. Princeton University Press, Princeton. 1993.

[46] John King Fairbank: *China—A New History*. Harvard University Press. 1994.

[47] Harriet Thelma Zurndorfer: *China Bibliography: A Rersearch Guide to Reference Works about China Past and Present*. Brill Publishers, Leiden. 1995.

[48] Kurt M. Campbell: *China Watchers Fighting A Turf War of Their Own* in The New York Times, May 20, 2000.

[49] Benjiamin A. Elman: *A Cultural History of Civil Examinations in Late Imperial China*, University of California Press. 2000.

[50] David B. Honey: *Incense at the Altar: Pioneering Sinologists and Development of Classical Chinese Philology*. New Haven: American Oriental Society. 2002.

[51] Patrick Hanan: *Chinese Fiction of the Nineteenth and Early Twentieth Centuries*, Columbia University Press. 2004.

[52] Ronald Egan: The *Problem of Beauty: Aesthetic Thought and Pursuits in Northern Song Dynasty China*, Harvard University Asia Center, 2006.

[53] Ronald Egan: *Issues in contemporary Chinese studies in America and China*. Forum on Multicultural – multidisciplinary Research. Institue for Multicultural–multidisciplinary Research. Nankai University. Tianjin, China. August 19, 2006.

[54] Ronald Egan: *The State of Chinese Studies in the USA today* , *Studies of Chinese Thought and Society* No. 1. Beijing: Chinese Academy of Social Sciences, 2007. pp. 21–25.

[55] David E. Mungello: *The Great Encounter of China and the West*, 1500 ~ 1800, Rowman & Littlefield Publishers, Incorporated. 2009.

[56] Ronald Egan: *Recent Trends in Chinese Studies in the USA*. Program in International Sinology, National Taiwan Normal University, September 24, 2009.

[57] John Calvin Ferguson: *Outline of Chinese Art*. Nabu Press. 2010.

附录一:

汉英人名索引

A

阿礼国/Rutheford Alcock,1809—1897

阿灵顿/Lewis Charles Arlington,1859—1942

阿罗,肯尼斯·约瑟夫/Kenneth Joseph Arrow,1921—

阿诺德/Henry Harley ‘Hap’ Arnold,1886—1950

阿尔蒙德/Gabriel Abraham Almond,1911—2002

阿尔蒙德,加布里埃尔/Gabriel Almond,1911—2002

埃德曼,查尔斯/Charles R.Erdman

埃杰顿/Franklin Edgerton

埃里克森/Erik H.Erikson,1902—1994

埃利奥特,查尔斯/Charles W.Eliot

埃默里奥,默里·巴恩松/Murray Barnson Emeriau,1904—2005

艾伯华/Wolfram Eberhard,1909—

艾忭敏/Benjamin Parke Avery,1828—1875

艾尔曼/Benjamin A.Elman

艾尔斯伯格,丹尼尔/Daniel Elsberg,1931—

艾恺/Guy Salvatore Allito

艾克斯坦,亚历山大/Alexander Eckstein,1915—1976

艾兰/Sarah Allan,1945—

艾朗诺/Ronald Egan,1948—

艾略特/Thomas Stearns Eliot,1888—1965

艾秀慈/Charlotte Ikels

艾约瑟/Joseph Edkins,1823—1905

安格联/Francis Atthur Aglen,1869—1932

安乐哲/Roger Thomas Ames,1947—

安守廉/Alford,William P.1948—

奥德里古/André Georges Haudricourt,1911—1996

奥立芬/David Washington Cincinnatus Olyphant,1789—1851

爱利莎/Elizah Bridgman

爱因斯坦,阿尔伯特/Albert Eistein,1879—1955

爱泼斯坦,伊斯雷尔/Israel Epstein,1915—2005

奥本海默,罗伯特/Robert Oppenheimer,1904—1967

奥古斯丁,奥里利厄/Aureliu Augustinus,354—430

奥葛特,亨利·斯蒂尔/Henry Steel Olcott,1832—1907

奥克森伯格/Michel Charles Oksenberg,1938—2001

B

巴雷特/Timothy Hugh Barrett
巴斯韦尔,罗伯特/Robert Buswell
巴特,罗兰/Roland Barthes,1915—1980
巴特拉姆,约翰/John Bartram,1699—1777
白蓓莉/Barbara Pillsbury
白馥兰/Francesca Bray
白汉理/Henry Blodget,1825—1903
白洁明/Geremie R.Barmé
白晋/Joachim Bouvet,1656—1730
白劳德/Earl Russell Browder,1891—1973
白鲁恂/Lucian Witmot Pye,1921—2008
白克礼/Robert Bagley
白诗朗,约翰/John H.Berthrong,1946—
白修德/Theodore White,1915—1986
白之/Cyril Birch,1925—
包尔滕/John Shaw Burdon,1826—1907
包瑞德/David Dave Barrett,1892—1977
包华德/Howard L.Boorman
包华石/Martin Joseph Powers
鲍大可/Arthur Doak Barnette,1921—1999
鲍恩,塞缪尔/Samuel Bowen
鲍乃德/Eugene Barnett
鲍威尔/Colin Luther Powell,1937—
伯格森/Abram Bergson,1914—
伯驾/Peter Parker,1804—1889
伯恩斯坦,托马斯/Thomas Bernstein
柏尔根/Paul D.Bergen,1860—1915
柏拉图/Plato,427B.C.~347B.C.
柏乐文/William Hector Park,1858—1927
伯希和/Paul Pelliot,1878—1945
柏应理/Philippe Couplet,1623—1692
邦就烈/Julia Brown Mateer
北村,约瑟夫/Joseph Kitagawa,1915—1992
贝德,杰弗里/Jeffery A.Bader,1945—
贝拉,罗伯特/Robert Beira
贝纳多特,康特·福尔克/Count Folke Bernadotte
贝乐得/William L.Ballard
贝特兰/James Bertram,1910—1993
彼得鲁奇,拉斐尔/Raphael Petrucci,1872—1917
本尼迪克特,鲁思/Ruth Benedict
毕恩来/Thoms Arthur Bisson,1900—?
毕德格/William N.Pethick,?—1902
毕格/Cyrus Henderson Peake,1900—1979
毕乃德/Knight Biggerstaff,1906—2001
毕士璧/Aelius Marcellus Bisbee,1841—1901
裨治文/Elijah Coleman Bridgman,1801—1861
别尔津,亚历山大/Alexander Berzin
宾板桥/Woodbridge Bingham,1901—1986
宾厄姆,海勒姆/Hiram Bingham,1875—1956
彼得雷乌斯/David Petraeus,1952—
博晨光/Lucius Chapin Porter,1880—1950
博尔,彼得/Peter Bol
博尔顿,赫伯特/Herbert Bolton,1870—1953
博恒理/Henry D.Porter,1845—1916
勃兰特,洛伦/Loren Brandt
勃朗/Samuel Robins Brown,1810—1880
勃劳克/Bernard Bloch,1907—1965
波普金,塞缪尔/Samuel L.Popkin
布尔努夫/Eugene Burnouf,1801—1852
布莱克,西里尔/Cyril Black,1920—1991
布莱克,威廉/William Blake
布莱克默,弗兰克·威尔逊/Frank Wilson

Blackmar,1854—1931
布罗代尔/Fernand Braudel,1902—1985
布热津斯基/Zbigniew Brzezinski
布什,赫伯特/Bush, George Herbert Walker,1924—
布什,乔治·沃克/ Bush, George Walker,1946—
卜弼德/Peter Alexis Boodberg,1903—1972
卜德,西奥多/Theodore Bodde
卜德/Derk Bodde,1909—2003
卜凯/John Lossing Buck,1890—1975
C
晁时杰/Robert L.Chard
撒克斯通,拉尔夫/Ralf Thaxton
陈纳德/Claire Lee Chennault,1893—1958
陈启云/Chi-yun Chen,1933—
陈荣捷/Chan Wingtsit,1901—1994
陈省身/Shiing-Shen Chern,1911—2004
陈毓贤/Susan Chan Egan
成中英/Chung-Ying Cheng,1935—
茨温利/Ulrich Zwingli,1484—1531
崔瑞德/Denis Crispin Twitchett, 1925—,又译杜希德
D
达德斯/John Wolfe Dardess
戴德华/George Edward Taylor,1905—2000
戴维斯,约翰·佩顿/ John Paton Davies,1908—1999
戴闻达/Jan J.L.Duyvendak,1889—1954
丹尼斯,詹姆斯/James S.Dennis
德比,伊莱亚斯·哈斯克特 Elias Hasket Derby,1739—1799
德璀琳/Gustav von Derting,1842—1913
德里达/Jacques Derrida,1930—2004
德慕登/Charles Newton Dubs,1862—1936
德效骞/Homer Hasenplug Dubs,1892—1969
邓尔麟/Jerry P.Dennerline
狄百瑞/William Theodore de Bary,1919—
狄考文/Calvin Wilson Mateer,1836—1908
狄理/Frank Thilly,1889—1935
狄乐播/Robert M.Mateer,1853—1921
迪金森,埃玛·简/ Emma Jane Dickinson
迪金森/Emily Elizabeth Dickinson,1830—1886
迪隆,迈克尔/Michael Dillon
迪特默,洛厄尔/Lowell Dittmer
丁家立/Charles Daniel Tenney,1857—1930
丁龙/Dean Lung
丁韪良/William Alexander Parsons Martin,1827—1916
杜博尼/Bonnie S.McDougall
杜步西/Hampden Gait Du Bose,1845—1910
杜德维/Edward Bangs Drew,1843—1924
杜鲁门,哈里/Harry S.Truman,1884—1972
杜赫德/Jean - Baptiste du Halde,1674—1743
杜维明/Tu Weiming,1940—
杜威/John Dewey
F
范罢览/Houckgeest Andre Everard van Braam,1739—1801
范宣德/John Carter Vincent,1900—1972
范约翰/John Marshall Willoughby Farnham,1830—1917
方法敛/Frank Herring Chalfant,1862—1914
方伟廉/William P.Chalfant,1860—1917

方志彤/Achilles Fang,1910—1995
费侠莉/Charlotte Furth
费正清/John King Fairbank,1907—1992
冯珠娣/Judith Farquhar
菲尔,莱昂/Léon Feer
富布赖特/James William Fullbright
富柯/Michel Foucault,1926—1984
富兰克林,本杰明/Benjamin Franklin, 1706—1790
富善/Chauncey Goodrich,1836—1925
福布斯,马斯·腾诺/ Thomas Tunno Forbes
福布斯,约翰·默里/ John Murray Forbes
福布斯,约翰/John Forbes
福兰格/Otto Franke,1862—1946
福洛姆/Erich Fromm,1900—1980
福斯特,海伦/Helen Foster,1907—1997
福斯特,威廉/William Foster,1881—1957
傅高义/Ezra Feivel Vogel
傅兰雅/John Fryer,1839—1928
佛尔克/Alfred Forke,1867—1944
傅路德/Luther Carrington Goodrich, 1894—1986
傅圣泽/Jean Francois Foucquet

G

盖茨,比尔/William Henry Bill Gates,1955—
盖特纳/Timothy Franz Geithner,1961—
甘琳/George T.Candlin
高本汉/Klas Bernhard Johnnes, 1889—1978
高利克,马立安/Marian Galik
高鲁甫/George Weidmen Groff, 1884—1954
哥伦布/Christopher Columbus,1446—1506
高斯/Clarence E.Gauss
格茨/Michael Gotz
格兰特/Ulysses Simpson Grant, 1822—1885
格里恩,埃德蒙/Edmund Asbury Gullion, 1913—1998
格雷厄姆/Aelred Graham
格林,约翰/John Green,1736—1796
戈德曼,默尔/Merle Goldman
戈捷,朱迪思/Judith Gautier
葛浩文/Howard Goldlatt,1939—
葛学溥/Daniel Harrison Kulp,1888—?
葛维汉/David Crockett Graham, 1884—1962
古伯察/Evariste-Regis Huc,1813—1860
顾彬/Wolfgang Kubin,1945—
顾立雅/Herrlee Glessner Creel, 1905—1994
顾路柏/Wilhelm Grube,1855—1908
顾盛/Caleb Cushing,1800—1879
郭雷枢/Thomas Richardson Colledge, 1769—1879

H

哈巴德安/Andrew Patton Happer, 1818—1894
哈勒尔/Stevan Harrell
哈斯金斯,托马斯/Thomas Haskins
海德,托马斯/Thomas Hyde,1636—1703
海登,乔治/G.A.Hayden
海格思/John Reside Hykes,1852—1921
海森贝格/Werner Heisenberg,1901—1976
海陶玮/James Robert Hightower, 1915—2006
韩丁/William Hoard Hinton,1919—2004
韩禄伯/Robert G.Henricks,1943—

韩森/V.Hansen
韩书瑞/Susan Naquin
何炳棣/Ho Ping-ti,1917—2012
何汉理/Harry Harding,1946—
何天爵/Chester Holcombe,1844—1912
何伟亚/James L.Hevia,1947—
合信/Benjamin Hobson,1816—1873
赫尔利/Patrick Jay Hurley,1883—1963
赫德,奥古斯丁/Augustine Heard
赫士/Watson McMillen Hayes,1857—1944
赫特/Christian Herter
赫维茨,列昂尼德/Leonid Hurwicz,1917—2008
恒安石/Arthur Millbourne Hummel,1920—2001
恒慕义/Arthur William Hummel,1884—1975
洪博培/Jon Meade Huntsman,Jr,1960—
洪业/William Hung,1893—1980
侯斯孟/Donald Holzman,1926—
胡籁明/Lyman Hoover
胡斯/Jan Hus,1731—1415
胡志德/Theodore Huters
花莲治/John Booth French
花之安/Ernst Faber,1839—1899
华尔/Frederick Townsend Ward,1831—1862
华莱士,亨利·阿加德/Henry Agard Wallace,1888—1965
华如璧/Rubie Watson
华盛顿,乔治/George Washington,1732—1799
华兹生/Burton Watson,1925—
滑达尔/Emeric de Vattel
怀特/Moses Clark White,1819—1900
怀特,海登/Hayden White,1928—
怀特尔,詹姆士/James Whitall
怀特海/Alfred North Whitehead,1861—1947
黄仁宇/Ray Huang,1918—2000
惠特曼/Walt Whiteman,1819—1892
惠廷,艾伦/Allen S.Whiting
霍普金斯,杰夫瑞/Jeffrey Hopkins,1940—
霍普金斯/Dwight Hopkins
J
基尔,理查/Richard Gere
基辛格,亨利/Henry Alfred Kissinger,1923—
季理斐/Donald MacGillivry,1862—1927
加拉格尔,玛丽/Mary Gallagher
加尔文/Jean Calvin,1509—1564
加尼/Commodore Lawrence Kearny,1789—1868
嘉约翰/John Glasgow Kerr,1824—1901
贾柏莲/von der Gabelentz,1840—1893
贾飞,菲利浦/Philip Jaffe
姜士彬/David Johnson
江忆恩/Alastair Iain Johnston
杰勒德,斯蒂芬/Stephen Girard,1750—1831
杰夫,菲力普/Philip J.Jaffe
杰森,艾达·美伊/ Ida Mae Jesson
杰伊,约翰/John Jay,1745—1829
金登干/J.D.Campbell,1833—1907
金介甫/Jeffrey C.Kinkley,1948—
金楷理/Carl Traugott Kreyer,1839—1914
金能亨/Edward Cunningham,1823—1889
金斯堡,艾伦/Allen Ginsberg,1926—1997
金斯伯里/Abby King sbury
金璋/Lionel Charles Hopkins,1854—1952

居里/Lauchlin Bernard Currie,1902—1993
K
卡利斯/Helmut G.Callis
卡利诺夫斯基,马克/Marc Kalinowski
卡里尔,克里斯琴/Christian Caryl
卡罗斯,保罗/Paul Carus
卡鲁斯/Paul Carus,1852—1919
卡内基,安德鲁/Andrew Carnegie,1835—1919
卡普洛/Philip Kapleau
卡特/Edward C.Carter
卡西尔/Suzanne Cahill
喀喇生/Samuel Harrison
凯利/David E.Kelley
康达维/David R.Knechtges,1942—
康罗伊,希拉里/Hilary Conroy
康伦/Richard Conlon
柯岚安/Callahan,William A.
柯尔文,伊恩/Ian Colvin
柯恩/Jerome Cohen
柯克,格雷森/Grayson Kirk
柯乐博/Oliver Edmund Clubb,1901—
柯罗尔/Paul W.Kroll,1923—2011
柯庆生/Thomas J.Christensen,1962—
柯文/Paul Alvin Cohen,1934—
柯伟林/William C.Kirby
科尔曼,锡德/Cid Corman,1924—2004
克陛存/Michael Simpson Culbertson,1819—1862
克拉克洪/Clyde Kluchholn,1905—1960
克莱因,安妮/Anne C.Klein
克利夫兰,格罗夫/Grove Cleveland,1837—1908
克莱博,玛丽/Mary Clabaugh,1918—1970
克劳弗德/Hanford Crawford,1839—1860
克罗伯,艾尔弗雷德·路易斯/Alfred Louis Kroeber,1876—1960
克罗尔/Paul W.Kroll
克罗恩,艾里诺/E.H.Grown
克内勒,戈弗雷/Godfrey Kneller
克罗伯/Alfred Louis Krober,1876—1960
客纳格/Charles Cecil Clarke
肯尼迪/John Fitzgerald Kennedy,1917—1963
肯尼迪,约翰/John F.Kennedy
孔飞力/Philip Alden Kuhn
库利奇,约瑟夫/Joseph Coolidge
库寿龄/Samuel Couling,1859—1922
库兹涅茨,西蒙/Simon Smith Kuznets,1901—1985
昆西,乔赛亚/Josiah Quincy
L
拉铁摩尔,戴维/David Lattimore
拉铁摩尔,欧文/Owen Lattimore,1900—1989
拉斯维尔,哈罗德/Herold Lasswell,1902—1978
拉什,本杰明/Benjiamin Rush,1745—1813
莱伊尔,威廉/William A.Lyell,1930—2005
莱恩/Ellen Laing
莱文沃斯/Leavenworth
莱维斯·威廉斯,大卫/David Lewis-Williams
赖德烈/Kenneth Scott Latourette,1884—1969
兰德尔,托马斯/Thomas Randall,? —1811
兰克/Leopold von Ranke,1795—1886
蓝普顿,戴维/David M.Lampton,1946—
劳费尔/Berthold Laufer,1874—1934

劳里,罗伯特·哈里/Robert Harry Lowie,1883—1957
劳思光/Sze-Kwang Lao,1927—
雷金庆/Kam Louie
雷 麦/Charles Frederick Remer,1889—1972
雷默/Joshua Cooper Ramo
雷雅德,约翰/John ledyard,1751—1789
利奥塔/Jean - Francois Lyotard,1924—1998
利玛窦/Matteo Ricci,1552—1610
利普塞特,西摩·马丁/Seymour Martin Lipset
利斯,西蒙/Simon Leys
利维,多尔/Dore J.Levy
李度/Lester Knox Little,1892—
李方桂/fang-Kuei Li,1902—1987
李佳白/Gilbert Reid,1857—1927
李侃如/Kenneth Guy Lieberthal,1943—
李欧梵/Leo Ou-fan Lee,1939—
李提摩太/Timothy Richard,1845—1919
李普曼/Jonathan Lipman
李绍昌/Shao-chang Lee,1891—1977
李太郭/George Tradescant Lay,? —1845
李泰国/Horatio Nelson Lay,1832—1898
李文和/Wen Ho Lee,1939—
李钟石/Chong-Sik Lee
黎安友/Andrew J.Nathan,1943—
梁凯/Prof.George Lange
勒诺多,奥伊泽比乌斯/Eusebius Renaudot
列文森/Joseph Richmond Levenson,1920—1969
列卫廉/William Bradford Reed,1806—1876
林德贝克,约翰/John.M.Lindbeck
林乐知/Young John Allen,1836—1907
林肯,亚伯拉罕/Abraham Lincoln,1809—1865
刘殿爵/Din Cheuk Lau,1921—2010
刘海澜/Hiram Harrison Lowry,1843—1924
刘若愚/James J.Y.Liu,1926—1986
刘易斯/John Wilson Lewis
刘子健/James T.C.Liu,1919—1993
柳光南/Shirley Liu Clayton
柳无忌/Liu Wu-chi,1907—2002
洛厄尔/Robert Lowell,1917—1977
洛克菲勒,约翰/John D. Rockefeller,1839—1937
陆克文/Kevin Rudd
罗宾逊/Joan Violet Robinson,1903—1983
罗德,艾琳/Aline Rodd
罗德里克/John Prescott Roderick,1914—2008
罗杰瑞/Jerry L.Norman,1936—2012
罗林斯,汤玛斯/Thomas M.Rollins
罗萨比/Morris Rossabi
罗斯,罗伯特/Robert S.Ross
罗斯,莱斯特/Lester Ross
罗斯柴尔德,内森/Nathan Rothschild
罗斯福,西奥多/Theodore Roosevelt,1858—1919
罗斯基/Thomas G.Rawski
罗友枝/Evelyn Sakakida Rawski
罗孝全/Issachar Jacob Roberts,1802—1871
罗素/Bertrand Arthur William Russell,1872—1970
罗樾/Max Loehr,1903—1988
吕埃格/David Seyfort Ruegg,1931—
鲁宾逊,托马斯/Thomas.W.Robinson

卢公明/Justus Doolittle,1824—1880
路德,马丁/Martin Luther,1483—1546
路思义/Henry Winters Luce,1866—1941
雒魏林/Lockhart William,1811—1896
伦敦,杰克·格里菲斯/Jack Griffith London,1876—1916
M
马地臣/James William Matheson,1769—1878
马根济/John Kenneth Mackenzie,1850—1888
马吉芬/Philo Norton McGiffin,1860—1897
马京利/William Mckinley,1843—1901
马礼逊/Robert Morrison,1782—1834
马瑞志/Rechard B.Mattter
马若德/Roderick MacFarquhar,1930—
马若孟/Ramon H.Myers
马士/Hosea Ballou Morse,1885—1934
马森/Mary Gertrude Mason
马歇尔,乔治/George Catlett Marshal,1880—1959
马歇尔/Alfred Marshall,1842—1924
麦都思/Walter Henry Medhurst,1796—1857
麦嘉温/John Macgowan,?—1922
麦克阿瑟,道格拉斯/Douglas MacArthur,1880—1964
麦肯林,尼古拉/Nicolas Maclean
麦利和/Robert Samuel Maclay,1824—1907
麦志明/Bruce Maclaren
迈克尔/Franz Henry Michael
梅谷/Franz Henry Michael,1907—
梅乐和/Frederick William Maze,1871—1959
梅里尔,斯图尔特/Stuart Merrill
梅理士/Charles Rogers Mills,1829—1895
梅耐德/Annetta Thompson Mills,1853—1929
梅琴,格雷沙姆/J.Gresham Machen
梅维恒/Victor Henry Mair,1943—
梅祖麟/Mei,Tsu-lin,1933—
门德尔松,摩西/Moses Mendelssohn,1729—1786
孟旦/Donald J.Munro,1931—
孟德卫/David E.Mungello,1943—
闵明我/Philippe Marie Grimald,1639—1712
明恩溥/Arthur Henderson Smith,1845—1932
牟复礼/Frederick W.Mote,1922—2005
牟宗三/Mou Tsung-san,1909—1995
摩尔/Charles Moore
摩尔,巴灵顿/Barrington Moore, Jr.,1913—2005
摩根索,汉斯/Hans Morgenthau
摩嘉立/Caleb Cook Baldwin,又译"摩怜",1820—1911
莫顿,罗伯特/Robert Merton,1910—2003
莫尔斯,杰迪代亚/Jedidiah Morse,1761—1826
莫里斯,罗伯特/Robert Morris,1734—1806
莫维斯,哈勒姆·伦纳德/Hallam Leonard Movius,1907—1987
墨贤理/Henry Ferdinand Merrill,1853—1935
墨子刻/Thomas Arnold Metzger,1933—
穆德/John Raleigh Mott,1865—1955
穆磐石/Peter R.Moody
慕维廉/William Muirhead,1822—1900

N

南乐山/Robert Cummings Neville,1939—
纳托尔,多萝西/Dorothy Nuttall
甭德/Francis P.Knight
倪德卫/David Shepherd Nivison,1923—
倪豪士/William H.Nienhauser,Jr.,1943—
倪维思/John Livingston Nevius,1829—1893
诺顿,巴里/Barry Naughton
诺里斯,弗兰克/Frank Norris,1870—1902

O

欧大年/Daniel L.Overmyer,1835—

P

庞德/Ezra Pound,1885—1972
庞迪我/Jacques de Pantoja,1571—1618
帕金斯/Dwight H.Perkins
帕森斯/Talcott Parsons,1902—1979
佩恩,托马斯/Thomas Pain,1737—1809
佩利/Elizabeth J.Perry
裴来/Methew Calbraith Perry
裴义理/Joseph Bailie,1860—1935
皮尔斯,杰拉斯米尔/Jerathmiel Peirce
皮尔斯,大卫/David Pearce
皮尔斯,查尔斯·桑德斯/Charles Sanders Peirce,1839—1914
蒲安臣/Anson Burlingame,1820—1870
浦安迪/Andrew H.Plaks,1945—
蒲立本/Edwin George Pulleyblank,1922—
普实克,雅罗斯拉夫/Jaroslav Prusek,1906—1980

Q

祁泰履/Terry F.Kleeman
齐文/Raymond P.Ludden,1909—1979
瞿同祖/Chu T'ung-tsu,1910—2008
钱伯斯,罗伯特·威廉/Robert William Chambers,1865—1933
钱存训/Tsien Tsuen-hsuin,1909—
钱端升/Ch'ien Tuan-sheng
乔布斯,斯蒂夫/Jobs,Steve,1955—2011
乔丹/David K.Jordan
乔姆斯基/Noam Chomsky,1928—
桥本万太郎/Hashimoto Mantaro,1932—1987
蒯因/Willard Van Orman Quine,1908—2000

R

饶大卫/David Nelson Rowe,1905—1985
荣赫鹏/Francis Edward Younghusband,1863—1942
柔克义/William Woodwille Rockhill,1854—1914
芮玛丽/Mary C.Wright,1917—1970
芮斯纳/John Henry Reisner
芮沃寿/Arthur Frederick Wright,1913—1976
瑞思义/William Hopkyn Rees,1859—1924

S

萨伏那洛拉/Girolamo Savonarola,1452—1498
萨拜因/George H.Sabine,1880—1961
萨丕尔/Edward Sapir,1884—1939
萨姆纳,威廉·格雷厄姆/William Graham Sumner,1840—1910
赛义德,爱德华/Edward William Said
赛珍珠/Pearl Sydenstricker Buck,1892—1973
森布伦纳/Frank James Sensenbrenner,1943—
沙畹/Emmanuel Edouard Chavannes,1865—1918

瑟曼,罗伯特/Robert A.F.Thurman,1941—
山茂召/Samuel Shaw,又译"萧三畏",1754—1794
沈大伟/David Shambaugh
沈福宗/Michael Alphonsius Shen Fu-Tsung,1657—1692
石秀娜/Anna Seidel,1938—1991
史迪威/Joseph Stilwell,1882—1946
史华慈/Benjamin Isadore Schwartz,1916—1999
史景迁/Jonathan D.Spence,1936 年
史嘉柏/David Copley Schaberg,1964—
史赖德/John Slade
史禄国/Sergei Mikhailovich Shirokogorov,1887—1939
史密斯,托马斯/Thomas Smith
史沫特莱,阿格尼丝/Agnes Smedley,1892—1950
史泰丽/Terry Sicular
施坚雅/George William Skinner,1925—2008
施乐伯/Robert Anthony Scalapino,1919—2011
施耐德,盖瑞/Gary Snyder,1930—
施约瑟/Samuel Isaac Joseph Schereschewsky,1831—1906
斯福尔扎,卡瓦利/Luigi Luca Cavalli-Sforza,1922—
斯科瑟斯,马丁/Martin Scorsese
斯科特,罗伯特/Robert E.Scott
斯莫尔,阿尔比恩·伍德伯里/Albion Woodbury Small,1854—1926
斯诺,埃德加/Edgar Snow,1905—1972
斯诺登,爱德华·约瑟夫/Edward Joseph Snowden,1983—
斯帕尔丁/W.R.Spaulding
斯潘塞/Herbert Spencer,1820—1903
斯彭内尔/Philip Jakob Spener,1635—1705
斯普劳尔,罗伯特·戈登/Robert Gordon Sproul
斯塔尔,弗雷德里克/S.Frederick Starr
斯坦伯格/James Braidy Steinberg,1953—
斯特劳斯,列维/Claude Lévi-Strauss
斯特朗,安娜·刘易斯/Anna Louis Strong,1885—1970
斯恰佛/Edward Schafer
司必立/William Franklin Spinney
司徒雷登/John Leighton Stuart,1876—1962
司徒修/Hugh McBirney Stimson,1932—2011
舒尔曼,弗朗兹/Franz Shurmann
苏源熙/Caled Powell Haun Saussy,1960—
索绪尔/Ferdinand de Saussure,1857—1913
所罗门/Richard Solimon,1937—
T
塔夫脱/William Howard Taft,1857—1930
太史文/Stephen F.Teiser
泰勒,乔治/George Edward Tayler,Jr,1905—2000
泰勒,查尔斯/Charles Taylor
谭顺/Theos Sampsom
谭维理/Laurence G.Thompson
汤姆森/James Thomson
汤普逊/James Wesffall Thompson
唐德刚/Tong Tekong,1920—2009
唐纳金/Donald Keene,1922—
廷得尔/Edward Coe Taintor,1842—1878

托克维尔/Alexis de Tocqueville, 1805—1859
涂尔干/Émile Durkheim,1858—1917
W
瓦尔德,安德鲁/Andrew Walder
瓦特尔/Emeric de Vattel
万斯/Cyrus Vance
威尔伯,马丁/C.Martin Wilbur
威尔奇,霍姆斯/Holmes Welch, 1924—1981
威克里夫,约翰/John Wycliff,1329—1393
威利,戈登·伦道夫/Gordon Randolph Willey,1913—2002
威特,阿伦/Aaron Waite
威妥玛/Thomas Francis Wade,1818—1895
韦伯,马克斯/Max Weber,1864—1920
韦克曼,弗雷德里克/Frederick Wakeman
韦勒/Robert P.Weller
韦琳/Susan Mary Waring,1837—1909
韦慕庭/Clarence Martin Wilbur, 1908—1997
卫德明/Hellmut Wilhelm,1905—1990
卫理/Edward Thomas Williams, 1854—1944
卫三畏/Samuel Wells Williams, 1812—1884
卫周安/Joanna Waley-Cohen,1952—
沃德,莱斯特·弗兰克/Lester Frank Ward,1841—1913
魏鲁男/James Roland Ware,1901—1990
魏特摩,威廉·谢泼德/William Shepard Wetmore,1801—1862
魏特夫/Karl August Wittfogel,1896—1988
魏克曼,弗里德里克/Frederic Wakeman,Sr.
魏克曼,伊万斯/Evans Wakeman
魏世德/John Timothy Wixted
沃尔夫/Arthur P.Wolf
沃尔弗斯,马塞尔/ Marcel Wolfers
沃尔什,理查德/Richard Walsh
沃尔沃思,萨拉/ Sarah Walworth
沃伦,亨利·克拉克/Henry Clarke Warren,1854—1899
沃森,詹姆斯/ James Watson
文恒理/ Henry William Boone,1839—1925
文惠廉/ William Jones Boone,1811—1864
小文惠廉(文慧廉次子)/William Jones Boone,Jr.1846—1891
吴得禄/ F.E.Woodruff
吴伟士/ Charles W. Woodworth, 1865—1940
X
西克曼/Laurence Sickman,1907—1988
西蒙/Ernest Julius Walter Simon, 1893—1981
西蒙,赫伯特·亚历山大/Herbert Alexander Simon,1916—2001
希尔/E.B.Hill
希尔维斯特,约翰/John Sylvester
希夫/Jacob H.Schiff,1847—1920
希斯,阿利格尔/Aliger Hiss
奚如谷/Stephen H.West,1944—
席文/Natham Sivin,1931—
萧公权/Hsiao Kung-ch'uan,1897—1981
肃,本杰明/Benjamin Shaw
夏志清/Hsia Chi-tsing,1921—2013
夏德/Friedriich Hirth,1845—1927
夏德安/Donald John Harper
夏含夷/Edward L.Shaughnessy
谢淑丽/Susan Shirk,1945—

谢伟思/John Stewart Service, 1909—1999
休斯敦,玛丽/Mary Houston
修中诚/Ernest Richard Hughes, 1883—1956
徐中约/Immanuel C.Y.Hsü, 1923—2005
薛爱华/Edward Hetzel Schafer, 1913—1991

Y

雅裨理/David Abeel, 1804—1846
雅洪托夫/Sergei Yakhontov, 1926—
亚里士多德/Aristotle, 384B.C.~322B.C.
亚米斯/Van Meter Amies
晏玛太/Mathew Tyson Yates, 1819—1999
伊罗生/Harold Robert Issacs, 1911—1986
伊佩霞/Patricia Buckley Ebrey
杨格非/Griffith John, 1831—1912
杨联陞/Yang Lien-sheng, 1914—1990
叶理绥/Serge Elisséef, 1889—1975
叶山/Robin D.S.Yates
伊利亚德,米尔恰/Mircea Eliade, 1907—1986
英克尔斯,亚历克斯/Alex Inkeles, 1920—2010
英克尔,弗兰克/frank Inkle
宇文所安/Stephen Owen, 1946—
约翰逊,戴尔/D.R.Johnson
约翰逊/Obed Simon Johnson
约翰逊/Lyndon Baines Hohnson, 1908—1973
于子乔/George T.Yu
余霭芹/Anne O.Yue Hashimoto
余英时/Xu Ying-shih, 1930—

Z

詹森,马里于斯/Marius Berthus Jansen, 1922—2000
张伯仑/Edward Hastings Chamberlin, 1899—1967
张光直/Chang Kwang-chi, 1931—
赵元任/Yuen Ren Chao, 1892—1982
知味墨/Samuel Marinus Zwemer, 1867—1952
周策纵/Tse-tsung Chow, 1916—2007
周锡瑞/Joseph W.Esherick, 1942—
卓别林,查理/Charlie Chaplin Jr., 1889—1977
佐利克/Robert Zoellick, 1953—

附录二:

汉英术语索引

A

安立甘宗/Anglican Communion(又称“圣公会”Anglican Churches)

B

霸权文化/cultural hegemony

百人会/Committee of 100

版本记录/colophons

北京学/Pekingology

本体诠释学/Ontological Hermeneutics

本土化/inculturation

比较史学/comparative history

编年史学/annual history

表层/superstratum

表意系统/systems of signification

波士顿茶叶党/Boston Tea Party

不确定原则/Principle of Uncertainty

C

层次地域空间/Hierarchical Reginal Space

茶税/Tea Tax

茶条例/Tea Act

常春藤联合会/Ivy League

超自然化/supernaturalization

超验主义/Transcendentalism

超专门化/overspecialization

朝贡体制/Tributary System

传统—现代模式/ Tradition - Modernity Model

冲击—回应模式/ Impact - Response Model

楚简/Chu Bamboo slip

D

大历史观/ macro-history

大觉醒运动/ The Great Awakening

单纯学科/ monodiscipline

单桅小帆船/ sloop

道统文化/ orthodoxy culture

第二轨道外交/ Track Two Diplomacy, Track Ⅱ (Citizen) Diplomacy

第二次大觉醒/ The Second Great Awakening

迪克西使命/ Dixie Mission

地形学宏观区/ physiographic macroregions

地形学宏观区视图/ delineation of the physiographic macroregions

电子计算机学/ computer sciences

断代/ dating

东印度群岛的货船/ East Indiamen

东正教/ Orthodox Eastern Church

多元化学科研究/ multi-disciplines

对话派儒学/ Confucianism in Dialogue

E

二分法/ dichotomy

F

反论/ paradox

反智主义/ anti-intellectualism

泛亚佛教/ Pan-Asian Buddhism

飞剪快船/clippers

非西方跨学科研究/Nonwestern Interdisciplinary Approach

分层/substratum

分离核心-边缘结构模式/separate coreperiphery structure

分析史学/analytical history

分支领域/subfield

符号学/semiotics,semiology

负责任的利益攸关方/responsible stakeholder

G

高潮现代主义/High Modernism

格式化/formalization

格雷柯-拉丁造词法/Graeco - Latin neologisms

公共领域交流/change of public sphere

公共外交/public deplomacy

公班土/Bengal opium

公理会/Congregationalist Churches

管货人/Supercargo

观念史/History of Ideas

龟甲阵(鱼鳞阵)/testudo

归正宗/Reformed Churches(又译“长老会”)

过程哲学/Process Philosophy

国会法案/Act of Congress(即“爱国者法案”)

国民性格/national character

贵格派/The Quakers

H

哈佛学派/Harvard School

海獭皮/sea otter pelt

海上贸易扩张时期/Era of maritime Trade Expansion

汉学/Sinology

汉学地图/sinological map

航海条例/Nevigation Act

后现代主义/Post Modernism

宏观经济学/macroeconomics

宏观对比史/comparative macro-history

宏大叙事/Grand statements

话语/discourse

胡格诺派/The Huguenots

J

基层市场/standard market

基因/gene

基督教化/Christianization

基督教文化/Christian Culture

基督教神学/Christian Theology

基督教儒学/Christian Confucianism

基要派/The Fundamentalists

基于偏见的分析框架/biased - based frameworks

极权主义/totalism

甲骨文/oracle bone inscriptions

教会传道会/Church Missionary Society

教育传教/Educational Missions

价值标准/oecumenical value, universal value

建制文化/institutional culture

结构形像/structural image

结构史学/structural history

结构主义/structuralism

解构/deconstruction
金花土/Turkish opium
浸信传道会/The Baptist Mission
精神文化/spiritual culture
精英和宗派政治/elite and faction politics
聚落考古/Settlement Archaeology
爵士制度/a hereditary aristocracy
决定论/determinism
K
科际整合手段/interdisciplinary approach
科际协同区域研究/interdisciplinary synergistic area approach
课目规划/course proposal
克里姆林学/Kremlinology
口传历史/oral history
口述中国历史计划/The Chinese Oral History Project
“苦力贸易”/“Coolie Trade”
L
历史长期合理性/long-term rationality of history
历史主义/historicism
理性选择理论/Rational Choice Theory
灵恩运动/Charismatic Movement
路德宗/Lutheran Churches(又译“信义会”)
伦敦传道会/The London Missionary Society
M
麦卡锡法案/McCarthy's Act
麦卡锡主义/McCarthyism
美亚事件/The Amerasia Case
美国和平队/U.S.Peace Corps
门户开放政策/Open-Door Policy with China
民族之国/nation-state
民间宗教/popular religion
明代传记历史研究计划/Ming Biographical History Project
N
南京布/nankeens
内窥文化/inward-looking cultures
年鉴学派/Annals School
能指/signifier
农业传教/Agricultural Missions
女性技术/gynotechnics
O
欧美中心主义/Euro-American Centralism
P
乒乓外交/Ping Pang Diplomacy
普遍主义/Universalism
普林斯顿假说/Princeton Hypothesis
普世价值/ecumenical/universal value
普通教育/general education
Q
奇彭代尔中国式家具/Chippendale furniture
倾茶事件/Tea-Dumping Incident
虔敬运动/Pietism
前儒学/Early Confucianism
清教主义/Puritanism(又译“清教徒运动”)
青铜器铭文/inscribed bronze vessels
情报搜集站/Intelligence Dragnet
侨居国/adopted land
区域研究/Area Studies
权威危机/Authority Crisis
诠释派儒学/Hermeneutic Confucianism
R
儒学智识主义/Confucian Intellectualism

认识论/epistemology
S
萨满教/Shamanism
神道/Shintoism
社会福音论/Social Gospel
社会流动/social mobility
社会变量区域分布/spatial distribution of social variables
圣公会/Anglican Churches
圣洁运动/Holiness Movement
诗话/remarks on poetry
十三行/Chinese hong; Thirteen Guilds
实用主义/pragmatism
实证主义史学/Positivist Historiography
实证派/Positivists
事件史学/eventual history
适应策略/accommodation
视频化/visualization
士人文化/literati culture
宋词/Song lyric
数量分析/quantitative analysis
数字化/digitalization
数字化管理/mathematically manage
双轨外交/Two-Track Diplomacy
思想库(智库)/think tank
私茶/smuggled tea
私掠船/privateer
所指/signifié
速均主义年代/age of galloping egalitarianism
T
淘金热/Gold Rush
饕餮纹/Taotiemotif
特殊性/exceptionism
特殊话语论述/exceptionalist discourse
天主教/Catholic Church
天人合一/harmony in human and natural spheres
田野调查/fieldwork
W
湾区学者/Bay Area Scholars
微过程/sub-process
微观经济学/microeconomics
微观汉学史/Sinological micro-history
微历史观/micro-history
伪证/perjury
文本化/textualization
文化霸权/culture hegemony
文明之国/civilization-state
文学批评/literary criticism
文学关系/literary relation
问题史学/history through problems
五旬节运动/Pentecostal Movement
无衔军官/noncommissioned officer
物质主义/materialism
物质文化/material culture
X
锡克教/Sikhism
西方中心观/Western-centric Perspective
西方中心主义/Western Centralism
细节明快/luminous details
系统科学/systems science
先锋派/the Avant-garde
现象学/Science of Phenomenology
现代性/modernity
效忠宣誓/loyalty oath
新汉学/New Sinology
新教/Protestantism
新儒学/Neo-Confucianism
性别研究/gender and sexuality studies
行动主义精神/Activism

行为主义革命/Behaviorist Revolution
形而上学/metaphysics
叙事史学/narrative history
叙事文学革命/Narrative Literature Revolution
宣誓效忠纷争/loyalty oath controversy
循道派/Methodist Church
Y
洋泾浜/pidgine
医药传教/Medical Missions
以物换物/barter
亿万富翁/multi-millionaire
意象并置/juxtaposition of images
意识形态/Ideology
意指/signified
译事艰难/the moil of translation
异体组合/unity-in-variety
印花税/Stamp Duty
应试学子/candidates for the civil service examinations
犹太教/Judaism
院外活动家/lobbist
Z
战局共存/combative co-existence
占卦学/Divination Science
针刻纹三角援戈/triangualar bladed ge-halberd with incised decoration
政治文化/political culture
智识主义/intellectualism
"中国崩溃论"/"China Collapse"
"中国威胁论"/"China Threat"
中国中心观/Sino-centralism
中国中心模式/China - centered/Sino - centric model
中国中心方式/China Centered Approach
中国研究/China studies
中国形象/image of China
中国话语/Sino-speak
中国通/old China hand
中间市场/intermediate market
中心区域扩展理论/extension of central place theory
中心市场/central market
种族优越感/ethnocentric bias
竹书纪年/bamboo annals
自由派/the Liberals
自主性/autonomy
宗教进化论/Religious Evolution
宗派/denomination
总体史/histoire totale
组合异体/variety-in-unity

附录三：

美国汉学史大事记

1738 年	本杰明·富兰克林在《宾西法尼亚报》上发表《孔子的伦理》。
1784 年	“中国皇后”号到达广州。
1786 年	山茂召任美国驻华无给职领事。
1827 年	吴特在广州创办《广州纪事报》。
1830 年	裨治文奉派前往广州。
1832 年	裨治文在广州创办《中国丛报》。
1842 年	美国东方学会创立。
1843 年	《美国东方学会季刊》第一卷出版。
1862 年	蒲安臣首任驻华公使。
1868 年	保灵在福州创办《教务杂志》(后改名为《中国纪事和教务杂志》)；林乐知在上海创办《中国教会新报》。
1869 年	美国赠送中国一批西文图书和种子，中国回赠明清 10 种 900 余卷古籍刻本。
1872—1875 年	中国先后派遣四批 120 名幼童赴美学习。
1878 年	陈兰彬首任中国驻美公使；卫三畏在耶鲁大学开设中国语言文化讲座。
1879 年	戈鲲化应聘在哈佛大学开设汉学课程。
1882 年	英美学者在北京创立北京东方学会。
1883 年	热心推动汉语教学的美国现代语言学会成立。
1895 年	英美传教士合办《亚洲文会会刊》。
1896 年	傅兰雅在加利福尼亚大学开设东方语言文学课程。
1901 年	卡朋蒂埃向哥伦比亚大学捐赠 10 万美元汉学发展基金。
1902 年	夏德被哥伦比亚大学聘为第一任汉学教授。

1913 年	耶鲁海外传教会成立(1975 年该会改名为“雅礼协会”)。
1919 年	美国学术团体理事会成立,下设以芮沃寿为主席的中国文化研究委员会。
1920 年	夏威夷大学开设汉语、中国文学和中国历史课程。
1921 年	赵元任在哈佛大学担任中国语言和哲学教席。
1925 年	美国太平洋学会和哈佛—燕京学社成立。
1926 年	美华协进会创建。
1928 年	陈绶颐在芝加哥大学开设汉语口语课。
1929 年	促进中国委员会成立。
1930 年	康奈尔大学开设亚洲人类学课程;费正清在清华大学和燕京大学研究中国历史。
1936 年	芝加哥大学建立东方语言系。
1938 年	陈永寿在斯坦福大学亚洲语言系任教。
1941 年	《远东季刊》出版(1956 年改名为《亚洲研究学刊》)。
1945 年	赵元任在斯坦福大学主持美军汉语培训班。
1946 年	哥伦比亚大学东亚研究所成立。
1948 年	以费正清为主持的美国远东协会成立。
1950 年	美国第 81 届国会通过麦卡锡法案。
1955 年	哈佛大学成立东亚研究中心。
1956 年	亚利桑那大学设立东方研究委员会,开设中国历史和法律课程;亚洲研究协会成立;芮沃寿、费正清、雷德菲尔德发起成立美国中国思想研究委员会。
1958 年	美国国会通过国防教育法案,强调通过语言和区域研究中心加强语言培训。
1959 年	美国民间学术团体康伦协会应参议院对外关系委员会邀请提交了一份关于美国对外政策的研究报告。史乐伯起草了该报告亚洲政策部分,提出了放宽对华贸易禁运、中国进入联合国并担任安理会理事国的建议。同年,美国社会科学协会和美国学术团体协会联合召开了古尔德会所会议,就美国的汉学研究领域、结构和范围展开了讨论,确定了与历史学相结合的中国经济学、社会学、人类学、法学和政治学研究方向,并成立了当代汉学联合会和

相应的分会。

1959 年　全美学术委员会和社会科学研究委员会联合组建中国研究协会;27 所美国高校专家和联邦政府代表举办汉语教学研讨会。

1960 年　美国中国语言文化教师协会成立。

1963 年　美国中国语文教师学会成立,并创办《中国语文教师学会学报》。

1966 年　3 月,富布赖特主持参议院对外关系委员会历时三周的听证会,就对华政策进行辩论。鲍大可提出了"遏制而不孤立"的对华政策建议。同年,《麒麟》杂志创刊;费正清联手 100 多位学者编写《剑桥中国史》;普林斯顿大学福特基金会开展中国语言学研究。

1968 年　一份汇集了费正清、鲍大可、赖肖尔和傅高义等中国问题专家智慧的秘密备忘录由基辛格博士交给总统尼克松,提出了派人同中国领导人会谈改善中美两国关系的建议。同年亚利桑那大学创建东方学系,普林斯顿大学成立了东亚系,关心亚洲学者委员会也在宾夕法尼亚大学创立。

1972 年　美国总统尼克松访华。

1973 年　《中国语言学报》创刊。

1975 年　美国中国宗教研究会和孔子文教基金会成立。

1978 年　美国汉代研究访问团来华。

1979 年　中华人民共和国与美利坚合众国正式建交;中国教育部与美国教育、卫生、福利部交换教师互访和学术交流备忘录。

1980 年　第一届中美汉语教学研讨会在北京语言大学召开。

1982 年　中国汉语教师学会访问美国并进行考察。

1983 年　第三届中美汉语教学研讨会在北京语言大学召开,中美双方就 13 个项目达成了协议。

1987 年　山东邹平县建立起美国学者直接考察研究基地。

1989 年　第一届北美汉语语言学大会在俄亥俄州立大学召开。

1994 年　美国大学理事会(Ammerican College Board)在高中生专

科考试中增加了 SATII(Scholarstic Assessment Test in Chinese with Listening)中文听力测试项目。

1995 年　隶属于美国亚洲学会的明史学会在华盛顿成立。

2000 年　由美国纽约城市大学贝鲁科学院现代语言和比较文学系与中国华中理工大学联合举办第一届国际汉语教学法研讨会。

2003 年　南美地区八州 30 所中文学校校长会议在美国休斯敦召开;美国大学理事会决定设立大学汉语和中国文化预修课程及考试项目(AP 汉语项目),选修学生人数达 100 多万。

2005 年　华美协进会和马里兰大学分别成立孔子学院;美国政府为外语赞助计划拨款,把中文列为国家安全与美国竞争力语言计划的重点外语之一。

2006 年　全美中学开始设置 AP(Advanced Placement)中文课程;第六届全美中文学协会代表大会在旧金山召开。

2007 年　全美各地开始 AP 中文综合测试(AP Chinese & Culture Simulated Tests)。